D1739029

Las Presas Romanas en España

Juan Carlos Castillo Barranco

BAR International Series 2714
2015

Published by

Archaeopress
Publishers of British Archaeological Reports
Gordon House
276 Banbury Road
Oxford OX2 7ED
England
bar@archaeopress.com
www.archaeopress.com

BAR S2714

Las Presas Romanas en España

ISBN 978 1 4073 1367 2

Printed in England by Digipress, Didcot

All BAR titles are available from:

Hadrian Books Ltd
122 Banbury Road
Oxford
OX2 7BP
England
www.hadrianbooks.co.uk

The current BAR catalogue with details of all titles in print, prices and means of payment is available free from Hadrian Books or may be downloaded from www.archaeopress.com

"Construir es colaborar con la tierra, imprimir una marca humana en un paisaje que se modificará así para siempre; es también contribuir a ese lento cambio que constituye la vida de las ciudades (...) Los impuestos de quinientas ciudades asiáticas no eran demasiados para construir un sistema de acueductos en la Tróade; el acueducto de Cartago resarcía en cierto modo de las durezas de las guerras púnicas. Levantar fortificaciones, en suma, era lo mismo que construir diques: consistía en hallar la línea desde donde puede defenderse un ribazo o un imperio, el punto donde el asalto de las olas o de los bárbaros será contenido y roto."

Memorias de Adriano.- Marguerite Yourcenar 1974.

INDICE

1.-INTRODUCCIÓN.

Para explicar cuál es la razón que impulsa a realizar una obra acerca de las presas romanas debemos pensar en primer lugar que todas las ramas del conocimiento, técnico o meramente humanístico, deben ser exploradas y ocupadas, y en esta área del conocimiento existe hasta el momento un vacío muy grande tal vez porque se trata de un tema que se mueve en realidad en un terreno ambiguo, a caballo entre la Ingeniería Civil y la Historia o la Arqueología. Quizá también nos mueva un parte un ánimo de recuperar parte del bagaje humanístico que rodeaba a los ingenieros de hace años y que se ha ido desgraciadamente diluyendo a lo largo del tiempo, en parte por propia desgana, pero que debemos saber recordar para nuestro propio enriquecimiento.

No debe extrañar a nadie que los ingenieros reivindiquemos esta parcela del saber, puesto que es evidente que forma parte del nuestro legado, al cuál no debemos renunciar no sólo por razones culturales, sino porque el obtener una amplia visión de nuestra especialidad y su evolución a lo largo del tiempo, puede ayudarnos en el desarrollo de esta profesión. No debemos olvidar que nuestros predecesores tuvieron que enfrentarse básicamente a los mismos problemas que debemos afrontar en la actualidad.

Sin embargo, no debemos mirar a estas antiguas obras como meros monumentos inanimados, puesto que no lo son, sobre todo porque muchas de ellas aún cumplen en cierto modo con la finalidad a la que fueron destinadas. Debemos pensar que sus creadores no se hubiesen conformado con una mera contemplación de los restos de sus obras por parte de sus sucesores en el tiempo, ya que de los constructores romanos es proverbial su pragmatismo y sus escasas concesiones a la estética. En este sentido, debemos recordar las palabras de Frontino: *(...) ¡Si comparamos las ociosas pirámides y las también inútiles aunque aún celebradas obras de los griegos, con tales, tan grandes, además de útiles, obras de nuestros acueductos (...).* Es decir, los romanos buscaban la belleza de sus obras públicas en tanto a su utilidad y su beneficio social. A pesar de ello, quién dejaría de considerar hoy en día al Puente de Alcántara o al Acueducto de Segovia una obra de arte. Por ello, y con el criterio de sus propios creadores, afianzado tras el paso de muchos siglos, tampoco encontramos razones para relegar a un segundo plano unas obras como las presas romanas, que poseen en numerosas ocasiones una monumentalidad tal, que es capaz incluso de hacernos olvidar su aspecto funcional.

En el momento de afrontar una obra de este tipo, nos encontramos con el hecho ineludible de que un estudio de las presas romanas en España pasa en primer lugar por realizar una relación de las obras conocidas, puesto que día a día van apareciendo nuevos ejemplares, algunos de ellos de gran importancia, por lo que es evidente que no todas están descubiertas. El listado de presas incluido en este estudio, pese a ser exhaustivo, no pretende ser completo y definitivo, puesto que éste sería evidentemente un trabajo ímprobo que requiere de unos medios con los que desgraciadamente no se ha contado. Sin embargo, sí que se ha realizado una recopilación lo más amplia posible de las publicaciones existentes sobre el tema, e incluso incorporando alguna obra en principio inédita, recogiendo así un número muy importante de presas, la mayor parte de las cuáles fueron visitadas *in situ* para recabar así el mayor número posible de datos.

El desarrollo de este estudio ha llevado a concluir que existen muchas más presas de las que en un principio se ha pensado, aunque también, que debemos eliminar algunas obras que han venido siendo consideradas tradicionalmente romanas, y que en realidad, no existen razones para apoyar tal hipótesis. De esta manera, se ha visto que como primer paso a dar sería de gran ayuda la elaboración de un listado pormenorizado de todas las posibles presas romanas de España, que además se encuentran diseminadas por toda nuestra geografía.

Sin embargo, aunque el objetivo del estudio ha sido otro, este trabajo en principio secundario, puede sin embargo servir en su día de base para posteriores estudios, quizá más pormenorizados, sobre las presas de época romana. Lo que se ha intentado, a partir del estudio comparativo de todas las obras conocidas, es establecer el modo de construir presas de los romanos, sus características y tipologías constructivas y funcionales, los materiales empleados, puesta en obra, y en fin, la finalidad a que estaban destinadas como parte integrante de la organización social y territorial de la época y su importancia en el desarrollo de nuestra civilización en relación al impulso que supusieron en el avance de una cultura que es la base de la actual.

Dentro de las conclusiones de este trabajo se encuentra en primer lugar, y por básico que ello pueda parecer, el lograr distinguir una presa romana de otra de distinto origen, ya que hasta la fecha no han existido criterios claros para esta distinción. Por otro lado, el estudio de los procedimientos constructivos romanos, nos ha llevado a conseguir realizar una clasificación de las presas romanas que puede ayudar en un futuro a su catalogación. Finalmente, la ayuda de expertos en las distintas materias que confluyen en este tema (Ingeniería, Arqueología, Hidrología, etc.), nos ha llevado también a sacar unas primeras conclusiones acerca de la cronología de cada una de las obras, lo cuál parece en principio una aportación de utilidad para la Historia de la Ingeniería en nuestro país, ya que una datación inadecuada puede dar lugar a multitud de confusiones en su estudio.

Los principales objetivos que han marcado pues la línea de trabajo de la presente obra son, a modo de síntesis, los siguientes:

a. Redacción de una obra general sobre el tema de las presas romanas, que hasta el momento no había contado más que con estudios parciales (algunos de ellos por otra parte tremendamente meritorios), que no conseguían a nuestro parecer aportar una visión general sobre este ámbito, el cuál, por obvias razones de espacio, tiempo y medios, ha debido ser reducido sin embargo al territorio de nuestro país.

b. Recopilación de todos los datos existentes sobre las presas romanas, con el fin de recoger toda la información sobre el tema en un solo documento que sirva de referencia para posteriores estudios específicos.

c. Compilación del mayor número de presas romanas posible para contar con un mayor número de datos previos, recogidos en su mayor parte sobre el propio terreno mediante una visita in situ a todas las presas, con el fin de aportar un amplio volumen de información que pueda transmitirse además de una forma gráfica, contando así con una base más sólida para el estudio sistemático de las obras.

d. Sistematizar el estudio de las presas romanas recopilando las tipologías y fábricas de las presas conocidas con el fin de establecer unos criterios objetivos para su clasificación, distinguiéndolas de las obras de otras épocas, y procurando evitar así los errores que han provocado la datación equivocada de diversas presas.

e. Observación de las características de las distintas fábricas y comparación con las correspondientes a las escasas presas con una datación conocida dentro del periodo romano, para conocer su evolución y poder establecer así una cronología que sirva para el resto de obras hispanas.

f. Establecimiento de unas cifras generales acerca de las obras conocidas que nos permitan llegar a un mejor conocimiento de las razones que impulsaron a los romanos a la construcción de presas, y por qué fueron éstas erigidas con unas determinadas características en cada momento, lo cuál puede aportarnos datos históricos adicionales sobre la organización del territorio en época romana, así como sobre el papel que jugó la ingeniería civil dentro de la sociedad antigua.

g. Realización de una aproximación al cálculo de algunas presas de las que poseamos suficientes datos, con el fin de obtener una idea sobre los parámetros constructivos de época romana, los problemas a los que se enfrentaron aquellos ingenieros, y las soluciones que aportaron, lo que nos permitirá calibrar la evolución de los procedimientos técnicos en este ámbito desde aquella época hasta la nuestra.

La bibliografía recopilada se ha organizado de tal manera que en su apartado final ha sido incluida toda la bibliografía de tipo general empleada en su redacción, tanto libros como artículos y otras publicaciones. Por otro lado, la descripción de cada una de las presas incluidas en el texto, incluye asimismo toda la bibliografía disponible sobre cada una de ellas, lo que permite disponer de una especie de fichas individuales que contienen cada una de ellas todas y cada una de las referencias existentes sobre cada obra completa. Toda esta serie de publicaciones no ha sido sin embargo repetida en la bibliografía general del último apartado, con el fin de no incurrir en redundancia.

Con la esperanza en que esta obra sirva de precedente a otras muchas que creemos es necesario realizar sobre el tema, y que esperamos con ansiedad, nos atrevemos a exponer a continuación los resultados de nuestras investigaciones.

2.- ANTECEDENTES DE LAS PRESAS ROMANAS EN ESPAÑA.

A la vista de las obras encontradas en nuestro país, parece evidente deducir que los romanos poseían ya una técnica muy avanzada en la construcción de presas, previa a la aparición en suelo hispano de los primeros ejemplos de embalses importantes, en una época que parece coincidir con el advenimiento del Imperio, y en la cuál da comienzo una realización sistemática de obras y edificios públicos por parte de los colonizadores, ya que debe señalarse que existen muy escasos ejemplos de obras públicas romanas en suelo hispano de épocas anteriores al último cuarto del siglo I a.C.

En efecto, el momento en que se da un impulso muy notable a la actividad constructiva, sobre todo el lo que se refiere a las obras públicas, parece coincidir con el imperio de Octavio cuando, más o menos pacificada ya la Península tras las Guerras Cántabras en fechas inmediatamente anteriores a la fundación de Mérida, año 25 a.C. (aunque las guerras se prolongarían hasta el 16 a.C.), se pasa a una colonización y una organización profundas de las provincias hispanas, con la creación de importantes ciudades (a veces sobre núcleos de población ya existentes de menor entidad) así como de obras públicas como, por un lado, calzadas, puentes, etc., que vertebrarían de una manera adecuada el territorio, y por otro, obras hidráulicas (canales, presas, acueductos, etc..) y sistemas de saneamiento, que permitirían a los nuevos núcleos de población y territorios asociados alcanzar las dotaciones adecuadas tanto para el consumo humano habitual, como para una explotación más racional de los recursos agrarios, adquiriendo a su vez un nivel de salubridad que permitió aumentar en gran medida la calidad de vida de sus habitantes.

Tampoco quiere esto decir que no existan evidencias de obras romanas anteriores a ésta época en nuestro territorio, aunque sólo de manera puntual, y lo que es muy notorio es el incremento de la actividad constructora a partir del preciso momento del cambio de régimen político. Además, parece que este hecho supuso el comienzo de la realización de obras de mayor envergadura e importancia en función de una ocupación más generalizada de la nueva provincia y un aprovechamiento más a fondo de sus recursos.

Como se ha dicho, antes de finales del siglo I a.C., fecha aproximada de la más antigua presa conocida en España (**1**), los romanos habían realizado ya en otros lugares presas de importancia, a juzgar por la elaborada técnica que empleaban ya en estas obras, las más antiguas conocidas y que precisamente son las de mayor envergadura (**2**).

Sin embargo, este conjunto de técnicas debía estar aún en proceso de debido a un cálculo deficiente o demasiado optimista (por ejemplo, Almonacid de la Cuba, cuya primera versión arruinada parece datar justamente de época augustea (**3**), o Alcantarilla, algo posterior), lo cuál indica claramente un nivel de conocimientos aún algo titubeante por lo que se refiere a las solicitaciones a las que se ven sometidas las grandes presas de embalse, que es probable fueran acometidas en estas fechas por primera vez por parte de los romanos, quienes hasta entonces solo habrían realizado obras de menor entidad.

Para hablar de los precedentes de las presas romanas, es necesario dar un repaso previo, siquiera de manera muy superficial, al modo de construcción romano y a los materiales empleados. Debemos recordar que la mayoría de presas contaban como elemento característico un muro impermeable de hormigón (*opus caementicium*), verdadero avance técnico llevado a cabo por los romanos, o al menos, con un muro de mampostería (*opus incaertum*) recibida con mortero hidráulico. La forma de construcción romana basada en los morteros hidráulicos se encontraba ya completamente desarrollada en el momento de acometer la construcción de las principales presas en nuestro suelo.

La técnica constructiva romana, basada en gran parte en el hormigón de cal, se cree pueda ser un desarrollo propio a partir de otras tradiciones edilicias de algunos pueblos del sur de la Península Itálica que entran a formar parte de la órbita de Roma entre el siglo III y comienzos del II a.C. (**4**), ya que parece que el empleo de puzolanas (es decir, de arenas con contenidos apreciables de cenizas volcánicas que potencian las propiedades hidráulicas de los morteros de cal, debido a sus altos contenidos de silicatos alumínicos) en la fabricación de hormigón, proviene de la zona del sur de Italia, de intensa actividad volcánica.

En este sentido, contamos en de la Península Ibérica con un importante ejemplo de obra civil romana de esta época que puede considerarse como un antecedente de gran parte de las obras públicas realizadas con posterioridad, y más concretamente, de las presas. Esta obra es el muelle del Puerto de Ampurias (Gerona), datado a finales del siglo II a.C. o comienzos del I a.C., es decir, prácticamente en coincidencia con la época de fundación de la ciudad romana junto a la previa Neapolis griega (**5**), que constituye quizá el primer ejemplo conocido de obra civil romana en Hispania. En realidad, el puerto venía ya utilizándose con frecuencia por los romanos desde el año 218 a.C, fecha del desembarco de Escipión el Africano en estas costas durante el transcurso de la Segunda Guerra Púnica, y que ha sido considerada tradicionalmente como el comienzo de la influencia romana en España.

Debe señalarse que, a pesar de no tratarse en realidad de una obra hidráulica, el concepto es en esencia el mismo que el de una presa, al tratarse básicamente de un dique que se opone al empuje del agua que, en este caso, se encuentra a ambos lados en lugar de en uno como en una presa. Este dique está formado por un muro de hormigón (*opus caementicium*) de paramentos verticales, de unos 3 m. de espesor, dispuesto asimismo en hiladas horizontales, y revestido a ambos lados por una fábrica de sillería de dimensiones ciclópeas, combinando así el uso de este último tipo de fábrica, empleada desde antiguo por los romanos (y que vino refinándose y reduciendo progresivamente su tamaño a lo largo de los siglos III y II a.C.), con la más moderna e innovadora técnica del *caementicium* (fácil de confundir en este caso con el *incaertum*, dado al grosor de su granulometría, que suele ser una de las características que diferencian a simple vista estos dos tipos de fábrica), por lo que puede considerarse una obra encuadrada en una época de transición dentro de la historia constructiva romana, y que precisamente coincide con la datación transcrita anteriormente.

El mortero empleado en la mezcla del hormigón de este dique posee una calidad muy alta, alcanzado una gran compacidad mediante el empleo de un árido muy fino (que parece tratarse en este caso de la propia arena de playa), junto con la adecuada mezcla de agua y cal (**6**). El aparejo fue realizado mezclando previamente dicho mortero con piezas pétreas de tamaño medio para formar el hormigón del núcleo del muro, que fue puesto en obra mediante tongadas horizontales dispuestas entre los dos paramentos exteriores, formados como se ha dicho, por los enormes bloques calizos que aún se conservan de manera parcial. Estas hiladas contaban con aproximadamente 1m de espesor, a juzgar por las huellas observadas en las juntas erosionadas del paramento situado de cara al mar.

Ampurias: *Vista del muelle romano de la Neapolis de Ampurias, de 82 m de longitud por 5,60 m de anchura y 6,50 m de alto.Está formado por un núcleo de opus caementicum de factura clásica y con un mortero de gran calidad, que ha permitido que siga en pie después de más de 2000 años, con una fábrica de sillería ciclópea a ambos lados de factura poco homogénea y ligeramente arcaizante que recuerda a las primeras realizaciones romanas de carácter militar. Según Martín Almagro, cabe situar la construcción de esta obra con gran seguridad al periodo del 195 al 150 a.C (Boletín de Información del Ministerio de Obras Públicas n.º 57,septiembre de 1962, 22-23) por la datación de cerámica relacionada con la obra, aunque estudios posteriores precisan que habría sido edificado aproximadamente al final del siglo II a.C, en pleno apogeo de la actividad romana de la ciudad de Ampurias.*

De esta manera, creemos encontrar en el muro del puerto de Ampurias un claro precedente en nuestro propio suelo de las técnicas desarrolladas en las presas construidas posteriormente por parte de los colonizadores romanos en el interior del nuevo territorio, ya que tanto los materiales utilizados, como las proporciones generales, el proceso constructivo y finalmente, la puesta en obra, son muy similares a las de aquellas obras hidráulicas. Además, la existencia de este dique, construido con las técnicas entonces más en boga en la propia Roma, induce a pensar en la transmisión de una manera rápida y directa hasta la nueva provincia, de la evolución de los conocimientos constructivos que se estaba produciendo en la propia Roma. Recordemos que, no en vano es este el punto más cercano geográficamente a Italia de toda la Península Ibérica, por lo que contó con las máximas facilidades para convertirse en uno de los primeros focos de influencia romana.

Una vez visto cómo existen precedentes de las presas romanas dentro del propio campo de las obras públicas hispanas de época republicana, pasamos a abordar de manera más específica a los precedentes en la construcción de presas. En este caso, los conocimientos romanos parecen provenir en gran parte del contacto mantenido con otros pueblos mediterráneos, como los de Oriente Próximo (incluido Egipto), que podían considerarse constructores de presas desde mucho tiempo atrás, conservándose aún ejemplos tan claros como los de: *Sadd-el-Kafara* y *Mala'a* (Egipto), *Kofini* (Micenas, Grecia), *Probatica* (Israel), *Marib* (Yemen) o *Petra* (Jordania) (**7**). El contacto de los romanos con estos pueblos, sobre todo con los egipcios y con los nabateos, quizá los más avanzados en el campo de las realizaciones hidráulicas, parece haber impulsado en gran medida la técnica constructora romana.

Es posible ver un claro precedente de las presas romanas en la presa de *Mala'a*, no sólo en cuanto a tipo constructivo (presa de gravedad con contrafuertes y ocasionalmente terraplén de lado de aguas abajo), sino a concepción general, ya que esta presa, que cerraba la depresión natural de El Fayum, rellena de agua a través de una derivación sobre un brazo lateral del Nilo, recuerda en gran medida la idea de las grandes presas romanas de embalse, cuya cuenca se veía complementada con un trasvase a partir de un cauce lateral, a veces más importante incluso que el cerrado por la propia presa. Esta idea puede verse reflejada en el abastecimiento a la ciudad nabatea de Petra, realizado mediante un sistema de canales de recogida de escorrentía a través de diversas cuencas vecinas, así como en la presa de derivación que evitaba la inundación de la propia ciudad.

Sadd-el-Kaffara: *Detalle del paramento de aguas arriba con el paramento escalonado de sillería, en el que se han conservado en total 31 hiladas, de las que las 8 inferiores están formadas por una piedra caliza más dura y de mayor calidad. Esta fábrica presenta grandes analogías con las de las pirámides de las primeras dinastías.*

Sadd-el-Kaffara: *Sección transversal de la presa rota desde el estribo izquierdo. Está formada por un gran núcleo de material fino compactado entre dos espaldones de todo uno de materia grueso, cuyo talud exterior de aguas arriba está revestido por un paramento escalonado de sillería de mediano tamaño. H total = 12 – 14 m.*

Podemos incluso observar ya similitudes con la primera presa construida conocida (o al menos, la primera obra de entidad que puede ser considerada como tal), la presa de *Sadd-el-Kafara* en *Hellwan*, unos 30 km al sur de El Cairo, que data probablemente de finales de la dinastía III o inicios de la IV (2650 a 2600 a.C.). Se trata de una presa de materiales sueltos, que consta de un núcleo de un material limoso fino, encapsulado entre dos espaldones de todo uno de material grueso, con un revestimiento de sillería de mediano tamaño del lado de aguas arriba que forma un paramento escalonado (**8**). La yuxtaposición de muros de diferentes fábricas y con diferente funcionalidad fue perfeccionada en las presas romanas, y encontramos diversos ejemplos en varias presas romanas, de la que el más claro y completo puede ser la presa de la *Virgen del Pilar*, incluso también en las de materiales sueltos, que como en el caso de la presa de época faraónica constaban de un gran terraplén aguas abajo que sustentaba el empuje sobre el muro de fábrica de aguas arriba. Por otra parte, la envergadura de esta presa, con unos 14 m de altura y casi un hectómetro de anchura en la base, anticipaba ya las grandes realizaciones romanas y pudo demostrar la capacidad de realización de los ingenieros de la lejana Antigüedad.

Entre los ejemplos citados anteriormente, hemos incluido también alguna presa micénica (*Kofini*). Sobre las realizaciones de tipo hidráulico en suelo griego, se debe apuntar además la existencia de abastecimientos a ciudades como Tebas, ya incluso en épocas preclásicas (siglos VIII-VII a.C) (**9**), así como otras importantes obras hidráulicas de época clásica y helenística, como el túnel de Eupalinos en Samos (siglo VI a.C.) (**10**). Por ello, y dada la estrecha relación de los romanos con la cultura clásica griega, sobre todo a partir del siglo III a.C., no parece desacertado considerar también a los griegos como fuente de conocimientos para los romanos también en materia hidráulica, ya que incluso contamos con ejemplos como el del fallido sifón de la ciudad Pérgamo, que supone un claro precedente en época helenística de otras realizaciones similares en época romana (**11**), en la que ya fue posible solucionar el problema de la acumulación de aire en los puntos altos de conducciones de este tipo, mediante la realización de un *venter* (obra de fábrica inferior) sensiblemente horizontal.

Hasta ahora hemos venido exponiendo el hecho de que los romanos poseían ya una depurada técnica en la construcción de este tipo de obras anterior a la ocupación de nuestro suelo, deduciendo además cuáles debían haber sido las fuentes de su saber hasta llegar a un desarrollo propio de la técnica de construcción de presas, resultado de la asimilación de la experiencia en la materia de gran parte de los pueblos mediterráneos que Roma fue incorporando a su órbita.

Sin embargo, creemos encontrar también fundadas razones para pensar en la existencia previa de obras hidráulicas hispanas, incluso de presas en algunos casos, mucho antes de la llegada de los romanos a la Península, por lo que es posible que la transmisión de conocimientos no se hubiese realizado en un sólo sentido, sino que se habría establecido un intercambio cultural también en este ámbito entre Roma y los nuevos pueblos hispanos colonizados. De hecho, la tradición hidráulica en las zonas áridas de Hispania debe remontarse a épocas asombrosamente remotas, a juzgar por ciertas referencias, como los trabajos de R.W. Chapman sobre aprovechamientos hidráulicos primitivos en el sudeste español (**12**), que evidencian en las actuales provincias de Almería y Murcia la existencia de restos de pozos, cisternas y galerías y zanjas de captación y almacenamiento de agua, relacionados con las culturas de El Argar y Los Millares, es decir, con una cronología que se mueve entre los años 2500 y 1500 a.C., aproximadamente.

De manera incluso más concreta, podemos citar el trabajo de los hermanos Siret (**13**), en el que se menciona la existencia de un canal de abastecimiento al yacimiento de Los Millares (1800 a.C.) a partir de un manantial cercano, así como una referencia del propio Chapman acerca de la posible existencia de presas de tierra a lo largo de las terrazas de algunos cauces como los ríos Antas y Aguas, que ya fueron cultivadas en aquellas épocas, de la misma manera a cómo lo hicieron casi dos milenios después los propios romanos en las costas de Tripolitania (**14**), donde aterrazaron los cauces de varios ríos estacionales para su posterior aprovechamiento agrícola una vez aterrado su embalse, quizá simplemente prolongando la tradición hidráulica de los pueblos del Norte de África con los que fueron tomando contacto.

Presa de Mala'a: *Antigua presa egipcia (1800 a.C.) reconstruida en el siglo III a.C. y época romana. Tiene un largo muro con contrafuertes del lado de aguas abajo. Fuente: Schnitter,2000.*

Menorca: *Aljibe de época talayótica (1.000-700 a.C:) en el poblado de Trepucó (Mahón, Menorca)*

Deben recordarse en todo caso las conocidas conexiones culturales a lo largo de todo el Mediterráneo ya desde esta época. Están incluso documentados contactos de los pueblos del interior del Valle del Guadalquivir con la cultura micénica desde al menos el siglo XIII a.C. (**15**). Es esta la misma época de la construcción de los más antiguos ejemplos de aprovechamientos hidráulicos, e incluso de presas, conservados en Grecia, en este caso con técnicas aún muy rudimentarias. De esta manera, no sería extraña la existencia de algún ejemplo de estructura del mismo tipo en la zona del sureste español, aunque por el momento no se tenga constancia de ello, ya que éste era parte integrante del ámbito cultural mediterráneo.

Menorca: *Balsa de época talayótica (transición II al I milenio a.C.) en el camino* Cap des Moro *(Santanyi). Fuente: Mascaró*

Podemos completar el conjunto de ejemplos de obras hidráulicas prehistóricas en territorio español con la mención de una numerosa serie de pozos, depósitos y cisternas de época talayótica en las islas Baleares (Mallorca y Menorca), datados en todos los casos en fechas anteriores al primer milenio a.C. (**16**). De este periodo han persistido hasta la actualidad algunas balsas artificiales, como las del poblado de Garonda (Llucmajor, Mallorca), del Cap des Moro (Santanyi), canales como el de Ses Arboces (reducto megalítico de Macarelleta) ó "cocós", apelativo local que reciben unas curiosas estructuras hidráulicas que consisten en depósitos de agua que constan de una excavación en el terreno revestida con mampuestos más o menos regulares, y que han sido relacionados con diversos yacimientos de esta época, como los de Ca'n Boet o Assol de Ca'n Busca (Llucmajor). En todo caso, se encuentran numerosos ejemplos más de este tipo a todo lo largo de las islas de Mallorca y de Menorca principalmente.

A partir de esta serie de obras de épocas remotas, podemos pensar en la existencia de una importante tradición hidráulica en los pueblos que poblaban el Levante y el Sur de España en la época inmediatamente anterior a la llegada de los romanos, que podría incluso haber servido de base a algunas de sus realizaciones posteriores. Existen de hecho antiguas referencias sobre regadíos y aprovechamientos hidráulicos en la región antes de la colonización romana. Así, el geógrafo Estrabón nos habla en el siglo I acerca de los antiguos canales de regadío tartésicos (**17**), lo que indica la existencia de obras hidráulicas prerromanas en el Valle del Guadalquivir y Levante probablemente desde épocas muy remotas, ya que debemos recordar que el apogeo del imperio tartésico coincide con los siglos VII y VI a.C., aunque existió un pueblo ibérico posterior, los turdetanos, que pueden considerarse herederos de su cultura, y que perduraron hasta la primera época del Imperio romano. Por otro lado, contamos también con referencias respecto al hecho de que el Río Táder (Segura) era explotado por los griegos ya desde el siglo IV a.C. (**18**), por lo que vemos que las alusiones a obras hidráulicas prerromanas en toda esta zona son no son un hecho aislado. Finalmente, conocemos también la existencia de algunos rudimentarios abastecimientos de agua a ciertas ciudades iberas como la de Olèrdola (Barcelona), compuestos por una combinación de sistemas de captación de agua de lluvia, canales de transporte y aljibes de almacenamiento (**19**).

Aparte de todos los ejemplos anteriores, quizá poco concretos en lo que se refiere de manera específica a obras de derivación o almacenamiento de agua, existe una referencia clara a la construcción de una acequia de riego en la zona del Valle del Ebro en época tardorrepublicana, en este caso además, en pleno territorio celtibérico. Se trata del famoso Bronce de Botorrita, datado a comienzos del siglo I a.C., en el que se dirime, tanto en lengua latina como en ibera, el litigio entre los *alavonenses*, antiguo pueblo vascón habitante de la zona en la que se sitúa la actual población de Alagón, y los *salduienses*, pueblo celtíbero que habitaba la ciudad de *Salduie* (o *Salduba*), precedente de la futura *Caesaraugusta* (Zaragoza) romana, por la construcción por parte de éstos últimos de una acequia de riego en un terreno que los primeros consideraban como suyo, por lo que se solicita la mediación del senado de *Contrebia Belaisca* (actual Botorrita, en la ribera del Huerva, mucho más romanizada que las anteriores) para la solución del problema (**20**).

Para que los *alavoneneses* se considerasen perjudicados por la construcción de la acequia objeto de disputa, el punto de toma de la misma debería estar situado en una zona que ellos considerasen como propia o de forma que les mermase el caudal del río que ellos debían asimismo aprovechar para sus regadíos, lo cuál les haría pensar que los *salduienses* les escamoteaban el agua. Así, lo más probable es que el punto de derivación se encontrase en el río Jalón, que debía servir en este tiempo de frontera natural entre ambos pueblos. A lo largo del cauce de este río persisten obras de gran antigüedad, aunque es en concreto un azud de derivación de origen muy antiguo, denominado Azud de la Torre de Almozara (**21**), el que en realidad bien podría ser el resultado de las reconstrucciones a lo largo de los siglos de aquella posible presa, debido a que por su situación, sería perfectamente hábil para derivar el agua necesaria hacia los terrenos dependientes de la antigua *Salduie*, situada algunos kilómetros aguas abajo (**22**). Aunque la fábrica de dicha acequia y la presa de cabecera no tiene por qué coincidir ya con la actual, lo cierto es que aquél primitivo punto de toma sí que debía en todo caso situarse en sus inmediaciones, ya que como hemos dicho, la cota a la que se sitúa el azud sobre el Jalón podría servir para el aprovechamiento por parte de los *salduienses*, aparte del hecho de que este cauce posee una entidad sobrada para asegurar el suministro. Lo cierto es que es muy difícil descubrir actualmente en su fábrica materiales de época romana o incluso anterior, aunque también lo es que debe haber sufrido innumerables remodelaciones a lo largo de los años. De hecho, se realizó una profunda reparación en los años 30 (documentada mediante una fecha inscrita en el propio estribo izquierdo de la presa), la cuál habrá afectado probablemente a su estructura original, como suele ocurrir con todos los azudes antiguos, que al final no conservan prácticamente nada de su estructura original. En todo caso, la asignación de un origen ibérico cuenta con grado de probabilidad suficiente como para ser comprobado mediante un estudio de mayor detalle que pueda darlo definitivamente como cierto.

El caso del Bronce de Botorrita es muy similar al del Bronce de Agón, datado durante el siglo I d.C., y por tanto ya en plena época imperial romana. En éste último documento, hallado en una *villa* romana de la localidad zaragozana de Agón, se narra el conflicto entre los pobladores del "Pago de los Galos" con los *segardineneses*, en torno a un dique y un canal de riego.

Almozara: *Azud sobre el río Jalón situado en un punto que bien pudiera ser el del litigio del famoso bronce de Botorrita.*

Estos dos casos son indicativos de la tradición hidráulica existente en el Valle del Ebro ya desde época ibérica y su persistencia a través de la época romana imperial, que probablemente aprovechó parte de los conocimientos adquiridos por los constructores locales en las obras erigidas posteriormente.

Para finalizar con los precedentes a las presas romanas en la zona del Valle del Ebro, debemos mencionar un nuevo posible ejemplo de presa prerromana celtíbera o quizá romana de época republicana, como es el azud del que subsisten restos sobre el cauce del río Huerva en un paraje denominado Las Adulas, próximo a Cuarte de Huerva que según algunos autores podría identificarse como un primitivo abastecimiento a la ciudad de *Salduie* (**23**).

Además de la posible identificación de estas obras hidráulicas prerromanas, precedentes de las posteriores obras romanas en el Valle del Ebro, sí que existe una referencia más directa a una presa de época ibera en la zona del Levante español. Se encuentra en este caso sobre el cauce del río Mijares, en Castellón, muy cerca de la alquería de Vinarragell, en las proximidades de las poblaciones de Burriana y de Villarreal, y fue citada dentro de la obra de N. Mesado de 1974 (**24**).

En realidad, el trabajo de este arqueólogo acerca del antiguo poblamiento ibero en este lugar, describe entre los restos conservados, las ruinas de un dique, del que el autor incluye además algunas fotografías, formado por cuatro hiladas de sillares de grandes dimensiones y labra poco cuidada, unidos entre sí simplemente mediante barro, y que ha identificado con una presa, hecho éste último que quizá podría ser discutible, aunque lo que sí es cierto es que la adscripción de los restos a una época anterior a los romanos es evidente a juzgar por su aspecto y su situación con respecto a los yacimientos adyacentes.

Vinarragell: *Restos de la posible presa prerromana localizados por N.Mesado en el borde del cauce del Mijares (Fuente: Mesado)*

Este autor también basa su hipótesis en la posible relación de los restos del dique con un antiguo canal excavado en parte en la roca, y que fue hallado ligeramente aguas abajo de aquella obra, y que hace que no sea en absoluto descartable la hipótesis de que se trate de una presa, pensando además en la gran extensión de terrenos puestos en regadío que hay en su entorno. Lo cierto es que se hace en principio difícil pensar en una utilidad como azud de derivación similar a la de los existentes aguas arriba del Mijares (azudes de Burriana, Almanzora, Villarreal,...), debido a la proximidad de este punto al mar, lo cual limitaría mucho la superficie a regar debido a la ya escasa cota relativa de la toma. Sin embargo, a pesar de parecer en principio más razonable la ubicación de las más modernas tomas de aguas arriba, lo cierto es que tampoco conocemos las necesidades de riego de aquella época, por lo que no se puede afirmar con rotundidad la imposibilidad de que nos encontremos ante una obra de derivación.

Otra posibilidad para la primitiva utilidad de esta obra sería la de embarcadero, con el fin de situar las naves o barcas de pesca al abrigo del mar. Esta idea, difícil de asimilar en la actualidad debido al escaso caudal con que el Mijares desemboca en el mar, no sería tan descabellada en la Antigüedad, cuando no existían aún la multitud de derivaciones de aguas arriba, que prácticamente sangran su caudal por completo. Por otro lado, debe recordarse el escaso calado de los barcos en la Antigüedad, lo que permitiría que gran cantidad de ríos pudieran ser navegables en sus tramos finales. Además, la realización de un pequeño dique de abrigo sería tarea mucho más fácil que la de una presa que fuese capaz de soportar la fuerza de las aguas de un río con un régimen acusadamente torrencial, en un punto donde además su cauce puede tener una anchura de más de 200 m, lo cuál implicaría un esfuerzo técnico del que no conocemos precedentes en el mundo prerromano hispano, caso de haber sido terminada la obra.

Sin embargo, comprobar todas estas hipótesis en uno u otro sentido no es en la actualidad tarea fácil ya que, a pesar de que el acceso al punto señalado por Mesado en su obra es fácil a través de la red de caminos asfaltados que llegan hasta la propia alquería de Vinarragell, es precisamente una de dichas carreteras, la que se prolonga a lo largo de la margen derecha del Mijares desde este punto hasta la población de Villarreal, la que discurre por encima de lo que debieron ser los restos de la antigua obra. Existe además un vertedero de escombros y residuos sólidos situado al parecer justamente sobre su emplazamiento, o al menos muy cerca del mismo, por lo que aquellos restos de la probable única presa prerromana conocida en la Península, existentes aún a mediados de la década de los 70, habrán quedado si no completamente destruidos, sí desde luego ocultos bajo el relleno actual.

Como decimos, el dique de Vinarragel, a juzgar por las fotos y descripción de Mesado, parecía estar formado simplemente por sillares de grandes dimensiones, poco trabajados y unidos entre sí mediante una rudimentaria argamasa a base de los limos del propio cauce del Mijares, y cuyo aspecto final era similar al de otras construcciones iberas de similares características, como pueden ser las murallas de algunas ciudades del Levante o del Sur peninsular del mismo periodo (por ejemplo las de Ullastret en Gerona, Olèrdola en Barcelona, Nueva Carteya en Córdoba,...).

Bóveda: *Restos de una pequeña obra de derivación en el interior de la provincia de Lugo, dentro de una zona en la que existen numerosos vestigios de época celta y romana, en relación al antiguo templo romano de Santa Eulalia de Bóveda.*

En este sentido, tampoco cabría establecer una correspondencia directa de esta obra con otras posteriores de época romana, las cuáles poseen de hecho una técnica notablemente más avanzada y una concepción mucho más elaborada, ya que la principal característica estructural en las presas romanas de cierta entidad, como cabría denominarse a ésta caso de serlo, es el empleo del hormigón como elemento fundamental de la construcción, tanto desde el punto de vista estructural como de la impermeabilización de la obra, lo cuál supuso un avance importantísimo dentro de la Historia de la Técnica, y sobre todo, en la de las presas. De esta manera, tampoco cabe establecer un paralelismo directo de esta obra con las presas romanas construidas posteriormente, ya que sus características constructivas son muy distintas, al igual que su puesta en obra, aunque por supuesto, guarda las similitudes de concepción comunes a cualquier estructura opuesta a una corriente.

Como conclusión a este capítulo de precedentes a las presas romanas en nuestro suelo, podemos pues decir que, a pesar de que existen ciertas evidencias, o quizá más bien, indicios, de que efectivamente existieron presas de embalse o de derivación en territorio hispano antes del periodo romano, no sabemos deducir aún con total seguridad si su entidad fue lo suficientemente importante como para haber influido en la técnica constructiva utilizada en épocas posteriores, al no conocerse en la actualidad ningún ejemplo claro que pueda atribuirse con certeza a dicho periodo.

Sin embargo, y dado que sí sabemos que los antiguos habitantes de la Península Ibérica contaban con una cultura hidráulica más o menos importante, es muy probable que los romanos se aprovechasen de estos conocimientos en la realización de sus obras posteriores, tal y como hemos constatado que hicieron con el resto de pueblos mediterráneos con los que fueron manteniendo contacto. De hecho, y tal y como veremos en posteriores apartados de la presente obra, parece ser que las más antiguas obras romanas en nuestro suelo, como son parte de las del Valle del Ebro, poseen características distintas a las que tradicionalmente han sido adjudicadas a las presas romanas, lo cuál podría ser indicativo de la influencia de las obras locales que les sirvieron de precedente

REFERENCIAS:

(1) *Datación probable para la primera etapa de construcción de la presa de Almonacid de La Cuba* (Miguel Arenillas Parra et al.: *La presa de Almonacid de La Cuba – Del mundo romano a la Ilustración en la cuenca del Aguas Vivas*; Gobierno de Aragón y MOPT, 1996, pp. 47 y siguientes), *así como quizá la de la presa de Muel (ver aptdo.5 "Estudio sobre las presas romanas más importantes en España").*

(**2**) La presa de Giancos, en la isla italiana de Ponza, ha sido datada recientemente en el s. I a.C. (Roma Archeologica. Quattordicesimo itinerario – Aquae. Il sistema delle acque a Roma. Elio de Rosa Editore. Roma, abril de 2002.

(**3**) Miguel Arenillas Parra et al.: *La presa de Almonacid de La Cuba – Del mundo romano a la Ilustración en la cuenca del Aguas Vivas*; Gobierno de Aragón y MOPT, 1996, pp. 47 y siguientes

(**4**) J.P. Adam: *La construcción romana, materiales y técnicas*; Editorial de Los Oficios. León, 1996, pp. 82 y siguientes.

(**5**) *Guía de la ciudad de Empúries*; Museu d'Arqueologia de Catalunya, 1999.

(**6**) *Dentro del propio recinto de la Neapolis griega de Ampurias, aún se conservan los restos de un horno de cal, que puede ser anterior incluso a la construcción de este muelle.*

(**7**) N.J. Schnitter: "Las Civilizaciones Antiguas", capítulo 1 en *Historia de las presas*, ed. en castellano: Colegio de Ingenieros de Caminos, 2000 (trad. de J. Diez-Cascón y F. Bueno).

(**8**) J. Carlos Castillo, J. Cervelló, M. Orriols, V. Revuelta: "La presa de *Kaffara* en el Valle del Nilo. Aproximación al origen de la Ingeniería Hidráulica", *5º Congreso Nacional Historia de la Construcción*;junio 2007.

(**9**) J. Pascual González (Univ. Autónoma de Madrid): "Tebas, la ciudad de las Siete Puertas (II)", *Revista de Arqueología*, nº209 ;septiembre 1998.

(**10**) C. Sagan: *Cosmos*;, Editorial Planeta 1982; pag. 178. J.P. Adam: *La construcción romana, materiales y técnicas*, Editorial de Los Oficios.León, 1996; p. 261.

(**11**) N. A. Smith: *Attitudes to roman engineering and the question of the inverted siphon.* History of Technology, vol. I. Londres, 1976.

(**12**) R. W. Chapman: "The evidence for prehistoric water control in south-east Spain"; *Journal of Arid Environments*, 1978.

(**13**) H. Siret y L. Siret: *Les premieres Ages du Métal dans le Sud-Est de l'Espagne*; 1887.

(**14**) C. Vita-Finzi: *Romans dams of Tripolitania.* Antiquity, 1961.

(**15**) Exposición: "Argantonio, Rey de Tartessos", Museo Arqueológico Nacional de Madrid, mayo a julio de 2000. *Se encuentra documentado el hallazgo de fragmentos de cerámica micénica del siglo XIII a.C. en las proximidades de Montoro (Córdoba).*

(**16**) J. Mascaró Pasarius: "Antiguos depósitos de aguas de las Islas Baleares (Contribución al conocimiento de la captación y conservación de aguas en los poblados y cuevas de habitación prehistóricos)"; *XI Congreso Nacional de Arqueología.* 1970.

(**17**) J. M. Blázquez et al.: *Historia de España Antigua Tomo II. Hispania Romana*; Cátedra (1988), p. 384. *Citando a Estrabón, se habla de los canales tartésicos e ibéricos.*

(**18**) MOPU, Revista del Ministerio de Obras Públicas y Urbanismo nº378. *Guía de los ríos de España*, julio-agosto de 1990.

(**19**) N. Molist: "Olérdola o 4000 años de Historia"; *Revista de Arqueología*, nº226, 2000. pp. 18 a 29.

(**20**) A. Beltrán: "Yacimiento y bronce de Botorrita"; *Revista de Arqueología*, nº13, 1981. pp. 12 a 17.

J.M. Blázquez: "Presas y regadíos en la Hispania romana. Documentación jurídica y Arqueológica" *Urbanismo y Sociedad en Hispania, capítulo VI.* Itsmo, 1991.

(**21**) Confederación Hidrográfica del Ebro-Ingeniería 75 (M. Arenillas y otros): *Inventario de Obras Hidráulicas Históricas en la cuenca del Ebro en Aragón. Presas y Azudes.* Zaragoza, 1999.

(**22**) *Recientemente ha aparecido en la interesante página web* Traianus.es *un artículo que da a conocer un trabajo anterior sobre los abastecimientos romanos a Zaragoza, que sirve de claro apoyo a esta hipótesis, puesto que llegaba exactamente a estas mismas conclusiones, aportando detalles de cómo este antiguo conjunto hidráulico podría haber servido además como toma para uno de los posibles abastecimientos de agua a la ciudad de Salduie, futura Caesaraugusta:* José Carlos Abadía : "Algunos comentarios sobre el abastecimiento de agua a Caesaraugusta". *Traianus*, 2001

(**23**) José Carlos Abadía : "Algunos comentarios sobre el abastecimiento de agua a Caesaraugusta". *Traianus*, 2001.

(**24**) N. Mesado Oliver: *Vinaragell (Burriana, Castellón)*; Valencia, 1974. *Esta zona parece fue de intensiva explotación de regadío en la Antigüedad* (J.M.Donate: *Riegos romanos del Mijares*, 1966).

3.- LAS PRESAS ROMANAS EN ESPAÑA. FUNCIONALIDAD Y DISTRIBUCIÓN A LO LARGO DEL TERRITORIO.

Las presas no son, ni eran en época romana, obras aisladas, sino que ya en esta época formaban parte de sistemas en ocasiones realmente complejos de los que constituían el primer elemento; un elemento estructural con la función de retener, regular y derivar el agua necesaria hacia la conducción: constituía el llamado *caput aquae* del acueducto. Esta conducción podía llegar a tener grandes longitudes, contando a menudo con *piscinas limarias* (decantadores), pozos de caída y depósitos intermedios (a veces de partición) hasta llegar a la ciudad, donde se distribuía el agua a partir del depósito terminal (*castellum aquae*) de manera proporcional a cada uno de los usos a los que se destinaba. Debemos recordar que las presas también parte del sistema de abastecimiento de la ciudad de Roma, aunque lo cierto es que parece que fue en las provincias donde los romanos desarrollaron principalmente su actividad constructora.

Para comprender las razones que impulsaron a los romanos a acometer su realización de manera sistemática, es necesario hacer un repaso a los ambiciosos sistemas hidráulicos de los que formaban parte las presas. Lo cierto es que la existencia de un acueducto tampoco va sistemáticamente emparejada con la de una presa o un azud de derivación, ya que en numerosas ocasiones su cabecera está constituida por una captación de otro tipo, como a partir de un manantial o una galería subterránea. Quizá el ejemplo más representativo de esté último tipo de sistema hidráulico con que contamos en España es el acueducto de San Lázaro en Mérida, con la captación de Rabo de Buey al pie de la Sierra de Carija a partir de una red de galerías.

El conjunto de acueductos romanos más importante del mundo es, por supuesto, el de la ciudad de Roma, siendo además el que mejor ha sido estudiado hasta el momento. Sin embargo, no parece que sus constructores buscasen la captación mediante una presa, salvo en algún caso excepcional que más adelante explicaremos. En el caso de Roma contamos además con ejemplos que abarcan prácticamente todo el periodo republicano e imperial, desde el s. IV a.C. hasta el s. III d.C. A continuación se incluye una relación ordenada según sus fechas de construcción, gran parte de ellas conocidas a través de Frontino:

- *Aqua Appia*, año 312 a.C.; 16,5 Km. de longitud.
- *Anio Vetus,* año 272 a.C.; 63,6 Km. de longitud.
- *Aqua Marcia,* año 144 a.C.; 91,4 Km. de longitud.
- *Aqua Tepula* año 125 a.C.; 17,7 Km. de longitud.
- *Aqua Iulia,* año 33 a.C.; aprovechaba parte del anterior; 22,8 Km
- *Aqua Virgo,* año 19 a.C.; 20,9 Km de longitud.
- *Aqua Alsietina,* año 2 a.C. (época de Augusto); 32,8 Km
- *Aqua Claudia,* año 38-52 d.C (Caligula-Claudio). 68,7 Km de longitud
- *Anio Novus,* año 52 d.C. 86,9 Km de longitud.
- *Aqua Traiana,* año 109 d.C.; 44,2 Km de longitud.
- *Aqua Alexandriana*, año 226 d.C; 22 Km longitud.

A todos estos acueductos hay que añadir algunos otros canales secundarios como los llamados *Aqua Antonina, Aqua Septemiana*, etc.., que son en realidad ramales de derivación a partir de los anteriores. No es muy frecuente la derivación directa a partir del cauce de un río, ya que de todos ellos sólo sabemos que tuvieron como cabecera una presa la del *Anio Vetus* y la del *Anio Novo*. Éste último fue además reparado en época de Trajano desviando su tramo inicial hasta la presa de Subiaco, construida en época de Nerón con fines meramente recreativos (**1**), para sustituir a la toma original sobre el mismo río construida en época de Claudio, quizá porque en éste último caso se trataba de un simple azud de derivación (**2**) que no era capaz de reducir la concentración de las suspensiones de la corriente, por lo que se intentó aprovechar la capacidad de decantación de una presa de gran altura. Aunque es posible que la causa original de su destrucción fuese una gran riada, esta presa parece que fue totalmente desmantelada en la Edad Media por los monjes del monasterio cercano de Sacro Speco con el fin de reutilizar sus sillares, por lo que no ha llegado hasta nosotros prácticamente resto alguno, salvo parte del aliviadero del estribo derecho y un fresco en el propio monasterio, anterior al final de la presa, acaecida en el año 1305 (**3**).

En numerosas ocasiones las conducciones romanas circulan durante largos tramos bajo tierra (sobre todo en las primeras épocas), aunque también sobre muros de fábrica o series de arcadas (*arquatonibus*). En todo caso, su canal sigue por lo general los patrones reflejados en los *Diez Libros* de Vitrubio (**4**), donde se dan ciertas reglas prácticas a cumplir para la construcción de estos artificios, entre las que están las pendientes máximas y mínimas deseables. A pesar de que se recomiendan *specus* con pendientes de un 0,5 % para una rápida circulación del agua, es este en realidad un valor muy elevado que no es posible cumplir en la mayoría de los casos, encontrándonos en ocasiones valores hasta 10 ó 20 veces menores (Pont du Gard), lo que por otra parte indica claramente la perfección alcanzada ya por los instrumentos topográficos y de medida romanos: *gromas, dioptras* y *chorobates* (**5**). Estas conducciones solían estar protegidas de la luz para preservar su salubridad, cuidándose en gran medida su interior, revestido generalmente por una capa de *opus signinum* que daba una gran lisura a las paredes, mejoraba la circulación del agua y evitaba depósitos y concreciones, sobre todo en las aristas, cubiertas a menudo por cordones en las esquinas que previenen deposiciones y facilitan su mantenimiento.

Acueducto de Sevilla: *Los acueductos formaban parte del patrimonio de gran parte de las ciudades con un mínimo de importancia dentro del Imperio. De hecho, han sido parte importante dentro del tejido urbanístico de muchas ciudades españolas hasta épocas contemporáneas. Es el caso de Sevilla, la antigua Hispalis, a la que pertenece el presente grabado del siglo XVIII, en que aparece su acueducto al fondo a la derecha en el nombre de Los Caños de Carmona, que en aquella época contaba según Fernández Casado con unas 430 arcadas de ladrillo, en ciertas zonas en dos pisos. Este número se vió reducido a lo largo del tiempo hasta llegar a los 401, con una longitud de 1636 m., aún en 1918. La irresponsable expansión urbanística a lo largo del reciente siglo hizo que desde hace unos cincuenta años no nos queden más que 5 de aquel medio millar de arcos.*

Los romanos fueron capaces de extender sus conocimientos técnicos por todo el territorio que llegaron a controlar en su expansión política, por lo que además de las conducciones que abastecían a la metrópoli, encontramos también numerosos ejemplos de importantes acueductos a todo lo largo del Imperio, incluso en las provincias más periféricas, como Arabia, Germania o Britania. Los más importantes serían los siguientes (**6**):

Galia: Nîmes (con la impresionante arcada del *Pont du Gard*, quizá el más famoso acueducto romano), París, Frejús, Lyon, Arlés, Burdeos, Poitiers, Perdigueux, Estrasburgo, Cahors, St. Bertrand, Toulouse, ...

Grecia: Atenas, Éfeso (uno de los más bellos acueductos romanos), Patras, etc... (existen acueductos no romanos de épocas preclásica, clásica y helenística).

Germania: Main, Metz, Ginebra, Basel, Trier, y sobre todo, Colonia.

Tracia y Anatolia: Pérgamo (que incluye en su trazado el famoso sifón de época helenística), Side, Antioquía y Cesarea. En esta región (y quizá en todo el mundo antiguo) el acueducto más importante pudo ser el de Constantinopla, si hacemos caso a recientes investigaciones británicas, que le atribuyen un total de 450 Km de longitud, con diversos tramos sobre arcadas y en túnel (**7**).

Dalmacia: Plovdiv, Nikjup y Sillistra.

Tripolitania: Constantina, Túnez, Chentou, Kasserine, y sobre todo Cartago, con una longitud de 132 Km. y una bella leyenda acerca de su origen (**8**).

Italia: Pompeya, Puzzoli, etc.

Britania: Lincoln, Dorchester y Wroxeter.

La antigua ***Hispania*** cuenta también con numerosos ejemplos de acueductos de abastecimiento urbano, muchos de los cuáles fueron objeto de estudio en la imprescindible obra de Fernández Casado, que ha servido de inicio a otros relevantes autores (**9**). Existen además numerosos ejemplos de abastecimientos rurales relacionados con *villae* agrarias que merecen mención aparte dentro de la descripción. Entre los acueductos urbanos se encuentran como más destacados y mejor conocidos los de **Segovia** y **Tarragona**, que pueden considerarse integrantes del grupo de acueductos romanos más importantes y mejor conservados del mundo.

Acueducto de Segovia: *El más conocido de los acueductos Ha sido datado por diversos autores al inicio del siglo II d.C. en el principado de Trajano Está formado por grandes sillares graníticos colocados a hueso y sus aguas provienen de la Fuenfría, a más de 16 Km de Segovia.*

Acueducto de Las Ferreras: *ó Pont del Diable, en Tarragona. Es, junto con el de Segovia, el más monumental acueducto romano conservado en España, y además uno de los más antiguos, puesto que ha sido datado en época augustea. El origen del agua que portaba no es conocido con exactitud, pero ha sido situado sobre el Francolí a la altura de El Rourell. Fuente: Ruiz Acevedo y Delgado Béjar, 1992.*

Además de estos dos ejemplos principales, conocemos sobre nuestro suelo numerosos ejemplos de construcción hidráulica romana, entre los que no podemos pasar por alto los siguientes acueductos:

> Los tres acueductos de **Mérida** (Los Milagros, San Lázaro y la conducción de Cornalbo, *Aqua Augusta*), el de **Toledo**, los dos de **Barcelona**, el de *Calagurris* (**Calahorra**, del que forma parte el tramo sobre arcos conocido como Acueducto de Alcanadre-Lodosa), **Chelva**, **Sádaba**, **Valencia de Alcántara**, **Segóbriga**, *Consaburum* (**Consuegra**), **Tiermes**, *Uxama* (**Burgo de Osma**), *Lucus Augusta* (**Lugo**), *Baetulo* (**Badalona**), *Caesaraugusta* (**Zaragoza**, donde en realidad pudo haber hasta cuatro (**10**), pero hasta ahora practicamente desconocidos), *Andelos* (Muruzábal de **Andión**, Navarra), *Cartago Nova* (**Cartagena**. En este caso, sólo conocido por referencias o acuñaciones de monedas), **Arévalo**, etc..., al margen de otras conducciones aun no suficientemente identificadas como las de **Albarracin** o el acueducto del **Guadalerzas** (o Fuentesecas), en la provincia de Toledo, relacionado por algunos autores con la población de Urda o con la propia Consuegra (**11**).

Aparte de todas estas poblaciones, en la provincia de la *Baetica* en concreto, aparece una multitud acueductos, algunos conocidos y otros de los que simplemente existen referencias o inscripciones antiguas (**12**). Entre ellos mencionaremos los de:

> *Hispalis* (**Sevilla**), *Itálica* (**Santiponce**), *Sexi* (**Almuñecar**), los tres de *Baelo Claudia* (**Bolonia**), importante factoría pesquera, *Gades* (**Cadiz**), **Córdoba** (con dos o incluso tres acueductos de distintas épocas), *Iliberris, Celti, Ilipla, Lacipo, Ocurri, Singilia, Mellaria, Ucubi, Urso* (**Osuna**), *Igabrum* (**Cabra**), *Ilugo* (**Santisteban del Puerto**), *Acci, Astigi* (**Écija**), *Aurgi* (**Jaén**), **Alcalá la Real**, *Malaca* (**Málaga**), *Arva, Urci*, **Manilva** y finalmente, **Granada**, cuya conducción fue descrita de manera somera por Fernández Casado (aportando incluso fotos antiguas de algunas obras de paso), pero cuya traza, si no perdida, parece actualmente difícil de redescubrir (**13**).

De esta manera, y a modo de resumen, contamos al menos con 26 ciudades con acueductos dentro de la *Baetica* que, unidas a las del resto de ciudades de *Hispania*, hace un total de al menos **50** acueductos romanos urbanos. De todo ello se concluye que el abastecimiento de agua a las ciudades romanas por medio de acueductos de mayor o menor envergadura, era un hecho totalmente habitual y se encontraba completamente extendido a lo largo de toda la geografía hispana. De todo el conjunto de obras mencionadas, existen además varios acueductos que poseen longitudes realmente importantes, como el de Cadiz, con 60 Km de longitud, el de Toledo con más de 30, y varios de ellos con longitudes entre 15 y 30 Km, como los de Tarragona, Cornalbo en Mérida, Segovia, etc., que demuestran una ambiciosa planificación basada en un profundo conocimiento del medio.

Acueducto de San Lázaro: Grabado de Laborde, realizado a comienzos del siglo XIX, de las ruinas del acueducto emeritense. Como vemos, la obra se encontraba ya arruinada probablemente desde antiguo, como prueba su reconstrucción del siglo XV.

Acueducto de San Lázaro: Aspecto actual de los únicos restos conservados. Podemos observar las diferencias entre las fábricas de los dos órdenes de arcos, correspondientes con toda probabilidad a dos etapas constructivas diferentes.

Conocemos además algunas inscripciones que hacen referencia a la construcción de otros sistemas hidráulicos por parte de los romanos, como por ejemplo el Bronce de Agón, datado a finales del siglo I d.C., en el que se habla de la construcción de un dique y un acueducto no identificado todavía, en el denominado *Pago de los Galos* (**14**), lugar cercano a la actual localidad de Mallén, en la provincia de Zaragoza, muy próximo al propio Ebro, en la cuenca del Huecha. En este río aún se conservan diversas presas muy antiguas, alguna de las cuales podría incluso corresponderse precisamente con la de esta referencia. La inscripción de Agón, así como algunos casos de abastecimientos ya estudiados (como los de Segovia o Córdoba), nos demuestran que ya desde épocas muy tempranas los sistemas hidráulicos hispanos estaban relacionados con la construcción de presas, por lo que podría darse la circunstancia de que, además de los casos ya conocidos, muchas de las conducciones romanas que aún están poco estudiadas tuviesen en origen una captación de este tipo. A la vista de estos datos, podemos deducir la importancia de la presa como elemento de captación dentro de los complejos hidráulicos romanos.

Es precisamente en el caso concreto de las provincias hispanas donde nos encontramos con que realmente en muchas de las conducciones anteriormente mencionadas la toma está constituida por una presa, al contrario de lo que suele ocurrir en Italia, donde conocemos muy pocos casos, ya que siempre se buscaba de manera preferente los nacimientos o manantiales naturales, o se captaba el agua mediante galerías subterráneas, tendencia que por otro lado también se ha observado en los sistemas hidráulicos hispanos, que aprovechaban las aguas del subálveo siempre que era posible. Sin embargo, algunas de las conducciones hispanas que hemos venido mencionando con anterioridad partían de una estructura opuesta a un cauce de cierta entidad, y en ocasiones ésta no constituía solamente un mero desvío, como en Segovia o Tarragona, sino que llegaban a ser importantes presas de embalse, como las que servían de cabecera a los acueductos de ciudades tan importantes como Mérida, Toledo o Zaragoza. Ello, por un lado demuestra la pérdida de escrúpulos por parte de los romanos a realizar, al menos en sus colonias, obras que se opusieran al natural discurrir de las aguas y por otro, muestra la rápida adaptación de los ingenieros latinos a las especiales condiciones hidrológicas de los ríos de nuestra Península. Aún así, sí parece observarse una tendencia inicial a la realización de simples azudes de derivación (Segovia, Córdoba,...), ya que las grandes presas de embalse (aparte del caso particular del Valle del Ebro) parecen ser algo posteriores; al menos de finales del siglo I d.C. o principios del siglo II d.C.

Proserpina: *Aspecto del canal que parte de la presa en el cruce de una vaguada ya próxima a la ciudad.*

A veces, las presas formaban parte de sistemas tan complejos y avanzados técnicamente como el del acueducto de Albarracín, quizá el primer ejemplo conocido de obra de trasvase entre dos cuencas de importancia, en este caso, de la cuenca del Júcar (el blanco río Guadalaviar) a la del Ebro (a la cabecera del irregular Jiloca). Esta todavía poco conocida obra partía de una presa, quizá en el mismo lugar que la del Molino de Santa Croche, aún conservada, y discurría durante casi un total de 25 Km alternando tramos de canal al aire libre con galerías excavadas en la roca de las laderas, con un tramo en túnel desde Gea de Albarracín hasta Cella (**15**). Esta importante conducción, datada con cierta aproximación en la segunda mitad del siglo I d.C., y cuya función no ha sido discernida con total seguridad, guarda grandes paralelismos con otros abastecimientos urbanos de la misma época, como los de Segóbriga o Tiermes, o el imponente acueducto de Peña Cortada, en Chelva (Valencia).

En los casos de abastecimiento a ciudades, donde la demanda de consumo era prioritariamente humana, se denota una clara tendencia a la captación de aguas limpias y con un grado de pureza similar a la que se pudiera hallar en un manantial natural, por lo que la ubicación de las presas de cabecera suele encontrarse en cotas altas, cerca de los nacimientos de los ríos y tomando del cauce que mejor pudiera servir a estos propósitos por sus condiciones de pureza y regularidad de aportaciones. De esta manera, observamos como por ejemplo en Segovia se construye una presa de captación a una cota cercana a la 1.300, en la cuenca alta de un arroyo que recorre los pinares de la vertiente norte de la Fuenfría, bastante antes de desembocar en el valle abierto, justo antes de cuyo punto podría haberse realizado igualmente y con gran ahorro de recorrido de acueducto (en la actualidad se encuentra en este lugar el embalse de Revenga). Lo mismo ocurre con el primer abastecimiento de Córdoba (acueducto de Valdepuentes), donde, a pesar de las dificultades técnicas que implicaría la posterior conducción por una ladera de enorme pendiente, se realiza la toma principal en la zona de Santa María de Trassierra, en la cuenca alta del Arroyo del Bejarano, cuyo cauce recorre los bosques al norte de la ciudad de Córdoba y que va a desaguar a la vertiente opuesta del valle del Guadalquivir, cuando quizá hubiese sido más fácil captar aguas de arroyos de esta misma vertiente, como de hecho hacen los otros dos acueductos romanos posteriores, quizá porque no les quedaban ya otros recursos por explotar.

Acueducto de Cádiz: *Dos aspectos de los restos de la que fue probablemente la conducción de época romana de mayor longitud de la Península, con aproximadamente 60 Km La primera foto muestra los restos de una antigua obra de paso en el Llano de los Arquillos, mientras que en la segunda podemos ver el aspecto de algunas piezas de piedra machihembradas que servían como conducción en presión a lo largo de los terrenos semiinundados de las marismas de la Bahía de Cádiz, y que aún existían recientemente en la playa a la entrada de la capital gaditana y podían verse en bajamar. Fuente: Fierro Cubiella, 1989.*

Acueducto de Barcelona: *Punto final de entrada a la ciudad en la plaza de la Catedral, con un arco reconstruido del segundo acueducto. Se observan además restos de la fábrica del primero en la zona de la hornacina instalada en la fachada de la Torre del Arcediano (siglo IV d.C.), en cuyo interior se conservan los cimientos de al menos uno de los arcos de cada acueducto.Cada fase de dicho acueducto doble fue realizada en época distinta, y con toda probabilidad, contaría con diferente toma. Según las referencias antiguas existentes, el primero de ellos aprovecharía un manantial en la ladera del Tibidabo, mientras que el más moderno contaría con una toma en alguno de los cauces tributarios del cercano río Besós.*

Debemos suponer que estas tomas que pretenden ser lo más parecido a un manantial natural, ya que como hemos visto en el caso de los abastecimientos a la ciudad de Roma, los ingenieros de la época parecían tener problemas con las aguas captadas a partir de aguas superficiales. Todo parece indicar que existe una tradición constructiva romana, quizá relacionada con las creencias religiosas, que consistía en realizar tomas de agua o bien a partir de aguas subterráneas mediante galerías, o bien a partir de manantiales o nacederos naturales, donde según su tradición habitaba el genio del río (recuérdese la construcción de ninfeos en relación con los manantiales y la ceremonia que rodeaba a dichos monumentos y al nacimiento de agua en sí). Todo ello se añade a la creencia de que el agua era más pura en cabecera que en el curso medio (opinión basada en la observación de la realidad) y podía servir mejor al fin perseguido, sobre todo si éste consistía en el abastecimiento a una población. Esta creencia está fundamentada en su propia experiencia en el abastecimiento a la ciudad de Roma, puesto que según la referencia anterior, debemos fijarnos en que la única conducción de la que se conoce con certeza que contaba en origen con una presa en su cabecera, la del Anio Vetus (aunque en realidad también debía poseerla el Anio Novo, ya de época de Claudio), estaba muy poco considerada debido a la escasa pureza de su agua, a decir de Frontino: *"(...) turbias la mayor parte del año debido al propio discurrir de la corriente del Anio (...) a pesar de que éste provenía de unas fuentes purísimas...".* Así, debe señalarse cómo a partir de la construcción del Aqua Marcia, el agua del Anio Vetus fue dedicada a la irrigación de jardines y a "*servicios menos nobles*", función que coincide significativamente con la del Aqua Alsietina (ya del 2 a.C.), que tomaba las aguas del Lago Martignano (antes Alsietino), estancadas y también de poca calidad, y servía para abastecer de agua a la Naumaquia (coliseo de batallas navales) pero en un principio, no a consumo humano.

Este hecho contrasta con la consideración con que contaba entre los romanos la mencionada Aqua Marcia, del 144 a.C., el más largo de todos los acueductos de Roma (91 km.), ya que llegaba hasta unas fuentes en la cabecera del propio río Anio, y que a decir de todos los autores, sus aguas resultaban de una calidad insuperable (**16**). De esta manera creemos deducir las razones por las que tradicionalmente los romanos procuraban evitar en lo posible un corte en la corriente y un estancamiento en el discurrir del agua, que tan malos resultados les había dado tradicionalmente por la incapacidad de depurar este agua embalsada mediante una simple decantación (lo cierto es que en varios de estos acueductos existían *piscinas limarias*), y en cambio se remontaban hasta el propio nacimiento de la corriente o en su caso, realizaban una toma a gran altura. Este hecho es más evidente en su propio territorio de origen, mientras que en las provincias no italianas son más frecuentes las obras de toma a partir de un embalse o una derivación.

Balsa de Cella: *Ejemplo de balsa de acumulación atribuida a época romana en la cabecera del Jiloca, cercana a Teruel capital, que se alimenta de una surgencia cuyas aguas aún son aprovechadas en la actualidad. Su posible relación con el trasvase desde la cuenca del Guadalaviar a través del acueducto de Albarracín, recientemente investigado, aún no ha sido determinada.*

Acueducto de Albarracín (canal del Guadalaviar): *Tramo de túnel excavado en la roca de la ladera izquierda de la cuenca alta del Turia, perteneciente a un importante acueducto que partía de las inmediaciones del Molino de Santa Croche y servía de trasvase entre esta cuenca y la del Ebro, puesto que el tramo en túnel final iba a parar a la cabecera del Jiloca, en las proximidades de Cella.*

Además, la Península Itálica contaba a priori con una más amplia infraestructura, no sólo hidráulica sino también de comunicaciones, lo cual permitiría además especular mejor con las posibles traídas de agua. Sin embargo, en el caso de Hispania nos encontramos con un territorio recién conquistado que no cuenta en principio con infraestructura alguna, y al que debe dotarse rápidamente de los elementos necesarios tanto para su comunicación como para su abastecimiento, razón quizá por la que nos encontramos con numerosas presas que son planificadas y construidas desde el comienzo del periodo imperial.

Por el contrario, es también fácil de observar la tendencia a captar a partir de manantiales o del curso más alto posible de los ríos siempre que ello era posible. Ésta puede ser precisamente la razón que explique, tanto la longitud de las conducciones de abastecimiento a Córdoba y Segovia, antes mencionadas, como también a de la ciudad de Toledo, cuya gran presa de embalse en cabecera, la presa de Alcantarilla, podría haber sido realizada con total seguridad mucho más cerca de la ciudad y sobre el mismo río, donde está el actual embalse del Guajaraz, ahorrándose así quizá más de 20 km. de conducción. Su situación no parte ni de un desconocimiento del territorio, ampliamente recorrido ya a finales del siglo I a.C., ni tampoco de la incapacidad técnica de sus constructores, que ya habían demostrado una enorme precisión en la nivelación de las obras de conducción hidráulica desde épocas anteriores a ésta.

Lo cierto es que en este último caso no debe ser ésta la única causa de la longitud del acueducto, puesto que los romanos tampoco llegaron hasta la propia cabecera del Guajaraz. Quizá debamos buscar otra razón, como una prevención a las crecidas de los ríos, más intensas por supuesto en los tramos medios de los ríos, ya que debemos señalar cómo la mayoría de las presas romanas no contaban con elementos eficientes de evacuación de las crecidas. Además, en la mayor parte de los casos poseían una deficiente cimentación, ya que los ingenieros de la época no parecían tener un criterio claro en este sentido, y da la impresión de que les bastase el simple apoyo sobre el terreno en la mayoría de los casos. La ruina de algunas obras, siempre muy costosas si se trataba de presas importantes, les habría llevado a huir en lo posible de las avenidas, ya que no eran capaces de prever su magnitud ni de contrarrestar sus efectos con una estructura competente, lo que deriva en la realización de obras en ocasiones muy alejadas del punto de consumo, y como consecuencia les podría obligar incluso a la realización de trasvases, como en la propia presa de Alcantarilla, para contar con una cuenca suficiente para el llenado del embalse necesario.

Por lo que se refiere al tamaño de las presas, las captaciones que implican obras de pequeña envergadura, parecen formar parte generalmente de los sistemas hidráulicos mas antiguos, quizá hasta finales del s. I d.C., fecha de construcción asignada a la presa de Alcantarilla (**17**), ya que aunque existen grandes embalses anteriores, a partir de esta fecha parece perderse el miedo a realizar estructuras opuestas a una corriente de agua, aunque como decimos solía escogerse una de poca importancia o con escasa cuenca. Así, comienza la construcción de grandes presas de embalse en valles abiertos, a la vez que se generaliza por otro lado la realización de presas de menor tamaño en relación con las explotaciones agrarias. El hecho de que en el Valle del Ebro existan grandes obras de embalse opuestas a cauces de cierta importancia, podría explicarse primero, porque esta zona ya contaba con una experiencia previa que compensase los prejuicios iniciales de los romanos y además, porque todavía no tenían los reparos inducidos por los fracasos sufridos en la construcción de grandes presas, ya que hasta entonces no habían sido levantadas en zona bajo influencia romana

Acueducto de Alcanadre-Lodosa: *Importante acueducto urbano que servía de cruce sobre el Ebro para el abastecimiento a la Calagurris romana (actual Calahorra), cuya cabecera puede ser asociada a diversas obras. En primer término vemos el tramo de paramento reconstruido, mientras que al fondo observamos diversos arcos derruidos, que fueron volados para construir la carretera de Lodosa a Mendavia, aprovechados para machaqueo como árido cercano y barato.*

Acueducto de Chelva: *Monumental tramo sobre arcadas que ha permitido datar el acueducto en la primera mitad del siglo I d.C. Justo tras esta obra de paso, de 33 m. de altura sobre el fondo del valle se encuentra la no menos impresionante Peña Cortada.*

De hecho, contamos con evidencias de la construcción de sistemas hidráulicos en los antiguos territorios celtibéricos antes de la dominación romana imperial (**18**), ya que es muy probable que los cartagineses introdujeran en el sur de España los regadíos y otros sistemas de cultivo muy avanzados que poseían en todo el Norte de África, Cartago incluido, y que probablemente proviniesen de los desarrollados en el antiguo Egipto y continuados por la dinastía de los Ptolomeos (**19**). La continuación de esta práctica en la realización de abastecimientos de agua por parte de ingenieros locales ya en época romana es indicativa de una transmisión de conocimientos entre éstos y los colonos itálicos. En este sentido, contamos con la referencia de la construcción del acueducto que abastecía a la ciudad de Segóbriga por parte de un maestro hispano, *Belcilesus* en una época temprana como el siglo I d.C. (**20**), centuria en la que se encuentran datadas la mayor parte de las obras públicas romanas de este enclave.

Parece ser que a partir del siglo II d.C. era ya una práctica habitual la realización de sistemas de abastecimiento a ciudades mediante tomas a partir de presas en cabecera, al menos en el ámbito de las colonias como Hispania, a la que se reduce el ámbito de nuestro estudio. Este hecho viene corroborado no sólo por el conjunto de ejemplos anteriormente descritos, sino también por la existencia de presas de embalse en la toma de conducciones de agua a otras ciudades del norte de Africa, como por ejemplo a la famosa *Leptis Magna*, cuna de la dinastía de los Severos, quienes fueron precisamente los artífices de su gran esplendor y que construyeron durante los s II y III d.C. (sobre todo con Septimio Severo) una serie de presas relacionadas con el riego, la agricultura y el abastecimiento a la ciudad sobre los tres cauces más importantes que flanquean la ciudad: el *wadi Caam*, el *wadi Megenin* y el *wadi Lebda* (**21**). Fue justamente en este último donde se realizó una presa de contrafuertes que abastecía a dos de las cisternas de la ciudad, mientras que sobre la primera de estas ramblas fue construida otra presa que servía de cabecera al principal abastecimiento urbano. Estas obras llegaron a tener dimensiones muy importantes, alcanzando alturas máximas de siete metros para longitudes de incluso de más de un kilómetro.

Además de los importantes abastecimientos urbanos que venimos describiendo, debemos reservar también algo de espacio para hablar de los sistemas hidráulicos rurales, más modestos, de menor envergadura, pero que no sólo servían para fines agropecuarios como el regadío, el abrevadero para animales, etc., sino que en ocasiones eran la cabecera de pequeños acueductos de abastecimiento a *villae* o núcleos de población rurales, de importancia secundaria, pero que a veces podían contar incluso con importantes complejos termales. Entre estos últimos conocemos en España diversos ejemplos, de los que algunos se encuentran (como no) en las proximidades de Mérida, como el que partía de la presa de la Vega de Santa María (que presenta por otra parte algunas similitudes constructivas con las presas de *Leptis Magna*), que servía a una *villa* que podría haber tenido unas termas, o las presas de El Peral o El Hinojal, que se encontraban asociadas a pequeños núcleos rurales situados aguas abajo de las mismas. Es posible incluso, y es la teoría más comúnmente aceptada, que la presa romana de Esparragalejo fuese la cabecera de un acueducto que sirviese a otro pequeño núcleo rural asociado a alguna explotación agrícola, aunque en la actualidad quedan restos muy escasos del primitivo acueducto en la margen izquierda del arroyo, ya que sólo se conserva el primer arco de lo que debió ser el comienzo de la conducción elevada.

Acueducto de Sádaba *ó de Los Bañales: Acueducto para abastecimiento urbano y termal con un marcado carácter rural arcaico. Estaba formado por una serie de pilares a base de grandes sillares superpuestos, que sostenían un canal de madera, reforzado con seguridad por una serie de jabalcones, también de madera, apoyados en los propios pilares. Fuente: Arenillas et al.*

***Acueducto de Sant Jaume dels Domenys:** Acueducto romano de época bajoimperial en Cataluña, datado ya en el siglo IV d.C. y asociado también a una villa. Los arcos se encuentran formados en este caso por un tipo tosco de argamasa.*

No es sólo en la campiña emeritense, densamente poblada en el periodo romano, donde encontramos restos de abastecimientos de agua rurales, sino que también son conocidos otros ejemplos a lo largo de toda la geografía hispana, como en Levante, donde se sabe de la existencia de un acueducto hacia la *villa* romana de Lorqui cuya toma podría haberse situado sobre el Segura (**22**). Además de éste, contamos con varios ejemplos en la actual Cataluña, como el acueducto de Sant Jaume dels Domenys (Tarragona), del s IV d.C. (**23**), del cuál se conservan importantes restos tanto de la conducción como del último tramo sobre arcos, y cuya toma posiblemente se situaría sobre la cercana ribera de Cornudella. Otro ejemplo próximo es el acueducto de Ca'n Cua (datado aproximadamente en el s III d.C.) (**24**), asociado a la conducción de abastecimiento a un núcleo rural germen de la actual Pineda de Mar (Barcelona), que tomaba de una presa situada dentro de la masía de Ca la Verda. Por último, contamos con ejemplos de abastecimientos rurales también a lo largo del valle del Ebro, como por ejemplo la presa de Villafranca, que pudo servir a una *mansio* de las situadas a lo largo de la vía entre Sagunto y Zaragoza, o como el acueducto de Sádaba, al cual estaban asociadas al menos otras dos presas (la de Puy Foradado o Cubalmena y la del Puente del Diablo), y que servía para dar servicio a la *mansio* de *Aquae Atilianae*, es decir, al yacimiento de los Bañales que, como se deduce de su nombre, contaba también con un complejo termal.

Vemos así que los romanos generalizaron los sistemas de abastecimiento de agua incluso en núcleos de población rurales de pequeño tamaño, realizando grandes esfuerzos constructivos para llevar el agua a simples *villae* con cortas necesidades de suministro, de las que nos queda un mayor número de ejemplos de épocas tardías, en las que el mundo rural adquirió una mayor preeminencia, manteniendo como vemos altos estándares de nivel de vida y salubridad basados siempre en la abundancia de agua. Por otro lado, es importante destacar la relación directa de las presas con gran parte de estos sistemas de abastecimiento, de los que es el acueducto sobre arcos (*arquationibus*) el elemento más conocido pero no el más importante de la cultura del agua impulsada por los romanos, ya que sin un elemento regulador en cabecera, en numerosas ocasiones habría resultado inútil la construcción de estas costosas conducciones.

Finalmente, debemos mencionar los acueductos asociados a explotaciones industriales, algunas de las cuales poseen también presas en su cabecera. Dentro de este tipo de abastecimientos, recordaremos en primer lugar los relacionados con la industria de salazón de pescado, que cuenta con muestras tan famosas como las de los acueductos de Bolonia, en Cádiz, o de Almuñecar, en Granada (sobre cuya toma no está claro aún si estuvo constituida por una presa o por una serie de galerías de captación subterráneas), aparte del ejemplo más modesto de la conducción de S'Argamassa hasta la factoría de Es Caná en Santa Eulalia del Río (Ibiza) que parece que sí contó en este caso con un azud de derivación en cabecera (**25**).

Dentro de los acueductos con fines industriales, no podemos pasar por alto los relacionados con la minería, sobre todo con los trabajos de derrumbe y lavado del material en las minas de oro explotadas mediante el célebre sistema de *ruina montium* o algún otro sistema similar, de los que se conservan aún numerosos ejemplos sobre todo en la provincia de León (**26**), pero también en otros lugares de la Península como la Sierra de la Peña de Francia en Salamanca (**27**), Asturias (**28**), Galicia y la región de Tras os Montes, en Portugal (**29**).

***Acueducto de Ca'n Cuá:** Se trata de un acueducto rural en Pineda de Mar (Barcelona), asociado a una villa o explotación agropecuaria romana de época bajoimperial, datado por Fdez. Casado en el siglo III d.C.*

Acueducto de Torrecuevas: *Acueducto romano en gran estado de conservación con una funcionalidad en este caso industrial, al estar asociado a la factoría de salazón de pescado de Sexi (Almuñécar). Forma parte de un complejo sistema de abastecimiento con diversos tramos sobre arcadas y en túnel hasta llegar al depósito final de distribución, y cuya toma se situaba en las proximidades del manantial que nace en la cueva de la Virgen de las Aguas.*

Muchos de los canales de estas explotaciones tenían su origen en presas de derivación de fábrica o simplemente de tierra, como las mencionadas por Clemente Sáenz a lo largo de todo el Noroeste español, o por J. Sánchez-Palencia en El Cavaco (Salamanca), o las de Jales o Tresminas en Portugal (*ver citas anteriores*). Otro tipo de explotación minera en la que también era necesario el lavado de material, es el de las minas galena argentifera, mineral con el que parece estaba relacionada la última de las presas de Melque (la que hemos denominado Melque VI) en Toledo, a decir de Caballero Zoreda y Sanchez-Palencia, de la que partiría un canal hacia la mina localizada en la vertiente del arroyo vecino. Sin embargo, no debemos relacionar con esta explotación a las restantes obras del complejo de Melque, que parecen corresponderse con un marco histórico posterior al romano.

Otra finalidad que no debemos olvidar dentro de las posibles funciones industriales de las presas romanas, es la de creación de fuerza motriz ya que, a pesar de que no contamos con ningún ejemplo que haya podido ser asociado de manera inequívoca con algún molino o artificio similar, también es cierto que sabemos que los romanos conocían a la perfección el sistema de ruedas o norias movidas por energía hidráulica (**30**). De hecho, hay autores que atribuyen un origen romano y no árabe a la famosa noria de elevación de agua de Alcantarilla (Murcia), en relación con la posible base romana del acueducto al que alimenta. Por otro lado, el sistema de molienda de grano que ha llegado hasta nuestros días era conocido ya prácticamente sin cambios desde época romana y, aunque bien es cierto que la mayoría de ejemplos de molinos que han llegado hasta nuestros días eran de tracción animal (o humana), también debemos recordar los ejemplos de molinos, algunos de ellos incluso en serie, como el de Barbegal, cerca de Arlés, en Francia, que han llegado hasta nosotros desde la Antigüedad o primera Edad Media (lo que probablemente indica asimismo una continuidad de la tradición romana), como son los de Compludo, en la provincia de León. No sería descabellado por tanto pensar en la relación de alguno de estos ingenios con una presa romana, si pensamos incluso que al pie de la famosa presa de Proserpina aún perduran los restos de un molino romano que generalmente no ha sido tomado en consideración, a pesar de que pudiera tenido evidentemente una relación directa con la presa, ya que podría haber constituido la función original de la obra.

Como vemos, las presas no formaban parte solamente de los sistemas de abastecimiento de agua romanos, sino que constituían en muchas ocasiones un elemento fundamental íntimamente relacionado con cualquier actividad que supusiera algún tipo de regulación del caudal de agua. Constituyeron así un elemento de captación fundamental en un país en el que la escasez de lluvia y la estacionalidad de los cauces que lo recorren obliga frecuentemente a dicha regulación de caudales, al no ser posible en muchas ocasiones la captación de aguas subterráneas (idea que parecía ser en principio la tendencia de los constructores romanos), o la simple derivación. Durante el periodo imperial romano, en el que se planificó la explotación y colonización a gran escala de los nuevos territorios, vemos claramente que se generalizó la utilización de las presas con esta función reguladora (no sólo de derivación) dentro de los sistemas hidráulicos romanos, los cuáles fueron capaces de racionalizar el empleo del agua hasta entonces infrautilizada. Se convirtieron así las presas en una de las bases de la cultura hidráulica con que contaron las ciudades hispanorromanas, que se fue perdiendo durante la Edad Media junto con el resto de la tecnología romana, en parte debido al aislamiento que marcó esta época.

Acueducto de Porxinos: *Un nuevo acueducto rural en Ribarroja, Valencia, donde se han localizado 5 conducciones*

Sin embargo, esta cultura se mantuvo en ocasiones en algunos ámbitos del mundo rural, encontrando a veces su prolongación en época islámica, lo que ha llevado a atribuir a los árabes gran parte de los aprovechamientos que eran en origen romanos. Los nuevos colonizadores islámicos no solo aplicaron sus conocimientos hidráulicos provenientes del Próximo Oriente, sino que también aprovecharon en gran medida la base anterior que encontraron en nuestro suelo, por lo que existen ejemplos tan manifiestos como el abastecimiento a Medina Azahara, que no es más que una reutilización en el siglo X del acueducto de Valdepuentes, que formaba parte del abastecimiento romano del s. I d.C. a la ciudad de Córdoba (**31**). Si consideramos el papel fundamental de las presas como elemento constitutivo de gran parte de estos sistemas, deberíamos pensar que tradicionalmente no se les ha atribuido la debida importancia, no sólo como monumentos arqueológicos, sino también como exponentes de la Historia de la Técnica de nuestro país, sobre todo teniendo en cuenta que es aquí donde ha aparecido un mayor número de obras y donde los romanos desarrollaron sus conocimientos hasta niveles más altos.

Una vez realizada una aproximación al papel de las presas dentro de los complejos sistemas de abastecimiento romanos, es interesante saber la distribución de este tipo de obras a lo largo del territorio para llegar a conocer las razones que impulsaron a los romanos a construir presas y la forma en que lo hicieron. Si nos fijamos en un plano general de las presas romanas conocidas en el mundo, es muy posible que obtengamos importante pistas sobre las motivaciones que movieron a éstos ingenieros a realizar los enormes esfuerzos constructivos que suponía la construcción de presas con los medios de la época. En primer lugar, realizaremos un repaso por la distribución general de las presas romanas a lo largo de todo el mundo conocido en su época, para pasar posteriormente a ofrecer una visión más particularizada para el caso que nos ocupa, que es el de las provincias hispanas.

Por lo que se refiere a las presas romanas ajenas a nuestro suelo, vemos en primer lugar que todas se sitúan en territorios bañados por el Mediterráneo, o próximos al mar interior, eliminando de este ámbito todas las provincias húmedas del norte. Esto nos indica ya a priori la relación entre la construcción de presas y las zonas de escasas lluvias y estiajes prolongados que pueden dar lugar a déficits hídricos importantes durante largas épocas del año. En concreto, los países del mundo romano en los que se sabe es posible hallar presas romanas son, con sus nombres actuales, los siguientes: Portugal, España, Francia, Italia, Turquía, Siria, Israel, Irán, Jordania, Egipto, Libia, Argelia, Túnez y Marruecos, es decir, como vemos, todo el arco Mediterráneo, dentro de una línea de iguales precipitaciones que podríamos quizá considerar en una primera aproximación intuitiva como la de 600 mm. de media anuales (**32**). Dentro de estas provincias encontramos además algunas de las más importantes desde el punto de vista de abastecimiento al Imperio, puesto que contaban con las explotaciones agrarias más importantes, como la Bética en Hispania, la provincia de África en Túnez, o la de Asia, en Siria.

Esto por lo que se refiere a las presas rurales, gran mayoría dentro del conjunto de presas romanas, puesto que el caso de las presas urbanas es un caso mucho más particular y del que no conocemos aún suficientes datos fuera de la Península Ibérica como para realizar un mapa detallado de localización. Lo cierto es que sabemos que los romanos intentaban evitar la realización de presas de embalse para el consumo humano e incluso huían cuando podían de los azudes de derivación, acudiendo siempre que era posible a los manantiales o a la captación de aguas subterráneas, de lo que es un claro ejemplo el conjunto de abastecimientos a la ciudad de Roma. Aún así, y ya hablando del caso de Hispania, que es el único del que poseemos datos realmente fidedignos, encontramos todavía numerosos azudes de derivación relacionados con acueductos de abastecimiento urbanos en el Levante y en los valles de los grandes ríos del interior peninsular (quizá con la excepción del Duero), aunque muy pocas presas de embalse. Estas últimas se encuentran relacionadas siempre con el consumo humano (con el caso aún por confirmar de Almonacid de la Cuba) y son realizadas en lugares con un déficit de agua muy acusado a lo largo del año, y en los que no es posible obtener otra fuente de suministro suficiente para las necesidades planteadas. A veces son construidas tras agotar el resto de recursos existentes en la zona, como parece ser el caso de las presas emeritenses.

Andelos: *Inicio del antiguo acueducto hacia la ciudad a partir del depósito alimentado por la presa de Iturranduz.*

Andelos: *Vista del interior del depósito de cabecera a la entrada a la ciudad. En primer plano, la torre de toma que regulaba la entrada del agua del acueducto al núcleo urbano.*

Si observamos la situación de las presas romanas en España, es evidente que éstas coinciden en gran medida con la denominada *"España seca"*, donde las precipitaciones son escasas y se producen por lo general de manera muy estacional, es decir, irregular y espaciada, y a menudo incluso torrencial, por lo que en esta zona del país generalmente se precisa un importante trabajo de regulación y almacenaje de los caudales existentes, con el fin de obtener una explotación racional y avanzada de los recursos potenciales, asegurando así el suministro a los núcleos de población emergentes.

Es en este territorio donde los romanos se vieron forzados a aplicar las técnicas que fueron adquiriendo en otros puntos del Mediterráneo, con cuyos habitantes tomaron contacto de manera previa, y de los que adquirieron sus conocimientos y experiencia en la recogida, almacenaje y distribución de agua, añadiéndolas a las conseguidas por Roma de forma independiente. Este bagaje teórico y práctico, junto con la aplicación de las técnicas constructivas romanas, fueron los que posibilitaron el gran desarrollo experimentado por la Hidráulica romana, quizá obligados a veces por las propias condiciones climatológicas, puesto que se sabe de dos grandes periodos secos durante época romana, en los siglos II y IV d.C. respectivamente (**33**), que parecen coincidir precisamente (sobre todo en el primero de ellos) con las épocas de actividad constructora más acusada.

Una vez repasamos la extensión de la realización de presas a lo largo de todo el Imperio, llama la atención la escasez de obras conocidas en zonas con una aridez similar a la de la Península Ibérica, como son Grecia o la propia Italia, en la que sólo conocemos algún ejemplo aislado de presas rurales (34), y referencias de posibles presas urbanas (35). Por el contrario, sí que existen numerosos ejemplos en el Norte de África o en Próximo Oriente, aunque quizá no con una densidad tan grande como en la propia Hispania. Una de las razones para esta peculiar dispersión puede provenir de la existencia previa en estos lugares de una cultura hidráulica anterior a los romanos que posibilitó la realización a gran escala de obras a lo largo de todo su territorio, ya con la posterior aplicación de las técnicas de construcción romanas.

Sin embargo, dada la rápida transmisión de cultura y conocimientos que se producía en toda la extensión del Imperio, no parece ser ésta la principal razón para que las presas se concentrasen en unas regiones muy determinadas sin prácticamente aparecer en el resto de posesiones romanas, teniendo en cuenta incluso la existencia de importantes obras hidráulicas de otros tipos, como los acueductos, en todas las provincias. Por otro lado, y volviendo al caso concreto de Hispania, es realmente significativo que la práctica totalidad de las presas se concentren en los valles de los ríos Guadiana, Ebro y Tajo (éste último en algo menor medida). Así, quizá debamos buscar la verdadera razón en las propias características hidrológicas de los ríos de estos territorios, ya que es realmente extraño el observar cómo quedan prácticamente excluidas zonas tan extensas como Levante o el valle del Guadalquivir, que prácticamente son las más áridas del país y que contaban además con una tradición hidráulica previa a los romanos. Además, estas regiones contaban con una población muy notable para aquella época, y además eran las que proporcionaban la mayor parte de los productos agrícolas de la Península, que eran de gran importancia para todo el Imperio.

Esta característica distribución quedaba ya reflejada en el mapa elaborado por Caballero-Zoreda y Sánchez-Palencia, en el que se incluyeron las presas romanas de las que se poseían referencias hasta el comienzo de la década de los 80 del siglo veinte en toda la Península (36). En éste mapa, la localización de las presas romanas más relevantes es realmente llamativa, ya que se concentra de manera casi exclusiva alrededor de tres núcleos de una gran importancia en época romana: Mérida, Toledo y Zaragoza.

Como resultado de nuestras investigaciones, somos capaces de aportar una nueva versión actualizada de un primer mapa de distribución de presas, aunque particularizado en este caso para el caso exclusivo de España, al cuál se circunscribe nuestro estudio, y no de toda la Península como en el anterior. En este nuevo mapa es fácil observar lo acusado de esta misma tendencia, que se sigue manifestando de manera muy clara y, aunque bien es cierto que han aparecido algunos ejemplos aislados fuera de estos tres núcleos principales, que han ampliado en gran medida la extensión de las presas romanas en España, aunque en realidad debe señalarse que parece que en su mayor parte se trata de obras excepcionales que se salen fuera de la norma constructiva general (**37**).

En este plano, los números se corresponden con las distintas presas consideradas como romanas o con posible origen romano según la relación incluida a continuación, que supone una síntesis del inventario que aparece en el apartado n° 7 del presente estudio: "Clasificación actualizada de las presas romanas en España", de donde se han tomado las principales obras estudiadas, algunas de las cuáles no tienen aún origen romano confirmado, que aparecen por lo general señaladas con signos de interrogación.

Relación de presas del mapa de localización:

n° 1: *Proserpina*
n° 2: *Cornalbo*
n° 3: *Esparragalejo*
n° 4: *El Paredón*
n° 5: *Araya*
n° 6: *Valverde*
n° 7: *Vega Sta. María*
n° 8: *Las Tomas*
n° 9: *El Peral*
n° 10: *La Cuba*
n° 11: *El Argamasón*
n° 12: *Los Paredones*
n° 13: *Cañaveral*
n°14: *El Chaparral*
n° 15:*Valencia del Ventoso*
n° 16:*Monroy*
n° 17: *El Peral II (Ayo. las Norias)*
n° 18: *El Hinojal (Cortijo de Las Tiendas)*
n° 19: *Las Adelfas*
n° 20: *Arroyo las Golondrinas*
n° 21: *Cañada del Huevo*
n° 22: *Presa de las Mezquitas*
n° 23: *Almonacid de la Cuba*
n° 24: *Muel*
n° 25: *Ermita Virgen del Pilar*
n° 26: *Pared de los Moros*
n° 27: *Villafranca*
n° 28: *Puy Foradado*
n° 29: *Azud de la Rechuela*
n° 30: *Azud del Rabal*
n° 31: *Alcantarilla*
n° 32: *Consuegra*
n° 33: *Moracantá*
n° 34: *Mesa de Valhermoso*
n° 35: *Paerón I*
n° 36: *Paerón II*
n° 37: *Castillo Bayuela*
n° 38: *Melque VI*
n° 39: *S,Martín de la Montiña*
n° 40: *Iturranduz o Andelos*
n° 41: *Odrón y Linares*
n° 42: *Arroyo Salado*
n° 43: *Arévalo*
n° 44: *Presa Río Frío o Aceveda*
n° 45: *Minas de oro del Noroeste*
n° 46: *Pineda ó Ca' la Verda*
n° 47: *Pont d'Armentera*
n° 48: *Azud de los Moros*
n° 49: *Les Parets Antiques*
n° 50: *Presa del Arroyo Bejarano*
n° 51*: Presa de Palomera Baja*

Sabemos a partir de los datos obtenidos de las presas romanas españolas, que éstas sufrieron una intensa evolución en cuanto a técnicas, tipologías constructivas e incluso finalidad, puesto que los viejos modelos fueron modificándose y perfeccionándose, apareciendo a lo largo del tiempo tipos nuevos. Por otro lado, hemos concluido que esta evolución fue llevada a cabo por los romanos dentro de nuestro propio territorio a base de experimentos constructivos constantes, cuya prueba constituía a veces un fracaso que era subsanado en las siguientes obras, sirviendo al parecer las provincias hispanas como campo de desarrollo tecnológico desde el punto de vista hidráulico. No quiere esto decir que las presas hispanas sean las primeras, puesto que contamos con indicios de la posible existencia de presas italianas anteriores, aunque sí que fueron las que sirvieron para desarrollar todo el saber de Roma en este ámbito y donde parece que se buscaron innovaciones para ser aplicadas posteriormente en otras provincias del Imperio.

Por otro lado, contamos con la evidencia de una transmisión de patrones constructivos de las grandes presas de embalse hacia las obras menores rurales dedicadas a una utilidad mixta de abastecimiento y riego, que son las presas que adquirieron un mayor auge en época bajoimperial, con el apogeo del mundo rural, mientras que aparentemente desapareció la construcción de presas de abastecimiento de grandes dimensiones, cuyo componente propagandístico como paradigma de grande obra pública dentro de un sistema aún más monumental como era un abastecimiento de agua, era evidente. De esta manera, vemos que la construcción de presas en época romana ha dependido en tan gran medida de numerosos factores externos de tipo socioeconómico, político, cultural y por supuesto, técnico, que no es posible separar todos estos aspectos ni de su época ni de su lugar de construcción, por lo que debemos tener muy presentes las circunstancias que rodean a una presa a la hora de razonar su localización.

Así, la transmisión de los patrones constructivos desde las grandes obras antiguas hacia las pequeñas presas rurales que empezaron a extenderse por el agro hispano, dio comienzo al parecer a partir de la mitad del siglo I d.C., cuando ya en Hispania la construcción de presas se encontraba ya bastante desarrollada y comenzaba a ser aplicada en otros lugares del imperio como en Oriente Próximo, mientras que su generalización parece que fue llevada a cabo en épocas posteriores, sobre todo durante los siglos III y IV d.C., en la que no sólo se había extendido el régimen de vida rural, sino que parece que las condiciones climatológicas se habían hecho más rigurosas durante este periodo, con prolongadas sequías.

Por ello, podemos distinguir tres momentos o etapas a lo largo del periodo de construcción de presas romanas (que coincide casi por completo con el periodo imperial romano), que se verían reflejados muy claramente en un mapa de localización correspondiente a cada uno de ellos, que sería como una foto fija de cada uno de los momentos de actividad constructiva a lo largo del territorio hispano:

a) ***Siglo I d.C.:*** En esta época se habrían construido ya las grandes presas de abastecimiento del Valle del Ebro sobre importantes cauces, así como algunos azudes de derivación para abastecimiento de ciudades del interior y Levante hispano. Tras esta primera etapa comenzarán a aparecer las primeras grandes presas del interior (Alcantarilla).

b) *Siglo II d.C.:* Construcción de las grandes presas del interior peninsular desde finales del siglo anterior, creando una "escuela constructiva" del interior hispano diferenciada del Valle del Ebro. Aparición de nuevas tipologías y comienzo de la construcción de manera generalizada de las presas rurales más importantes.

c) *Siglos III-IV d.C.* : Construcción de numerosas presas de carácter rural por todo el territorio peninsular aprovechando la experiencia y los avances técnicos de los periodos anteriores. Presas mucho más numerosas pero generalmente de menor entidad, salvo contadas excepciones.

La localización de las presas en el plano correspondiente a cada etapa nos evidencia otra particularidad en la construcción de presas por parte de los romanos, y es que cómo éstos obedecieron en cada época a impulsos muy determinados dependiendo de las circunstancias del momento, porque lo que sí tenemos como cierto es que los ingenieros romanos no solían construir presas si no les quedaba más remedio, hecho que se manifiesta de manera más notoria en la primera época, en la que las obras son mucho menos frecuentes y parece que son construidas con la finalidad de "crear infraestructura".

Pasando ya de manera específica al tema de la localización de las presas dentro del solar hispano, es muy notoria una neta descompensación de su distribución a lo largo del territorio puesto que, en primer lugar si trazamos una línea diagonal que divida la Península en dos mitades de sudoeste a noreste, prácticamente todas las obras quedarían en la mitad inferior, salvo algún ejemplo aislado como por ejemplo en la vertiente norte del valle medio del Ebro. Por otro lado, dentro de esta mitad del país, existen tres claros focos de polarización de presas, donde la densidad de ejemplares es tremendamente mayor que en el resto del territorio, puesto que fuera de estos núcleos prácticamente no encontramos obras, no sólo ya de embalse, sino ni siquiera de derivación.

Estos tres núcleos de construcción de presas son los ya conocidos de *Mérida, Toledo* y *Zaragoza*, que acaparan entre todas al menos el 80 % de las posibles presas romanas en España (**38**). Incluso, el caso del núcleo emeritense adquiere mayor notoriedad si tenemos en cuenta la importante prolongación dentro del actual territorio portugués con los núcleos de *Elvas, Évora* y *Beja*, todas ellas ciudades alrededor de las cuales se encuentran la mayor parte de las presas romanas portuguesas (**39**), y que por su cercanía pueden ser consideradas como parte de la actividad constructiva que emanaba de la capital provincial.

Para intentar explicar la distribución de presas romanas en Hispania, pasemos en primer lugar a fijar no las zonas geográficas donde los romanos acometían sus obras, sino los puntos concretos donde se decidían a realizar una presa, para lo que nos serán útiles los anteriores mapas de distribución que incluyen una discriminación temporal para justificar la evolución de estos criterios durante el periodo romano. Si nos fijamos en el primer mapa, parece ser que fue el Valle del Ebro la primera zona donde los romanos se decidieron a realizar grandes obras, que en este caso parece ser estaban relacionadas en gran parte con el abastecimiento a ciudades: Muel a Zaragoza, Almonacid a Celsa (?), etc...Estas presas son erigidas sobre cauces permanentes, a veces con caudales grandes y crecidas bastante importantes (Huerva, Aguas Vivas, etc.), y con una tipología de muro de gravedad simple, ambas dos características que parece no volvieron a repetirse en periodos sucesivos. Además de por una simple razón de dificultad de regulación de agua en esta zona tan árida que justifique su construcción, lo cierto es que este periodo aún parece coincidir con la época en que los romanos aún construían presas de abastecimiento en suelo italiano (la posible segunda presa de abastecimiento a Roma, la del *Anio Novus*, es de época claudia, mientras que las tres presas de recreo de Subiaco son de época neroniana, es decir, en ambos casos de mediados del siglo I d.C. (**40**)), práctica a la que no parece hubieran sido nunca asiduos, pero que a partir de entonces da la impresión que abandonasen.

Además de estos casos, contamos con diversos ejemplos de azudes de derivación para abastecimientos a ciudades, que en realidad son las que deberían ser considerados como homólogos de las presas de Roma y no las anteriores, puesto que las dos posibles presas sobre el río Anio relacionadas en origen con acueductos no serían más que pequeñas obras de derivación, debido al propio régimen de este río. Estos casos parecen suplir a las captaciones a partir de surgencias naturales, o aguas subterráneas ante la ausencia de éstas, en los casos de abastecimientos a ciudades de mayor o menor importancia (*Tarragona, Córdoba, Segovia*, etc.), aunque lo normal es que se aprovechasen otros recursos antes de recurrir a una derivación (precisamente en Mérida, donde contamos con las dos presas romanas más famosas, parece ser que los primeros abastecimientos fueron realizados a partir de captaciones mediante galerías subterráneas: Rabo de Buey y El Borbollón (**41**)).

En una segunda etapa, parece ser que los romanos se atrevieron a la realización de grandes presas de embalse, pero en este caso sobre cauces secundarios, quizá ante su experiencia sobre la dificultad en la realización de presas anteriores en cauces importantes (véase el precedente del Valle del Ebro), que no sólo cuentan con importantes exigencias por lo que se refiere a su cimentación y presentan mayores peligros en caso de crecidas, sino que también presentan mayores índices de aterramiento, por lo que su mantenimiento se hacía mucho más costoso (parece ser que para entonces, épocas claudia a trajanea, la presa de Almonacid debía encontrarse atarquinada prácticamente hasta coronación).

De esta manera, y quizá como asimilación de experiencias de otras culturas hidráulicas, como la egipcia (recuérdese el caso de la inundación de la depresión del oasis de *El Fayum* a partir de una presa de derivación desde el brazo del Nilo llamado *Yusef*), las nuevas grandes presas de embalse que fue preciso realizar en los nuevos territorios del mediodía hispano se plantearon como cierres de valles con una cuenca no demasiado grande que era complementada mediante una derivación a partir de un cauce vecino que generalmente contaba con una cuenca mayor, sobre el que se realizaba una pequeña obra que no causaría una desgracia en caso de ruina. Este es el esquema repetido en las tres grandes presas del interior peninsular construidas en esta época, que poseen unas dimensiones muy similares (al menos por altura de agua) y fueron probablemente construidas de manera sucesiva con una diferencia temporal menor a 100 años: Alcantarilla, Proserpina y Cornalbo, respectivamente (**42**). Estas tres presas repiten además un esquema casi idéntico, con un espaldón de tierras que contribuye a la resistencia al vuelco y reparte de manera más amplia las solicitaciones ejercidas sobre la estructura, exigiendo por tanto unas condiciones menos duras para su cimentación, aspecto éste que no era todavía dominado por completo por parte de los ingenieros romanos.

Además de esta nueva tipología de terraplén + pantalla de fábrica, que es precisamente la más conocida dentro del campo de las presas romanas, y que ha quedado como el modelo constructivo más veces repetido, parecen aparecer en esta época nuevas tipologías, como las presas de contrafuertes, de bóvedas múltiples y presas arco, sobre todo en el ámbito rural y relación con aprovechamientos agropecuarios, aunque con también con un uso mixto para abastecimiento. Estas obras se situaban asimismo sobre cauces de escasa importancia o en la cabecera de arroyos más importantes, es decir, siempre con una cuenca vertiente de escasa entidad que evite la acción destructora de las crecidas. En todo caso, no debió abandonarse durante este periodo la construcción de azudes de derivación mencionada anteriormente, que quizá se prolongase durante todo el periodo romano (y posteriores) en la cabecera de los ríos, al suponer la tipología más intuitiva de todas, y de la que debemos decir como característica general que siempre parecían buscar un afloramiento rocoso claro para su cimentación.

Finalmente, todos estos nuevos tipos de presa gozaron de una continuidad a lo largo del tiempo hasta el final del periodo romano, prosiguiendo de manera general la construcción de presas durante época bajoimperial, sobre todo en el caso de presas rurales, debido al trasvase de actividades al ámbito rural, existiendo importantes ejemplos de este tipo de obras a lo largo de todo este periodo, algunas de las cuales muestran de manera clara una ambivalencia en cuanto a su funcionalidad, encontrándose asociadas en muchas ocasiones a acueductos de abastecimiento a pequeños núcleos de población (Muniesa, Pineda de Mar, Elvas, etc.). Por tanto, este último periodo no supone más que la prolongación de los hábitos del anterior, tanto en el lugar como en la forma de construcción de presas, sin más que reseñar la escasez de presas de esta época diferentes de los simples azudes de derivación dedicados al abastecimiento de acueductos urbanos debido en parte al estancamiento de la población urbana en esta época. Existen sin embargo algunas excepciones, como puede ser la presa de Consuegra (**43**).

De todas maneras, y ya dejando aparte el tema de la cronología de las presas, tan ligada por otro lado como vemos a su localización, lo que sí es cierto es que conocemos muy pocos casos de presas en la mitad noroeste peninsular, salvo algunos casos aislados, como los de las minas de la zona que va desde Asturias hasta el norte de Portugal pasando por los montes de León y el interior de Galicia, donde era necesario una aportación adicional de agua muy importante para una actividad extraordinaria como era la extracción y lavado de material. De esta manera, fueron realizadas captaciones en todos los lugares posibles, algunas incluso a más de 2000 m. de altura, como las de los canales del Monte Teleno, entre las que se encuentran también como no, algunas presas de derivación, en este caso sobre cauces regulares con aportaciones a veces muy importantes como son los de las cuencas de los ríos Eria y Duerna, en León (44). Digamos que en este caso la localización de las obras de derivación se encontraba completamente condicionada por la situación de las minas de oro, lo que obligó en ocasiones a construir canales con una longitud enorme a partir de captaciones muy lejanas con tal de conseguir la cota necesaria.

Salvo estos casos excepcionales, podemos situar las presas romanas construidas en España dentro de la zona seca del país, quizá como dijéramos antes, estarían probablemente todas (quitando tal vez las anteriores presas mineras) dentro de la zona con precipitaciones medias menores a 600 mm. anuales, aunque también es cierto que las condiciones climáticas han cambiado sensiblemente desde aquella época, en la que las lluvias eran probablemente más frecuentes y mejor repartidas, por lo que tampoco podemos decir ahora exactamente cuál era la media de lluvias que impulsaba la construcción de presas por parte de los romanos. Sin embargo, no se trata en realidad de una cifra de precipitaciones totales, sino que es más bien una cuestión de regularidad en estas aportaciones que obliguen o no a la regulación del caudal circulante. En este sentido, cabe observar que en el caso de los azudes de derivación, que no realizan en realidad ningún tipo de regulación, limitándose a desviar un volumen de agua determinado, tampoco aparecen en la mitad noroeste de la Península (salvo las presas mineras anteriores) y sí lo hacen en el sector contrario, lo cuál parece confirmar de nuevo el hecho de que los romanos no captaban aguas superficiales si no se veían obligados, ya que es posible que en esta zona en la que las surgencias de agua son más abundantes y el nivel freático se encuentra más somero, bastase la captación de estos recursos para cubrir las necesidades de sus habitantes.

Aún dentro de la mitad seca ocupada por las presas romanas dentro de la Península, existen grandes diferencias entre unas zonas y otras, ya que como hemos dicho, existen tres focos principales de concentración de obras que casi suman el total de las mismas y que ocupan zonas determinadas de los valles de los ríos Guadiana, Tajo y Ebro, respectivamente (con algún caso aislado en la cuenca del Duero), ya que tampoco existen ejemplos de presas a lo largo de todo el curso de estos valles fluviales. Si vamos en orden contrario al anterior, dentro del núcleo zaragozano, a pesar de que sí se nota una mayor concentración alrededor de la capital conventual, lo cierto es que sí existe una mayor dispersión a todo lo largo del curso medio del Ebro, que cuenta incluso con la prolongación de algunas obras en su curso bajo y las cuencas menores que vierten a la costa catalana. En este caso, encontramos como hemos dicho los únicos ejemplos de presas en cauces de importancia, aunque el resto de casos se corresponden con el modelo general de presas con cuencas vertientes muy reducidas.

En segundo lugar, las presas del valle del Tajo ocupan una franja muy determinada que coincide casi exclusivamente con la provincia de Toledo, y más concretamente, con los afluentes de la vertiente sur (margen izquierda) de la cuenca media del río, lo cuál repite el esquema del valle del Ebro, donde también son más frecuentes las obras en los afluentes (en este caso de margen derecha) de menores aportaciones y con regímenes más estacionales. Este hecho no se da en el caso del núcleo emeritense, puesto que el Guadiana (que también se encuentra en este caso en su curso medio) no tiene diferencias muy grandes de aportación entre los afluentes de ambas márgenes, por lo que en este caso nos encontramos obras a ambos lados del río, aunque lo cierto es que coincide que las obras mayores y más conocidas (Proserpina, Cornalbo, Araya y Esparragalejo) se encuentran todas en su margen derecha, es decir, en la vertiente norte.

Vemos por tanto que fuera de clasificaciones y cronologías, lo cierto es que las zonas en que se concentran las presas romanas son muy concretas y tienen que ver con las características físicas de su cuenca no sólo de una manera directa, con factores de efecto más inmediato como pueden ser los climáticos: temperaturas (evapo-transpiración) y precipitaciones medias, sino de manera indirecta como puede ser a través del régimen hídrico de las cuencas en que fueron realizadas. Este factor depende no sólo de las precipitaciones, sino también de las condiciones orográficas, geológicas y de vegetación del terreno que atraviesan, y se mide mediante un índice denominado *regulación natural* del río, que tiene que ver con la relación de volúmenes de aportación y el superhábit hidrológico, lo cuál como decimos no sólo depende del volumen neto de lluvias y de su reparto a lo largo del año, sino también de las características del terreno, sobre todo por lo que se refiere a la escorrentía neta de la cuenca y la capacidad de los acuíferos subterráneos, que pueden retardar el discurrir de las aguas superficiales tras una lluvia importante, permitiendo así el posterior aprovechamiento de un volumen de agua que de otra forma no podría ser retenido sin la construcción de embalses (**45**).

TABLA DE DISTRIBUCIÓN DE LOS RECURSOS HÍDRICOS EN ESPAÑA

CUENCAS	SUPERFICIE (km2)	PRECIPITACIÓN MED. (mm/año)	APORTACIÓN TOTAL (Hm3/año)
Norte-Galicia	53.780	1.429	44.157
Duero	78.960	625	13.660
Tajo	55.810	655	10.883
Guadiana	60.210	537	5.475
Guadalquivir	63.240	591	8.601
Total C. Atlánticas	**312.000**	**745**	**82.776**
Sur	17.950	530	2.351
Segura	19.120	383	803
Júcar	42.900	504	3.432
Ebro	85.560	682	17.967
Cataluña	16.490	734	2.787
Total C. Mediterr.	**182.020**	**598**	**27.340**
Total Península	***494.020***	***691***	***110.116***

TABLA DE VOLÚMENES REGULADOS EN RÉGIMEN NATURAL

	REGULADO DEMANDA VARIABLE		REGULADO DEMANDA UNIFORME	
CUENCAS	Hm3/año	%	Hm3/año	%
Norte-Galicia	2.739	8	3.119	9
Duero	742	6	892	7
Tajo	490	5	605	6
Guadiana	51	1	41	1
Guadalquivir	208	3	132	2
Total C. Atlánticas	4.230	6	4.789	7
Sur	18	1	16	1
Segura	192	25	225	30
Júcar	771	28	924	34
Ebro	1.819	11	2.795	16
Cataluña	190	11	177	10
Total C. Mediter.	**2.990**	**13**	**4.137**	**17**
Total Península	***7.220***	***8***	***8.926***	***9***

Podemos extraer algunas conclusiones a partir de las cifras de regulación natural de las distintas cuencas dadas por el Libro Blanco y reproducidas en la página anterior, ya que vemos que las zonas donde se concentran el mayor número de obras es precisamente donde este índice es menor, es decir, en las cuencas de los ríos Ebro, Tajo y Guadiana, donde los volúmenes regulados en régimen natural con demanda variable (considerando un uso agrícola de las aguas) o con demanda uniforme (más adaptado al consumo humano) son respectivamente del 11% y el 16% para el Ebro, del 5 y el 6% para el Tajo, y finalmente del 1% para ambos casos en el Guadiana. Mientras tanto, en las cuencas del Levante el índice es notablemente mayor, llegando al 25 y 30% respectivamente en el Segura y al 28 y el 34% en el Júcar, lo cuál explicaría quizá en parte la escasez de obras en esta zona, donde no se conocen grandes presas de embalse (**46**), ya que vemos que un gran porcentaje del volumen total de aportaciones en estas cuencas es posible de aprovechar de manera natural, y por tanto, con una simple derivación, sin necesidad de construir embalses de importancia que sirvan de depósito para compensar las grandes oscilaciones en el caudal de aquellos ríos, que hacen que la mayor parte del agua de lluvia discurra por superficie sin poder ser aprovechado. Quedaría por explicar el caso del Valle del Guadalquivir, donde el índice de regulación natural es también tremendamente bajo y sin embargo tampoco se conocen obras de importancia, sino simplemente los restos de algunos pocos azudes de derivación. Aunque sería este un aspecto a profundizar en un futuro y sobre el que cabría realizar muchas conjeturas, lo cierto es que es posible que en los últimos 2000 años hayan cambiado ligeramente las condiciones hidrológicas del río, puesto que a una descompensación de los volúmenes de precipitación y unos estiajes más acusados, habría que añadir quizá una deforestación y una progresiva disminución de la capa vegetal que podrían haber influido al menos en parte sobre la regulación de los caudales de aportación.

Sin embargo, deben admitirse también otras razones, como puede ser la mera destrucción por parte de las aguas crecidas o de la acción antrópica, en una zona poblada desde antiguo y que ha sido objeto de numerosos conflictos y de una intensa actividad agrícola, lo que puede haber borrado los restos de cualquier tipo de obra. En este sentido cabe recordar que el larguísimo acueducto romano de Cádiz estuvo a punto de ser restaurado en el siglo XVIII, lo que indica un estado de conservación cuando menos regular en aquella época, mientras que en la actualidad es dificilísimo encontrar cuando menos los restos casi irreconocibles de alguna obra de fábrica sobre alguna vaguada. Otra razón puede ser el simple desconocimiento ya que, al igual que ha ocurrido en Italia hasta hace poco, era este un tema escasamente estudiado y que ha despertado poco interés entre los estudiosos del tema, por lo que puede darse el caso de que aún existan obras por descubrir que permitan matizar la situación actual de práctica ausencia de presas en esta región. Una investigación más a fondo sobre el tema podría aportarnos en un futuro nuevos datos para profundizar en cualquiera de las anteriores hipótesis.

Como significativo ejemplo de todo lo anterior, puede mencionarse la distribución de las presas existentes alrededor de la ciudad de Mérida, núcleo principal de concentración de obras y capital de una provincia, la Lusitania, que concentra al menos un 50 % de las presas conocidas si consideramos el conjunto de las españolas y las portuguesas. Vemos cómo en este caso la localización se encuentra claramente influida por el tipo de ocupación del territorio, más intensiva al norte de la ciudad, pero también por las características hidrográficas de los afluentes de cada una de las márgenes del Guadiana, y así, todas las presas conocidas se encuentran en margen derecha del Guadiana, muchas relacionadas con explotaciones agrarias o con poblaciones menores, aunque tanto éstas como las grandes presas de abastecimiento urbano se encuentran sobre cauces de pequeña importancia, en este último caso, retroalimientadas mediante trasvases a partir de cauces aledaños con obras de menor importancia.

REFERENCIAS:

(**1**) C. Fernández Casado: *Los acueductos romanos.* Instituto Eduardo Torroja. Madrid, 1972.

F. Aranda J. Carrobles y J. L. Isabel: *El sistema hidráulico romano de abastecimiento a Toledo.* Diputación Provincial de Toledo, 1997, pp.43 y siguientes.

J.P. Adam: *La construcción romana, materiales y técnicas.* Editorial de Los Oficios. León, 1996, p. 261
G. Panimolle: *Gli acquedotti de Roma antica.* Roma, 1984.

(**2**) G. Panimolle: *Gli acquedotti de Roma antica.* Roma, 1984.

(**3**) N.J. Schnitter: "El Imperio Romano", capítulo 2 en *Historia de las presas*, ed. en castellano: Colegio de Ingenieros de Caminos, 2000 (trad. de J. Diez-Cascón y F. Bueno), p.74.

(**4**) M. Vitruvio Pollio: *De Architectura Libri X*; Granger, ed. Loeb, 1934.

(**5**) J. P. Adam, I. Richmond y K. D. White *en*: F. Aranda J. Carrobles y J. L. Isabel: *El sistema hidráulico romano de abastecimiento a Toledo.* Diputación Provincial de Toledo, 1997.

(**6**) F. Aranda J. Carrobles y J. L. Isabel: *El sistema hidráulico romano de abastecimiento a Toledo.* Diputación Provincial de Toledo, 1997, pp.47 y siguientes.

J. Bonnin: *L'eau dans l'Antiquité*; Direction des Études et Recherches d'Electricité de France, 47. 1984.

(**7**) Artículo de 27 de agosto de 2001 en *ABC* sobre las investigaciones de Jim Crow y Richard Bayliss.

(**8**) Esta leyenda cuenta que la princesa de Cartago puso como condición para aceptar los amores del general romano que conquistó su pueblo, el que éste trajese a Cartago el agua de las lejanas montañas. Cuando el general cumplió la imposible condición que la princesa le había impuesto, ésta se suicidó.

(**9**) C. Fernández Casado: *Los acueductos romanos.* Instituto Eduardo Torroja. Madrid, 1972.
L. A. Curchin: *España romana*; Editorial Gredos, Madrid, 1996.

(**10**) "Aqueducto caesaraugustano"*; manuscrito de Juan Antonio Fernández (1752-1814) recogido en la obra de* I. Gzlez. Tascón y otros : *El acueducto romano de Caesaraugusta;* CEHOPU-CEDEX, 1994, pp. 116 y 117.

(**11**) J. Giles Pacheco: *Anales Toledanos, V*; 1971, pp. 139-65, *cita recogida en:* J. A. García-Diego et al.: "Nuevo estudio sobre la presa de Consuegra"; *Revista de Obras Públicas*, junio 1980, pp. 488.

(**12**) J. M. Blázquez : *Urbanismo y Sociedad en Hispania.* 1992.
A. Ventura: *El abastecimiento de aguas a la Córdoba romana*; Universidad de Córdoba, 1993.

(**13**) C. Fernández Casado: *Los acueductos romanos.* Instituto Eduardo Torroja. Madrid, 1972. Estudio inicial principal completado posteriormente en el artículo de M. Orfila et al.: "Estudio preliminar de los elementos constructivos hidráulicos de época romana del Río Cubillas (tramo Deifontes-Albolote, Granada), *Anales Universidad de Córdoba*, nD7, 1996; pp. 83 a 114.

(**14**) Bronce de Agón. *Artículo de* G. Zanza *aparecido en* ABC, *18 de abril de 1993.*

(**15**) A. Almagro: *Acueducto romano de uso industrial de Albarracín a Cella (Teruel).* Traianus (página web sobre Historia de las Obras Públicas), 2002.

(**16**) G. Panimolle: *Gli acquedotti de Roma antica.* Roma, 1984; Aqua Marcia: pp. 97 y siguientes; Aqua Alsietina: pp. 175 y siguientes; Anio Novo: pp. 213 y siguientes; *Citas autores antiguos sobre la bondad del Aqua Marcia*: Plinio (Nat. Hist., XXXI, 24); Tibullo (Eleg., III, 7); Estacio (Sylvae, I, 26); Marcial (Ep., VI, 42); Propercio (Saturae, III, 2, 14).

(**17**) F. Aranda J. Carrobles y J. L. Isabel: *El sistema hidráulico romano de abastecimiento a Toledo.* Diputación Provincial de Toledo, 1997.

(**18**) *A las anteriores menciones a antiguas referencias sobre los canales de riego tartésicos, del Levante hispano (Mijares, Segura, etc..), además de algunos aún más antiguos hallados en el Sureste español, podemos añadir la posibilidad de construcción de canales para explotaciones mineras en el Noroeste español ya en época prerromana* (C. Saenz y J. Vélez: *Contribución al estudio de la minería primitiva del oro en el Noroeste de España*; Ediciones Atlas. Madrid, 1974).

(**19**) J. M. Blázquez : *Urbanismo y Sociedad en Hispania.* 1992, p.307.

(**20**) J. M. Blázquez : *Urbanismo y Sociedad en Hispania.* 1996, p. 375.

(**21**) C. Vita-Finzi: *Roman dams of Tripolitania. Cita aparecida en:* C. Fernández Casado et al.: "Estudio conjunto sobre la presa romana de Consuegra"; *Revista de Obras Públicas*, julio 1983, pp. 491 a 502.

(**22**) J. M. Blázquez : *Urbanismo y Sociedad en Hispania.* 1996, p. 292.

(**23**) Puig i Cadafalch: *Arquitectura romana a Catalunya;* Barcelona, 1934.

(**24**) F. Prat i Puig: *L'aquedücte Romá de Pineda*; Institut d'Estudis Catalans, 1936.
C. Fernández Casado: *Los acueductos romanos.* Instituto Eduardo Torroja. Madrid, 1972.; pp. 74 a 77.

(**25**) J. Ramon: *Els monuments antics de les Illes Pitiüses*; Consell Insular d'Eivissa i Formentera. Consellería de Cultura. Ibiza, 1985.
J.H.Fdez y B.Costa: *Ibiza y Formentera De la prehistoria a época islámica.* Museu Arqueologic d'Eivissa

(**26**) C. Saenz y J. Vélez: *Contribución al estudio de la minería primitiva del oro en el Noroeste de España*; Ediciones Atlas. Madrid, 1974.

(**27**) F. Javier Sanchez-Palencia y María Ruiz del Árbol : "La infraestructura hidráulica en las minas de oro del nordeste de Lusitania"; *I Congreso Nacional de Historia de las Presas*, Mérida; nov. 2000.

(**28**) N. Santos Yanguas: *La romanización de Asturias.* Ediciones Itsmo, 1992.

(**29**) C. Saenz y J. Vélez: *Contribución al estudio de la minería primitiva del oro en el Noroeste de España*; Ediciones Atlas. Madrid, 1974.

C.A. Ferreira Almeida: "Aspectos da mineracao romana de Ouro em Jales e Tresminas (Tras-Os-Montes)"; *XII Congreso Nacional de Arqueología, Jaen 1971.* Zaragoza, 1973.

(**30**) I. González Tascón: *Fábricas hidráulicas españolas*; CEHOPU (MOPT), 1992; pp. 24 y siguientes.

(**31**) A. Ventura: *El abastecimiento de aguas a la Córdoba romana*; Universidad de Córdoba, 1993.

(**32**) N.J. Schnitter: "El Imperio Romano", capítulo 2 en *Historia de las presas*, ed. en castellano: Colegio de Ingenieros de Caminos, 2000 (trad. de J. Diez-Cascón y F. Bueno); pp. 86 a 90.

(**33**) M. Arenillas: "Hidrología e Hidráulica del solar hispano. Las presas en España"; I Congreso Nacional de Historia de las Presas. SEPREM / C. H. del Guadiana. Mérida, noviembre 2000.

I. Font Tullot: Historia del clima en España. Madrid, 1988.

(**34**) J. P. Adam: *La construcción romana; materiales y técnicas*; Editorial de los Oficios. León, 1996; p. 261: *Cita una presa rural tardorrepublicana relacionada con una* villa *cerca de Sperlonga.*

(**35**) G. Panimolle: *Gli acquedotti de Roma antica*. Roma, 1984. *Hablando de los acueductos del "Anio Vetus" y "Anio Novus".*

(**36**) L. Caballero Zoreda y F. Javier Sánchez Palencia: "Presas romanas y datos sobre poblamiento romano y medieval en la provincia de Toledo; *Noticiario Arqueológico Hispánico*, Mtro. Cultura, 1982.

(**37**) J. Carlos Castillo y M. Arenillas: "Las presas romanas en España. Propuesta de inventario"; *I Congreso Nacional de Historia de las Presas.* Mérida, noviembre 2000.

(**38**) L. Caballero Zoreda y F. Javier Sánchez Palencia: "Presas romanas y datos sobre poblamiento romano y medieval en la provincia de Toledo; *Noticiario Arqueológico Hispánico*, Mtro. Cultura, 1982.

J. Carlos Castillo y M. Arenillas: "Las presas romanas en España. Propuesta de inventario"; *I Congreso Nacional de Historia de las Presas.* Mérida, noviembre 2000.

(**39**) A. Carvalho Quintela, J. M. Mascarenhas y J. L. Cardoso: "Barrages romains au sud du Tage (Portugal)"; Casa de Velázquez. Madrid, 2000.

A. Carvalho Quintela, J. M. Mascarenhas y J. L. Cardoso: Aproveitamentos hidráulicos romanos a sul do Tejo.

Ministerio do Plano e da Administracao do Territorio. Lisboa, 1986.

(40) G. Panimolle: *Gli acquedotti de Roma antica*. Roma, 1984.

(41) C. Fernández Casado: *Los acueductos romanos*. Instituto Eduardo Torroja. Madrid, 1972.

A. Jiménez Martín.: *Los acueductos de Emérita*. Simposio Internacional conmemorativo del Bimilenario de Mérida, 1975. Actas "Augusta Emérita". 1976.

(42) M. Arenillas y otros.: *La presa de Proserpina (Mérida)*. C. H. del Guadiana. Madrid, mayo de 1992.
C. Fernández Casado: *Los acueductos romanos*. Instituto Eduardo Torroja. Madrid, 1972.

Arenillas M. y otros: "El abastecimiento de agua a Toledo en época romana". Capítulo 3 de la obra: *Historia del abastecimiento y usos del agua en la ciudad de Toledo;* C.H. del Tajo. Madrid, 1999.

Aranda F. y otros: *El sistema hidráulico romano de abastecimiento a Toledo;* Diputación Provincial de Toledo. Toledo, 1997.

(43) Castillo J.C. y Arenillas M.: *Las presas romanas en España. Propuesta de Inventario;* I Congreso Nacional de Historia de las Presas. Mérida, noviembre 2000.

(44) C. Saenz y J. Vélez: *Contribución al estudio de la minería primitiva del oro en el Noroeste de España*; Ediciones Atlas. Madrid, 1974.

(45) Libro blanco de las Aguas en España. Dirección General de Obras Hidráulicas y Calidad de las Aguas. Ministerio de Medio Ambiente. 1998.

(46) M. Arenillas: "Hidrología e Hidráulica del solar hispano. Las presas en España"; I Congreso Nacional de Historia de las Presas. SEPREM / C. H. del Guadiana. Mérida, noviembre 2000.

4.- CARÁCTERÍSTICAS TÉCNICAS DE LAS PRESAS ROMANAS HISPANAS. EVOLUCIÓN DE TIPOLOGÍAS.

MATERIALES UTILIZADOS EN LAS PRESAS ROMANAS

Un aspecto siempre importante dentro de cualquier estudio sobre algún tema relacionado con la construcción, es el del material utilizado y la forma de utilizarlo. Los romanos emplean en la construcción de presas materiales de naturaleza muy variada y que dependen de la localización de la obra, el tipo de fábrica utilizada y, en relación con ésta última, la época de construcción. En todo caso, los materiales empleados suponen por lo general distintas combinaciones de piedra (de diversas naturalezas, tamaños y labra), mortero (de cal, de cemento puzolánico,...) y ocasionalmente, ladrillo y el revoco de impermeabilización habitual en obras hidráulicas romanas (tectorium).

Por lo general, y salvo algunos casos que describiremos más adelante, los constructores romanos solían emplear principalmente los materiales que encontraban en la zona de la obra, tomando las piezas menores para la elaboración del hormigón y el mortero incluso del propio lecho del río en que se erigía la presa, y explotando alguna cantera, generalmente de las proximidades, para extraer el material de mayor tamaño empleado las fábricas de sillería o de mampostería de los muros. De esta manera, contamos a lo largo de la geografía hispana con ejemplos de presas realizadas con materiales diversos: graníticos (Alcantarilla, Proserpina,...), calizos (Muel), o también de arenisca (Azud de la Rechuela,...), dentro del grupo de rocas más abundantes, aunque contamos también con algunos ejemplos en los que se ha utilizado pizarras, esquistos, ofitas o algún otro tipo de material en su elaboración. En este sentido, los ingenieros romanos debieron adaptarse al nuevo medio en el que se desenvolvían sus actividades, al no contar con el travertino o la toba volcánica del Lacio, que les eran tan familiares y con los que estaban acostumbrados a trabajar.

En relación con el aprovechamiento del material local, debemos hacer referencia a algunas presas romanas rurales de Toledo (**1**), en cuyas proximidades se ha detectado la existencia de canteras explotadas. De esta manera, en la presa de la Mesa de Valhermoso, se destaca la existencia de cinco canteras de granito con que fue construida dicha obra, encontrándose incluso dos de ellas dentro de lo que fue el vaso del embalse, aflorando sobre el actual relleno y a muy escasa distancia entre sí, mientras que otras se encuentran en el camino de Sonseca a Casalgordo. Por otro lado, la presa de Moracantá cuenta con una cantera explotada por los romanos en las proximidades de la localidad de Villaminaya, muy cerca del antiguo puente romano ahora reconstruido. La presa de la Vega de Santa María (**2**), cercana a Mérida, es otra obra que posee una importante cantera localizada en sus proximidades, donde se conservan claramente las huellas de su explotación con los procedimientos de extracción romanos.

En estas canteras, es muy característico el método de extracción a base de señalar sobre la propia roca la serie de recintos rectangulares que se corresponden con los futuros bloques a extraer. Dichos recintos, espaciados a distancias regulares predeterminadas, eran agujereados en la propia roca para posteriormente introducir en ellos las *cunei* o cuñas de madera, que se ajustaban a la abertura mediante golpes de mazo. Estas cuñas eran posteriormente empapadas con agua para provocar su hinchamiento, lo que daba lugar al consiguiente resquebrajamiento de las rocas por los puntos débiles previamente determinados mediante los recintos rectangulares.

Esta técnica fue comúnmente utilizada por los romanos en la fase de extracción de la roca. Posteriormente, los bloques eran arrancados completamente mediante el empleo de uñas y palancas, y finalmente, eran la sierra, el mazo y la piqueta las herramientas que completaban el trabajo de corte, perfilado y labra de las distintas piezas pétreas a utilizar en la obra a que estuvieran destinadas. Existen en este sentido amplios tratados, a los cuales nos remitimos, acerca de la explotación de canteras romanas (**3**), de las que aún restan soberbios ejemplos, sobre todo en Italia, destinadas a la extracción de mármol.

La puesta en obra de la fábrica de sillería empleada en algunas presas, es asimismo uno de los elementos característicos de la construcción romana, puesto que la utilización de pinzas como elemento para el manejo de los sillares, da lugar a que en muchas ocasiones nos encontremos unos orificios laterales que servían para introducir los extremos de las pinzas (como puede observarse por ejemplo en las piezas de famoso Acueducto de Segovia), y que identifican de manera casi definitiva la factura romana de una obra, como ocurre en la pequeña porción conservada del revestimiento de aguas arriba de la Presa de Alcantarilla, en Toledo.

A continuación describimos el proceso de elaboración y puesta en obra de cada uno de los distintos materiales relacionados con la construcción de presas en época romana, pasando para ello a detallar cada uno de los tipos de fábrica empleados por sus creadores, muy característicos de la arquitectura e ingeniería romanas.

- ***El Hormigón y los morteros:***

El elemento más característico de gran parte de las presas romanas es el famoso sistema de muro de lienzos múltiples yuxtapuestos denominado por algunos autores de una manera gráfica como muro *"tipo sándwich"*, en el que dos muros de mampostería con función resistente servían además de encofrado perdido para un núcleo central de hormigón que se vertía entre ambos, y que servía de elemento impermeabilizante del embalse debido a la compacidad de su mezcla, que garantizaba su estanqueidad.

Este núcleo estaba formado concretamente por lo que podríamos denominar *calicanto* u hormigón romano, el cuál, tal y como indica su propio nombre, se componía básicamente de un mortero de cal al que se añadía un canto o árido de mediano tamaño para formar una pasta compacta y resistente. La adición de arenas puzolánicas, con sus características hidráulicas y la posibilidad de alcanzar una mayor resistencia, supuso la aportación romana a los morteros de cal, ya empleados desde mucho antes, pero que alcanzarían su perfección como componentes del hormigón romano, el cuál comenzó a ser utilizado de manera sistemática por los ingenieros, tanto en la arquitectura pública como en la privada, ya a partir de la última época republicana.

Es en Egipto, antes del 2000 a.C., donde se documenta por primera vez la utilización de una argamasa con fines arquitectónicos, en este caso para unir piedras entre sí. La utilización de argamasas de yeso o de cal, se generaliza a partir de este momento por todo el Oriente Próximo, pasando de aquí a la arquitectura griega, que sin embargo no empleó dicha técnica como método de unión de piezas pétreas más que de manera esporádica, haciéndolo generalmente como simple enlucido o revoco. Fueron los romanos, quienes generalizaron su utilización, y con las innovaciones que introdujeron, los que mejoraron su composición y diversificaron su funcionalidad.

Dentro de los distintos elementos que forman parte de la composición del hormigón romano **(4)**, debe hablarse en primer lugar de la cal, que supone el elemento básico para la elaboración del mortero desde la Antigüedad. La obtención de la cal se realiza mediante la calcinación de piedra caliza machacada a una temperatura de unos 1000 ḌC De esta manera, la caliza, compuesta básicamente de carbonato cálcico, pierde gas carbónico mediante una reacción química elemental, transformándose en óxido de calcio. La ecuación correspondiente a la reacción es la siguiente:

$$CaCO3 \Rightarrow CaO + CO2$$

Este es el proceso de obtención de la *cal viva* (óxido de calcio), producto que es susceptible de hidratar mediante una simple mezcla mecánica con agua, obteniendo un nuevo producto que se denomina *cal apagada*, que puede ser utilizado como conglomerante, al formar una pasta que endurece en un corto periodo de tiempo. Este proceso es conocido como "apagado de la cal", y químicamente consiste en la reacción del óxido de calcio con el agua, obteniendo así como resultado hidróxido de calcio y un gran desprendimiento de calor. La ecuación química correspondiente queda expresada de la siguiente manera:

$$CaO + H2O \Rightarrow Ca(OH)2$$

La mezcla de este último producto con un árido que haga de conglomerado, permite la obtención de unas características mecánicas superiores a la de las de la simple cal, a la vez que permite aprovechar las características plásticas de esta última.

Dentro del proceso de elaboración descrito, la calcinación de la cal será realizada en hornos de forma tronco-cónica con suelo plano horizontal, similares a los empleados desde muy antiguo en la cocción de la cerámica. Por otro lado, las paredes interiores de dichos hornos estarían revestidas de arcilla, ladrillos o piedras recibidas con arcilla, aprovechando las características refractarias de este material. Dicha instalación contaría con una abertura inferior, generalmente de amplias dimensiones, que serviría para una cómoda alimentación del material a cocer y del combustible hacia el interior del horno

El método de preparación del proceso consistía en la introducción de los materiales a la cocción en forma de mampuestos, los cuáles serían apilados en el interior del horno, alrededor de una cámara central de forma circular abovedada, que se dejaría vacía para la posterior alimentación del material combustible, obstruyendo incluso en parte la abertura de acceso al horno. El material a cocer constaría generalmente de un cono superior con paredes inclinadas a 45Ḍ, perforado regularmente con cierto número de aberturas laterales a modo de respiraderos y recubierto exteriormente mediante una capa de cal grasa que termina de completar la formación del horno.

Además de los respiraderos superiores, que servirían para eliminar el CO2, así como los humos resultantes de la cocción, el horno debe contar con una abertura inferior de ventilación, que serviría para crear el "tiro" necesario para la realización del proceso. Desde la parte inferior del horno, se realizaría asimismo la aportación de combustible, que sería en este caso manual, directamente o mediante el empleo de herramientas simples, como una pala. Este combustible, además de madera, estaba compuesto por diversos tipos de ramas secas, zarzas, tejidos secos como el esparto, hierbas secas e incluso, huesos de frutas, con el fin de conseguir una rápida inflamación que diera lugar a una inmediata liberación de energía, y por tanto, a una notable elevación de la temperatura, imprescindible para lograr la calcinación.

Existen diversos ejemplos de hornos de este tipo documentados en la Antigüedad en diversos puntos del Mediterráneo, tanto de Oriente, como de Grecia y el Norte de África. En el caso concreto de España, persisten aún los restos de un antiguo horno de cal adosado a la muralla de la *Neápolis* griega de Ampurias (Gerona), muy cerca de su esquina sudoeste (**5**), lo que habla acerca de la transmisión de tales técnicas a suelo hispano en épocas anteriores a los siglos III-II a.C. Además, debe recordarse la estrecha relación entre el mundo helenístico y el romano en este preciso lugar, justamente a partir de las mencionadas centurias, con la edificación de la nueva ciudad romana junto a la anterior griega, siendo en este lugar donde se encuentran además las primeras obras públicas romanas en nuestro país, documentándose precisamente también los primeros ejemplos conocidos de fabricación del hormigón romano, tal y como se describirá más adelante, lo cuál de nuevo nos habla del paso de conocimientos y técnicas de una a otra cultura.

El contenido de arcilla en las calizas influye en las características de la cal resultante. En función de éste, las cales se clasifican en dos grandes grupos:

Cales aéreas: reciben este nombre las cales en las que el fenómeno de cristalización solo puede darse en presencia de aire, lo cual implica un fraguado mucho más lento. Las cales aéreas pueden subdividirse a su vez en dos grupos:

- *Cal magra:* resultante de la calcinación de caliza con más del 1% y menos del 8% de arcilla.
- *Cal grasa:* resulta de la calcinación de calizas con un contenido inferior al 1% de arcilla.

Cales hidráulicas: en estas cales el fraguado puede efectuarse en presencia de agua, es decir, el proceso de endurecimiento de un mortero realizado con este tipo de cal no se ve alterado incluso aunque sea sumergido. Este efecto se consigue con cales con un contenido mayor del 8% de arcilla.

Parece ser que los constructores romanos solo utilizaron cales aéreas en su afán de seleccionar una materia prima caliza libre del mayor número de impurezas posibles, ya que tenían la creencia de que así conseguirían mejorar las características de la cal resultante. De esta manera, las conocidas cualidades hidráulicas del hormigón romano eran adquiridas en un segundo proceso consistente en una posterior adición de material arcilloso en la mezcla de mortero, base del hormigón o calicanto tradicionalmente denominado "*opus caementicium*". La constatación de que las cales con un alto componente arcilloso poseían unas mejores cualidades hidráulicas, no fue realizada hasta 1756 por parte del ingeniero Smeaton en Inglaterra, quien investigaba las características de distintos materiales para ser utilizados en la construcción del faro de *Eddystone Rock* (**6**). Posteriormente, sería J. Frost el primero en patentar y construir una pequeña fábrica de cemento en 1811 y a continuación, J. Aspdin patentaría en 1821 el conocido "cemento Portland" (calcinación de la mezcla formada por caliza y arcilla) (**7**).

Así, el constructor romano partía siempre de una cal aérea resultante del proceso de calcinación de una caliza con un alto grado de pureza. Este material se utilizaba en su estado puro diluido en agua, que servía para fabricar una lechada que generalmente se usaba como revoco, aunque en época republicana comenzaría a emplearse también como material de unión entre sillares, al igual que en contados casos de la construcción helenística. Sin embargo, el modo habitual de utilizar la cal por parte de los romanos era como base para la formación de morteros, mediante la mezcla de la misma con áridos de distintos tipos, que daban lugar a compuestos de distintas calidades.

En este sentido es muy significativa la explicación de Vitrubio, autor de los *Diez Libros de Arquitectura* (**8**), cuyas indicaciones se ha comprobado eran de amplia aplicación por parte de los constructores romanos. Con respecto a los morteros hace las siguientes recomendaciones: *"Cuando la cal esté apagada habrá que mezclarla de la manera siguiente: se echará una parte de cal con tres partes de arena de cantera o dos partes de arena de río o de mar; esta es la proporción justa para esta mezcla, que todavía resultará mejor si se añade a la arena de mar y de río una tercera parte de tejoletas trituradas"*. Este autor recomendaba también el empleo de una arena volcánica, la puzolana (*pulvere puteolano)*, que era lo que dotaba al mortero de las cualidades hidráulicas que, como se ha explicado anteriormente, no poseía la cal aérea. Este hecho es debido a que en su composición entra un gran contenido de silicato de alúmina, es decir el mismo compuesto que forma parte de las arcillas, transformando así artificialmente la cal aérea en cal hidráulica mediante una mezcla a posteriori.

De esta manera Vitrubio apuntaba: *"Existe una especie de polvo al que la naturaleza ha dado una admirable virtud: se encuentra en el país de Baies* (en la bahía de Nápoles)*, y en las tierras que están alrededor del Monte Vesubio. Este polvo, mezclado con la cal y las piedras trituradas, hace que la albañilería se vuelva tan compacta, que se endurece, no sólo en los edificios ordinarios, sino también bajo el agua"*. Como vemos, esta es una descripción muy exacta del proceso de fraguado del cemento romano, el cual se aproxima mucho en sus características básicas al material empleado en la construcción actual.

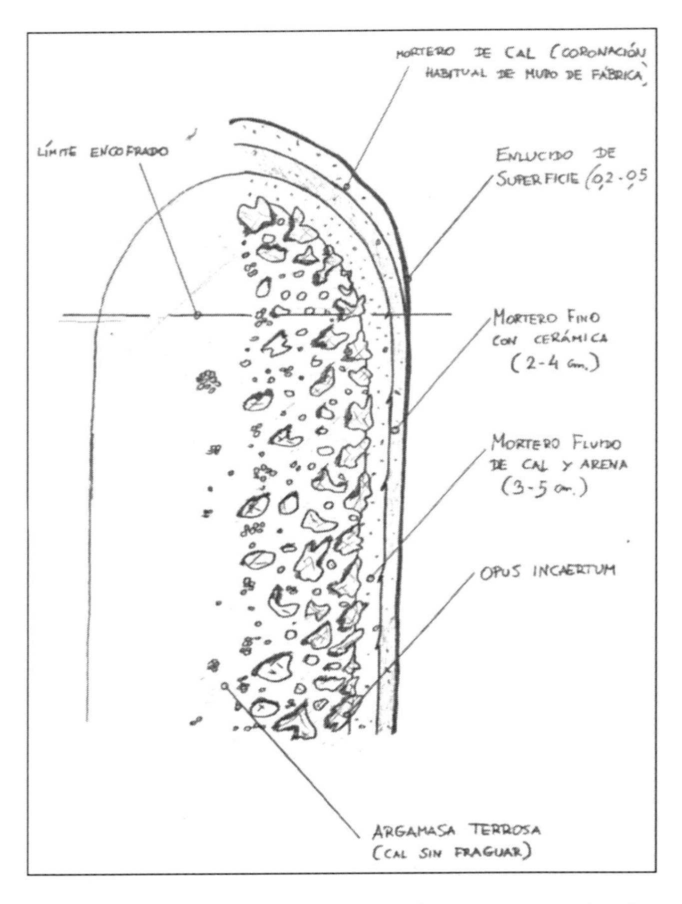

Detalle de muro romano típico de opus incaertum *con enlucido hidráulico.*

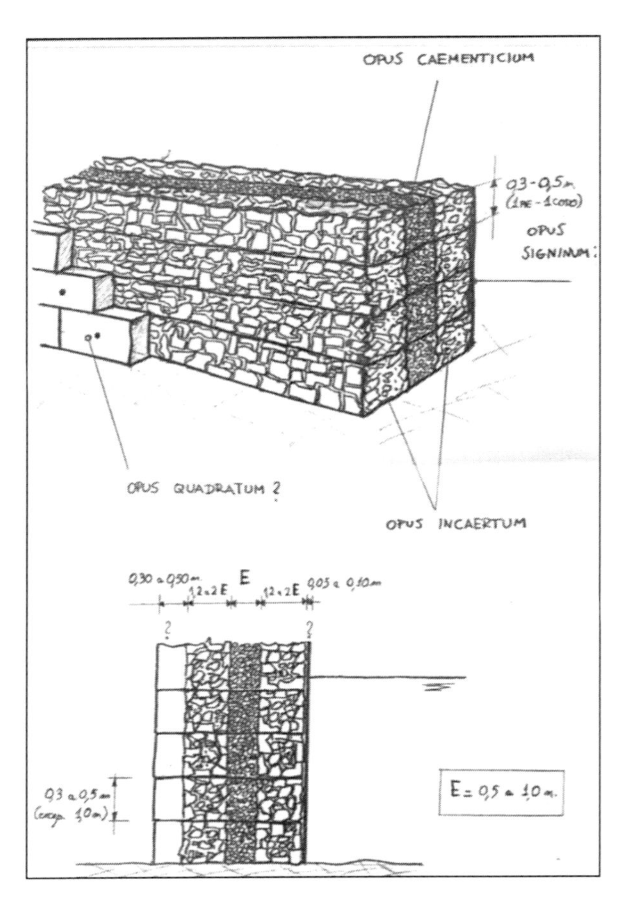

Detalle de la técnica romana de lienzos yuxtapuestos de diferentes fábricas, utilizada para la construcción de presas.

El mortero se fabricaba pues, mezclando la cal con arena y, en algunos casos, trozos de teja a los que posteriormente se añadía poco a poco la parte correspondiente de agua, realizando esta operación de manera cuidadosa hasta que la mezcla tuviera una apariencia homogénea al final del proceso de amasado. La puesta en obra del mortero se realizaba mezclando ya a pie de obra la masa anterior, con el árido de mayor tamaño o pequeños mampuestos, formando así el denominado *opus caementicium*. Esta mezcla era vertida aun fresca mediante un cazo en el interior del encofrado o en el macizo de relleno.

En el caso de las presas romanas el hormigón era vertido en el interior de los dos muros de mampostería de los paramentos, que tenían por tanto una función adicional de encofrado perdido. La obra tenía un desarrollo escalonado, ya que cada puesta de hormigón se realizaba en una tongada horizontal generalmente con un espesor de 0,30 o 0,50 cm. (medidas que concuerdan de manera aproximada con las medidas romanas de un pie y un codo, respectivamente) Esta es una de las características observadas en gran parte de las presas romanas, en las que se han ido marcando las juntas de construcción correspondientes a cada puesta debido al proceso de erosión por intemperie, que hace fácilmente identificables las tongadas de construcción.

Opus caementicium: *Detalle de uno de los contrafuertes centrales de la presa de Iturranduz (Andelos). Obsérvese la clara disposición horizontal de las diferentes tongadas de puesta en obra, que alcanzan una tremenda compacidad debido a la calidad del mortero puzolánico y a la cuidada mezcla, descubierta en aquellas zonas donde el tiempo ha lavado el conglomerante, y mostrando una clara ordenación en hiladas de los tamaños mayores.*

Es en la ciudad de Ampurias donde se documenta por primera vez el empleo de *opus caementicium*, concretamente en las murallas del *praesidium*, que datan asimismo del siglo II a.C. (**10**). Es además en esta misma ciudad donde se encuentra quizá el primer ejemplo claro de gran obra pública romana en la Península, como es el muelle del puerto, de esta misma época, y que puede considerarse como el antecedente constructivo inmediato de las presas romanas en España, tal y como se detalla en el apartado anterior de *Antecedentes de las presas romanas en España*, aunque en este caso, el encofrado perdido está formado por una fabrica de sillería de dimensiones ciclópeas, que encerraba un núcleo de gran espesor formado por un hormigón de gran calidad a base de un mortero de cal con arena de playa.

Opus caementicium: *Dos ejemplos de hormigón romano de diferente época. En el primer caso, se trata de la fábrica del paramento de aguas abajo de la presa de Moracantá (Toledo), con una granulometría bastante gruesa, y con un aglomerante a base de mortero con tamaños más finos de gran dureza. El espesor de la tongada es el habitual en estas obras: 0,50 m. En el segundo caso, vemos el paramento de aguas arriba y la torre de toma de la presa de Las Tomas (Badajoz), cuya fábrica ha sido ejecutada con tongadas muy delgadas (unos 20 cm.) a base de un hormigón también de gran dureza, pero siempre formado por tamaños muy pequeños, y con un excesivo contenido en cal. El primer tipo de hormigón suele corresponderse con etapas tempranas, mientras que el segundo es característico del periodo bajoimperial (en este caso, con gran probabilidad del siglo IV d.C, por la datación de la villa asociada a la presa)*

En el caso de la presa de Almonacid de la Cuba, cuya obra original podría tratarse del ejemplo más antiguo de presa romana conocida en España, al datar probablemente del último cuarto del siglo I a.C, el núcleo interior a los dos muros que forman los paramentos exteriores, estaba formado por cal, en muchos casos incluso sin fraguar (**11**), lo cuál quizá podría indicar una época de transición en la que aún no se había generalizado el uso del *opus caementicium* como elemento impermeabilizante en la construcción de presas. Es por tanto a partir del siglo I d.C. donde encontramos ya totalmente desarrollada la técnica del muro de lienzos yuxtapuestos con núcleo de hormigón hidráulico, cuyo ejemplo esla presa de Alcantarilla.

*** *La mampostería:***

Es este un tipo de fábrica utilizado también de manera muy habitual por los romanos en la construcción de presas. De hecho, es el segundo componente del tan mencionado muro de lienzos yuxtapuestos romano ya que forma los dos muros externos que sirven de encofrado al núcleo interno de hormigón, poseyendo además la función estructural principal del cuerpo de muro, al menos durante el periodo inicial de fraguado del núcleo, ya que a partir de que se completa este último proceso ya resiste de manera solidaria la totalidad del muro.

La mampostería es en realidad equivalente al *opus incaertum* romano, concepto diverso que incluso fue variando con el tiempo, pero cuya definición puede aproximarse a un tipo de fábrica con una base de mampuestos, que suelen ser de talla irregular y presentan en ocasiones cierto tipo de alineación en su cara externa, así como una uniformidad en sus juntas, con el fin de dar la apariencia de una superficie más o menos regular (mampostería careada). En realidad, el término *mampostería* es muy amplio y abarcaría todo tipo de fábrica a base de mampuestos recibidos entre sí con mortero; sin embargo, el término *opus incaertum* romano es realmente una definición algo más particular y algo diferente, puesto que la mayoría de las veces, en realidad supone simplemente la cara externa del *opus caementicium*, que forma el relleno en bruto del muro en el que sólo se realiza un esfuerzo de homogeneidad en el paramento visto, cambiando únicamente así en superficie el término anterior por el de *incaertum* (**12**).

Sin embargo, en el caso particular de las presas, esta definición sería exacta quizá sólo en algunos casos de presas de época más bien tardía (Consuegra, Villafranca,...), pero no en el resto de casos de construcción clásica, donde el muro poseería tres cuerpos claramente diferenciados, de los que los dos externos estaban formados por mampostería careada con un espesor determinado, y cuya puesta en obra diferiría en gran medida del núcleo de *opus caementicium*, que por su naturaleza precisa del empleo de encofrado, mientras que los muros de *incaertum* sí que podrían calificarse de verdadera fábrica de mampostería portante.

El origen de éste tipo de fábrica parece provenir del sur del Italia (al igual que el *opus caementicium*), y concretamente, de Pompeya desde aproximadamente el siglo III a.C., pasando a algunas construcciones civiles de Roma a finales de esta misma centuria, de las que constituye el primer ejemplo el cimiento del Templo de Magna Mater, en el Palatino. La evolución de este tipo de fábrica en la Península Itálica fue rápida, al menos en lo que a construcción civil se refiere, alcanzando cada vez un mayor grado de homogeneidad y ordenación en la disposición de los mampuestos ya desde mediados del siglo II a.C, apuntando ya a lo que sería el futuro *opus reticulatum*, realizado a base de mampuestos cuadrados dispuestos de manera romboidal hasta llegar a componer una especie de red, cada vez de manera más regular, hasta su completo desarrollo alrededor del año 100 a.C. A partir del siglo I a.C., concretamente a partir de época de Sila, uno de los últimos periodos republicanos, dicha fábrica sería tan utilizada, que el *opus incaertum* entraría en franca decadencia a favor del anterior durante un largo periodo de tiempo, al menos como decimos, en lo que se refiere a la construcción civil en la metrópoli. (**13**).

Mampostería: *Detalle de la presa de Consuegra, formada es este caso por una fábrica de opus incaertum cuyas caras exteriores se encuentran careadas como mampostería.*

Mampostería: *Vista del revestimiento del paramento de aguas abajo de la presa de La Pared de los Moros (Muniesa), formada por hiladas de mampuestos que encierran un núcleo de hormigón, y con un tamaño muy distinto al de los áridos que forman éste.*

Sin embargo, esta decadencia observada en la arquitectura más refinada, no parece cumplirse en la arquitectura desarrollada en provincias, y sobre todo en las construcciones rurales, así como generalmente tampoco en la obra civil, y en concreto, en lo que se refiere a la construcción de presas en Hispania, que es el asunto que nos ocupa, puesto que las grandes obras del periodo comprendido entre los siglos I y II d.C. siguen formadas por muros de mampostería muy cuidada, que constituyen ejemplos especialmente ilustrativos del *opus incaertum* romano, entre los cuales encontramos los lienzos exteriores (sobre todo, el de aguas abajo) de la presa de Alcantarilla. Además, esta fábrica prolongó su uso en Hispania durante todo el periodo romano, eliminándose incluso en la última época (quizá a partir de la segunda mitad del siglo II d.C.) el núcleo intermedio de hormigón en obras de escasa envergadura o de pequeña altura de agua, para formar un todo uno a base de mampuestos recibidos con mortero, del que se cuidaba mínimamente la cara exterior para presentar un paramento más liso y uniforme. De esta última evolución es un ejemplo suficientemente ilustrativo la presa de Consuegra (también en Toledo).

Podríamos incluir quizá también dentro de este tipo de fábrica, el denominado *opus vittatum*, que equivale más o menos a un sillarejo de reducidas dimensiones, puesto que consiste en hiladas horizontales de un aparejo pseudo-isódomo (de dimensiones regulares) a base de piedras cuadrangulares de pequeño tamaño.

Es este un tipo de fábrica que comenzó a usarse en época augustea, decayendo su uso en Roma ya en el siglo II d.C., pero no así en provincias como Galia o Hispania, en las que se siguió empleando hasta el final del periodo romano (aunque siempre de manera ocasional en el caso de Hispania). No es muy frecuente su uso en las presas, pero aún así encontramos algunos ejemplos bastante notorios, como es el caso del muro de coronación del paramento de aguas abajo de Almonacid de la Cuba, parcialmente deteriorado, que está realizado con piezas de pequeño tamaño. Otro ejemplo conocido, aunque en este caso, de origen romano es el revestimiento de la parte inferior del talud de aguas arriba de la presa de Cornalbo, realizado asimismo mediante sillarejo, pero que debe corresponderse muy probablemente con una reconstrucción posterior, quizá del siglo XVIII.

*** *La sillería:***

Consiste este tipo de fábrica en la disposición de hiladas horizontales a base de piezas pétreas de gran tamaño y talla regular, que pueden estar o no recibidas entre sí mediante mortero. El nombre con que conocían los romanos a este aparejo era el de *opus quadratum*, que fue utilizado desde épocas muy tempranas, a imitación de otras culturas del Mediterráneo como la griega, que lo utilizaba de manera muy frecuente. Este tipo de fábrica encontró aplicación también en las obras públicas más importantes, como pueden ser dentro del ámbito de la obra civil las grandes presas, aunque también es posible encontrarlo en obras menores, como en presas de menor envergadura.

Es este un aparejo que, por su espectacularidad y elegancia, encontraba frecuentemente su aplicación en la cara vista de las grandes obras civiles, con el fin de aportar un grado de prestancia a las mismas que repercutiera en propaganda en favor del poder establecido. De esta manera, encontramos fábrica de sillería casi exclusivamente (salvo excepciones que mencionaremos a continuación) en las presas de mayor tamaño, y que por tanto deberían ser las más conocidas y admiradas, a saber: Proserpina, Cornalbo (lo suponemos, al haber quedado parte de este tipo de fábrica en la torre de toma), Alcantarilla, Muel y Virgen del Pilar.

Sillería: *Este tipo de fábrica cuenta con diversos precedentes en construcciones de tipo militar o defensivo de antiguas culturas. Muro de sillería ciclópea sin argamasa del antiguo poblado de Trepucó (Mahón, Menorca), sobre el 1.000 a.C.*

Sillería: *Probablemente la primera obra pública romana en España de carácter civil: muelle de la Neápolis de Ampurias, de la transición de los siglos II y I a.C. Conserva parte de una impresionante fábrica de sillería a base de piezas de tamaño ciclópeo que conservan aún un cierto arcaísmo.*

Esta fábrica no era en muchos casos propiamente sillería, sino un mero revestimiento de escaso espesor del muro interior de lienzos yuxtapuestos, que era en realidad el que realizaba la función resistente. El espesor de este revestimiento en estos casos era generalmente de un pie (aproximadamente, 30 cm.) o como máximo un codo (unos 50 cm.), y cumplía en los paramentos de aguas arriba una función, ya que no resistente, tampoco simplemente ornamental, ya que servía de protección contra la erosión del agua al muro del interior, que era el que verdaderamente proporcionaba estabilidad a la presa. Un ejemplo claro de esta disposición lo encontramos en la presa de la ermita de la Virgen del Pilar, cerca de Monforte de Moyuela, en la provincia de Teruel, compuesta por un muro con un importante espesor (cerca de 7 m.) formado por diversos lienzos de fábricas diferentes, revestido en este caso aguas abajo y aguas arriba con una fábrica de sillería, o quizá más bien, con placas pétreas de un espesor de 0,30 m., que serían las que darían el aspecto externo a la presa en estos casos particulares en que la presa con contaba con terraplén adicional. Sin embargo, existen otros casos, como el de la presa de Alcantarilla, en los que el revestimiento de aguas arriba estaba formado por sillares de grandes dimensiones que, a pesar del escaso número de los conservados y la gran erosión sufrida por los mismos, parece poseerían un espesor superior, del orden de 50 a 60 cm, contribuyendo así en mayor medida a la estabilidad de la estructura (que de todas maneras resultó en este caso insuficiente).

Un ejemplo claro de fábrica de sillería lo constituye el paramento de aguas arriba de la presa de Proserpina, en la que aparecen algunas características típicas de los muros romanos, con un predominio de la disposición a soga y alguna pieza a tizón interpuesta, lo que da lugar a una tipología general pseudo-isódoma al no ser las hiladas homogéneas entre sí.

Sillería: *Uno de los mejores ejemplos de este tipo de fábrica lo encontramos en el paramento de la presa de Muel, que además forma parte de la estructura de manera efectiva, no como mero revestimiento. Cuenta como vemos de hiladas a soga alternadas por otras hiladas completas a tizón, al estilo de los muros de muchas obras civiles romanas de época imperial clásica (probablemente se trate de una realización del periodo augusteo, tal y como parecen confirmar los resultados de las recientes prospecciones sobre la obra). Parece adivinarse en algunas piezas los restos de un almohadillado que completaría su gran efecto estético, aunque se encuentra ya prácticamente borrado hoy en día por la elevada solubilidad del material calizo que lo compone*

Por otro lado, aparece también alguna hilada intercalada de sillarejo, y en ciertas zonas, como la más profunda, correspondiente a la zona más antigua de la presa, una fábrica a base de una sillería menor y algo más irregular (**14**). Por lo que se refiere a la otra gran presa emeritense, Cornalbo, las profundas remodelaciones sufridas a lo largo del tiempo no permiten conocer la verdadera naturaleza de la fábrica original del paramento, aunque se cuenta con el ejemplo claro de lo que debió ser en la torre de toma, realizada mediante una soberbia sillería con un almohadillado característico de las obras públicas romanas a lo largo de un periodo de tiempo muy largo que parte de la época tardorrepublicana, y que encuentra su parangón en los dos famosos puentes sobre el Guadiana en Mérida, así como en la parte inferior de los escasos restos romanos conservados del Acueducto de San Lázaro (**15**).

Por otro lado, contamos también en Zaragoza con la hermosa presa de Muel, construida con un muro de cierre de inequívoca factura romana, realizado con una sillería de gran tamaño dispuesta a soga y tizón, compuesta por piezas rectangulares de piedra caliza blanca de dimensiones bastantes regulares y que se conserva casi por completo en su configuración original. Esta obra constituiría de esta manera, el ejemplar más representativo de *opus quadratum* romano de todas las presas en Hispania, ya que debe remarcarse el hecho de que, al contrario de lo que ocurre en la presa de la Virgen del Pilar, esta fábrica no es un mero revestimiento, sino que cuenta con un espesor realmente notorio, poseyendo una funcionalidad resistente muy clara, ya que la existencia cada cierta altura de hiladas enteras dispuestas a tizón hace pensar en el tipo habitual de construcción romana a base de dos muros de sillares dispuestos a soga, unidos cada cierto tramo por piezas dispuestas a tizón y con un espacio intermedio relleno generalmente de calicanto (**16**). Es éste además el único elemento aún visible de la estructura y, a pesar de su profunda erosión, debe decirse que no da la impresión de faltar ninguna pieza del paramento, por lo que puede pensarse que para mantener su estabilidad a lo largo del tiempo, esta fábrica debe poseer sin duda de ninguna clase un espesor mucho mayor al visto.

Finalmente, contamos con un ejemplo más tardío y de mucha menor envergadura, como es la peculiar presa del Puy Foradado en Sádaba, también en la provincia de Zaragoza, que es por otro lado, el único ejemplo claro de presa arco romana (**17**). Esta presa, de solamente 2,0 m. de altura, posee un paramento exterior formado por cuatro hiladas muy regulares de aproximadamente 1 codo de alto cada una, compuesta por piezas con dimensiones longitudinales de entre 60 y 120 cm., también con 1 pie de espesor (30 cm.) y que casi podría calificarse de muro isódomo. Además, es esta la única presa conocida con fábrica de sillería dispuesta a hueso, es decir, con una total ausencia de argamasa para la trabazón de las piezas entre sí.

Sillería: *Quizá es el ejemplo más representativo de una fábrica de sillería en una presa, como revestimiento exterior, en este caso, en el paramento de aguas arriba de la presa de Alcantarilla. Se encuentra formada por piezas netamente rectangulares de tamaños diversos (aunque generalmente con dimensiones por encima del metro). Se observa aún en muchas de las piezas el orificio para su manejo y colocación mediante pinzas férreas.*

Sillería: *Detalle de la fábrica de la parte inferior del paramento en contacto con el agua de la presa de Proserpina durante el último vaciado para su limpieza. Está formada por una sillería de menor tamaño, calzada ocasionalmente mediante cuñas y ripios, y que se corresponde con una época algo posterior a ejemplos de fotos anteriores. Fuente: Arenillas et al.*

Existen además de las mencionadas, algunos ejemplos más de presas romanas con algún tipo de fábrica de sillería, como la de Mesa de Valhermoso, en Toledo (**18**), además de una serie de presas en las que su dudosa adscripción a época romana hace que no sean incluidas en la anterior descripción, a pesar de contar en ocasiones con fábricas de sillería de cierta importancia.

**** El terraplén:***

Es este un elemento que forma parte de un gran número de presas romanas, llegando finalmente a formar una tipología propia, como es la de presa de gravedad de pantalla + terraplén. El método de elaboración de este elemento era en realidad sencillo, puesto que consistía en un relleno de material granular, que era con toda probabilidad acarreado mediante carros, y puesto en obra de manera prácticamente manual, siendo a continuación apisonado con el fin de alcanzar la compactación necesaria para evitar su erosión y contribuir a la estabilidad del dique.

La forma del terraplén era generalmente trapecial, con un talud hacia aguas abajo variable, pero que solía rondar un valor de 3:1 en la mayor parte de los ejemplos conocidos, entre ellos el de Proserpina (**19**). Por otro lado, en la mayoría de las ocasiones se solía contar con una coronación plana, lo que permitía el acceso a la zona alta de la presa y seguramente, el manejo de los elementos de regulación de la misma en el caso de carecer de torres de toma. Por otro lado, existen evidencias de que esta coronación plana se habría empleado en ciertos casos como vado supliendo así la carencia de un puente, como en el caso de la presa de Arévalo, en la que es posible seguir la antigua calzada a un lado y a otro de la misma, lo que hace pensar en ésta como utilidad alternativa para la obra.

Terraplén: *Ejemplo de relleno compactado de terraplén en la presa de Alcantarilla. Zona de la rotura de la presa en la cual podemos comprobar el perfil del relleno, desfigurado por la erosión, conel aspecto de colinas naturales.*

La construcción de terraplenes y la relación del terraplén con los muros (realizados en una primera época de sillería), viene desde antiguo en la ingeniería romana y proviene de la construcción militar. Así, el primer elemento defensivo de Roma se cree debió ser un mero promontorio o mota de tierra a lo largo de las colinas, hasta que al final del periodo etrusco (siglo VI a.C.) se documenta la primera construcción con material pétreo. En todo caso, se constata de manera repetitiva la existencia de un relleno de tierra (el *agger*) tras los recintos amurallados de piedra de época arcaica (hasta el siglo III a. C.). De hecho, éste relleno persiste aún en algunos tramos de la denominada Muralla Serviana de Roma (siglo IV a.C.), realizada con fábrica de *opus quadratum* aún bastante rudimentaria y mal rematada en su paramento interno, debido precisamente a la existencia de un relleno en su trasdós (**20**).

Parece que dicha tipología, abandonada desde antiguo en la realización de murallas defensivas, pervivió en la obra civil a partir de la construcción militar. No debemos olvidar que gran parte de las obras públicas romanas fueron llevadas a cabo por las legiones, que contaban entre sus filas con algunos de los ingenieros más famosos de la Antigüedad, como *Agrippa*, general del ejército de Octavio, al que se atribuye la construcción del *Pont du Gard* y del *Aqua Virgo* y la primera etapa constructiva del *Panteón* en Roma (en este caso de forma clara, dada la inscripción en el frente), así como la participación en la fundación de Mérida, que cuenta precisamente con los dos ejemplos más notables de presas con terraplén de tierras, que sin embargo datan de una época algo posterior con toda seguridad, al menos en su configuración actual.

Esta técnica de construcción fue desarrollada y mejorada dentro del campo de la construcción de presas, con gran probabilidad, dentro del propio territorio hispano. Una de las razones para pensar en esta evolución a lo largo del tiempo es la evidencia de que los primeros ejemplos de presas de pantalla + terraplén no contaban con los necesarios contrafuertes aguas arriba, dispuestos precisamente para evitar el empuje de las tierras saturadas a embalse vacío, que podía causar incluso la ruina de la obra, por lo que fue un elemento que incorporaron posteriormente todas las presas de este tipo. El terraplén pasó con el tiempo de las grandes presas a las obras de pequeña envergadura, persistiendo dicha tipología a lo largo de todo el periodo romano, incluso hasta el siglo IV d.C., en el que lo hallamos en la presa de Las Tomas, en Badajoz.

Finalmente, contamos también con algún posible ejemplo muy puntual de presas con terraplén a ambos lados de un muro de *opus caementicium*, como por ejemplo, la presa de *Caesarodoum*, en Elvas, Portugal, de reciente estudio por parte de G. Rodríguez y J.G. Gorges (**21**). Dentro de España contamos asimismo con algunas presas en las que se puede intuir la posible existencia de un relleno de tierras del lado de aguas arriba, que contribuiría de alguna manera a la estabilidad de la presa, como quizá pudiera ocurrir en la Pared de los Moros (Muniesa, Zaragoza), en la que podría pensarse en un relleno a media altura en el lado anterior de ciertas zonas de su muro de cierre, e incluso también en la cara de aguas arriba, al igual que en la mencionada presa portuguesa. Se trataría en todo caso de obras de época más bien tardía (probablemente, a partir del siglo III d.C.), coincidiendo con la diversificación de las tipologías de las presas romanas, y siempre en ejemplos de mediana y pequeña envergadura, y sobre todo en el ámbito rural.

***** ***Materiales accesorios:***

Hasta ahora se han descrito los principales materiales que integraban de manera fundamental la estructura de las presas y que cumplían una finalidad básica para su funcionamiento. Existían además otros materiales que podríamos considerar como secundarios, pero que aparecen ocasionalmente en la composición del propio muro de cierre o de sus elementos accesorios, y dentro de los cuales podemos mencionar los siguientes: el revoco de impermeabilización interna (*opus tectorium* u *opus signinum*), la fábrica de ladrillo (*opus testaceum*), o incluso el plomo (*plumbeus*), utilizado para la fabricación de las tuberías de los desagües de fondo, algunas de las cuáles, como en el caso de la presa de Proserpina o la de Iturranduz, se han conservado incluso hasta nuestros días. Finalmente, en casos excepcionales se utilizaba también el hierro en las grapas de unión de sillares.

Dentro de los materiales accesorios de las presas romanas, el más relevante de los anteriormente mencionados es un elemento que formaba parte de la cara externa del paramento de aguas arriba de algunas presas, aportando una función de revestimiento impermeabilizante: es el ***opus signinum*** o quizá, ya que esta designación era aplicada generalmente a pavimentos, sería más propio decir ***opus tectorium*** en el caso concreto de las presas. Este aparejo formaba parte de numerosas obras hidráulicas romanas como canales, acueductos o depósitos, como elemento de impermeabilización, entre las que podemos citar como ejemplo cercano a nosotros el magnífico depósito de Andelos, en Navarra (depósito terminal de la conducción que partía de la presa de Iturranduz), en el que se conserva maravillosamente en algunas zonas el revestimiento en varias capas de factura romana.

Dentro del campo de las presas, contamos con ejemplos como la de Villafranca, en Teruel, en un gran estado de conservación, que mantiene parcialmente una capa del revestimiento externo del muro en su cara de aguas arriba, o la de Consuegra, con algún resto aislado. Sin embargo, quizá el ejemplo más característico de este tipo de fábrica en una presa, lo encontramos en la presa de El Paredón, en Valverde de Mérida, que se trata de una presa de gravedad con tipología de pantalla + terraplén en la que se ha sustituido el núcleo impermeable de *opus caementicium* del interior del muro, por un revestimiento impermeable de factura muy cuidada en el paramento de aguas arriba.

Materiales accesorios: *Detalle del revestimiento de opus signinum de la presa de El Paredón, formado por tres capas: la primera, de unos 3 cm. formada por un mortero con alto contenido en cal, regulariza la superficie del paramento; la segunda, de similar espesor, cuenta con gran contenido de arcilla (posiblemente cerámico); finalmente, la tercera, muy fina y de alta coloración roja, daba lisura al acabado*

En este último caso particular, que pudiéramos tomar como ejemplo ilustrativo de este tipo de aparejo, consiste dicho revestimiento en tres capas, con unos 4 cm de espesor las dos primeras contadas desde el muro hacia el exterior, y aproximadamente 0,5 cm. la tercera. La primera de las capas estaría formada por un mortero de cal de matriz más bien arenosa, aspecto blanquecino y consistencia en origen bastante fluida, que se encuentra aplicado sobre el propio paramento y que serviría con toda probabilidad para crear una superficie lisa y homogénea sobre la que se superpondría la segunda de las capas, de mayor calidad. La composición de esta segunda capa, cuenta asimismo con un mortero de cal pero con una granulometría más fina y con la incorporación de algunos elementos cerámicos machacados, como tejas, etc.., que le dan un aspecto exterior de color más rojizo. La tercera de las capas, que sería ya la que estuviera en contacto con el agua, y la que daba finalmente su aspecto exterior al muro, poseía un gran porcentaje de cerámica en su composición, era la más fina de todas y proporcionaba la lisura final al revoco del paramento. La tipología y disposición de este revestimiento son características de algunas construcciones romanas, presentándose en numerosas ocasiones tanto en la arquitectura civil como en algunos edificios públicos, como por ejemplo las termas, o en los revestimientos interiores de algunas *domus* privadas como soporte de la posterior decoración pintada (**22**).

El ladrillo u ***opus testaceum***, aparece de manera accesoria en algunas presas romanas conocidas. Lo cierto es que se puede hablar de esta fábrica como tal en muy contadas ocasiones, ya que la forma más frecuente en que aparecen los ladrillos en las presas, es rotos o machacados y mezclados con cascotes y piedras amalgamados con mortero de cal, formando parte de la composición del calicanto del núcleo de alguno de los muros, como por ejemplo, en la presa del Paredón en Valverde de Mérida.

Materiales accesorios: *Ladrillos (opus testaceum) de la toma de Paerón I en la base del muro de la presa. Vista desde aguas arriba.*

El único ejemplo en el que sí aparece una fábrica de ladrillo claramente identificable, es en la presa del Paerón I, cuyo desagüe de fondo, situado justamente en el extremo del tramo de muro conservado, está formado por varias hiladas sucesivas de ladrillos *bipedales* (de dos pies de largo, aprox. 60 cm.) y *sesquipedales* (de pie y medio de largo, aprox. 45 cm.). En concreto, son cuatro hiladas del primer tipo y tres del segundo en los hastiales del desagüe, mientras que el dintel del hueco lo forman tres hiladas de *bipedales* y dos de *sesquipedales* (**23**). No se puede asegurar que tal fábrica sea coetánea a la construcción original de la presa o si en realidad se corresponde con una reparación posterior, aunque lo que parece claro es que los romanos acudieron en este caso al recurso del ladrillo para sustituir el empleo de piedra en la formación del dintel del desagüe, como solía ser habitual, quizá ante la escasa posibilidad de obtener material pétreo de calidad en la zona.

El plomo (***plumbeus***) es también uno de los materiales accesorios empleados en la construcción de presas romanas. Este material parece haberse utilizado exclusivamente en la fabricación de tuberías para desagües de fondo, cuyos únicos ejemplares conocidos son, por un lado, los dos desagües profundos de la presa antigua de Proserpina, que salieron a la luz durante la limpieza del embalse llevada a cabo durante la primera mitad del año 1992 (**24**), y por otro, la tubería encontrada en el desagüe de fondo de la presa de Iturranduz durante las excavaciones del año 1983 (**25**). Sin embargo, es de suponer que no sean estos los únicos casos, habiéndose utilizado probablemente también en otras presas de gran altura, en las que la presión del agua podía afectar a las juntas del aparejo, caso de haberse empleado directamente como conducción bajo la presa la propia galería del desagüe en lugar de la tubería metálica, que por otro lado, podría ser introducida en el interior de éste, habilitándola como visitable en todo momento. En ambos casos, las tuberías se encuentran encastradas en sendas piezas de piedra, que serían las que asentarían convenientemente el tubo, que de otra manera, podría verse afectado por la presión del agua, que tendería a moverlo de su posición.

La fabricación de tubos de plomo por parte de los romanos se realizaba siempre doblando una plancha de este material alrededor de un molde de madera del diámetro deseado. El empalme longitudinal del tubo así creado se realizaba encajando los dos extremos de la plancha en una pequeña pieza en la que se vertía a posteriori plomo fundido, garantizando así su soldadura. El bajo punto de fusión del plomo y su maleabilidad facilitaban esta operación, propiciando la utilización de este material, que fue así empleado frecuentemente por los romanos en la fabricación de tuberías.

Una última utilidad del plomo, así como del **hierro**, fue la fabricación de grapas para la unión de piezas consecutivas en las fábricas de sillería. Un ejemplo de este tipo lo encontramos en la presa de Almonacid de la Cuba, en la que se han hallado diversos huecos rectangulares y en forma de cola de milano entre piedras consecutivas, que se corresponden con los alojamientos de las grapas (o "lobas"), en los que se vertería el metal fundido.

En el caso del hierro, contamos además con el ejemplo de la presa de Riofrío, *caput aquae* o cabecera del acueducto de Segovia, cuyo labio de vertido está formado por diversas losas unidas entre sí mediante grapas, que en este caso tienen forma de Π y son como decimos de hierro, aunque las conservadas en la actualidad con total probabilidad no serán las originales ya que, aunque la presa debe haber mantenido su ubicación y quizá básicamente su estructura original, conocemos diversas reparaciones documentadas históricamente, algunas de ellas ya incluso en la Edad Media.

TIPOLOGÍAS DE LAS PRESAS ROMANAS

Es de destacar la gran variedad de tipos de presas de época romana hallados en nuestro suelo, siendo algunos de ellos específicamente romanos, y que son resultado de un prolongado desarrollo de las técnicas de los ingenieros y su conocimiento de los materiales. Ello nos lleva por otro lado a relacionar las distintas tipologías con la evolución de estas obras a lo largo del tiempo, puesto que la *presa romana* parece haber sido un ente en constante evolución durante varios siglos hasta llegar a un nivel de perfeccionamiento suficiente para satisfacer las funciones a las que fue destinada por sus constructores, y que fueron de capital importancia en su tiempo, ya que gran parte del nivel de vida en las ciudades romanas estaba basado en su abastecimiento regular de agua.

Pasamos a continuación a realizar una descripción de cada una de las tipologías encontradas en las presas romanas españolas, mencionando en cada caso los ejemplos más significativos de cada una de ellas, lo que posteriormente nos permitirá una mejor clasificación de las mismas:

Presas de materiales sueltos con pantalla de fábrica:

Es esta la tipología más característica de las grandes presas de embalse romanas y también quizá la más comúnmente asociada a estas obras, ya que es la que se corresponde con los ejemplos más conocidos. Dentro de esta tipología, las presas más habituales eran las que podríamos denominar de **terraplén con pantalla recta**; dichas presas constaban de un terraplén de sección trapecial del lado de aguas abajo, que servía de apoyo a un muro recto de fábrica del lado de aguas arriba, que en realidad contaba generalmente con un ligero talud en el caso de las obras de gran altura. El terraplén solía estar compuesto por un material granular compactado sin excesiva selección, al que se añadía a veces restos de mampostería, cerámica, etc., mientras que el muro de aguas arriba era generalmente un muro de lienzos yuxtapuestos con un núcleo de hormigón entre dos lienzos de mampostería, que podía incluso estar revestido con una fábrica de sillería en el paramento en contacto con el agua.

El ejemplo más conocido de este tipo de presa es la emeritense de Proserpina, que posee además una serie de contrafuertes adosados a la pantalla del lado de aguas arriba que le sirven de apoyo adicional, aunque en este caso, no parecen contribuir en gran medida a su resistencia estructural debido a la gran separación entre ellos. Sin embargo, no está claro que el tipo de presa romana de terraplén haya sido exactamente éste desde un principio, puesto que también contamos con el ejemplo de la presa de Alcantarilla, quizá algo más antigua que la de Proserpina, y que no parece haber poseído esta serie de contrafuertes, por lo que puede ser que este elemento sea realmente un avance posterior.Además de estas presas, contamos con una serie de obras de rurales de menor entidad que adoptaron este patrón a pesar de tener una altura de agua relativamente modesta. Entre éstas podemos citar la presa de Las Tomas, en Badajoz y El Paredón en Valverde de Mérida, ambas en el entorno de Proserpina, y las de la Mesa de Valhermoso y Paerón I en el entorno de Alcantarilla, lo cual demuestra la extensión que alcanzó esta tipología en concreto, que fue aplicada a multitud de obras de importancia diversa.

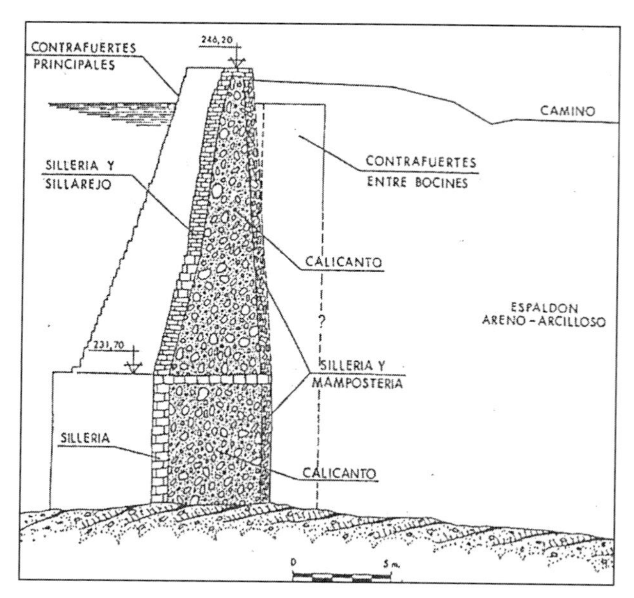

Presas de materiales sueltos (terraplén + pantalla recta): *El ejemplo más característico de este tipo de presas lo constituye la presa de Proserpina, en Mérida, cuya sección transversal, que reproducimos en este esquema, no fue del todo conocida hasta después de las campañas de los años 1991 y 1992. En Proserpina, esta tipología estructural está completamente desarrollada, e incluye todos aquellos elementos que forman parte de estas presas: terraplén aguas abajo, pantalla de fábrica con contrafuertes aguas arriba, y también aguas abajo, dos torres de toma con desagües a diferentes alturas, galería de fondo, e incluso un muro de pie de apoyo del terraplén. Fuente: Arenillas et al., 1992.*

En estas últimas presas, al tratarse de ejemplares menos estratégicos y monumentales que los primeros grandes embalses, solía disponerse una fábrica más modesta, siendo la de la Mesa de Valhermoso la única que presenta del lado de aguas arriba restos de un aparejo que se podría calificar como sillería, aunque sólo se ha conservado una pequeña porción en la parte inferior del mismo. En la mayoría de los casos, el muro estaba compuesto por la típica disposición de muro compuesto romano, con un núcleo impermeable de *opus caementicium* entre dos muros laterales de *opus incaertum*, excepto en el caso de Paerón I y de El Paredón, realizadas ambas mediante un calicanto revestido con un enlucido de *opus tectorium* del lado de aguas arriba, disposición que parece corresponderse con una simplificación posterior de la tipología.

Un elemento característico en todas estas últimas presas es la existencia de contrafuertes, de mayor o menor entidad en cada caso, del lado de aguas arriba, que sirven de refuerzo a la pantalla en caso de desembalse. En este sentido, parece ser el modelo de Proserpina el adoptado a partir de entonces para todo este tipo de presas (probablemente posteriores todas ellas en el tiempo a esta última), desechándose por tanto el modelo de Alcantarilla incluso en el territorio de su propio entorno, ya que precisamente debió sufrir su ruina por la esbeltez de su pantalla, lo que quizá habría podido ser paliado en parte por la construcción de una serie de contrafuertes.

Otro elemento característico en estas presas, y que aparece ya desde los primeros ejemplos, suele ser la planta quebrada, que se presenta en todas ellas con una cierta convexidad hacia el lado de aguas arriba (**26**). De esta manera, los tramos en que quedaba dividida la pantalla de estas presas dibujaban en esquema una especie de rudimentario arco opuesto al empuje del agua, contribuyendo así teóricamente a la estabilidad general de la presa. Es este un hecho a destacar, puesto que con la excepción de algunas presas más tardías y de menor entidad, como son El Paredón en Mérida y Las Tomas en Badajoz, ambas con planta recta, el resto de presas romanas de pantalla y terraplén presentan una convexidad del lado de aguas arriba que denota un conocimiento estructural intuitivo bastante apreciable, basado con seguridad en la observación y en la experiencia acumulada de los constructores romanos. Los contrafuertes del lado de aguas arriba tenían generalmente una relación directa con este tipo de plantas quebradas, puesto que solían encontrarse en el tramo central de pantalla, coincidente con la zona de mayor altura de la presa y por tanto, de mayor empuje de agua. Además, en los quiebros de la pantalla suele situarse uno de estos contrafuertes, probablemente con la idea de reforzar la arista, punto anguloso singular que podría suponer una zona de mayor sensibilidad desde el punto de vista estructural.

Una alternativa a los contrafuertes lo constituía en algunas presas el escalonamiento del paramento del lado de aguas abajo, lo cuál reforzaba la estabilidad a vuelco de la pantalla y que sustituía la función de aquellos. El ejemplo más claro de esta variante de las presas de terraplén lo constituye la presa del Arevalillo, con un perfil triangular bastante acusado en la mitad inferior de su pantalla. Un caso intermedio puede ser la propia presa de El Paredón, que posee un escalón inferior que aumenta el espesor de la pantalla en su base y sobre el que apoyan una serie de delgados contrafuertes que refuerzan muy levemente la parte superior de la misma (**27**).

Otro elemento característico de esta tipología de terraplén + pantalla son las torres de toma, que en el caso de las presas de mayor altura, como las de Proserpina y Alcantarilla, podían estar incluso duplicadas, al servir a conducciones o desagües situados a distintas alturas. En los modelos clásicos de este tipo de presas, como son los dos mencionados anteriormente, las torres se situaban del lado del terraplén, es decir, aguas abajo, puesto que al tener una altura de agua tan grande se hacía necesario que la explotación se realizase más o menos en seco. El grueso del conjunto de obras de menor entidad no suelen poseer torre de toma, contando en cambio con un simple desagüe de fondo dotado de una compuerta de accionamiento directo, con alguna excepción como la de la presa de Las Tomas, que posee una torre de toma única en la zona más alta de la pantalla, aunque en este caso del lado de aguas arriba, cosa tampoco muy significativa si tenemos en cuenta que la altura de agua superaba por poco los 5 m.

Además de los ejemplos mencionados existen otras presas, algunas de ellas de gran importancia, como la de Consuegra o La Pared de los Moros, en Muniesa, de las que no existe total claridad acerca de su tipología exacta, pero de las que tenemos indicios para pensar que tuvieron un terraplén del lado de aguas abajo (quizá de manera parcial, solamente en algunas zonas), que compensaría la esbeltez de la pantalla conservada. En caso de confirmarse este hecho en la presa de Consuegra, sería reseñable la existencia en la misma de una serie de contrafuertes en la zona de mayor altura, pero del lado de aguas abajo, lo cual es indicativo de que no se tuvo en cuenta el posible desembalse rápido de la presa (**28**). No constituiría éste el único ejemplo de presa de terraplén con contrafuertes aguas abajo, puesto que en la campaña de los años 1991 y 1992 llevada a cabo en la presa de Proserpina fue descubierta una serie de 16 contrafuertes adosados a la cara de aguas abajo de la pantalla en el mismo tramo que los 8 contrafuertes centrales del lado de aguas arriba, que parecen coincidir con una segunda época constructiva de la misma, puesto que no parecen ni siquiera cimentar en el terreno natural, apoyándose quizá sobre el nivel del terraplén de la primera etapa constructiva de la presa, a una altura de 5-6 m. sobre el fondo de la vaguada (**29**).

El último elemento de este tipo de presas en que podemos fijarnos es precisamente el propio terraplén. Estaba éste formado a base de material granular suelto apisonado, extraído generalmente de las inmediaciones de la obra, e incluso del propio lecho del río, al que podían añadirse también elementos pétreos o cerámicos de desecho dentro del todo uno. El talud dado a este terraplén solía variar entre un valor de 3:1 y 5:1, aportando de esta manera a la presa la estabilidad necesaria a vuelco. Era común la existencia en su coronación de una especie de meseta o camino de ronda superior que haría visitable la coronación de la presa, sirviendo incluso en ocasiones como vado u obra de paso para un camino. Parece ser que existieron algunas presas en las que el terraplén no llegaba hasta la coronación del muro (**30**), reforzando así sólo de manera parcial la zona de mayor altura de la presa, como se ha observado en la presa de *Caesarodoum* en Elvas (Portugal) (**31**), y puede ser que ocurriera en otras, como la de la Pared de los Moros.

A pesar de que algunos autores han relacionado esta tipología con las presas encontradas en Mesopotamia y Egipto anteriores a la época romana (**32**), debe decirse también que éstas suponen un avance tecnológico indudablemente romano, puesto que fueron ellos los que desarrollaron, perfeccionaron y generalizaron su empleo. Si bien es cierto que las primeras presas de materiales sueltos se encuentran en Egipto (presa de Sadd el-Kafara del año 2600 a.C.) (**33**), su tipología no tiene mucho que ver con las presas romanas, al tratarse de un simple todo uno de materiales sueltos entre dos taludes de escollera revestidos exteriormente por una serie de sillares escalonados. De todas maneras, este tipo de grandes presas se difundieron por el Mediterráneo, y se encuentran de nuevo en Grecia ya en época micénica, en la que también fueron construidas presas de notables dimensiones, realizadas mediante un dique de materiales sueltos que solía constar de un pequeño muro de fábrica en su pie (presa de Kofini, aproximadamente del 1300 a.C.) (**34**). A la vez evolucionaron en el propio territorio egipcio, llegando en época Ptolemaica a alcanzar un desarrollo muy próximo al de las posteriores presas romanas, que probablemente se inspirarían en estas últimas dentro del intenso contacto de los romanos con el mundo egipcio durante el siglo I a.C.

Sin embargo, como ya hemos venido indicando en otros apartados, un claro precedente de las clásicas presas romanas de terraplén y pantalla lo constituyen a su vez las murallas defensivas de las ciudades del periodo etrusco y primera época republicana romana (siglos IV y III a.C.) compuestas generalmente por un muro de sillería apoyado sobre un terraplén (*agger*) del lado interior, para una mejor defensa, y de las que encontramos en Italia numerosos ejemplos, como la famosa *Muralla Serviana* de Roma, del siglo IV a.C. La adición de los contrafuertes a la pantalla, sería un avance posterior a partir de la experiencia adquirida en obras anteriores (recordemos de nuevo que la presa de Alcantarilla no parece poseer contrafuertes del lado de aguas arriba).

Una posible variante de esta tipología podría ser la presa con terraplén a ambos lados de la pantalla, tipo muy inusual pero del que parece estarse encontrando evidencias de su existencia en los últimos tiempos. Así parece desprenderse de los estudios de Rodríguez y Gorges en la *villa* romana de *Correio Mor*, en Elvas (Portugal), anteriormente mencionados, a lo largo de los cuales se sacó a la luz el sistema hidráulico relacionado con esta explotación agropecuaria, que constaba además de una importante presa de embalse, un acueducto, depósitos, cisternas, etc....Pues bien, la conclusión a laque ll egan estos investigadores es que la presa estaba formada por un muro de calicanto apoyado en un terraplén tradicional del lado de aguas abajo, pero con la novedad de un segundo relleno con mucha más pendiente del lado de aguas arriba. Aunque esta nueva tipología no ha sido confirmada con la aparición de otras nuevas obras, lo cierto es que existen ciertos indicios en algunas presas hispanas de época más bien tardía que podrían hacer pensar en un tipo de construcción de similares características.

Finalmente, dentro de la tipología de presas de materiales sueltos con pantalla de fábrica, debemos mencionar la variante correspondiente a las presas de pantalla con talud aguas arriba, de las que la más importante y quizás el único ejemplar conocido es la presa de Cornalbo, en Mérida. Esta obra ha sido tradicionalmente clasificada como presa de materiales sueltos a secas, dada la sección trapecial de su cuerpo, aunque no puede considerarse como tal con una nomenclatura más precisa, puesto que la mitad de aguas arriba del cuerpo de la presa no es un terraplén, sino que está formada por una serie de muros de fábrica entrelazados cuyos espacios intermedios se encuentran eso sí, rellenos en su mayor parte por arcilla, aunque mezclada con hormigón ciclópeo, según los datos conocidos sobre su interior. En realidad, se trata básicamente de una nueva presa romana de terraplén + pantalla de fábrica, con un muro vertical que llega hasta la coronación y sirve de pantalla intermedia, pero complementado en su mitad de aguas arriba por la combinación de fábricas que ya hemos comentado anteriormente, mientras que todo el conjunto se encuentra rematado por un revestimiento de sillería o de sillarejo, dependiendo de la zona del talud. Esta tipología da lugar a que la torre de toma se encuentre en este caso separada del cuerpo de la presa, dentro de la zona inundada por el embalse y unida a aquél mediante un puente de fábrica.

La obra que ha llegado finalmente hasta nosotros en la presa de Cornalbo, es el resultado de multitud de reparaciones y reconstrucciones, por lo que es muy dudoso qué es lo que puede haber quedado en realidad de la fábrica original romana, excepto en el caso de la torre de toma. Este hecho, así como el que sea el único ejemplar de este tipo conocido perteneciente a época romana, puede hacer dudar que sea ésta la tipología que habrían escogido sus primeros constructores, y más teniendo en cuenta sus analogías con algunas presas del siglo XVIII, época en que sabemos que esta presa sufrió una profunda remodelación (35). Sin embargo, algunas referencias antiguas, así como la propia ubicación de la torre de toma en el interior del embalse, son datos que apuntan por su parte a que la presa de Cornalbo sí que habría sido verdaderamente concebida en su origen con su tipología actual, que podríamos definir como mixta entre una presa de materiales sueltos y la tradicional de terraplén + pantalla de fábrica.

Aparte de la presa de Cornalbo existe una presa antigua, probablemente de época romana, que sí podría considerarse más propiamente como una presa de materiales sueltos propiamente dicha. Es esta la presa de Irueña, hasta ahora poco estudiada, que se encuentra situada en las cercanías de Fuenteguinaldo (Salamanca), y relacionada con el yacimiento iberorromano del que ha tomado el nombre (36). Se trata de un dique de grandes dimensiones formado por un terraplén a base de material granular apisonado, que no parece contar en este caso con muro de fábrica resistente alguno, aunque en la prospección llevada a cabo por los técnicos de la Junta de Castilla y León, fueron halladas diversas piezas pétreas de gran tamaño que se identificaron con una posible pantalla adosada al talud de aguas arriba con una cierta función impermeabilizante y sobre todo, de revestimiento contra la erosión.

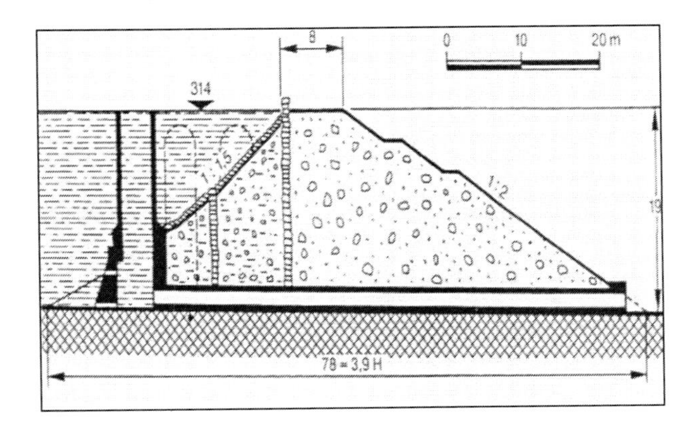

Presas de materiales sueltos (terraplén + pantalla con talud): *Sección transversal de la presa de Cornalbo. La estructura actual de la presa puede ser el resultado de profundas remodelaciones a lo largo del tiempo que incluso han podido llegar a modificar parcialmente la tipología de la presa. En todo caso, no se trataría de una presa de materiales sueltos como tal, puesto que la pantalla de aguas arriba cuenta además con un entramado de muros de fábrica, rellenos de manera parcial eso sí, de material granular. Los estudios que está llevando a cabo en la actualidad la Confederación del Guadiana, arrojarán nueva luz sobre la estructura interna de esta importantísima presa romana. Fuente: Fdez. Ordoñez, 1984 y Schnitter, 2000.*

Dadas las grandes dimensiones de esta obra, que implican necesariamente una función de regulación de caudal y embalse de agua, así como su relación con el cercano yacimiento del castro de Irueña (a unos 3 km.), podríamos encontrarnos ante el único ejemplo claro de gran presa de materiales sueltos de época romana, lo que caso de confirmarse, haría que añadiésemos definitivamente una nueva tipología a las del conjunto de obras conocidas hasta ahora.

Además de esta última obra, existen algunos otros ejemplos de presas de materiales sueltos, sobre todo en la cuenca del Huecha (afluente por margen derecha del Ebro), que han sido clasificadas en algún momento como de época romana, aunque de una manera no absolutamente segura. Entre ellos, encontramos la presa de La Laguna, en las proximidades de la localidad de Borja, así como otras obras en las cercanías de las localidades de Agón y de Magallón, todas ellas dentro de la provincia de Zaragoza (37). Es evidente en todo caso, que esta tipología debía ser muy común dentro de pequeñas presas rurales romanas, al igual que ocurre en el resto de culturas hidráulicas conocidas, puesto que constituyen el tipo de construcción más fácil de ser realizado, sobre todo si la presa a realizar no presenta un interés estratégico y su posible ruina no conlleva un contratiempo especialmente catastrófico.

Presas de gravedad y presas de contrafuertes:

La de gravedad es en principio la tipología conceptualmente más simple a la hora de realizar una presa, puesto que su principio estructural consiste básicamente en oponer un muro a la corriente que soporte el empuje del agua por su peso propio. Dentro de esta tipología, los romanos realizaron en nuestro territorio ejemplos con una gran, ya que entre ellas podemos mencionar las mayores del valle medio del Ebro, como son la presa de Almonacid de la Cuba, la de Muel o la de la Ermita de la Virgen del Pilar. Aparte de estas grandes presas, existen otras menores como la de Moracantá (Toledo) y pequeñas presas de la Bética.

Al ser este un tipo tan intuitivo e inmediato de concepto estructural, no podemos decir que cuente con un precedente directo dentro de la historia de la construcción, sino que más bien, cuenta con multitud de precedentes en las distintas culturas hidráulicas, ya que la oposición de un simple muro con el fin de crear un embalse es una idea que ha debido aparecer con suma facilidad en cualquier civilización con un mínimo de conocimientos hidráulicos y constructivos. Sin embargo, no podemos considerar como un antecedente directo a ninguna de ellas, ya que las romanas cuentan con unos patrones constructivos propios muy diferenciados de obras del resto de civilizaciones.

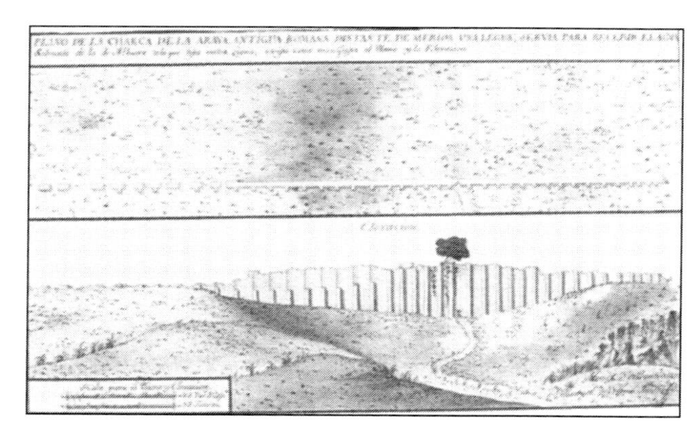

***Presas de contrafuertes:** Plano del año 1794 de D. Manuel de Villena de la presa de Araya. Fuente: Gzlez.Tascón, 1992*

Esta tipología presenta diversas variantes dentro de las presas romanas en cuanto a materiales, procedimientos constructivos y puesta en obra. El procedimiento habitual de construcción de un muro en cualquier campo arquitectónico o ingenieril en época romana, es el tan repetido muro compuesto: núcleo impermeable de hormigón entre dos muros de mampostería, realizado generalmente por hiladas sucesivas cuyo espesor a menudo variaba entre 0,30 m (un pie) y 0,50 m (un codo), aunque excepcionalmente podía llegar a valores superiores a un metro. Es este el método más comúnmente empleado en la construcción de presas de gravedad o de contrafuertes (gravedad aligeradas), aunque también en ocasiones este muro estaba formado por una simple fábrica de mampostería (opus incaertum), en cuyo caso el lado de aguas arriba se hallaba frecuentemente revestido con un revoco impermeabilizante.

Una variante muy importante dentro de esta tipología es la de las presas con muro de sillería, entre las que destaca la presa de Muel en Zaragoza por su impresionante fábrica a base de hiladas sucesivas de sillares a soga y a tizón, al estilo de los grandes edificios de época tardorrepublicana e imperial clásica. Además de esta presa, otro ejemplo de esta tipología, cercano además a la anterior, es la de la ermita de la Virgen del Pilar, que posee dos impresionantes muros de sillería en ambos paramentos, mientras que su interior está formado por una sucesión de muros de distintas fábricas que constituyen una variante más evolucionada del habitual muro compuesto romano, ya que el espesor necesario para alcanzar la necesaria estabilidad a vuelco con una altura tan grande como la de esta presa (más de 15 m.), se adquiere en este caso mediante un grueso dique de calicanto indiferenciado encerrado entre dos muros de sillería, además otros dos lienzos adicionales de fábrica formados por un núcleo central de hormigón y otro muro intermedio de mampostería.

No debemos olvidar dentro de las presas de gravedad a la de Almonacid de la Cuba, que en realidad puede ser que en origen no fuese planificada con esta tipología, ya que embebidos en su fábrica parecen adivinarse los restos de una primera presa cuyo cuerpo podría haber estado formado por varios tramos en arco apoyados sobre contrafuertes. Sin embargo, la obra que ha llegado hasta nosotros posee una sección muy robusta, característica de una presa de gravedad, en la que se suceden fábricas de muy distinta naturaleza, alternándose la sillería (opus quadratum) con el sillarejo (opus vittatum) en los paramentos exteriores, mientras que su interior está formado por un relleno de calicanto, mampuestos de diversos tamaños, e incluso cal sin fraguar (38).

Por lo que se refiere a los contrafuertes, es éste un elemento que aparece ligado tanto a las presas de terraplén + pantalla (como ya hemos mencionado anteriormente), como a las presas de gravedad, constituyendo en este caso una tipología denominada de gravedad aligerada, que es la que no posee el máximo espesor del muro en toda su longitud a una misma altura. Aparecieron con frecuencia en presas de pequeño y mediano tamaño, posiblemente en una segunda etapa que podríamos situar alrededor del siglo II d.C., para constituir una alternativa a la tradicional tipología romana de terraplén + pantalla. La fábrica de los contrafuertes tenía las mismas variantes que hemos venido explicando para las presas de gravedad simple, puesto que lo habitual era que se construyeran de manera solidaria con el cuerpo de presa y con el mismo aparejo, sin que se aprecie en la mayoría de los casos diferencias en el aparejo o juntas entre ambos, que no sean las de construcción.

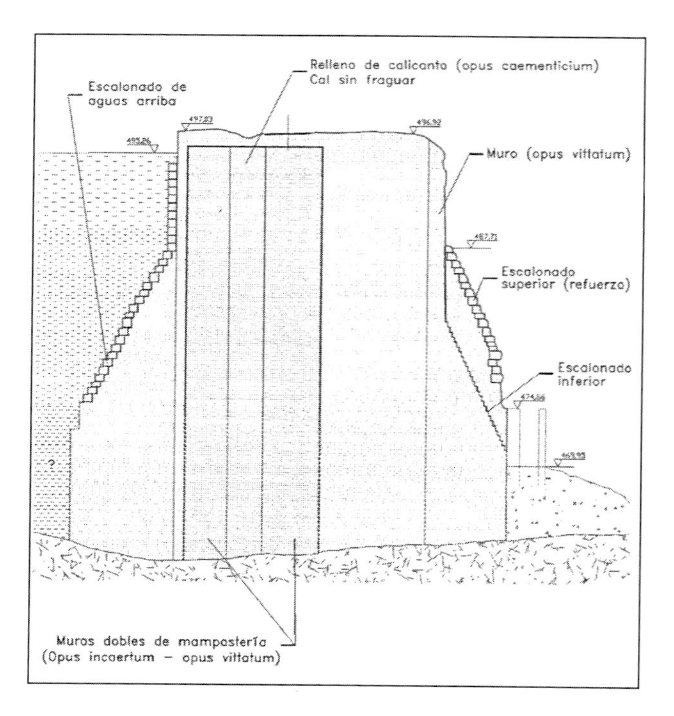

***Presas de gravedad:** Sección transversal de Almonacid de la Cuba, que cuenta con diferentes refuerzos escalonados (tanto aguas arriba como aguas abajo). La fábrica exterior encierra un relleno muy basto, formado ocasionalmente incluso por cal sin fraguar. Fuente: Arenillas et al., 1996.*

Una variante de las presas de contrafuertes podría ser la de bóvedas múltiples, de las que el único ejemplo lo constituye la controvertida presa de Esparragalejo (ver siguiente apartado).

Para finalizar, debemos incluir una última variante de presas dentro de la tipología general de presas de gravedad, que sería la de las presas a base de una fábrica simple de hormigón (opus caementicium), sin lienzos adicionales yuxtapuestos, entre las que podríamos incluir a la famosa presa de Iturranduz en su fase más antigua, es decir, la de aguas abajo, en que es aún posible observar incluso las huellas del encofrado de madera en su paramento. Sin embargo ni aun en este caso de tipología tan elemental caían los romanos en excesiva simplicidad constructiva, puesto que es fácil observar cómo la mitad del muro del lado de aguas arriba, es decir la que estaba en contacto con el agua, constaba de una granulometría más fina que le aportaba una mayor compacidad y por tanto, mayor estanqueidad, mientras que la mitad anterior del muro y los contrafuertes enteros poseen una mezcla con una granulometría más ordinaria.

La tipología de gravedad es también la habitual en todos los azudes de derivación romanos (presas de Riofrio, Pont d'Armentera, etc.), generalmente de escasa altura y formados generalmente por un simple muro de mampostería con la disposición habitual en este tipo de presas: planta recta con paramentos verticales. En estos casos, se aprecia cómo en casi todas las ocasiones se buscaba un punto adecuado para su ubicación, que solía coincidir con un afloramiento rocoso para una mejor cimentación.

Presas arco:

Es esta una tipología cuyo principio estructural consiste en la reducción del espesor del muro de la presa mediante la adopción de una forma tal que permita la transmisión de los esfuerzos ejercidos sobre el paramento hacia los estribos laterales, sin que por tanto sea necesario una estructura con un gran peso que contrarreste esta fuerza. Este principio era conocido en la práctica por los romanos, que fueron capaces de aplicarlo en multitud de obras civiles, aunque dentro del ámbito de las presas es en cambio una tipología ciertamente rara de la que restan contados ejemplos en todo el mundo romano Entre ellos, una vez descartada la presa de Monte Novo, en Évora, probablemente de final de la Edad Media, se encontraba la desaparecida presa de Baume o de Glanum en Saint Remy (Francia), que según un dibujo del siglo XVIII poseía una planta en arco de circunferencia con una gran esbeltez para su considerable altura de unos 12 m. Las referencias hablan de un relleno de arcilla entre dos paramentos de mampostería o sillería por lo que, caso de ser así, la estructura no trabajaría de manera solidaria como un arco. Sin embargo, lo más fácil es que aquél material fuese en realidad el habitual caementicium (quizá con una gran componente arenosa), ya que de lo contrario, habría sido muy difícil su conservación tras la ruina de la obra hasta el siglo XVIII, como parece que así era según el dibujo de la presa realizado por esas fechas **(39).**

Aparte de esta presa gala, se han venido considerando como romanas en España los azudes en media luna del río Cubillas en Granada **(40),** aunque lo más probable es que el origen de todas estas obras, de las que existen numerosos ejemplares entre Iznalloz y Pinos Puente, no se remonte más allá del siglo XVI ó XVII. Lo mismo ocurre con la presa de Sarral (Barcelona), cuyo origen debemos adelantar al siglo XVIII, o como mínimo, al XVII. Sólo conocemos una corta serie de ejemplos poco claros de presas romanas con planta arqueada en Próximo Oriente (la de Cavdarhisar, en Kutahya, Turquía, con núcleo de tierra y una funcionalidad poco clara, quizá para laminación) y alguna presa en el Norte de África, como la de Derb, en Kasserine, Túnez, muy reconstruida **(41).**

Así, probablemente el único ejemplo claramente definido de presa arco romana que ha llegado hasta nuestros días en todo Occidente y quizá también en todo el antiguo mundo romano, puede ser la presa de Puy Foradado, en Sádaba (Zaragoza). Esta obra se encuentra formada por una sencillísima estructura que posee una planta en arco de circunferencia y que consta de un paramento cuyo alzado está formado por sillares de gran tamaño aparentemente dispuestos a hueso, y ligeramente retranqueados entre sí en cada una de las hiladas sucesivas **(42).** A pesar de que en este caso sí que parece haber tenido cierta efectividad la forma de arco, se trata de una obra de importancia secundaria (altura de 2 m.), que no es ni mucho menos definitiva a la hora de creer en la generalización de esta tipología dentro del ámbito constructivo romano, ya que la impresión es la de que no existían más que casos aislados.

Además de este significativo ejemplo, existen algunas otras presas que presentan una planta mas o menos arqueada hacia el lado de aguas arriba, como pueden ser la presa de Ca la Verda, en Pineda de Mar, o la de Monroy, en Cáceres **(43)**. En todo caso constituyen aproximaciones muy tímidas a la consecución de una verdadera resistencia estructural por la transmisión de esfuerzos a los estribos que permita rebajar la robustez del muro, ya que prácticamente todas estas presas habrían resistido por gravedad sin la necesidad de la adopción de una planta curvilínea. Otro acercamiento a este la presa arco podría ser también la habitual planta quebrada de gran parte de las presas de terraplén + pantalla de fábrica, que como ya hemos mencionado, presentan en la mayoría de los casos una cierta convexidad hacia aguas arriba, lo cual supone en esencia el mismo principio estructural que el del mencionado efecto arco.

Otra variante de esta tipología sería también para finalizar, la presa de bóvedas múltiples, de las que el único ejemplo es la presa de Esparragalejo **(44)**, mencionada también entre las de contrafuertes, al ser un híbrido entre aquellas y las presas arco, ya que combina la disposición típica de una presa de contrafuertes con el empleo del efecto arco en su pantalla, que en este caso no es plana, sino formada por multitud de bóvedas. Esta última presa en particular, a pesar de haber sido profundamente remodelada, no parece haberlo sido en su tipología original, realizada a base de diversas bóvedas de eje vertical apoyadas sobre contrafuertes de sección rectangular que sostienen el muro de la pantalla de aguas arriba. Es este un tipo constructivo que se ha podido observar en los muros de edificios públicos, como las cáveas de los anfiteatros o en algunos muros de contención romanos (sobre todo en la Península Itálica, pero también en la Galia), y que constituyó probablemente el antecedente de las más sencillas presas de contrafuertes realizadas con posterioridad, y por las que pudo haber sido sustituido por la mayor simplicidad de realización de las últimas.

Presas arco: *Existen contadísimos ejemplos de esta tipología de presas. Entre ellas se encontraba al parecer la de Baume, en Saint Remy, sudeste de Francia, hoy sumergida bajo el embalse de una presa actual. Dibujo del siglo XVIII recuperado por Benoit en 1935. Fuente: Schnitter, 2000.*

EVOLUCIÓN DE LAS PRESAS ROMANAS

Parece indudable que en la técnica hidráulica hispana se produce un enorme salto con la conversión definitiva del territorio en provincia romana. En el periodo anterior a este momento, que coincide con los primeros años del principado de Augusto, no parecen existir grandes obras de almacenamiento de agua en nuestro suelo, aunque sí probablemente de derivación. Sin embargo, cuando entonces aparecen las presas romanas, es de destacar el que fueran ya construidas con unas dimensiones muy notables y que poseyesen todos los elementos necesarios para el almacenamiento y la regulación del caudal retenido. Estos elementos sólo aparecerían de nuevo en obras de similares características muchos siglos después, aproximadamente a partir del siglo XVI. Los elementos a los que nos referimos son básicamente: los desagües de fondo o medio fondo, ocasionalmente los aliviaderos (en el propio cuerpo de presa, laterales o de collado) y los mecanismos de toma. Estos últimos eran los componentes más sofisticados de las presas, y se situaban para un mejor manejo en el interior de torres, que podían estar adosadas al propio cuerpo de presa (aguas arriba o aguas abajo) o ser incluso independientes al mismo, y en cuyo interior se situarían los elementos de regulación, que en la mayor parte de las ocasiones serían compuertas verticales o simples tapones encastrados en el punto de toma. Todos estos elementos pueden observarse ya en los más antiguos ejemplos conocidos de presas romanas en España, como Almonacid o Alcantarilla, y es más que probable que existieran en otras presas conocidas, como Muel o la Virgen del Pilar, en las que su estado actual o su falta de estudio, no han permitido aún su identificación.

Aparte de la existencia de estos elementos, debemos observar también que cuando los romanos decidieron acometer la realización de grandes presas en nuestra Península, poseían ya desde un principio la técnica constructiva necesaria para llevar a cabo obras de gran magnitud. En efecto, desde los primeros momentos fue utilizado con bastante profusión el muro compuesto romano, técnica muy adecuada a la realización de este tipo de obras hidráulicas, ya que el dique construido des esta manera consta de un núcleo impermeable de hormigón (*opus caementicium*) entre dos lienzos de fábrica de mampostería (*opus incaertum*), que son los que formaban el paramento de la presa, o en el caso de presas especialmente importantes, se encontraban a su vez revestidos por una fábrica de sillarejo (*opus vittatum*) o incluso de sillería (*opus quadratum*), que podía llegar a ser de gran tamaño.

Este tipo de aparejo puede aparecer sea cual sea la tipología de la presa, ya que aparece tanto en presas de muro simple de gravedad, como de contrafuertes o de terraplén con pantalla, hecha tal vez excepción de los azudes de derivación de escaso porte, en los que la fábrica solía estar formada por un simple muro de mampostería. Solamente en obras de épocas tardías aparecen algunos ejemplos de presas de cierta entidad construidas con un simple muro en el que se van difuminando las diferencias entre los distintos aparejos, que un principio formaban lienzos yuxtapuestos y terminan por formar una fábrica homogénea de mampostería simple (*opus incaertum*), en la que sin embargo, se suele cuidar el careado de los paramentos externos dotándolos de un talud totalmente vertical, e incluso el de aguas arriba puede contar con un revestimiento impermeable adicional, como ocurre por ejemplo en la presa de Villafranca (Teruel), o la famosa presa de Consuegra. Este revestimiento impermeabilizante podía ser a base de *opus tectorium*, como por ejemplo la presa de El Paredón (Mérida), en la que se perdió ya totalmente el núcleo interno de hormigón y se confiaba toda función impermeable a este revestimiento. A una segunda época, en la que parece se diversificaron las tipologías y métodos constructivos, pertenecen ejemplos de presas diferentes, a veces incluso realizadas a base de una simple fábrica de sillería a hueso, sin argamasa alguna, como la de Puy Foradado (Sádaba, Zaragoza).

Estos últimos ejemplos son sin embargo elementos claramente aislados que se salen de la norma, ya que la construcción de los muros de cierre de las presas romanas sigue por lo general un patrón muy determinado que al parecer ya estaba definido antes de la conquista de Hispania. Debemos fijarnos en que en la propia Roma se empiezan a encontrar ejemplos de edificios públicos con muros realizados mediante esta técnica ya en el siglo II a.C., centuria en la que además se generalizó el uso del *opus incaertum* en el entorno de la metrópoli.

Subiaco: *Zona en la que se encontraba la primera de las presas de época de Nerón al sudeste de Subiaco. Al fondo, Monasterio de Santa Escolástica. Fuente:. Panimolle,1984.*

Recientemente han aparecido nuevas referencias que avalan la tesis de un desarrollo de la técnica edilicia romana en el campo de las presas previo a su extensión en territorio hispano. Así, se ha sabido de la existencia de presas romanas hasta ahora desconocidas en territorio itálico, como por ejemplo la de la *villa* de Sperlonga, junto a la Via Flaca (**45**), correspondiente al parecer a época tardorrepublicana, así como la presa de Giancos en la isla mediterránea de Ponza, datada en el siglo I a.C. (**46**), es decir, en ambos casos muy probablemente anteriores al inicio de la supuesta construcción sistemática de presas en suelo hispano por parte de Roma. Por otro lado, contamos con las referencias a las posibles presas que servirían de toma a algunos de los acueductos de la propia Roma, provenientes todas ellas de las fuentes clásicas, generalmente de Frontino, *curator aquarum* o superintendente de las aguas de la capital a finales del siglo I d.C. (desde el 97 hasta el 98 d.C., en que fue nombrado cónsul por el nuevo emperador Trajano). En efecto, según la obra de Panimolle (**47**), que reproduce e interpreta el *Aquis Urbis Romae* de *Sesto Iulio Frontino,* había al menos dos acueductos romanos que debían poseer una presa en cabecera, ambas situadas sobre el cercano río Anio (Aniene en italiano), que da nombre a los acueductos *Anio Vetus* y *Anio Novus*

La primera de estas dos conducciones, según Frontino partía del Anio y posee una datación extraordinariamente alta, puesto que fue realizada en el año 481 de la fundación de Roma, es decir, en el 272 a.C., cuando aún no era la potencia hegemónica del Mediterráneo. Según el autor anteriormente citado, G. Panimolle, aún existían a finales de la década de los 50 indicios de un antiguo muro que debió cerrar el cauce a la altura de San Cosimato (48), y que ha dejado huellas en la pared del cañón abierto por el río en esta zona. No sabemos las características de aquella presa, pero parece que se trataba de un azud de derivación de no excesiva entidad formado por un muro cimentado directamente en la roca que forma el lecho del río.

La segunda conducción que tomaba del río, la *Anio Novus*, poseía una mayor longitud que la anterior, ya que su captación se encontraba cerca ya de la cabecera del río. La toma del acueducto fue doble: en un primer momento contó con una presa de la época de Claudio (año 52 d.C.), y más tarde, bajo el emperador Trajano, se intentaron eliminar los problemas de turbidez que presentaba el agua que llegaba a Roma por este acueducto aprovechando una de las tres presas que había construido Nerón en su villa de recreo de Subiaco, aguas abajo de la anterior. De ninguna de ellas nos ha llegado resto alguno; en el caso de las tres de Subiaco, al parecer una gran riada ocurrida el 20 de febrero de 1305 abatió la primera presa, la de San Mauro, mientras que las otras dos fueron destruidas por la onda originada e la rotura de la primera (**49**).

Almonacid de la Cuba: *Uno de los primeros ejemplos de presas romanas en España, que ya contaba con todos los elementos necesarios de regulación de caudal. Es ejemplo asimismo de convivencia en una misma obra de todos los tipos de aparejos constructivos empleados por los romanos. Su estructura no estaba en cambio totalmente afinada en su dimensionamiento desde un principio, a la vista de las diversas reconstrucciones de las que debió ser objeto ya desde la propia época romana. Fuente: Arenillas et al, 1996.*

Como vemos, hay datos para afirmar que los romanos ya construían presas con anterioridad en su territorio de origen y no sólo en las provincias conquistadas, y que además contaban con una tradición constructiva de muchos años en la realización de presas de toma para abastecimientos o explotaciones rurales, lo que les llevó a alcanzar un nivel constructivo de muy alto nivel en la puesta en práctica de técnicas que seguramente hubieran obtenido a partir de su contacto con otras culturas del Mediterráneo, como Egipto, Mesopotamia o los nabateos.

Este nivel de conocimientos técnicos previos fue lo que les permitió acometer la realización de obras de gran importancia desde el primer momento de su ocupación efectiva (es decir, desde el mismo comienzo del periodo imperial), aplicando como decimos en Hispania lo que habían aprendido del contacto mantenido con otras culturas del Mediterráneo Oriental, y que habían sabido adaptar a sus propias necesidades. Con el tiempo, fueron además capaces de evolucionar dicha técnica mejorando y refinando el modelo inicial, y creando patrones fijos aplicables a cada circunstancia en la que fuese necesario construir una presa, los cuales fueron aplicados sistemáticamente ya durante todo el periodo que abarcó su dominio. Esta técnica fue al parecer retomada en parte al final de la Edad Media (quizá nunca hubiese desaparecido del todo), pero sobre todo, a partir del siglo XVI, tras un largo periodo posterior a la caída del Imperio, que prácticamente coincidió con el dominio árabe en la Península, y en el que las obras carecían de la importancia de las romanas, ya que no pasaban de ser meros azudes de derivación sin los evolucionados elementos de regulación de sus precedentes.

Por lo que se refiere a la fuente del patrón constructivo romano, parece provenir claramente de los áridos territorios orientales, entre los que se encontrarían Grecia, Anatolia, y quizá sobre todo Egipto y la actual Jordania, a juzgar por las características de las obras hidráulicas antiguas de estas remotas provincias, que más tarde aparecen repetidas en obras romanas. En primer lugar, y según Schnitter (**50**) en su obra sobre la Historia de las Presas sabemos que ya existía una presa de gravedad que contaba con un núcleo impermeable (de arcilla en este caso, al no contar aún con el gran adelanto que supuso el hormigón romano), revestido por una fábrica escalonada de sillería; se trata de la presa de *Sadd-el-Kafara*, construida alrededor del año 2600 a.C.

y arruinada quizá antes incluso de ser terminada (**51**). Por otro lado, en épocas dinásticas posteriores y también en el periodo ptolemaico (es decir, el de los sucesores de Alejandro Magno, desde aproximadamente el 300 a.C.) fueron construidas en la zona del Nilo obras que ya poseían características de las futuras presas romanas, como son las de *Lahun* (s. I a.C.) y sobre todo, la de *Mala'a* (s. III a.C.), continuación en el tiempo del anterior lago artificial de *Moeris,* según descripción de la obra de Schnitter. En el caso de ésta última, se trata de un larguísimo dique dotado de pantalla de mampostería apoyada alternativamente aguas abajo por un terraplén o por una serie de delgados contrafuertes. Esta presa estuvo al parecer en funcionamiento hasta el siglo XVIII, y ha contado con diversas reconstrucciones, por lo que posee partes tanto de época ptolemaica como romana, lo cuál es de por sí indicativo del intercambio de conocimientos entre ambas civilizaciones. La combinación de esta serie de conocimientos con la evolución de la propia técnica romana, que a partir del siglo II a.C. inicia una utilización masiva del hormigón como material de construcción, parece haber sentado las bases para que los romanos acometieran la ejecución de grandes embalses de acumulación en una fecha que coincide con los últimos años de la República.

Si nos fijamos en concreto en el tipo de presa más característico desarrollado por los romanos, como es la de pantalla de fábrica con terraplén de tierras aguas abajo, su aparición parece tener origen en la combinación entre lo asimilado a partir de presas orientales anteriores, y las técnicas de construcción militares propias de los romanos. En efecto, es fácil observar que las murallas defensivas de muchas ciudades, sobre todo en época etrusca y primera época republicana, estaban formadas por un muro de fábrica exterior apoyado sobre un terraplén en el lado interior, lo que permitía un rápido y fácil acceso a la zona superior de la muralla y por tanto, una posición privilegiada con respecto al atacante.

Un ejemplo de tal técnica constructiva la encontramos por ejemplo en las murallas de la ciudad etrusca de Veyes (**52**), o también en la propia Roma (**53**), una de cuyas murallas, la denominada Serviana, construida en la primera mitad del siglo IV a.C. tras el saqueo de la ciudad por los galos (390 a.C.), es una obra profusamente mencionada en diversos estudios sobre la técnica constructiva romana y está formada por un simple muro de sillería con un trasdós relleno de tierras (*agger*). Por otro lado, no debemos olvidar que algunas de las grandes presas que poseían esta tipología pudieron haber sido acometidas por las legiones, al mando de las cuales se encontraban a menudo reputados generales como *Agrippa*, quien debe su gran fama de ingeniero a las numerosas obras que acometió en diversos lugares del Imperio, algunas en la propia Mérida (entre ellas la famosa *Aqua Augusta*, o conducción de Cornalbo original (**54**), y quizá también la de Rabo de Buey, del Acueducto de San Lázaro).

Es evidente que los romanos se encontrarían ya en sus primeras obras con el problema del empuje del agua de saturación del terraplén sobre el muro exterior, lo que les impulsaría a avanzar en esta tipología de presas con la inclusión de contrafuertes en el paramento de aguas abajo, al modo en que las torres defensivas se disponían a lo largo de un muro defensivo, o simplemente como evolución lógica de la idea estructural del muro de contención. Este nuevo elemento no aparece hasta una serie de presas que podríamos llamar de "segunda generación", puesto que existen algunas grandes presas que, a pesar de ser ya muy evolucionadas, aún carecían de contrafuertes aguas arriba, como por ejemplo, la de Alcantarilla en Toledo, cuya ausencia puede precisamente haber provocado su ruina.

Este hecho es indicativo de como quizá durante el primer siglo de la época imperial, esta tipología se encontraba todavía en evolución, por lo que podríamos decir que los romanos contaban ya con unos conocimientos suficientes en lo que se refiere a la regulación del agua a la hora de acometer la construcción de grandes presas, pero no poseían todavía el nivel estructural necesario para levantar obras de tan gran altura. Esto nos lleva a una conclusión aún más importante, y es que todo indica que los romanos desarrollaron su técnica de construcción de grandes presas a partir de la experiencia alcanzada en las obras construidas en Hispania, a pesar de que es evidente que antes habían construido ya presas, aunque seguramente de menor importancia.

Muralla Serviana: *Detalle de lienzo conservado junto a la Stazione Termini de la primera muralla defensiva de la ciudad de Roma, cuya traza es del inicio del siglo VI a.C, aunque los restos visibles son ya de época tardorrepublicana.*

***Alcantarilla:** Presa con una tipología de pantalla + terraplén, probablemente uno de los primeros ejemplares en la que la pantalla de aguas arriba cedió ante el empuje del terraplén saturado a embalse vacío por un deficiente dimensionamiento.*

En efecto, la presa de Alcantarilla, una de las más importantes conservadas, y que podríamos datar con bastante probabilidad en el siglo I d.C., no parece haber poseído contrafuertes a juzgar por los restos conservados, a pesar de que algunos autores han creído adivinar su existencia entre los lienzos de muro derrumbados hacia el interior del embalse (**55**). Sin embargo, en las presas inmediatamente posteriores que poseen esta misma tipología, algunas de ellas pequeñas, como la de Mesa de Valhermoso o Paerón I (**56**) (probablemente del siglo II ó III d.C.), y otras muy importantes, como Proserpina (**57**) (de comienzos del siglo II d.C., según las conclusiones a que se ha llegado recientemente), ya poseen una serie de contrafuertes adosados al paramento de aguas arriba, lo que, unido a un mayor espesor de la pantalla, ayudaría a evitar desastres como el de Alcantarilla, que pudo haber ocurrido ya en época romana.

***Proserpina:** La presa romana más conocida, con una tipología de pantalla + terraplén, pero ya con contrafuertes del lado de aguas arriba, mejorando así el modelo de su predecesora de Alcantarilla.*

Esto parece constituir una clara evolución en la técnica constructiva de presas dentro del propio periodo romano, que fue aplicada casi inmediatamente en todo el territorio del mediodía hispano, incluido el propio entorno de la primera presa, ya que la presa de la Mesa de Valhermoso (de terraplén con pantalla de fábrica y contrafuertes aguas arriba) y la propia de Alcantarilla se encuentran a sólo 4 ó 5 km. en línea recta. Esta característica fue adoptada de manera general de ahí en adelante, aplicándose a las presas del mismo tipo construidas a partir de esta fecha hasta el final de la época romana, como observamos en la presa de Las Tomas, en Badajoz (**58**), ya del siglo IV d.C. Sin embargo, el refuerzo de la estructura en el caso de estas presas rurales de escasa altura, se realizaba en ocasiones mediante una serie de contrafuertes del lado de aguas abajo, es decir, imbuidos dentro del terraplén de tierras, como ocurre en varias presas emeritenses, como la Charca Grande o El Paredón, ambas en Valverde de Mérida, o como también la presa de Consuegra, en Toledo, que parece que contó asimismo con un terraplén del lado de aguas abajo. Constituyen un subgrupo atípico dentro de la tipología de presas de materiales sueltos con pantalla de fábrica que surge en época bajoimperial en obras de altura media o menor.

Sin embargo, sabemos que a esta tipología no pertenece en realidad el primer tipo de presa hallado en la Península, sino que su existencia debe estar precedida por las presas de gravedad del Valle del Ebro, algunas de las cuales fueron construidas en fechas situadas entre los siglos I a.C. y I d.C., puesto que en ciertos casos contamos incluso con una datación más o menos precisa, como en el caso de Almonacid de la Cuba (**59**). A partir del estudio de ésta última obra, parece deducirse que en un principio los romanos no poseían tampoco el orden de magnitud necesario para determinar el espesor de estas estructuras, como se deduce de la probable ruina de la primera presa de Almonacid (época augustea), que debió ser levantada con una sección excesivamente esbelta, por lo que fue reconstruida de manera inmediata engrosando el muro con un espesor mucho mayor. Tras una primera época de experimentación, que también debió existir como ya hemos dicho para las presas de terraplén, a tenor de lo observado en Alcantarilla, la realización de grandes presas de gravedad debió contar posteriormente con unos coeficientes de seguridad mucho mayores que los de las primeras obras, aunque también se han conservado hasta nuestros días algunos ejemplos muy antiguos con espesores de muro ya suficientes para su altura, como Muel (casi intacta, salvo ligeras reparaciones a lo largo del tiempo) o la de la Virgen del Pilar (**60**), arruinada con total probabilidad por un defecto de cimentación sobre un terreno accidentado, o por un recrecimiento posterior excesivo, a pesar de contar en un primer momento con un grosor adecuado para su altura.

Las Tomas: *Presa de época bajoimperial en Badajoz inspirada claramente en los patrones constructivos de las grandes presas anteriores.*

Iturranduz: *Puede que sea una de las primeras presas de contrafuertes (sur de Navarra). Su primera versión sufrió la ruina por la excesiva esbeltez de su pantalla.*

Por último, desde la primera época romana contamos con pequeñas presas, algunas de ellas con tan escaso volumen de regulación que pueden considerarse como azudes de derivación, y que cuentan con una tipología de gravedad compuesta por un simple muro opuesto a la corriente, como en el caso de las grandes presas del Valle del Ebro pero a un nivel mucho menor, ya que no solían contar con lienzos de diversos aparejos como en aquellas, al no precisar mayor complicación estructural en presas que contaban con alrededor de 2 m. de altura de aguas o poco más. Dentro de este grupo podríamos mencionar la presa de Moracantá, en Villaminaya (**61**), cuyas características constructivas parecen indicarnos una datación aproximadamente dentro del primer siglo de nuestra era, aunque en este caso concreto, el muro sí se encuentra formado por dos lienzos yuxtapuestos.

Sin embargo, la realización de las grandes presas de gravedad, que cuentan con un volumen de obra ya muy considerable, debía ser excesivamente costosa por la necesidad de elaboración de una enorme cantidad de mortero y de material pétreo para alcanzar la estabilidad requerida para un muro que resiste por su peso propio, opuesto a una altura de agua en ocasiones muy considerable (hasta 34 m. en el caso de Almonacid). Este problema quedaba notablemente simplificado empleando la tipología de las presas de materiales sueltos, que reducían al mínimo el espesor del muro de fábrica, ya que gran parte del trabajo estructural es asignado al terraplén de tierras, cuya realización sería siempre mucho menos complicada.

De esta manera, a pesar de que no podemos considerar la tipología de materiales sueltos con pantalla de fábrica como evolución de las presas de gravedad simple, la verdad es que sí parece que éstas últimas fueron sustituidas con el tiempo por aquellas, ya que resultaban aparentemente más fiables y también algo menos costosas de realizar. De todas maneras, no debemos olvidar que la mayoría de grandes presas de gravedad se encuentran en el Valle del Ebro, por lo que además de un problema de economía o de evolución estructural, parece tratarse además de una tendencia constructiva regional.

A partir de estas tipologías principales, los romanos desarrollaron otros nuevos tipos de presas, como las presas de contrafuertes, presas arco y de bóvedas múltiples, mencionadas anteriormente en el presente apartado, por lo que no procedemos a su descripción detallada, sino a su simple ubicación temporal.

En primer lugar, todas las presas de contrafuertes halladas a lo largo de la geografía hispana, entre las que destacaremos como exponentes más significativos las de Araya (Mérida) (**62**) y Villafranca del Campo (Teruel) (**63**), parecen tratarse de obras relacionadas con explotaciones agropecuarias o núcleos urbanos rurales (*villae*), con uso mixto de abastecimiento y riego. Su aparición parece entonces estar ligada al auge del mundo rural a partir de finales del siglo II d.C. (comienzo de la época bajoimperial), que coincide además con una elevación general de las temperaturas y descenso de la precipitaciones medias, según los datos registrados en la Historia del Clima (**64**), lo que implica naturalmente una mayor necesidad de regulación de los caudales disponibles para compensar el efecto negativo de la climatología.

En este caso la tipología es simple, puesto que no es más que una evolución del tipo básico de muro de gravedad, que cuenta con una serie de apoyos adicionales intermedios que transmiten los mayores esfuerzos al cimiento cumpliendo con la función resistente a vuelco. Sin embargo, uno de los primeros ejemplos de esta tipología fue precisamente una presa alejada de los polos de mayor concentración de obras romanas, como es la de Iturranduz, cuya primera etapa constructiva data de finales del siglo I d.C. o de comienzos del II d.C. (**65**). Debemos precisar que, con los datos obtenidos sobre el terreno, la conclusión es que precisamente esta primera presa se arruinó, haciéndose necesaria una reconstrucción mediante un nuevo muro justo aguas arriba, y que la causa probable de su ruina fue la desproporción de sus dimensiones, ya que contaba con unos contrafuertes bastante robustos (3,5 x 2,5 m.), mientras que la pantalla vertical era tremendamente esbelta (menos de 1,0 m. de espesor) para su altura (en origen quizá más de 6 m.). De esta manera, vemos de nuevo cómo una nueva tipología de presas romanas tuvo unos comienzos titubeantes, con obras que sirvieron de experimento para posteriores realizaciones, lo que refuerza de nuevo la hipótesis de que Roma empleó el solar hispano como campo de desarrollo de su técnica de construcción de presas.

A partir de la presa de Iturranduz, las obras siguientes cuentan ya con unas proporciones más adecuadas al empuje de agua con que contarían. Sus dimensiones y distancias entre contrafuertes parecen ahora completamente estandarizadas, ya que se verían repetidas de unas obras a otras sin apenas variación, incluso entre presas con condicionantes tan diferentes y tan alejadas dentro del territorio como son las mencionadas de Villafranca y de Araya.

La tipología de contrafuertes tiene gran relación con la de bóvedas múltiples, de la que contamos con el único ejemplo de la presa de Esparragalejo, en Mérida (**66**), en la que la pantalla posee una acusada curvatura entre contrafuertes consecutivos. La datación de esta obra se hace muy difícil desde su reconstrucción de los años 50, aunque podemos sospechar que, a pesar de parecer un estadio más evolucionado de la anterior tipología de presa de contrafuertes, lo cierto es que podría tratarse de una obra anterior a todas las mencionadas en los párrafos anteriores. Podemos basarnos para esta hipótesis no solamente en la datación que ha sido atribuida a la *villa* destino de su acueducto (**67**), sino también en la gran semejanza de la presa con algunos muros de contención de tierras de esta misma época hallados en otras partes del imperio (uno de ellos por ejemplo en Frejus, Francia, con una fábrica de sillarejo muy similar) (**68**), cuya analogía con la presa de Esparragalejo, sobre todo en su concepción original, aún reconocible en antiguas fotografías reproducidas por Fernández Casado, es evidente (**69**).

Esta última obra es una especie de excepción a la regla que no cuenta con un grupo determinado de obras para su clasificación como tipología de presas romanas, lo mismo que ocurre con la tipología de presa arco, de la que el único exponente claro es la de Puy Foradado (**70**), aunque podría haber algún ejemplo tardío menos definido. Ambas presas parecen constituir casos aislados de la última época altoimperial, en la que comenzaron precisamente a diversificarse las tipologías de presas, y en la que los constructores parecían estar buscando la forma de presa adecuada a cada caso y circunstancia particular, razón que les llevaría a probar con tipos estructurales muy diversos hasta la generalización de las presas de materiales sueltos y las de contrafuertes como tipos más comunes.

Dada la variedad de tipologías en los ejemplos hallados a lo largo de todo nuestro territorio, así como su extensión en el tiempo a lo largo de todo el periodo romano, desde sus inicios hasta la caída del Imperio, no parece aventurado pensar que la técnica de construcción de presas por parte de los romanos evolucionó y se perfeccionó en gran medida dentro del territorio peninsular, ya que incluso hemos sido capaces de localizar diversos experimentos constructivos a través de tipologías novedosas que aún contaban con defectos en su dimensionamiento que fueron la causa de su ruina (Almonacid, Alcantarilla, Iturranduz, Pared de los Moros,...). Todo ello nos lleva a pensar que los romanos emplearon el territorio hispano como campo de experimentación y aprendizaje de técnicas constructivas en el ámbito de las presas, ya que inmediatamente después de éstas presas fallidas encontramos ejemplares ya totalmente desarrollados en los que se han observado y corregido fallos del pasado.

Villafranca: *Presa de época bajoimperial en la que el modelo constructivo de la presa de contrafuertes se encuentra ya completamente desarrollado.*

Esparragalejo: *Unico ejemplo de presa de bóvedas múltiples, variedad sofisticada de la presa de contrafuertes.*

Puy Foradado o Cubalmena: *detalle del paramento de aguas abajo de la presa de planta curvada.En realidad este paramento cuenta con un tamo central bastante recto, curvándose hacia el exterior de forma acusada en ambos estribos(este efecto puede apreciarse en mucha menor medida en otras presas de gravedad como en la de el Paredón, en Valverde de Mérida). En la presa de Puy Foradado, debido a la altura de la presa en relación a la longitud del paramento, es dudoso que la estuctura aprovechase la geometría del paramento para crear un efecto arco que contribuyese de forma efectiva a la resistencia de la presa.*

De esta manera, parece lógico concluir que fue en Hispania donde los constructores romanos desarrollaron un amplio abanico de presas de pequeño y mediano tamaño a partir de los patrones de las grandes presas de embalse de los abastecimientos a ciudades, que eran de un tamaño mucho mayor, y que parecen ser precisamente las de mayor antigüedad, ya que se corresponden con el primer periodo dentro de la ocupación definitiva del territorio hispano por parte de Roma, es decir,en los primeros años del Imperio, que coincidió con el cambio de era.

Llegando incluso más lejos, se podría deducir que estas nuevas tipologías fueron posteriormente exportadas a otras partes del Imperio, como el Norte de África o incluso Oriente Próximo, ya que la gran mayoría de ejemplos conocidos de presas en dichas zonas, han sido datadas generalmente a partir del siglo II d.C. (71), coincidiendo con la época de esplendor de estas provincias, mientras que en España aún perduran obras de origen tan antiguo como de finales del siglo I a.C. no sólo entre las grandes presas de embalse (Valle del Ebro), sino también en algunos azudes de derivación para abastecimiento como el Azud de los Moros (Tuéjar) o la presa de Riofrío (Segovia), esta última al parecer ya de los siglos I-II d.C.

Por otro lado, y aunque es verdad que la mayoría de presas rurales de pequeño tamaño son construidas en España y Portugal también a partir del siglo II d.C., al igual que en África y Oriente, debemos remarcar el hecho de la existencia en el interior de la Península de algunos ejemplos de presas de este tipo (de mediano tamaño y generalmente con una utilidad mixta para abastecimiento y riego) que podrían situarse en una época algo más temprana, quizá en la segunda mitad del siglo I d.C., como Moracantá (Villaminaya, Toledo) o el Azud de La Rechuela en La Zaida, Zaragoza, e incluso la de Paerón I, en Noez (Toledo).

Son todas ellas presas de escaso porte, en consonancia con su finalidad y, al menos en el caso de Paerón I, denotan una clara influencia de los grandes patrones de obras anteriores, como la cercana presa de Alcantarilla y de alguna más lejana como la de Proserpina, cuya construcción debe ser más o menos contemporánea a aquella (esta última está siendo datada últimamente dentro del principado de Trajano: entre los últimos años del siglo I y comienzos del siglo II d.C.).

Concluyendo, y como resumen de lo expuesto anteriormente, somos capaces de elaborar una especie de cuadro de la evolución en las tipologías de las presas en Hispania a lo largo de todo el periodo romano, en el que también se han incluido estas últimas nuevas tipologías. En él se ha representado dentro del grupo de presas de menor envergadura, la posible evolución desde las de gravedad simple a las presas de contrafuertes (y su variante de bóvedas múltiples en el caso de Esparragalejo), e incluso a las presas de arco, aunque ya hemos dicho que estos dos últimos tipos podrían constituir casos aparte.

Así, y en función de las escasas dataciones conocidas con una cierta seguridad, como son las asignadas a algunas de las presas más importantes (Proserpina, Almonacid..), que han servido de referencia dentro de la evolución de las tipologías, así como de la cronología aproximada esperada para algunas presas de menor importancia, la evolución de las presas romanas en España podría quedar en esquema de la manera que sigue a continuación:

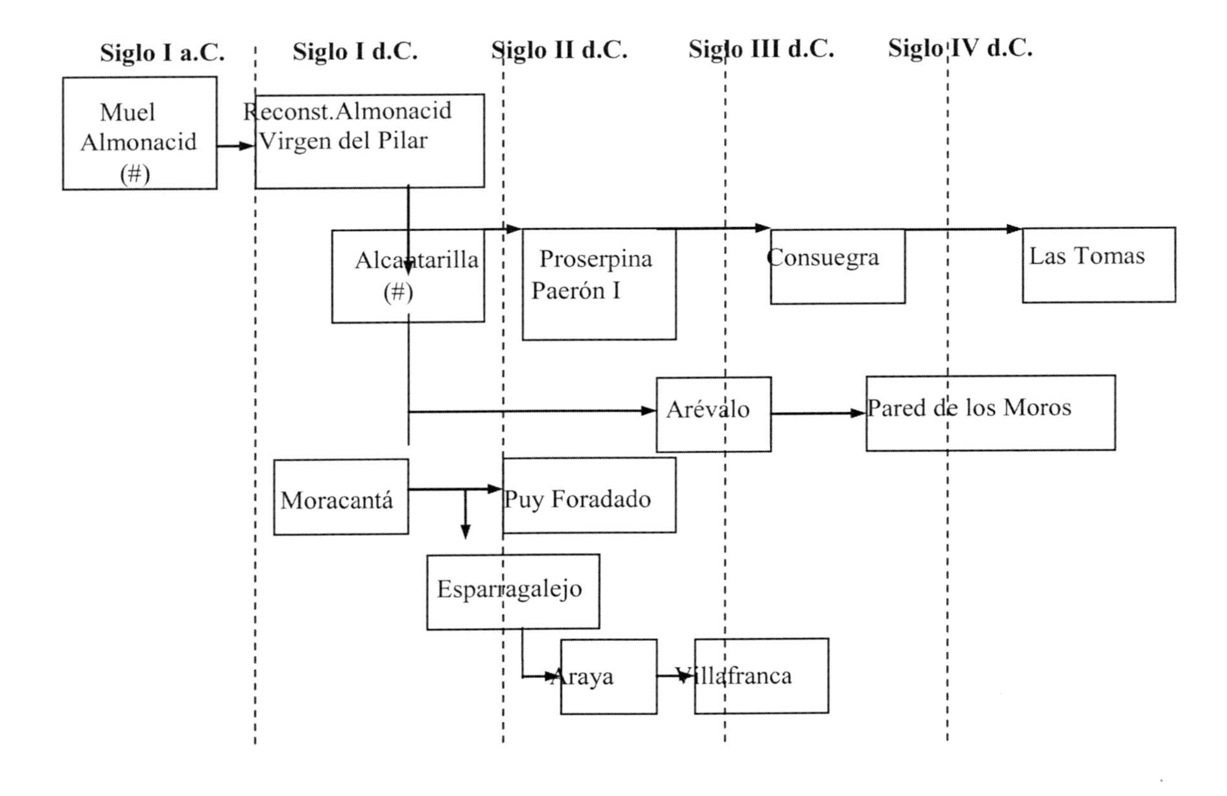

REFERENCIAS:

(**1**) L. Caballero Zoreda y F. Javier Sánchez Palencia: "Presas romanas y datos sobre poblamiento romano y medieval en la provincia de Toledo; *Noticiario Arqueológico Hispánico*, Mtro. Cultura, 1982.

(**2**) Jean-Gerard Gorges y Christian Rico: "Barrages ruraux d'époque romaine en moyenne vallée du Guadiana"; Casa de Velázquez; Madrid, 2000.

(**3**) J.P. Adam: *La construcción romana; materiales y técnicas*; Editorial de los Oficios. León, 1996. *Ver descripción realizada en esta obra y referencias en la misma a otros tratados sobre el tema; pp.23 y sig.*

(**4**) J.P. Adam: *La construcción romana; materiales y técnicas*; Editorial de los Oficios. León, 1996

(**5**) *Guía de la ciudad de Empúries*; Museu d'Arqueologia de Catalunya, 1999.

(**6**) F. Arredondo y F. Soria: "Conglomerantes hidráulicos". *Estudio de Materiales*. Tomo I, capítulo 4; Revista de Obras Públicas. Madrid, 1983, p. 163.

(**7**) F. Bueno Hernández: *Evolución de la ingeniería de presas en España* (Tesis doctoral). E.T.S. Ingenieros de Caminos de Santander. Santander, mayo de 1999.

(**8**) M. Vitruvio Pollio: *De Architectura Libri X*. Granger, ed. Loeb 1934.

(**9**) M. Luisa Serrano: *Excavaciones en Valencia; recuperados 22 siglos de Historia.* Revista de Arqueología nD22, año 2000.

(**10**) A. Ventura: *El abastecimiento de aguas a la Córdoba romana I.* Universidad de Córdoba, 1993.

(**11**) Miguel Arenillas Parra et al.: *La presa de Almonacid de La Cuba – Del mundo romano a la Ilustración en la cuenca del Aguas Vivas*; Gobierno de Aragón y MOPT, 1996, pp. 38 y siguientes.

(**12**) J.P. Adam: *La construcción romana; materiales y técnicas*; Editorial de los Oficios. León, 1996.

(**13**) Filippo Coarelli: "Public building in Rome between the Second Punic War and Sulla"; *Papers of the British School at Rome*, vol. XLV, 1997; pp. 1 y s2.

J.P. Adam: *La construcción romana; materiales y técnicas*; Editorial de los Oficios. León, 1996.

(**14**) M. Arenillas, C. Díaz y R. Cortés: "La presa de Proserpina (Mérida)"; Confederación Hidrográfica del Guadiana, mayo de 1992.

M. Arenillas, J. Martín Morales y A. Alcaraz: "Nuevos datos sobre la presa de Proserpina"; *Revista de Obras Públicas*, junio 1992.

(**15**) A. Jiménez Martín: "Los acueductos de Emérita"; *Simposio Internacional conmemorativo del Bimilenario de Mérida*, 1975. Actas "Augusta Emérita". 1976.

(**16**) García Bellido: *Arte romano.* pp. 18 a 29.
J.P. Adam: *La construcción romana; materiales y técnicas*; Editorial de los Oficios. León, 1996

(**17**) Confederación Hidrográfica del Ebro-Ingeniería 75 (M. Arenillas y otros): *Inventario de Obras Hidráulicas Históricas en la cuenca del Ebro en Aragón. Presas y Azudes.* Zaragoza, 1999.

(**18**) L. Caballero Zoreda y F. Javier Sánchez Palencia: "Presas romanas y datos sobre poblamiento romano y medieval en la provincia de Toledo; *Noticiario Arqueológico Hispánico*, Mtro. Cultura, 1982.

(**19**) C. Fdez. Casado: "Las presas romanas en España"; *Revista de Obras Públicas*, Madrid, junio 1961.

R. Celestino: "Los sistemas romanos de abastecimiento a Mérida. Estudio comparativo para una posible cronología"; *Revista de Obras Públicas*, diciembre 1980.

(**20**) R. A. Staccioli: *Guida di Roma antica*; Biblioteca Universale Rizzoli. Milán, 1996; pp. 25 a 33.
J. P. Adam: *La construcción romana; materiales y técnicas*; Editorial de los Oficios. León, 1996.

(**21**) J.G. Gorges y G. Rodríguez: "Un example de grande hydraulique rurale dans l'Espagne du Bas-Empire. La *villa* romaine de Correio Mor (Elvas, Portugal)"; Casa de Velázquez. Madrid, 2000.

(**22**) J. P. Adam: *La construcción romana; materiales y técnicas*; Editorial de los Oficios. León, 1996.

(**23**) L. Caballero Zoreda y F. Javier Sánchez Palencia: "Presas romanas y datos sobre poblamiento romano y medieval en la provincia de Toledo; *Noticiario Arqueológico Hispánico*, Mtro. Cultura, 1982.

(**24**) M. Arenillas, C. Díaz y R. Cortés: "La presa de Proserpina (Mérida)"; Confederación Hidrográfica del Guadiana, mayo de 1992.

(**25**) M. Angeles Mezquíriz y M. Unzu: "De hidráulica romana: el abastecimiento de agua a la ciudad romana de Andelos"; 1985.

(**26**) C. Fernández Casado: "Las presas romanas en España"; *Revista de Obras Públicas*. Madrid, junio 1961.

(**27**) Jean-Gerard Gorges y Christian Rico: "Barrages ruraux d'époque romaine en moyenne vallée du Guadiana"; Casa de Velázquez; Madrid, 2000.

(**28**) J. A. García Diego, M. Díaz Marta y N. A. F. Smith: *Nuevo estudio sobre la presa romana de Consuegra.* Revista de Obras Públicas. Madrid, junio 1980.

J. A. García Diego, C. Fernández Casado y otros: *Estudio conjunto sobre la presa romana de Consuegra.* Revista de Obras Públicas. Madrid, julio y agosto 1983.

(**29**) M. Arenillas, C. Díaz y R. Cortés: "La presa de Proserpina (Mérida)"; Confederación Hidrográfica del Guadiana, mayo de 1992.

(**30**) M. Arenillas, C. Díaz y R. Cortés: "La presa de Proserpina (Mérida)"; Confederación Hidrográfica del Guadiana, mayo de 1992.

(**31**) J. G. Gorges y G. Rodríguez: "Un example de grande hydraulique rurale dans l'Espagne du Bas-Empire. La *villa* romaine de Correio Mor (Elvas, Portugal)"; Casa de Velázquez. Madrid, 2000.

(**32**) C. Fdez. Casado: "Las presas romanas en España"; *Revista de Obras Públicas.* Madrid, junio 1961.

R. Celestino y Gómez : "El pantano romano de Alcantarilla, en Mazarambroz"; *Toletum* nD7. 1976.

(**33**) N.J. Schnitter: "Las Civilizaciones Antiguas", capítulo 1 en *Historia de las presas*, ed. en castellano: Colegio de Ingenieros de Caminos, 2000 (trad. de J. Diez-Cascón y F. Bueno); pp. 17 a 19.

(**34**) N.J. Schnitter: "Las Civilizaciones Antiguas", capítulo 1 en *Historia de las presas*, ed. en castellano: Colegio de Ingenieros de Caminos, 2000 (trad. de J. Diez-Cascón y F. Bueno); pp. 24 a 27.

(**35**) C. Fdez. Casado: "Las presas romanas en España"; *Revista de Obras Públicas.* Madrid, junio 1961.
J. A. Fdez. Ordoñez y otros : *Catálogo de Noventa Presas y Azudes Españoles anteiores a 1900;* Biblioteca CEHOPU. Madrid, 1984.

(36) Junta de Castilla y León (Delegación T. Salamanca): ficha del Inventario Arqueológico. Salamanca, 1991.

(37) Confederación Hidrográfica del Ebro-Ingeniería 75 (M. Arenillas y otros): *Inventario de Obras Hidráulicas Históricas en la cuenca del Ebro en Aragón. Presas y Azudes.* Zaragoza, 1999.

(38) Miguel Arenillas Parra et al.: *La presa de Almonacid de La Cuba – Del mundo romano a la Ilustración en la cuenca del Aguas Vivas*; Gobierno de Aragón y MOPT, 1996.

(39) N.J. Schnitter: "El Imperio Romano", capítulo 2 en *Historia de las presas*, ed. en castellano: Colegio de Ingenieros de Caminos, 2000 (trad. de J. Diez-Cascón y F. Bueno); p. 84.

(40) C. Fdez. Casado: "Las presas romanas en España"; *Revista de Obras Públicas*; junio de 1961.

(41) N.J. Schnitter: "El Imperio Romano", capítulo 2 en *Historia de las presas*, ed. en castellano: Colegio de Ingenieros de Caminos, 2000 (trad. de J. Diez-Cascón y F. Bueno); pp. 86 a 90.

(42) J. Galiay Saramaña: "Las excavaciones del Plan Nacional en Los Bañales de Sádaba (Zaragoza)"; *Informes y Memorias de la Comisaría General de Excavaciones Arqueológicas*. Madrid, 1944.

A. Beltrán Martínez: "Las obras hidráulicas de Los Bañales (Uncastillo, Zaragoza); *Segovia y la Arqueología Romana*. Barcelona, 1977.

Confederación Hidrográfica del Ebro-Ingeniería 75 (M. Arenillas y otros): *Inventario de Obras Hidráulicas Históricas en la cuenca del Ebro en Aragón. Presas y Azudes.* Zaragoza, 1999.

(43) Jean-Gerard Gorges y Christian Rico: "Barrages ruraux d'époque romaine en moyenne vallée du Guadiana"; Casa de Velázquez; Madrid, 2000.

(44) J. A. Fdez. Ordoñez y otros: *Catálogo de noventa presas de azudes españoles anteriores de 1900*; Biblioteca CEHOPU. Madrid, 1984.

M. Diaz-Marta: "Comentario al artículo 'Don Pedro Bernardo Villarreal de Bérriz y sus presas de contrafuertes' de Jose A. García-Diego (publicado en la Revista de Obras Públicas de agosto de 1971)"; *Revista de Obras Públicas*, 1972.

(45) J.P. Adam: *La construcción romana, materiales y técnicas*; Ed. Los Oficios. León,1996, p.261 y sig.

(46) Roma Archeologica: *Aquae. Il sistema delle acque a Roma;* Elio de Rosa Editore, 2002; p. 6 y sig.

(47) G. Panimolle: *Gli acquedotti de Roma antica*. Roma, 1984.

(48) G. Panimolle: *Gli acquedotti de Roma antica*. Roma, 1984; p. 77.

(49) G. Panimolle: *Gli acquedotti de Roma antica*. Roma, 1984; pp. 213 a 218.

(50) N.J. Schnitter: "Las Civilizaciones Antiguas", capítulo 1 en *Historia de las presas*, ed. en castellano: Colegio de Ingenieros de Caminos, 2000 (trad. de J. Diez-Cascón y F. Bueno).

(51) G. Garbretch: "Sadd-el-Kafara, the world's oldest large dam". *Int. Water power and dam construction.*, julio 1985, pp. 71-76.

(52) C. Fernández Casado et al. "Estudio conjunto sobre la presa romana de Consuegra"; *Revista de Obras Públicas*, julio 1983, pp. 491 a 502.

(53) R.A. Staccioli: *Guida di Roma antica*; Biblioteca Universale Rizzoli; Milán, 1996, pp. 25 a 33.

J.P. Adam: *La construcción romana, materiales y técnicas*; Ed. Los Oficios. León, 1996, pp. 118 y siguientes

(54) J.L. Mosquera Müller, T. Nogales Basarrate: *Una ciudad sobre el río. Aquae Aeternae.* Confederación Hidrográfica del Guadiana, 1999.

(55) F. Aranda J. Carrobles y J. L. Isabel: *El sistema hidráulico romano de abastecimiento a Toledo.* Diputación Provincial de Toledo, 1997.

(56) L. Caballero Zoreda y F. Javier Sánchez Palencia: "Presas romanas y datos sobre poblamiento romano y medieval en la provincia de Toledo; *Noticiario Arqueológico Hispánico*, Mtro. Cultura, 1982.

(57) M. Arenillas, C. Díaz, R. Cortés: *La presa de Proserpina (Mérida).* Confederación Hidrográfica del Guadiana. Madrid, mayo de 1992.

(58) J. de C. Serra Rafols: *El poblamiento del valle medio del Anas en la época romana.* Revista de Estudios Extremeños. Septiembre de 1945.

(59) Miguel Arenillas Parra et al.: *La presa de Almonacid de La Cuba – Del mundo romano a la Ilustración en la cuenca del Aguas Vivas*; Gobierno de Aragón y MOPT, 1996, pp. 47 y siguientes.

(60) Confederación Hidrográfica del Ebro-Ingeniería 75 (M. Arenillas y otros): *Inventario de Obras Hidráulicas Históricas en la cuenca del Ebro en Aragón. Presas y Azudes.* Zaragoza, 1999.

(61) L. Caballero Zoreda y F. Javier Sánchez Palencia: "Presas romanas y datos sobre poblamiento romano y medieval en la provincia de Toledo; *Noticiario Arqueológico Hispánico*, Mtro. Cultura, 1982. M. Arellano: *Puente y presa romanos en el término municipal de Villaminaya (Toledo).*Toletum 1974/76

(62) J.M. Alvarez.: *Embalse romano de Araya, Mérida.* XI Congreso Nacional Arqueología. 1970.

(63) Confederación Hidrográfica del Ebro-Ingeniería 75 (M. Arenillas y otros): *Inventario de Obras Hidráulicas Históricas en la cuenca del Ebro en Aragón. Presas y Azudes.* Zaragoza, 1999.

(64) Font Tullot I.: *Historia del clima en España.* Madrid, 1988.

(65) M.A. Mezquíriz y M. Unzu: *De hidráulica romana: el abastecimiento de agua a la ciudad romana de Andelos.* Trabajos Arqueológicos de Navarra. Pamplona, 1988.

(66) M. Diaz-Marta : *Comentarios al artículo "Don Pedro Bernardo Villarreal de Bérriz y sus presas de contrafuertes.* Revista de Obras Públicas. Madrid, marzo 1972.

(67) Gorges J.G. y Rico C.: "Barrages ruraux d'époque romaine en moyenne vallée du Guadiana"; Casa de Velázquez. Madrid, 2000.

(68) J.P. Adam: *La construcción romana, materiales y técnicas*; Editorial de Los Oficios.León, 1996, p. 197.

(69) C. Fdez. Casado: *Las presas romanas en España.* Revista de Obras Públicas. Madrid, junio 1961.

(70) J. Galiay Saramaña: "Las excavaciones del Plan Nacional en Los Bañales de Sádaba (Zaragoza)"; *Informes y Memorias de la Comisaría General de Excavaciones Arqueológicas.* Madrid, 1944.

A. Beltrán Martínez. : *Las obras hidráulicas de Los Bañales (Uncastillo, Zaragoza).* Segovia y la Arqueología romana. 1977.

(71) N.J. Schnitter: "El Imperio Romano", capítulo 2 en *Historia de las presas*, ed. en castellano: Colegio de Ingenieros de Caminos, 2000 (trad. de J. Diez-Cascón y F. Bueno); pp. 86 y 89.

5.- ESTUDIO DE LAS PRESAS ROMANAS MÁS IMPORTANTES EN ESPAÑA

La investigación llevada a cabo durante el proceso de elaboración del presente trabajo, nos ha llevado a concluir lo importante del patrimonio hidráulico romano hispano por lo que se refiere a obras de toma o embalse romanas existentes en este territorio (tanto en España como en Portugal, aunque el territorio de nuestro país vecino no entre dentro de nuestro ámbito), comprobando asimismo cómo dichas obras se encuentran dispersas en una gran extensión a lo largo de toda la Península, por lo que, aunque en mayor o menor densidad según el caso, puede decirse que forman parte de la Historia de casi todas las regiones peninsulares, y quizá también de Baleares.

De entre este conjunto de obras, existe un pequeño grupo que son sobradamente conocidas, por constituir los ejemplos más importantes que legaron los romanos en cuanto a construcción de presas se refiere. En este conjunto podemos incluir las presas de: Proserpina, Almonacid de la Cuba, Iturranduz, Cornalbo, Alcantarilla, Consuegra e incluso la de Arévalo, aunque sólo en los tres primeros y quizá en el último de los casos, se puede hablar de un estudio más a fondo con medios científicos (aunque nunca con el alcance suficiente para lo que podrían dar de sí estas obras) (**1**), puesto que el resto de obras generalmente sólo ha sido objeto de artículos descriptivos o breves referencias que sólo han servido para darlas a conocer y realizar una primera aproximación a su conocimiento, pero en ningún momento se puede afirmar que esté todo dicho sobre ellas, ya que se haría necesario contar además con el apoyo técnico necesario para realizar prospecciones, sondeos, análisis de laboratorio, o sin ir más lejos, unas simples mediciones de precisión empleando medios topográficos ordinarios que permitan el levantamiento de un plano fiable, cosa que está muy lejos de haber sido llevada a cabo ni siquiera en estos casos.

Del otro lado se encuentran la inmensa mayoría del resto de obras, las cuáles por norma general, no han sido objeto de estudio alguno por lo que, si es que no son totalmente inéditas, cuentan a lo sumo con una corta referencia o una simple mención en alguna publicación de escasa difusión, aunque afortunadamente, hay también algunas obras que están siendo actualmente dadas a conocer por nuevos estudios. Dentro de este grupo debemos incluir además presas sumamente importantes, como la de la Virgen del Pilar o la de Muel, ambos ejemplares tan impresionantes y de altura tan relevante como para ser alineadas en el mismo grupo que las presas emeritenses o de la de Almonacid, es decir, que junto a alguna otra presa de fuera de la Península, como algunas de las provincias orientales: *Harbaqa* (cerca de Palmira, Siria), *Orukaya* y *Cevlik* (ambas en Turquía) (**2**), forman parte del conjunto de presas más importantes del mundo, contando en este caso además con el interés añadido de no haber sido reformadas desde época romana, lo que podría aportar numerosos datos nuevos sobre la construcción de grandes presas en la Antigüedad.

Además, existe una pléyade de presas de menor importancia de todos los tamaños, formas y tipologías, que no por su menor tamaño deben ser excluidas de un estudio medianamente exhaustivo puesto que, dada la enorme diversidad de características y épocas de construcción (recordemos que el Imperio Romano estuvo asentado sobre suelo hispano durante casi cinco siglos, después de un intenso contacto de otros doscientos años en época republicana), pueden extraerse muchas conclusiones interesantes acerca de los procedimientos constructivos romanos y de su evolución a lo largo del tiempo, de sus conocimientos técnicos y de la planificación y ordenación del territorio llevada a cabo en esta época. Por ello, se ha considerado fundamental incluir en este trabajo el mayor número posible de presas romanas o de origen romano sin importar sus dimensiones ya que, dada la rareza de estas obras (aunque la rareza quizá sea simplemente atribuible a los estudios sobre las mismas), cualquier ejemplar puede aportar datos valiosos para todo el conjunto. De esta manera, pueden aparecer en este apartado presas que posean una altura de escasamente 1 m o de las que no se conserven más que restos dispersos, puesto que en principio, todas pueden tener la misma importancia. Esto nos ha llevado en ocasiones a invadir un campo que se sale de la Ingeniería Civil para entrar de lleno en la Arqueología.

Sin embargo, en este punto incluimos solamente aquellas presas de construcción romana comprobada, o cuyo origen parece tener una autoría claramente romana a pesar de posibles reconstrucciones, por lo que constituyen así un primer conjunto de presas romanas “confirmadas”. En el siguiente apartado se incluirá una discusión acerca del origen de multitud de obras que no presentan un origen tan claro, a pesar de que muchas de ellas han sido tradicionalmente consideradas como tales. Las conclusiones del estudio realizado en aquél apartado son diversas, puesto que de varias obras parece deducirse un origen romano a juzgar por los datos disponibles, mientras que también en muchas de ellas debemos decir que no existen razones para pensar lo mismo, por lo que concluimos en principio que son posteriores, a pesar de que, como decimos, en algunos casos se han venido considerando romanas, a veces sólo por la poca profundidad con que se han estudiado. Debe agradecerse en todo caso la aportación inicial de estos estudios que, cuando menos, han constituido un primer acercamiento a obras hasta entonces desconocidas y que pueden ser de gran importancia para la Historia de la Técnica, siendo comprensible, dado el estado actual del arte dentro de este campo, que inicialmente se cometan errores, de la misma manera que podemos estar cometiéndolos nosotros ahora.

Como síntesis del presente apartado y del siguiente, correspondiente a la *Discusión acerca de algunas presas antiguas*, se incluye un tercer apartado en el que se da un listado final que pretende servir de resumen de las presas romanas en España. En él se recogen todas las obras que parecen tener su origen dentro del periodo romano, de las que se aportan las principales características, y por otro lado, también se mencionan todas aquellas obras que en algún momento han sido consideradas como tales, para completar así toda la información disponible actualmente sobre el tema.

Por tanto, incluimos a continuación una descripción lo más pormenorizada posible de todas las presas romanas halladas en España de las que, en el caso de las menos conocidas, se ha intentado compilar el mayor número de datos posibles, mientras que en el caso de las más conocidas, si bien posiblemente no se logre decir nada nuevo, se ha procurado al menos sistematizar todos los conocimientos existentes sobre las mismas y ordenar todos los datos existentes de la manera más inteligible que nos ha sido posible. Se incluyen en primer lugar las presas consideradas como más importantes y a continuación el resto, siguiendo más o menos un orden decreciente de importancia, que no puede ser por supuesto, riguroso. La ordenación y clasificación de todas ellas se ha realizado sin embargo en el apartado de resumen incluido, como ya hemos dicho, a continuación del presente.

Presa de Muel: *Detalle del paramento de aguas abajo, donde se aprecia la erosión y probable robo de parte de los sillares de su fábrica. Esta obra puede constituir el más antiguo ejemplo de presa romana en España y constituye un paradigma porsu monumentalidad y persistencia a lo largo del tiempo, a pesar de haber pasado prácticamente desapercibida hasta nuestros tiempos.*

REFERENCIAS:

(1) * *Actuaciones de la C.H. del Guadiana durante los años 1991-92:* Alcaraz A., Arenillas M., Martín Morales J.: *La estructura y cimentación de la presa de Proserpina.* Actas de las IV Jornadas Españolas de Presas. Murcia, 719-733; Arenillas M., Diaz C., Cortés R.: *La presa de Proserpina (Mérida).* Confederación Hidrográfica del Guadiana. Madrid, mayo de 1992.

* *Actuaciones del Gobierno de Aragón a partir de 1994:* Arenillas M. et al. : *La presa de Almonacid de La Cuba – Del mundo romano a la Ilustración en la cuenca del Aguas vivas*; Gob. Aragón y MOPT, 1996.

* *Actuaciones del Gobierno de Navarra a partir de 1980:* Mezquíriz M.A.: *Arqueología 80. Memoria de las actuaciones programadas en el año 1980.* Madrid, 1980; Mezquíriz M.A. y Unzu M.: *De hidráulica romana: el abastecimiento de agua a la ciudad romana de Andelos.* Trabajos Arqueológicos de Navarra. Pamplona, 1988; Mezquíriz M.A., Bergamín J. y otros: *Estudio geofísico de la presa romana de Andión-Iturranduz (Navarra). Primeros resultados.* Geociencias, Rev. Univ. Aveiro. 1990. Vol.5, fasc. 1 (105-111).

* Bergamín J.F., Gradolph A. y Mariné M.: *Estudio geofísico de la presa romana del río Arevalillo (Nava de Arévalo), Ávila.* Geociencias, Rev. Univ. Aveiro (1990), vol.5, fasc. 1.

(2) Schnitter N.J.: *Historia de las Presas;* ed. en castellano: Colegio de Ingenieros de Caminos, 2000 (trad. J. Diez-Cascón J. y Bueno F.); capítulo 2: El Imperio Romano.

5.1.- PRESA DE ALMONACID DE LA CUBA.-

Coordenadas: 685.200; 4.571.800. Fuente: Instituto Geográfico Nacional. Hoja 1:50.000 n° 440.

La de Almonacid de la Cuba es uno de los ejemplares más importantes, por no decir que es casi el más importante de las presas romanas que han llegado hasta nuestros días. Se encuentra además en relativo buen estado, ya que conserva, aunque sólo sea en parte, su funcionalidad, sin haber sufrido además remodelaciones importantes después de época romana.

Durante mucho tiempo se ha atribuido a esta obra una antigüedad mucho menor a la que realmente posee, siendo encuadrada por algunos en época árabe y por otros en época de Jaime el Conquistador, siendo éste un error que se ha ido arrastrando sin criterio alguno de un autor a otro desde finales del siglo XVIII. Existieron sin embargo, algunos otros autores como Ponz (finales s. XVIII), Galiay o Blázquez (ambos ya en el siglo XX), que sostuvieron el origen romano de la misma (Arenillas et al. 1996).

Es finalmente ya en el año 1996, cuando bajo un estudio llevado a cabo por mediación del Gobierno de Aragón, se vino a demostrar no sólo el origen romano de la presa, sino también la temprana construcción de la misma, puesto que la obra original puede corresponder más o menos al cambio de era (es decir, posee unos 2000 años de antigüedad), según el análisis realizado a diversos fragmentos de madera hallados justamente en los estratos correspondientes al depósito más antiguo del vaso del embalse. La obra cuenta además con diversas reconstrucciones, pero también éstas dentro del periodo romano. Este estudio ha servido de base para la mayor parte de los datos incluidos en las siguientes líneas *(Arenillas et al. 1996).*

La situación de la presa está dentro de la población de Almonacid de la Cuba, localidad cercana a Belchite en la provincia de Zaragoza, sobre el río Aguas Vivas, afluente directo por margen derecha del Ebro, que junto con el Jalón, Huerva y Martín, constituye el conjunto de tributarios aragoneses de dicha margen del Ebro, generalmente menores y menos caudalosos que los afluentes pirenaicos de margen izquierda.

A pesar de ello, constituye éste un hecho importante y diferenciador de la presa con respecto a la mayoría de obras de ésta época puesto que, junto con la de Muel, son quizá los únicos ejemplos claros conservados de presas de embalse de gran entidad situadas sobre cauces de cierta envergadura ya que, por lo general, los romanos huían de ríos de caudales importantes a la hora de construir sus presas, recurriendo incluso a realizar trasvases de agua a partir de las cuencas vecinas en el caso de precisar una aportación mayor para llenar el embalse.

Almonacid de la Cuba: *Vista general de la presa desde aguas abajo. Se aprecia la diferencia entre el estribo derecho y el cuerpo central de la presa (primer término), con un aspecto muy macizo, y el estribo izquierdo, con el Ojo de la Cuba y el aliviadero porencima, con una fábrica más cuidadosa y una planta sensiblemente arqueada. Fuente: Arenillas et al., 1996.*

Además de estas dos presas conocidas, debió existir asimismo un azud de derivación en el Gállego (uno de los afluentes pirenaicos del Ebro), que serviría para el abastecimiento de las ciudad de Zaragoza *(Gzlez. Tascón et al., 1994),* y que quizá podría identificarse con el actual Azud del Rabal. Completando el conjunto de obras de retención romanas sobre cauces de alguna importancia, también podríamos mencionar los azudes que servirían de cabecera a los dos sistemas de abastecimiento de la ciudad de Tarraco, que tomarían del Francolí y del Gaiá respectivamente, aunque en ambos casos debía tratarse de simples azudes de derivación (sólo se han conservado restos del segundo, conociéndose del primero solamente su posible ubicación aproximada) *(Sáenz, 1977),* y no de grandes presas de embalse como en dos primeros casos, con la diferencia de esfuerzo y de dificultad constructiva entre ellas que ello supone.

Aparte de este hecho singular, la presa de Almonacid de la Cuba posee como estructura en sí unas dimensiones que la diferencian del resto de obras antiguas del mismo tipo. En primer lugar, su altura de 34,0 m la desmarca del resto de presas romanas conocidas, puesto que debemos recordar que la que le sigue sería Proserpina, de la que tras la limpieza de su vaso en el año 1992, pudo conocerse su altura total, que es de 21,6 m. *(Arenillas et al., 1992).* En cuanto a su longitud, de unos 125 m. en coronación, si que cuenta con ejemplos que la superan largamente (sobre todo dentro del grupo de grandes presas en el que debemos encuadrar a Almonacid), debido a la estrechez del cauce cavado por el Aguas Vivas, que hace que existan en este punto unas laderas muy pendientes. Por último, la anchura del muro observado, varía según las zonas de unos 17 a unos 27 m. en coronación, aunque ésta va variando en altura, gracias al escalonado de aguas abajo (y a otro probable escalonado aguas arriba actualmente no visible), que hace que posea un espesor aún mayor en su base, llegando hasta los 40 m.

Almonacid de la Cuba: *Vista del paramento de aguas arriba en la zona coincidente con la entrada al Ojo de la Cuba. Se aprecia claramente el almohadillado de los sillares de esta parte que termina en el arranque de la torre de toma (a la derecha). Fuente: Arenillas, 1996.*

Almonacid de la Cuba: *Detalle del estribo izquierdo con la fábrica de sillería del aliviadero en primer término. Se aprecia claramente la transición entre las dos zonas de la presa, asomando justamente en este punto el calicanto de uno de los antiguos contrafuertes desde dentro de la fábrica de la segunda etapa constructiva. Fuente: Arenillas et al., 1996.*

La presa de Almonacid consta básicamente de dos construcciones de épocas diferentes, de las que la segunda de ellas supone una reconstrucción de la primera, que se superpone a ésta enmascarando gran parte de la construcción original. Este hecho explicaría la irregular geometría de la presa, con tipos de fábrica muy distintos superpuestos unos encima de otros sin aparente orden. De esta manera, puede ser que tanto la zona del aliviadero, situado en margen izquierda, como los restos de un machón de calicanto que parecen corresponderse con el relleno de un antiguo contrafuerte, deben pertenecer a la construcción original, que estaría formada probablemente por tres tramos de muro apoyados sobre dos contrafuertes intermedios, de los que solamente se conservan restos del primero, mientras que el segundo podría haber estado situado ya en margen derecha. De esta manera, la presa habría constado inicialmente de un paramento vertical formado por tres arcos, si admitimos la posibilidad de repetición de la curvatura observada en el tramo conservado, el de la zona del aliviadero, lo cuál viene corroborado por el hecho de que en los sondeos realizados dentro del mencionado estudio, el cuerpo de la primera obra parece mantener un espesor más o menos uniforme

Esta obra inicial se habría arruinado debido probablemente a su gran esbeltez, constituyendo un experimento estructural de los constructores romanos, que probablemente nunca habían erigido antes una presa de tal altura, y que debieron confiar en la forma del arco para soportar esta gran carga de agua, así como en el gran apoyo que en principio supone la cimentación en las calizas jurásicas que componen la base de la presa, que cierran un valle que se estrecha justamente a partir del punto de ubicación de la presa. Por otro lado, es también cierto que el aliviadero diseñado en un principio no sería suficiente para admitir el gran caudal de avenida que puede llegar a poseer el Aguas Vivas, por lo que podría llegar a verter por coronación, corriendo así además un importante peligro de socavación en la base.

Ante el fracaso de este intento, realizado como decimos probablemente en época augusta (sobre el cambio de era), la presa fue reconstruida aproximadamente un siglo más tarde, con una tipología totalmente distinta, y con la llamativa robustez que la caracteriza en la actualidad.

La primera presa poseería una planta quebrada aguas arriba que debe coincidir básicamente con la que presenta actualmente este paramento, con la excepción del refuerzo junto a la torre de toma. La fábrica de esta primera presa, en base a lo observado en el estribo izquierdo, estaría formada por un relleno formado en parte por cal sin fraguar, según las muestras que se obtuvieron, aunque en realidad se compone básicamente de un calicanto (*opus caementicium*) muy compacto a base de piedras de tamaño más o menos grande (característica ésta de los hormigones romanos de épocas tempranas), con un revestimiento de sillería almohadillada que presenta huellas de haber estado unido mediante grapas metálicas, al menos en el labio del aliviadero. Esta zona de la presa ha sido encuadrada en de la segunda mitad del siglo I d.C., y más concretamente, dentro de la época claudia, en base al aspecto de la fábrica de sillería, así como al tamaño y forma de los huecos de grapas hallados, lo cuál puede corresponderse con una reparación anterior a la ruina de la primera presa.

Debido a la ruina de la obra primitiva, probablemente muy poco tiempo después de su construcción, la presa fue objeto de una inmediata y profunda reconstrucción, que fue en realidad la que le dio en gran medida el aspecto que posee en la actualidad, siendo así causa de la asimetría de su planta, con dos paramentos que no son paralelos, con tipos de aparejo muy dispares usados sin aparente orden, y en fin, con un aspecto de heterogeneidad provocado por el hecho de poseer dos partes muy diferenciadas dentro de la misma obra debido a esta superposición de construcciones.

Almonacid de la Cuba: *Primer plano del Ojo de la Cuba, por donde discurre en la actualidad el Aguas Vivas con caudales normales. Fuente: Arenillas et al., 1996.*

Almonacid de la Cuba: Moderna fotografía en blanco y negro (Arenillas et al., 1996), que nos permite observar las sucesivas tongadas horizontales en la fábrica de opus vittatum del paramento de aguas abajo (2ª etapa constructiva de la presa).

La primera presa debió derrumbarse pocos años después de ser erigida, mientras que la reconstrucción de la presa de Almonacid debió realizarse inmediatamente después de la ruina de la primera y prácticamente sin solución de continuidad para no interrumpir el uso del costoso sistema hidráulico creado. De esta manera, las diversas fábricas observadas, correspondientes a distintas épocas constructivas, deben entenderse como sucesivas reparaciones de una obra que ha estado en uso de manera prácticamente ininterrumpida durante dos milenios.

La que podríamos denominar a efectos prácticos como segunda presa, está compuesta en la zona superior del paramento de aguas abajo por una fábrica de sillarejo (*opus vittatum*) colocada mediante tongadas horizontales, con un relleno igualmente de calicanto que aporta uniformidad a este paramento, a pesar de romper su paralelismo con el de aguas arriba. Este nuevo paramento se engrosa en su mitad inferior con un cuerpo del mismo material y probablemente también coetáneo a esta reconstrucción, rematado con un escalonado en el que cada escalón está formado por una serie de sillares dispuestos a soga. Este elemento aparece próximo al estribo derecho, aunque en la actualidad es solamente visible de manera parcial asomando ligeramente por debajo de un nuevo escalonado superpuesto al anterior. Este segundo escalonado, responsable en gran medida del aspecto actual del paramento de la presa, se encuentra realizado a base de piezas de sillería (*opus quadratum*) colocadas asimismo a soga, con un nuevo relleno de calicanto adosado al paramento y que sirve de refuerzo a la estructura, ya que dota al conjunto aún de una mayor estabilidad.

Según los estudios realizados acerca de su aparejo, esta zona de la presa podría tener su origen en época trajana (cambio del siglo I al II d.C.), constituyendo como decimos un refuerzo realizado quizá como prevención al empuje de las tierras acumuladas en el vaso del embalse, cuyo volumen debería ser ya muy importante en dicha época. Esta grada consta de 16 escalones conservados en la zona de mayor altura, reduciéndose mediante dos retranqueos sucesivos a solo 10 escalones en la zona de la toma del desagüe de fondo.

Almonacid de la Cuba: *Detalle desde el estribo derecho de la presa en que se aprecia un antiguo escalonado en el paramento de aguas abajo bajo el ya conocido a base de sillares. Fuente: Arenillas et al., 1996.*

Fijándonos en este último elemento no mencionado hasta ahora, el desagüe de fondo, diremos que está formado por una galería abovedada (cegada en la actualidad para evitar la huida de material de relleno del vaso, lo que podría afectar a la estabilidad de la estructura), que posee una anchura interior de 1,0 m. y una altura en el eje de 2,0 m. Esta galería tiene relación directa con la torre de toma que se sitúa aguas arriba de la presa y está unida al cuerpo de la misma mediante un antiguo contrafuerte. Este elemento debía ya pertenecer como es lógico a la primera obra, lo que explicaría su orientación oblicua con respecto al cercano paramento de aguas arriba, pero no así con respecto a la zona del aliviadero, que también formaba parte de la primera presa.

Esta orientación condicionó la construcción de la posterior prolongación del desagüe a través del cuerpo de la reconstrucción de la presa, que debió seguramente entroncar con el final de la galería original, provocando un quiebro en dicho punto con el fin de dirigirse perpendicularmente al nuevo paramento de aguas abajo, que recordemos ya no es paralelo al de aguas arriba en esta segunda obra. La nueva galería debió prolongarse ligeramente por segunda vez al ser realizado el refuerzo escalonado de aguas abajo. La salida al exterior de esta nueva prolongación es la que puede observarse en la actualidad, la cuál vierte a un canal excavado en la roca que constituye el origen de la Acequia de Belchite, es decir, por su relación con este antiguo canal, podemos deducir que ésta sería originalmente la toma de agua principal de la presa. Esta es la razón por la que este refuerzo escalonado poseería un doble retranqueo precisamente en la zona del desagüe, ya que el punto final de la galería estaba ya prefijado por la propia Acequia al existir ésta de manera previa, por lo que su ubicación debió condicionar la ampliación del cuerpo de presa.

En cuanto al denominado Ojo de la Cuba, se trata de un elemento de regulación por donde circula actualmente el río, que está situado en el estribo izquierdo (zona del aliviadero), cuya factura es asimismo posterior a la obra original. Consiste en una abertura a lo largo del cuerpo de la presa por debajo del nivel del aliviadero, que hizo funcionar durante mucho tiempo a la presa como azud de derivación, y que a la mitad de su recorrido (es decir, en el interior del cuerpo de presa) cuenta con una derivación realizada con posterioridad, que alimenta al molino del siglo XVIII situado junto a este estribo. El nivel de sedimentos junto a la antigua torre de toma supera el nivel del Ojo, por lo que se deduce que la realización de aquél debe ser posterior al depósito, correspondiéndose según los datos disponibles a una época que podría ser la claudia. La instalación de un sistema de regulación en este desagüe, el recrecimiento del aliviadero, así como el mencionado refuerzo de aguas abajo de la presa, corresponden a una época posterior que, según los estudios realizados en las fábricas de dichas zonas, se situarían en el imperio de Trajano.

Los datos obtenidos en los sondeos realizados con ocasión de los trabajos de la década de los 90, resulta que coinciden con lo observado en las fábricas de la presa y sus sucesivas reparaciones *(Hereza, Arenillas et al., 1996)*. En concreto, existe un primer nivel de limos oscuros (hasta la cota +490,0, es decir, 1 m por encima de la clave del Ojo de la Cuba), que parecen corresponderse con los materiales depositados en el vaso de un embalse de regulación durante un periodo de almacenamiento de agua a partir de su construcción (en época augusta). Tras este gran espesor de aterramiento existe una segunda capa de arenas y gravas de 0,50 a 1,0 m. de espesor que parecen corresponderse con los depósitos en avenidas de un periodo de circulación continuada de agua, que por su disposición parece que coincidiría con la construcción del Ojo de la Cuba que habría actuado como desagüe, sin regulación alguna del Aguas Vivas. Finalmente, encontramos un nuevo estrato de limos arenosos que llega hasta la cota +496,0 (1 m. por debajo de coronación y más de 2 m. por encima del nivel del vertedero), correspondiente a un nuevo intervalo de tiempo en que existió regulación de agua, aunque posiblemente de manera precaria, con un probable recrecimiento del actual aliviadero, a juzgar por la cota a la que llegaron los depósitos, ya que las características granulométricas y estructuras internas indican una renovación de aportes.

Utilizando las curvas de eficiencia de Brune *(Hereza, Arenillas et al., 1996)*, y a partir de la extrapolación de los datos obtenidos en embalses de cuencas cercanas (Huerva y Martín), obtendremos un índice de erosión en la cuenca de 0,145 mm/año, que con una superficie de cálculo de la cuenca de unos 500 km2 (la mitad de los reales, debido a las pérdidas que sufre por huidas de caudales a cuencas vecinas a través del karst de su lecho), nos daría una tiempo de sedimentación de los limos oscuros de la zona inferior (3 Hm3 en total) de solamente 44 a 54 años, con una tasa media de relleno de unos 60.000 m3/año.

Al colmatarse el embalse de una manera tan rápida, fue construido el Ojo de la Cuba, quizá en época claudia como parecen mostrar las fábricas observadas, lo que permitió la recuperación de las condiciones hidráulicas del cauce, que dejó de estar retenido y sufrió las avenidas naturales propias de una circulación libre, abandonándose probablemente el sistema de riegos dependiente de la presa. Finalmente, tras un periodo difícil de determinar, la presa fue de nuevo empleada como embalse recreciendo su aliviadero y regulando los caudales que llegaban al Ojo de la Cuba, quizá ya en época de Trajano, en coincidencia con algunas reparaciones observadas en la zona del aliviadero y del refuerzo de aguas abajo, donde no existen concreciones calcáreas que si existen en otras partes del paramento producidas por la filtración del agua embalsada a través del calicanto, por lo que dicho refuerzo debió construirse cuando el embalse se encontraba ya colmatado.

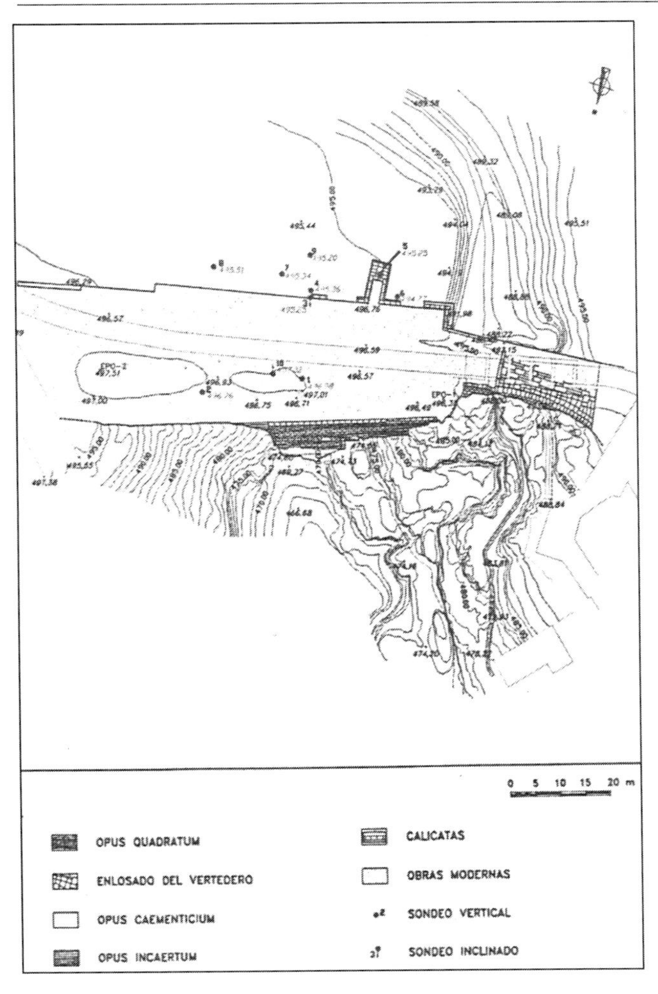

Almonacid de la Cuba: *Planta general de la presa en la que se aprecian sus dimensiones principales, cotas y diferentes fábricas en la coronación de la presa. Fuente:* Arenillas et al., *1996.*

En esta última época fueron depositados los limos pardos de la zona superior del embalse, pero probablemente a un ritmo inferior al de los anteriores (unos 40.000 m3/año, a juzgar de los autores de estudio anteriormente citados), lo que permitiría completar los 2,8 Hm3 restantes hasta el techo de esta segunda capa de limos en un periodo de tiempo de unos 70 años, es decir, seguramente hasta finales del siglo II d.C., fecha en la que la presa debió transformase ya de una manera definitiva en un gran azud de derivación, del que tenemos ya constancia en algunas referencias de época árabe, como la de Al-Udri, del siglo XI.

De esta manera, nos encontramos ante una obra de enorme envergadura, comparable a muy pocas obras civiles llevadas a cabo por los romanos, y que contaba con una gran importancia para sus constructores, puesto que no sólo levantaron una vez dicha obra con un ingente derroche de esfuerzo, sino que la repararon y reconstruyeron sistemáticamente a lo largo de varios siglos, llegando finalmente a realizar una obra tan sumamente robusta y sólida, que ha llegado hasta nuestros días prácticamente sin más intervenciones desde época romana, lo cuál denota ya de por sí el enorme interés de sus constructores por erigir una obra verdaderamente duradera.

De esta manera, surgen dudas acerca de la finalidad de la presa ya que, aunque es indudable la enorme importancia de la Vega de Belchite por sus campos regables, que serían capaces de abastecer de todo tipo de productos a los colonizadores romanos, también es cierto que no existe ningún tipo de analogía con otras presas rurales dedicadas a fines agrícolas, sobre todo en cuanto a envergadura de la obra realizada, puesto que ni siquiera las presas de abastecimiento urbano conocidas se acercan a la altura de agua que posee la presa de Almonacid de la Cuba. Por otro lado, la enorme regulación de agua que llevaría a cabo esta presa con un volumen de embalse tan grande, sería innecesaria caso de ser dedicada únicamente a riego, y más en un cauce como el Aguas Vivas que suele contar con agua en este tramo de su curso durante todo el año.

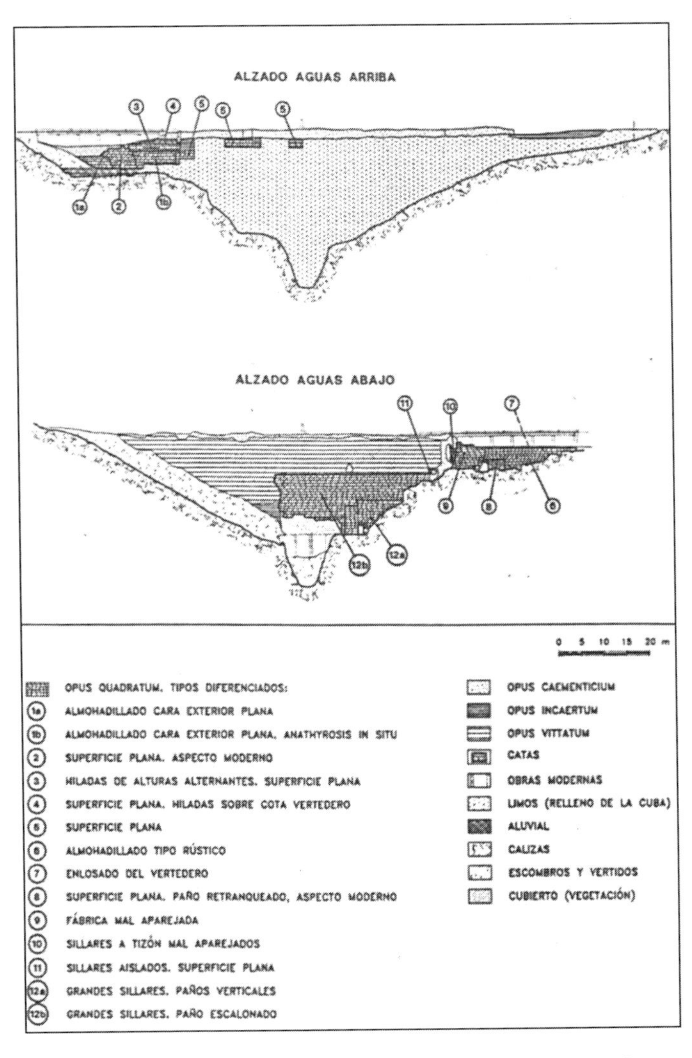

Almonacid de la Cuba: *Alzados de la presa con indicación detallada de las diferentes fábricas encontradas en el cuerpo de presa. Fuente:* Arenillas et al., *1996.*

Por tanto, si pensamos en una utilidad destinada únicamente a servir a los campos de riego de Belchite, no parece sea precisa la construcción de una presa tan sumamente alta y con una capacidad de almacenamiento tan grande: casi 7 Hm3 contando embalse lleno hasta coronación (lo cuál es comparable a muchas presas actuales; por ejemplo y por hablar de ejemplos cercanos, al embalse de La Jarosa o casi incluso el de Navacerrada, ambas en la sierra de Madrid y construidas en 1969- *Comité Nacional Español del ICOLD, 1970*). Tampoco es necesario en ese caso alcanzar tan gran altura por necesidades de la toma, que alimentase a una zona situada a una alta cota, puesto que sabemos que el denominado Ojo de la Cuba, ubicado en la zona del estribo izquierdo, es una obra posterior a la construcción de la presa (que contaba ya originalmente con la altura que posee en la actualidad), realizado con el fin de dar salida al Aguas Vivas una vez aterrado el embalse e inutilizada la toma profunda original. Prueba de que este elemento no fue construido con la finalidad de toma, es la rápida pérdida de cota de la Acequia de Belchite, que vuelve a retomar el trazado del antiguo canal que parte del desagüe de fondo prácticamente junto a la presa, perdiendo súbitamente cota mediante una serie de rápidas excavadas en la propia roca, hasta enlazar con dicho canal.

De todas formas, no existen más indicios que la pura intuición para pensar en un destino distinto para el agua de Almonacid, puesto que la mencionada Acequia prosigue su trazado a lo largo de los parajes denominados La Val, Malpasillo y El Tercón, hasta desembocar finalmente en la Balsa de Belchite, situada prácticamente en el interior del núcleo urbano actual y que, tanto antiguamente como hoy en día, es la que sirve de cabecera para la distribución al resto de acequias menores que riegan la Vega. Por otro lado, tampoco existen núcleos urbanos próximos que puedan relacionarse fácilmente con la presa y que justifiquen la construcción de una obra tan importante, ya que los más próximos situados aguas abajo de la misma, serían Celsa y quizá la propia Zaragoza, ya que la población de los yacimientos iberos de Azaila o de Almochuel, situados también aguas abajo del Aguas Vivas, parecen quizá de poca importancia para una obra tan grande.

De estas dos ciudades, la segunda de ellas sería un destino difícil para una posible conducción romana, principalmente porque se encuentra a unos 60 Km., aunque en realidad es ésta una distancia que ya superaron los romanos en otros abastecimientos del mismo tipo. Sin embargo, existe una zona alta entre Belchite y el Ebro que sería difícil de salvar mediante un canal de gravedad e implicaría probablemente un túnel extraordinariamente grande. Por otro lado, también es cierto que según una cita del Padre Marton, reproducida por González Tascón en su libro acerca del abastecimiento romano a Caesaraugusta *(Gzlez. Tascón et al, 1994)*, debían existir cuatro conducciones romanas a dicha ciudad que coincidían con los cuatro puntos cardinales: la primera de ellas, al norte, objeto de estudio en dicha publicación, debía provenir de una toma en el Gállego a la altura de Zuera (probable precedente del actual Azud del Rabal); la segunda, puede que de una toma en el Jalón, que pudiera corresponderse con alguna de las numerosas tomas antiguas que existen en dicho río (quizá el Azud de la Almozara); la tercera, al sur, podría ser la que partiese de la presa de Muel, que aún pervive sobre el Huerva. Finalmente, existiría una cuarta conducción procedente del oeste, cuya toma aún no ha sido identificada y que quizá pudiera corresponderse con Almonacid, aunque debemos insistir en que dicha posibilidad parece muy difícil por la propia orografía existente entre este punto y la capital aragonesa y porque tampoco se han encontrado restos intermedios que respalden esta hipótesis.

La colonia *Lépida Celsa* era un importante núcleo romano localizado en un lugar próximo a la desembocadura del Aguas Vivas, pero en la margen opuesta del Ebro, próximo a las modernas poblaciones de Velilla de Ebro y de Gelsa, que ha mantenido el antiguo topónimo. Esta población rivalizaba en importancia con la indígena *Salduie* situada hacia aguas arriba en la orilla derecha del río, hasta que ésta última ciudad fue sustituida por la romana *Caesaraugusta* (en su mismo emplazamiento original o en uno muy próximo aguas arriba). Este hecho fue quizá también una de las razones para la decadencia de *Celsa*, que fue súbitamente abandonada en una fecha muy temprana, que suele situarse hacia la mitad del siglo I d.C. (época de Nerón), lo cuál parece ser el principal hecho en contra de la hipótesis de una relación con la presa de Almonacid, que cuenta como sabemos con importantes y costosas reconstrucciones y reparaciones posteriores a esa fecha, que quizá no se justificarían en caso de haber perdido ya su finalidad principal, a no ser que, o esta ciudad hubiese tenido en realidad una vida más larga, o que se hubiese decidido aprovechar a posteriori una obra tan importante al menos para riego.

La hipotética conducción contaría también con una longitud muy importante (de al menos 35 ó 40 km.), además de una obra de cruce sobre el Ebro, aunque este último hecho tampoco hace descartar esta posibilidad, ya que en la mencionada obra acerca del abastecimiento romano de Zaragoza *(Gzlez. Tascón et al., 1994)*, se plantea la posibilidad muy plausible de que el actual Puente de Piedra posea un antecedente romano que además de obra de paso, serviría de infraestructura a un sifón de plomo para el abastecimiento a la ciudad, final de la conducción norte de Caesaraugusta.

Por otro lado, se conoce la posibilidad de un antiguo cruce del Ebro en relación con la antigua *Lépida Celsa* (existen referencias clásicas al mismo, en concreto de Estrabón), que en ocasiones se ha situado en las proximidades del actual puente a la altura de Gelsa, y que pudiera perfectamente haber cumplido en una época anterior las funciones del primitivo Puente de Piedra, pero en sentido contrario a éste. En este caso, contamos además con el argumento a favor de que no existen cauces importantes en este tramo del Ebro (nos encontramos al final del desierto de Los Monegros, que tanto debió costar superar a las legiones que recorrían la calzada desde *Tarraco*), siendo el Aguas Vivas el único río con caudales más o menos fiables de toda esta región, capaz probablemente de asegurar el abastecimiento de una población importante (quizá de más de 10.000 h.).

Como vemos, es este un aspecto muy controvertido ya que, a pesar de no existir razones objetivas a favor de la teoría de una finalidad original de abastecimiento urbano para el agua de la presa de Almonacid, podemos pensar en ello como una posibilidad no descartable en base a criterios lógicos, ya que la magnitud de la obra, a pesar de ser enorme para los medios de la época, no es inabordable desde el punto de vista romano, ya que existen incluso precedentes de conducciones de similares e incluso superiores longitudes, por lo que tanto la hipótesis de abastecimiento a *Caesaraugusta* como a *Celsa*, cuentan con ciertos indicios a favor. Así, la presa puede haber sido posteriormente reciclada hacia una finalidad de simple derivación al regadío de la Vega de Belchite en un momento en que perdió su utilidad original al desaparecer el punto final de consumo, o por su sustitución por otro abastecimiento más moderno, o simplemente por ruina de la conducción intermedia.

Sin embargo, y siendo rigurosos, estas especulaciones no están basadas en ninguna evidencia, ya que sobre el terreno no hay nada que indique una prolongación de la conocida Acequia, por lo que hasta el momento, la finalidad de regadío es la única plausible y que puede ser corroborada con la realidad. Es de esperar que en un futuro se realicen nuevos estudios sobre esta importantísima obra que aporten nuevos datos sobre su utilidad.

Bibliografía sobre la presa de *Almonacid de la Cuba* :

* Arenillas M. et al. : *La presa de Almonacid de La Cuba – Del mundo romano a la Ilustración en la cuenca del Aguas vivas*; Gobierno de Aragón y MOPT, 1996.

* Arenillas M. et al.: *La presa de Almonacid de La Cuba y otros aprovechamientos antiguos en el río Aguas Vivas*; Revista de Obras Públicas, julio 1995.

* Arenillas M.: *Presas y azudes en la Baja Edad Media: Antecedentes, problemas y soluciones.* XXII Semana de Estudios Medievales. Estella, 1995.

* Beltrán A.: *Aragón y los principios de su Historia;* Universidad de Zaragoza, 1974.

* Caballero Zoreda L. y Sánchez Palencia F.J.: *Presas romanas y datos sobre poblamiento romano y medieval en la provincia de Toledo*; Noticiario Arqueológico Hispánico. Mtro. Cultura, 1982.

* Castillo J.C. y Arenillas M.: *Las presas romanas en España. Propuesta de Inventario;* I Congreso Nacional de Historia de las Presas. Mérida, noviembre 2000.

* Confederación Hidrográfica del Ebro-Ingeniería 75 (Arenillas M. y otros): *Inventario de Obras Hidráulicas Históricas en la cuenca del Ebro en Aragón. Presas y Azudes.* Zaragoza, 1999.

* Fdez. Ordóñez J.A. y otros: *Catálogo de Noventa Presas y Azudes Españoles anteriores a 1900;* Biblioteca CEHOPU. Madrid, 1984.

* Galiay J.: *La dominación romana en Aragón;* Zaragoza, 1964.

* Hereza I., Arenillas M. et al.: *Las presas en la cuenca del Aguas Vivas. Dos mil años de regulación fluvial;* I Congreso Nacional de Historia de las Presas. Mérida, noviembre 2000.

* Hereza I., Arenillas M. et al.: *Un ejemplo histórico: el aterramiento del embalse romano de Almonacid de la Cuba.* Congreso de Grandes Presas. Valencia, 1996.

* Schnitter N.J.: *Historia de las Presas;* ed. en castellano: Colegio de Ingenieros de Caminos, 2000 (trad. J. Diez-Cascón J. y Bueno F.); capítulo 2: El Imperio Romano.

* Sección 5 de la Junta Consultiva de Caminos, Canales y Puertos: *Datos históricos acerca de todos los pantanos construidos en España y resultados agrícolas e industriales obtenidos con ellos;* Anales de la Revista de Obras Públicas Madrid, 1888.

* Smith N.A.: *The heritage of spanish dams;* Madrid, 1970

5.2.- PRESA DE PROSERPINA.-

Coordenadas: 728.300 ; 4.316.900 (Proserpina) : 730.450 ; 4.319.700 (Arroyo de Las Adelfas). Fuente: Servicio Geográfico del Ejército. Hoja 1:50.000 n° 777

Mantenemos en este caso la denominación de Proserpina para esta presa, al ser el más habitual que se le ha venido dando, siendo conocida en todas partes por este nombre a pesar de ser totalmente arbitrario, como ya han señalado diversos autores, al provenir de una invocación a la diosa *Ataecina Turigensis Proserpina (Mosquera et al, 1999)*, que en el siglo XVIII se encontraba sobre el muro de la albuhera y fue incorrectamente interpretada por el señor Fernández Pérez en 1857. Tras desaparecer durante casi un siglo, esta lápida volvió a aparecer en 1955 en los sótanos del Palacio Burnay-Pacheco. Debido a la situación de la obra en la falda sur de la pequeña sierra que bordea la ciudad de Mérida, su nombre más apropiado sería quizá el de Charca de Carija, o quizás también, Albuhera de Carija, al ser ésta la denominación que le dieron los árabes y que tanto se prodiga por la región, ya que éste término es sinónimo de balsa o charca en este idioma *(Arenillas et al., 1992)*, y más teniendo en cuenta que prestó a la Historia dicha denominación una batalla que se libró en sus inmediaciones en el año 1479 entre el Maestre de la Orden de Alcántara D. Alonso de Cárdenas y las tropas portuguesas *(Fdez. Ordóñez et al., 1984)*.

Es ésta quizá la presa romana más conocida, mejor estudiada desde hace ya tiempo *(Castro, 1933; Celestino, 1943 y 1980; Fdez. Casado, 1961 y 1983; etc..)*, y puede que también la más importante ya que, a pesar de verse superada ampliamente en altura total por la presa de Almonacid de la Cuba, se encuentra entre los primeros puestos en cuanto a dimensiones generales y también por la importancia de sus obras accesorias anexas, que formaban parte del abastecimiento a la antigua ciudad de Mérida. Por otro lado, no debemos olvidar su uso continuado desde la Antigüedad sin apenas interrupciones, habiendo conservado además no sólo su forma y concepción originales, sino también gran parte de su fábrica romana original. Además, su relación directa con el Acueducto de los Milagros (al que alimentaba desde su toma media, situada en la torre de margen izquierda), y la gran influencia de éste en el urbanismo general de la antigua ciudad de Mérida, hace que esta obra adquiera una importancia absolutamente relevante. Finalmente, el reciente descubrimiento (en la primavera de 1992) de los 6 m. inferiores de la presa original, que han incrementado la altura tradicionalmente atribuida al dique, y han prolongado su cronología hasta situarla con bastante aproximación en los últimos años del siglo I d.C., han reavivado el interés que ya de por sí tenía esta presa.

Este interés fue reavivado en fechas recientes por la puesta en duda de su origen romano por parte de algunos sectores de la arqueología emeritense, que les llevó a dudar incluso de la construcción de presas para abastecimiento urbano por parte de los romanos. Sin embargo, el excelente estudio llevado a cabo por parte de un grupo de arqueólogos y de ingenieros de la Confederación del Guadiana *(F. Aranda et al, 2006)*, sobre las condiciones del agua de las presas emeritenses fue suficiente para demostrar la idoneidad para el consumo humano del agua de estos embalses desde los parámetros de salubridad de la Antigüedad y para confirmar la autoría romana de las presas de Cornalbo y de Proserpina, cosa por otra parte ya sabida y corroborada desde siempre por la arqueología y por el estudio de las fuentes existentes, ya que, como explicaremos más adelante, si existe alguna presa donde se haya realizado una datación fiable y más o menos precisa, es en la de Proserpina.

Presa de Proserpina: *Vista general del paramento de aguas arriba de la presa de Proserpina desde el interior de su embalse, durante los trabajos de limpieza del mismo de la campaña 1991 – 92. Se observa claramente la fábrica antigua de la presa, correspondiente a los primeros 6,80 m. de este paramento y a la parte inferior de los ocho contrafuertes centrales, y que fue descubierta durante estos trabajos. Nótese también la ligera contrapendiente del fondo del embalse en la zona próxima al muro de cierre, lo que induce a pensar en que la presa se aprovechase en realidad de un lagunazo natural previo en el Arroyo de las Pardillas.*

Proserpina: *Vista actual del paramento de aguas arriba de la presa desde el estribo derecho, con el nivel actual de las aguas*

Nos encontramos ante el paradigma de gran presa romana de embalse por excelencia, formada por un muro aguas arriba de fábricas yuxtapuestas (tipo "sándwich"), con un aparejo de hormigón u *opus caementicium* (hormigón de cal con áridos de calibre centimétrico de naturaleza esquitosa o cuarcítica en unos casos y granítica en otros), entre dos paramentos de mampostería, sillarejo o sillería según las zonas, que se apoya sobre un espaldón de tierras del lado de aguas abajo. El muro del paramento de aguas arriba, en contacto con el embalse, posee un refuerzo formado por un conjunto de nueve contrafuertes, de los cuales ocho aparecen ya desde la base en la obra original, mientras que el noveno, algo alejado del resto, forma parte de la fábrica de la posterior reconstrucción de la presa. Estos contrafuertes poseen, al igual que el propio paramento de aguas arriba, un talud formado por un sucesivo escalonamiento de las piezas pétreas, que varía aproximadamente entre valores de 1/5 y 1/7, fluctuación que puede ser asimismo consecuencia de diversas reparaciones a lo largo del tiempo.

Las labores de limpieza y reconocimiento que se llevaron a cabo durante el año 1992, pusieron asimismo de manifiesto la existencia de otros dieciséis pequeños contrafuertes de 1,4 x 3,0 m. y 6 m. de separación entre ellos, situados entre las dos torres de toma (es decir, en la misma zona central de la presa) y adosados al paramento de aguas abajo, que parecen corresponderse también con la reconstrucción de la presa, ya que incluso no parecen llegar hasta la cota del cimiento, sino que se apoyan sobre un nivel del relleno situado a unos siete metros de profundidad medida a partir del nivel de coronación de la presa, lo cuál podría corresponderse con el nivel del último recrecimiento de la obra *(Arenillas et al., 1992)*. Debe decirse finalmente que el paramento de este lado cuenta asimismo con una pequeña pendiente, formada probablemente también con un sutil escalonado con un ligerísimo retranqueo, al igual que el de aguas abajo.

Proserpina: *Aspecto actual de la presa desde el estribo izquierdo, con el embalse a medio llenado. Al fondo de la foto se aprecian los primeros contrafuertes antes del quiebro en planta de la pantalla.*

La coronación del muro de la presa cuenta con una longitud total de 425,80 m., y posee dos quiebros en su trazado en planta que lo dividen en tres tramos que forman entre sí respectivamente ángulos de 160,65Ḍ y 176,85Ḍ(casi imperceptible éste último), presentando así una convexidad hacia aguas arriba *(Arenillas et al., 1992)*, característica habitual de las presas romanas de este tipo. El primero de los quiebros formaba ya parte de la primera presa (o mejor, primera fase de la presa), mientras que el segundo de ellos está situado en una zona en la que el muro cuenta ya con una altura menor, y que se corresponde con la segunda etapa constructiva de la presa, coincidiendo su situación con el noveno contrafuerte de aguas arriba, que precisamente es el que se encuentra aislado del resto.

Proserpina: *Grabado de Laborde de comienzos del siglo XIX que nos muestra el estado del Acueducto de Los Milagros en aquella época.*

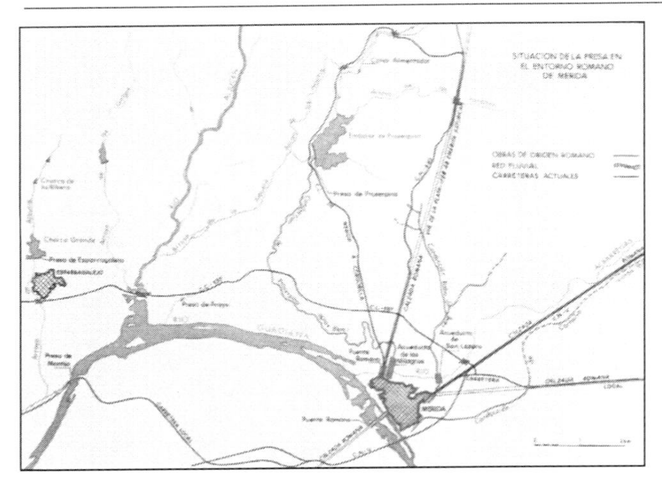

Proserpina: *Plano general de la presa de Proserpina y sus obras asociadas dentro del entorno de Mérida, así como de otras obras civiles romanas de los alrededores (Fuente: Arenillas et al., 1992).*

Por lo que se refiere al relleno de tierras de aguas abajo, cuenta con un talud medio aproximado de 4/1, aunque en la actualidad se encuentra bastante alterado, debido en parte a que la carretera de Mérida a Cordobilla discurre sobre el mismo, lo que ha deformado parcialmente su perfil. Además, existe una multitud de obras posteriores a la construcción de la presa que también lo han afectado ligeramente, como la del registro o respiradero realizado en el siglo XVII (1698) sobre el desagüe de la torre de toma de margen derecha (desagüe de fondo), la toma para el cubo de formación de carga del lavadero de lanas, o el propio lavadero, cuya construcción podría situarse a finales del siglo XVII por razones que expondremos después, y que se adosa al pie del propio terraplén. Este lavadero, en la actualidad casi totalmente en ruinas, enmascara no sólo la salida del desagüe profundo original, al que probablemente ha cortado en su tramo final, sino también un muro situado al pie del terraplén, que debía formar parte de la obra romana en su segunda etapa (una vez completada la altura total de la presa) como muro de pie para minimizar la extensión del terraplén.

En cuanto a la naturaleza de este último, tras los reconocimientos de 1992 se distinguió una primera capa de relleno (hasta unos 8 m. en la zona central de la presa) formada por un material limoso de naturaleza muy similar a la de los tarquines extraídos aguas arriba, mientras que la segunda parte del terraplén hasta casi la coronación, se encuentra formada por un relleno más bien arenoso y arcilloso de origen granítico con mejores características geotécnicas que las de la base del terraplén. Finalmente, existe una capa en coronación de unos 0,50 m. de espesor de capa vegetal con alto contenido orgánico.

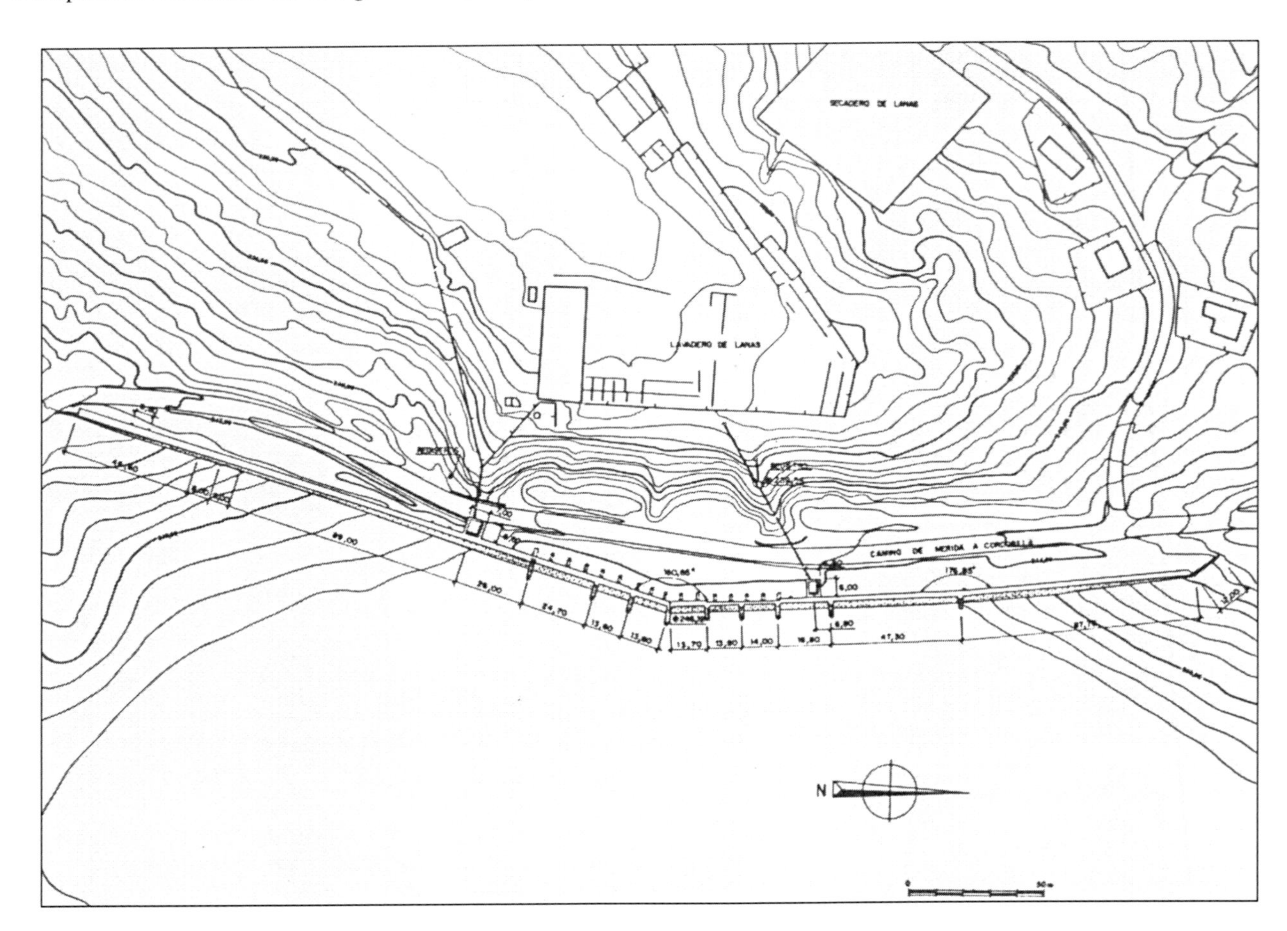

Proserpina: *Plano de planta de la presa de Proserpina con sus principales dimensiones y que muestra la serie de contrafuertes del paramento de aguas abajo descubiertos en la campaña de 1992 (Fuente: Arenillas et al., 1992).*

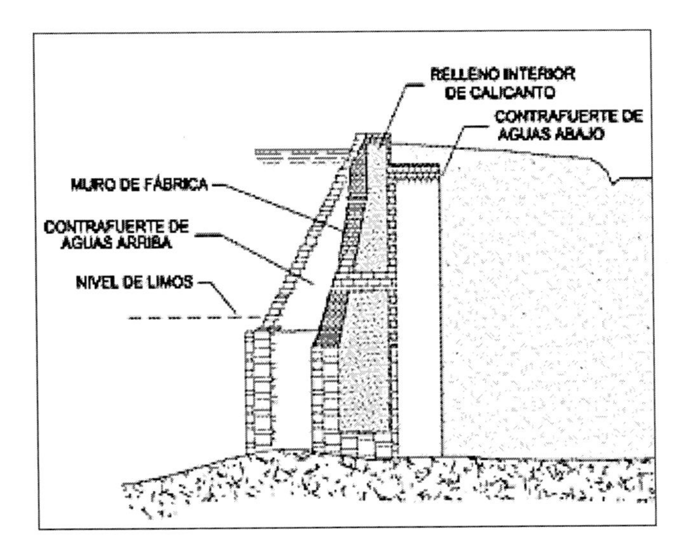

Proserpina: *Sección transversal de la presa, según M. Arenillas et al. 2002. Se aprecia la estructura interna del muro, los tradicionales contrafuertes aguas arriba, así como los pequeños contrafuertes aguas arriba descubiertos en la campaña de 1992.*

Volviendo al paramento de aguas arriba, es éste el elemento que ha podido aportarnos un mayor número de datos sobre la historia de la obra, al haber permanecido en fechas recientes totalmente al descubierto, aunque haya sido durante un periodo de tiempo corto. Nos encontramos en este muro dos etapas constructivas muy diferenciadas, la primera de las cuales, se corresponde con una presa de 6,80 m. de altura y 150 m. de longitud de coronación *(Arenillas et al., 1992)*, cuya fábrica no posee quizá la monumentalidad observada en otras construcciones romanas, pero que presenta en realidad una realización muy cuidada. Está compuesta por una sillería de pequeño tamaño (que en algunas zonas podría calificarse como de sillarejo), puesta en obra mediante hiladas horizontales muy definidas de aproximadamente 0,50 m. de altura, y que están generalmente formadas por la superposición de dos filas de sillares de tamaños diversos, en las que se usan a veces cuñas incrustadas entre las juntas de las piezas mayores con el fin de conseguir la nivelación necesaria. Esta primera fase constructiva del paramento, que cuenta con una disposición general a soga, al igual que el resto de la altura del muro, posee además diversas piezas colocadas a tizón que sobresalen ligeramente del plano del paramento y que sirvieron sin duda como apoyo a andamios o estructuras de este tipo durante la construcción de la presa.

Uno de los elementos más singulares de esta primera obra (aparte de los desagües de fondo, de los cuales hablaremos a continuación), lo constituyen los ocho contrafuertes adosados al paramento, situados a distancias generalmente regulares de entre 13,6 y 14,0 m, excepto en los dos exteriores, donde asciende hasta 19,8 m. en el de la derecha y 24,7 m. en el de la izquierda. Estos contrafuertes poseen una planta rectangular con un remate exterior semicircular, cuyo aparejo tiene una apariencia aún más cuidada que la propia fábrica del paramento de la misma fase constructiva (sobre todo en los mencionados remates curvos), puesto que está formado por sillares mayores y de formas más regulares. Estas piezas no coinciden exactamente con las hiladas horizontales que se aprecian en el resto del paramento, aunque presentan por lo general una total continuidad con la fábrica del lateral de los contrafuertes, que es prolongación de la de aquél.

Por ello, deben corresponderse con una etapa final en la realización de cada una de las fases horizontales en que se dividió la construcción, aunque en todo caso, inmediatamente posterior a la del resto del paramento, prácticamente simultánea. Lo verdaderamente sorprendente de esta serie de contrafuertes, es que sobresalen del orden de 5 m. de la cara exterior del paramento, y que sirven así de base de apoyo al resto del desarrollo vertical de los contrafuertes adosados al paramento de la segunda fase de la obra, que poseen una base de unos 3,5 a 4,0 m. de longitud, a partir del cuál van disminuyendo dicha dimensión mediante el mencionado talud, hasta tener en coronación una longitud inferior a los 2,0 m a partir del paramento.

Proserpina: *Vista general del paramento de aguas arriba durante la campaña de limpieza de lodos en el embalse. Vemos las distintas fábricas y la presa antigua bajo los espesos depósitos (Fuente: Arenillas et al., 1992).*

Proserpina: *Detalle de la parte inferior de los contrafuertes en el nivel descubierto en 1992, donde vemos su remate circular y los salientes del paramento útiles en su proceso constructivo.*

Este hecho no tiene ningún sentido desde el punto de vista estructural, y en el mundo romano no creemos encontrar precedente de una estructura aligerada con unos contrafuertes de tales proporciones. Por otra parte, el paramento de esta fase constructiva, que en este caso es vertical, sirve asimismo de apoyo al de la reconstrucción, el cuál a partir del plano de unión, posee un talud medio de 1/6 que provoca la disminución progresiva de su espesor. Sin embargo, el dique inferior posee un espesor constante que puede estimarse en unos 6 m., es decir, un valor similar al de su altura conservada. Teniendo en cuenta este hecho, así como la existencia de un terraplén aguas abajo, e incluso de los contrafuertes que vendrían a reforzar aún más la resistencia estructural de la presa, y finalmente, las desproporcionadas dimensiones de éstos en su base, parece evidente concluir que esta primera obra contó ya en origen con una altura superior a los 7 m conservados.

Caso de admitir esta hipótesis, bastante plausible, sólo cabe pensar en dos posibilidades: la primera de ellas sería que la presa habría sido planificada desde un principio ya con aproximadamente la misma altura con que cuenta en la actualidad (que es exactamente de 21,60 m. desde cimientos), o por el contrario, que la presa original contaría con una altura menor, en cuyo caso podemos especular cuál sería ésta. De todas maneras, dada la robustez del muro original conservado (5,90 m. de espesor máximo), parece normal pensar en que la altura de la primera presa podía ser muy similar a la que posee la obra que ha llegado hasta nuestros días. Es de notar que con tal espesor, la presa podría haber soportado ya una altura de agua de unos 12 ó 13 m. sin la ayuda siquiera de contrafuertes o de terraplén aguas abajo, al menos en el caso de empuje hidrostático a embalse lleno, que parece ser la hipótesis que manejaban los constructores romanos (ya que la presa es al parecer inestable en el caso de empuje hacia aguas arriba del espaldón saturado).

En cuanto a la existencia o no de talud en la zona no conservada del paramento de esta supuesta presa, no es fácil tampoco afirmar con rotundidad nada en uno u otro sentido, ya que la fábrica presenta una clara discontinuidad en la mencionada cota de 6,80 m, rematada incluso en parte por una hilada de losas que marcan el final de esta fase constructiva, lo cuál es fácilmente observable en la coronación actual de algunos de los contrafuertes inferiores. A partir de esta línea, que coincide con el comienzo del talud del paramento de aguas arriba, nos encontramos con algunas hiladas de una fábrica de sillería de antigua factura, que presenta similitudes con la inferior descrita, pero que no es en absoluto igual. En esta parte las piezas son por lo general más pequeñas que en la primera presa, predominando en ellas de una manera más acentuada la dimensión horizontal. Por otro lado, cuentan con un almohadillado muy marcado en algunas zonas (similar a algunas realizaciones de época claudia), mientras que la altura de las piezas es en este caso siempre igual, marcando así de una forma mucho más evidente las sucesivas hiladas horizontales. La última parte de esta fase es muy posible que se corresponda con la importante reparación de la presa llevada a cabo en 1617 (Moreno de Vargas, 1633), aunque también se sabe de remodelaciones posteriores.

De esta manera, es muy difícil determinar la altura original de la primera presa de Proserpina, puesto que contamos con una estructura preliminar sobre la que se cimienta el posterior recrecimiento o reconstrucción, que es lo que ha llegado hasta nuestros días presentando el aspecto de una obra acabada y totalmente independiente del resto de la estructura, con una altura de solamente 6,80 m. Sin embargo, como hemos visto, existen serias razones para pensar que la presa pudiera contar ya en origen con una altura mucho mayor a la anterior, aunque no haya llegado hasta nuestros días, probablemente a causa de las diversas reparaciones que ha sufrido la presa a lo largo del tiempo (recordemos que, además de las comprobadas reconstrucciones ya en época romana, contamos con diversas reparaciones documentadas en los siglos XVII, XVIII, XIX y XX). Por nuestra parte, nos decantamos por esta última hipótesis, ya que nos resistimos a creer que los ingenieros romanos realizasen una obra (que por otro lado denota una alta cualificación en su diseño) tan sobredimensionada, y supuestamente tan poco afinada técnicamente, sabiendo por la experiencia en otras obras conocidas similares, que solían jugar generalmente con el límite de los coeficientes de seguridad de estabilidad, realizando a veces estructuras excesivamente esbeltas.

Proserpina: *En esta foto podemos apreciar el paramento de la antigua presa descubierto en la campaña de limpieza del embalse en la década de los 90. Es fácil apreciar las hiladas horizontales den la fábrica de sillería que varían algo en los remates circulares de los contrafuertes, así como las cuñas para regularización de las tongadas de puesta. En el centro, antiguas tomas de fondo. Fuente: Arenillas et al., 1992.*

Por lo que se refiere a la fábrica de la segunda etapa constructiva de la presa (es decir, a partir de la mencionada altura de 6,8 m.), constituye la imagen más conocida de Proserpina, puesto que es la que ha permanecido visible a lo largo de los años. Precisamente por esta razón, ha sido la parte de la estructura que más frecuentemente se visto manipulada para su mantenimiento, contando con diversas reparaciones a lo largo de los siglos. La primera de éstas claramente documentada, fue realizada en el año 1617 por D. Felipe de Albornoz, caballero de la Orden de Santiago, que por aquél entonces ejercía como gobernador de Mérida. En esta época se sabe que ya estaba arruinada la conducción del Acueducto de los Milagros, finalidad primera de la Albuhera, por lo que su reparación perseguía su utilización como embalse acumulador de fuerza motriz para numerosos molinos. Esta reparación afectó a los dos tercios superiores de la fábrica vista de la presa (correspondiente por tanto a la segunda etapa constructiva), por lo que muy probablemente fue esta actuación la que más ha influido en la imagen de la obra que ha llegado hasta nuestros días. El alcance de las reparaciones pasó por remozar de manera general el paramento, reponiendo muchos de los sillares desaparecidos por algunas hiladas de sillarejo, según la cita de Moreno de Vargas.

Hecha esta salvedad, que sirve para encuadrar de una manera general la obra, explicando en parte su relativa heterogeneidad, pasamos a describir brevemente este paramento. Está formado por sillares dispuestos siempre a soga en hiladas horizontales muy marcadas, a diferencia de la obra inferior más antigua. El tamaño y forma de estos sillares va variando mucho a lo largo del desarrollo vertical del paramento, alternándose hiladas de una altura muy reducida con otras con el triple de altura que aquellas, mientras que la dimensión horizontal puede variar también en la misma proporción.

Nos encontramos también sillares con un marcado almohadillado junto a otras piezas con una cara exterior totalmente lisa; finalmente, existe una zona en el segundo tercio de altura de la parte central de esta segunda etapa constructiva, en la que las piezas poseen un gran tamaño y cuentan con la clara huella del empleo de pinzas de hierro en su manipulación, debido a un marcado orificio en su parte central. Debe decirse que todas estas heterogeneidades y particularidades constructivas se mantienen más o menos en horizontal, como si la construcción de este paramento hubiese sufrido diversas fases, correspondiendo cada una de ellas a sucesivas elevaciones del muro.

Proserpina: *Detalle de doble desagüe de fondo descubierto en la campaña de 1991-92, con los dos tubos de plomo de época romana encastrados entre dos piezas macizas de granito. Fuente: Arenillas et al., 1992.*

Por lo que se refiere a los contrafuertes, ocurre a veces lo mismo que en la zona más antigua, es decir, la fábrica del paramento no tiene una perfecta continuidad en ellos, sino que el tamaño de las piezas y también de las hiladas horizontales es en algunas ocasiones distinto en cada zona, lo que por otro lado, podría achacarse a las numerosas reparaciones de que ha sido objeto. Como se ha dicho ya en un párrafo anterior, la sección de los contrafuertes en la parte superior del muro va disminuyendo con la altura, pasando de tener una longitud de unos 3,5 m. en base a poco más de 1 m. en coronación. En este punto, se encuentran rematados por una especie de pináculos correspondientes a la mencionada reparación de comienzos del siglo XVII, elementos que pueden observarse asimismo en otras obras de la misma época, incluyendo algunas presas (por ejemplo, las del Bercial o Albuhera de Feria en la propia provincia de Badajoz).

Completando la descripción de las diversas reparaciones que ha sufrido la presa, que por otro lado han servido tradicionalmente para completar la explicación de las fábricas del paramento *(Celestino, 1943)*, mencionaremos a continuación otra realizada igualmente en el siglo XVII, pero ya en 1698, a instancias del entonces gobernador Francisco Manuel López de Zárate. De esta reparación queda constancia en el exterior de la presa por una chimenea o respiradero que sobresale del terraplén de aguas abajo, y que comunica con la galería del desagüe de fondo que parte de la torre de toma de margen derecha. Esta obra fue excavada en el relleno, afectando en parte al perfil del terraplén, sobre el que dejó una herida que aún puede apreciarse en la actualidad.

La finalidad de esta actuación, según las últimas investigaciones de la Confederación del Guadiana, consistía en realidad en taponar dicho desagüe para desviar el agua por una nueva galería lateral situada a una cota superior y que serviría para alimentar al recién edificado lavadero de lanas. De esta manera, este tapón convertía el primitivo desagüe en una especie de sifón cuyo llenado serviría para elevar el nivel de agua hasta el de la nueva galería, que contaría ya con la cota necesaria para ser utilizada en las labores del famoso lavadero. El pozo de llenado de esta nueva galería, que comunicaba también con la del desagüe de fondo, es actualmente visitable aunque con cierta dificultad, a través de un estrecho acceso que sale a superficie en la parte trasera de los edificios de pie de presa, más o menos a la altura de su zona central.

Dejando aparte las actuaciones más recientes llevadas a cabo en la presa, realizadas a lo largo del siglo XX (entre ellas la del proyecto de 1936 de D. Raúl Celestino, que se llevó a cabo ya en 1941), y siguiendo con la descripción de las reparaciones históricas, debe decirse que la obra sufrió una nueva actuación documentada a finales del siglo XVIII, concretamente en 1791, costeada a expensas de los dueños del lavadero de lanas quienes entre otras cosas, instalaron una impresionante válvula de bronce de 30 cm. de diámetro en la toma correspondiente al desagüe de fondo, situada por tanto, en la solera de la torre de toma de la margen derecha de la presa, cuya coronación fue asimismo recrecida mediante una nueva fábrica de mampostería. Este hecho sirve para enlazar con la descripción de los diferentes elementos de regulación con que cuenta la presa, que constituyen una de las partes más interesantes de la misma, y que aportan además importantes datos acerca de las distintas etapas constructivas y de su historia.

Proserpina: *Interior de la galería del desagüe de fondo, en una zona con un recodo en el cuál parece retomarse el antiguo conducto a partir de una zona probablemente reparada en el siglo XVII. Fuente: F. Aranda, 2000.*

Así, cambiando de tercio, pasamos a describir en primer lugar la toma o bocín situado en la margen izquierda de la presa. La toma original del mismo fue en realidad sustituida hace cerca de sesenta años por una nueva tubería de hierro de mayor diámetro, que fue colocada unos 50 cm. más alta, y de la que aún se extrae agua para riego. Constituye ésta la toma superior, es decir, la de menor profundidad relativa y correspondiente por tanto al recrecimiento o segunda etapa constructiva de la presa. Sin embargo, es esta toma, situada más o menos a la cota 236, la que en realidad servía de alimentación al Acueducto de Los Milagros (y abastecía por tanto a parte de la ciudad de Mérida), cuyo *specus* o solera del canal se encuentra a la entrada de la ciudad a cota 231,38, sin que pudieran servir al mismo las tomas existentes en la torre contraria de la presa ya que, en el caso de las tomas inferiores, el agua no podría llegar rodada hasta la entrada de Mérida (8 km. más allá) por cota, ya que se encuentran incluso por debajo de la del acueducto, mientras que la toma única que se encuentra sobre aquellas, solamente está unos pocos centímetros por encima de la misma (+232,02), lo cuál habría dado lugar a un canal con unos problemas de nivelación muy grandes para aquella época por una pendiente (0,8 por diez mil) sin precedentes en el mundo romano, que habría dado además problemas de depósitos. Por otro lado, la apariencia de esta segunda toma única es la de una obra encastrada en el paramento a posteriori con la única finalidad de suplir al desagüe de fondo inutilizado.

Proserpina: *Final del desagüe de fondo, cuya galería ha sido recientemente descubierta en una vista desde el interior hacia la arqueta de salida. Apréciense los grandes bloques que forman los hastiales y el dintel del conducto (h ≈ 1 m.). Fuente: F. Aranda, 2000.*

El hecho de que la toma de margen izquierda esté relacionada de manera directa con el Acueducto de Los Milagros, y el hecho de que la cota de ésta última se sitúe por encima de la coronación de la primera presa (que se encuentra aproximadamente a la +231,7), parece indicar que la segunda etapa constructiva de la presa estaba ya relacionada con la utilidad de la presa como *caput aquae* del nuevo acueducto emeritense. Este hecho ayuda en gran medida por otra parte, a realizar una datación bastante aproximada de dicha obra, puesto que la construcción de dicho acueducto, en relación con el urbanismo de la ciudad, así como con sus características constructivas, se ha situado con bastante aproximación en a lo largo del siglo II de nuestra era, más concretamente durante el imperio de Trajano o quizá de Adriano, quienes por otra parte, coinciden en muchas ocasiones con las más importantes realizaciones por lo que se refiere a obra civil romana en nuestro país. Con posterioridad, esta toma fue reutilizada para derivar agua hacia el complicado sistema de acequias que se internan en el lavadero de lanas (una de ellas da carga al cubo de un molino aún conservado a medias), situado al pie de la presa y que parece orientado hacia esta margen. Es posible que tanto esta torre de toma como la contraria fueran remodeladas en esta época más reciente, quizá también en coincidencia con la edificación del recurrente lavadero de lanas. Este hecho es fácilmente apreciable en el interior de las torres de toma, en las que las juntas entre las piezas han sido reparadas y selladas con un mortero de factura más moderna que la fábrica original, aunque es muy posible que este hecho no sea exclusivo de dicha actuación, ya que puede que hayan sido retocadas en sucesivas reparaciones.

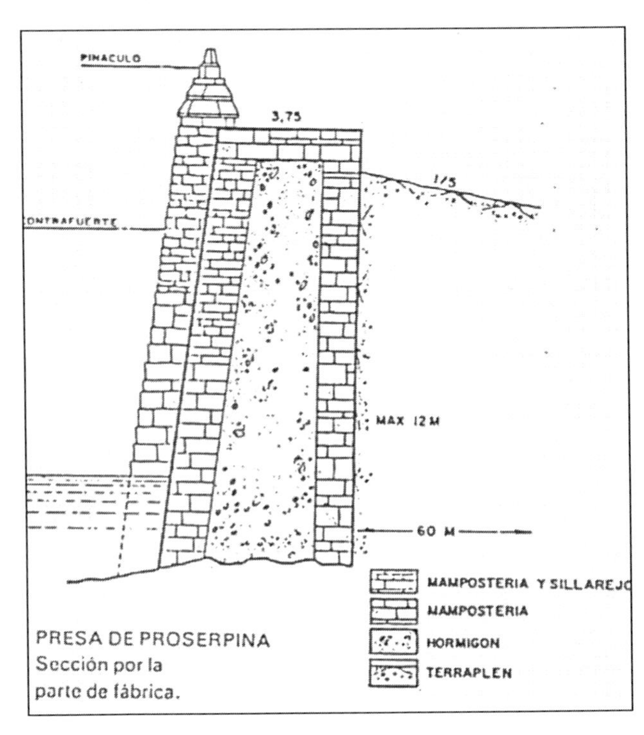

Proserpina: *Sección de la presa reproducida por Fdez. Casado, 1961.Se trata de la sección tipo estructuraltradicionalmente aceptada para la presa.*

Pasando ahora a la descripción del bocín de la margen derecha, debemos decir en primer lugar que la torre de toma posee unas proporciones muy similares a la anteriormente descrita, contando con unas dimensiones interiores de aproximadamente 6,0 x 5,0 m., mientras que el aparejo empleado es aparentemente muy similar al de aquella. Las dos torres poseen una serie de tramos de escaleras de acceso, cuyos escalones de piedra se apoyan sobre diversos arcos entre los muros opuestos. La altura de esta torre es bastante mayor que la de la margen izquierda (unos 19 m. para poco más de 10 m. de la izquierda), contando en este caso con dos tomas a diferentes alturas, que a continuación pasaremos a describir en sentido descendente: en primer lugar, contamos con una toma única a cota +232,02, que denominaremos intermedia por su situación relativa, y que constituía en realidad el desagüe de fondo de la presa aterrada, lo cuál parece coincidir también con la repetida reparación, es decir, con la presa conocida hasta el año 92. Esta toma fue descubierta también durante los trabajos de rehabilitación llevados a cabo a lo largo de ese año y de su observación se deduce que se trata claramente de una actuación posterior a la construcción de la presa, incluso de la remodelación del paramento, que ha sido adscrita de manera aproximada a lo largo de la Edad Media, y que fue realizada para poder desaguar el embalse una vez que el depósito de limos del fondo alcanzó un nivel tal que hizo imposible su limpieza para volver a utilizar el primitivo desagüe de fondo, quedando éste definitivamente abandonado. Se trata en realidad de una pieza de piedra en la que se ha excavado el hueco de paso del agua, y que se encuentra encastrada en el paramento de aguas arriba, encajada justamente en la zona de transición de la fábrica más antigua del paramento a la más "moderna", solamente medio metro por encima de la teórica línea frontera entre ambas etapas constructivas.

Por debajo de ésta, y coincidiendo con el nivel de la solera de la torre de toma, es decir, a cota +228,5, se encuentra el desagüe de fondo original, que salió a la luz coincidiendo con los mencionados trabajos de la campaña del año 92. Está formado por dos tubos de plomo de inequívoca factura romana en excelente estado de conservación, encastrados en el interior del hueco formado por dos grandes piezas de piedra simétricas, que componen entre ambas la forma necesaria para la ubicación de dichas tuberías. Estas últimas cuentan en su parte superior con el característico cordón de soldadura de los tubos de plomo romanos, que se realizaban doblando una chapa alrededor de un molde cilíndrico de madera, fundiendo posteriormente los dos extremos que se unían en la parte superior para formar la junta de cierre de la sección mediante dicho cordón de soldadura *(Adam, 1996)*. Esta conducción gemela llega hasta la torre de toma, donde se encuentra la mencionada válvula de bronce del siglo XVIII, lo que parece indicar que en aquella época, coincidiendo con dicha remodelación sí que fue posible realizar las labores de limpieza del fondo del embalse para recuperar la toma original y aumentar la capacidad del almacenamiento, asegurando así el llenado de la nueva galería que se servía del tapón realizado aguas abajo en la galería del desagüe para alimentar el lavadero de lanas.

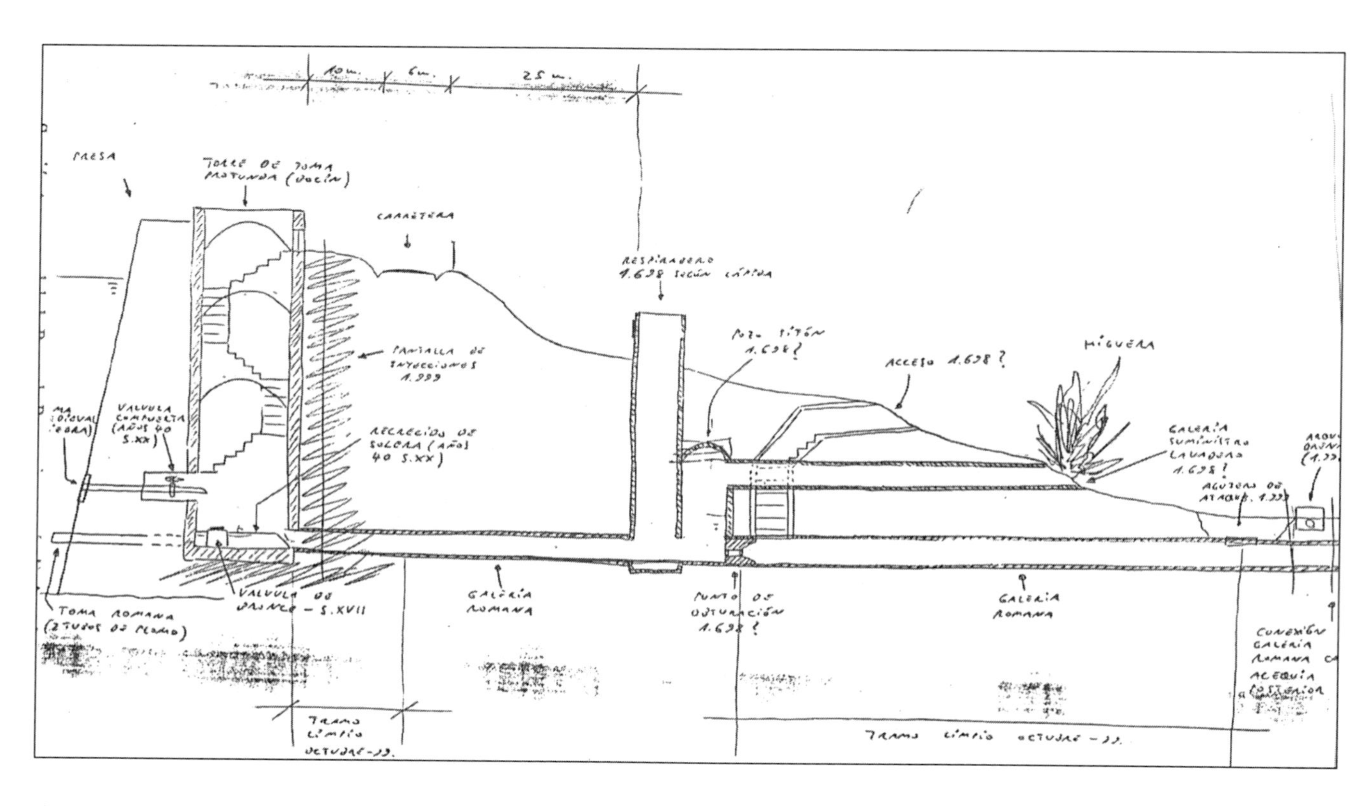

Croquis de la sección completa de la presa de Proserpina, incorporando todos sus elementos de regulación y galerías hasta la salida de la galería del desagüe de fondo inicio del Acueducto de Los Milagros, según F. Aranda *(1999)*

Esta toma, que debe ser la original de la presa, aparece en el paramento de aguas arriba en coincidencia con la fábrica más antigua que ya hemos descrito, y justamente a la mitad de la altura de dicha obra, concretamente a 3,60 m. sobre cimientos. Puede que sea incluso anterior a la de la torre de margen izquierda, la del Acueducto de Los Milagros, y por tanto, debió construirse como máximo durante el siglo II d.C. La datación de una pieza cónica de madera, encontrada en un estrato de limos junto a dichas tomas, y que debió servir como tapón de cierre de alguna de ellas, así como otra pequeña pieza de madera extraída en uno de los sondeos realizados en el cuerpo de presa de esta primera fase mediante el método del C14 aportó nuevas pistas sobre la época de construcción de esta primera fase, aunque por supuesto no concluyentes, debido como sabemos a la dispersión del periodo probable por este método *(Arenillas et al., 1992)*. En todo caso, parece que debemos situar los orígenes de la presa de Proserpina en una época que no puede ser muy anterior a la que generalmente se ha atribuido al Acueducto de los Milagros, es decir, probablemente en los últimos años del siglo I o primeros del II d.C., quizá efectivamente en la primera época del imperio de Trajano *(Fdez. Casado, 1961)*, coincidiendo así con la cronología tradicionalmente atribuida a la presa.

El tramo final de la galería del desagüe de fondo, oculta hasta ahora, fue recientemente descubierta en unos nuevos trabajos de reparación y consolidación de la presa llevadas a cabo por la Confederación Hidrográfica del Guadiana a lo largo del último año, situando finalmente una arqueta de entrada en el punto final conservado, junto a los muros de las edificaciones de pie de presa, por lo que dicha galería ha quedado definitivamente visitable (aunque con gran dificultad debido a lo reducido del espacio), comunicando así dicha salida al exterior con el acceso existente a la zona de la galería aguas abajo del tapón, a la que se llega a través de un estrecho pasillo tras el que se encuentra una especie de escalera de caracol muy angosta, realizada probablemente asimismo en el año 1698, al igual que el resto de remodelaciones que venimos comentando.

De esta manera, puede observarse fácilmente cómo este tramo de galería está reconstruido en algunos tramos, quizá como decimos en el propio siglo XVII, ratificando el hecho de que en este siglo fue realizada una reparación a fondo de la presa, poniendo de nuevo en servicio todas aquellas zonas que debían encontrarse afectadas en aquella época. Justamente aguas abajo del tapón encontramos una galería abovedada formada por dovelas rudamente labradas, cuya sección va progresivamente disminuyendo en anchura y en altura. Se llega finalmente al tramo final de la misma, en el que la factura si que es ya inequívocamente romana, con unos hastiales formados por dos hiladas de unos 50 cm. cada una, a base de grandes sillares coronados por un dintel horizontal formado por una sucesión de piezas monolíticas que dejan un vano libre de unos 60 cm. de luz. Debemos decir que el conocimiento de todos estos elementos se debe a la gentileza de D. Fernando Aranda, de la C. H. del Guadiana.

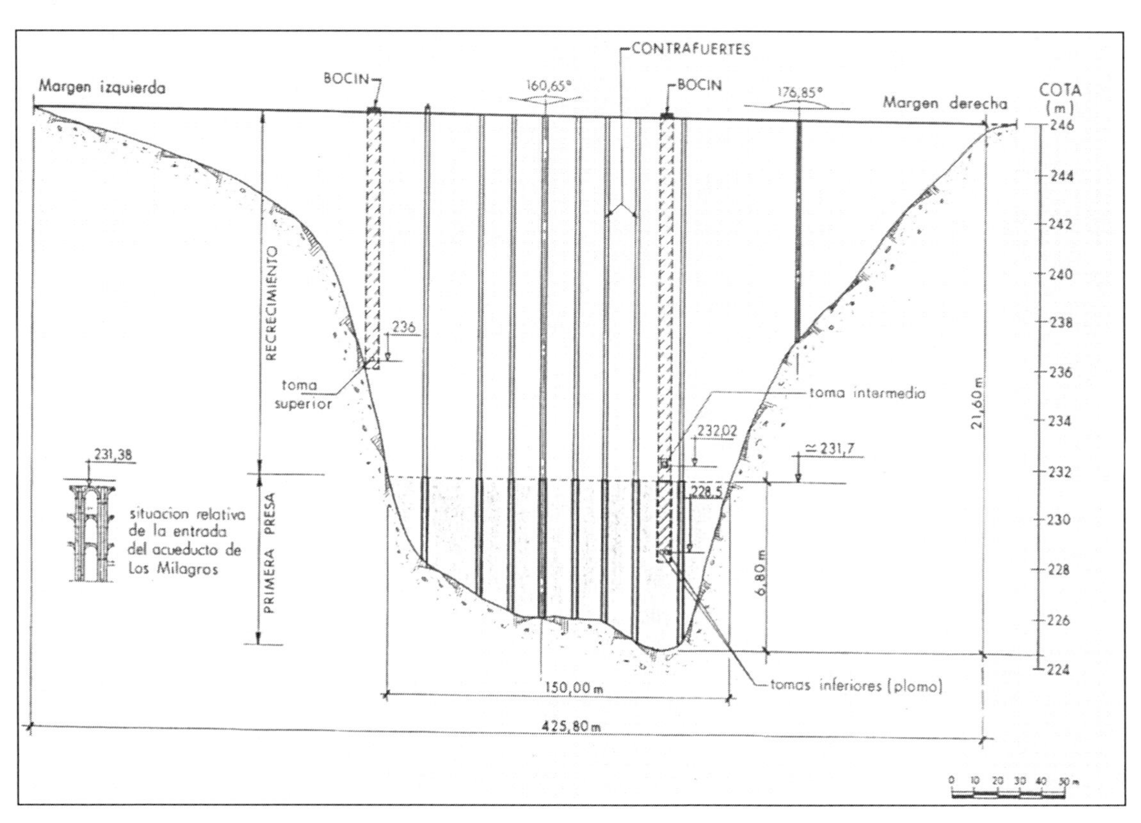

Proserpina: *Alzado del paramento de aguas arriba de la presa de Proserpina, con la situación y cotas relativas de las diferentes tomas, así como con el Acueducto de Los Milagros (Fuente: Arenillas et al., 1992).*

Finalmente, por lo que se refiere al embalse de Proserpina, debemos decir que cuenta con una extensión de 60 Ha., para un volumen máximo de 6 Hm3, reducidos en unos 0,7 Hm3 antes de la última limpieza del fondo (de los cuales sólo se aprovechan aproximadamente 3,5 Hm3). Cuenta con una cuenca cuya superficie de aportación es de unos 7,14 km2, en el caso concreto del Arroyo de las Pardillas, cifra que se ve incrementada con otros 13,26 km2 de la aportación de la cuenca vecina del Arroyo de las Adelfas *(Arenillas et al., 1992)*. Sobre éste último cauce se encuentra una especie de pequeña presa de derivación, que no es en realidad más que un muro que retiene las aguas de escorrentía de la margen izquierda del Arroyo de las Adelfas y que, al igual que ocurre en el sistema de la vecina presa de Cornalbo, es el que aporta la mayor parte del caudal derivándolo de la cuenca vecina. Esta obra se encuentra muy remodelada y conserva muy poco de su fábrica original, constituida sin embargo por un aparejo mucho menos cuidado que el de la obra principal, sin poder precisar si su construcción es contemporánea a la de la obra original, o por el contrario, fue realizado en coincidencia con alguna reparación, ya después del siglo II.

Sin embargo, la repetición de este esquema en distintas obras romanas y la situación de la presa principal en un arroyo de muy escasa competencia, nos induce a pesar que el sistema fue concebido así desde el principio, ya que de otra forma, es muy posible que tan gran embalse permaneciese vacío durante largos periodos de tiempo, lo que no justificaría tan gran esfuerzo constructivo. La toma de Las Adelfas da comienzo en un muro sobre la ladera izquierda del arroyo que no parece cerrar por completo el cauce, y se prolonga directamente en el canal sobre el canal al que deriva, generando como decimos un trasvase de unos 3,5 km. de longitud, que cuenta a veces con muros para los cajeros, así como alguna obra menor como algún aliviadero o desagüe, y que finaliza en la propia cola del embalse de Proserpina. La semejanza de la concepción de esta obra con las de las dos presas romanas de similares características, como son Cornalbo y Alcantarilla, es evidente, pudiendo incluso observarse multitud de analogías con la obra de derivación de la presa de Cornalbo en el Arroyo de las Golondrinas, con una presa que parece en realidad una prolongación del propio canal de trasvase.

Debemos mencionar como punto final a la descripción de la presa de Proserpina, algunos aspectos acerca de los posibles aliviaderos con que cuenta la misma, ambos de superficie y separados del cuerpo de presa (aunque el segundo de ellos no está en realidad muy claro). Uno de ellos es artificial y está realizado en margen izquierda, muy próximo al muro de cierre; se denomina comúnmente La Sangradera y está formado por un labio de vertido con varios vanos, que desagua a una vaguada próxima. Este aliviadero fue reconstruido en coincidencia con las obras finalizadas en 1941, aunque fue realizado en el lugar donde se situaba el primitivo. En esta misma margen, pero sobre el propio estribo de la presa, se marcaba un aliviadero más en el plano realizado con ocasión del proyecto de 1906 de J. García (Fdez. Casado, 1961), aunque no parece lógico aliviar por encima de un terraplén, por lo que más fácil es que se tratase de un simple boquete en el muro que faltase en aquella época. Por otro lado, se ha señalado a veces que el embalse quizá contase con un aliviadero natural en una vaguada de la margen opuesta más alejada del muro de cierre, aunque no es aspecto este totalmente contrastado (Fdez. Ordóñez et al., 1984). Ninguno de estos dos posibles aliviaderos es seguro que perteneciesen a la obra original de Proserpina, pudiendo tratarse de obras accesorias posteriores.

Como vemos, es esta una de las más interesantes obras hidráulicas de época romana, no sólo de España, sino de todo el mundo, no sólo por su estructura, sino también por sus elementos de regulación y por su relación con un sistema integral de abastecimiento de agua, constituyendo además uno de los ejemplos más representativos de la construcción de presas en la Antigüedad, y de la que un estudio aún más profundo todavía podría aportar muchos datos nuevos acerca de la ingeniería en época romana, así como de la evolución de las técnicas a lo largo del tiempo, al contar con varias etapas constructivas claramente diferenciadas dentro incluso del propio periodo romano. Por añadidura, encontramos en ella una serie de elementos para los que no encontramos comparación en ninguna otra obra de la época, como son sus desagües de fondo, torres de toma, etc..., que se encuentran en un magnífico estado de conservación si tenemos en cuenta que la presa está aún en uso después de al menos 1900 años, habiéndose mantenido además en servicio de manera prácticamente ininterrumpida durante todo este tiempo.

Bibliografía sobre la presa de *Proserpina* :

* Alcaraz A., Arenillas M., Martín Morales J.: *La estructura y cimentación de la presa de Proserpina.* Actas de las IV Jornadas Españolas de Presas, 719-733. Murcia, mayo 1993.

* Almagro Basch M.: *Guía de Mérida;* Madrid, 1965.

* Álvarez Martínez J.M.: *En torno al Acueducto de Los Milagros, de Mérida;* Segovia y la Arqueología Romana. Barcelona, 1977.

* Aranda F. y otros: *El sistema hidráulico romano de abastecimiento a Toledo;* Diputación Provincial de Toledo. Toledo, 1997.

* Aranda F. y otros: *Las presas de abastecimiento en el marco de la ingeniería hidráulica romana. Los casos de Proserpina y Cornalbo;* Congreso de Obras Públicas romanas en Hispania. Astorga, 2006.

* Arenillas M., Díaz C., Cortés R.: *La presa de Proserpina (Mérida).* Confederación Hidrográfica del Guadiana. Madrid, mayo de 1992.

* Arenillas M., Díaz C., Cortés R.: *Proserpina dam (Mérida, Spain): an endurin example of Roman engineering.* Seventh International Congress IAEG, V. Lisboa, 3781-3787.

* Arenillas M., Martín Morales J., Alcaraz A.: *Nuevos datos sobre la presa de Proserpina.* Revista de Obras Públicas. Madrid, junio 1992.

* Arenillas M.: *Presas y azudes en la Baja Edad Media: Antecedentes, problemas y soluciones.* XXII Semana de Estudios Medievales. Estella, 1995.

* Arenillas M, Díaz C., Cortés R: *La presa romana de Proserpina*, pag. Web Traianus, 2002.

* Bueno Hernández F.: *Evolución de la ingeniería de presas en España* (Tesis doctoral). E.T.S. Ingenieros de Caminos de Santander. Santander, mayo de 1999.

* Caballero Zoreda L. y Sánchez Palencia F.J.: *Presas romanas y datos sobre poblamiento romano y medieval en la provincia de Toledo*; Noticiario Arqueológico Hispánico. Mtro. Cultura, 1982.

* Castillo J.C. y Arenillas M.: *Las presas romanas en España. Propuesta de Inventario;* I Congreso Nacional de Historia de las Presas. Mérida, noviembre 2000.

* Castro Gil J.: *El pantano de Proserpina;* Revista de Obras Públicas, octubre 1933.

* Celestino y Gómez R.: *Cronología de las fábricas no romanas de la presa de Proserpina;* Revista de Obras Públicas, 1944.

* Celestino y Gómez R.: *Los sistemas romanos de abastecimiento de agua a Mérida. Estudio comparativo para una posible cronología;* Revista de Obras Públicas, diciembre 1980.

* Comisión Internacional de Grandes Presas (ICOLD). Comité Nacional Español: *Inventario de Grandes Presas.* Madrid, 1970.

* Confederación Hidrográfica del Guadiana–Ingeniería 75: *Estudio de Caracterización del Sistema Hidráulico en las conducciones romanas a la ciudad de Mérida.* Mérida, 1996.

* Fdez. Ordóñez J. A. y otros : *Catálogo de Noventa Presas y Azudes Españoles anteriores a 1900;* Biblioteca CEHOPU. Madrid, 1984.

* Fernández Casado C.: *Acueductos romanos en España.* Instituto Eduardo Torroja. Madrid, 1972.

* Fernández Casado C.: *Las presas romanas en España.* Revista de Obras Públicas. Madrid, junio 1961.

* Fernández y Pérez G.: *Historia de las Antigüedades de Mérida.* Plano y Corchero. Mérida, 1893.

* Foner y Segarra A: *Antigüedades de Mérida.* Mérida, 1893.

* Gómez Navarro J.L. y Juan-Aracil J.: *Saltos de agua y presas de embalse.* Madrid, 1958.

* González Tascón I.: *Fábricas Hidráulicas Españolas;* CEHOPU-CEDEX. Madrid 1992, pp. 13 y siguientes

* Jiménez Martín A.: *Los acueductos de Emérita.* Simposio Internacional conmemorativo del Bimilenario de Mérida, 1975. Actas "Augusta Emérita". 1976.

* Lantier R.: *Réservoirs et aqueducs antiques de Mérida;* Bulletin Hispanique 17, 2. 1915.

* Macías Liáñez M.: *Mérida monumental y artística;* Mérida, 1929.

* Martín Morales J., Arenillas M., Díaz C., Cortés R., Arenillas Girola M., Jiménez D.: *El abastecimiento de agua romano a Augusta Emérita;* Actas del Segundo Congreso Nacional de Historia de la Construcción. A Coruña, 321-329.

* Mélida J.R.: *Catálogo Monumental de España. Provincia de Badajoz (1907-1910)*; Madrid, 1925-26.

* Moreno de Vargas B.: *Historia de la ciudad de Mérida.* Badajoz, 1633; 2 reed. 1974.

* Mosquera J.L. y Nogales T.: *Una ciudad sobre el río;* Aquae Aeternae. Confederación Hidrográfica del Guadiana. Mérida, 1999.

* Plano y García P.M.: *Ampliaciones a la Historia de Mérida de Moreno de Vargas, Forner y Fernández;* Patronato de la Biblioteca municipal y Casa de la Cultura. Mérida, 1894.

* Ruiz J.M. y Delgado F.: *Abastecimiento de agua a las ciudades hispanorromanas.* Revista de Arqueología 139; nov. 1992; pp.36 a 47.

* Schnitter N.J.: *Historia de las Presas;* ed. en castellano: Colegio de Ingenieros de Caminos, 2000 (trad. de Diez-Cascón J. y Bueno F.); capítulo 2: El Imperio Romano.

* Schnitter N.J.: *A short History of Rain Engineering;* Water Power 19, 4. 1967.

* Schnitter N.J.: *Les barrages romaines;* Dossier de l'Arqueologie 38. 1979.

* Shulten A.: *Geografía y Etnografía antiguas de la Península Ibérica;* Madrid, 1963.

* Smith N.: *The heritage of spanish dams;*Madrid, 1970.

5.3.- PRESA DE ALCANTARILLA.-

Coordenadas: 409.375; 4.390.800 (Alcantarilla); 406.500 ; 4.388.800 (San Martín de la Montiña). Fuente: Servicio Geográfico del Ejército. Hoja 1:50.000 n° 685.

La presa de Alcantarilla es una de las más importantes realizadas por los romanos en nuestro suelo y ha sido objeto de múltiples interpretaciones, aunque hasta hoy no hemos sido capaces de reconstruir con claridad todos sus elementos a la vista de las ruinas que de la obra han llegado hasta nosotros. Se trata de una presa de embalse de grandes dimensiones del tipo pantalla + terraplén situada sobre el río Guajaraz, dentro del término municipal de Mazarambroz, en la provincia de Toledo. Su utilidad era la de abastecimiento a esta última localidad, por lo que debemos encuadrarla dentro del conjunto de grandes presas romanas que servían de cabecera a los acueductos que satisfacían las necesidades de ciudades importantes como Proserpina o Cornalbo en Mérida o Muel en Zaragoza..

Las dimensiones atribuidas a esta presa son muy variables en relación con las interpretaciones de los distintos autores que se han ocupado de esta obra. De esta manera la longitud total de la misma varía entre los 480 m. de Raúl Celestino *(Celestino, 1970)* y los 860 m. atribuidos por Ortiz Dou *(Ministerio Obras Públicas, 1948)*, siendo la cifra aproximada más probable de unos 550 m. ó 600 m., dependiendo de las dimensiones del tramo actualmente desaparecido del estribo izquierdo, en el que pudiera haberse situado un aliviadero en superficie de la presa. Es lamentable que no se conozcan ni siquiera las dimensiones en planta de esta importantísima presa, pero lo cierto es que hasta el momento el propietario de la finca en la que se encuentra la casa de labor que se aprovecha del muro de la presa para su estructura, no ha permitido el paso de ningún equipo topográfico. En cuanto al espesor del muro, es de aproximadamente de 3 m. en coronación, encontrándose formado por dos muros de mampostería (*opus incaertum*) careada en sus dos caras exteriores, de aproximadamente 1,20 m. de espesor cada uno de ellos y que encierran en su interior otro muro de hormigón hidráulico (*opus caementicium*). A este muro se adosaba un revestimiento exterior de sillería en la cara de aguas arriba, cuyo tizón era de aproximadamente 0,50 m. a añadir al espesor total antes mencionado. Por otro lado, la sección transversal del muro era ligeramente trapecial, por lo que podría alcanzar en la base una anchura total estimada de unos 5 m.

En cuanto a la altura total de la presa, se le atribuyen valores entre los 14 y los 20 m. siendo quizá la cifra más aproximada la correspondiente a una media entre estos dos, es decir, entre 17 y 18 m. de alzado máximo en la zona central. En este caso, la cota de coronación se conoce con cierta aproximación, puesto que la parte superior del muro se ha conservado de manera bastante uniforme en toda su longitud, mientras que el actual lecho del río no debe diferir mucho del original, dado al sustrato granítico que sustenta la presa.

Alcantarilla: *Estribo derecho y torre de toma de la presa. Nótese la progresiva erosión de la parte inferior del muro.*

La estructura de la presa se completaba con un terraplén de tierra del lado de aguas abajo, cuyo talud debía de ser de aproximadamente 1:3,5, y del que se conservan dos porciones, cada una de ellas adosadas a la obra de fábrica de cada estribo, habiendo desaparecido la parte central del muro seguramente en el momento de la ruina de la obra, por lo que habría sido arrastrado posteriormente por el propio Guajaraz.

Se ha discutido mucho sobre la existencia o no en la estructura original de la presa, de contrafuertes adosados al muro en la cara de aguas arriba, sobre todo por analogía con la tipología de la presa de Proserpina, con la cual la de Alcantarilla posee evidentes similitudes. Incluso esta interpretación parecía apoyada por la existencia de los restos de los arranques de dos pequeños muros perpendiculares al dique principal que observó Celestino al final de la zona de muro conservada en el estribo izquierdo, lo cual llevó a pensar que toda la parte central se encontraría apoyada por una serie de contrafuertes *(Celestino, 1970)*, sin embargo la última interpretación de F. Aranda acerca de estos restos, los sitúa formando parte de una torre de toma adosada al muro de aguas arriba de la presa y en la que se situaría seguramente una toma profunda o quizá un hipotético desagüe de fondo *(Aranda et al., 1997)*.

Alcantarilla: *Vista del estribo derecho de la presa desde el cauce del Guajaraz. A la izquierda se aprecian restos de la pantalla y de la primera torre de toma de aguas abajo.*

Alcantarilla: *Sección de la pantalla de la presa en el punto de su rotura. Se observan claramente los tres aparejos consecutivos que la forman en la actualidad: muro de mampostería aguas abajo (en primer término), núcleo impermeable con un opus caementicium de fina granulometría, nuevo paño de hormigón más grueso (opus incaertum) y restaría el paramento exterior de sillería aguas arriba.*

Las razones que llevaron a esta última lectura acerca de los dos muros perpendiculares al del paramento son, el escaso espesor de los mismos, así como su proximidad, lo que hace pensar en su incapacidad estructural como contrafuertes, tomando mas consistencia la hipótesis de la torre de toma, que por otro lado debió existir, ya que incluso Fernández Ordoñez menciona los restos de un recinto de fábrica con paredes verticales situado muy próximo a la parte baja del espaldón y que podría corresponderse con el arranque de esta torre *(Fdez. Ordóñez et al., 1984)*.. Por otra parte, es posible que esta toma estuviera constituida por uno o varios tubos de plomo, al igual que en la toma profunda de Proserpina, ya que sería la única forma de garantizar la resistencia y estanqueidad de una conducción con una altura de agua próxima a los 20 m. con los medios de la época. Por otra parte, existe una referencia de Ceán Bermúdez en 1832 acerca de un *acueducto de plomo* en Mazarambroz, aunque parece que en este caso, se refiere en realidad a un tramo próximo de la conducción que partía de la presa.

Existe una segunda torre de toma situada más próxima al estribo derecho que es fácilmente reconocible dentro de los restos del mismo, puesto que se conservan en pie tres de los cuatro muros del recinto, ya que el cuarto debía ser probablemente el propio paramento de aguas abajo de la pantalla de la presa, al estar esta torre situada en este caso adosada del lado de aguas abajo del muro, es decir, embebida dentro del terraplén de tierras. Las dimensiones de esta torre son de aproximadamente 6,0 x 6,0 m. siendo su finalidad la de alojar una toma intermedia del embalse que constituiría la cabecera del acueducto del abastecimiento a Toledo, puesto que inmediatamente aguas abajo de la presa se localizan ya los primeros restos del mismo que prosiguen hasta la entrada a la ciudad unos 50 Km. más adelante *(Aranda et al., 1997)*. La fábrica de esta torre es de mampostería careada del mismo tipo que la observada en el muro de la pantalla. El acceso al interior de la misma debía producirse a través de tramos de escaleras realizados mediante sillares empotrados en los muros de su perímetro, tal y como se ha observado en otras torres de este tipo, como las de Proserpina o Cornalbo. Sería interesante el sondeo del terraplén situado en las inmediaciones de esta torre, puesto que muy probablemente se hallaría la conducción de salida del acueducto de Toledo, la cual, si nos guiamos por los ejemplos similares encontrados hasta el momento, podría estar formada por una galería abovedada (probablemente visitable), a lo largo de toda la longitud bajo el terraplén.

En cuanto a la geometría general de la presa, debemos decir que se encuentra formada por tres tramos principales de muro que ofrecen una disposición quebrada en planta con una convexidad hacia el lado de aguas arriba, característica ésta favorable a la resistencia estructural del muro ya observada en otras presas romanas del mismo tipo, de las que vuelve a ser el ejemplo más significativo la de Proserpina, aunque contamos con una ejemplo mucho más modesto, aunque mucho más cercano, en la presa del Paerón I, en Noez (Toledo) *(Caballero Zoreda y Sánchez Palencia, 1982)*, cuya cronología es probablemente un poco posterior a la de la propia Alcantarilla, a juzgar por el tipo de fábrica observado. De esta manera, en la actualidad se observan dos tramos de muro desalineados, que se corresponden con cada uno de los estribos, habiendo desaparecido el tramo central que unía ambos y completaba la planta quebrada de la presa. Por lo que se refiere a las dimensiones de estos lienzos de muro, existe gran disparidad de criterio entre los diferentes autores que se han ocupado del tema, según las distintas longitudes atribuidas a cada uno de los tramos en función de la interpretación dada sobre la planta de la presa. El primero de los tramos, correspondiente al estribo izquierdo, conserva una longitud de aproximadamente 180 m. *(Aranda et al., 1997)* (a pesar de los 286 m. asignados por Fernández Ordoñez, añadiendo al mismo una hipotética longitud correspondiente al tramo que evidentemente falta en el mismo, atribuyendo a este estribo una porción de unos 100 m. que el resto de autores han atribuido al tramo central del muro).

Alcantarilla: *detalle de la única zona del estribo derecho donde se conserva el revestimiento de sillería aguas arriba.*

Alcantarilla: *Vista general del estribo izquierdo de la presa desde aguas arriba, donde es posible apreciar las tongadas de 0,5 m. de espesor del* opus incaertum.

El segundo tramo, correspondiente a la zona central, poseería otros 180 m. (190 m. según R. Celestino y 87 m. según Fdez. Ordoñez), es el tramo desaparecido y por tanto, el que se presta a diversas interpretaciones, como venimos mencionando. En cuanto al tercer tramo, correspondiente al estribo derecho, está en la actualidad cubierto en gran parte por modernas y burdas construcciones realizadas por los propietarios de la finca particular que rodea el arroyo en el que se encuentra esta importante obra, las cuáles enmascaran cada vez en aduramayor medida la mayor parte de su longitud además de amenazar su conservación, por lo que es difícil conocer su longitud total sin penetrar dentro de este ámbito privado.

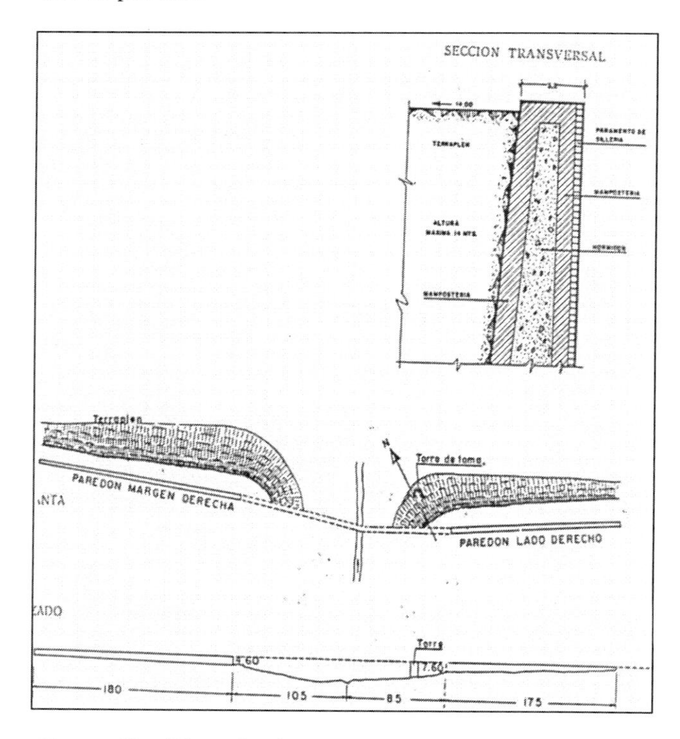

Alcantarilla: *Plano de planta, alzado y sección transversal de la presa de Alcantarilla según Fdez. Casado, 1961.*

Sin embargo, en un estudio realizado durante los años 2008 y 2009 para la Confederación Hidrográfica del Tajo dirigido por el profesor Arenillas, aparte de localizar gran parte del trazado del canal desde la presa hasta Toledo y completar casi por completo el sistema hidráulico que parte de la presa, se pudieron medir con mayor precisión las dimensiones de la presa y confirmar sus características estructurales. En base a este estudio, se confirman tres tramos principales de la presa de 276,87, 88,45 y 188,61 m de longitud respectivamente, de izquierda a derecha, además de dos trsmos laterales de muros de cierre de menor envergadura de 86,80 + 17,8 (en el estribo izquierdo se forma un quiebro), y de 55,37 m. De esta manera, la longitud total de la obra sería en origen de unos 714 m, confirmándose una altura máxima total en el tramo central de entre 17 y 18 m.

Como se ha dicho ya en algún párrafo anterior, la presa se encuentra ubicada sobre el cauce del Guajaraz, abarcando una cuenca de unos 50 km2 en dicho río. Esta cifra se ve engrosada en otros 35 ó 40 km2 por las aguas correspondientes al vecino arroyo de San Martín de la Montiña, sobre el que se realizó una obra de desvío para aumentar mediante un trasvase la capacidad de embalse de la presa. De esta obra de derivación se conservan diversos tramos de un canal que circula a media ladera a lo largo del cerro que divide las cuencas de ambos arroyos (algunos de ellos ya muy próximos al estribo izquierdo de la presa), así como también unos pocos restos dispersos de una pequeña presa de derivación sobre el arroyo de San Martín de la Montiña, que podría haber alcanzado una altura cercana a los 3 m., y de la que sólo se conservan algunas ruinas de su estribo izquierdo, así como la posible traza del muro a lo largo del arroyo.

La fábrica observada en esta obra accesoria de la presa, no presenta en modo alguno el mismo cuidado observado en la obra principal, correspondiéndose a una construcción mucho más burda y apresurada, tal y como ocurre con las obras de derivación de las presas emeritenses de Proserpina y Cornalbo. Por otra parte, y tal y como dice Raúl Celestino, extraña el hecho de que no se prolongase el canal solamente unos 200 m. más, para alcanzar así el Arroyo del Espinarejo, cauce de cierta entidad que abastece al Palacio del Castañar, y que podría haber aumentado la eficacia del trasvase con un esfuerzo adicional muy pequeño *(Celestino, 1970)*.

Pasando al volumen de almacenamiento de la presa de Alcantarilla, es difícil determinar cuál sería este sin obtener una topografía más o menos detallada del vaso del embalse ni conocer cuál sería la cota máxima de embalse, que dependería a su vez de la cota de vertido del propio aliviadero que pudo existir en margen izquierda. Sin embargo, este valor no debió bajar de los 5 Hm3, aunque dicho valor podría haber llegado incluso hasta los 8 Hm3 *(Aranda et al., 1997)*, caso de prolongar la actual coronación del muro conservado en el estribo izquierdo. Como se ve, son estos valores muy importantes, que se equiparan a los de multitud de presas actuales, y que se sitúan a la cabeza en cuanto a importancia de embalse en el conjunto de presas de la Antigüedad (quizá junto con la presa de Almonacid de la Cuba, con una cifra máxima parecida).

La historiografía de esta importante presa es curiosa y extensa, habiendo sido recogida en la obra acerca del abastecimiento romano a Toledo de Aranda, Carrobles e Isabel. Las primeras referencias importantes provienen del siglo XVIII, en un manuscrito del eclesiástico humanista Francisco Pérez Bayer del año 1752. Ese mismo año, reconoció los restos de la conducción romana próxima a Toledo acompañado de otros dos arqueólogos y humanistas toledanos: el padre Andrés Marcos Burriel y Francisco Javier de Santiago Palomares, de lo que da cuenta el referido manuscrito, mientras que al año siguiente los tres prosiguieron la exploración del canal en sus tramos más alejados de Toledo.

En ese año 1753, los dos últimos prosiguieron sus investigaciones hasta llegar a la cabecera del acueducto, es decir, hasta la presa de Alcantarilla, aunque no supieron identificar sus ruinas con las de una presa, creyéndolas un "paredón" que formaba parte de una obra de paso de la mencionada conducción. Sin embargo, Palomares refirió este descubrimiento a Antonio Ponz, que lo refleja en su *Viage de España* de 1769, en el que incluso se incluye un grabado realizado por el primero de ellos, en el que aparecen las ruinas de la presa en un estado muy similar al que poseen en la actualidad. Puede decirse que es este el origen del moderno conocimiento de la presa de Alcantarilla, de la que por otra parte, existen una serie de referencias hasta llegar a nuestros días que se resumen a continuación por su interés.

En 1832, Cean Bermúdez realiza una cita acerca de los restos de un acueducto de plomo romano en el término de Mazarambroz relacionándolos con el acueducto de abastecimiento a Toledo a través del Puerto de Yébenes. Unos años más tarde Madoz sigue insistiendo en la existencia de un acueducto romano de siete leguas de longitud en dirección al Puerto de Yébenes. Existen otra serie de citas a lo largo del siglo XIX, pero no fue hasta 1905 en que el Conde de Cedillo realizó una descripción bastante detallada de la presa refiriéndose a ella ya como dique romano y dando unas dimensiones aproximadas del mismo.

Posteriormente a esta obra existen otras citas de la presa como la del padre Fuidio Rodríguez (quien habla de un intento de reconstrucción por parte de Juanelo Turriano en época de Carlos V) o la de Ortiz Dou quien situó de manera aproximada la construcción de la presa a partir del siglo II a.C., lo cual ha inducido a posteriores errores en la datación de la misma. Existen posteriormente otros trabajos ya mencionados acerca de la presa como los de R. Celestino *(1970)*, C. Fernández Casado *(1961)*, J. Porres *(1970)* y J. L. Sánchez Abal *(1977)*.

Alcantarilla: *Imagen en la que se aprecian las diferentes fábricas del paramento y la antigua torre de toma.*

Por lo que se refiere al canal de conducción a partir de la presa hasta Toledo, posee una sección rectangular de aproximadamente 0,50 m. de anchura x 0,40 m. de alto, con una longitud total próxima a los 40 km. *(Aranda et al., 1997)*, entre su cabecera en la presa y el depósito terminal (*castellum aquae*) que parece ser fue la famosa cueva de Hércules en el casco histórico de Toledo *(García Duego., 1974)*,. El trazado del acueducto discurre la mayor parte del tiempo enterrado, aunque de manera muy superficial con unos cajeros verticales de hormigón hidráulico revestido con mortero (*opus signinum*) y cubiertos generalmente con una losa de piedra.

Existen por otra parte restos de algunas obras de paso en el canal que han ayudado a identificar su trazado. Dependiendo del tramo en que nos encontremos la pendiente media varía entre 1,5 y 10 milésimas, aunque en tramos en que la pendiente del terreno es muy fuerte, existen dispositivos de pérdida de carga consistentes en este caso en torres situadas al aire libre, y no en pozos de caída como en otros acueductos de más temprana cronología. Al final de la conducción existía una enorme obra de fábrica sobre el Río Tajo, que en un principio se llegó a creer formado por una obra de fábrica colosal de al menos 60 m de altura total, que habría roto todos los registros de acueductos romanos. Sin embargo, ya Fdez. Casado se atravió a identificar con un sifón formado por varios tubos en presión (60 m) sostenidos en la parte baja por un puente o *venter* de 40 m de altura con tres vanos, del que aún quedan restos de ambos estribos en las orillas del Tajo y de sus cimientos en el cauce. Dicha solución ha podido prácticamente confirmarse últimamente con bastante seguridad, llegando incluso a deducirse los surcos excavados en la roca por los que se encontrarían alojados los tubos de plomo del sifón. Sin embargo, lo que no ha sido posible calibrar es el periodo de tiempo que estaría en funcionamiento este elemento, culminación de un sistema hidráulico enormemente complejo.

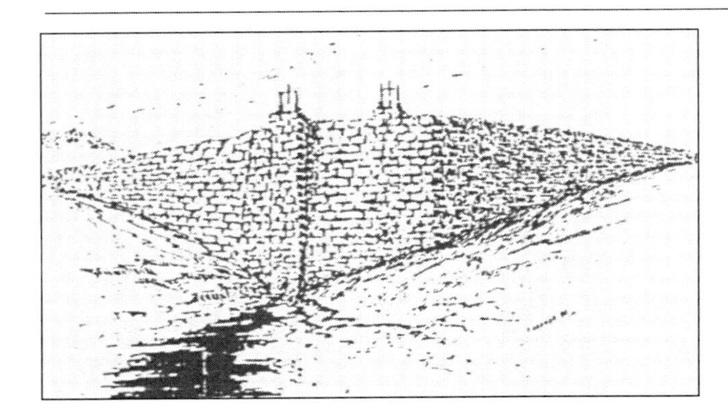

Alcantarilla: *Perspectiva ideal del paramento de aguas arriba de la presa, sin los contrafuertes generalmente atribuidos a la presa, según F. Aranda, 1997.*

Tanto la grandiosidad de esta obra, como de la propia presa, así como la tipología de esta última y los aparejos utilizados en su fábrica son todos indicativos de una época de construcción clásica, es decir altoimperial, aunque por supuesto siempre posterior a la *Pax Augusta*, existiendo razones para retrasar esta fecha hasta la segunda mitad del siglo I a.C., o incluso los primeros años del siglo II d.C., ya que la mayoría de los canales de traída de agua de la primera época (época augusta) son completamente subterráneos, transformándose posteriormente en canales a cielo abierto, por lo que la conducción de aguas a Toledo parece pertenecer a una época intermedia de transición enclavada dentro del periodo mencionado. Por otra parte el tipo de hormigón observado tanto en la presa como en los restos de las obras de fábrica conservadas, poseen una granulometría que parece indicar esta misma época (siglo I d.C.), al igual que el tamaño de la sillería del revestimiento de aguas arriba de la pantalla de la presa (90x50 cm media).

Finalmente los restos de cerámica encontrados a lo largo de la traza de la conducción durante los últimos estudios *(Aranda et al., 1997*), están datados asimismo en este último siglo. Además la tipología de la presa de Alcantarilla supone un precedente inmediato de las grandes presas de terraplén más pantalla con contrafuertes aguas arriba (tipo Proserpina) al carecer de estos últimos por lo que parece acertado pensar en una cronología bastante elevada para su construcción, lo que también ha llevado a otros autores anteriores a llevar hasta estas fechas su datación *(Arenillas et al., 1999; Aranda et al, 1997; Sánchez Abal, 1977; Celestino, 1973*). La presa parece ser que estuvo en funcionamiento, ya que todo el sistema da la impresión de ser una obra totalmente acabada, y pudo haber conducido agua a Toledo durante un espacio de tiempo que quizá no fue muy prolongado, ya que no parecen existir importantes depósitos en el vaso de su embalse. Su rotura parece que se produjo como consecuencia del empuje hacia aguas arriba del terraplén saturado en un momento de desembalse rápido, es decir con la presa vacía, razón por la cual aparecen volcados algunos frogones de la pantalla del lado de aguas arriba, aunque posteriormente habría barrido el río la parte central derrumbada del relleno de tierra.

Alcantarilla: *Vista de la coronación de la presa.*

Como decimos, la presa es seguro que se encontraba en la actual situación de ruina en época moderna, por lo que es posible incluso que su rotura se hubiera producido ya en época romana, puesto que tampoco existe referencia árabe o posterior a la existencia de una traída de aguas a Toledo. Teniendo en cuenta este hecho, la ruina de la obra pudiera constituir la razón por la que las presas posteriores con esta tipología aparecen ya con contrafuertes del lado de aguas arriba, como Proserpina o incluso obras de menor entidad, como la cercana del Paeron I o la de las Tomas, en Badajoz, como corrección de la tipología que había fallado en esta primera obra, algo más antigua que las anteriores.

San Martín de la Montiña: *Vista general de los restos conservados del azud de derivación en la cuenca vecina a la del Guajaraz, de donde parte el canal que pudo estar relacionado con el embalse de Alcantarilla.*

Bibliografía sobre la presa de *Alcantarilla* :

* Aranda F. y otros: *El sistema hidráulico romano de abastecimiento a Toledo;* Diputación Provincial de Toledo. Toledo, 1997.

* Arenillas M. y otros: *El abastecimiento de agua a Toledo en época romana*. Confederación Hidrográfica del Tajo. Madrid, 2009.

* Arenillas M. y otros: : *Historia del abastecimiento y usos del agua en la ciudad de Toledo.* Capítulo 3: "El abastecimiento de agua a Toledo en época romana". Confederación Hidrográfica del Tajo. Madrid, 1999.

* Bueno Hernández F.: *Evolución de la ingeniería de presas en España* (Tesis doctoral). E.T.S. Ingenieros de Caminos de Santander. Santander, mayo de 1999.

* Caballero Zoreda L. y Sánchez Palencia F.J.: *Presas romanas y datos sobre poblamiento romano y medieval en la provincia de Toledo*; Noticiario Arqueológico Hispánico. Mtro. Cultura, 1982.

* Castillo J.C. y Arenillas M.: *Las presas romanas en España. Propuesta de Inventario;* I Congreso Nacional de Historia de las Presas. Mérida, noviembre 2000.

* Celestino R.: *El pantano romano de Alcantarilla en Mazarambroz.* Toletum nḌ7. Toledo, 1976.

* Celestino R.: *Orígenes conceptuales de los complejos hidráulicos romanos en España. La presa de la Alcantarilla en Toledo.* Estudios Toledanos. Toledo, 1970.

* Conde de Cedillo: *Catálogo Monumental de la provincia de Toledo.* Toledo, 1959.

* Fdez. Ordoñez J. A. y otros: *Catálogo de Noventa Presas y Azudes Españoles anteiores a 1900;* Biblioteca CEHOPU. Madrid, 1984.

* Fernández Casado C.: *Acueductos romanos en España.* Instituto Eduardo Torroja. Madrid, 1972.

* Fernández Casado C.: *Las presas romanas en España.* Revista de Obras Públicas. Madrid, junio 1961.

* García Diego J. A.: *La cueva de Hércules;* Revista de Obras Públicas, octubre 1974.

* González Tascón I.: *Fábricas Hidráulicas Españolas;* CEHOPU-CEDEX. Madrid 1992, pp. 13 y siguientes

* Moreno Nieto L.: *Un otro fracaso: la reconstrucción parcial del acueducto romano.* Toledo en el recuerdo. Toledo, 1989.

* Porres Martín-Cleto J.: *Comentarios al artículo "La cueva de Hércules" de Jose Antonio García Diego, publicado en el mes de octubre de 1974;* Revista de Obras Públicas, mayo 1975.

* Porres Martín-Cleto J.: *El abastecimiento romano de aguas a Toledo;* Anales Toledanos, XX. Toledo, 1986.

* Porres Martín-Cleto J.: *El abastecimiento romano de aguas a Toledo;* IV Asamblea de Instituciones de Cultura de las Diputaciones. Toledo, 1970.

* Porres Martín-Cleto J.: *Reconocimiento del Acueducto romano en 1753, por Burriel y Palomares;* Toletum, 14. Toledo, 1984.

* Ruiz J.M. y Delgado F.: *Abastecimiento de agua a las ciudades hispanorromanas.* Revista de Arqueología 139; nov. 1992; pp.36 a 47.

* Sánchez Abal J.L.: *Obra hidráulica romana en la provincia de Toledo (Pantano de Alcantarilla).* Segovia y la Arqueología romana. Barcelona, 1977.

* Schnitter N.J.: *Historia de las Presas;* ed. en castellano: Colegio de Ingenieros de Caminos, 2000 (trad. de J. Diez-Cascón y F. Bueno); capítulo 2: El Imperio Romano.

* Schnitter N.J.: *A short History of Rain Engineering;* Water Power 19, 4. 1967.

* Schnitter N.J.: *Les barrages romaines;* Dossier de l'Arqueologie 38. 1979.
Smith N. A.: *The heritage of spanish dams;* Madrid, 1970.

5.4.- PRESA DE CORNALVO.-

Coordenadas: 743.400 ; 4.319.450 (presa Cornalbo) ; 743.100 ; 4.325.950 (Arroyo de Las Golondrinas) 743.300 ; 4.324.550 (Cañada del Huevo) ; 743.650 ; 4.324.300 (Las Mezquitas). Fuente: Servicio Geográfico del Ejército. Hoja 1:50.000 n° 752 y n° 753.

La presa de Cornalvo (o *Cornalbo*) forma, junto con las de Proserpina, Almonacid de la Cuba, Alcantarilla, y quizás Muel, el conjunto de presas romanas más importantes de España y por añadidura, del mundo, contando con la particularidad de conservar su funcionalidad como embalse de agua gracias a las reparaciones realizadas a lo largo del tiempo, al igual que Proserpina. Sin embargo es quizá la más desconocida de todas las grandes presas, puesto que hasta ahora no se había realizado ningún estudio detallado de la misma desde 1940, fecha en que finalizó su reparación a partir de un proyecto que databa ya de principios de siglo *(Juan García y García, 1906; Francisco Rus, 1913)* y al cual nos referiremos más adelante. Sin embargo la Confederación Hidrográfica del Guadiana ha promovido recientemente la realización de un proyecto para su rehabilitación y estudio, lo cual ha aportado nuevos conocimientos acerca de su estructura verdadera.

La presa, conocida desde antiguo (aparece mencionada ya en documentos del siglo XIII), forma parte de uno de los tres grandes sistemas hidráulicos construidos por los romanos para atender el abastecimiento de agua a *Emerita Augusta*. Se encuentra situada en la cuenca alta del río Albarregas, el *Barraeca* de los romanos, cuyo nombre actual parece tener asimismo concordancias con el origen del nombre de la propia presa, al menos en el prefijo *albo*, que puede provenir del color blanco de las márgenes de su vaso, que tiene forma de cuerno y que durante largos periodos de tiempo ha estado casi completamente vacío, hasta comienzos del siglo XX *(Fernández Casado, 1961)*. Se trata de una presa de materiales sueltos, de la que sorprende la tipología de la pantalla de fábrica, con un talud acusado aguas arriba formado por distintas fábricas de sillería y sillarejo. En cuanto a las dimensiones de la presa, debe decirse que existe una cierta disparidad entre las cifras aportadas por los distintos autores que han interpretado esta presa *(Fernández Casado, 1961; Celestino, 1980)*, que han sido aclaradas con el nuevo estudio encargado por la Confederación del Guadiana. En primer lugar, la longitud total es de 226 m (Fernández Casado únicamente le asignaba 194 m), en una planta formada por dos alineaciones principales que forman un ángulo de 172Ī abierto hacia aguas abajo; en segundo lugar, la anchura varía desde unos 8 -10 m. en coronación, hasta aproximadamente 55 m. en la base (Arenillas et al. 2007). Finalmente, la altura máxima más comúnmente aceptada para la presa, aunque hay autores que elevan esta dimensión hasta los 24 m, es de 20,80 m hasta cimientos (es decir, casi la misma que la presa de Proserpina incluyendo la parte inferior redescubierta), siendo 18 m si lo medimos desde el fondo del vaso.

La estructura interna de la mitad de aguas arriba del cuerpo de la presa, ha sido el punto más controvertido de la misma, puesto que su conocimiento provenía hasta ahora de referencias. La descripción de esta compleja estructura proviene como decimos, de las diversas interpretaciones de la Memoria de Francisco Rus de 1913, como continuación del *Proyecto de reparación del pantano de Cornalvo*, de abril de 1906, firmado por Juan García y García.

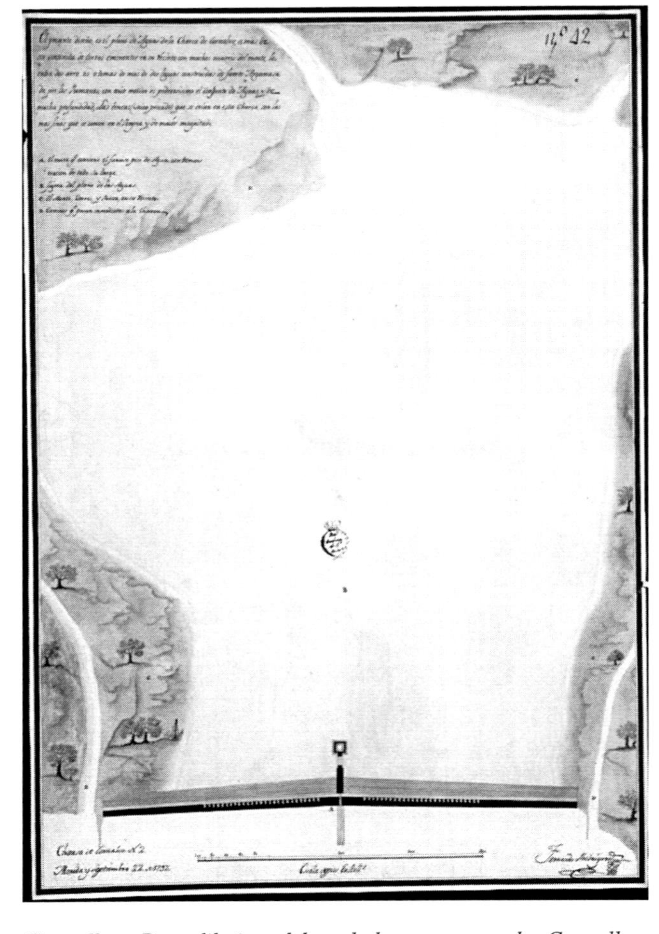

Cornalbo: *Dos dibujos del embalse y presa de Cornalbo fechados en 1797 y firmados por Fernando Rodríguez. Se trata de una representación algo idealizada, no rigurosa. Fuente: Arenillas et al. 2007*

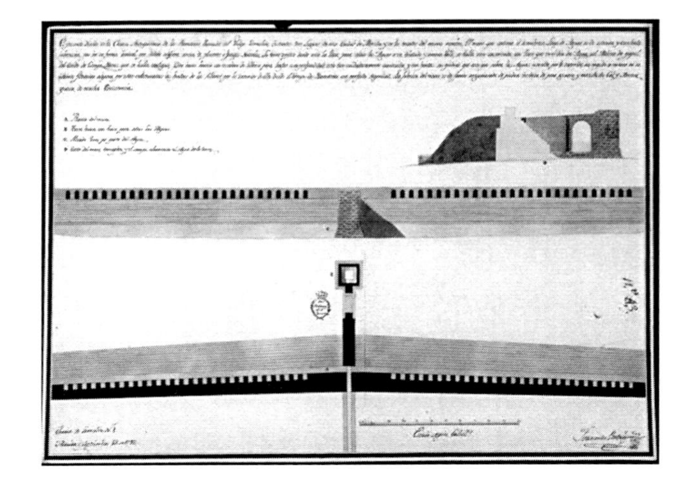

Este ingeniero prosiguió con los trabajos que desarrolló entre 1903 y 1905 el también ingeniero Tomás Amarillas, que hasta el momento había arrojado dudas de cuál debería ser la estructura original, que dada su singularidad, se sospechaba que esta reparación no debía respetar fielmente la obra romana, ya que por otro lado se sabía que la obra ha sido objeto de diversas reparaciones a lo largo del tiempo. En este sentido, se sabe que la presa vino siendo utilizada en el s. XVII como abrevadero y abastecimiento a algunos molinos, y en s. XVIII servía a una fábrica de papel promovida por el Conde de Campomanes, utilidad que debió ser causa de múltiples modificaciones en su estructura original. Según las antiguas referencias de los antiguos cronistas de la ciudad de Mérida *(Fernández y Pérez, 1893)*, se conoce también que ya en el siglo XIX la presa contaba con su paramento en forma de graderío que hemos descrito anteriormente, por lo que sabemos que esta disposición no tiene su origen en la gran reparación llevada a cabo en el siglo XX. Por otra parte, el mismo autor menciona que la presa se encuentra más o menos arruinada y sin uso ("en el día se le repasa todo el agua por debajo del bocín"), desde que fue abandonada tras su aprovechamiento por Campomanes. De esta manera parece que la presa estuvo sin uso durante muchos años, hasta el proyecto de 1906 del ingeniero Juan García y García.

Este proyecto de rehabilitación de la presa de Cornalbo, que por aquél entonces debía llevar cerca de un siglo inutilizada como embalse, fue complementado en 1910 por otro proyecto de José González, y en 1913 por Francisco Rus, del cuál proviene la interpretación acerca de la estructura interna de la presa que ha llegado hasta nuestros días. De esta época datan también las referencias a la obra realizadas por Lantier (1915) y por Mélida (1925-26), que aportan datos de gran interés, ya que también incluyen una serie de fotografías realizadas antes de la reparación de la presa, cuando el embalse se encontraba vacío.

Nuevos datos de esta misma época aparecidos recientemente han aportado nuevos datos sobre Cornalbo antes de aquella profunda reparación *(Aranda et al, 2000)*, como por ejemplo, que contaba con una serie de nichos rematados con arcos de medio punto en la parte superior del muro, cerca de la coronación, o también que el puente de acceso a la torre de toma poseía un solo vano, correspondiente al arranque del arco que aún se conserva, mientras que el resto del acceso estaba compuesto por un simple muro corrido que se apoyaba sobre el espaldón de la presa. Por otra parte, contamos también con artículos de C. Fernández Casado y de R. Celestino, en los que se aporta una sección de la presa en su estado anterior a la reparación, obtenida a partir de la descripción del último de los proyectos mencionados. La rehabilitación no fue terminada finalmente hasta el año 1926, en el que entró en funcionamiento la presa, aunque tras el final de la guerra española, es decir, en el año 1940, aparecieron importantes fugas, fallo recurrente en la historia de esta obra, que obligaron al vaciado de la presa y a una intensa campaña de inyecciones. Desde entonces no se han realizado en la misma, actuaciones de importancia.

Sin embargo, debe decirse que la descripción detallada de la estructura interna de la obra, que a continuación pasamos a transcribir, así como el origen de la misma, no ha sido realizada hasta los estudios publicados en 2007 por M. Arenillas *et al*, dentro del marco de los trabajos de rehabilitación llevados a cabo por la Confederación Hidrográfica del Guadiana, que han confirmado la existencia de tres muros verticales en la pantalla de aguas arriba de la presa, reforzados por una serie de muros transversales entre los dos muros de aguas arriba, disposición que a partir de la descripción de Rus, ha dado lugar a la idea tan discutida de la *estructura reticulada* de la presa de Cornalbo. Esta reconstrucción de la estructura original ha sido posible por una reinterpretación del estado de la presa a inicios del siglo XX (sobre todo por los perfiles trasversales del cuerpo de la presa del proyecto de 1906), así como por un exhaustivo estudio de las fuentes bibliográficas, que han permitido constatar el hecho de que durante la época de Campomanes, la presa no fue en realidad objeto de remodelaciones importantes, tal y como hasta ahora se sospechaba.

En este sentido, la conclusión fundamental es que la estructura de la presa aguas arriba estaba compuesta por la pantalla propiamente dicha, formada por dos muros separadas entre sí unos 6 m, y un macizo entre el muro intermedio y el tercer muro, que es donde se encontraría la retícula, que aportaría estabilidad e impermeabilidad adicional al cuerpo de presa, y que se trataría quizás de un elemento posterior añadido. Dejando aparte los añadidos de las obras de comienzos del siglo XX, como los 22 muretes transversales dispuestos en la parte inferior de la presa, la estructura original romana que se ha obtenido es la que se pasa a describir a continuación.

Cornalbo: *Vista del paramento de aguas arriba de la presa desde su estribo izquierdo, donde apreciamos el graderío entre los dos muros verticales, así como el asomo de la fábrica de sillarejo entre el segundo muro y el último, sumergido bajo el embalse en el momento de tomar la foto.*

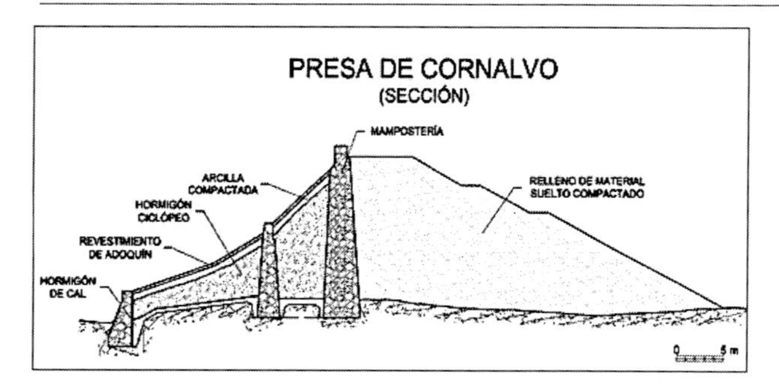

Cornalbo: *Sección transversal de la presa de Cornalbo. Fuente: M. Arenillas, 2002.*

La pantalla propiamente dicha estaría formada por dos muros cuyo espacio intermedio estaría relleno de un calicanto de granulometría gruesa. El muro de aguas abajo, sería un muro-pantalla de 1 m de espesor con un núcleo impermeable de 40 cm de *opus caementicium* entre dos paños de 30 cm de *opus incaertum*, que estaría reforzado en los 45 m centrales de la presa por otro muro adosado de mampostería también de 1 m de espesor. El segundo muro, el intermedio, paralelo al primero, es seis metros más bajo que el anterior y cuenta con un espesor de 2,50 a 3,0 m. El relleno intermedio de calicanto, se inicia desde coronación con un rellano de unos dos metros, para descender posteriormente hacia el segundo muro con un talud 2H:3V. Esta estructura, junto con el terraplén de aguas abajo, era perfectamente estable desde un punto de vista estructural, tanto a embalse lleno, como respecto al empuje del terraplén saturado en caso de embalse vacío, por lo que se piensa que la estructura entre el segundo y tercer muro sea un añadido posterior, quizá para mejorar la impermeabilidad de la pantalla, dados los tradicionales problemas de filtraciones a través del cimiento de la presa.

Siguiendo con la descripción de la estructura interna de la presa a partir de los nuevos datos disponibles, debemos decir que entre el segundo muro y el tercero, existe una serie de catorce muros transversales de mampostería de 1,25 m de espesor, separados entre sí unos siete metros, y que por tanto únicamente alcanzaban a una parte de la pantalla inferior a la mitad. Los cajones formados por esta estructura reticulada así creada, estarían rellenos en su parte inferior por arcilla compactada cubierta por una capa de una especie de hormigón ciclópeo y finalmente, por otra capa de hormigón hidráulico. Esta parte superior comenzaba unos tres metros por debajo del segundo muro de la pantalla, tendría un talud de 3H:2V y finalizaría en el tercer muro de la pantalla, que tendría aproximadamente una altura inferior en dos metros al muro intermedio y un espesor de aproximadamente 2 m.Sobre este macizo de relleno entre el segundo y tercer muro sería sobre el que se cimentarían a posteriori los 22 pequeños muretes escalonados de la obra de comienzos del siglo XX, que prolongarían la mayoría de ellos los muros inferiores, servirían de apoyo al relleno de hormigón dispuesto en la reparación, y serviría de asiento al conocido revestimiento superior de sillarejo que da forma a esta parte de la pantalla.

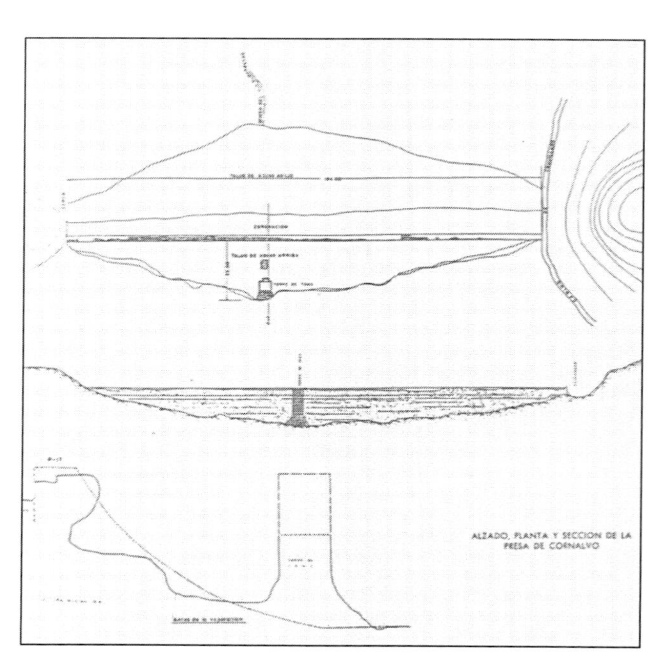

Cornalbo: *Planos del estado inicial de la presa antes de su reparación a principios de siglo, según reproducción de Fdez. Casado, 1961.*

Un detalle interesante de la pantalla de la presa son los nichos en la parte superior por debajo de la coronación y que figuran en los dibujos de la presa del siglo XVIII, e incluso en algunas de las fotos de comienzos del siglo XX, y que pueden apreciarse en algunos de los perfiles del proyecto de 1906, aunque en la actualidad han desaparecido completamente. Los primeros cronistas de la presa de Cornalbo lo interpretaron como localidades preferentes de una supuesta naumaquia, uso que supusieron para la presa dado su paramento escalonado. Se trataría de un elemento meramente decorativo, o probablemente solo serviría como aligeramiento del muro en la parte superior del paramento.

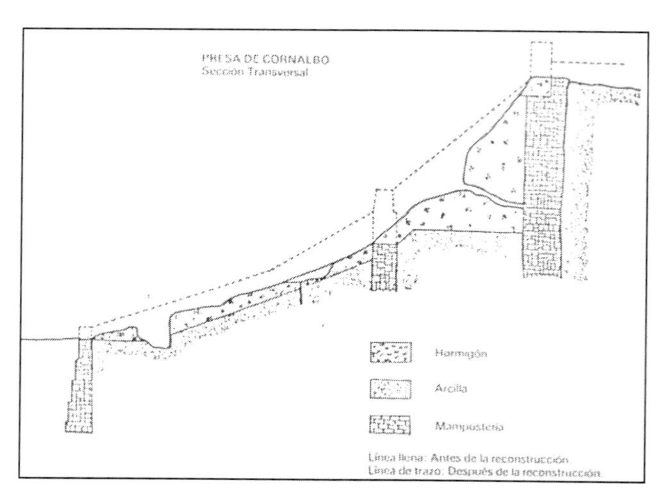

Cornalbo: *Sección transversal de la zona de aguas arriba con distinción de sus diferentes fábricas, reproducida por R. Celestino a partir de la descripción realizada en el antiguo proyecto de reparación de la presa.*

Cornalbo: *Vista de la torre de toma de la presa desde coronación. Se aprecia claramente el almohadillado de los sillares y el arranque del arco del puente de acceso original.*

La presa de Cornalbo cuenta asimismo con un elemento singular de gran importancia, como es su torre de toma. La particularidad de esta última proviene de su situación, al encontrase exenta del cuerpo de presa, es decir, situada dentro del embalse y unida a aquél mediante una pasarela que actualmente sustituye al antiguo puente, del cuál aún se conserva en la torre el arranque del único arco. La torre posee una sección rectangular, cuyas dimensiones interiores aproximadas son de aproximadamente 4,0 x 4,0 m con muros de unos 60 cm de espesor. Su situación está ligeramente girada con respecto al paramento de la presa, lo que induce a pensar que se haya construido sobre un elemento anterior a la construcción de ésta, hacia el que convergerían los drenajes del fondo del vaso del embalse. La torre cuenta con varias aberturas para la entrada de agua, situadas a diferentes alturas, que permitirían la toma del agua próxima a la superficie, con diferentes cotas de embalse. La fábrica de la misma es a base de una cuidada sillería almohadillada recibida con mortero de inequívoca factura romana, aunque la base se encuentra reforzada por un macizo de hormigón en talud, que ya aparecía en las mencionadas fotografías realizadas por Raymond Lantier y también por J. Ramón Mélida a principios de siglo. El acceso al interior de la torre se realiza, al igual que en otras obras similares, mediante vtramosrios de escalera formados a base de escalones pétreos salientes empotrados en las paredes.

El fondo de la torre de toma enlaza con la galería que atraviesa todo el cuerpo de presa en su base, y que además de ser el desagüe de fondo de la presa, supone el arranque de la conducción de abastecimiento a Mérida, que se ha identificado en los últimos años con el *Aqua Augusta (Mosquera y Nogales, 1999)*. Sin embargo, la cabecera de este acueducto no es única, puesto que aguas abajo de la presa, esta conducción enlaza con otra, denominada del Borbollón, que será mencionada más adelante. Volviendo a la galería de la presa, sus dimensiones son las siguientes: una anchura prácticamente constante de algo más de 0,50 m., y una altura que varía aproximadamente entre 1,70 y 2,00 m *(Fernández Ordoñez et al., 1984)*; son éstas unas dimensiones bastante habituales para una galería de captación o conducción de aguas romana (generalmente visitables), aunque algo generosas quizá para el desagüe de fondo de una presa de época romana. Originalmente, el desagüe debía ser manejado desde el exterior mediante una compuerta vertical que regularía el caudal hacia la conducción.

En cuanto a otros elementos de regulación de la presa, debemos mencionar que ésta cuenta con dos posibles aliviaderos: uno artificial, situado en el estribo izquierdo de la presa (mencionado por Fernández Casado, aunque actualmente inapreciable), y otro natural más evidente, situado en la cola del embalse, cerca de una zona denominada del Rugidero, hacia el Arroyo de Las Muelas, desde el que se realiza además el trasvase de agua a la cuenca del Albarregas, del que pasamos a hablar a continuación.

Cornalbo: *Detalle de la torre de toma de la presa sobre 1910, antes de la reparación de los años 20. Fuente: Mélida, 1925.*

Cornalbo: *Vista desde aguas abajo de la presa del Arroyo de las Golondrinas, derivación del canal de trasvase del Arroyo de las Muelas al Albarregas. Se trata de una presa de contrafuertes de altura mediana pero gran longitud, en la que la prolongación del propio paramento sirve de tramo inicial al canal.*

En efecto, existe un canal de trasvase que desemboca en la cola de embalse de Cornalbo cuyo trazado es aún en la actualidad perfectamente identificable a lo largo de todo su trazado, y cuya cabecera se encuentra un par de kilómetros aguas arriba de la moderna presa de Las Muelas, sobre el denominado Arroyo de las Golondrinas, que constituye en realidad la parte alta de la cuenca del propio Arroyo de las Muelas. La obra de derivación se encuentra emplazada en un punto en que aprovecha que el arroyo forma una especie de recodo, por lo que el arranque del canal de trasvase constituye así una simple prolongación del muro de la propia presa, por lo que la longitud total de la obra de toma es bastante considerable, rebasando probablemente los 200 m. Se trata en realidad de una presa de contrafuertes de aproximadamente 3 m. de altura, con un muro de cierre de gran espesor, que llega a alcanzar los 3,40 m., obtenido a su vez por la agrupación de otros 3 muros *(C.H. Guadiana-I 75, 1996)*. Los contrafuertes adosados al paramento de aguas abajo, poseen unas dimensiones en planta de aproximadamente 1,55 x 1,15 m., con una sección rectangular que se prolonga hasta la coronación de la presa.

La fábrica observada en la construcción de esta presa de derivación, está formada por una serie de tongadas de un *opus caementicium* bastante irregular, en el que se ha mezclado cal con un árido muy irregular y de gran tamaño, por lo que no se consigue la compacidad alcanzada por los romanos en otras obras hidráulicas de mayor importancia, aunque por otro lado, este hecho es en realidad coherente con lo observado en otras obras de derivación de similares características (presa de S. Martín de la Montiña para Alcantarilla, o del Arroyo de Las Adelfas para Proserpina), en las que el cuidado de realización era realmente escaso en comparación con las presas principales. Por otro lado, los paramentos exteriores presentan una mampostería careada (*opus incaertum*), con piezas de forma diversa pero tamaño más o menos regular que es sin embargo bastante considerable en algunos casos, dando lugar finalmente a una especie de sillarejo irregular. En toda la fábrica interior, se observa una acumulación preferente de los tamaños mayores en las tongadas inferiores, en las que se observan grandes piedras dentro de la masa, mientras que en la coronación predominan los tamaños más menudos. En toda esta obra se observa una cierta rudeza en su realización, predominando la robustez sobre el cuidado de realización, dadas las considerables dimensiones con que se dotó a la estructura, debido al carácter accesorio de esta obra sobre la función principal de la presa. El material empleado en la construcción de esta obra, así como en las del resto del complejo, es de naturaleza granítica, en relación con el predominio de esta formación en la zona. El estado de conservación de la presa es más o menos bueno, faltando simplemente una parte en la zona central del muro, por donde circula en la actualidad el arroyo, ya que fue volada en 1885, en coincidencia con la construcción aguas abajo de la presa de Las Muelas, por lo que se deduce que hasta entonces, tanto este azud de derivación como el subsiguiente canal de trasvase, permanecieron en funcionamiento.

La conducción de trasvase es, como decimos, fácilmente identificable a lo largo de todo su trazado desde la presa del Arroyo de las Golondrinas hasta el embalse de Cornalbo, debido a que a lo largo de todo este tiempo ha sido mantenida su utilidad, consistente en multiplicar la aportación a este último, ya que la cuenca de derivación es tan importante o más que la del Albarregas en el punto en el que se halla la presa de Cornalbo. Esta conducción consiste en un canal a cielo abierto de grandes dimensiones excavado en el propio terreno, que discurre a lo largo de los llanos terrenos de dehesa que separan su cabecera del desagüe en el embalse de Cornalbo. Posee sin embargo algunas obras de paso a reseñar, que cobran especial importancia por el hecho de que al menos dos de ellas parecen poseer además la capacidad de incorporación de agua al canal de trasvase a partir de las propias vaguadas que atraviesan.

Cornalbo: *Tramo del canal de trasvase del Arroyo de las Muelas al Albarregas en la zona próxima a la Cañada del Huevo.*

Cornalbo: *Vista del canal de trasvase desde el Arroyo de las Muelas sobre la Cañada del Huevo, mirando en sentido contrario al del discurrir de las aguas. Fuente: F. Aranda.*

La primera de estas estructuras es la que cierra la Cañada del Huevo la cuál, además de servir de paso para el canal que ha partido del Arroyo de las Golondrinas, es capaz de incorporar al mismo las aguas captadas en aquella. Se trata de un muro vertical de casi 5 m. de espesor máximo y una altura total de unos 2,5 m. contado los pretiles (cajeros del canal) *(C.H. Guadiana-I 75, 1996)*. Su estado de conservación es aceptable, aunque hay que tener en cuenta las diversas reparaciones de que ha sido objeto a lo largo del tiempo, y que se han reflejado finalmente en su aspecto exterior, lo que no ha enmascarado sin embargo el origen romano de la obra, fácilmente apreciable en diversos restos de aparejo que afloran en varias zonas. El dique de esta obra está formado por un aparejo de hormigón hidráulico romano (*opus caementicium*) delimitado por dos paredes exteriores de mampostería granítica recibida con mortero (*opus incaertum*), es decir, el mismo tipo de fábrica observado en la presa del Arroyo de las Golodrinas. En algunas zonas del interior del canal que circula por encima de esta presa que le sirve de *substructio*, se conservan también restos del revestimiento original a base de un revoco impermeabilizante (*opus tectorium*).

La obra de paso o presa de La Cañada del Huevo posee una serie de particularidades que hacen de ella una obra singular. En primer lugar, en la zona central de la vaguada, en coincidencia con la mayor altura del muro de cierre, existe un rudimentario arco formado por diversas piezas, en este caso de material esquistoso, con una leve forma de cuña que les hace adoptar la función de dovelas. Este elemento se encuentra embebido dentro de la fábrica del paramento exterior, en una zona en que éste denota un gran número de reparaciones (algunas de ellas quizá de época medieval). Sin embargo, el ojo de dicho arco se encuentra completamente cegado (aunque su relleno está en la actualidad parcialmente erosionado), anulándose así su posible funcionalidad como alojamiento de algún desagüe de fondo, que parece no existir en la actualidad, aunque es posible que sí existiese originalmente. Este elemento presenta por ejemplo grandes analogías con el desagüe de fondo de la presa romana de Villafranca del Campo, en Teruel, cuya cronología, según los razonamientos que a continuación expondremos, debe ser más o menos contemporánea a la de la Cañada del Huevo.

El segundo elemento singular de esta obra, que aporta además un grado de confusión para la interpretación de la misma, es que los contrafuertes, análogos a los de la vecina presa del Arroyo de las Golondrinas, se encuentran en este caso del lado de aguas arriba del muro. Esta paradoja es contradictoria con la resistencia estructural del dique, ya que no favorece la misma a no ser que existiese un relleno de tierras aguas abajo, cosa altamente improbable para una estructura de altura tan escasa, de la que podría rebosar agua, y sobre todo contando con el cercano ejemplo de la presa de cabecera, que cuenta también con una serie de contrafuertes, pero en este caso del lado en principio acertado, es decir, aguas abajo. La fábrica de estos contrafuertes es idéntica al del resto de la obra, encontrándose separados entre sí unos 6 m., y con una sección rectangular constante con una anchura en la base de 1,10 m. La única explicación a esta disposición podría provenir de que, al encontrarse el arroyo del Huevo generalmente seco, en este caso el agua se encontraba en el interior de la propia estructura, al circular la canalización proveniente de Las Golondrinas por encima de la misma, siendo además el muro de aguas arriba ligeramente más alto que el de aguas abajo por la propia naturaleza de esta estructura, que buscaba incorporar agua de la vaguada al canal sin que éste perdiese la que ya transportaba. De esta manera, parece que se buscó intuitivamente la estabilidad con unos contrafuertes exteriores que curiosamente, no encuentran pares en el paramento de aguas abajo, que debía tener en este caso una menor altura.

Cornalbo: *Detalle de la obra de paso sobre la Cañada del Huevo que debía servir asimismo para incorporar agua al canal de trasvase desde el Arroyo de las Muelas. Debemos señalar la peculiaridad de los contrafuertes del lado de aguas arriba, quizá debido a que precisamente por su capacidad de incorporación de agua era éste el paramento más alto*

Cornalbo: *Nuevo detalle de la obra de paso sobre la Cañada del Huevo, en este caso, del lado de aguas abajo, donde se observa un arco en el paramento que pudo haber servido para el paso de las aguas del barranco, pero que al encontrarse cegado, la obra ha realizado las funciones de incorporación de agua al canal de trasvase desde el Arroyo de las Muelas. Debe señalarse la peculiaridad de que no existen contrafuertes del lado de aguas abajo.*

Existe una pequeña obra aguas abajo de la anterior, cuya finalidad parece ser idéntica, sirviendo de apoyo al paso del canal de trasvase hacia la presa de Cornalbo a la vez que incorpora las aguas de arroyada de la pequeña vaguada que cruza, que cuenta con una elevada pendiente. Esta obra, que ha sido denominada Presa de las Mezquitas, se trata de un muro de planta arqueada con una anchura de unos 3 m., formado por un núcleo de opus caementicium con un revestimiento de mampostería (opus incaertum) formada por pequeños sillarejos graníticos (C.H. Guadiana-I 75, 1996).

Al igual que en la Presa de la Cañada del Huevo, este muro presenta una serie de contrafuertes hacia su frente norte, que cuentan con una anchura aproximada de unos 2 m.

Terminando con la descripción de la interesante obra de trasvase del Arroyo de las Muelas a la cuenca del Albarregas, debemos concluir con la desembocadura del propio canal en la cola del embalse de Cornalbo, justamente en la divisoria de aguas de ambas cuencas, lo cuál denota claramente la cuidada planificación y la afinada técnica con que contaron sus constructores, sin la cuál no hubiese sido posible ajustar tanto su diseño. Este punto, por el que discurre asimismo la actual carretera de acceso a la moderna Presa de Las Muelas, constituye además un aliviadero natural para la propia presa de Cornalbo, ya que se encuentra precisamente a la cota de coronación de la misma, por lo que en este mismo punto se vierte el agua que pudiera rebosar hacia la zona denominada del Rugidero, en el propio Arroyo de las Muelas. Es este sistema la culminación de un trabajo de precisión indicativo del enorme avance tecnológico por parte de los ingenieros romanos tanto en el campo de la Hidráulica como en el de la Topografía.

Para concluir con la descripción del sistema hidráulico del que forma parte la presa de Cornalbo, debemos terminar mencionando de manera sucinta la conducción que parte de ella y que abasteció en su día a la ciudad de Mérida a través del acueducto que algunos autores han denominado Aqua Augusta por el hallazgo en la zona del tramo terminal de una placa de mármol que parece haber sustentado unas letras con tal inscripción (Hienard y Álvarez, 1982). Esta conducción está formada por una galería abovedada que discurre en la mayor parte de su longitud enterrada por la margen derecha del Albarregas, sin más obras de paso que las meramente imprescindibles para salvar una serie de vaguadas ya próximas a la ciudad, como por ejemplo la de Caño Quebrado, dentro del recinto del Hospital Psiquiátrico de Mérida, donde se conservan el muro inicial y el primer arco de la serie que servía de apoyo a la caja del canal.

La cabecera de esta conducción no es única, ya que en cambio posee dos ramas principales, siendo la primera de ellas la que parte de la presa de Cornalbo. La segunda rama es la denominada del Borbollón, que consiste en una galería enterrada, que recorre el fondo del valle de una vaguada próxima al Albarregas recogiendo así las aguas de filtración del subálveo, del mismo modo a como lo hace la cercana conducción de Rabo de Buey, también en Mérida, u otras muchas captaciones romanas, como las de Almuñécar. La conducción del Borbollón entronca con la proveniente del desagüe de fondo de la presa en la confluencia de ambas vaguadas, formando a partir de este punto una única conducción que discurre por la margen izquierda del Albarregas, incorporando quizás otras conducciones secundarias, según se desprende del estudio de las antiguas fuentes que describen el sistema de Cornalbo, como la de la Navilla.

La conducción prosigue a través de la hacienda de Campomanes (donde se observa un tramo de la clave de la galería abovedada a ras de tierra), el pueblo de Trujillanos, y llega finalmente a Mérida por el Oeste en la zona del moderno Estadio y de la Plaza de Toros, tras cruzar por encima de la antigua calzada de Mérida a Córdoba. Las características y concepción de este acueducto, que discurre como decimos en su práctica totalidad bajo tierra, así como los fragmentos de fábrica que han subsistido (como el mencionado Caño Quebrado), indican una cronología muy antigua para el mismo, que puede remontarse perfectamente hasta época de Octavio, es decir, hasta una fecha próxima a la fundación de la ciudad de Mérida, salvo en el caso del tramo final próximo a la plaza de toros, que podría tratarse quizá de una prolongación ya de la segunda mitad del siglo I d.C. (Jimenez Martín, 1976).

Sin embargo, esta cronología no concuerda con la atribuible a la obra principal del sistema, como es la presa de Cornalbo, ni tampoco al complejo de trasvase de aguas desde la cuenca del Arroyo de las Muelas. Las características del aparejo de las obras de fábrica descritas en este último, así como su tipología de muro con contrafuertes, parecen indicar una época de construcción nunca anterior al siglo II d.C. Además, por lo que se refiere a la presa de Cornalbo en concreto, la sillería isódoma de su torre de toma, posee las mismas características de la fábrica de los acueductos de Los Milagros o San Lázaro en Mérida (éste en su segundo orden de arcos), que han sido últimamente encuadrados dentro de los principados de Trajano o Adriano (Jiménez Martín, 1976). Por otro lado, la tipología de la presa, a pesar de la particularidad de su pantalla con talud aguas arriba y su torre exenta, parece encuadrarse dentro del grupo de grandes presas romanas de tipología de muro + terraplén aguas abajo realizadas en España probablemente a partir de la segunda mitad del siglo I d.C., como Alcantarilla o la cercana Proserpina. De esta manera, podríamos situar igualmente la construcción de la presa de Cornalbo en el siglo II de nuestra era, dentro de una época de importantes realizaciones públicas para la ciudad de Mérida durante la época de los flavios o tal vez de los emperadores Trajano y Adriano, artífices de gran parte de los monumentos romanos más importantes que se llevaron a cabo en nuestro suelo.

De esta manera, parece ser que la conducción del Borbollón puede constituir el más antiguo abastecimiento de Mérida, remontándose a una época muy cercana a la fundación de la ciudad, completando en esta primera época el abastecimiento urbano junto con la conducción de Rabo de Buey (dentro de la que se encuentra el acueducto de San Lázaro, hoy prácticamente desaparecido al menos en su concepción original).

Posteriormente, ya dentro del siglo II d.C., serían probablemente realizadas las presas de Proserpina y de Cornalbo, con el fin de complementar la aportación de agua a la población, que se había quedado ya insuficiente en esa fecha debido a su importante crecimiento. La presa de Cornalbo fue así conectada a la conducción existente, cuya aportación debía ser ya escasa además de irregular, debido a la probable aridez del clima atribuida a este siglo, razón por la cuál existe una contradicción entre las cronologías asignadas al caput aquae y a la conducción subsiguiente.

Es evidente que la tipología de la presa es realmente particular y no se corresponde con ninguna otra presa de época romana, en las que siempre el terraplén terrero se apoyaba sobre una pantalla formada por un muro sensiblemente vertical, todo lo más con un ligero talud, o apoyado sobre una serie de contrafuertes. Por otro lado, aunque es evidente y se encuentra plenamente documentado el hecho de que la presa ha sido objeto de numerosas remodelaciones a lo largo de los siglos, la última de ellas, en el primer cuarto del siglo XX, hasta ésta parece que no se han realizado remodelaciones de importancia y que se respetase la estructura romana original, ya que no se documenta obra importante durante la posesión de Campomanes, época en la que se aprovechó al máximo la capacidad de embalse de la presa.

Cornalbo: *Detalle del interior del Canal del Borbollón cerca ya de su confluencia con el cauce del Albarregas. Aunque esta galería se encuentra en su interior en la actualidad impracticable, conserva aún diversos pozos de registro como el de la fotografía desde los que puede observarse la misma de manera parcial. Vemos que consta de unos hastiales verticales de mampostería con una bóveda superior de sección semicircular formada por una serie de dovelas más bien irregulares del mismo material, gran parte de las cuáles han desaparecido de su posición original provocando el hundimiento a intervalos de la galería. Fuente: F. Aranda.*

Sin embargo, en la descripción de la planta de la presa llevada a cabo por el autor del proyecto de reconstrucción de 1906, decía que era "poligonal irregular, con vestigios en la coronación de cuatro alineaciones, dos centrales importantes en longitud y dos extremas de escasa dimensión" (Celestino, 1980) Esta descripción parece ajustarse en parte a la realidad, ya que en la zona media de la pantalla de aguas arriba parece distinguirse dicha disposición quebrada, que forma además una especie de convexidad hacia aguas arriba (habitual por otra parte en las presas romanas), aunque en coronación sólo hay ya dos grandes tramos rectos que forman un ángulo en la zona central de la presa (a pesar que todos los planos existentes de la misma en distintas publicaciones, la representan erróneamente como de planta recta), por lo que es evidente que nos faltan dos alineaciones cortas en los extremos que no somos capaces ya de identificar y que deben haber quedado enmascaradas a partir de la última gran reconstrucción llevada a cabo en la presa. Los nuevos estudios realizados en los últimos años han permitido sin embargo concluir que hasta ese momento no se realizaron cambios en la estructura interna de la presa y que la obra original ya contaba con una cierta estructura reticulada, que en realidad se ceñiría al espacio entre el segundo y tercer muro, y que se correspondería en realidad con un macizo que aportaría una estabilidad e impermeabilidad adicionales al paramento, y seguramente añadido con posterioridad.

Por lo que se refiere a la torre exenta de la presa, pudo perfectamente ser ya proyectada en origen de esta manera, aunque como decimos, tampoco encontramos parangón en otras presas romanas, por lo que podría pensarse en que existiese ya antes de la construcción de la presa un registro o cámara subterránea que habría sido prolongada verticalmente durante la obra, y que formaría parte de un sistema de captación más como es el ya descrito del Borbollón, del que sería una rama más, y al cuál los autores parecen atribuir una mayor antigüedad (Fernández Casado, 1961). En todo caso, estas últimas ideas no son por el momento más que especulaciones que intentan explicar las particularidades con que cuenta esta obra romana, cuyos constructores solían regirse por unos patrones muy definidos que solían aplicar con éxito, por lo que es extraño encontrarse con una obra que se salga de los cánones.

Bibliografía sobre la presa de *Cornalvo*:

* Almagro M.: *Guía de Mérida;* Madrid, 1965.

* Aranda F. y otros: *El sistema hidráulico romano de abastecimiento a Toledo;* Diputación Provincial de Toledo. Toledo, 1997.

* Aranda F, Sánchez Carcaboso J.L, *et al*: *Nuevas consideraciones sobre los sistemas hidráulicos de abastecimiento a Emérita Augusta;* V Congreso Nacional de Historia de la Construcción. Burgos, junio 2007.

* Aranda F, Sánchez Carcaboso J.L, *et al*: *Las presas de abastecimiento en el marco de la Ingeniería Hidráulica romana. Los casos de Proserpina y Cornalbo;* II Congreso: Las obras públicas romanas en Hispania. Astorga, octubre 2006.

* Aranda F. y Sánchez Carcaboso J.L.: *Las grandes desconocidas entre las presas romanas principales: La Alcantarilla y Cornalbo;* I Congreso Nacional de Historia de las Presas. Mérida, noviembre 2000.

* Arenillas M, Barahona M. y Díaz-Guerra C: *Apuntes documentales para la historia de la presa de Cornalb;* V Congreso Nacional de Historia de la Construcción. Burgos, junio 2007.

* Arenillas M.: *Presas y azudes en la Baja Edad Media: Antecedentes, problemas y soluciones.* XXII Semana de Estudios Medievales. Estella, 1995.

* Bueno Hernández F.: *Evolución de la ingeniería de presas en España* (Tesis doctoral). E.T.S. Ingenieros de Caminos de Santander. Santander, mayo de 1999.

* Caballero Zoreda L. y Sánchez Palencia F.J.: *Presas romanas y datos sobre poblamiento romano y medieval en la provincia de Toledo*; Noticiario Arqueológico Hispánico. Mtro. Cultura, 1982.

* Castillo J.C. y Arenillas M.: *Las presas romanas en España. Propuesta de Inventario;* I Congreso Nacional de Historia de las Presas. Mérida, noviembre 2000.

* Celestino y Gómez R.: *Los sistemas romanos de abastecimiento de agua a Mérida. Estudio comparativo para una posible cronología;* Revista de Obras Públicas, diciembre 1980.

* Comisión Internacional de Grandes Presas (ICOLD). Comité Nacional Español: *Inventario de Grandes Presas.* Madrid, 1970.

* Confederación Hidrográfica del Guadiana–Ingeniería 75 : *Estudio de Caracterización del Sistema Hidráulico en las conducciones romanas a la ciudad de Mérida.* Mérida, 1996.

* Fdez. Ordoñez J. A. y otros: *Catálogo de Noventa Presas y Azudes Españoles anteriores a 1900;* Biblioteca CEHOPU. Madrid, 1984.

* Fernández Casado C.: *Acueductos romanos en España.* Instituto Eduardo Torroja. Madrid, 1972.

* Fernández Casado C.: *Las presas romanas en España.* Revista de Obras Públicas. Madrid, junio 1961.

* Fernández y Pérez G.: *Historia de las Antigüedades de Mérida.* Plano y Corchero. Mérida, 1893.

* Foner y Segarra A.: *Antigüedades de Mérida.* Mérida, 1893.

* Gómez Navarro J. L. y Juan-Aracil J.: *Saltos de agua y presas de embalse.* Madrid, 1958.

* González Tascón I.: *Fábricas Hidráulicas Españolas;* CEHOPU-CEDEX. Madrid 1992, pp. 13 y siguientes.

* Jiménez Martín A.: *Los acueductos de Emérita.* Simposio Internacional conmemorativo del Bimilenario de Mérida, 1975. Actas "Augusta Emérita". 1976.

* Lantier R.: *Réservoirs et aqueducs antiques de Mérida;* Bulletin Hispanique 17, 2. 1915.

* Macías Liáñez M.: *Mérida monumental y artística;* Mérida, 1929.

* Martín Morales J., Arenillas M. et al. : *La presa de Cornalbo en Mérida;* I Congreso Nacional de Historia de las Presas. Mérida, noviembre 2000.

* Martín Morales J., Arenillas M., Díaz C., Cortés R., Arenillas Girola M., Jiménez D.: *El abastecimiento de agua romano a Augusta Emérita;* Actas del Segundo Congreso Nacional de Historia de la Construcción. A Coruña, 321-329.

* Mélida J. R.: *Catálogo Monumental de España. Provincia de Badajoz (1907-1910)*; Madrid, 1925-26.

* Moreno de Vargas B.: *Historia de la ciudad de Mérida.* Badajoz, 1633; 2 reed. 1974.

* Mosquera J. L. y Nogales T.: *Una ciudad sobre el río;* Aquae Aeternae. Confederación Hidrográfica del Guadiana. Mérida, 1999.

* Plano y García P. M.: *Ampliaciones a la Historia de Mérida de Moreno de Vargas, Forner y Fernández;* Patronato de la Biblioteca municipal y Casa de la Cultura. Mérida, 1894.

* Ruiz J.M. y Delgado F.: *Abastecimiento de agua a las ciudades hispanorromanas.* Revista de Arqueología 139; nov. 1992; pp.36 a 47.

* Schnitter N.J.: *Historia de las Presas;* ed. en castellano: Colegio de Ingenieros de Caminos, 2000 (trad. de J. Diez-Cascón y F. Bueno); capítulo 2: El Imperio Romano.

* Schnitter N.J.: *A short History of Rain Engineering;* Water Power 19, 4. 1967.

* Schnitter N.J.: *Les barrages romaines;* Dossier de l'Arqueologie 38. 1979.

* Shulten A.: *Geografía y Etnografía antiguas de la Península Ibérica;* Madrid, 1963.

* Smith N. A.: *The heritage of Spanish Dams;* Madrid, 1970.

5.5.- PRESA DE MUEL.-

Coordenadas: 660.450 ; 4.592.450. Fuente: Instituto Geográfico Nacional. Hoja 1:50.000 n° 411.

Con esta presa nos encontramos ante uno de los más espectaculares ejemplos de obra hidráulica romana, cuya simple contemplación provoca por sí sola una enorme admiración, y que puede encuadrarse con pleno derecho dentro de las presas romanas de mayor envergadura de la Península y por tanto, de todo el antiguo mundo romano, siendo bastante segura además su atribución dentro de este periodo en concreto a una época relativamente temprana. Su estado de conservación es por otro lado, bastante bueno, permaneciendo por completo en pie el muro de cierre sin una ruina excesiva, aunque sea también evidente un avanzado proceso de erosión. Por otro lado, su relación con otras obras antiguas de la zona, su particular emplazamiento, cerrando el antiguo cañón excavado por el río Huerva y el hecho de que sirva de cimiento a una antigua iglesia con el evocador nombre de NĀSra. de las Fuentes, construida sobre el propio cuerpo de la presa y que posee en su interior frescos de los primeros años como pintor de Francisco de Goya, constituyen finalmente un conjunto de circunstancias que añaden a la obra un carácter especialmente singular.

La de Muel es una presa con una tipología de gravedad pura, lo que la sitúa en relación directa con la serie de grandes presas construidas por los romanos en el curso medio y en margen derecha del Ebro, sobre todo con las de la cuenca del Aguas Vivas: Almonacid de la Cuba *(Arenillas et al., 1996)* y Virgen del Pilar (Monforte de Moyuela) *(C.H. Ebro-I 75, 1999)* principalmente, lo cuál nos lleva rápidamente a pensar en una escuela de constructores romanos distinta de la que se creó posteriormente en la *Baetica* y la *Lusitania*, donde se erigieron importantes obras en torno a Mérida y a Toledo: Proserpina, Cornalbo, Las Tomas, etc. alrededor de la primera, y Alcantarilla y otras obras como Consuegra, Paerón o La Mesa de Valhermoso, en las proximidades de Toledo. En todos los ejemplos mencionados, las presas de ya cierta entidad (a partir de una frontera imaginaria situada aproximadamente sobre los 5 m. de altura) se realizaban siempre adoptando una tipología de pantalla + terraplén, en la que las funciones resistentes se confiaban prácticamente en exclusiva al terraplén terrero, mientras que la impermeabilidad y la durabilidad de la obra eran confiadas a una pantalla de fábrica, reforzada a veces mediante contrafuertes.

Sin embargo, como hemos venido diciendo, existe una tendencia por parte de los constructores romanos a realizar las presas del valle del Ebro (básicamente en torno al núcleo urbano de Zaragoza) con una tipología de gravedad pura, prescindiendo incluso de los contrafuertes, que hubieran permitido en muchos casos aligerar el espesor de dichas obras, que generalmente es muy grande, para resistir el empuje de una altura de agua bastante considerable en algunas de ellas. Sin embargo, esto parece ser verdad sólo para las presas más antiguas, las de mayor envergadura, puesto que también existen otros casos dentro de la propia cuenca del Ebro, en los que ya sí se emplearon los contrafuertes, aunque se trata siempre de presas de entidad menor, como por ejemplo en la presa de Villafranca, en la provincia de Teruel.

Sin embargo, contamos con el precedente de la primera presa de Almonacid, en la que, tras el estudio de M. Arenillas *et alii*, se descubrió que la estructura actual no es más que el resultado de varias reconstrucciones por parte de los propios romanos en épocas sucesivas de una primitiva presa realizada probablemente en origen mediante tramos en arcos de bóveda. Esta presa, de origen augusteo, es decir, en torno de la época en torno a la refundación de *Salduie* con el nombre de *Caesaraugusta* (Zaragoza), era excesivamente esbelta para resistir el empuje de tan gran altura de agua (de unos 34,0 m.), lo cuál hizo que se arruinara por su parte central, siendo reconstruida con una tipología distinta, en la que los romanos ya no arriesgaron a la hora de dimensionar la nueva obra, que fue realizada mediante un muro de un espesor muy notable reforzado incluso con un escalonado, tanto aguas arriba como aguas abajo. El fracaso del experimento estructural de la primera presa y el éxito de su reconstrucción con una tipología menos innovadora pero más segura y estable, indujo probablemente a los ingenieros romanos a adoptar ésta última para el resto de presas importantes realizadas en la zona a partir de este momento. En contraposición a ésta se encuentra la tipología más común de pantalla + terraplén, desarrollada en el mediodía hispano ya a partir de una segunda época. Todo ello ha sido ya objeto de comentario en otro apartado de la presente obra, pero se ha considerado necesario traerlo de nuevo a colación para encuadrar mejor la obra que nos ocupa dentro del marco general de las presas romanas construidas en España.

Volviendo sobre la presa de Muel, y en concreto a sus dimensiones generales, diremos en primer lugar que tiene una altura conservada de 12,15 m desde cimientos *(Arenillas et al, 2005)*, precisando el valor aproximado de 13 m aceptado hasta ahora *(Caballero Zoreda y Sánchez Palencia, 1982)* y un espesor que variaría desde poco más de 4,0 m en coronación hasta un máximo de entre 15 ó 16 m en cimientos. Dado el aterramiento del embalse y las posteriores actuaciones llevadas a cabo en el trasdós del muro: la propia iglesia de Ntra. Sra. de las Fuentes, la carretera que pasa junto a ésta, la huerta en la parte trasera, etc.., dicho espesor sólo ha podido conocerse por la campaña de sondeos promovida por la Confederación del Ebro en 2004 *(Arenillas et al, 2005)*.

Presa de Muel: *Vista general de la presa de Muel desde aguas abajo. En ella se aprecia la monumental fábrica de sillería del paramento de aguas abajo, con diversas erosiones, sobre todo en su mitad inferior, e invadida por la vegetación. Vemos la Iglesia de Nuestra Señora de las Fuentes (siglo XVIII) apoyada sobre la presa. Delante del muro de la presa se ha construido un pequeño estanque alimentado de las filtraciones a través de su cuerpo.*

Presa de Muel: *Zona del estribo izquierdo de la presa, con la iglesia de Nuestra Sra. de las Fuentes sobre la misma. Es posible observar la monumentalidad de la fábrica de sillería caliza del paramento, donde aún se aprecia a intervalos restos de su almohadillado a pesar de la gran erosión sufrida, en parte a causa de la filtración a través del paramento.*

El paramento visto se encuentra formado por una fábrica de sillería ("*opus quadratum*") de gran belleza, compuesta por piezas de piedra caliza blanca, algunas de las cuales conservan incluso restos del almohadillado original, y cuyos tamaños son bastante variables en lo que se refiere a la dimensión horizontal, como ocurre en la mayoría de las obras de sillería romana, aunque su valor suele rondar un valor de 2 m. Dentro del conjunto del muro hay una serie de hiladas dispuestas por completo a tizón, sobre todo en la mitad inferior de la presa, mientras que en el resto, lo habitual es la disposición a soga. Esta aparente dispersión en cuanto a puesta en obra, es en realidad muy habitual en multitud de obras romanas (murallas, edificios oficiales, etc...), y no impide que las hiladas de toda la fábrica sean por otro lado muy homogéneas en cuanto a su dimensión en sentido vertical, puesto que forman alineaciones perfectas de aproximadamente 0,60 m de altura. Sin embargo, existen zonas en las que las piezas se encuentran muy erosionadas, ayudadas quizá en parte por las filtraciones a través del cuerpo de la presa, en combinación con la solubilidad potencial del material calizo.

A pesar del perjuicio que supone para el estado general de conservación de la presa, este deterioro ha permitido poner en evidencia el notable espesor de la propia fábrica, que denota no ser en este caso un mero revestimiento, sino que supone un muro de arriba a abajo de sillería de un espesor considerable, lo cuál viene además corroborado por la existencia de hiladas dispuestas a tizón, que pudieran precisamente servir de cosido entre dos paramentos de sillería con un relleno intermedio. De las piezas a tizón que asoman en el paramento de aguas abajo, cabe destacar que están dispuestas a una distancia regular de unos 15 cm entre cada sillar; de esta manera, encontramos entre ellas un *opus caementicium* similar al del núcleo, muy grueso. Esta característica en la fábrica no la encontramos en ninguna otra presa romana de Hispania, ya que en general, en la construcción romana de *opus quadratum*, los sillares suelen estar perfectamente alineados, bien encajados y labrados, sin dejar ninguna ranura entre los bloques. Ante tales características, podríamos deducir que la disposición de bloques separados y unidos por caementicium debía responder a la existencia de un posterior cubrimiento exterior (quizá en parte escalonado, dado el pequeño talud observado en el paramento) a base de nuevos sillares dispuestos a soga.

La homogeneidad de la fábrica del paramento de la presa se encuentra alterada en una zona cercana a la margen derecha por la existencia de otro tipo de fábrica adosada al muro principal, compuesta por una mampostería concertada de manera irregular, de forma poco definida, tamaños mucho menores, y unida mediante argamasa, en un elemento que parece identificarse en primera instancia con un contrafuerte (lo cuál no parece tener mucho sentido desde el punto de vista estructural), o con una reparación antigua, pero posterior a la realización de la presa, quizá para corregir alguna fuga o alguna grieta aparecida en el paramento, en la que sí se tuvo el cuidado de emplear un material similar al del resto de la presa. Quizá pudiera corresponderse incluso con los restos de una torre que alojase los elementos de regulación de la presa, ya que es en esta zona donde se piensa que pudiera haberse encontrado el desagüe de fondo de la presa.

Las filtraciones existentes a través del cuerpo de la presa han originado, por un lado, la formación de un estanque en la parte anterior de la presa (acondicionado en la actualidad como parte integrante de un bello parque de recreo para el municipio de Muel), y por otro, que los excedentes de dicho estanque se recojan en un canal que parte del mismo y se sitúa en la margen derecha del cañón del Huerva, y que es posible encontrar aguas abajo de la presa durante un buen tramo.

Presa de Muel: *Detalle del paramento de aguas abajo, donde observamos como se han intercalado hiladas enteras de sillares a tizón, lo cuál parece ser indicativo del gran espesor del muro*

***Presa de Muel:** Detalle del paramento de aguas abajo donde se observa la separación entre las piezas dispuestas a tizón.*

El estanque se alimenta principalmente del agua que proviene de una especie de galería moderna, prácticamente oculta por los modernos rellenos y por el parque realizado junto a la presa, y que se dispone paralela al paramento de aguas abajo, con toda probabilidad recogiendo las aguas provenientes de lo que sería el desagüe de fondo de la presa, que debe actuar en la actualidad como dren, recogiendo el agua del subálveo en el trasdós del muro.

Debe decirse que, debido precisamente al obstáculo que ha supuesto la presa, el río Huerva ha cambiado su cauce, rodeando ésta hasta encontrar una vía por margen izquierda y despeñarse aguas abajo desde lo alto del propio cañón hasta el antiguo lecho, salvando así el desnivel que ha supuesto la presa hasta retomar su cauce original. Es probable que este cauce actual del Huerva coincida con un antiguo aliviadero de la presa, que aprovecharía un collado natural que habría sido agrandado por medios artificiales, ya que de la observación de la presa y su entorno, y de los reconocimientos geotécnicos y topográficos realizados, se deduce que la presa debió contar ya en origen con un cerramiento lateral que aislase el vaso del embalse de la vaguada anexa del Arroyo Torrubia, ya que la cota de coronación de la presa se encuentra aproximadamente a 4 m. por encima del lecho de este cauce a la altura de la misma, cuando comienza su brusco descenso hasta el fondo del cañón del Huerva, donde sigue conectando con el río principal. Esto haría que a embalse lleno, el agua se derivaría hacia dicha vaguada, y de hecho en la actualidad existe en esta zona un azud que deriva el agua del actual cauce del Huerva hacia el caz de un antiguo molino, hoy inutilizado, situado justamente aguas debajo de la presa. Este azud debe ocupar la situación de la primitiva obra romana que cerraría el vaso por esta parte para permitir el llenado del embalse de Muel, lo cuál parece indicar que los romanos buscaban a toda costa aprovechar la capacidad de embalse de esta cerrada, construyendo un embalse de gran capacidad de sirviese a sus pretensiones, de lo que se deduciría que sería necesario un gran volumen de regulación para satisfacer las necesidades de abastecimiento del canal de toma. Este cierre debió funcionar de manera efectiva, puesto que los sedimentos del vaso alcanzan hasta la cota del moderno azud, muy similar a la de coronación de la presa, lo que parece indicar que esta pequeña obra ha estado en funcionamiento hasta el total aterramiento del embalse.

Lo cierto es que la cota de coronación del embalse (aprox. +418,50), es superada rápidamente hacia aguas arriba por el actual cauce del río Huerva, lo cuál parece indicar que el río contaba en este tramo con una pendiente muy acusada en origen, y que la cola del embalse se encontraría aproximadamente a sólo unos 800 m. del muro de cierre, donde ya habría compensado los aproximadamente 13 m. de altura de la presa (lo que arroja una pendiente aproximada del río en este tramo del 1,5 %). En estas condiciones, la presa contaría con un volumen total aproximado de unos 1,5 Hm3 de embalse, por lo que reducir la altura en un tercio podría suponer una pérdida total de unos dos tercios del volumen total de embalse, cuando el cierre de la comunicación con este pequeño cauce lateral es una obra de escaso coste que no supondría complicación alguna en comparación con la presa. Esta eventualidad supone un desperdicio que los ingenieros romanos no parecen querer asumir, ya que la cerrada de la presa ofrecía unas posibilidades que a la postre supieron aprovechar, puesto que la hilada superior del paramento, coincide sensiblemente con la cota superior del estribo natural de la margen izquierda del cañón del Huerva, que es en este caso, la que condiciona la cota máxima de embalse en esta cerrada.

***Presa de Muel:** Detalle de la zona del "contrafuerte" de refuerzo en el estribo derecho del paramento de la presa, probablemente añadido posteriormente.*

Presa de Muel: *Detalle del hormigón del núcleo en un tramo de falta de sillares. Mezcla homogénea a base de cantos con aristas vivas y tamaños bastante gruesos cementados con el habitual mortero hidráulico.*

De los reconocimientos efectuados en la mencionada campaña del año 2004, puede deducirse la estructura interna aproximada de la presa, en la que hacia aguas arriba aparece –detectado por la prospección geofísica- un muro de traza vertical y paralelo al paramento de aguas abajo, del que aflora algún elemento en coronación, entre los sedimentos del embalse. Los sondeos realizados detectaron además grandes piezas, sin duda de sillería, situadas aguas arriba del muro. Sus respectivas posiciones, relativamente próximas entre sí, permiten señalar la presencia de una fábrica inclinada, que desciende hacia aguas arriba. Y, aunque no sea posible por el momento establecer la continuidad de estas fábricas con las del muro, su presencia parece indicar que éste es vertical en su parte alta e inclinado en la baja. Es posible también que el muro llegue hasta cimientos en algunos tramos, mientras que en otros se apoye sobre el gran macizo de calicanto detectado por los sondeos. Ahora bien, después de la indicada fábrica de sillería se ha detectado otro macizo de calicanto, que parece ser un gran refuerzo longitudinal, situado al pie del tramo escalonado.

En la campaña realizada se detectaron otras dos fábricas de sillería, una cercana a la vertical del segundo muro, pero no coincidente con ella, y otra más baja, próxima al primer muro. Estas fábricas podrían explicar la situación de dos elementos fundamentales en una obra como la que nos ocupa: la torre de toma y la galería de conducción asociada con ella. Se piensa que la presa romana de Muel tuvo que disponer de torre y galería, al igual que las tuvieron –a veces duplicadas- las de Almonacid, Proserpina, Cornalvo y Alcantarilla. En Muel hay todavía filtraciones evidentes que se canalizan por la parte inferior de la estructura y alimentan el estanque ya descrito anteriormente. Las corrientes de agua en el estanque permiten situar ese punto de salida en la zona central de la presa (prácticamente en coincidencia con la posición del antiguo cauce del Huerva), donde se sitúan las fábricas detectadas. El análisis de las posiciones en planta y alzado de estas fábrica y de su relación con el punto de salida del agua permitieron proponer unos posibles emplazamientos de la torre de toma y de la galería.

En cuanto a la cronología de la presa, no es discutible su adscripción a época romana. Una de las bases que sustentan su antigüedad es el propio hecho de la construcción en el siglo XVIII de la iglesia de NĀSra. de las Fuentes, templo que, como ya hemos dicho, es famoso por la existencia de pinturas de Goya en su interior, las cuáles fueron realizadas según los expertos hacia el año 1772, es decir, cuando el artista contaba solamente una edad de 26 años, e incluso puede ser que se trate de realizaciones aún más tempranas *(Ed. Rizzoli,* Goya, *1982)*.

Estas fechas indican sin lugar a dudas que el vaso del embalse estaba totalmente colmatado y compactado cuando fue erigida la iglesia unos cuantos años antes, hace ya más de 250, hasta tal punto que se confiase en su competencia para erigir sobre el mismo un edificio de nueva construcción y de entidad más o menos importante como es esta iglesia, lo que induce a pensar en que la memoria colectiva de la comunidad ya consideraba este terreno como firme desde antiguo, por lo que el cauce del Huerva ya debía haberse desviado con total seguridad mucho tiempo atrás por lo que, salvando la posibilidad de que la obra se hubiese realizado en la Edad Media (cosa improbable no sólo por su magnitud, sino por la monumentalidad de su fábrica, sin paralelo en dicha época), se hace difícil pensar que la presa se hubiese levantado en una fecha posterior al siglo XVI, en el que ya aparecen presas de similar e incluso superior entidad ya que, aunque que se hubiese llegado a tal grado de colmatación en un periodo de tiempo de aproximadamente sólo siglo y medio, con un cambio del cauce del río incluido, es difícil que se hubiese consolidado tanto esta situación como para atreverse a construir una iglesia sobre este terreno.

Otro dato a tener en cuenta en la historia de la presa, es la marca que existe en el interior de la iglesia a una altura ligeramente superior a los 2 m., indicando el nivel máximo que alcanzaron las aguas del Huerva en una avenida de 1765. Este dato indica de nuevo que la iglesia ya estaba construida en esa fecha, y que por tanto, el cauce del Huerva discurría ya por el "conducto" lateral por el que lo hace en la actualidad, aunque en realidad quizá deba hacerse coincidir con la rotura de la presa de Mezalocha, situada pocos kilómetros aguas arriba de Muel y que, según las fuentes, acaeció en el año 1766. La construcción de ésta última presa, vuelve a indicarnos una vez más cómo ya en aquella época (año 1728) *(Comité Nacional Español del ICOLD, 1970)* hubo que buscar un nuevo emplazamiento para una presa aguas arriba de la de Muel, ante la inutilización y desuso a que se veía sometida esta última debido a su colmatación, lo cuál es otro indicativo más de su gran antigüedad y nos hace pensar en un origen anterior al medieval.

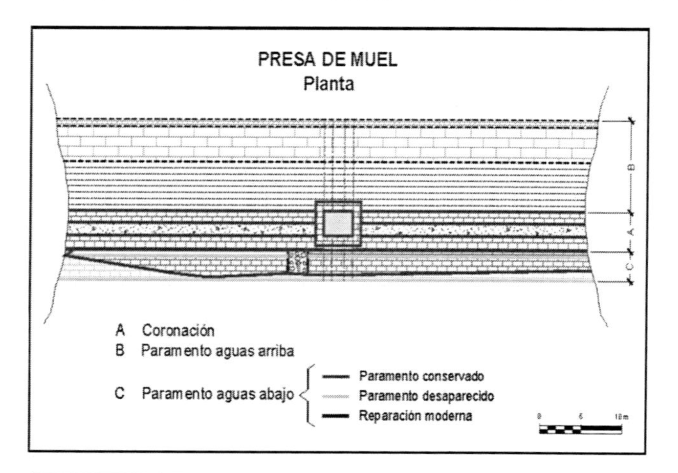

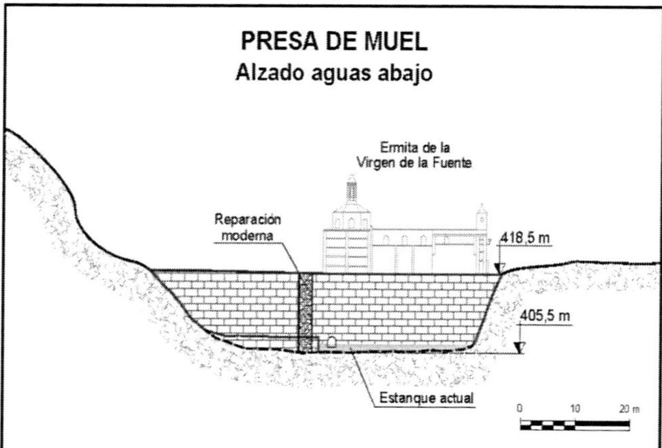

Presa de Muel: *Esquemas donde se muestra la estructura de la presa deducida a partir de la campaña de reconocimientos llevada a cabo en 2004 (Arenillas et al. 2005)*

Una vez acotado el origen romano de la presa de Muel, que además podría haberse dado ya por segura mediante una simple descripción de su fábrica, es por supuesto más difícil afinar de una manera más concreta su fecha de construcción, lo cuál sí debe hacerse ya simplemente por analogía de esta fábrica con otras obras similares. En principio parece lógico pensar incluso en la primera época imperial, (al igual que la cercana presa de Almonacid), en coincidencia con una toma de protagonismo de la capital *Caesaraugusta*. Debe decirse que, aunque esta zona ha contado con una importante población desde tiempos muy remotos (recuérdese la cercanía de Botorrita, la *Contrebia Belaisca* de los celtíberos), la existencia de una presa de tal entidad hace pensar en una inequívoca relación con alguna población realmente importante, como pudo ser la de la antigua Zaragoza, capital del *conventus* romano.

Se sabe por fuentes antiguas, que dicha ciudad pudo haber contado en época romana con cuatro abastecimientos distintos, que entraban en la ciudad prácticamente en coincidencia con los puntos cardinales *(Gzlez. Tascón, 1994),* de los cuales es fácil pensar que se fueran realizando en relación con el crecimiento las propias necesidades de la ciudad. De ésta manera, es muy posible que, si admitimos que la finalidad de la presa de Muel era la de servir de abastecimiento de agua a *Caesaraugusta*, la suya fuese la primera conducción en realizarse, (quizá junto con una posible toma en el Alagón), al ser el sistema más fácil de realizar, en primer lugar por encontrarse muy cerca de la antigua ciudad, en segundo lugar, por contar con un caudal continuo y más o menos suficiente para las necesidades de la nueva capital, y finalmente, por encontrarse sobre una cerrada idónea para la realización de una presa. Además, la toma de la presa se encuentra a la cota precisa y en la margen del Ebro correcta para el transporte de agua hasta la ciudad, ya que evita costosos cruces a base de acueductos o sifones, como al parecer hubieron de ser realizados posteriormente en relación con el sistema de abastecimiento norte, proveniente del Gállego, que además pudo ser el origen del actual Puente de Piedra. Por otra parte, insistimos en que los restos de canal observados en las cercanías de la presa van por margen izquierda, en coincidencia con la situación relativa de la ciudad con respecto al río Huerva, por lo que es fácil deducir que ésta es la toma más lógica para un abastecimiento a Zaragoza.

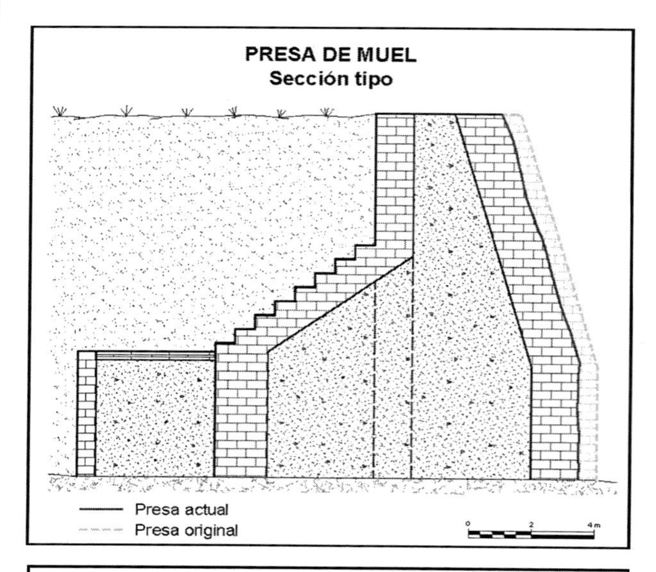

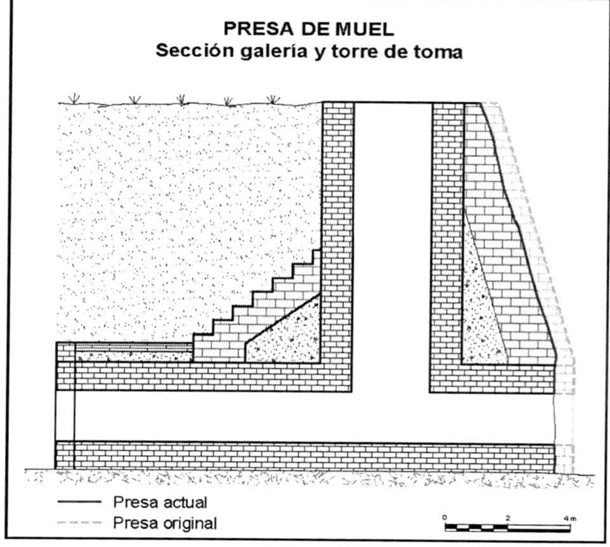

Presa de Muel: *Esquemas de la posible sección transversal (Arenillas et al, 2005)*

Presa de Muel: *Sillar en el interior del paramento con posibles marcas de cantería que indicarían la autoría de esta parte de la obra.*

Cabe decir que por la ladera derecha del cañón que cierra la presa discurre un antiguo canal de transporte de agua que está excavado en la roca, a intervalos en mina, o excavado a media ladera, utilizado antiguamente como aprovechamiento hidroeléctrico, que se encuentra a una cota bastante superior a la de la presa, y que parece provenir de la antigua presa de Mezalocha. En esta cerrada pudiera haber existido una presa desde muy antiguo, anterior a la obra del siglo XVIII, y quizá contemporánea a la de Muel. La situación en esta margen de esta antigua acequia, que pudiera tener un origen antiguo, diferente del de aprovechamiento para energía, y la existencia de otro antiguo núcleo de población como fue la celtíbera *Contrebia Belaisca* (Botorrita), habitada también en época romana, pudiera hacer pensar en la existencia de un abastecimiento de agua independiente para esta ciudad distinto del de *Caesaraugusta*. Debe decirse sin embargo que en el momento presente, aún no ha sido posible confirmar todos estos términos.

Finalmente, tampoco es difícil obtener analogías entre la fábrica de la presa y otros muros de *opus quadratum* romanos de la primera época imperial, tanto por sus dimensiones, como por su puesta en obra, etc. Finalmente, la relación entre la tipología de la presa de Muel con otras de las proximidades ya mencionadas, como Almonacid, Virgen del Pilar, etc., podrían situarla junto con éstas últimas en una época muy concreta, que es precisamente el siglo I d.C. Sin embargo, las características descritas de su fábrica, compuesta a base de una sillería de gran espesor y marcado almohadillado, que cuenta con hiladas completas dispuestas a tizón, a modo de arriostramiento entre los dos posibles paramentos del muro, son todos ellos atributos observados en otras obras de época clásica en Roma, generalmente encuadradas dentro del último periodo republicano *(Lugli, 1957; Adam, 1996)*, lo cuál podría inducirnos a pensar que su construcción habría sido realizada dentro del imperio de Augusto, por lo que podría incluso retrasarse su datación hasta el último cuarto del siglo I a.C., en coincidencia con la fundación de Zaragoza (acaecida en una fecha situada entre el año 24 y el 14 a.C.), hecho que por otra parte no sería de extrañar, al haber formado parte esta presa de las infraestructuras básicas de la nueva ciudad fundada por los romanos.

Bibliografía sobre la presa de *Muel*:

* Abadía, J. C.: *Algunos comentarios sobre el abastecimiento de agua a Caesaraugusta;* Cuadernos de Aragón, nĪ 23. Institución Fernando el Católico, 1995; página web Traianus, 2001.

* Arenillas M. *et al*: *La presa romana de Muel en el río Huerva (Zaragoza);* IV Congreso Nacional de Historia de la Construcción. Cádiz, enero 2005.

* Beltrán A.: *Aragón y los principios de su Historia;* Universidad de Zaragoza, 1974.

* Caballero Zoreda L. y Sánchez Palencia F. J.: *Presas romanas y datos sobre poblamiento romano y medieval en la provincia de Toledo*; Noticiario Arqueológico Hispánico. Mtro. Cultura, 1982.

* Castillo J.C. y Arenillas M.: *Las presas romanas en España. Propuesta de Inventario;* I Congreso Nacional de Historia de las Presas. Mérida, noviembre 2000.

* Confederación Hidrográfica del Ebro-Ingeniería 75 (M. Arenillas y otros): *Inventario de Obras Hidráulicas Históricas en la cuenca del Ebro en Aragón. Presas y Azudes.* Zaragoza, 1999.

* Fatás G.: *Nota sobre el dique romano de Muel;* Cesaraugusta 21-22. Zaragoza, 1964.

* Galiay J.: *La dominación romana en Aragón;* Zaragoza, 1964.

* Madoz P.: *Diccionario geográfico-estadístico-histórico.* Madrid, 1845-1850.

* Saenz Ridruejo F.: *La presa romana de Iturranduz.* Revista de Obras Públicas. Madrid, enero 1973. *Comentario sobre Muel en notas bibliográficas.*

* Schnitter N.J.: *Historia de las Presas;* ed. en castellano: Colegio de Ingenieros de Caminos, 2000 (trad. de J. Diez-Cascón y F. Bueno); capítulo 2: El Imperio Romano.

* Smith N. A.: *The heritage of spanish dams;* Madrid, 1970.

5.6.- PRESA DE LA ERMITA DE LA VIRGEN DEL PILAR.-

Coordenadas: 667.400 ; 4.549.500. Fuente: Instituto Geográfico Nacional. Hoja 1:50.000 n° 466.

Los restos de esta presa se encuentran dentro del término municipal de Monforte de Moyuela, sobre el Arroyo de Santa María, uno de los tributarios del Aguas Vivas (afluente del Ebro por margen derecha), junto a la ermita de la que se ha tomado el nombre de esta obra. Es posible incluso que para la construcción de ésta última se haya aprovechado parte del material de la presa, al menos en las piedras que forman los refuerzos de sus aristas y quizá algunos puntos más. Se trata de un ejemplar prácticamente inédito, ya que se sabe de su existencia desde hace pocos años *(C.H. Ebro-I 75, 1999)*, sin contar hasta el momento más que con alguna referencia aislada. Su situación parece haber sido proyectada en este lugar por la coincidencia de una estrecha cerrada tras un valle relativamente amplio, que sirvió de vaso de embalse y que se encuentra justamente en el punto de transición hacia un terreno mucho más abrupto, formado por conglomerados y materiales calcáreos, donde el cauce se encaja entre unas laderas de pendientes muy pronunciadas.

El origen romano de la obra es indiscutible, no sólo por su relación con el resto de obras hidráulicas de la misma época situadas a lo largo de toda la cuenca del Aguas Vivas, sino también por la tipología de la presa y las características de su fábrica, de rasgos inequívocamente romanos y muy similares a otras obras del Valle del Ebro. De ella debe decirse que se trataba además de una obra de gran magnitud, con unas dimensiones muy importantes, a pesar de encontrarse arruinada en la actualidad y no ser ya capaz de retener el Arroyo de Santa María, que circula por el fondo del valle arrimando su cauce a la ladera de margen derecha y cruzando junto a la presa por esta zona en que falta todo el estribo de este lado. El muro aparece cortado de arriba a abajo por la mitad aproximada de su longitud y no parece restar vestigio alguno de la mitad desaparecida, ni de su antiguo cimiento sobre la roca, mientras que en la mitad que se conserva aparecen restos muy notorios de todos los cuerpos de la fábrica en todo su espesor, aunque eso sí, no en su altura total original.

En cuanto a dimensiones, debe señalarse de nuevo que éstas eran muy notables, conservándose una altura total aproximada de 16,60 m., aunque por los restos observados en la margen izquierda, ésta pudo haber sido aún mayor (quizá unos 18 m.) cuando la obra se encontrase intacta, por lo que como vemos, se acerca mucho al grupo de grandes presas romanas con 20 o más metros de altura. La longitud total de la obra podría rondar los 80 m, ó como máximo los 100 (dependiendo de la altura original), de los cuales se conservan aproximadamente la mitad, con una planta algo irregular pero totalmente perpendicular al cauce en la zona de mayor altura de la obra. Sin embargo, existe un lienzo de muro en la zona del estribo conservado que describe un quiebro, quizá para buscar un mejor cimiento en el afloramiento de roca caliza. Este apoyo se realiza de manera directa sobre la roca viva, al igual que en otras obras romanas similares de las que contamos con cercanos ejemplos en la propia cuenca del Aguas Vivas, lo cuál serviría quizá para explicar en parte la ausencia de restos en el estribo derecho.

Este apreciable quiebro se encuentra pues en la margen izquierda, junto a la Ermita de la Virgen del Pilar, y hace pensar incluso en la existencia de una tercera alineación de nuevo perpendicular al cauce en este estribo, aunque de escasa longitud, la cuál junto a la anterior, permitiría aumentar considerablemente la capacidad de embalse de la presa, al abrirse en gran medida el valle a partir de esta cota. Parece ser, por las razones que seguidamente expondremos, que este tramo de fábrica se corresponda con un recrecimiento posterior a la construcción original de la presa, pero también de época romana, que hizo posible aumentar en gran medida la capacidad de embalse de la presa aumentando la altura en unos 4 ó 5 metros.

Ermita Virgen del Pilar: *Vista general de los restos de la presa (a la izquierda, sobre el cauce), y de la relativamente moderna ermita (derecha en la foto) desde la ladera de la margen derecha del Arroyo de Santa María.*

Ermita Virgen del Pilar: *Vista de la presa desde el antiguo embalse*

Debe pensarse que la presa de la Ermita de la Virgen del Pilar contó con una prolongada vida útil, a juzgar por las razones que a continuación exponemos: en primer lugar, se observa un cierto volumen de material en el antiguo vaso en la margen izquierda que pudiera corresponderse con el aterramiento del antiguo embalse, aunque actualmente se encuentra aterrazado para su aprovechamiento para el cultivo; en segundo lugar, es fácil apreciar un considerable espesor de limos en las márgenes del actual cauce que parecen corresponder a antiguos depósitos en el fondo del embalse. Por último, es de reseñar la existencia de diversas concreciones calcáreas aisladas, a veces de considerable espesor, en el paramento de aguas abajo, correspondientes a filtraciones a través del cuerpo de la presa, a alturas de aproximadamente 12 o incluso 14 m. sobre el lecho del río, lo que es indicativo de un uso prolongado de la obra, que debió además encontrase llena durante un periodo de tiempo lo suficientemente largo para producir estas incrustaciones, cuya disposición en capas sucesivas recuerda la concha de una ostra, aunque con un espesor varias veces superior.

La tipología de la presa es la de gravedad simple, encontrándose ciertas analogías con la de Almonacid de la Cuba, que se encuentra en el propio Aguas Vivas, cuenca a la que vierte el Arroyo de Sta. María. Sin embargo, en este caso no se observa ningún tipo de escalonamiento de refuerzo en ninguno de los paramentos, ya que ambos son totalmente verticales, hecho por otro lado habitual en las presas romanas de este tipo. La proporción de dimensiones es en ambas presas similar (al menos en las obras definitivas, tras las posibles reconstrucciones que hayan sufrido), siendo en este caso la relación anchura/altura de aproximadamente 1/2, lo que permite a esta obra estar teóricamente del lado de la seguridad en cuanto a resistencia a vuelco.

Sin embargo, a pesar de corresponderse con la misma concepción constructiva que su vecina la de Almonacid, esta presa posee una serie de características propias que la diferencian. Efectivamente, dentro del espesor total del muro de 7,35 m. encontramos una formación de muros yuxtapuestos de diversas fábricas que se unen para formar esa anchura total, y que son fáciles de distinguir al ser posible observar una sección transversal completa de arriba a abajo en la parte central rota *(Cortés, Arenillas et al., 2000).*

En primer lugar, existe un macizo formado por una masa indiferenciada de calicanto a base de una pasta de mortero sobre la que se han arrojado piedras de diversos tamaños sin selección ni desbaste alguno, encontrándonos desde guijarros hasta mampuestos de gran calibre. La mezcla de esta masa (que casi no podemos denominar ni siquiera *opus incaertum*, puesto que éste aparejo generalmente cuenta con una mayor compacidad), se realizo sin excesivo cuidado, y es fácil observar su heterogeneidad e incluso la existencia de huecos de cierta importancia. Esta fábrica, de 2,50 m. de espesor, se encuentra constreñida entre dos paredes de sillería de aproximadamente 0,60 m. de espesor, donde la exterior forma el paramento de aguas abajo, mientras que la interior se encuentra embebida en el cuerpo de presa, aunque es todavía visible en la zona central arruinada al asomar ligeramente en voladizo las piezas que lo forman. El espesor total de esta unidad del muro de cierre es por tanto de 3,70 m.

Ermita Virgen del Pilar: *Sección transversal de la presa apreciable en la zona de rotura. De izquierda a derecha: Hormigón del núcleo impermeable, lienzo de sillería, relleno de calicanto indiferenciado y nuevo revestimiento de sillería como paramento de aguas abajo.*

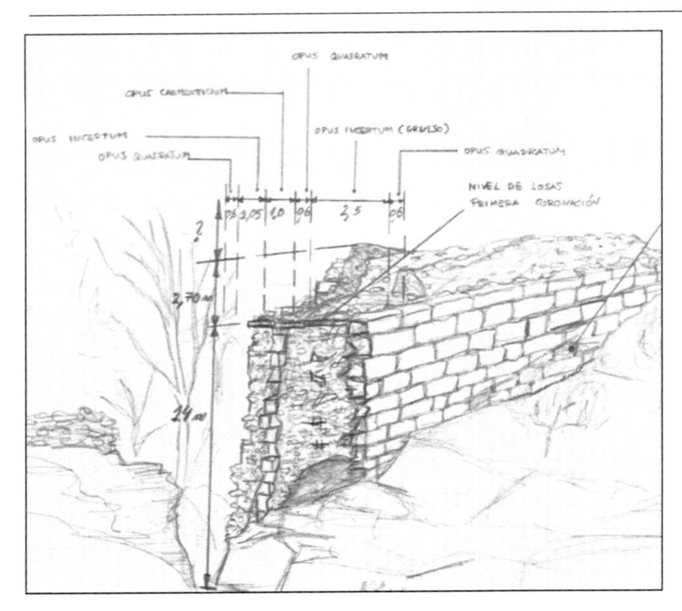

Ermita Virgen del Pilar: *Esquema general de la presa con sus dimensiones acotadas y sus diferentes tipos de fábrica.*

Ermita Virgen del Pilar: *Detalle del estribo izquierdo donde se aprecian los diferentes tipos de fábrica (sillería del revestimiento en primer término, y opus caementicium de la pantalla impermeable a continuación), así como las dos etapas constructivas de la presa en vertical, cuya transición viene marcada por la línea de losas que se observa a media altura en la foto.*

La fábrica anterior era la que cumplía en realidad la función resistente aportando el peso necesario para resistir el empuje del agua, que en una presa de esta altura era ya realmente importante. La función impermeabilizante estaba asignada en este caso a un núcleo de "*opus caementicium*" con al menos 1,0 m. de espesor, que en esta presa no estaba en posición central, sino situado más cerca del paramento de aguas arriba. Este núcleo se encuentra adosado al muro de aguas arriba del "sándwich" anteriormente descrito y cubierto por una nueva fábrica de "*opus incaertum*" de un espesor algo superior, revestida a su vez con un nuevo muro de sillería ("*opus quadratum*") que forma el paramento de aguas arriba de la presa y tiene dimensiones similares a las del paramento contrario, completando así la anchura de 7,35 m.

De esta manera, vemos que el núcleo se encuentra embutido entre dos muros de fábrica, como es habitual en las presas romanas, pero en este caso los muros son de naturaleza diversa. Este elemento está compuesto por hormigón hidráulico romano a base de mortero y un árido que en este caso, es una grava sin desbastar y de tamaño uniforme (de aproximadamente 10 cm. como máximo). El espesor del núcleo de hormigón en las pantallas de las presas romanas varía con la altura de agua, aunque esta variación no es muy grande de unas a otras y no parece seguir una proporción, ya que oscila entre valores de aproximadamente 0,60 m. (dos pies romanos) en las presas más pequeñas (2 ó 3 m. de altura), hasta dimensiones algo superiores a las métricas como en este caso, lo cuál equivale aproximadamente a un máximo de algo más de dos codos romanos, por lo que vemos que este crecimiento no es una función lineal con la altura de la presa, lo que indica claramente cómo no se pensaba en una función resistente a la hora de su aplicación.

Para finalizar con la descripción de los elementos que van formando el espesor del muro de la presa, siguiendo desde el núcleo hacia el exterior, encontramos finalmente la mencionada fábrica de sillería u "*opus quadratum*" que forma el revestimiento exterior del muro en contacto con el agua, y que cumple fundamentalmente con la misión de preservar de la intemperie el interior de la fábrica, así como de la acción erosiva del agua del embalse. De esta fábrica se conservan muy pocas piezas, debido posiblemente a la extracción de material para la realización de diversas construcciones en las proximidades, como la propia ermita, hecho que se constata por la gran cantidad de material pétreo suelto en la zona inmediata, lo que indica además que continúa actualmente el proceso extractivo y por tanto, la paulatina descomposición de la obra. En todo caso, es posible concluir que en general estaba formada por piezas de tamaños variables entre 0,70 y 1,50 m. en su dimensión horizontal, con un espesor aproximado de algo más de medio metro y una altura no exacta también de unos 0,50 m. (1 codo), en coincidencia con el espesor observado en las tongadas del núcleo de hormigón. Parece ser por tanto (a la espera de la posible confirmación que pudieran aportar los sillares que se encuentran sin duda enterrados bajo los depósitos del estribo izquierdo), que este paramento estaba formado por piezas de mayor tamaño que las de la sillería del de aguas abajo, donde es difícil encontrar piedras de tamaños superiores al metro.

Como en otras obras romanas del mismo tipo, se observa una puesta en obra a base de tongadas horizontales, en este caso de unos 0,5 m. de altura, en coincidencia con la dimensión correspondiente de los sillares del revestimiento externo de la presa. Sin embargo, encontramos una importante particularidad que distingue esta obra de otras similares, y es la realización de un primer muro compuesto, resistente y de gran espesor, situado aguas abajo y que está diferenciado (y quizá incluso construido en una fase distinta a éste) del núcleo impermeable que se sitúa aguas arriba y más cerca por tanto de las filtraciones del embalse. Esta disposición constituye una variante más evolucionada, no conocida hasta ahora, en la repetida tipología "tipo sándwich" de los diques romanos.

Debe decirse que toda esta descripción se corresponde en realidad con una primera fase en la construcción de la presa, cuya altura total era de 14,0 m. sobre el cauce, y que se encontraba coronada por una serie de losas que asoman a dicha cota en una línea horizontal a partir de la cuál es apreciable un cierto cambio en la fábrica y en la sección tipo de la presa. En efecto, desde esta línea de losas existe un recrecimiento, también de indudable factura romana, del que se conservan en la actualidad unos 2,60 m, hasta completar la altura total de 16,60 m., aunque debió ser probablemente algo mayor.

Esta segunda fase constructiva de la presa se encuentra formada también por un núcleo impermeable de "*opus caementicium*" de aproximadamente 1,0 m. de espesor, algo más centrado que el de la parte inferior, rodeado por dos muros de "*opus incaertum*", de 2,0 m. de espesor el de aguas arriba y de 3,0 m. el de aguas abajo (aunque todas estas dimensiones son aproximadas, al encontrarse esta zona bastante más deteriorada), que esta vez sí poseen una granulometría más continua y una puesta en obra quizá más cuidada que las observadas en la fábrica del muro de aguas abajo de la fase anterior, teniendo además un mayor contenido en cal que se ve reflejado en su color, sensiblemente más blanquecino al de la parte inferior.

Ermita Virgen del Pilar: *Detalle del revestimiento de sillería del paramento de aguas abajo, con concrecciones calcáreas en primer término, a la derecha.*

Ermita Virgen del Pilar: *detalle de la actual coronación de la presa, con los dos tipos de hormigón (opus caementicium) existentes, de granulometría más fina el de la pantalla impermeable, a la derecha.*

Lo que no es posible asegurar actualmente, al haber desaparecido parte de este recrecimiento, es que existiera también un revestimiento a base de sillería en los paramentos exteriores de esta segunda fase, o que ésta poseyera exactamente el mismo espesor que la anterior, aunque parece lógico dar por supuesta esta posibilidad por continuidad estructural. En todo caso, el aspecto de esta segunda fábrica es la de una fase ligeramente más moderna que la primera, por lo que debemos deducir que el recrecimiento no se produjo hasta bastantes años después de que la primera presa hubiese estado funcionando, y probablemente con éxito, al plantearse una prolongación en vertical de la estructura.

En las obras similares de semejante envergadura (Proserpina, Cornalbo, Almonacid, Alcantarilla, etc..), e incluso en otras de dimensiones más modestas a la que nos ocupa (Iturranduz, Las Tomas, ...), se suele encontrar una torre de toma que, en muchos casos, se encontraba adosada al paramento de aguas arriba, o en el caso de presas a base de pantalla + terraplén, dentro del cuerpo de éste último en la parte de aguas abajo (excepción hecha de la presa de Las Tomas, en Badajoz). Es posible entonces que en la presa de la Ermita de la Virgen del Pilar existiese también una torre de toma adosada al paramento de aguas arriba, por similitud con lo observado en otras presas del mismo tipo, sobre todo las más cercanas (Almonacid y Pared de Los Moros en la propia cuenca del Aguas Vivas), aunque puede ser también que el único elemento de regulación fuese un simple desagüe de fondo manejado desde una galería que atravesaría el cuerpo de presa.

Caso de existir la mencionada torre, se encontraría con seguridad en la zona de mayor altura de la presa, es decir, justamente en el punto donde se halla cortado el muro, y su ruina quizá justificaría en parte el que la presa se encuentre prácticamente partida por la mitad de una manera totalmente limpia, así como que no se haya encontrado en las proximidades de la misma ningún elemento de regulación o toma, puesto que ésta se encontraría dentro de la torre, abasteciendo probablemente a algún canal que partiese desde este punto y discurriese por la parte baja del cauce, para aprovechar así totalmente la capacidad de almacenamiento de la presa (cosa por otro lado habitual en las obras hidráulicas romanas).

Es posible que existiese algún tipo de aliviadero en alguna de las márgenes de la presa, y que desapareciese en el mismo momento de su ruina, al constituir un punto débil dentro del cuerpo de la estructura. Es difícil sin embargo, encontrar una razón que justifique el que no haya persistido prácticamente nada de la presa en la zona central ni en el estribo derecho a la altura a la que sí se conserva en el estribo contrario, salvo quizá algún vago vestigio difícil de precisar, ya que parece comprobado el hecho de que la presa fue efectivamente una obra completa y que estuvo en funcionamiento durante un largo periodo de tiempo (recordemos las incrustaciones de cal aguas abajo), habiendo sufrido incluso un recrecimiento a lo largo de su vida. Por otro lado, lo abrupto de la ladera de esta margen y la ausencia de señales en la zona que evidencien algún tipo de trabajo para mejorar la trabazón entre la roca de cimiento y el propio cuerpo de presa, hacen pensar en que el fallo de la estructura fue debida precisamente a esta razón, ya que el cimiento debió realizarse mediante un simple apoyo directo sobre el afloramiento de roca.

En esta zona, la propia forma de la presa se encontraba probablemente mal resuelta al adaptarse demasiado fielmente a la angulosidad del propio terreno, lo que unido al nulo empotramiento del cimiento y quizá la escasa adherencia entre la fábrica y el cimiento, así como a la posible coincidencia en este punto de algún elemento constructivo singular, como podría ser el desagüe de fondo o una posible torre de toma en este punto, que es además el de mayor altura de la presa, y por tanto el de mayor carga hidrostática, conformarían finalmente una conjunción de factores que pudieran haber provocado en un primer instante filtraciones y fallos puntuales de la presa. Esta precariedad podría haber dado finalmente al traste con su estabilidad en una avenida, teniendo en cuenta además que ésta se encontraba ya más o menos justa en relación con la previsible altura que pudo haber llegado a tener originalmente la presa una vez realizado el recrecimiento, ya que en este caso, la relación espesor / altura habría sido como máximo de 0,44 (pudiendo en realidad haber bajado del 0,40).

Por último, solamente restaría por dar una datación aproximada para esta importante obra, que debe estar incluida con toda seguridad dentro del grupo de siete u ocho grandes presas romanas de la Península Ibérica y que posee además unas características que la diferencian del resto de obras conocidas. La cronología de la primera fase constructiva (hasta la fila de losas situada a 14 m. de altura) debe ser bastante elevada, a juzgar por la tipología de la presa (análoga a la del resto de antiguas presas del Valle del Ebro) y por el tipo de fábrica observado, tanto en la sillería como en la composición del hormigón *(Lugli, 1957; Coarelli, 1977; León, 1977-78)*, que posee una granulometría gruesa y sensiblemente uniforme, con una notable selección de la calidad de los materiales, empleando generalmente otros ajenos a los conglomerados de las laderas y el cauce (existe una tongada entera a base de ofitas de característico color verde oscuro). Por todas estas características, nos atrevemos a remontar su época de construcción probable hasta el siglo I d.C., al igual que el resto de grandes presas del valle del Ebro.

Tras funcionar sin problemas durante un cierto periodo de tiempo, la presa debió ser recrecida unos 100 años después para aprovechar la amplitud del valle cerrado creando un embalse de mucha mayor capacidad, época a la que corresponderían los restos conservados en la parte superior, y que podríamos identificar con el siglo II d.C. o quizá como máximo con el siglo III d.C. Por ello, concluimos que la vida de la presa debió ser larga, si nos fijamos en los depósitos de las márgenes del río aguas arriba de la presa, así como en los depósitos calcáreos de su paramento de aguas abajo. Sin embargo, aunque no es posible asegurar cuando fue el momento preciso de rotura de la presa, nos inclinamos a pensar que no debió ocurrir mucho después de la realización del mencionado recrecimiento, por la precariedad en que quedó la estabilidad de la presa con un incremento de la altura de un 20 % (es decir, un aumento del 44 % en el valor del empuje del agua) sin un aumento proporcional de espesor, teniendo en cuenta además las malas condiciones de la cerrada de la presa y el poco cuidado habitual en el cimento.

Bibliografía sobre la presa de *Ermita Virgen del Pilar*:

* Castillo J.C. y Arenillas M.: *Las presas romanas en España. Propuesta de Inventario;* I Congreso Nacional de Historia de las Presas. Mérida, noviembre 2000.

* Confederación Hidrográfica del Ebro-Ingeniería 75 (M. Arenillas y otros): *Inventario de Obras Hidráulicas Históricas en la cuenca del Ebro en Aragón. Presas y Azudes.* Zaragoza, 1999.

* Cortés R., Arenillas M. et al.: *Las presas en la cuenca del Aguas Vivas. Dos mil años de regulación fluvial;* I Congreso Nacional de Historia de las Presas. Mérida, noviembre 2000.

5.7.- PRESA DE LA PARED DE LOS MOROS.-

Coordenadas: 683.200 ; 4.543.300. Fuente: Instituto Geográfico Nacional. Hoja 1:50.000 n° 467.

En el término municipal de Muniesa, entre las provincias de Zaragoza y de Teruel, se encuentra esta interesante presa sobre el lecho del Arroyo Farlán, aprovechando para su cimiento un afloramiento calizo entre dos pequeños cerros. Debemos considerarla como un ejemplar muy importante dentro del conjunto de obras de la cuenca del Aguas Vivas, afluente por la vertiente sur del Ebro que consta de una numerosa serie de obras hidráulicas de enorme antigüedad *(Arenillas et al, 1996).* El origen de esta presa en concreto, a juzgar por su tipología y fábrica, es indudablemente romano, y su estado de conservación es más o menos bueno con excepción hecha de la parte central, que ha desaparecido y es sin duda el punto por donde se produjo la ruina de la obra debido quizá a su precaria estabilidad, a juzgar por el espesor del muro conservado.

Cabe decir que las dimensiones generales de la presa son bastante notables dentro del conjunto de las obras hidráulicas romanas, puesto que cuenta con una altura total sobre el cauce de 8,40 m., con una longitud total del muro de 68 m *(C.H. Ebro-I 75, 1999).* Es sobre todo su dimensión vertical la que la sitúa más cerca de las grandes presas romanas de embalse con alturas superiores a los 10 ó 15 m, que de las pequeñas presas rurales de derivación para abastecimiento o riego cuyas dimensiones suelen rondar los 3 ó 4 m., superando en raras ocasiones los 5,0 m.

La tipología de la presa de La Pared de Los Moros es problemática, puesto que su apariencia es la de una simple presa de gravedad con pantalla plana (paramentos verticales) y sin ningún tipo de contrafuertes aguas abajo. Por otro lado, el pequeño espesor del muro con respecto a su altura (2,65 m. en total, incluyendo los revestimientos exteriores de sillarejo), así como unas tomas laterales cuyos tramos iniciales discurren en galería, hacen pensar en que la tipología original pudiese haber sido en realidad la de terraplén + muro de fábrica, lo cuál haría más estable a la presa y justificaría el que ésta hubiese estado en funcionamiento durante cierto periodo de tiempo. Es posible que este terraplén terrero no hubiese cubierto totalmente el paramento de aguas abajo sino que, al igual que se ha observado en algunas presas romanas de la Lusitania como la de Correio Mor en Elvas *(Gorges y Rodríguez, 2000),* simplemente sirviera como apoyo parcial a la zona de la estructura por debajo de la cota de las tomas, es decir, en la parte con mayor altura, lo cuál explicaría también la casi completa desaparición del mismo en el momento de la ruina de la presa, arrastrado por el impulso de las aguas hasta entonces retenidas tras el dique. Este hecho supuso que llegaran hasta nosotros los restos de una pantalla con una esbeltez muy peligrosa desde el punto de vista estructural sin el apoyo del terraplén.

Sin embargo, esta hipótesis tampoco está absolutamente clara, ya que no parecen existir restos de terraplén aguas abajo, aunque en realidad las dos galerías de toma laterales si se encuentran parcialmente enterradas; por otro lado, este hecho es lógico al estar situadas estas galerías a media ladera y haber podido ser objeto de pequeños derrames que las hayan ido cubriendo con el paso del tiempo. Además, no es muy corriente encontrarnos con una presa romana con un terraplén terrero dentro de la cuenca del Ebro, ya que incluso las presas de mayor tamaño, como Muel o Almonacid, son del tipo gravedad con paramentos verticales, y a veces con sillares escalonados en la base para contribuir a su estabilidad, pero en ningún caso con terraplén.

Por otro lado, la ruina de todo el cuerpo central de la presa parece corroborar la hipótesis de rotura por simple presión hidrostática del agua en la zona de mayor altura y por tanto con mayor carga, siendo además fácil de comprobar la precariedad del cimiento de la obra, que se encontraba simplemente apoyada sobre la roca desnuda, sin ningún tipo de excavación adicional, aunque con una base propicia en esta zona de afloramiento de las calizas jurásicas. Otra hipótesis que es en realidad menos plausible, es la existencia de un relleno del lado de aguas arriba que contribuyese a la resistencia a vuelco de la presa. Es esta una disposición que parece haber existido en algunas presas rurales romanas, pero que en este caso no existen bases sólidas para su confirmación, ya que la mayor potencia del terreno aguas arriba parece ser debido a las propias deposiciones del embalse, aunque la existencia de un alfar del que luego hablaremos podría haber transformado en gran medida su naturaleza original.

Muniesa: *Vista desde aguas arriba de la presa, donde se aprecia la gran rotura del cuerpo central, con el pueblo de Muniesa asomando al fondo. Aún es posible ver las huellas de las antiguas torres de toma, justamente en los quiebros de la planta de la presa.*

Muniesa: *Vista del paramento de aguas abajo desde el estribo derecho, donde se aprecia la irregularidad de la planta quebrada*

Esta obra posee además una característica que se ha observado ya en otras presas romanas de la zona del valle medio del Ebro: situar las torres de toma (en este caso dos, aunque actualmente desaparecidas) aguas arriba de la pantalla, es decir, en contacto directo con el agua del embalse, lo cuál parece en principio ilógico puesto que sería mucho más fácil su realización en el paramento contrario con una mejor explotación posterior al encontrase en seco. Sin embargo, esta idea se ha contradicho en muchos ejemplos de presas romanas, algunas de ellas de terraplén, como la de Las Tomas en Badajoz, (que posee también una altura total superior a los 5,0 m.) y sobre todo en la de Cornalbo (en la que la torre de toma se encuentra incluso exenta del cuerpo de presa).

Quizá este hecho sea debido a que los ingenieros romanos prefiriesen a priori la situación de la compuerta de toma del lado de aguas arriba, puesto que es evidente que esta disposición contribuiría a la estanqueidad general de la presa, al ser favorecida por el propio empuje hidrostático del agua, que mantendría la compuerta pegada al muro de aguas arriba. La torre de toma no sería finalmente más que una estructura adicional que protegería este elemento y permitiría de alguna manera el acceso al mismo.

Por lo que se refiere a las galerías situadas aguas abajo, en coincidencia con las torres, la de margen izquierda se sitúa a unos 3 m. de altura sobre el cauce, mientras que la de margen derecha está a unos 5 m. La longitud de las mismas es distinta, ya que la primera de ellas parece tener una longitud mayor, lo cuál podría ser un indicativo más de la existencia de un terraplén aguas abajo, ya que en este caso, la situada a una cota más baja debería discurrir un trecho algo más largo por debajo del relleno. Aunque tampoco es un argumento definitivo, también debe indicarse la analogía de estos elementos con los equivalentes en otros ejemplos de presas tardías romanas, en las que el arranque de los canales de toma se realiza en galería aunque no exista torre del lado de aguas arriba, quizá también para proteger en ese caso el mecanismo de toma; como ejemplo significativo tenemos la presa de Consuegra en Toledo, construida probablemente en una fecha cercana a la de Muniesa.

De esta manera, parece que nos encontraríamos frente a una presa de dimensiones bastante importantes en comparación con otras obras de la época, que cuenta además con importantes particularidades en su diseño. En este sentido, es reseñable la situación de la presa en una cerrada muy propicia en la que se estrecha el relativamente amplio valle del Arroyo Farlán, que aporta al antiguo embalse una capacidad cercana a los 150.000 m3 *(C.H. Ebro-I 75, 1999),* cifra parecida a la de otras importantes obras romanas, como la presa de Esparragalejo.

Dentro de la concepción general de la obra, son destacables los mecanismos de toma anteriormente descritos, de los que se deduce que el aprovechamiento del agua de embalse se realizaba en ambas márgenes del río. La finalidad del agua en este caso debía ser probablemente mixta, dedicada por un lado al abastecimiento de alguna *villa* o núcleo rural próximo a la actual Muniesa y actualmente desaparecido, y por otro, al regadío de una importante extensión de cultivo que ha dado lugar al topónimo correspondiente a esta última población (*munia* es huerto en árabe).

Muniesa: *Detalle de la situación de la antigua torre de toma del estribo derecho, con las huellas de los antiguos sillares que formaron su recinto.*

Muniesa: *detalle del estribo izquierdo desde aguas abajo. A la derecha, arranque de la galería de la toma de este lado.*

La presa puede haber contado con un periodo de vida útil más o menos prolongado porque el último hecho apuntado parece indicar la existencia de una explotación agrícola de regadío en época árabe, lo que hace pensar en una perduración de la obra tras el periodo romano. Además, existe un cierto espesor de depósitos aguas arriba del dique que indica un funcionamiento prolongado cuya duración no es fácil de concretar debido a la existencia en este punto de un antiguo alfar del que se conservan restos del horno y de la balsa de decantación que pudo haberse nutrido durante mucho tiempo de esta capa de limos. Es esta una suposición que sigue apoyando la tesis de la existencia de algún tipo de terraplén aguas abajo, ya que no habría sido posible la perduración a lo largo de varios siglos de una obra con una estabilidad tan precaria contando simplemente con el muro de la pantalla.

Muniesa: *Nueva fotografía de la zona del estribo izquierdo, con el final de la galería de la toma de este lado en primer término. Se aprecian claramente también las distintas hiladas de la fábrica de mampostería.*

Muniesa: *Vista general de la presa con la galería de margen derecha en primer término y la de margen izquierda en segundo término en la foto.*

Como se ha dicho, las dos torres de toma desaparecidas en la actualidad se encontraban adosadas al paramento de aguas arriba, lo cuál se deduce de las huellas de los sillares que han quedado en el muro de la presa (sillares de mayor tamaño y probablemente con mejor labra que el resto de los muros exteriores). Las torres tendrían unas dimensiones en planta de 2,0 x 2,0 m. aproximadamente, y se encontraban ambas a media altura: a unos 3,0 m. del fondo en la margen izquierda, y a unos 5,0 m. o algo más en margen derecha, lo que permitía un amplio margen de explotación. Sin embargo, no era posible contar con el volumen total de embalse al no tener una toma en el fondo y quedar el último tramo de altura de agua sin explotar; por el contrario, éste hecho permitía una utilización muy prolongada de las tomas sin precisar una limpieza del fondo del vaso por el aterramiento lógico debido a los acarreos, por lo que se aseguraba en una mayor medida la continuidad del suministro.

En cuanto a la forma de la presa, su planta es sensiblemente quebrada por razones estructurales, buscando el cimiento más favorable en el afloramiento calizo, tal y como ocurre frecuentemente en algunas presas romanas de mediana importancia. De esta manera, nos encontramos con tres tramos rectos aunque irregulares, de los que el tramo central se encuentra del orden de 2 m. retranqueado hacia el interior con respecto a los dos tramos laterales, que se han conservado más o menos enteros. Todos poseen el mismo tipo de fábrica con el esquema repetido por los romanos en este tipo de obra hidráulica: núcleo interior de calicanto (*opus caementicium*) de 0,75 m. de espesor (un codo + un pie), entre dos muros de mampostería o fábrica más gruesa (*opus incertum*), de 0,95 m. (dos codos) de espesor cada uno, cuya cara exterior de cada paramento presenta apariencia de una fábrica de sillarejo (*opus vittatum*), al estar formado por piezas de mediano tamaño, careadas y de forma más o menos regular, adosadas al muro interior y todavía adheridas al mismo en la mayor parte de los casos, sobre todo en el paramento de aguas abajo. A juzgar por las huellas conservadas de las juntas de construcción, la puesta en obra del muro se realizó de la manera tradicional romana, es decir, por tongadas horizontales en este caso de unos 0,35 m (aproximadamente un pie romano, quizá un poco más) de espesor.

En cuanto a la ejecución de las dos torres de toma, debe decirse que se realizaron de manera conjunta con el resto del muro de la presa, pero con piezas pétreas de mayor tamaño que las del revestimiento, de unos 0,50 m. de dimensión vertical en muchos casos, y con un escuadrado mucho más cuidado, por lo que se podría considerar como una fábrica de sillería u *opus quadratum*. Finalmente, las galerías de toma de la parte anterior de las torres, que se prolongan aguas abajo hasta los dos canales a cielo abierto que aún se adivinan en ambas márgenes del río, están construidas también a base del habitual calicanto (*opus incaertum*), con una sección rectangular en la parte de los hastiales y semicircular en la clave, pero carecen a primera vista de dovelas de piedra, como ocurre en algunas otras obras de canalización romanas de época tardía.

Muniesa: *Detalle de la sección transversal de la presa que puede apreciarse en la zona central de la rotura, donde se ve claramente el núcleo impermeable de hormigón entre los dos lienzos exteriores de mampostería.*

Si nos fijamos en los detalles constructivos de la fábrica, con áridos de pequeño tamaño en los muros de hormigón, mampuestos poco labrados y forma poco homogénea, etc.., así como la irregularidad de la presa en sí, e incluso la indefinición de su tipología, todo apunta hacia una época tardía para su construcción, que podríamos situar en torno a los siglos III ó incluso IV d.C. Construcción que estuvo sin duda relacionada con el cercano núcleo de Muniesa, con población ya en época romana y donde sin duda se desarrolló una explotación agrícola de mayor o menor importancia como incluso nos indica la toponimia de la zona. Por otro lado, es evidente que la presa se vino explotando durante un cierto periodo de tiempo a pesar de la aparente precariedad de su estructura, como indica el volumen de sedimentos acumulados en el vaso, lo que, como ya hemos explicado, nos inclina a pensar en la antigua existencia de un terraplén que contribuyese a la resistencia de la estructura. Todo ello parece indicarnos una importante ocupación en época romana en la cuenca del río Aguas Vivas, con una intensa actividad en lo referente a la construcción de obras hidráulicas ya que, como hemos visto, poseemos ejemplos de presas y canales romanos desde época augusta hasta fechas tan tardías como puede ser el siglo IV d.C.

Bibliografía sobre la presa de *Pared de los Moros*:

* Arenillas M. et al. : *La presa de Almonacid de La Cuba – Del mundo romano a la Ilustración en la cuenca del Aguas vivas*; Gobierno de Aragón y MOPT, 1996.

* Arenillas M. et al.: *La presa de Almonacid de La Cuba y otros aprovechamientos antiguos en el río Aguas Vivas*; Revista de Obras Públicas, julio 1995.

* Arenillas M.: *Presas y azudes en la Baja Edad Media: Antecedentes, problemas y soluciones.* XXII Semana de Estudios Medievales. Estella, 1995.

* Confederación Hidrográfica del Ebro-Ingeniería 75 (M. Arenillas y otros): *Inventario de Obras Hidráulicas Históricas en la cuenca del Ebro en Aragón. Presas y Azudes.* Zaragoza, 1999.

* I. Hereza, M. Arenillas et al.: *Las presas en la cuenca del Aguas Vivas. Dos mil años de regulación fluvial;* I Congreso Nacional de Historia de las Presas. Mérida, noviembre 2000.

* J.C. Castillo y M. Arenillas: *Las presas romanas en España. Propuesta de Inventario;* I Congreso Nacional de Historia de las Presas. Mérida, noviembre 2000.

5.8.- PRESA DE CONSUEGRA.-

Coordenadas: 443.750 ; 4.364.850. Fuente: Servicio Geográfico del Ejército. Hoja 1:50.000 n° 712

Es esta una obra tremendamente importante que ha sido objeto de repetidos estudios y comentarios por parte de los autores más conocidos que se han dedicado al estudio de las presas romanas (**1**). Se encuentra medio camino de las localidades de Consuegra y de Urda, junto a la carretera que une ambas, por lo que ha recibido históricamente el nombre de "Puente de Urda". Su aspecto es el de una gran muralla que parte en dos la campiña de Consuegra, cerrando el amplísimo valle por el que discurre el río Amarguillo (tributario del Guadiana).

No en vano es la presa romana conocida con mayor longitud, junto con la de Alcantarilla, también en Toledo (dejando aparte alguna presa norteafricana mencionada por Vita Finzi), puesto que, dependiendo de los autores que la citan, su longitud varía entre los 600 y los 700 m., para una altura máxima que ronda los 5 m. En realidad, la longitud más fiable es la que asigna 632 m. al muro conservado que, unidos a los aproximadamente 68 m. que faltan en el estribo derecho, sumarían exactamente 700 m. Las mediciones correspondientes a la altura del muro difieren por cuanto se refiere a contar o no con el espesor de la losa de cimentación que la presa tiene en la zona de mayor altura del muro, llegando desde los 4,38 m. a los 5,8 m., aunque la medida real es probable que se encuentre más cerca de éste último valor *(García Diego, 1980-83)*.

Consuegra: *Vista general de la presa desde la margen izquierda del río Amarguillo, que actualmente circula a través de la rotura de la presa, rodeando sus restos.*

La tipología de esta presa es la de pantalla plana con contrafuertes, aunque posiblemente contase también con un espaldón de tierras aguas abajo, aspecto éste que no resulta muy claro en la actualidad y que parece en principio contradictorio porque resultaría redundante en su función estructural, debido a la existencia de los contrafuertes. Éstos se encuentran situados de una manera espaciada más o menos regular a lo largo del muro, en la zona que debió ser la de mayor altura situada entre el centro de la presa y el estribo izquierdo, siendo su función como es lógico, contrarrestar el empuje del agua. Existen un total de 15 contrafuertes, cuya distancia media entre ejes oscila alrededor de los 5,80 m., aunque este valor sufre ligeras variaciones entre algunos de ellos, llegando a un máximo excepcional en el caso de los dos últimos contrafuertes junto al estribo izquierdo, entre los que existe una distancia de 10,4 m. El muro principal posee una altura máxima de 4,80 m. en la zona próxima al estribo izquierdo, aunque a este valor habría que sumarle la de la losa de cimentación bajo el muro la cuál, dependiendo de la cota del cauce del río, podría dar a la presa alrededor de 1 m. más. Es precisamente la zona del estribo izquierdo por donde la presa se encuentra rota en una longitud de unos 40 m. y por donde pasa en la actualidad el Río Amarguillo, que por su parte ha socavado el terreno del primitivo vaso del embalse, por lo que circula a una cota más baja que la del cimiento de la presa, dejando por tanto a ésta colgada de una plataforma situada a una cota superior *(García Diego et al., 1980-83)*.

Consuegra: *Detalle de la zona de la rotura del estribo izquierdo, donde se aprecia la fábrica de opus incaertum que forma todo el cuerpo de presa.*

Consuegra: *Tramo central de la presa de Consuegra desde el lado de aguas abajo, con la alineación de contrafuertes y los refuerzos de hormigón en la parte superior de las aristas de su unión con el paramento, que puede sirvieran como coronación de un posible terraplén.*

El muro está formado en su totalidad por una fábrica homogénea de mampostería a base de piedras de diferentes tamaños y mortero hidráulico (*opus incaertum*), con unos paramentos formados por piezas careadas que presentan una cara exterior más o menos plana. Sin embargo, es posible apreciar de manera somera la disposición horizontal de las hiladas sucesivas correspondientes a la puesta en obra tradicional romana, las cuales parecen tener un espesor de al menos 1,0 m. Por otro lado, los contrafuertes están realizados con el mismo tipo de fábrica, sin cuidar por lo general el tamaño o forma de las piezas que forman las aristas de los mismos. Por el aspecto que presentan, parecen haberse realizado de manera solidaria con el cuerpo de la presa, encontrándose empotrados al mismo de la misma manera que en otros casos de presas romanas de la misma tipología, e incluso reforzados en sus juntas de unión mediante una masa de calicanto, de las que se conservan restos en la parte superior de varios de ellos. A pesar de tener en origen un alzado totalmente rectangular, actualmente muchos de ellos presentan un perfil triangular, ocasionado porque la parte superior de los mismos se ha erosionado, llegando a perderse en algunos casos, mientras que el muro contiguo ha permanecido en pie.

Volviendo sobre la particularidad que presentan varios contrafuertes de poseer una especie de refuerzo en la zona superior de las aristas interiores a base de hormigón ("*opus caementicium*"), podríamos justificarla quizá como una medida correctora de la deficiente impermeabilidad del muro en estos puntos débiles creados por esta particular tipología constructiva, que en ocasiones podría originar filtraciones en el muro de la pantalla.

Sin embargo, esto no explica que se conserven restos nada más que en la parte superior de la misma, por lo que quizá debamos pensar en una razón diferente. Sabemos que existen presas romanas, como la de *Correio Mor* en Elvas (Portugal), en las que el terraplén de tierras estaba cubierto en su parte superior por una especie de losa de *opus caementicium* que le servía de remate y evitaba su erosión *(Gorges y Rodríguez, 2000)*. Es muy probable que esta sea la misma finalidad perseguida por los restos conservados en la presa de Consuegra *(Porres, 1983)* que, a juzgar por los indicios, ya hemos señalado que parece que poseyó un terraplén de tierras aguas abajo, ahora ya totalmente allanado, el cuál sería más difícil de unir de manera solidaria al muro de la presa dado que cuenta con entrantes y salientes, por lo que se buscó una solución para rematar estas juntas sin que se produjesen erosiones locales.

El espesor total de la pantalla de la presa es de aproximadamente 1,5 m. (en realidad, variable entre 1,2 y 1,8 m.) y debe advertirse la particularidad de la inexistencia de un núcleo impermeable a base de hormigón hidráulico, como suele ser habitual en este tipo de presas. Esto parece indicar que, a pesar de tratarse de una obra de considerables dimensiones, la técnica empleada no es tan sofisticada como la que se puede observar en otras presas de origen romano y similar tipología, por lo que en principio podría pensarse en una fecha de construcción tardía (siglos III ó IV d.C, más que del II). Es también posible que fuese construida por maestros locales, sin la intervención de los ingenieros latinos que sin duda fueron los artífices, o al menos los inspiradores de las primeras presas romanas de gran envergadura en España (Proserpina, Alcantarilla, etc...), las cuáles poseían un interés estratégico como abastecimiento a importantes ciudades, y que sentaron los cánones constructivos a partir de los que se desarrollaron posteriormente multitud de obras que las tomaron como ejemplo. En este sentido, cabe decir que existen referencias de construcción de abastecimientos de agua en Hispania en época romana por parte de ingenieros locales, como en el caso de Segóbriga *(Blázquez, 1991)*.

El muro de la presa se encuentra cimentado en algunos puntos sobre una zapata de hormigón, sin duda para paliar en algunas zonas puntuales la carencia de capacidad portante del terreno original, en coincidencia además en este caso con la mayor altura de la presa, característica que se ha venido observando en otras posibles presas romanas, como la de Pont d´Armentera en Tarragona, aunque en este caso, la finalidad de su realización parecía ser la prevención de una socavación del cimiento de la presa. Otra peculiaridad de Consuegra, es que cuenta con dos partes con idéntica orientación, pero retranqueadas entre sí unos 1,20 m. (casi el espesor total del muro), de manera que la pantalla está formada por la sucesión de dos paños, el primero de ellos, con una longitud de 182 m. (más 68 m. que han desaparecido) a contar desde el estribo derecho, mientras que el segundo de ellos, que cuenta con el resto de longitud de la presa, es decir, 450 m.

A este hecho se le han dado varias interpretaciones, tales como que existiese en este punto una escalera de acceso a interior del embalse, que fuese un error de alineación de los ingenieros que habrían empezado a partir de cada uno de los estribos para solapar finalmente los dos tramos construidos, etc... *(Del Campo, 1983)*, hipótesis bastante plausible, aunque también podría ser que se tratase simplemente de un fallo de cimentación (no parece existir zapata inferior en esta zona), habiendo deslizado parte de la obra a causa de un sifonamiento de la capa inferior de apoyo, o de la presión hacia aguas arriba del posible terraplén saturado *(Smith, 1980)*, aunque lo cierto es que en este caso, la pantalla debería estar agrietada en algún punto. El hecho de que los dos paños parezcan presentar una cierta diferencia en cuanto a su espesor, podría deberse simplemente a la diferente erosión a que se ha visto sometido cada uno de los tramos. Una topografía detallada de esta zona podría quizá aportar algún dato clarificador a este respecto, al poder definir cuál es la orientación exacta de los paños del muro conservados.

Consuegra: *En esta vista del estribo izquierdo de la presa, se aprecian las hiladas horizontales de puesta en obra de la mampostería exterior del paramento de aguas arriba*

Por último, en lo que se refiere a la pantalla de la presa podemos pensar que aunque no se hayan conservado restos, es posible que existiese aguas arriba un revestimiento impermeabilizante a base de estuco ("*opus signinum*") que contribuyese a la estanqueidad de la pantalla y evitase la erosión del paramento de aguas arriba, tal y como se ha constatado en otras presas romanas del mismo tipo y época similar, como las de Villafranca del Campo, en Teruel, o la del Paredón, en Valverde de Mérida, en las que el núcleo impermeable fue sustituido por este elemento, siendo ésta una tendencia que parece observarse en la última época bajoimperial.

El cuanto a los elementos de regulación de agua, la obra carece aparentemente de aliviadero y, aunque se ha considerado tradicionalmente que éste se encontraría en la parte desaparecida de la presa, lo cierto es que en realidad no existen vestigios del mismo, y aunque tampoco puede negarse categóricamente su existencia (ya que por ejemplo, contamos con los ejemplos citados por Vita Finzi de presas similares con grandes aliviaderos laterales), debe recordarse que los aliviaderos de superficie tampoco son elementos que aparezcan con excesiva frecuencia en la presas romanas hispanas, sobre todo las que poseían terraplén aguas abajo, a no ser que existiese algún collado natural en algún lateral del embalse que fuese aprovechado para tal propósito, cosa que no ocurre en el caso de Consuegra. Sin embargo, según algunos autores *(García Diego et al., 1980 a 84)*, la presa sí que pudo haber contado con un desagüe de fondo en la zona de mayor altura, justamente al final de la serie de contrafuertes en dirección al estribo derecho. Este hecho se basa en la existencia en este punto de una losa de cimentación de calicanto, de unos 3 m. de lado, situada actualmente bajo una caseta moderna en la zona de aguas arriba de la presa, que algunos han interpretado como la parte inferior de una posible torre de toma. Aunque no se puede descartar esta hipótesis, ya que no es extraño encontrar varios elementos de regulación en presas romanas de tal longitud, lo cierto es que hasta el momento no ha podido confirmarse tal supuesto.

Consuegra: *Vista general de la zona central de la presa desde la zona de aguas abajo, con la galería del desagüe de fondo en primer término.*

Lo que sí es evidente en cambio, es que existe una toma en la parte central del cuerpo de la presa (ligeramente hacia el estribo derecho), a la cuál se accede a través de una galería visitable de unos 9 m de longitud y con aproximadamente 1,5 m de altura, formada por unos hastiales de mampostería rematados en su parte superior mediante una bóveda de cañón de bastas dovelas de piedra, y que presenta una fábrica con las mismas características que el resto de la presa. Desde esta galería se accedería a una estancia de aproximadamente 3 x 3 m en planta e idéntica dimensión vertical, donde estaría ubicada la compuerta que daba paso al agua hacia el canal que nacería en este punto y cuya utilidad principal era con toda seguridad, el abastecimiento a la cercana población romana de *Consaburum* (Consuegra), encontrándose el *castellum aquae* o depósito de distribución en la zona de la casa de la Tercia de la localidad, según García Diego. En todo caso, y como suele ser habitual en las conducciones romanas, ésta pudo haber tenido igualmente un uso mixto, sirviendo además como aportación al riego de la zona de vega existente a lo largo del cauce del Amarguillo.

Por último, es de reseñar la posible relación del sistema hidráulico de Consuegra con el cercano Acueducto del Guadalerzas *(Giles Pacheco, 1971)*. Es ésta una conducción romana cuya cabecera se situaba al parecer en la Fuente Aceda, a 18 Km al oeste de la presa de Consuegra, en los Montes de Toledo. A partir de este punto, dicha conducción llegaba hasta el valle del Guadalerzas, que le da nombre y que cruzaba mediante obra elevada apoyada en una serie de arcos de mampostería más bien grosera que denota una época de construcción relativamente tardía. Tras cruzar asimismo el Amarguillo, dicha conducción parece adentrarse en la actual población de Urda, a la que seguramente debía abastecer. Sin embargo, aunque es éste un punto que no ha sido confirmado con seguridad, según F. J. Giles el canal proseguía su trazado durante otros 4 km., hasta alcanzar la cola del embalse de Consuegra, con el cuál dicho autor relaciona. Un estudio más detallado de todos los restos dispersos por esta zona podría quizá aportar datos sobre un único complejo sistema hidráulico romano en ésta región, o cuando menos, sobre la existencia de dos sistemas consecutivos en un territorio muy reducido.

La existencia de la galería de toma mencionada, junto con el movimiento de tierras realizado en la parte anterior de la presa a causa de los cultivos que persisten en la actualidad, han hecho pensar a algunos autores que la tipología original de la presa era la de pantalla + terraplén aguas abajo, siendo ésta la hipótesis más comúnmente aceptada. Por otro lado, tampoco es aquella una característica determinante, puesto que en otros casos sin terraplén parece haberse detectado ya la existencia de una galería de arranque de la conducción adosada a la presa, quizá para proteger la toma, de la que partiría el canal de transporte al aire libre. Lo que ocurre es que, en esta presa en concreto, es una disposición que sorprende, ya que los contrafuertes los encontramos del lado de aguas abajo, donde se supone que el efecto resistente era ya cubierto por el propio terraplén y no era necesaria su contribución, pareciendo por el contrario más lógico situarlos del lado de aguas arriba, para resistir el empuje del terraplén saturado en caso de desembalse, como ocurre frecuentemente en otras presas del mismo tipo.

Por otro lado, es cierto que la pantalla posee un espesor realmente precario para aportar por su propio peso la estabilidad necesaria a la presa para la altura de agua con que contaría a embalse lleno, por lo que se deduce que debió contar en origen con un terraplén aguas abajo que contribuyese a su resistencia, ya que lo que es evidente es que estuvo en funcionamiento durante un periodo de tiempo difícil de precisar, pero prolongado en todo caso. Otro argumento a favor de la existencia de un terraplén terrero aguas abajo, son los restos de hormigón suspendidos de la parte superior de los contrafuertes en la zona de sus aristas interiores en contacto con la pantalla, lo que parece indicar que tuvieron la finalidad de rematar el relleno en el difícil contacto interior de cada esquina, muy sometidas a la erosión. La situación de estos restos parece indicar en cambio que el terraplén no llegó hasta coronación, quedándose probablemente a una altura de alrededor de 0,5 m. más bajo. Sin embargo, no es éste el único ejemplo de presa romana en la que podemos hallar esta disposición constructiva, puesto que en la presa de el Paredón, en Valverde de Mérida (Gorges y Rico, 2000), ejemplar de presa con una altura similar a Consuegra y que probablemente debe datar de una fecha muy similar a ésta, encontramos un terraplén de tierra aguas abajo, con una pantalla aguas arriba que es totalmente plana en la cara en contacto con el agua (con un revestimiento de *opus signinum*), mientras que en la cara en contacto con el relleno tiene una anchura variable, presentando un cierto escalonado inferior y con unos pequeños contrafuertes, muy poco marcados en la actualidad, que se apoyan sobre el escalón inferior y se encuentran espaciados a lo largo de todo el muro, por lo que, salvando las distancias, podemos decir que ambas presas cuentan con idéntica tipología, aunque en el caso de Consuegra, los contrafuertes son muchos más grandes y se encuentran situados solamente en la zona en que el muro probablemente contaba con una mayor altura (la orientación del cauce del río parece indicar que era efectivamente por este punto por el que discurriría en la fase anterior a la construcción de la presa).

Las características de esta obra son comparables a la de otras presas romanas de con similares tipologías, sobre todo con las de Villafranca en Teruel, la del Arroyo de las Golondrinas, en Cornalbo (Mérida), o la de El Paredón, en Valverde de Mérida, con las que presenta analogías muy claras en cuanto a fábrica y proporciones. En el caso de la primera de ellas, presenta un tipo de fábrica externa muy similar, con una mampostería a base de piezas de formas poco regulares y con hiladas horizontales bastante difuminadas, no como en el caso de otras presas, como la de Araya, en la que nos encontramos características constructivas más homogéneas. En el caso de la primera de las presas emeritenses mencionadas, la del Arroyo de las Golondrinas, encontramos claras analogías en cuento a fábrica, y también en cuanto a tipología, con contrafuertes aguas abajo de dimensiones parecidas y espaciados a distancias similares. Finalmente, la presa de El Paredón es la que posee una idea constructiva general mas parecida a la de la presa de Consuegra, con pantalla plana aguas arriba y unos pequeños contrafuertes en el muro, además de un terraplén de tierras aguas abajo.

Todo ello es indicativo de una época constructiva muy similar en todos los casos, aunque quizá debamos situar la mencionada presa de Araya en un momento anterior al del resto, que se correspondería concretamente en este caso, con el siglo II d.C, que es la cronología que se le suele asignar en el contexto emeritense. También para la presa del Arroyo de las Golondrinas, su carácter accesorio como derivación hacia Cornalbo hace que no tenga una técnica constructiva muy depurada y que parezca en realidad de un periodo posterior al de la presa de Araya, probablemente sin serlo. Finalmente, la gran similitud con las otras dos obras mencionadas, una en Teruel y otra en Mérida (Villafranca y El Paredón), hace pensar que fueron construidas en una misma época, que se correspondería probablemente con el siglo III d.C., aunque podríamos incluso llegar al siglo cuarto de nuestra era, centuria en la que, a pesar de ser considerada como de gran decadencia dentro del Imperio, contó en realidad con numerosas realizaciones hidráulicas de importancia en de nuestro suelo, conociéndose varias presas erigidas en esos años. Esta hipótesis acercaría ligeramente la cronología atribuida tradicionalmente a la presa de Consuegra, que solía ser encuadrada hasta ahora alrededor del siglo II *(García Diego et al., 1980).*

REFERENCIAS:

(1) *En los artículos de 1980, 1983 y 1984 de la Revista de Obras Públicas promovidos por J.A. García Diego, participaron además de este famoso autor los siguientes colaboradores: M. Diaz-Marta, N. A. F. Smith, C. Fernández Ccasado, A. Del Campo, R. Celestino, R. Barredo, N. J. Schnitter, J. Porres, R. Del Cerro, F. Martínez Gil, J. Porres De Mateo, A. García Yagüe, M. Lorenzo Blanc, M. A. Mezquíriz y N. García Tapia, es decir, gran parte de los estudiosos de las presas romanas tanto a nivel nacional como internacional que son el origen de muchas de las referencias que sobre el tema pueden encontrarse.*

Bibliografía sobre la presa de *Consuegra*:

* Bueno Hernández F.: *Evolución de la ingeniería de presas en España* (Tesis doctoral). E.T.S. Ingenieros de Caminos de Santander. Santander, mayo de 1999.

* Caballero Zoreda L. y Sánchez Palencia F. J: *Presas romanas y datos sobre poblamiento romano y medieval en la provincia de Toledo*; Noticiario Arqueológico Hispánico. Mtro. Cultura, 1982.

* Castillo J.C. y Arenillas M.: *Las presas romanas en España. Propuesta de Inventario;* I Congreso Nacional de Historia de las Presas. Mérida, noviembre 2000.

* Díaz Marta M., Mezquíriz M. A., Schnitter N. y otros: *Comentarios al estudio conjunto sobre la presa romana de Consuegra.* Revista de Obras Públicas. Madrid, marzo 1984.

* Fdez. Ordóñez J. A. y otros: *Catálogo de Noventa Presas y Azudes Españoles anteiores a 1900;* Biblioteca CEHOPU. Madrid, 1984.

* García Diego J. A., Díaz Marta M. y Smith N.A.F.: *Nuevo estudio sobre la presa romana de Consuegra.* Revista de Obras Públicas. Madrid, junio 1980.

* García Diego J. A., Fernández Casado C. y otros: *Estudio conjunto sobre la presa romana de Consuegra.* Revista de Obras Públicas. Madrid, agosto 1983.

* García Diego J. A., Fernández Casado C. y otros: *Estudio conjunto sobre la presa romana de Consuegra.* Revista de Obras Públicas. Madrid, julio 1983.

* García Diego J. A.: *Una presa romana en Consuegra.* Agua. 1975.

* Giles Pacheco J.: *Contribución al estudio de la arqueología toledana.* Estudios Toledanos, 5. 1971; pp. 139 a 165.

* González Tascón I.: *Fábricas Hidráulicas Españolas;* CEHOPU-CEDEX. Madrid 1992, pp. 13 y siguientes.

* Schnitter N.J.: *Historia de las Presas;* ed. en castellano: Colegio de Ingenieros de Caminos, 2000 (trad. de J. Diez-Cascón y F. Bueno); capítulo 2: El Imperio Romano.

5.9.- PRESA DE ESPARRAGALEJO.-

Coordenadas: 722.050 ; 4.314.450. Fuente: Servicio Geográfico del Ejército. Hoja 1:50.000 n° 777

Justamente a la salida de la localidad pacense de Esparragalejo, situada muy próxima del oeste de la ciudad de Mérida (a unos 8 Km), dominando la zona norte del pueblo, se encuentra la denominada Charca Grande, impresionante presa de indudable origen romano, pero cuya fábrica se ha visto enmascarada ya en épocas recientes por una bienintencionada rehabilitación del tiempo del Plan Badajoz que, por otra parte, ha servido para devolver la funcionalidad original a la obra, que se encontraba ya al parecer en un estado bastante precario. La tipología constructiva es quizá la característica más peculiar y que ha provocado más controversia en esta importante presa, ya que en principio es una típica presa de contrafuertes, con las proporciones y tipo de fábrica habitual en otras obras romanas de la misma clase, pero cuya pantalla no es plana, sino que se encuentra curvada, formando una serie de bóvedas apoyadas sobre los contrafuertes adosados al paramento de aguas abajo, lo que en realidad constituye una tipología totalmente singular dentro de las presas romanas, por lo que ha sido calificada habitualmente como el único ejemplo de presa de bóvedas múltiples conocido de la Antigüedad.

La presa de Esparragalejo cierra el llamado Arroyo de la Albuhera, cauce con la entidad suficiente como para dotarla con un nivel de embalse habitualmente alto, a pesar de lo cuál se le dio una capacidad de regulación relativamente amplio, con un volumen de aproximadamente 150.000 m3 *(Fdez. Ordoñez et al., 1984)* La finalidad probable de esta presa estaría relacionada con una *villa* localizada 1,5 Km aguas abajo de la presa en la margen izquierda del arroyo, que parece haber sido una explotación de cierta envergadura que habría contado con una amplia extensión de terrenos regables abastecidos por el agua almacenada en la presa, cuya entidad bastaba además para servir al complejo termal adosado a dicha villa, del cuál restan aún algunos fragmentos de época tardía *(Gorges y Rico, 2000)*. En relación con esta conducción, aún se conservan algunos restos del canal de transporte, justamente a la entrada norte del pueblo y precisamente en la margen izquierda del arroyo, formados por un solitario arco de casi 0,6 m. de flecha y 1,90 m. de luz, sobre el cuál discurría el canal, cuya anchura total incluyendo cajeros debía ser de unos 0,75 m.Las dimensiones de la presa son importantes en comparación con otras obras romanas con similar tipología, constituyendo quizá junto con la de Belas (Lisboa), las dos presas de contrafuertes más relevantes de la Península Ibérica en cuanto a dimensiones generales (caso de considerar a la de Esparragalejo dentro de esta tipología a efectos comparativos). Su altura máxima visible es de 5,60 m., con una anchura mínima de pantalla de 2,20 m. para una longitud total de 320 m. *(Fdez. Ordoñez et al., 1984)*.

Esparragalejo: *La presa de Esparragalejo desde aguas abajo, en la margen izquierda del arroyo*

La fábrica original es imposible de clasificar en la actualidad, después de la reconstrucción llevada a cabo en 1959 que modificó en gran medida la concepción original de la presa, dotándola de una moderna regularidad que enmascara la obra romana, que estaría formada con seguridad a base de hiladas horizontales. Por lo menos sí parece haber poseído ya la tipología de bóvedas múltiples antes de esta reparación, a juzgar por la descripción realizada por M. Diaz-Marta, que fue quien tuvo un primer conocimiento de la obra en el año 1934 *(Diaz-Marta, 1972)*. De todas maneras, parece haberse respetado algo más de la fábrica anterior a los años 50 en la zona central de la presa, donde fue adosado un molino durante el siglo XVIII, quizá porque no quedaba ésta a la vista al permanecer oculta por el propio molino. Sin embargo, debe señalarse que también existió otra reparación fechada en aquel mismo siglo, por lo que tampoco puede afirmarse que sea éste el aparejo original romano.

Esparragalejo: *Vista general de la coronación de la presa desde su estribo izquierdo, donde podemos apreciar el quiebro en planta hacia la mitad de la presa, que ofrece su convexidad hacia aguas arriba.*

Esparragalejo: *Detalle de la bóveda de hormigón construida sobre uno de los arcos entre dos contrafuertes, justamente encima del molino de la parte central de la presa. Puede observarse también parte de la fábrica de dicho arco, menos remodelada que el resto de la presa, aunque también con actuaciones recientes.*

Basándonos en los datos con que contamos a partir de las referencias existentes *(Díaz-Marta, 1951 y 1972)*, así como en la observación de los distintos fragmentos de fábrica vistos, puede aventurarse que la presa debe estar formada probablemente por dos paramentos de mampostería (*opus incaertum*) que encierran un núcleo central de hormigón hidráulico impermeable (*opus caementicium*), es decir, el típico "muro sándwich" romano, pero con un revestimiento exterior (al menos en el paramento de aguas abajo), en el que la mampostería se encuentra concertada de tal manera y con una regularidad de tamaños tal, que podría bien calificarse como de sillarejo, es decir, *opus vittatum*, aunque como decimos, la adscripción a época romana de lo visible en la actualidad, incluso de la parte cubierta por el molino, es más que dudosa. Tampoco parecen conservarse en el paramento de aguas arriba huellas de un posible revestimiento de impermeabilización.

En cambio, aún puede observarse en esta parte central, justamente por encima de la actual cubrición del molino, una semibóveda de hormigón que no ha sido objeto de atención en los trabajos llevados a cabo hasta ahora en relación a la presa, y cuya datación suscita muchas dudas. En efecto, a pesar de que por su situación, lo más fácil es pensar que se trate de la antigua coronación de este edificio, lo cierto es que en el resto de ejemplos conocidos de molinos adosados a presas, de los cuales se conservan en gran número a lo largo de Extremadura de los construidos entre los siglos XV y XIX, el techo suele ser plano, y generalmente, cubierto mediante tejas, como por ejemplo, los de la Albuhera de San Jorge, Casillas, Albuera de Feria, etc, siendo la realización de bóvedas en hormigón, un recurso muy frecuente en cambio en la construcción romana. De esta manera, y a juzgar por el aspecto de este supuesto *opus caementicium*, de una gran homogeneidad y una enorme compacidad conseguida mediante una cuidada mezcla, quizá podríamos aventurar que dicho elemento formase parte de la obra original, o en su caso, de una actuación muy antigua, aunque con todas las reservas posibles ya que sería éste un hecho realmente excepcional, ya que podría constituir en este hipotético caso, la parte superior de una probable torre de toma primitiva, cuya forma estaría obligada por la curvatura de la pantalla entre los dos contrafuertes, que proporcionaba a la cubrición una línea de apoyo semicircular, lo que dificultaba la realización de un techo plano convencional. Dicha bóveda fue realizada con un encofrado de madera, del cuál todavía se conservan huellas, y su forma interior no era realmente curva, sino que se encontraba formada por varios tramos rectos quebrados, siendo éste un recurso simplificador muy empleado por los ingenieros romanos, que podemos encontrar en multitud de bóvedas de hormigón de dicho origen, algunas incluso en otras obras hidráulicas como por ejemplo, en depósitos de almacenamiento o conducciones subterráneas *(Adam, 1996)*. En contra de esta hipótesis, debemos decir que también contamos con algunos ejemplos de bóvedas de hormigón a partir del siglo XVI, por lo que no debemos pensar que un elemento de este tipo deba tener necesariamente origen romano. Además, las presas romanas de contrafuertes suelen contar simplemente con un desagüe de fondo regulado de manera directa desde aguas abajo, sin necesidad de una torre de toma.

Por lo que se refiere a los elementos de regulación de agua, existe un desagüe de fondo situado en la actualidad en el interior del edificio del molino (bajo la semibóveda anteriormente descrita), que debió constituir la toma original de la presa, tal y como era habitual en las presas romanas de tamaño pequeño y mediano, que contaban generalmente con una sola toma. El supuesto de que esta toma coincida con la original romana viene además refrendado por la existencia del pequeño tramo de conducción aún conservado aguas abajo de la presa, cuya cota coincidiría precisamente con este desagüe, sin que encontremos vestigios de cualquier otro tipo de toma. Sí que existe en la actualidad un aliviadero de labio fijo situado en la margen derecha del dique, aunque se trata realmente de una obra moderna de hormigón y no tenemos constancia alguna de la existencia de un elemento del mismo tipo en la obra original.

Esparragalejo: *Foto de los restos del acueducto que partía del desagüe de fondo de la presa y se parecen dirigirse a una villa aguas abajo. Encontramos un pequeño muro a la entrada al pueblo que conserva el primer arco de lo que debió ser un tramo elevado sobre el terreno.*

Muro de contención del siglo I d.C. en Frejús (Francia), a base de bóvedas múltiples. El parecido con la presa emeritense es evidente. Fuente:Adam, 1996

Volviendo a la tipología de la presa, conviene hacer hincapié en la singularidad de la misma, ya que aunque no constituye un ejemplo aislado dentro de la construcción romana, sí que lo es dentro del conjunto de presas conocidas. Se sabe de la existencia de numerosos teatros y anfiteatros cuyas *caveas* se encuentran formadas igualmente por una sucesión de bóvedas de *opus caementicium*, siendo éstas un elemento cuyo uso racional fue extendido por los romanos en diversos ámbitos. Por otra parte, esta técnica fue empleada en ocasiones en la realización de muros de contención de tierras, de los que se conserva un ejemplar muy claro en Frèjus (Francia) especialmente significativo por su enorme similitud con la presa de Esparragalejo, ya que se encuentra asimismo formado por una serie de contrafuertes unidos entre sí mediante una pantalla curvada en forma de bóvedas múltiples *(Adam, 1996)*, con unas proporciones realmente parecidas a las de ésta última obra, siendo incluso su fábrica bastante similar a la observada en la parte menos reparada de la presa, realizada a base de una mampostería cuyo aspecto, tamaño y disposición tiende asimismo al sillarejo.

Según J. P. Adam, la fecha de construcción de dicho muro es el siglo I d.C, lo cuál permitiría pensar en una antigüedad similar para Esparragalejo, dado el gran parecido entre ambas obras, a pesar de la distancia que las separa, lo que además coincidiría con la cronología que han asignado a la presa diversos autores *(Smith et al., 1980)*. En todo caso, y ya que se piensa que la tipología de presa de contrafuertes se generaliza a partir del siglo II d.C, esta presa podría constituir un precedente inmediato de esta tipología, o quizá uno de los primeros ejemplos de la misma, dependiendo del criterio que tomemos, a pesar de contar aparentemente con una técnica constructiva más sofisticada. Por todo ello, podríamos concluir finalmente que su fecha de construcción podría encuadrarse de manera aproximada en un periodo que iría desde finales del siglo I hasta el siglo II d.C.

Bibliografía sobre la presa de *Esparragalejo*:

* Alvarez, J.M, Nogales T., Rodríguez G. y Gorges, J.-G.: *Arqueología de las presas romanas en España: Los embalses de Emérita Augusta y sus alrededores. Estado de la cuestión;* I Congreso Nacional de Historia de las Presas. Mérida, noviembre 2000.

* Bueno Hernández F.: *Evolución de la ingeniería de presas en España* (Tesis doctoral). E.T.S. Ingenieros de Caminos de Santander. Santander, mayo de 1999.

* Castillo J.C. y Arenillas M.: *Las presas romanas en España. Propuesta de Inventario;* I Congreso Nacional de Historia de las Presas. Mérida, noviembre 2000.

* Díaz Marta M. y García Diego J. A.: *Comentario al artículo "Don Pedro Bernardo Villarreal de Bérriz y sus presas de contrafuertes", de J. A. García Diego y Contestación del Autor.* Revista de Obras Públicas. Madrid, 1972.

* Fdez. Ordóñez J.A. y otros: *Catálogo de Noventa Presas y Azudes Españoles anteriores a 1900;* Biblioteca CEHOPU. Madrid, 1984.

* Fernández Casado C.: *Las presas romanas en España.* Revista de Obras Públicas. Madrid, junio 1961.

* Fernández y Pérez G.: *Historia de las Antigüedades de Mérida.* Plano y Corchero. Mérida, 1893.

* Foner y Segarra A.: *Antigüedades de Mérida*. Mérida, 1893.

* González Tascón I.: *Fábricas Hidráulicas Españolas;* CEHOPU-CEDEX. Madrid 1992, pp. 13 y siguientes.

* Lantier R.: *Réservoirs et aqueducs antiques de Mérida;* Bulletin Hispanique 17, 2. 1915.

* Mélida J. R.: *Catálogo Monumental de España. Provincia de Badajoz (1907-1910)*; Madrid, 1925-26.

* Schnitter N.J.: *Historia de las Presas;* ed. en castellano: Colegio de Ingenieros de Caminos, 2000 (trad. de J. Diez-Cascón y F. Bueno); capítulo 2: El Imperio Romano.

* Schnitter N.J.: *A short History of Rain Engineering;* Water Power 19, 4. 1967.

* Schnitter N.J.: *Les barrages romaines;* Dossier de l'Arqueologie 38. 1979.

* Smith N.: *The heritage of spanish dams;* Madrid, 1970.

*Caballero Zoreda L. y Sánchez Palencia F.J.: *Presas romanas y datos sobre poblamiento romano y medieval en la provincia de Toledo*; Noticiario Arqueológico Hispánico. Mtro. Cultura, 1982.

5.10.- PRESA DE ANDELOS O DE ITURRANDUZ (NAVARRA).-

Coordenadas: 590.700 ; 4.718.150. Fuente: Instituto Geográfico Nacional. Hoja 1:50.000 n° 172

Es también esta una de las presas más importantes de las conservadas en nuestro país, ya que constituye quizá el ejemplo más conocido de presa romana de contrafuertes, que cuenta además con el privilegio de haber sido objeto de varios estudios en los últimos tiempos, siendo el más importante de ellos el realizado por M.A. Mezquíriz en 1985, que incluyó una excavación que dejó al descubierto una nueva estructura en la zona de aguas arriba que se encontraba oculta debido al atarquinamiento del embalse, y a partir de la cuál podremos obtener importantes conclusiones que, sin embargo, no coinciden con las que parece se han aceptado como buenas hasta ahora.

La obra se encuentra cerrando el llamado Barranco de San Pedro o de Iturranduz, cauce que presta el nombre con el que es más conocida la presa, y que es tributario directo del Arga, uno de los afluentes más importantes en este tramo del Ebro (*"Ega, Arga, Aragón, hacen al Ebro varón"*, reza la letra de una jota local). La obra se encuentra junto a Muruzábal de Andión, dentro del término municipal de Mendigorría, en la Comunidad de Navarra. La finalidad de esta obra, era servir de *caput aquae* o punto de toma para la conducción a la antigua ciudad romana de Andelos, que es el segundo de los nombres con el que también es conocida la presa. La tercera y última denominación con la que ha sido denominada por parte de los habitantes de la zona, es la de "Puente del Diablo", primer nombre atribuido a la presa y topónimo típico de este tipo de obras *(Rezola Azpiazu, 1968)*. El mencionado sistema de abastecimiento contaba, además de con la presa, con un canal de transporte (del que no se ha determinado con exactitud si en origen era enterrado o a cielo abierto, ya que ha sido éste un aspecto que no ha quedado claro durante los estudios llevados a cabo hasta el momento), un depósito regulador de grandes dimensiones en el exterior de la ciudad y finalmente, un acueducto que comunicaba dicho depósito con el *castellum aquae* o depósito de distribución en el interior del casco urbano de Andelos *(Mezquiriz y Unzu, 1988)*.

La presa cerraba una cuenca de vertido que abarca en total una superficie cercana a los 5 millones de m2, contando con una capacidad de embalse próxima a los 20.000 m3, cuya finalidad sería la de satisfacer las necesidades de abastecimiento de la ciudad en época de estiaje (las precipitaciones anuales medias de la zona son de alrededor de 550 mm., es decir, tampoco es extremadamente árida, aunque los veranos en el valle del Ebro pueden ser secos en extremo), ya que durante las épocas de lluvias habituales, la simple derivación del caudal del barranco bastaría para una demanda que en realidad debía ser relativamente reducida. En efecto, el canal que parte del depósito regulador hacia el desaparecido acueducto, posee un *specus* de sección rectangular con fondo semicircular de unos 12 cm. de anchura interna lo que, unido a una pendiente hasta el depósito terminal que no llegaría ni al 0,1 %, nos da un caudal realmente muy pequeño (solamente unos 9 l/sg.), reflejo de que las necesidades diarias de esta pequeña población eran realmente poco importantes.

Por lo que respecta a la estructura propiamente dicha, la presa cuenta con dos muros cuyo origen y cronología parece diferente en cada uno de ellos. El primero de los muros es el situado aguas abajo, que es a su vez más conocido puesto que era el que afloraba originalmente del terreno, y fue así objeto de los primeros estudios llevados a cabo por parte de D. Fernando Saenz *(Saenz, 1973)*. Este muro está formado por una pantalla plana y de planta recta de 102 m. de longitud y aproximadamente de 0,90 a 1 m. de espesor (es decir, 3 pies, como se venía considerando hasta ahora, o quizá más bien 2 codos, por las razones que expondremos más adelante), apoyada sobre una serie de contrafuertes adosados al paramento de aguas abajo (9 en total, en lugar de los 7 inicialmente visibles), que cuentan con unas dimensiones aproximadas de 2,50 x 2,50 m. (sin contar el espesor propio de la pantalla). La altura total actualmente visible de este muro es de unos 3,50 m., pudiendo en realidad haber alcanzado hasta 7 m, en base a los datos aportados por las excavaciones realizadas en la década de los 80 *(Mezquiriz y Unzu, 1988)*. La fábrica de este muro está realizada a base de *opus caementicium* puesto en obra mediante un encofrado de madera del que incluso han persistido hasta nuestros días las huellas en la superficie del paramento de aguas abajo.

***Andelos:** Vista general de la presa desde el estribo izquierdo, donde se aprecia principalmente la fábrica de la primera presa (más alta), puesto que la de la segunda, aguas arriba, está cubierta por la vegetación.*

Andelos: *Paramento de aguas abajo de la presa con algunos de los contrafuertes. Aún es posible apreciar las huellas de los tablones del encofrado del opus caementicium de la pantalla.*

El segundo de los muros está asimismo formado por una pantalla plana de 0,65 m. de espesor (dos pies, aproximadamente) y unos 150 m. de longitud, con una planta quebrada que posee dos tramos que forman unos 70Ḍentre sí. Este muro cuenta además con el refuerzo de una serie de contrafuertes, del lado de aguas arriba en este caso, de los que se conservan 13 en la actualidad, pero que deberían ser 4 ó 5 más según las dimensiones de la parte central de muro actualmente desaparecida. La altura total de esta segunda estructura es al parecer bastante menor que la del muro de aguas abajo, llegando como máximo a unos 4 ó 5 m., que es la máxima altura ahora visible *(Mezquiriz y Unzu, 1988)*. Por otro lado, su fábrica es también muy distinta que la del muro de aguas abajo, ya que está compuesta por una especie de mampostería o sillarejo recibido con mortero, que podríamos quizá calificar como *opus vittatum*, y que es característica de varias de las obras hidráulicas romanas del valle medio del Ebro, como por ejemplo, el acueducto de Alcanadre-Lodosa, o el propio depósito regulador del sistema de Andelos, situado a corta distancia aguas abajo, que posee una fábrica de idéntica factura a la de este segundo paramento de la presa. Por último, cabe destacar el remate superior de los contrafuertes mediante una serie de losas monolíticas, detalle también observado en los contrafuertes que sostienen el muro interior del depósito regulador, y que completa la serie de similitudes observadas entre las dos cercanas obras, lo que hace pensar en una realización contemporánea, quizá incluso por idénticos constructores

Los elementos de regulación conservados en la presa forman parte de la segunda de las etapas constructivas descritas, consistiendo en un desagüe de fondo alojado dentro de una torre de toma adosada al paramento de aguas arriba, y realizada con el mismo *opus vittatum*. Esta torre de toma posee una forma más o menos cuadrangular, con unas dimensiones en planta de 3,5 x 4,0 m., y una profundidad de 3 m. El fondo de esta gran arqueta se encuentra revestido por una solera de hormigón, sobre la que se encontró empotrado un sillar de 1,2 x 0,6 m. que servía de apoyo a una *fistula* o tubería de plomo que formaba parte del desagüe de fondo, y que supone el único ejemplo conservado, junto con los desagües profundos de Proserpina, de elementos de este tipo que han llegado hasta nuestros días. Esta tubería poseería posiblemente una válvula que habría servido para regular el agua de la toma, y que se manejaría desde el interior de la torre descrita.

La interpretación más plausible sobre los restos conservados de lo que podríamos denominar como dos presas, no se corresponde en realidad con la que se concluyó tras la prospección realizada, que ha sido además la comúnmente aceptada hasta el día de hoy, y que en líneas generales lo que hacía era atribuir la mayor antigüedad al muro de aguas arriba. En realidad, y a juzgar por las dos diferentes fábricas observadas, la presa original debe corresponderse con toda probabilidad con el dique de aguas abajo. Este último muro posee dos partes diferenciadas, ya que está compuesto en primer lugar por un *opus caementicium* con una granulometría más o menos gruesa en prácticamente todo el cuerpo de presa, en el cuál se incluyen piedras y cascotes de diversos tamaños, e incluso algunos fragmentos de ladrillos y *tégulas*. Este tipo de fábrica engloba la mitad del espesor de la pantalla (es decir, un espesor de 0,5 m ó 1 codo romano), así como todo el cuerpo de los contrafuertes de aguas abajo. Sin embargo, la mitad anterior del muro de cierre, es decir, la que sería originalmente la cara de aguas arriba en contacto con el agua, presenta en sus 50 cm de espesor, una granulometría mucho más fina y cuidada que la anterior, con una mayor selección de tamaños de áridos, en la que no aparecen gruesos, dotando a la mezcla una mayor compacidad y una mejor función impermeabilizadora, que sería a buen seguro la finalidad buscada con esta diferenciación entre ambas partes del muro, por lo que se corresponde de una mejor manera con el concepto clásico de *opus caementicium* dentro de las presas romanas. Este hecho es muy notorio en la zona central de la presa, donde puede observarse una sección transversal de arriba hasta abajo del muro y puede concluirse finalmente cómo éste se encontraba formado por dos lienzos yuxtapuestos, cada uno de ellos con un codo de espesor.

Andelos: *Presa de Iturrandız desde aguas arriba desde la torre de toma correspondiente a su segunda etapa constructiva. Se aprecia claramente la diferencia de aparejo y de color entre las dos presas, la del paramento de aguas abajo y de aguas arriba.*

Andelos: *Detalle del paramento de aguas arriba de la presa, correspondiente a la segunda etapa constructiva, en la zona del quiebro que se aleja de la primera presa. Se trata de un aparejo de mampostería o sillarejo rematado con una serie de losas en coronación. El tamaño de los contrafuertes es mucho menor y similar a los del depósito.*

Andelos: *Zona central de la presa de Iturranduz desde la zona central (donde se encuentra la rotura. Se aprecia la diferencia de fábricas entre ambas etapas. De la presa de aguas arriba se aprecia la torre de toma y el acusado quiebro para cubrir parte de la colina que flanquea el estribo derecho de la presa.*

Esta estructura que, como se ha venido diciendo, contaba con una altura original de 6 ó 7 m, debió constituir por sí sola la presa original construida en un principio, cuya ruina originó la construcción de la segunda. En efecto, la presa se encuentra cimentada sobre las arcillas del Mioceno del valle medio del Ebro lo que, unido al escaso espesor de la pantalla de la presa, de apenas 1 m. (contrarrestado en parte por la robustez de los contrafuertes), originó la rotura de la misma, realizándose ésta por el punto más lógico, que es la zona central, de mayor altura y por tanto, la más vulnerable en este caso. El aspecto y la tipología de esta presa, parecen situar su construcción en una época que podría coincidir de manera aproximada con el siglo II d.C.

La rotura de la presa antigua originó la construcción de una segunda, que no fue totalmente nueva, sino que se limitó a añadir una nueva estructura a la original a modo de refuerzo. En todo caso, la primera de ellas debió estar en funcionamiento durante un tiempo más o menos prolongado, a juzgar por el espesor de la capa de sedimentos de esta época almacenados tras la misma y estudiados durante el proceso de excavación. Sobre estos depósitos, siguiendo la tendencia observada en otras presas romanas de cimentar de manera superficial, fue precisamente donde se apoyó la segunda presa, cuya altura es menor que la de la primera, no sólo porque su cimentación se encuentra a una cota superior a la de aquella, sino también porque su coronación tampoco llegó a alcanzar el nivel de la original.

Andelos: *Detalle de la pantalla en la rotura del estribo derecho, donde se aprecia la diferencia en la granulometría de los 0,50 m. de aguas arriba, en contacto con el agua, con tamaños mucho más finos, y la del resto del cuerpo de presa (otros 0,50 m.) y del contrafuerte, con tamaños mucho más gruesos en su mezcla.*

Andelos: *Detalle del interior del depósito de cabecera de Andelos, final de la conducción que parte de la presa de Iturrranduz. Se aprecia en la foto la tremenda similitud de esta fábrica con la de la segunda etapa constructiva de la presa, donde elementos como la torre de toma o los contrafuertes son completamente idénticos.*

Andelos: *Conducción de salida del depósito hacia que alimentaba la presa de Iturranduz, que suponía la cabecera del acueducto que abastecía a la ciudad de Andelos.*

La fábrica de esta segunda presa, o más propiamente dicho, de esta segunda etapa constructiva, es a base de mampostería o sillarejo irregular y de pequeño tamaño. Está compuesta por una pantalla de dos pies de espesor (insuficiente por sí sola para soportar la altura de agua almacenada), que cuenta con un el apoyo de 13 contrafuertes aguas arriba, de los 17 ó 18 que debió poseer en un principio. Esta disposición no tendría ninguna lógica caso de ser ésta la presa original, y no la de la aguas abajo, puesto que, además de ser muy endeble por sí sola, tendría los contrafuertes en el paramento equivocado, puesto que el empuje del agua provendría de este mismo lado.

Por todo ello, se deduce que ésta es en realidad una estructura adicional construida a posteriori dentro de una profunda reconstrucción de la presa original que probablemente supuso, por un lado, la reparación del muro de aguas abajo, y por otro, la construcción del nuevo de aguas arriba, mientras que el espacio entre ambos sería rellenado probablemente con tierra, adoptando así una disposición constructiva idéntica a la observada en el depósito de acumulación junto a Andelos, con la salvedad de que en el caso de la presa se contaba ya con un muro anterior que ahorraba la construcción de la mitad de la estructura.

La datación de esta segunda etapa constructiva es difícil, puesto que posee una fábrica bastante indiferenciada, aunque debido a su indudable relación con el sistema hidráulico de Andelos, así como las analogías que presenta con otras obras de época romana del valle medio del Ebro *(Mezquíriz, 1979)*, hace que podamos situar la obra en una época entre los siglos III y IV d.C., es decir, en época romana tardía, y desde luego, posterior a la presa original. Esta datación incluiría tanto a la reconstrucción de la obra de cabecera sobre el Arroyo de San Pedro, como al depósito de acumulación a la entrada de la ciudad, que cuenta con unas características constructivas muy similares, así como quizá al acueducto que se desarrollaba desde este punto hasta el interior de Andelos.

Vemos que la tipología de la presa de Iturranduz es muy peculiar dentro del conjunto de presas romanas, a causa sobre todo de su historia constructiva y de las reparaciones realizadas a lo largo del tiempo. De esta manera, contamos en primer lugar con una presa de contrafuertes de mediana altura que presenta diversas analogías con otras presas hispanas de idéntica tipología y similares proporciones: Araya, Belas (Lisboa), Villafranca, etc., entre las que destaca por unas dimensiones relativamente importantes. En segundo lugar, contamos con una reconstrucción que rehabilitó la presa original, aportando una robustez de la que carecía en su concepción primera.

Esta reparación la dotó de una pantalla aguas arriba con una serie de contrafuertes de este mismo lado (característica por otro lado ya habitual en presas romanas de pantalla + terraplén de épocas anteriores), así como de un núcleo de tierra entre ambos paramentos, hecho excepcional en obras de este tipo, pero que constituye un precedente de presas realizadas en siglos posteriores, sobre todo a partir del final de la Edad Media, como por ejemplo la conocida presa del Mar de Ontígola, en Aranjuez (Madrid), realizada ya en la segunda mitad del siglo XVI, en cuyo proyecto original se concibió básicamente la realización de una presa a base de dos muros que encerraban un relleno de tierras.

De todas maneras, en el caso que nos ocupa, parece en cambio una medida excepcional llevada a cabo por los constructores con el fin de reparar la obra ya realizada, empleando un tipo de construcción no habitual con el fin de adaptarse a las circunstancias con las que se encontraron, es decir, una presa anterior de dimensiones bastante importantes que no fue capaz de soportar el empuje del agua debido a su esbeltez, y que debía ser reforzada sin dejar de aprovechar al máximo lo ya construido, con el fin de ahorrar medios.

Bibliografía sobre la presa de *Iturranduz*:

* Bueno Hernández F.: *Evolución de la ingeniería de presas en España* (Tesis doctoral). E.T.S. Ingenieros de Caminos de Santander. Santander, mayo de 1999.

* Castillo J.C. y Arenillas M.: *Las presas romanas en España. Propuesta de Inventario;* I Congreso Nacional de Historia de las Presas. Mérida, noviembre 2000.

* Díaz Marta M., Mezquíriz M.A., Schnitter N. y otros: *Comentarios al estudio conjunto sobre la presa romana de Consuegra.* Revista Obras Públicas. marzo 1984.

* Fdez. Ordoñez J. A. y otros: *Catálogo de Noventa Presas y Azudes Españoles anteiores a 1900;* Biblioteca CEHOPU. Madrid, 1984.

* García Diego J. A.: *Comentarios al artículo "La presa romana de Iturranduz", de F. Saenz Ridruejo, publicado en el mes de enero de 1973* y *Contestación del Autor.* Revista de Obras Públicas. Madrid, junio 1973.

* González Tascón I.: *Fábricas Hidráulicas Españolas;* CEHOPU-CEDEX. Madrid 1992, pp. 13 y siguientes.

* López Azcona C. y Mingarro F.: *Informe petrológico sobre la presa de Andión.* 1988.

* Mezquíriz M.A. y Unzu M.: *De hidráulica romana: el abastecimiento de agua a la ciudad romana de Andelos.* Trabajos Arqueológicos de Navarra. Pamplona, 1988.

* Mezquíriz M.A., Bergamín J. y otros: *Estudio geofísico de la presa romana de Andión-Iturranduz (Navarra). Primeros resultados.* Geociencias, Rev. Univ. Aveiro. 1990. Vol.5, fasc. 1 (105-111).

* Mezquíriz M.A.: *Arqueología 80. Memoria de las actuaciones programadas en el año 1980.* Madrid, 1980.

* Mezquíriz M.A.: *El Acueducto de Alcanadre-Lodosa.* Trabajos de Arqueología Navarra / 1. Diputación Foral de Navarra. Publicaciones del Museo de Navarra. Pamplona, 1979.

*Rezola Azpiazu J.: *El puente del diablo de Mendogorría (Navarra).* El Miliario Extravagante, enero 1968.

* Saenz Ridruejo F.: *La presa romana de Iturranduz.* Revista de Obras Públicas. Madrid, enero 1973.

* Schnitter N.J.: *Historia de las Presas;* ed. en castellano: Colegio de Ingenieros de Caminos, 2000 (trad. de Diez-Cascón J. y Bueno F.); capítulo 2: El Imperio Romano.

* Caballero Zoreda L. y Sánchez Palencia F.J.: *Presas romanas y datos sobre poblamiento romano y medieval en la provincia de Toledo*; Noticiario Arqueológico Hispánico. Mtro. Cultura, 1982.

5.11.- PRESA DE LA VEGA DE SANTA MARÍA .-

Coordenadas: 728.100 ; 4.321.750. Fuente: Servicio Geográfico del Ejército. Hoja 1:50.000 n° 752

Esta presa se encuentra situada sobre el Río Aljucén, en la actualidad dentro de una dehesa próxima a la población de El Carrascalejo, al norte de Mérida y dentro de su propio término municipal. El aspecto actual de la presa, muy reconstruida incluso ya en fechas recientes, no deja apenas vestigios de su más que probable origen romano, aunque esta hipótesis se ve en realidad avalada por otras fuentes, debido a la existencia de referencias de la obra en épocas tan remotas como el siglo XIII *(Fdez. Ordoñez et al., 1984)*, además de algunas fotografías de comienzos del siglo XX que dejan ver parte del aspecto original de la presa *(Mélida, 1925)*.

En éstas últimas se aprecia una fábrica muy cuidada formada principalmente por sillería ó mampostería de gran tamaño cuyo aspecto presenta tremendas analogías con otras obras romanas. Por otro lado, se aprecia un desagüe de fondo adintelado (existente todavía en la actualidad) que denota su funcionalidad original como presa de embalse, que ya ha perdido debido al rebaje de la cota de coronación del estribo izquierdo y su sustitución por un gran aliviadero de labio fijo muy bajo que hace que la presa ya no retenga prácticamente agua. La disposición de aquél desagüe de fondo, que no sólo atraviesa el cuerpo de presa, sino que se prolonga a través de parte del terreno natural, hacen pensar en que la tipología original de la presa sería la de pantalla + terraplén, y no la de simple muro de gravedad, lo que haría que se asemejase en gran medida a la vecina presa de Valverde de Mérida, así como a gran parte de las presas romanas del norte de África.

Vega de Santa María: *La presa desde aguas arriba, donde es fácil apreciar las grandes remodelaciones que ha sufrido su fábrica. A la izquierda, el aliviadero.*

Vega de Santa María: *Detalle del paramento de aguas abajo, donde vemos mampuestos de mucho mayor tamaño en su parte inferior.*

Por otro lado, existe un condicionante más, también de gran peso, para su adscripción a época romana, y es la relación de la obra con un canal de indudable factura romana situado aguas abajo de la presa, que llegaba al parecer a una *villa* situada algo más abajo, de la que se conservan aún restos, y que poseía incluso unas termas dentro de sus dependencias *(Gorges y Rico, 2000; Álvarez et al., 2000)*. Existen igualmente en las inmediaciones de la presa los restos de una cantera romana de cierta importancia, de la que casi total seguridad se extrajo el granito con el que se construyó la presa.

La Vega de Santa María cuenta con una planta de factura irregular, al modo de las presas medievales y las de los siglos XVI y XVII que encontramos en toda la región extremeña *(García Diego, 1994)*, que en realidad podría incluso provenir de una profunda remodelación llevada a cabo durante esta época, ya que la obra parece haber tenido una continuidad a lo largo del tiempo en su uso. Sin embargo, tampoco sería extraño que la presa hubiese contado con dicha particularidad desde el principio de su existencia, tal y como ocurre con otras obras romanas de la zona, como pueden ser la Charca Grande de Valverde o El Paredón, también en Valverde de Mérida, ambas muy próximas, al sureste de la Vega de Sta. María, o como las obras del Norte de África *(Vita-Finzi, 1961 y 1965)*, y sobre todo observando las fotos de Mélida en las que se observa la presa con su aparejo aparentemente original y con la misma disposición que hoy en día. La longitud de coronación de la presa es de 98,80 m., posee un espesor máximo aproximado en la base de 3,50 m. y una altura máxima de 3,60 m. *(Gorges y Rico, 2000)*.

Por otro lado, la fábrica visible en la actualidad está formada por una mampostería a base de piezas con tamaños y formas muy irregulares, unidas mediante un mortero que se extiende fuera de las juntas para formar una especie de enlucido parcial, formando así un muro de paramento bastante poco homogéneo cuyo espesor va disminuyendo desde la base hasta la coronación, donde no llega ya al metro. Por otra parte, existen un par de contrafuertes muy distintos entre sí, situados en el paramento de aguas abajo sin aparente relación entre ellos ni finalidad clara. Uno de estos contrafuertes tiene un perfil completamente triangular, cosa totalmente inusual en las presas romanas conocidas, pero que se viene observando en obras similares construidas a partir ya del siglo XVI.

Como se ha apuntado anteriormente, la presa posee un aliviadero de superficie en el estribo izquierdo situado a una cota mucho más baja que la coronación del resto de la obra, consecuencia segura de una remodelación más bien reciente con la que se buscó una reducción en el volumen de embalse de la presa, probablemente por haber perdido parte de su utilidad. También existe en la actualidad un desagüe de fondo o medio fondo en la margen derecha con una forma circular y construido a base de mortero de grava y unos pequeños fragmentos cerámicos alrededor del hueco abierto en el propio muro.

Vega de Santa María: *Fotografía de la obra de 1925 de J. Mélida, donde vemos parte del paramento, el desagüe de fondo y el actual aliviadero a la derecha. Si comparamos con la foto anterior, podemos darnos cuenta de en qué medida ha quedado enmascarado el aparejo original de la presa.*

Vega de Santa María: Coronación de la presa en la zona próxima al aliviadero, con un contrafuerte triangular a la derecha.

Bajo el último nivel de este último desagüe, se observa una fábrica a base de mampuestos de mayor tamaño unidos por una pequeña cantidad de argamasa que forman la base inferior del paramento con una forma ligeramente escalonada. De esta manera, existe hoy en día una diversidad de fábricas de distinto origen amalgamadas dentro de la misma obra, que denotan una multitud de reparaciones y reconstrucciones llevadas a cabo a lo largo del tiempo, que han terminado por enmascarar el probable origen romano de la presa, que se debe deducir en la actualidad casi exclusivamente de su contexto, relación con otras obras próximas, así como de otras referencias y documentos más bien antiguos que apuntan en dicho sentido, ya que los posibles restos romanos se reducen a unos pocos sillares aislados en la zona inferior del paramento de aguas abajo.

Admitiendo el casi indudable origen romano de la presa de la Vega de Santa María, su datación ha sido generalmente encuadrada dentro del siglo II d.C. *(Fdez. Ordoñez et al., 1984),* habiendo sido incluso retrasada hasta el I d.C. por algunos autores, en relación con el material hallado en la *villa* cercana *(Gorges y Rico, 2000; Álvarez et al., 2000).* Lo cierto es que, dado el auge del mundo rural romano y las obras asociadas al mismo a partir del siglo II d.C, así como la forma de la presa, con una planta quebrada e irregular y varios contrafuertes del lado de aguas abajo de diversos tamaños y situados sin aparente orden, de manera análoga a la Charca de Valverde, y sobre todo, a las obras análogas del Norte de África, lo cierto es que nos inclinamos más a pensar en el segundo siglo de nuestra era como fecha de construcción de esta presa, lo cuál sería congruente con la datación de las presas tripolitanas de *wadi Meneguin* y *wadi Lebda,* de los siglos II y III d.C. *(Fdez. Casado, G. Diego et al., 1983, citando a Vita-Finzi, 1965)*

Bibliografía sobre la presa de *La Vega de Santa María*:

* Alvarez, J.M, Nogales T., Rodríguez G. y Gorges, J.-G.: *Arqueología de las presas romanas en España: Los embalses de Emérita Augusta y sus alrededores. Estado de la cuestión;* I Congreso Nacional de Historia de las Presas. Mérida, noviembre 2000.

* Caballero Zoreda L. y Sánchez Palencia F. J: *Presas romanas y datos sobre poblamiento romano y medieval en la provincia de Toledo*; Noticiario Arqueológico Hispánico. Mtro. Cultura, 1982.

* Castillo J.C. y Arenillas M.: *Las presas romanas en España. Propuesta de Inventario;* I Congreso Nacional de Historia de las Presas. Mérida, noviembre 2000.

* Fernández. Ordoñez J. A. y otros: *Catálogo de Noventa Presas y Azudes Españoles anteriores a 1900;* Biblioteca CEHOPU. Madrid, 1984.

* Gorges J.G. y Rico C.: "Barrages ruraux d'époque romaine en moyenne vallée du Guadiana"; Casa de Velázquez. Madrid, 2000.

* Mélida J. R.: *Catálogo Monumental de España. Provincia de Badajoz (1907-1910)*; Madrid, 1925-26.

* Schnitter N.J.: *Historia de las Presas;* ed. en castellano: Colegio de Ingenieros de Caminos, 2000 (trad. de J. Diez-Cascón y F. Bueno); capítulo 2: El Imperio Romano.

* Shulten A.: *Geografía y Etnografía antiguas de la Península Ibérica;* Madrid, 1963.

5.12.- CHARCA GRANDE DE VALVERDE.-

Coordenadas: 739.100 ; 4.310.900. Fuente: Servicio Geográfico del Ejército. Hoja 1:50.000 nº 777

Debemos encuadrar esta presa dentro del grupo de obras que pudieran catalogarse como romanas sobre todo a partir de las referencias antiguas, ya que no por su aspecto actual, a pesar de que cuentan también conciertas características constructivas que indican un origen romano. Ya de por sí, su situación próxima a Mérida, en una zona en la que existen además un gran número de presas rurales relacionadas con antiguas explotaciones agropecuarias nos puede hacer pensar en este origen. Las dimensiones generales de la Charca de Valverde son unos 180 m. de longitud *(Caballero Zoreda y Sánchez Palencia, 1982)* y 0,75 m. de espesor de la pantalla en coronación (su grosor aumenta en gran medida hacia la base, llegando hasta aproximadamente 3 m. -*Gorges y Rico, 2000*-), y un valor de entre 3 y 4 m. de altura máxima, aunque éste es un término difícil de precisar.

La tipología de la presa de Valverde se corresponde con la de pantalla de fábrica aguas arriba con un terraplén hacia aguas abajo. La fábrica visible en la actualidad está formada por una mampostería bastante heterogénea recibida con mortero, mientras que su planta es totalmente irregular, con varios tramos de diferente espesor que forman entre sí varios quiebros, existiendo además algunos contrafuertes intercalados de tamaños y formas muy dispares. Al igual que en la presa de la Vega de Santa María, encontramos un contrafuerte central de grandes dimensiones (quizá aprovechando la buena capacidad portante del terreno en ese punto), que incluso sobresale en altura con respecto al resto del cuerpo de la presa, mientras que los contrafuertes laterales poseen en cambio unas dimensiones más reducidas, encontrándose el conjunto de ellos a distancias que no obedecen en principio a ningún orden o proporción. Finalmente, hay una especie de camino de ronda en la zona de aguas arriba del muro, ya que existe un murete de coronación con un cierto retranqueo con respecto al resto del muro que deja una especie de paseo de ronda a todo lo largo del mismo. Como apunte final, cabe decir que la presa cuenta con un aliviadero lateral de superficie en su margen derecha, cuya factura denota un origen evidentemente moderno, sin que se haya sido posible localizar hasta la actualidad ningún tipo de desagüe profundo.

Todas las características descritas denotan que, por un lado, la presa ha sufrido a lo largo del tiempo algunas reconstrucciones que pueden haber modificado no sólo su fábrica original, sino que, si las modificaciones han sido lo suficientemente importantes, pueden incluso haber cambiado la forma original de la presa. Sin embargo, no debe olvidarse que, considerando un origen romano de la presa, no sería de extrañar el hecho de que posea una planta quebrada puesto que dicha característica ha podido ser observada ya en otras obras de esta misma época, algunas en el propio entorno de Mérida y otras muchas en el Norte de África *(Vita-Finzi, 1961 y 1965)*.

Charca de Valverde: *Vista de la coronación de la presa, con uno de los contrafuertes en primer término*

Por lo que se refiere a la fábrica observada actualmente en la obra, lo cierto es que podría encuadrarse dentro del numeroso grupo de presas extremeñas datadas entre los siglos XV al XVII, a pesar de que la tipología de la presa a base de terraplén con un muro de mampostería aguas arriba es característica de época romana, además de ser bastante habitual, siendo por el contrario mucho más rara, aunque no inexistente, en las presas españolas construidas a partir del siglo XVI.

Charca de Valverde: *Visión de conjunto de la presa, donde vemos la irregularidad del paramento de aguas arriba, sostenido por un terraplén (izquierda), y con diversos contrafuertes de gran robustez distribuidos de manera aparentemente aleatoria.*

Existen otros detalles significativos que inducen a pensar en una construcción original romana, y es la existencia aguas abajo, en la margen izquierda del Arroyo de la Charca (que es en realidad el tramo inicial del Arroyo del Judío), de una *villa* romana a poco más de 1 Km de distancia, al parecer asociada con la presa *(Álvarez et al., 2000)*, y hasta cuya vega debía ser transportada el agua de la presa mediante un canal. De esta manera, existen razones suficientes como para pensar en un origen romano para el conjunto hidráulico de la Charca de Valverde ya que, no sólo la existencia del canal lo indica, sino que la propia tipología de la presa y su situación en un entorno de alta densidad de vestigios romanos, apoyan esta hipótesis, ya que en las inmediaciones de esta presa, encontramos al menos otras 4 ó 5 presas más en un radio de sólo 2 ó 3 km. Caso de dar una cronología aproximada para la Charca de Valverde, dadas sus características constructivas y las analogías que presenta con otras obras del mismo tipo, nos inclinamos a pensar en una construcción de época bajoimperial.

Bibliografía sobre la *Charca Grande de Valverde*:

* Alvarez J.M.: *Embalse romano de Araya.* XI Congreso Nacional de Arqueología. Zaragoza, 1970.

* Alvarez, J.M, Nogales T., Rodríguez G. y Gorges, J.-G.: *Arqueología de las presas romanas en España: Los embalses de Emérita Augusta y sus alrededores. Estado de la cuestión;* I Congreso Nacional de Historia de las Presas. Mérida, noviembre 2000.

* Caballero Zoreda L. y Sánchez Palencia F. J: *Presas romanas y datos sobre poblamiento romano y medieval en la provincia de Toledo*; Noticiario Arqueológico Hispánico. Mtro. Cultura, 1982.

* Castillo J.C. y Arenillas M.: *Las presas romanas en España. Propuesta de Inventario;* I Congreso Nacional de Historia de las Presas. Mérida, noviembre 2000.

* Gorges J.G. y Rico C.: "Barrages ruraux d'époque romaine en moyenne vallée du Guadiana"; Casa de Velázquez. Madrid, 2000.

* Lantier R.: *Réservoirs et aqueducs antiques de Mérida;* Bulletin Hispanique 17, 2. 1915.

* Mélida J. R.: *Catálogo Monumental de España. Provincia de Badajoz (1907-1910)*; Madrid, 1925-26.

*Fernández y Pérez G.: *Historia de las Antigüedades de Mérida.* Plano y Corchero. Mérida, 1893.

5.13.- PRESA DEL PAREDÓN (VALVERDE DE MÉRIDA).-

Coordenadas: 738.000 ; 4.308.600. Fuente: Servicio Geográfico del Ejército. Hoja 1:50.000 n° 777

Esta importante presa, situada como tantas otras en la campiña emeritense, ha permanecido inédita hasta fechas muy recientes, en que ha sido objeto de un primer estudio por parte de los arqueólogos Jean-Gérard Gorges y Christian Rico. Los autores sospechan que esta presa pueda ser la que se ha venido denominando como *presa del Peral* por algunos autores desde finales del siglo XIX, pero que hasta ahora no había sido descrita con detalle en ninguna ocasión. Está situada precisamente sobre el llamado Arroyo del Paredón, dentro de una finca perteneciente al término municipal de Valverde de Mérida, al sur de la conocida Charca Grande. Su estado de conservación es bastante bueno, a pesar de la rotura central del cuerpo de presa, reciente e intencionada con toda seguridad, con el fin de evitar precisamente el embalse de agua.

La tipología de esta presa es la de pantalla plana + terraplén, aunque presenta algunas peculiaridades en su construcción. Sus dimensiones son relativamente importantes, contando con una altura máxima de 4,50 m. para una longitud total de 140,5 m., mientras que el espesor de la pantalla varía desde unos 3,10 m. en la base hasta 1,90 m. en la coronación. Constituyen estas cifras la primera de sus particularidades, puesto que por dimensiones, ocupa un lugar preeminente dentro del grupo de obras de mediana envergadura, clasificadas por orden de importancia justamente tras los grandes embalses de abastecimiento urbano de los que conocemos relevantes ejemplos en la cercana Mérida.

El Paredón: *Vista desde aguas abajo de la presa en la zona en la que se ha eliminado el terraplén terrero. Obsérvese el escalonado de la zona inferior y el arranque de los pequeños contrafuertes en la parte derecha del muro.*

***El Paredón:* Vista de la presa desde aguas arriba en la zona de la rotura central. A la derecha abajo, se aprecian los restos del revestimiento de opus signinum, y justamente por encima la marca de la zona del paramento que debió cubrir este revoco hasta época muy reciente.**

La planta de la presa es realmente curiosa, puesto que presenta una traza totalmente recta en su parte central con una curvatura hacia aguas arriba en ambos estribos, que les hace aparecer finalmente perpendiculares al tramo central en sus extremos. La razón de esta curiosa disposición, (sin aparente razón estructural o de idoneidad de cimentación) quizá podría justificarse como una cierta licencia estética dentro de una obra de cierta importancia. Por otro lado, el muro, que presenta un paramento casi totalmente plano en su paramento de aguas arriba, está ligeramente escalonado en el de aguas abajo, pasando sucesivamente de un espesor en coronación de 1,90 a 2,30 m a media altura (a 2,70 m. de altura bajo la coronación), a partir de donde existe un escalón de 40 cm. de huella que convierte el espesor del muro en 2,70 m. durante otros 90 cm.. En este punto existe otro nuevo escalón idéntico al anterior que engrosa el muro hasta un espesor de 3,10 m., valor que se mantiene en sus últimos 90 cm hasta la base de cimentación. La fábrica está dispuesta en toda su altura por una serie de tongadas horizontales con 0,60 a 0,65 m. de espesor, que equivale a una medida aproximada de 2 pies romanos.

Precisamente en este paramento de aguas abajo existen una serie de pequeños contrafuertes embebidos dentro del relleno del terraplén, realizados seguramente con el fin de efectuar una aportación estructural a la resistencia de la presa. De esta manera, el paramento de aguas abajo posee dos escalones en la zona de su base (hasta una altura de 1,80 m.), el segundo de los cuales forma una especie de plinto sobre el que se apoyan la serie de pequeños contrafuertes adosados al muro, que cuentan con una anchura de 0,60 m y se espacian cada 2,5 m. aproximadamente, mientras el muro se rebaja progresivamente hasta los 1,90 m. de espesor. Esta característica del cuerpo de presa es aún observable desde el centro de la misma hasta el estribo izquierdo en algunas zonas que han quedado al descubierto debido a la pérdida de parte del relleno del terraplén que sí se conserva en el estribo derecho, dando finalmente la impresión de un muro con múltiples rebajes y recodos.

Existe una nueva particularidad en esta presa, y es que conserva casi intacto en algunas zonas, el revestimiento de *opus signinum* en el paramento de aguas arriba, lo que permitía aislar a la fábrica del muro del agua almacenada en el embalse y lo dotaba de una notable estanqueidad a la vez que preservaba su cara exterior de posibles erosiones. Este revestimiento en particular es una especie de estuco formado por tres capas: la primera de ellas, adosada a la cara exterior del paramento, posee un alto contenido en cal; la segunda tiene un espesor algo menor, y está formada a base de un mortero con mezcla de cerámica; por último, la tercera capa, que es la que se encontraba en contacto directo con el agua, es mucho más delgada y posee un alto contenido en ladrillo machacado que le dota de su característica coloración roja. Esta última capa, en contacto directo con el agua, cuenta con una granulometría aún mas fina que la anterior, presentando así un alto grado de pulimento. Este revestimiento es habitual encontrarlo en otras obras hidráulicas de origen romano, como canales (gran número de acueductos enterrados y a cielo abierto), depósitos (como el de Andelos), etc...

El Paredón: *Detalle de las tres capas del revestimiento hidráulico de aguas arriba: una primera capa de textura más terrosa y alto contenido en cal en contacto con el paramento (de unos 4 cm.), una segunda capa con un mayor contenido de elementos arcillosos (procedentes con toda probabilidad del machaqueo de piezas cerámicas), de unos 3 cm., y una última capa muy delgada, también con alto contenido arcilloso, como enlucido.*

Por lo que se refiere a los elementos de regulación de la presa, no es posible distinguir en la actualidad ninguno, aunque con toda seguridad existiría al menos un desagüe de fondo, seguramente en coincidencia con la rotura central en el cuerpo de la presa, e incluso es muy posible que aún exista y no sea posible verlo, ya que la zona de aguas arriba de la presa se encuentra parcialmente enterrada mientras que la de aguas abajo, al encontrase completamente removido el relleno, está casi permanentemente inundada. Por otro lado, no parece existir ningún tipo de portillo o aliviadero lateral, como es normal en una presa de materiales sueltos, ni encontramos collado natural en ninguno de los estribos para cumplir dicha función.

De esta manera, vemos que la presa posee la habitual tipología de pantalla + terraplén, pero con ciertas características particulares que nos pueden ayudar a concretar su lugar dentro de la evolución de la historia de la construcción de presas en España, y que van a permitirnos aventurar una datación aproximada de la misma. En primer lugar, cuenta con un esbozo de contrafuertes aguas abajo, lo que podría indicarnos una época de construcción contemporánea o quizá posterior a la de Proserpina, es decir, más o menos a partir del siglo II d.C. Por otro lado, el muro de la pantalla está formado por un todo de calicanto u *opus incertum* con una mezcla de mortero, mampuestos de pequeño tamaño, ladrillos e incluso hormigón (*caementicium*) en algunos puntos, formando una mezcla compacta pero bastante heterogénea. De esta manera, vemos que el muro no cuenta con un núcleo central impermeable de hormigón, aunque sí que posee un cuidado revestimiento de *opus signinum* en el paramento en contacto con el agua, siendo este elemento al que se ha encomendado en este caso la función impermeable.

Esta característica se ha observado ya en algunas presas tardías (de los siglos III y IV d.C.), como simplificación del clásico muro tipo sándwich, siendo un ejemplo de ello la presa de Villafranca del Campo en Teruel, que parece contar aún con un núcleo central de hormigón, pero poco diferenciado de la fábrica de los dos paramentos exteriores. Otro caso es el de la presa de Consuegra en Toledo, con un muro homogéneo de *opus incertum* que conserva en tramos muy puntuales su revestimiento de aguas arriba. De esta manera, parece que podríamos situar la construcción de la presa del Paredón en una fecha aproximada situada a partir del siglo III d.C, siendo quizá su tipología una evolución de la de la cercana presa de Proserpina, aplicada a una escala menor. En este sentido, debemos señalar que esta obra no posee, ni es previsible que haya poseído, ningún tipo de torre de toma en alguno de sus paramentos, ya que el valor de la altura de agua actuante es en este caso mucho menor que en aquel gran embalse, lo que habría permitido probablemente una manipulación directa de la compuerta de la toma desde el exterior.

La utilidad de la presa del Paredón de Valverde de Mérida parece estar relacionada con alguna de las explotaciones agropecuarias que abundaron en la campiña emeritense en la segunda época del periodo imperial, repartiendo su funcionalidad a medias entre el abastecimiento humano y usos agrícolas de regadío o abrevadero. Según Gorges y Rico, unos 1500 m aguas abajo se encuentra la *villa* asociada a la presa, donde el arroyo del Paredón confluye junto con el de Las Juntas en un nuevo curso de agua de mayor entidad conocido como Arroyo del Judío, lo cuál parece probar la finalidad de esta presa como obra rural de uso mixto, construida en la época en que la economía agraria alcanzó tanta relevancia, en comunidades prácticamente independientes de la *urbs*.

Bibliografía sobre la presa de *El Paredón*:

* Alvarez, J.M, Nogales T., Rodríguez G. y Gorges, J.-G.: *Arqueología de las presas romanas en España: Los embalses de Emérita Augusta y sus alrededores. Estado de la cuestión;* I Congreso Nacional de Historia de las Presas. Mérida, noviembre 2000.

* Castillo J.C. y Arenillas M.: *Las presas romanas en España. Propuesta de Inventario;* I Congreso Nacional de Historia de las Presas. Mérida, noviembre 2000.

* Gorges J.G. y Rico C.: "Barrages ruraux d'époque romaine en moyenne vallée du Guadiana"; Casa de Velázquez. Madrid, 2000.

5.14.- PRESA DEL AREVALILLO.-

Coordenadas: 355.950 ; 4.640.000. Fuente: Instituto Geográfico Nacional. Hoja 1:50.000 n° 481

Los restos de la presa del Arevalillo se encuentran sobre el río del mismo nombre, dentro del término municipal de Nava de Arévalo, a 6 Km de la propia localidad de Arévalo, en la provincia de Ávila, que es donde aquel río confluye con el Adaja. El estado actual de la obra no es bueno, reduciéndose lo conservado únicamente a las ruinas del estribo izquierdo hasta la parte más baja del cauce, así como a diversos bloques de fábrica sueltos y los vestigios del arranque de la galería de toma de la presa, situada en la parte central de la misma en coincidencia con el cauce del río. Desde su localización, ha sido objeto de algunas referencias que han pretendido interpretar su concepción original *(Arenillas, 1975; Sáenz, 1998).*

Los restos conservados del estribo están constituidos por al menos tres tongadas de calicanto u *opus caementicium*, es decir, el típico hormigón hidráulico romano, habiendo desaparecido todo vestigio de revestimiento de ningún tipo, tanto en el paramento de aguas abajo como en el de aguas arriba, aunque sin duda debió existir en un primer momento, al menos en éste último. Tampoco encontramos restos del terraplén de aguas abajo, ya que debemos decir que, con seguridad, la tipología constructiva adoptada en la primitiva presa romana debió ser la de pantalla + terraplén. En parte por la desnudez del muro de la presa, dicho muro se encuentra muy erosionado, sobre todo en las zonas próximas a las juntas de construcción, acentuándose así en gran medida las divisiones entre cada una de las etapas de su proceso constructivo.

Arévalo: *Vista general de los restos de la presa desde margen derecha aguas arriba. Se observan los diversos bloques descabalgados, así como las diversas tongadas horizontales de puesta en obra del hormigón*

Arévalo: *Vista general de la presa y el cauce del río Arevalillo desde aguas abajo.*

De esta manera, es fácil apreciar una serie de roturas verticales de arriba hacia abajo, quizás como consecuencia de un descalce de la estructura, que han dado lugar al descabalgamiento de varios bloques del cuerpo de la presa, constituidos cada uno de ellos por la superposición de todas las tongadas existentes. Ello hace sospechar la existencia de una nueva serie de juntas de construcción verticales, ya que los bloques desprendidos tienen dimensiones muy similares, de unos 3 ó 4 metros de longitud, lo cuál podría deberse a que las hiladas no se realizaron de una vez, sino que cada una de ellas se subdividió en pequeñas fases que no abarcaban la longitud total del cuerpo de presa.

El espesor de estas tongadas es de 1,10 m. aproximadamente, en contra de lo habitual en otras presas romanas, donde esta dimensión es por lo general de alrededor de 0,50 m. (1 codo romano); así, parece que cada una de las puestas poseían un espesor de 2 codos o más bien, 4 pies romanos. Por otro lado, la anchura del muro es también de algo más de 1 m. en coronación, aunque a partir de la mitad de la altura de la presa, este espesor se va ensanchando mediante un escalonado poco marcado en el paramento de aguas abajo, que hace que la presa tenga algo más del doble de aquel espesor en su base. La altura máxima de la estructura, a tenor de la diferencia de cota de los restos del estribo con respecto al cauce, y de las prospecciones realizadas sobre el lecho del río *(Bergamín et al., 1990),* debía ser de al menos unos 6 ó 7 m. en su parte central.

Como ya hemos dicho, el cuerpo de la presa debía contar originalmente con una fábrica exterior a base de sillares o mampuestos adosados a la pantalla, que no se conservado. Al no restar ningún vestigio de los mismos, puede pensarse que probablemente hayan sido reutilizados en alguna construcción de las poblaciones cercanas, como suele suceder en estas obras, que han servido tradicionalmente de improvisada cantera. Las dimensiones de este revestimiento, por comparación con los observados en otras presas de este tipo, podría ser de unos 0,30 m. o como máximo 0,50 m., y estaría adosado a cada uno de los paramentos de la pantalla conservada (o al menos en el de aguas arriba, el que se encontraba en contacto directo con el agua), actuando como protección contra la erosión del cuerpo principal de la presa.

Es de suponer que la presa de Arévalo llegó a estar en funcionamiento durante cierto periodo de tiempo tras su construcción ya que, aunque el estado de los restos conservados es muy malo, de ellos parece deducirse que la obra llegó a estar terminada. Ésta fue probablemente destruida por una avenida de cierta importancia que superaría los parámetros de estabilidad que poseía la presa, e incluso podríamos aventurar que esta rotura pudo ser debida a un vertido por coronación, que erosionase y arrastrase material del posible espaldón de tierra, lo que habría dejado en precario la estabilidad de la pantalla, que parece no contar en principio con las dimensiones necesarias para resistir por gravedad. Esta pudiera ser la razón por la que aparecen bloques desprendidos de la presa hacia aguas abajo y a cierta distancia de la presa, mientras que de la zona de mayor altura de la estructura, es decir, de la parte central y estribo derecho (donde la pendiente de la ladera es mayor, y más comprometida la estabilidad de la estructura), no se conserva resto alguno *in situ*, habiendo sido probablemente arrastrados en la ruina de la obra.

Arévalo: *Detalle del estribo izquierdo desde la zona central rota. Nótese el alto contenido en cal en algunas zonas del mortero del hormigón, así como el talud del paramento de aguas abajo.*

Arévalo: *Detalle del estribo izquierdo de la presa desde aguas abajo. Se observa el talud semiescalonado de la parte inferior de este paramento.*

Otro aspecto que puede apoyar la hipótesis de la existencia original de un espaldón de tierra aguas abajo, es la localización en la parte central de la obra de un tramo de la que debió ser con seguridad, la galería de la toma profunda de la presa, de la que actualmente únicamente asoma a ras del terreno la clave de su bóveda superior, realizada a base de una fábrica de *opus incaertum* con mampuestos de tamaño más bien grueso sin ninguna labra, trabados con el mismo tipo de mortero empleado en la fábrica del muro pantalla. Estos restos, que se encuentran como decimos en el punto de mayor altura del muro, que es el lugar junto al cuál discurre el cauce actual del río Arevalillo, no pueden corresponderse ni al cuerpo de presa, ni a un posible contrafuerte, debido a sus dimensiones, de aproximadamente 6,0 de longitud por unos 2,5 m. de anchura (en el tramo visible), ya que en las construcciones romanas los contrafuertes no solían encontrarse aislados, eran por lo general de dimensiones mucho más reducidas, y con una sección rectangular que tiende a cuadrada con aristas verticales, por lo que también podemos descartar la posibilidad de un contrafuerte de sección triangular.

De esta manera, la fábrica descrita, sobre todo debido a su parte superior de forma convexa, sólo puede corresponderse con la de la galería de toma del fondo de la presa, de la cuál asoma del terreno solamente la parte correspondiente a la clave, lo que es indicativo de que para obtener el valor de la altura original de la presa, deberíamos sumar a la de los restos visibles, al menos la dimensión vertical correspondiente a la galería, es decir, del orden de 2,0 ó 2,5 m más, contando con que las cotas interiores de ésta debían ser suficiente

para que fuese visitable. El tramo de galería a que nos referimos, sobresaldría del paramento de aguas abajo una longitud que se corresponde aproximadamente con vez y media la altura original estimada para la presa, lo cuál hace pensar en que este tramo sería el que estaría bajo el hipotético terraplén. Este hecho avala la existencia de un espaldón formado por un talud de tierras de quizá 3 : 1, valor que dependería por un lado, de la altura original final de la presa, y por otro, de la existencia de una posible berma o paseo de coronación en dicho espaldón. Una idea de cómo debería ser esta galería lo da la existencia de ejemplos de similares características, como en la presa de Consuegra, en Toledo, o en la de la Pared de los Moros, en Muniesa (Zaragoza).

Por otro lado, la utilidad primitiva, es decir, la finalidad perseguida con la construcción de la presa, no está completamente determinada, aunque debido a la existencia de algunos restos del primitivo canal de transporte aguas abajo de la presa (a pesar de la elevada erosión potencial de las laderas del cauce del río Arevalillo), los cuáles debían enlazar directamente con la mencionada galería de toma, deducimos que la construcción de una presa de embalse en este punto debe estar obligatoriamente relacionada con la población de Arévalo, enclave importante desde la Antigüedad debido a su posición estratégica en alto sobre la confluencia del Arevalillo con el Adaja. Este hecho se encuentra apoyado por la existencia justamente en este punto de la antigua calzada romana en dirección a Astorga (actual Cañada Real, que se encuentra señalizada en la carretera en dirección a Arévalo) la cuál, si es seguida desde la localidad de Arévalo, va a parar justamente al estribo derecho de la presa.

Arévalo: *Detalle de la clave de la galería de la toma profunda de la presa, que actualmente asoma en coincidencia con el lecho del Arevalillo. Al fondo, un bloque desprendido del cuerpo de presa.*

Arévalo: *Esquema general de la presa de Arévalo, con indicación de sus elementos principales.*

Esto último, unido al hecho de que los restos visibles de esta calzada aguas arriba de la presa se encuentran por el contrario en la margen izquierda del río, nos induce a no descartar tampoco una finalidad secundaria de la obra como paso entre ambas márgenes, puesto que un vado en este punto pudiera evidentemente haber sido útil para la comunicación entre ambas orillas, debido a la relativamente elevada pendiente de las laderas en esta zona, a pesar de que el caudal del río tampoco es excesivo, sobre todo en verano, lo que permitiría vadearlo limpiamente en la mayor parte de los casos. Debido a la escasa anchura del muro en coronación (algo más de 1,0 m, como ya hemos dicho), el paso podría realizarse a lo largo de la coronación del espaldón de tierras que hemos supuesto para la presa, por lo que finalmente, todo apunta de nuevo a que ésta sería la verdadera tipología de la misma.

Bibliografía sobre la presa del *Arevalillo*:

* Arenillas M.: *Una vía romana a través del Sistema Central español. La prolongación septentrional de la calzada del Puerto del Pico.* Revista de Obras Públicas. Madrid, nov.1975.

* Bergamín J.F., Gradolph A. y Mariné M.: *Estudio geofísico de la presa romana del río Arevalillo (Nava de Arévalo), Ávila.* Geociencias, Rev. Univ. Aveiro (1990), vol.5, fasc. 1.

5.15.- PRESA DE VILLAFRANCA DEL CAMPO (TERUEL).-

Coordenadas: 639.076 ; 4.505.411. Fuente: Instituto Geográfico Nacional. Hoja 1:50.000 nº 516.

Esta obra se encuentra situada sobre el río Jiloca, dentro del término municipal de Villafranca del Campo, en la provincia de Teruel, a muy escasa distancia del núcleo urbano de la primera localidad. La tipología de esta interesante presa, una de las más habituales en las obras hidráulicas romanas, es la de gravedad aligerada, es decir, está formada por un muro con una serie de contrafuertes hacia aguas abajo, presentando muchas características similares a otras presas de este tipo como pueden ser las de Araya (Mérida) o de Consuegra (Toledo). Las dimensiones que posee son muy similares a las observadas en otras obras del mismo origen, ya que la mayor dimensión vertical es de aproximadamente 2,30 m. en la zona de mayor altura (aunque podría ser algo superior en origen, llegando a rebasar los 3 m.), mientras que en la mayoría del resto de presas mencionadas varía entre 2,50 y 3,50 m: Araya, Castillo de Bayuela, Arroyo de las Golondrinas (Cornalbo), etc.., aunque existen un par de ejemplos también dentro de esta tipología, como Consuegra o Esparragalejo, donde la altura máxima supera los 5,0 m. Sin embargo, y debido a la amplitud del valle que cierra, la presa tiene una longitud en coronación de aproximadamente 150 m, que pudieron haber llegado hasta los 170 m, ya que parecen faltar unos 20 m del estribo izquierdo (hasta la actual carretera) *(C.H. Ebro-I 75, 1999)*, superior por tanto a gran parte de las obras mencionadas, ya que en el primer grupo de presas medianas sólo es comparable a la de Araya, con 139,0 m; aunque las dos presas mencionadas del grupo de presas mayores poseen dimensiones más importantes, llegando en el caso excepcional de Consuegra a unos 700 m. de longitud.

Villafranca: *Perspectiva del paramento de aguas abajo desde el estribo derecho, con la sucesión de contrafuertes de sección cuadrada.*

La sección del cuerpo de la presa posee un espesor de 2,15 m. y se encuentra formado por una pantalla intermedia impermeable de 0,65 m. a base de calicanto (*opus caementicium*), embutida entre dos paramentos exteriores de mampostería (*opus incaertum)*, ambos con un espesor aproximado de 0,75 m. Completa finalmente la sección en el paramento de aguas abajo, una capa de *opus signinum* (o mejor, *tectorium*): revestimiento hidráulico romano a base de mortero fino de cal, del cuál aún persisten algunos restos dispersos en diversas zonas de la fábrica, presentando así gran similitud con otras obras hidráulicas romanas, lo que refuerza de nuevo el origen supuesto para la obra.

Según las dimensiones descritas se comprueba la teórica estabilidad de la presa, tanto a deslizamiento como a vuelco, contando además con el refuerzo creado por la serie de contrafuertes adosados al paramento de aguas abajo, que no dan en principio la impresión de encontrarse empotrados al mismo como parte de la misma fábrica, al igual que ocurre en otras presas como en la de Consuegra, por lo que es posible que ambos elementos estructurales sí se construyesen de manera simultánea para dar solidez a la estructura, aunque los revestimientos exteriores de mampostería no tuviesen después la misma trabazón. La solidez de la estructura de la presa, junto con el hecho de que haya estado en funcionamiento hasta época contemporánea, justifica en parte su buen estado de conservación general, con la única excepción de la parte central desaparecida víctima de un destrozo realizado recientemente de manera deliberada con el fin de evitar la retención de agua y aprovechar los terrenos próximos para cultivo.

Las sucesivas fábricas superpuestas que forman el espesor del muro presentan características propias que permiten diferenciar esta obra de otras presas de origen similar.

Villafranca: *Vista del paramento de aguas arriba en el estribo izquierdo de la presa. Nótese la alineación de las puestas horizontales de la fábrica de mampostería.*

Villafranca: *Vista general del paramento de aguas arriba de la presa. En primer término, el actual cauce del Jiloca.*

Por ejemplo, la pantalla impermeabilizante interior a base de *opus caementicium* no posee en su árido una granulometría tan fina y cerrada como la de otras presas romanas, de las que pueden ser buenos ejemplos la de la Ermita de la Virgen del Pilar (Teruel), la Mesa de Valhermoso (Toledo)..., ya que en éstas últimas la dimensión mayor de los áridos suele rondar los 4 cm. y además, se observa una clara discriminación de tamaños ya que se encuentran siempre piezas de un calibre muy similar que conforman así una fábrica muy compacta y por tanto, impermeable, que es precisamente la utilidad pretendida en este elemento.

Sin embargo, en la presa de Villafranca se aprecia una selección de tamaños menos cuidada, casi a la manera de un *opus incaertum*, por lo que prácticamente ésta fábrica se distingue de la de los paramentos exteriores sólo en el empleo en éstos últimos de algunas piezas careadas de mayor tamaño para formar la cara exterior, exactamente igual que ocurre en la presa de Consuegra. Esta particularidad, habitual en presas de época bajoimperial, puede justificarse por el hecho de que en este caso resultase suficiente este tipo de fábrica, ya que las filtraciones no debieran ser muy importantes, si tenemos en cuenta la escasa altura hidráulica que actúa sobre el paramento, que sólo supera los 2,00 m en la zona central.

En cuanto a las dos fábricas exteriores, están formadas por hiladas horizontales no excesivamente marcadas, más fáciles de apreciar en el paramento de aguas arriba, y cuya altura está sobre los 30 cm., dependiendo de la dimensión vertical de los mampuestos, cuya forma no es regular, pero que poseen unas dimensiones por lo general bastante uniformes. Además, las hiladas están completadas por piezas más pequeñas a modo de cuñas entre la mampostería principal que cumplen la función de rellenar los huecos entre las piezas mayores y calzarlas con el fin de igualar las hiladas en altura.

La fábrica exterior tiene su continuación en los contrafuertes de aguas abajo, aunque éstos últimos se encuentran adosados al paramento y no parecen trabados con la fábrica del mismo, al menos en el caso del revestimiento exterior. Es de observar también de qué manera se hace coincidir una pieza de gran tamaño en las esquinas exteriores de cada uno de los contrafuertes a modo de refuerzo, detalle que puede observarse en muchas obras de diferentes épocas, pero también en otras presas romanas, como la de Araya en Mérida, donde este hecho es bastante notorio en las zonas bien conservadas, aunque en este caso se ha realizó un trabajo aún más cuidado, con unas esquinas muy bien escuadradas.

Finalmente, cabe apuntar que la presa aún posee restos de un revestimiento exterior de revoco u *opus signinum* (enlucido de cal), conservado en algunas zonas puntuales del paramento de aguas arriba. Este elemento cumplía una función de impermeabilización y protección contra la erosión en la cara en contacto con el agua, supliendo en parte la falta de esmero en la realización de la pantalla central de hormigón, cuya fábrica ya hemos dicho que se confunde con una mampostería indiferenciada. Estos vestigios parecen ser de la fábrica romana original, puesto que la existencia de enlucidos similares es sobradamente conocida en diversas obras de dicho periodo.

En cuanto a los elementos funcionales de la presa, debe mencionarse que cuenta con un desagüe de fondo de sección cuadrada de aproximadamente 0,50 x 0,50 m, situado entre el contrafuerte nĪ 13, contado a partir del estribo derecho de la presa, y el nĪ 14, actualmente desaparecido puesto que se encontraría en el tramo arruinado de la presa. Este elemento, presenta la particularidad de contar con un arco de descarga integrado en la fábrica del paramento de aguas abajo que serviría con toda seguridad para evitar agrietamientos verticales causados por la discontinuidad introducida por el hueco del desagüe. No creemos posible que este arco posea otra finalidad, como por ejemplo, servir de arranque a una posible galería de manejo del desagüe, puesto que en una presa de esta altura, es más probable que la regulación se situase en el paramento de aguas arriba, manejándose directamente desde la parte superior del cuerpo de la presa mediante una simple compuerta que daría paso hacia el canal de transporte que nace en este punto.

Villafranca: *Detalle de los cárcavos del molino en que desagua el canal que parte de la presa, y que está ya dentro del núcleo urbano de Villafgranca.*

Villafranca: Detalle de la toma profunda de la presa desde el paramento de aguas abajo. En la foto se aprecia el arco de descarga embebido en el paramento alrededor del desagüe de toma, formado por grandes piezas pétreas paralelepipédicas, y a la izquierda se aprecia uno de los contrafuertes adosados al paramento de aguas abajo.

Este desagüe de fondo está compuesto por cuatro piezas monolíticas que forman respectivamente, la solera, los hastiales y el dintel del mismo, con una dimensión principal que, al coincidir con el espesor del muro, supera los 2 m de longitud, (aunque actualmente falta la mitad de aguas abajo tanto del dintel como del hastial más cercano al estribo izquierdo). La idea de que el caudal a evacuar se regularía desde aguas arriba se ve reforzada por la evidencia de que tanto la solera como los dos hastiales sobresalen de este paramento y son cerrados por otra pequeña quinta pieza pétrea formando así una especie de arqueta de unos 60 cm. donde se adivinan huellas de alguna acanaladura útil para el movimiento vertical de una compuerta. A dicha arqueta llega una especie de canal adosado al paramento de la presa durante un trecho, a modo de desvío, que parece corresponderse con un canal posterior que pasaría por este punto una vez hubiese dejado de embalsar agua la presa.

Existe también otra toma que conserva una compuerta en uso en el extremo del estribo izquierdo de la presa, aunque parece ser que el origen de dicho canal se encuentra aguas arriba de dicho punto de toma, desde donde prosigue el trazado en dirección a Villafranca del Campo. Éste último forma parte de la compleja red de canales de riego que se encuentran por toda esta zona y a todo lo largo del cauce del Jiloca, donde hasta se hace difícil a veces distinguir el verdadero río de una acequia subsidiaria, debido también a la antigüedad de éstas, que las hace asemejarse a cauces naturales.

Volviendo al mencionado desagüe de fondo, su funcionalidad presenta en este caso una clarísima relación con la toma de agua y su aprovechamiento aguas abajo. El canal que parte del propio desagüe presenta un trazado que se desarrolla en su primer tramo junto al cauce actual del río y está formado a su vez por la confluencia de dos canales: el que decimos que parte del propio desagüe, y otro que apunta hacia la zona actualmente arruinada y que ya no podemos saber si provenía de otro desagüe desaparecido. El recorrido de este canal es aún visible, y discurre en primer lugar a través de una zona muy cercana a la presa (unos 50 m. aguas abajo), donde es fácil adivinar restos de algún asentamiento o construcción antigua junto a un pontón sobre el cauce del propio Jiloca, que posee un tablero formado por listones de madera. Posteriormente, y tras sufrir diversas ramificaciones sin duda relacionadas con antiguos aprovechamientos de agua, llegamos finalmente a un molino, antes del cuál el canal se va elevando progresivamente sobre el terreno mediante una obra de fábrica que presenta un aspecto un tanto rústico y que da la impresión de haber sido reconstruido en diversas ocasiones

Este molino se encuentra actualmente reutilizado en parte como vivienda y como corral o pajar el resto, habiendo perdido su antigua utilidad en época no muy lejana (ya que al parecer, ha estado funcionado hasta hace pocos años). La forma de la antigua construcción se ve reflejada en la base de la edificación actual, compuesta por los dos arcos que formaban los cárcavos de salida de agua del molino, que sería probablemente de eje vertical. Estos arcos poseen una fábrica muy antigua, aunque no es romana. En la conducción elevada de llegada al molino y de formación de carga para el movimiento de la muela, existe un gran aliviadero (justo antes de la llegada al molino) que aún conserva incluso la compuerta de madera y que está formado por un portillo de al menos 1 m. de altura con una solera ligeramente escalonada y formada por grandes losas que recuerdan al desagüe de fondo de la presa.

Villafranca: Detalle del final de la conducción que parte desde la presa y va a parar al cubo de un molino junto al cauce del Jiloca. Justamente a la entrada del molino se encuentra un aliviadero que regula la entrada de agua mediante una compuerta vertical.

Como ya apuntamos, el molino se ha mantenido en uso al parecer hasta hace no demasiados años (30 ó 40 según el actual dueño), coincidiendo su abandono con un largo periodo de sequía que imposibilitó el trabajo en el mismo y provocó en parte la posterior ruina de la presa, que fue causada además de manera intencionada con el fin de cultivar los terrenos aledaños. Es curioso observar también en esta zona de la población de Villafranca del Campo cómo varias construcciones actuales parecen aprovechar los cimientos o restos de algunas más antiguas, levantado paños y paredes de adobe sobre los arranques de muros de piedra, al igual que ocurre en el molino.

Tras haber sido aprovechada en el molino, el agua era vertida de nuevo al río, y puede observarse aún cómo el cauce del Jiloca continúa canalizado a lo largo del pueblo hasta la parte opuesta del valle, siendo regulado a trechos mediante compuertas, e incluso hallamos en su recorrido diversas obras de paso y tomas laterales, denotando en este particular muchas analogías con el famoso Canal de Cella, de probado origen romano y situado junto al nacimiento del propio río Jiloca, a unos 30 km. aguas arriba de este lugar.

Sobre éste último detalle, cabe decir que ésta distancia se aproxima mucho a la habitual entre las *mansio* de nueva creación de las calzadas romanas por lo que, sabiendo además que a lo largo del valle del Jiloca discurría la vía entre *Caesaraugusta* y *Laminio* (de la que existen diversos vestigios, como los puentes de Calamocha y Luco de Jiloca) y que por otro lado, según el Itinerario de Antonino, en este tramo del valle del río se situarían a partir de Zaragoza, la *mansio* de *Agiria*, la de *Albonica* y la de *Urbiaca*, cabría la posibilidad, a tenor de los posibles vestigios romanos de este lugar, que alguno de dichos asentamientos se correspondiese con la actual Villafranca del Campo. En este sentido hay que tener en cuenta además, la privilegiada posición de esta población con respecto a la vía de comunicación con la Meseta a través de la localidad de Molina de Aragón (incluso la actual carretera nacional, llega a Monreal del Campo, situada a muy escasos kilómetros hacia el Norte).

Además, es bastante aceptada la hipótesis de la correspondencia de *Urbiaca* con la localidad de Cella o alguna en sus inmediaciones *(M.A. Magallón, 1984)* por lo que, según la distancia observada entre dicha localidad y Villafranca del Campo, cabría pensar en la posibilidad de que ésta última población coincida con la antigua *Albónica* situada inmediatamente antes de *Urbiaca* en el citado Itinerario de Antonino (aunque F. Coello identificó Villafranca del Campo con *Agiria* en 1894, es decir, con la *mansio* anterior a *Albónica*). En todo caso, lo que es muy probable es la existencia de un núcleo de población en este lugar desde época romana, lo cual justificaría la construcción de una obra de relativa importancia como la presa que hemos descrito, que poseería la doble finalidad de regadío y abastecimiento de la población de esta antigua *mansio* asociada a la calzada.

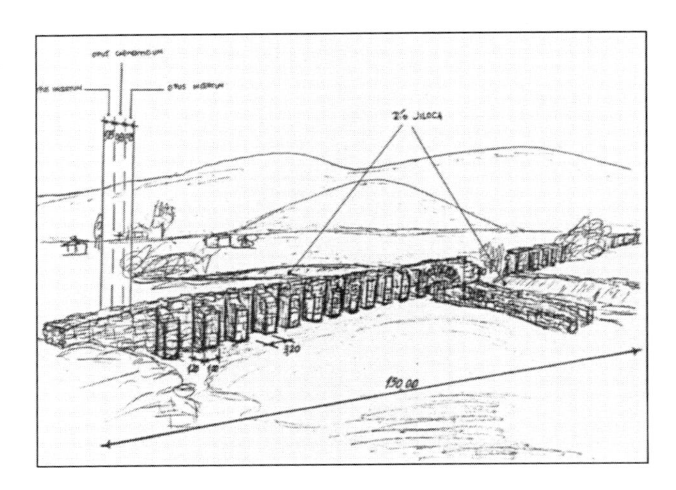

Villafranca: *Esquema general de la presa con sus dimensiones principales, en una vista desde aguas abajo en su estribo derecho.*

Finalmente intentaremos clasificar la presa de Villafranca del Campo situándola en una época concreta dentro del periodo romano en base a sus características: en primer lugar, posee una tipología (presa de contrafuertes) muy habitual en las presas rurales de época bajoimperial; además la morfología de su fábrica, con una pantalla de hormigón poco marcada en la que es difícil distinguir los distintos aparejos que conforman el sándwich del muro, paramentos de mampostería poco regular y realizada con piezas de escaso tamaño, impermeabilización a base de estuco (*opus signinum*) aguas arriba, etc.., son elementos que apuntan también en la misma dirección, pudiendo adscribirse esta obra con toda seguridad a época bajoimperial, es decir, al periodo que abarcaría entre finales del siglo II d. C., y comienzos del siglo IV d.C. De esta manera, por todas estas razones, y por sus similitudes con otras obras similares, concluimos que es posible datar su construcción dentro del siglo III de nuestra era. Esta cronología coincidiría con la tradicionalmente asignada al sistema de Pineda de Mar (Barcelona) *(Fernández Casado, 1972)*, donde podrían buscarse las analogías entre los arcos del acueducto de Ca'n Cuá y las del arco ciego que rodea el desagüe de fondo de la presa de Villafranca del Campo, cuya situación está en realidad muy cerca de la zona del Levante hispano.

Bibliografía sobre la presa de *Villafranca del Campo*:

* Castillo J.C. y Arenillas M.: *Las presas romanas en España. Propuesta de Inventario;* I Congreso Nacional de Historia de las Presas. Mérida, noviembre 2000.

* Confederación Hidrográfica del Ebro-Ingeniería 75 (M. Arenillas y otros): *Inventario de Obras Hidráulicas Históricas en la cuenca del Ebro en Aragón. Presas y Azudes.* Zaragoza, 1999.

5.16.- PRESA DE ARAYA (MÉRIDA).-

Coordenadas: 726.500 ; 4.313.800. Fuente: Servicio Geográfico del Ejército. Hoja 1:50.000 n° 777

La presa de Araya se encuentra cerrando una amplia vaguada por la que discurre un cauce de caudal intermitente que desagua directamente al Guadiana unos pocos centenares de metros aguas abajo. La presa está junto a la carretera de Mérida a Montijo, dentro de la finca que la ha dado nombre. Su tipología debe ser encuadrada dentro el grupo de presas romanas de pantalla plana y contrafuertes del lado de aguas abajo, de las que es posible que constituya precisamente el ejemplo más característico, sin olvidar otras presas del mismo tipo como Villafranca o Iturranduz. Debe decirse que es la de Araya una de las presas romanas emeritenses conocidas desde antiguo, habiendo sido objeto de numerosas referencias a lo largo del tiempo *(Fernández y Pérez, 1893; Foner y Segarra, 1893; Mélida, 1925, Fdez. Ordoñez, 1961, etc.)*, y de la que, al igual que la de Proserpina, incluso conservamos planos antiguos, como el de Villena, del siglo XVIII *(Gzlez. Tascón, 1993)*.

La longitud total de la presa es de 139 m. (aunque en origen pudo haber sido algo mayor), y está formada por un muro de cierre vertical cuya disposición es totalmente perpendicular al cauce, muro que se encuentra reforzado en toda su longitud por una serie de contrafuertes idénticos entre sí, con una anchura media de 1,2 m. y dispuestos a intervalos regulares (aunque no exactamente iguales) de unos 3 m. entre ejes *(Fdez. Ordoñez et al., 1984)*. Estas características refuerzan la opinión de tomar esta obra como paradigma de las presas romanas de contrafuertes, debido a que sus características coinciden con los cánones constructivos típicos que nos hemos encontrado en las obras que se han conservado hasta nuestros días.

Araya: *Paramento de aguas abajo de la presa con los contrafuertes de la zona central en primer término.*

Araya: *Vista general del paramento de aguas abajo de la presa desde su estribo derecho.Se aprecia que cierra un valle suave mediante una estructura simple que repite el concepto de los contrafuertes espaciados a distancias regulares para sostener el muro principal.*

Siguiendo con la descripción de la presa, su pantalla está compuesta por un núcleo central de hormigón hidráulico (*opus caementicium*), de aproximadamente 0,47 m de espesor uniforme *(Alvarez, 1970)*, con dos muros a cada lado que envuelven dicho núcleo, realizados a base de una fábrica de mampostería (*opus incaertum*) de 0,7 a 1,10 m. de espesor, variando por tanto el espesor total de pantalla de 1,80 a 2,70 m. *(Fdez. Ordoñez et al, 1984)*, con un valor medio de unos 2,15 m. *(Alvarez, 1970)*.

Esta fábrica se encuentra careada exteriormente en cada uno de los paramentos, por lo que llega a adquirir como decimos el aspecto de una mampostería más o menos concertada, con tamaños y disposiciones más o menos uniformes, sobre todo en el paramento de aguas abajo. El espesor de los muros exteriores es menor en los extremos que en la zona central de la presa, siendo esta disminución más acusada en el caso del muro correspondiente al paramento de aguas arriba. Además, la planta de la presa no parece ser totalmente recta, sino que contaría con una leve forma angular que se opondría a la dirección de la corriente *(Alvarez, 1970)*, siendo la planta quebrada una característica tomada de las grandes presas de pantalla + terraplén, como su vecina la presa de Proserpina (a unos 3 Km en línea recta).

Por último, debe señalarse la existencia de restos dispersos en el paramento de aguas arriba de un revestimiento a base de *opus signinum* con varias capas de un mortero formado por una mezcla de cal con ladrillo machacado *(Alvarez, 1970)*, que contribuiría a la impermeabilidad de la estructura y que es por otra parte un elemento que aparece con cierta frecuencia en todas las obras hidráulicas romanas como depósitos, canales, etc., pero que quizá fuese incorporado a las presas sólo a partir de una determinada época que según lo observado, podríamos situar a partir del siglo II d.C. (época aproximada atribuida a esta misma presa *-Fdez. Ordoñez et al., 1984-*).

Araya: *Detalle de la zona central del paramento de aguas abajo de la presa, con el desagüe de fondo en la parte derecha de la foto. En este caso la coloración de los líquenes adheridos a la fábrica (franjas marrón, gris y amarilla) nos ayudan a distinguir las diferencias entre las distintas puestas de opus incaertum.*

El material que compone el núcleo central está formado por el habitual mortero hidráulico romano a base de cal y un árido fino, completando la mezcla otro árido de calibre algo mayor, bastante homogéneo y nunca excesivamente grande (del orden de 4 ó 5 cm como máximo), cuyas formas pueden ser muy variables, aunque generalmente poseen aristas vivas, lo que parece indicar que se evita en lo posible la utilización de cantos rodados (aunque tampoco es ésta una regla fija que se cumpla en todos los casos de núcleos de hormigón de las presas romanas). La puesta en obra de este aparejo, que cumplía la función de impermeabilización de la presa, se realizaba mediante tongadas horizontales, vertiendo la masa dentro del espacio creado entre los dos muros exteriores que cumplían una función de encofrado perdido y que se levantaban previamente siguiendo la misma secuencia de capas horizontales sucesivas cuyo espesor era generalmente muy próximo a 0,50, o bien en casos excepcionales a 1,00 m, es decir, una dimensión siempre múltiplo de un codo romano, razón por la cuál se encuentran en los alrededores y dentro del vaso del embalse algunos trozos de material suelto de tamaño similar, y cuya altura ronda siempre los 0,50 m., lo que coincide con la dimensión unitaria utilizada en la presa de Araya para la realización de las tongadas horizontales y que, como ya hemos dicho, es el valor más comúnmente empleado en las obras de fábrica romanas.

La formación de estas hiladas horizontales es fácilmente observable en el paramento exterior de aguas abajo, donde incluso se aprecia el cambio de tamaños, formas y también de color entre una y otra tongada. En este sentido debe decirse que distinguimos una tendencia a la disminución progresiva de las dimensiones de las piezas que componen la mampostería; así, las capas inferiores cuentan con piedras más grandes, de forma cuadrangular más acusada, e incluso de tamaños más uniformes, mientras que en las capas superiores el tamaño se reduce, el material es más heterogéneo y la forma de las piezas se hace más alargada. Existen por otro lado, algunas piedras con forma de laja empleadas como cuñas de regularización entre las hiladas de mampuestos y que han sido introducidas en diversas zonas del paramento con el fin de calzar la capa siguiente y tener una altura uniforme en cada una de las puestas. En este sentido, cabe establecer una cierta similitud entre el aparejo de esta presa y el de la parte inferior de la presa de Proserpina recientemente descubierta *(Arenillas eta al., 1992)*, a pesar de que esta última cuenta con una evidente monumentalidad a la que no llega la de Araya, y por tanto, con un cuidado en su realización mucho mayor dada la importancia de la obra.

Por lo que se refiere a los contrafuertes, poseen unas dimensiones de 1,0 a 1,3 m x 1,1 a 1,4 m, es decir, de planta más o menos cuadrada, situándose a lo largo de la pantalla de la presa generalmente a intervalos desde 2,5 a algo más de 3,0 m (aunque pueden llegar hasta los 6 m de separación). Se conservan 29 contrafuertes, siendo su número total aún mayor (en origen serían 37 o más, según el plano del siglo XVIII de Villena), de los cuales se encuentran curiosamente en un mejor estado de conservación los situados en la parte central de la presa, es decir, los de mayor altura. Los contrafuertes están formados a base del mismo tipo de fábrica que los dos paramentos exteriores del cuerpo de la presa, es decir, un *opus incaertum* con una mampostería exterior vista más o menos cuidada sobre todo en las piezas que forman las aristas exteriores. Debe decirse que en este caso la construcción parece haberse realizado de manera conjunta con la de la pantalla de la presa, ya que es apreciable en algunos casos cómo incluso la mampostería exterior de los contrafuertes se encuentra trabada dentro del propio cuerpo de presa.

En cuanto a elementos de regulación, debemos reseñar la existencia de un desagüe de fondo de sección más o menos cuadrada en la parte central del cuerpo de presa (entre los contrafuertes nĪ 12 y 13, contando desde el estribo izquierdo, ó nḌ16 y 17 si nos fijamos en el mencionado plano antiguo), en coincidencia con la parte más baja del valle, y por tanto, con la máxima altura del muro. Las dimensiones de éste desagüe son de 0,9 x 0,9 m, y su sección está formada esencialmente por la misma fábrica que el resto de la pantalla, aunque con una pieza monolítica de mayor tamaño rematando el conducto a modo de dintel (característica común a muchos desagües de fondo de las presas romanas). La regulación del agua debería realizarse probablemente accionando una compuerta en el paramento de aguas arriba, como se ha observado en otras presas romanas de este tipo, como en la de Villafranca del Campo (Teruel). En estos dos ejemplos, así como en otros con dimensiones similares y una no excesiva altura, se hacía innecesaria la construcción de una torre de toma para un mejor accionamiento de la compuerta como en otras presas de mayor envergadura, en las que a partir de los 5 m de altura máxima de agua ya empezamos a encontrar ejemplos con torre de toma.

Araya: Vista de la coronación de la presa, donde se distingue el núcleo impermeable de opus caementicium entre los dos lienzos de opus incaertum.

Por lo que se refiere al uso original de la obra en base a sus características generales, aquél debía estar relacionado con alguna *villa* o explotación agropecuaria en las inmediaciones, que aprovecharía la idoneidad de esta zona para el desarrollo de la dehesa *(Alvarez et al., 2000)* por lo que la presa estaría destinada a un uso mixto para consumo humano y animal, además de para el riego de alguna huerta de relevancia secundaria, tal y como viene siendo común en época romana, creciendo en importancia dicho sistema de organización del territorio sobre todo a partir de final del siglo I d.C. y en época bajoimperial. Dentro de este marco, algunos autores como José M. Álvarez o Germán Rodríguez han precisado la cronología de la presa de Araya, situándola de manera aproximada en el siglo IV de nuestra era, en relación con los restos que aún perviven a menos de medio kilómetro al sur de la presa. Sin embargo, esta cronología parece quedarse algo corta si nos atenemos estrictamente a las características de la fábrica descrita (con ciertos paralelismos con la cercana Proserpina), así como con la tipología de la obra, ya que las presas de contrafuertes parece que comenzaron a generalizarse en territorio hispano quizá a lo largo del siglo II d.C, época que parece encajar mejor con la época de construcción de la presa de Araya. Finalmente, debe recordarse la proliferación de obras públicas en el entorno de Mérida en esta época (más concretamente durante los imperios de Trajano y Adriano), a la que corresponden además gran parte de las impresionantes obras hidráulicas realizadas dentro de la ciudad y en su entorno.

Por lo que se refiere al estado de conservación de la obra, es relativamente bueno, a pesar de algunas rapiñas de época reciente y del abandono que sufre, ya que se encuentra parcialmente invadida por la vegetación y se ve sometida a la agresión antrópica, que incluye la extracción paulatina de material. Además de una ausencia total de cualquier tipo de mantenimiento o protección, esta importante presa ve incluso amenazada su estabilidad por ciertas excavaciones realizadas a su pie. Por otro lado, su dique aún retiene incluso cierto volumen de agua a pesar del aterramiento parcial de su vaso, sobre todo en la zona próxima al paramento de la presa, aunque no llega en ningún caso a la capacidad de embalse original, cuyo volumen aproximado debe haber sido de más de 50.000 m3 *(Fdez. Ordoñez et al, 1984)*, y que está claro que debió ser suficiente para el abastecimiento de un asentamiento rural de época romana, como muestran las fotos tras la riada de 1958 reproducidas por J. M. Alvarez en su artículo de 1970, donde se ve el vaso del embalse aún totalmente lleno de agua.

Bibliografía sobre la presa de *Araya*:

* Alvarez J.M.: *Embalse romano de Araya*. XI Congreso Nacional de Arqueología. Zaragoza, 1970.

* Alvarez, J.M, Nogales T., Rodríguez G. y Gorges, J.-G.: *Arqueología de las presas romanas en España: Los embalses de Emérita Augusta y sus alrededores. Estado de la cuestión;* I Congreso Nacional de Historia de las Presas. Mérida, noviembre 2000.

* Caballero Zoreda L. y Sánchez Palencia F. J: *Presas romanas y datos sobre poblamiento romano y medieval en la provincia de Toledo*; Noticiario Arqueológico Hispánico. Mtro. Cultura, 1982.

* Castillo J.C. y Arenillas M.: *Las presas romanas en España. Propuesta de Inventario;* I Congreso Nacional de Historia de las Presas. Mérida, noviembre 2000.

* Fdez. Ordóñez J. A. y otros: *Catálogo de Noventa Presas y Azudes Españoles anteriores a 1900;* Biblioteca CEHOPU. Madrid, 1984.

* Fernández y Pérez G.: *Historia de las Antigüedades de Mérida.* Plano y Corchero. Mérida, 1893.

* Foner y Segarra A.: *Antigüedades de Mérida*. Mérida, 1893.

* González Tascón I.: *Fábricas Hidráulicas Españolas;* CEHOPU-CEDEX. Madrid 1992, pp. 13 y siguientes. Incluye la reproducción un interesantísimo plano de la presa del siglo XVIII.

* Mélida J. R.: *Catálogo Monumental de España. Provincia de Badajoz (1907-1910)*; Madrid, 1925-26.

* Moreno de Vargas B.: *Historia de la ciudad de Mérida.* Badajoz, 1633; 2 reed. 1974.

* Plano y García P. M.: *Ampliaciones a la Historia de Mérida de Moreno de Vargas, Forner y Fernández;* Patronato de la Biblioteca municipal y Casa de la Cultura. Mérida, 1894.

* Schnitter N.J.: *Historia de las Presas;* ed. en castellano: Colegio de Ingenieros de Caminos, 2000 (trad. de J. Diez-Cascón y F. Bueno); capítulo 2: El Imperio Romano.

5.17 .- PRESA DE LAS TOMAS (BADAJOZ) .-

Coordenadas: 678.650 ; 4.305.450. Fuente: Servicio Geográfico del Ejército. Hoja 1:50.000 n° 775

La existencia de esta presa se encuentra íntimamente relacionada con el yacimiento de Las Tomas, situado en las afueras de la ciudad de Badajoz, en el que apareció una *villa* de la cuál se extrajeron importantes restos entre los que había algunos mosaicos que se conservan en el Museo Arqueológico Provincial. De esta manera, dentro de los estudios realizados a partir de su descubrimiento, fue descrita esta interesante obra por Serra Rafols en un artículo de 1945, siendo ésta la única referencia escrita hasta el momento que se extiende sobre las características de la presa, a pesar de la importancia que posee, tanto por sus dimensiones como por sus peculiaridades constructivas y cronológicas.

Su situación está muy próxima a la actual entrada a Badajoz desde la autovía viniendo desde Mérida y que coincide con la antigua N-V, desde la que se accede a la presa por un camino que bordea una nave industrial dentro del polígono industrial que encontramos a la entrada de la ciudad frente a la Barriada de San Roque. Este hecho, junto con la existencia de edificaciones cada vez más próximas, hacen temer por la supervivencia a largo plazo de la presa, aunque debe decirse que el actual estado de conservación general de la misma es todavía aceptable a pesar del abandono a que se ha visto sometida, ya que este lugar se ha convertido en una especie de vertedero de basura. Actualmente, la presa se mimetiza en gran medida con el entorno, puesto que cierra una vaguada poco pronunciada que se ha visto aterrada del lado de aguas arriba, mientras que del lado de aguas abajo el terraplén de la propia presa posee una pendiente poco pronunciada y del orden de las laderas de la vaguada, por lo que dan la impresión de ser una formación natural. Además, el muro de la pantalla actualmente sólo sobresale del terreno una altura de algo menos de 1 m. en las zonas en que el mismo es más visible.

Este muro ha sido sin embargo aprovechado recientemente para instalar una valla metálica de cierre a la finca, situándose una puerta de acceso sobre la propia pantalla, lo que, unido al reciente colapso de parte del terraplén por hundimiento del desagüe de fondo, implicará necesariamente un progresivo deterioro general de la obra que pueden acabar con una de las más interesantes presas de este tipo.

La tipología de la presa es una de las más típicas en estas obras hidráulicas romanas, compuesta por una pantalla de fábrica aguas arriba apoyada en un terraplén de tierras aguas abajo, que sirve de apoyo al muro y lo preserva de deslizamientos y de vuelcos en el caso de embalse lleno, aunque en este caso la planta de Las Tomas parece ser totalmente rectilínea y no quebrada, como en la mayor parte de sus hermanas mayores. Además, presenta algunas peculiaridades constructivas que acentúan su singularidad dentro de las presas romanas conocidas: posee una serie de contrafuertes en el paramento de aguas arriba dispuestos de manera más o menos uniforme, lo que es relativamente corriente en las obras de este tipo y ya de cierta entidad, puesto que estos contrafuertes servían para contrarrestar el empuje hacia aguas arriba del agua de saturación del terraplén en caso de desembalse; además la presa posee una considerable torre de toma adosada al paramento de aguas arriba, que tenía la función de facilitar el manejo del elemento de regulación, formado muy probablemente por una compuerta vertical de manejo manual que sellaría el desagüe de fondo de la presa, y que en el caso que nos ocupa, sería de difícil manejo desde la superficie debido a la ya considerable altura de agua que posee la presa en este punto.

Esta última característica es la más singular de Las Tomas, en cuanto a que es el elemento menos frecuente de este tipo de presas, ya que en las presas romanas pertenecientes a la tipología "pantalla + terraplén" la torre de toma se sitúa generalmente aguas abajo dentro del relleno de tierras, es decir, en la zona seca (Proserpina, Alcantarilla, etc.), para preservarla de filtraciones, evitar los efectos de la presión del agua sobre las paredes de la torre, etc., aunque en este caso las esquinas interiores de la torre se encuentran reforzadas por grandes sillares en su mitad inferior, que contrarrestarían el efecto de este empuje. La habitual disposición de la torre de toma aguas abajo, presenta como excepción a la presa de Cornalbo, en la que fue realizada dentro del embalse, accediéndose a la misma mediante una especie de puente del que se conserva el arco de arranque; esta singularidad constructiva (dentro de todas las que presenta la propia presa de Cornalbo), permitía en este caso la toma de agua con diversas alturas de llenado del embalse.

Las Tomas: *Zona central de la presa con los contrafuertes del lado de aguas arriba en primer término, y la torre de toma al fondo, a la derecha en la foto.*

Las Tomas: *Vista general de la presa desde su estribo derecho. Obsérvese en primer término el opus caementicium a base de cantos rodados.*

Las Tomas: *Vista general de la presa desde su estribo izquierdo y detalle en primer término de la estructura en sándwich del muro de la pantalla.*

Sin embargo, éste hecho no parece ser la intención de los constructores de la presa de Badajoz, puesto que no se aprecian en este caso bocas de toma a media altura dentro de la torre. Por tanto, se adoptó una tipología propia de una presa de gran altura (todas las presas más importantes de la mitad suroeste de Hispania, al menos en cuanto a altura de agua, son del tipo "pantalla + terraplén"), pero con una característica propia de presas de menor entidad, como era la disposición de la torre de toma aguas arriba, que sí era empleada en algunas ocasiones dentro de la tipología general de presas de tamaño intermedio de gravedad o de contrafuertes (Iturranduz, Pared de Los Moros,...). Esta característica simplificaba la realización general de la obra, ya que la torre se podía construir de manera conjunta al resto de la pantalla y el terraplén podía también llevarse a cabo de una sola vez sin la dificultad de realización que aportaba un obstáculo intermedio (como en la presa de Consuegra, donde al la coronación del terraplén en las aristas interiores de los contrafuertes de aguas abajo hubo de ser rematada por pequeños macizos de hormigón para evitar su erosión). Por otro lado, la presión del agua en este caso no sería tan fuerte como en los ejemplos mencionados en primer lugar, por lo que una presa con la altura de la que nos ocupa no parece que viera comprometida su explotación por el hecho de poseer la torre de toma en contacto constante con el agua del embalse.

Desde la torre de toma parte una conducción en galería bajo el terraplén de la presa, conducción que servía para distribuir el agua almacenada, probablemente mediante un canal a cielo abierto. Esta galería puede verse aún en la actualidad de manera parcial, ya que existe una zona del terraplén que se ha hundido y la ha dejado al descubierto, quizá a causa de un fallo estructural o por erosión natural o más probablemente artificial, aunque lo preocupante es que este hueco se ve progresivamente agrandado, poniendo en compromiso la estabilidad general de la estructura, que debería ser objeto de una urgente actuación para no ser definitivamente perdida. Este socavón permite observar que la galería estaba formada del mismo modo que otras canalizaciones romanas, por unos muros verticales rematados mediante una bóveda de cañón formada con dovelas irregulares de piedra, que posee una altura total superior a 1 m., siendo por tanto prácticamente visitable (al menos desde el punto de vista de aquella época). La ruina de este tramo de galería permite medir la altura total de la presa, ya que la solera de la galería debía encontrarse aproximadamente en la parte más baja de la vaguada, mientras que es de suponer que la parte más alta de la presa se correspondiese con los restos conservados de la torre de toma, a juzgar por la morfología de la obra y del terreno circundante.

Las Tomas: *Vista de la coronación de la zona central de la presa y de la torre de toma*

De esta manera, la altura máxima aproximada de los restos conservados es de 5,20 m, habiendo llegado probablemente en origen a los 6 m si contamos la parte de coronación erosionada que resta en la actualidad y quizá una pequeña altura de resguardo contra el aterramiento del desagüe de fondo con respecto a la vaguada natural, lo que la sitúa como intermedia dentro de las presas de la Bética y Lusitania romanas, es decir, entre las grandes presas de "pantalla + terraplén" como Proserpina, Cornalbo, Alcantarilla, etc., con alturas de 15 metros o más, y las presas de tamaño medio o pequeño, de pantalla simple o con contrafuertes, como Araya, Hinojal, Villaminaya, etc., con alturas de hasta 4 m. Sin embargo, existen otras presas con alturas similares, como Esparragalejo o incluso Belas, en Lisboa que, sin embargo, siguieron realizándose manteniendo la tipología de las presas de menor altura, es decir, la de pantalla con contrafuertes aguas abajo, a pesar de contar con alturas de hasta 7 m, por lo cuál, y como se ha venido reiterando, ésta característica es muy particular en esta presa, ya que supone una transición entre las presas de menor tamaño a las de mayor envergadura. Tampoco constituye el único ejemplo, ya que las presas de Paerón I o Mesa de Valhermoso, ambas en Toledo, poseen una tipología similar (pero sin torre de toma), con alturas de unos 3 m.

Por lo que se refiere a la pantalla de la presa, como viene siendo habitual en los muros de las presas romanas, está formado por un núcleo central a base de hormigón hidráulico (*opus caementicium*), de aproximadamente 0,60 m de espesor, entre dos paños de calicanto o mampostería indiferenciada (*opus incaertum*) con un espesor próximo al métrico, que pudieran haber contado también con un revestimiento exterior a base de sillarejo o incluso sillería, que habría servido de remate para el paramento visto, y del que persisten muy escasos restos, observándose simplemente alguna pieza aislada en el paramento de aguas arriba junto a la torre. En este caso, debe remarcarse la utilización de cantos rodados en la realización de las distintas fábricas, dada quizá la dificultad de obtener otro tipo de árido de pequeño tamaño en esta zona próxima a la ribera del Guadiana. El tamaño de éstos varía de una fábrica a otra, siendo más pequeño en las más compactas, es decir, el núcleo central y la torre de toma, mientras que en los paramentos exteriores de la pantalla el tamaño de los guijarros, más o menos redondos, puede superar los 10 ó 15 cm. Debe observarse en todo caso la realización del cuerpo de la presa de manera solidaria con el de los contrafuertes, prolongándose en saliente la fábrica para formar éstos y dar homogeneidad a la estructura. Por otro lado, cabe apuntar cómo la fábrica de *opus caementicium* constituye también el cuerpo interno de estos contrafuertes, siendo la exterior de la misma mampostería del paramento, por lo que así ésta constituye un revestimiento de espesor constante a todo lo largo del perímetro de la presa, adaptándose de esta manera a la forma de entrantes y salientes a que da lugar los contrafuertes.

Debe hacerse notar cómo la fábrica de la torre de toma es distinta de la del resto del cuerpo de la presa, porque ya a simple vista se observan diferencias en cuanto a materiales y puesta en obra. En esta no se observan restos de un posible revestimiento exterior de mampostería, aunque probablemente pudo existir, ya que tampoco se observan restos de un posible encofrado a base de tablones de madera como en otras obras (por ejemplo, la presa de Iturranduz en Navarra). El árido utilizado en el hormigón que forma la torre es de un tamaño generalmente menor al observado en el resto de la presa, incluso en el núcleo central impermeable y, por otro lado, en las zonas en las que se encuentra libre de la pátina acumulada de años, el mortero empleado presenta un color blanco más acusado, lo que es probablemente indicativo de una mayor cantidad de cal en su elaboración.

Las Tomas: *Detalle de la galería de la toma profunda de la presa en la zona del hueco abierto en el terraplén de aguas abajo.*

Las Tomas: *Detalle de la torre de toma adosada al paramento de aguas arriba. Se observan las pequeñas tongadas horizontales de puestas de unos 20 cm. de un hormigón con un alto contenido en cal, así como los ladrillos utilizados como refuerzo en las aristas.*

Por otro lado, incluso observamos el empleo de fragmentos cerámicos dentro de su composición, haciéndose éste evidente en las esquinas de la torre, donde pueden situarse ocasionalmente ladrillos a modo de refuerzo de la arista. Las tongadas horizontales son de un espesor mucho menor al del resto de fábricas ya descritas (realizadas aproximadamente con un espesor de 0,50 m), ya que en este caso no pasan de 0,20 m. Todo ello hace pensar que dicha torre se construyó de manera independiente al resto de la presa, aunque su realización estuvo probablemente prevista desde un principio, puesto que en esta zona se dejó ya el espacio suficiente para su ubicación entre los contrafuertes.

En este sentido, cabe decir que estos contrafuertes (de planta cuadrada con dimensiones superiores al metro) están situados aproximadamente cada 2,5 m, mientras que la cámara de toma descrita anteriormente tiene unas dimensiones interiores de alrededor de 3,0 x 3,0 m, lo que deja en este caso un espacio entre contrafuertes sucesivos mayor, ya que no se observa en su interior, lleno de escombros hasta cierta altura, ningún resto de contrafuerte que sobresalga del paramento de la presa. La torre posee unas paredes con 0,50 m de espesor y se conservan en la actualidad unos 4,0 m. de altura libres desde los escombros acumulados en su fondo hasta la coronación, encontrándose la pared interior adosada completamente al paramento exterior de la pantalla.

Finalmente, cabe decir que no ha sido posible observar ningún tipo de aliviadero o dispositivo similar que, aunque es posible que existiese en una obra de las dimensiones de la que nos ocupa, quizá simplemente formado por un labio fijo a base de un rebaje en el propio muro, lo cierto es que es éste un elemento que tampoco se presenta de manera sistemática en las presas romanas. Así, caso de haber existido, es muy probable que se situase en alguno de los dos laterales, fuera ya de la zona de contrafuertes, aunque no es posible afirmar con rotundidad su existencia ya que es evidente que la coronación actual de la obra se ha visto rebajada con el paso del tiempo, faltando en la actualidad la parte superior del muro quizá en toda la longitud de la presa.

Como conclusión de todo lo que venimos describiendo anteriormente, debe decirse que, ateniéndonos a todas las características de la presa, sobre todo en relación con lo observado en su fábrica, éstas coinciden exactamente con la época asignada al cercano yacimiento de Las Tomas, es decir, el siglo IV d.C. En efecto, el tipo de hormigón con tamaños de áridos muy pequeños y tongadas de espesor muy reducido, es característico de las obras romanas de época tardía. Por otro lado, la tipología de la obra se encuadra dentro de un canon romano típico que se ha mantenido a lo largo del tiempo, ya que las presas de "pantalla + terraplén" constituyen un tipo constructivo que permaneció vigente, al menos en Hispania, durante toda la época imperial romana hasta el término de su dominación. Cabría relacionar esta presa pacense con las cercanas de Elvas y Campo Maior, en Portugal, uno de los focos de mayor proliferación de presas romanas de toda la Península, siempre al parecer asociadas a explotaciones rurales de época bajoimperial, y en las que encontramos también algún ejemplo de presas con algún tipo de terraplén (como en la de *Correio Mor,* en cuyo aparejo del muro de fábrica creemos adivinar ciertas similitudes con la de Las Tomas *–Gorges y Rodríguez, 2000-*), aunque lo normal es que se trate de presas de contrafuertes, generalmente con una planta rectilínea *(Carvalho, Mascarenhas y Cardoso, 2000).*

Bibliografía sobre la presa de *Las Tomas* :

* Serra Rafols J. de C.: *El poblamiento del valle medio del Anas en la época romana*. Revista de Estudios Extremeños. Septiembre de 1945.

* Guerra A.: "La economía agraria en Badajoz y su término: notas para la Historia. La Vega de Mérida"; Revista Estudios Extremeños 37, 1981; pp. 553 a 609.

* Caballero Zoreda L. y Sánchez Palencia F. J: *Presas romanas y datos sobre poblamiento romano y medieval en la provincia de Toledo*; Noticiario Arqueológico Hispánico. Mtro. Cultura, 1982.

* Gorges J.G. y Rico C.: "Barrages ruraux d'époque romaine en moyenne vallée du Guadiana"; Casa de Velázquez. Madrid, 2000.

* Schnitter N.J.: *Historia de las Presas;* ed. en castellano: Colegio de Ingenieros de Caminos, 2000 (trad. de J. Diez-Cascón y F. Bueno); capítulo 2: El Imperio Romano.

* Castillo J.C. y Arenillas M.: *Las presas romanas en España. Propuesta de Inventario;* I Congreso Nacional de Historia de las Presas. Mérida, noviembre 2000.

5.18.- SISTEMA HIDRÁULICO DE SÁDABA - ZARAGOZA- *(Presas de Puy Foradado y Puente del Diablo).-*

Coordenadas: 647.700 ; 4.683.500 (Puy Foradado) ; 653.900 ; 4.685.250 (Puente del Diablo). Fuente: Instituto Geográfico Nacional. Hoja 1:50.000 n° 245.

Dentro de la antigua comarca de Las Cinco Villas, entre los términos municipales de Sádaba, Uncastillo, Layana, Biota y Malpica de Arba, en el noroeste de la provincia de Zaragoza, encontramos un sistema hidráulico formado por una presa o azud de derivación a partir del río Arba de Luesia, un canal de transporte de agua (actualmente utilizado aún como conducción hacia el pozo de carga de un molino situado hacia la mitad del recorrido original de aquél), otra pequeña presa que quizá serviría como depósito intermedio de regulación de caudal o como aportación adicional a la conducción, y finalmente, el elemento más conocido del sistema: los restos de la obra conocida como acueducto de Los Pilares (o acueducto de Sádaba) el cuál, salvando una zona baja, conducía el agua hasta los restos de una población romana que debe corresponderse con la antigua población de *Atilianae* o *Tercha*, en el despoblado de Clarina *(Galiay, 1944)*. Dicho núcleo constituía una *mansio* de la antigua calzada romana que atravesaba la comarca de las Cinco Villas hacia el norte, y contaba incluso con unas termas, las cuales parecen haber sido el origen del topónimo con el que es conocido el famoso yacimiento: *Los Bañales*.

Presa del Puente del Diablo: *Vista del moderno azud de derivación que ocupa el lugar de la antigua presa romana en el origen del Acueducto de Los Bañales, sobre el Arba de Luesia. La antigua presa fue vista aún por Galiay en 1944 prácticamente enterrada bajo los acarreos, pero poco después fue construida esta toma aprovechando los cimientos de la antigua a decir de la gente del lugar, aunque no es posible ver in situ ya restos de la antigua obra. El recodo que forma el dique sirve de derivación hacia la Acequia del Molinar, vestigio del antiguo canal romano.*

Sádaba: *Vista general de la presa de Puy Foradado en su situación inicial (anterior a 2009). Nótese la pequeña altura de la presa (escasamente 2 m.), así como el total aterramiento de su pequeño embalse, hoy aprovechado como parcela agraria. Fuente: Arenillas et al.*

Como se ha dicho, la toma estaba situada en el río Arba de Luesia *(Galiay, 1944)*, ligeramente aguas abajo de la población de Malpica de Arba, en el paraje conocido como Fuente del Diablo, donde existe un manantial en la pared caliza de la margen izquierda del río que es el origen del topónimo del lugar. Actualmente no quedan restos de obra romana alguna, aunque encontramos en este lugar un azud moderno de hormigón en masa, por cuyo tipo de fábrica y aspecto debió ser construido alrededor de los años 50 de este siglo, y que sigue derivando agua hacia la antigua acequia de margen derecha excavada en el propio terreno. El estado de conservación de éste azud no es excesivamente bueno en comparación con la escasa antigüedad de la obra.Sin embargo, la hipótesis de la ubicación del azud romano original en este mismo punto, se encuentra avalada por el hecho de que Galiay lo vio y mencionó en su artículo de 1944 (aunque lo denominó "Puente del Diablo", nombre por otro lado habitual en referencias populares hacia antiguas presas o acueductos), es decir, sólo algunos años antes de la construcción de la presa actual, muy probablemente sobre la antigua. En este caso, puede que la fábrica actual aproveche incluso los cimientos de la romana, tal y como precisamente aseguran las gentes del lugar, aunque lo cierto es que en la actualidad no es posible vislumbrar vestigios de la obra antigua bajo la moderna mediante un simple reconocimiento visual.

Por otro lado, la situación del azud de toma, así como su relación con la antigua acequia, refuerzan la idea de su antigüedad, puesto que el sistema cumple justamente con la cota mínima necesaria para poder discurrir por la Val de Bañales y llegar finalmente al acueducto, ya que la toma se sitúa sobre la cota + 540, mientras que el canal en la zona de Los Pilares se encuentra algo por encima de la + 520, que equivale a una pendiente media de alrededor del 0,3 %, lo cual es bastante plausible para un canal romano. Por el contrario, existen algunas interpretaciones del sistema *(Beltrán, 1973)*, que no creen posible la relación entre ambos extremos del sistema hidráulico. Sin embargo, lo cierto es que el tramo intermedio se ve completado por la memoria popular, puesto que aún hay gentes en la población de Biota que aún recuerdan los vestigios del canal que discurría por los collados que hay entre el Arba de Luesia y el Puy Foradado en la Val de Bañales, al final de la conducción, relacionando así el final actual de la Acequia del Molinar, en el Molino del Cubo, con el resto del sistema hidráulico romano, que aparece en aquel paraje, ya muy cerca del yacimiento de Los Bañales.

Por otro lado, en el azud actual parecen adivinarse algunas de las características estructurales de las presas romanas, puesto que a grandes rasgos, guarda algunas similitudes con otros azudes de derivación con ese mismo origen, por ejemplo, con el de Riofrío en Segovia, o sobre todo con el de Pont D'Armentera en Tarragona, que tiene una altura visible similar (1,50 m.), una situación perpendicular al cauce del río, etc.. Aunque en el caso que nos ocupa, y debido a la importancia de los arrastres en un río del tipo del Arba de Luesia, la antigua presa debería encontrarse ya completamente enterrada en nuestros días (tal y como precisamente mencionaba Galiay), y puede que aún continúe debajo de la actual como es posible que haya ocurrido también en otros aprovechamientos antiguos, como la primitiva toma del acueducto romano de Tarragona sobre el río Francolí, de la que sin embargo no conocemos su situación exacta *(Sáenz, 1977)*.

Como ya se ha dicho, el canal conocido actualmente como Acequia del Molinar, hacia donde deriva el agua la presa de la Fuente del Diablo (o Puente del Diablo, según la denominación de Galiay) está excavado en propio terreno y posee unas dimensiones relativamente importantes (aunque por otro lado, es posible que hayan sido agrandadas a lo largo del tiempo), ya que en algunos casos puede superar los 1,5 m. de anchura.

Sádaba: *Vista del estribo derecho de la presa de Puy Foradado, con una especie de aliviadero o toma en su extremo. Como en la foto anterior,podemos observar el claro retranqueo de cada hilada de sillares con respecto a la anterior, así como el notable redondeo de las piezas debido al paso del tiempo.*

Sádaba: *Vista general de la presa de Puy Foradado desde su tramo central, donde puede apreciarse la mayor curvatura en su estribo izquierdo. Se aprecia la excavación de la campaña de Los Bañales de 2009, que deja al descubierto dos hiladas más de sillares, así como una fábrica indiferenciada en la base del tramo central de la presa, como puede observarse en la parte central de la foto.*

Las anteriores cotas son variables a lo largo del recorrido, sobre todo en profundidad, puesto que su solera va manteniendo una pendiente constante, mientras que la altura de sus cajeros depende de la orografía que atraviese su trazado. Este canal finaliza actualmente en el Molino del Cubo, aunque como ya se ha dicho, originalmente su recorrido debía proseguir hasta Los Bañales.

Si seguimos el recorrido de aquel antiguo canal en dirección a la antigua población romana, encontramos que cerca del Puy Foradado, y cerrando una cuenca de muy reducidas dimensiones y fuertes pendientes, existe otra antigua presa que se encuentra actualmente aterrada por completo, y está formada por al menos cuatro hiladas superpuestas, aparentemente dispuestas a hueso y compuestas por sillares de 0,50 m. de canto, alcanzando así una dimensión vertical máxima de 2,0 m. en el punto de mayor altura vista en su situación inicial.

Debido a las actuaciones arqueológicas realizadas entre 2009 y 2010, dirigidas por Javier Andreu, quedaron al descubierto al menos otras dos hiladas de sillares de la presa, por lo que su altura total sería de aproximadamente 3,0 m en origen. Por otra parte, en la parte central de la presa se pudieron asimismo descubrir los restos de una antigua fábrica formada por mampuestos no concertados, sin cuidado en su labra y que aparecían como arrojados sin excesivo orden, que pudieran corresponderse con el cuerpo de la obra original más antigua de esta presa, que pudo eventualmente haberse arruinado y haber sido reconstruida con el aspecto que ha llegado hasta nuestros días.

Sádaba: *Vista general del Acueducto de Los Pilares ó de Bañales desde la zona del Puy Foradado. Al fondo, el promontorio del yacimiento de Los Bañales. Debemos observar la forma curva de la cara superior de las últimas piezas de cada pilar para recibir un canal, probablemente de madera, así como los orificios laterales en los mismos para el encaje de posibles traviesas que sostuviesen los vanos de dicho canal.*

Esta obra presenta la particularidad de presentar una planta marcadamente curva, en forma de media luna, con 56,0 m. de desarrollo, además de una sección en alzado que muestra un ligero retranqueo hacia el interior de cada hilada con respecto a la inferior. La presa ya fue descrita por Galiay y posteriormente mencionada por Beltrán *(ver citas anteriores)*, en relación con el nombrado yacimiento de Los Bañales, y su adscripción a época romana es segura, no sólo por el aspecto de la fábrica, sino por su relación con dicho yacimiento, ya que del aliviadero-toma de la presa, arranca un canal que va a parar directamente al acueducto de Los Pilares bordeando el montículo del Puy Furadado, por lo que es evidente que el funcionamiento de la presa y el del acueducto fueron contemporáneos. Así, teniendo en cuenta que la población en Los Bañales sólo se mantuvo hasta el siglo V ó VI, es fácil precisar su origen. Lo que ya no es tan fácil de asegurar es si esta obra se erigió a la vez que el resto del sistema hidráulico descrito, incluyendo la toma en el Arba de Luesia, o se realizó posteriormente para servir de complemento regulador o de aportación adicional de caudal al canal, puesto que la naturaleza y tipología constructiva de esta presa parece diferir de la que se puede adivinar del azud de derivación principal en el Arba.

Como hemos dicho, su planta tiene forma de arco de circunferencia y está formada por hiladas regulares de piedra caliza con 1 codo (aprox. 50 cm.) de altura, variando la dimensión horizontal de los sillares entre 0,60 y 1,20 m., valores frecuentes en otras obras romanas de similares características. Aún observando la limpieza y brillantez de realización de esta obra, que cuenta con una excelente trabazón en sus sillares, colocados a hueso, es decir, sin mortero de trabazón, la obra debió realizarse con medios rudimentarios, teniendo en cuenta la relativamente escasa importancia de la misma. Este hecho puede deducirse de la aparente carencia en los sillares de los característicos huecos laterales para el manejo de pinzas de hierro en su colocación, aunque conviene recordar que en este caso, la altura no supera los 3,0 m., por lo que la elevación de las piedras tampoco supondría un trabajo extraordinario.

La finalidad de esta obra debió ser, más que la de aportación exclusiva al acueducto de Los Bañales, quizá el contar con las aportaciones puntuales de la lluvia recogida en la vaguada que cierra la presa, o más probablemente, de algún manantial actualmente seco, aunque tampoco se puede descartar su utilidad como regulación del caudal aportado por el canal proveniente de la toma en el Arba de Luesia. Esta última parece la toma lógica para un sistema de abastecimiento romano, capaz de satisfacer la necesidades de consumo humano, mientras que no parece posible que las aguas recogidas en la segunda presa puedan proporcionar el caudal constante que precisa una población que cuenta incluso con unas termas, las cuáles implican una demanda adicional de agua que obliga a contar con ésta de manera abundante. Dicha demanda parece imposible de asegurar con el agua recogida en una cuenca tan reducida, aún con el aporte de una posible surgencia, con unas precipitaciones tan espaciadas e irregulares como las que son norma general en todo el Valle medio del Ebro, y que se manifiestan particularmente en la zona de Sádaba (recordemos la cercanía de la extremadamente árida comarca de Las Bárdenas). Sin embargo, dichas necesidades, sí quedarían suficientemente cubiertas con una toma en el río Arba de Luesia, cauce que cuenta ya con un caudal importante y con una aportación regular a lo largo del año que es capaz incluso de soportar el riguroso estiaje de esta zona.

Se podría definir así esta presa como un elemento intermedio de aportación y quizá ocasionalmente de regulación (caso de suponer su construcción de manera simultánea al del resto del abastecimiento de Los Bañales), que permitiría enviar el caudal necesario para cada momento a través del *specus* del acueducto de Sádaba. La capacidad de este acueducto, a juzgar por las dimensiones de la pieza superior de los pilares conservados, es muy parecida a la de los tramos próximos de canal excavados en la roca, aunque parecen bastante menores que las que posee el canal de aportación en el primer tramo que coincide con la Acequia del Molinar, por lo que podemos pensar que este tramo de canal fue posteriormente ensanchado en relación con su nuevo aprovechamiento como alimentación al cubo del molino. Las ajustadas dimensiones del *specus* permitían ceñirse a las necesidades exactas de la población, evitando sobredimensionar una obra singular como es el acueducto. Era ésta una obra de difícil realización y que, probablemente debido a la afinada definición de las cotas del canal, pudo ser erigido con un sistema constructivo tan peculiar como es levantar los pilares mediante simples piezas monolíticas superpuestas, evitando así la realización de arcos que implican un trabajo de cantería más cuidado, así como el montaje de cerchas, etc.., que complicarían mucho la obra.

Por otro lado, y volviendo a la presa del Puy Foradado, aunque su capacidad no sería excesiva, es seguro que cumpliría una función de embalse y por tanto, de depósito de almacenamiento de agua en época de carestía o estiaje prolongado (aunque actualmente el vaso está completamente colmatado y la capacidad de embalse es prácticamente nula, lo cierto es que el agua rebosa por encima de la misma en periodos de lluvias prolongadas), o en épocas de reparación del canal de aportación que implicarían un corte provisional en el suministro desde la toma. Finalmente, otra posibilidad es, como ya hemos apuntado, que esta presa sea una obra romana posterior al resto, y realizada con la finalidad de paliar en parte la falta de suministro ante la ruina o constantes necesidades de reparación del canal que provenía del Arba. Sin embargo, el tamaño y el trabajo de los sillares, así como su disposición a hueso (como en el famoso Acueducto de Segovia), nos inducen a pensar en una cronología alta para esta obra en particular, quizá de finales del siglo I d.C. o del II d.C.

La aportación de caudal al acueducto de Los Pilares podría haberse realizado desde esta presa mediante una toma situada en la margen derecha de la misma. Sin embargo, esta función no está en absoluto demostrada, y en realidad, este elemento podría cumplir las funciones de aliviadero (aunque fuera posible el vertido por coronación), y no se ha hallado por el momento su relación directa con el canal hasta Los Bañales. En la primera hipótesis pudo haber existido una compuerta que actuaría como elemento de control y que se encajaría por un lado en unas acanaladuras en la roca natural, y por otro, en el propio cuerpo de la presa (particularidad ésta observada en otras obras romanas). Esta compuerta sería probablemente de madera, y se manejaría manualmente sin excesivos problemas, observando las dimensiones del posible canal. Por otro lado, en caso de excesivo llenado de la presa, y no poder aliviar el excedente por esta toma, la forma y el escalonado de aquella, facilitarían la evacuación del agua mediante simple vertido por coronación, por lo que también en este sentido, vemos que la presa parece estar diseñada para haber tenido una finalidad como embalse.

Para finalizar, el canal del Puy Foradado, llega al acueducto de Los Pilares (ó acueducto de Sádaba -*Fdez. Casado, 1972*), al cabo del cual se encuentra el yacimiento de Los Bañales, habiendo sido ambos objeto repetido de estudio por diversos especialistas ya mencionados en este texto. Sin embargo, reseñaremos como particularidad, la peculiar disposición del acueducto, formado por una sucesión de al menos 32 pilares, compuestos por hiladas monolíticas de sillares superpuestos con unas dimensiones ligeramente decrecientes, en cuya coronación se sitúa una pieza con la forma semicircular del canal que discurriría por su parte superior. Este canal sería probablemente de madera, y estaría sostenido por listones quizá también de madera que se apoyarían en los propios pilares mediante una traviesa pasante a través de uno de los sillares de las pilas del acueducto (en todas estas pilas existe un hueco que lo atraviesa de una parte a otra, que habilitaría la instalación de dichas traviesas), la cual compensaría además los esfuerzos transmitidos por cada uno de los tramos adyacentes de canal, actuando finalmente sobre el pilar la suma de compresiones de cada uno de los lados. Otra posibilidad que se ha apuntado en las últimas actuaciones llevadas a cabo en la zona, es que las vigas de apoyo de los listones que sustentaban el canal superior fueran en este caso de hierro, dado que sería un elemento sometido a tracciones, mal soportadas por la madera, que estaría constantemente agrietándose, lo cuál parecería apoyado por algunos restos de óxido conservados en algunos de los pilares del antiguo acueducto.

Bibliografía sobre las presas de Sádaba (*Puy Foradado, Puente del Diablo*):

* Andreu Pintado, J: "La ciudad romana de Los Bañales (I)" Anatomía de la Historia, sep. 2012.

* Beltrán Martínez A.: "Aragón y los principios de su Historia"; *Lección inaugural curso 1974-75. Universidad de Zaragoza.* Zaragoza, 1974.

* Beltrán Martínez A.: "Las obras hidráulicas de Los Bañales (Uncastillo, Zaragoza)"; *Segovia y la Arqueología Romana.* Barcelona, 1977.

* Caballero Zoreda L. y Sánchez Palencia F. J: *Presas romanas y datos sobre poblamiento romano y medieval en la provincia de Toledo*; Noticiario Arqueológico Hispánico. Mtro. Cultura, 1982.

* Castillo J.C. y Arenillas M.: *Las presas romanas en España. Propuesta de Inventario;* I Congreso Nacional de Historia de las Presas. Mérida, noviembre 2000.

* Confederación Hidrográfica del Ebro-Ingeniería 75 (M. Arenillas y otros): *Inventario de Obras Hidráulicas Históricas en la cuenca del Ebro en Aragón. Presas y Azudes.* Zaragoza, 1999.

* Fernández Casado C.: *Acueductos romanos en España.* Instituto Eduardo Torroja. Madrid, 1972.

* Galiay Saramaña J.: "Las excavaciones del Plan Nacional en Los Bañales de Sádaba (Zaragoza)"; *Informes y Memorias de la Comisaría General de Excavaciones Arqueológicas.* Madrid, 1944.

* Galiay Saramaña J.: *La dominación romana en Aragón.* Zaragoza, 1964.

5.19.- PRESA DE CA'LA VERDA EN PINEDA DE MAR (BARCELONA).-

Coordenadas: 472.100; 4.611.300. Fuente: Servicio Geográfico del Ejército. Hoja 1:50.000 n° 394

En el origen del acueducto descrito en su obra por Fernández Casado (citando a Prat i Puig) situado en Pineda de Mar, provincia de Barcelona *(Fdez. Casado, 1972; Prat i Puig, 1936)*, se encuentra una presa o azud de derivación, localizada en el paraje denominado Ca'la Verda, que está ligeramente aguas arriba de C'an Bufí, lugar citado por aquél como punto de toma de dicho acueducto. Es una obra realizada con grandes bloques de piedra, y se encuentra en la actualidad totalmente colmatada, habiendo desaparecido por completo su capacidad original de embalse, capacidad que debió poseer en cierta medida durante el periodo de funcionamiento de la obra.

Por su relación con el acueducto romano de Ca'n Cuá, hacia donde se dirigía el canal que partía de la presa (del cuál aún se localizan restos entre este punto y el tramo sobre arcos), así como por las analogías existentes con otro tipo de azudes de derivación de origen similar, esta obra puede asignarse a época romana y más concretamente, tomando como referencia la datación aproximada que hace Fernández Casado del resto de la conducción, cabría adscribirla al siglo III d.C, lo cuál concordaría en principio con las características constructivas observadas. La presa se sitúa perpendicularmente al cauce de la riera (como viene siendo norma general en los azudes de época romana, ya que se cumple prácticamente en todos los ejemplos conocidos), y no presenta ningún vestigio de desagüe o toma profundos como, en contra de lo comúnmente admitido hasta el momento, suele ocurrir en diversas obras de pequeña entidad y con finalidad de simple derivación (presas de Riofrío, Villaminaya, Pont D'Armentera ...), en las que se pretende simplemente asegurar el desvío de parte del caudal aportado por el cauce natural, vertiendo por encima de la presa el excedente de agua no aprovechada para ser transportada por el canal de abastecimiento. Sin embargo, esta presa en concreto presenta algunas particularidades, dado que por sus dimensiones podría aproximarse a las presas de embalse para acumulación puesto que, debido a su envergadura (altura máxima de 2,50 m.), si que contaría en realidad con una cierta capacidad de embalse que permitiría contrarrestar en parte la acusada estacionalidad de la Riera de Pineda, en la que el estiaje puede provocar que el cauce se encuentre totalmente seco durante varios meses al año.

De esta manera, quizá podríamos integrar esta presa en un nivel distinto, sin llegar al de las presas de embalse, pero con una cierta capacidad de acumulación que excedería de una simple función de derivación, aunque debemos recordar que no cuenta con los elementos de regulación profundos propios de las verdaderas presas. Dentro de este grupo podemos incluir otra serie de presas romanas como la del Puy Foradado en Sádaba (Zaragoza), y otras de mayor envergadura, aunque como son las de Pueyeé y San Marcos *(Fdez. Casado et al., 1984; C.H. Ebro- I. 75, 1999)*, o los azudes a lo largo del Guatizalema y Alcanadre, en Huesca *(C.H. Ebro- I. 75, 1999; Magallón, 1987)*, aunque en todos estos casos el origen romano es muy dudoso, y deben tratarse de realizaciones posteriores.

En cuanto a las características geométricas del cuerpo de presa, señalar que presenta una ligera curvatura en su planta, más acusada quizá en los estribos, con su convexidad hacia aguas arriba, entreviéndose por tanto una tímida forma de bóveda de curvatura simple, que se da en contadas obras romanas de este tipo, generalmente de época bajoimperial, surgiendo como evolución de formas anteriores de presas de gravedad.

Pineda: *Vista general de la presa desde aguas abajo en la margen izquierda de la riera de Pineda, en verano completamente seca.*

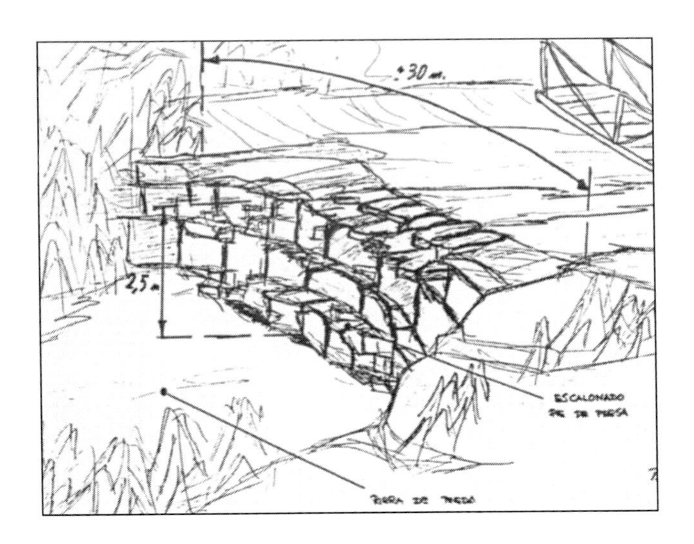

Pineda: *Esquema general de la presa en Pineda con sus dimensiones principales.*

Esta geometría permite prescindir de los contrafuertes (característica útil en el caso de vertido por coronación) pero es hallada solamente en obras de escasa altura, más o menos de hasta 2,50 m. como la que nos ocupa (con la posible excepción de la desaparecida presa de Glanum en Francia, que pudo llegar a tener 12 m. de altura *–Schnitter, 2000-*), por lo que generalmente y también en este caso, resisten más por gravedad que por el efecto arco generado por su forma en planta, ya que la anchura observada en el muro (aprox. 1,20 m.), bastaría por su propio peso para soportar los esfuerzos a los que se vería sometida la presa (aunque bien es cierto que de manera algo estricta).

Pineda: *En el paramento de aguas abajo existe un escalonado en el pie para evitar la socavación de la presa.*

El cuerpo de la presa está formado por hiladas de mampuestos de esquistos, algo irregulares en altura (que puede llegar a los 70 cm.) y sobre todo, en su longitud, aunque sí es cierto que la cara exterior del paramento presenta un cuidado mayor, por lo que se consigue alcanzar una mayor homogeneidad dentro de la relativa tosquedad de la obra. La fábrica de mampostería es como decimos de desigual talla, e incluso se aprecian piezas de menor tamaño incrustadas entre las juntas de las piedras mayores para corregir el deficiente escuadre de las piezas principales. Por otro lado, existen en la base una serie de mampuestos, a modo de plinto o escalonado inferior, con la finalidad evidente de evitar la erosión de pie de presa causada por el vertido por coronación, aunque actualmente este efecto está mermado por el deterioro de dichas piezas. Éstas se han situado lógicamente en la zona central, la de mayor altura de la presa, disponiendo los esquistos en sentido perpendicular al paramento, trabándose hacia el interior por un extremo y sobresaliendo el lado opuesto de la laja hacia el exterior. Este elemento se completa con otros mampuestos actualmente bastante erosionados y dispersos, lo que ha originado que prácticamente se haya perdido la forma original del plinto, que actualmente no es más que un mero vestigio del basamento original, cuya disposición recuerda a otros azudes de diversas épocas.

En cuanto al estado general del resto de la obra, es medianamente aceptable, puesto que conserva toda su longitud original (aproximadamente 30 m en coronación), aunque se encuentran deteriorados tanto el escalonado de base ya mencionado, como la coronación. Ésta última seguramente ha perdido una hilada completa de mampuestos, por lo que se deduce de la comparación con los estribos que parecen conservar las dimensiones originales, debido al discurrir por encima de ella del caudal de la riera, que ha labrado una especie de acanaladura por encima del cuerpo de la presa, lo que nos ha impedido conocer si ésta se encontraba rematada por una hilada de losas a modo de labio de vertido, al igual que en otras obras como la presa de Riofrío en Segovia.

Pineda: *Detalle del paramento de aguas abajo con el escalonado en su zona inferior.*

Pineda: *Detalle de la coronación de la presa desde su estribo izquierdo.*

Debe decirse que, a pesar de no haber alcanzado esta obra el grado de perfección de otras similares de época romana, si que se observa un cierto orden constructivo en la manera de disponer las hiladas, que puede ser que fuesen dobles según lo observado en coronación, es decir, compuesta por dos muros paralelos yuxtapuestos, como en la presa de Villaminaya (Moracantá) en Toledo. Por otro lado, existen otros detalles que denotan cierta evolución constructiva, como por ejemplo, el mencionado escalonado de base para evitar la erosión, o la planta ligeramente curva, que son elementos observados en contadas presas romanas y siempre de época tardía, tras una larga experiencia por tanto en el campo de la construcción de presas, y que no volvieron a aparecer en Occidente hasta el siglo XVI.

Asimismo, debe tenerse en cuenta también la envergadura, finalidad y época de construcción de esta obra, que parece sirvió como abastecimiento a una *villa* que constituiría un pequeño núcleo de explotación agraria sin una población importante, por lo que la construcción de una presa y un canal de transporte con una serie de arcos de fábrica, parece suponer ya un esfuerzo de infraestructura realmente importante en relación con la importancia de su punto de destino. En este sentido, podemos concluir también que quizá no fuera tan trascendente la aportación continua de agua (difícil de conseguir al menos en la actualidad en la Riera de Pineda), dependiendo de los cultivos explotados y suponiendo que quizá existiese algún otro tipo de abastecimiento para consumo humano en época estival, como pozos, cisternas, etc...

Por otro lado, la perfección constructiva o la monumentalidad no serían aspectos tan importantes como en otras obras conocidas cuya finalidad podría ser incluso propagandística. En este sentido y como ejemplo, el acueducto de C'an Cuá, situado 2 km. aguas abajo de esta presa, supone una realización que cumple perfectamente su finalidad, pero está resuelta con un esfuerzo constructivo relativamente pequeño en comparación con otras obras romanas, lo cuál se aprecia en detalles como el escaso tamaño de las piezas utilizadas, su escasa labra y la realización de los arcos, en los que en lugar de dovelas talladas, se colocaron una serie de cuñas encajadas una tras otra hasta la propia clave del arco en cuya formación también colaboraban las juntas de mortero con un espesor variable. Por otra parte, debe decirse que una obra de derivación como esta debe haber sufrido muchos daños a lo largo del tiempo y lo que nos haya llegado hasta nosotros sería con mucha seguridad el resultado de numerosas reconstrucciones que enmascararían su fábrica original.

En todo caso, se trataría de una obra de época bajoimperial, con rasgos observados en otras obras similares, algunas de ellas dentro de la propia Cataluña, lo que concuerda con la cronología atribuida hasta ahora a la obra *(Fdez. Casado, 1972)*, el siglo III d.C, ya que a pesar de su carácter rural y tardío, lo cierto es que si nos fijamos simplemente en el Acueducto de Ca'n Cuá, tampoco llega éste a la simplicidad y poca definición de otros acueductos similares del siglo IV próximos a éste, como el de Sant Jaume dels Domenys.

Bibliografía de la presa de *Ca'la Verda* ó *Pineda*:

* Caballero Zoreda L. y Sánchez Palencia F. J: *Presas romanas y datos sobre poblamiento romano y medieval en la provincia de Toledo*; Noticiario Arqueológico Hispánico. Mtro. Cultura, 1982.

* Castillo J.C. y Arenillas M.: *Las presas romanas en España. Propuesta de Inventario;* I Congreso Nacional de Historia de las Presas. Mérida, noviembre 2000.

* Fernández Casado C.: *Acueductos romanos en España.* Instituto Eduardo Torroja. Madrid, 1972.

* Prat i Puig F.: *L'acueducte Romá de Pineda.* Barcelona, 1936.

5. 20.- PRESA DE RÍOFRÍO ó DEL ARROYO DE LA ACEVEDA.-

Coordenadas: 410.300 ; 4.523.000. Fuente: Instituto Geográfico Nacional. Hoja 1:50.000 n° 483.

Esta presa es en realidad un azud de derivación y se encuentra en la ladera norte de la Sierra del Guadarrama, sobre el Arroyo de la Aceveda (ó Riofrío, ya que según el tramo del cauce en que nos encontremos puede variar el topónimo), bajando desde el puerto de la Fuenfría, a una cota aproximada de 1.260 m. sobre el nivel del mar. Nos encontramos en la provincia de Segovia, en el límite sur de los términos municipales de la propia ciudad de Segovia y de La Granja de San Ildefonso. Su origen es indiscutiblemente romano, por su relación directa con el célebre acueducto cuyo canal de transporte tiene un recorrido aproximado de casi 18 km., con un trazado conocido y fácil de seguir desde la enorme arquería de la Plaza del Azoguejo hasta esta cabecera situada en plena sierra de pinares y cuya situación no ha cambiado a lo largo del tiempo, ya que constatamos su utilización de manera prácticamente ininterrumpida a lo largo de los siglos, con reparaciones históricas documentadas en los siglos XIV, XV, XVII, etc., tal y como indican algunas referencias *(Fernández Casado, 1972; Almagro y Caballero, 1977)*, prolongadas incluso en la actualidad con nuevas rehabilitaciones.

Riofrío: *Vista general de la presa desde el estribo izquierdo, donde se aprecian las losas del labio de vertido cosidas mediante grapas de hierro. En primer término, se aprecia una de estas losas desplazada de su posición original doblando las grapas hacia arriba..*

Por otro lado, la calzada romana que unía *Titulcia* con Astorga, uno de cuyos tramos se desarrolla entre *Miacum* y Segovia en coincidencia con el paso por la Sierra del Guadarrama, baja del Puerto de la Fuenfría y discurre por un punto muy cercano a la presa, lo que es un indicador más del origen de ésta. Debe decirse que esta vía ha sido utilizada de manera continuada a lo largo del tiempo, sobre todo, hasta la realización del Puerto de Guadarrama en el siglo XVIII durante el reinado de Fernando VI, lo que viene corroborado por los diversos hitos de piedra diseminados a lo largo de su recorrido, que son testigos de las reparaciones llevadas a cabo durante este siglo, así como los numerosos vestigios de construcciones, la mayoría en ruinas, que se encuentran a lo largo de este trazado.

Recordemos la cercanía de la Venta de Santillana, así como la venta de la Fuenfría, la más alta de todas ellas al situarse a más de 1600 m de altitud *(Fdez. Troyano, 1994)*, punto obligado de paso para todos los viajeros y lugar donde Cervantes situó el nacimiento de su famoso *Rinconete*, protagonista de algunas de las mejores páginas de la picaresca del Siglo de Oro. De estos hitos existen diversos ejemplares en lo alto del puerto y a lo largo de todo el recorrido, persistiendo dos justamente al lado de la presa: el primero de ellos, situado ligeramente aguas arriba de la misma, indica la cercanía de dicha Venta de Santillana y por su tamaño y forma recuerda vagamente a un miliario romano; el segundo se encuentra en cambio incluso más próximo, en el camino que pasa junto a la presa y que debe coincidir con alguna reparación de ésta realizada en el siglo XVIII por la fecha que aparece grabada en el hito: 1763 (el primer hito debe proceder también de esta misma fecha).

Riofrío: *Detalle de los restos del relleno de piedras que servirían de apoyo al muro de la presa de Riofrío, hoy muy deteriorado y desaparecido en parte por el vertido del azud por coronación.*

Riofrío: *Vista de la presa desde aguas arriba. Detalle de las losas del labio de vertido y del grapado entre ellas.*

La primera particularidad que se observa es la propia ubicación de la presa, que se encuentra opuesta perpendicularmente al río como en todas las presas romanas conocidas, pero aprovechando un recodo en el cauce para derivar directamente el caudal necesario sin más que realizar un mínimo remanso, aislando prácticamente de esta manera la obra de toma del azud propiamente dicho. Esta disposición se ha observado también en otras obras de derivación romanas, como el Azud de los Moros en Tuéjar (Valencia) o la presa del Arroyo de las Golondrinas (Mérida). La envergadura de la obra es relativamente pequeña, debido a que este arroyo posee aportaciones regulares durante todo el año incluso en época de estiaje, por lo que en este caso no se hacía necesario ningún tipo de regulación o almacenaje de agua, ya que ésta puede derivarse siempre en la cantidad necesaria para la alimentación del canal. Por otro lado, la pureza del agua de esta zona es de sobra conocida, lo que suponía un aliciente más para los constructores romanos, que daban a este hecho una importancia prácticamente religiosa.

Sin embargo, volviendo sobre la particular disposición de la presa, ésta puede haber favorecido también a que el cauce haya huido de su curso original en coincidencia con alguna crecida (en esta zona, muy relacionadas con el deshielo), lo cual habría obligado a realizar las obras de encauzamiento que se observan justamente aguas arriba de la propia presa con el fin de redireccionar el cauce y conservar así la toma para no cortar el suministro al canal que se ha venido manteniendo a lo largo de los siglos. Prueba de ello es el aterramiento de su pequeño embalse que, aunque por la magnitud de la obra esto no suponga un gran volumen de sedimentos, es indicativo de un uso continuado a lo largo del tiempo y origina que en la actualidad el agua circule en esta zona en una lámina muy delgada, siendo despreciable la capacidad de embalse de la presa. Las obras relacionadas con la toma, que serán descritas a continuación, deben haberse realizado en época más o menos reciente, y casi con seguridad en la segunda mitad del siglo XX, a juzgar por el tipo de fábrica que se observa en las mismas.

El cuerpo de la presa tiene una longitud total de 13,40 m, con una altura máxima sobre el cauce de 1,11 m, y está formado por un muro de una mampostería compuesta por un hormigón hidráulico que sirve de unión a un esqueleto de cantos no rodados de tamaño irregular y naturaleza granítica, como no podía ser de otra forma en la Sierra del Guadarrama. Actualmente es difícil ver esta parte de la obra al verter agua de manera constante la presa y estar cubierta de una capa de vegetación compuesta por líquenes y musgos. La coronación del muro consta de un labio de vertido formado por losas graníticas regulares cosidas entre sí mediante grapas de hierro.

El tamaño de estas losas varía de 0,70 x 0,35 m. a 0,70 x 0,53 m., con un espesor (altura) de entre 0,15 y 0,20 m., mientras que las grapas de hierro mantienen un tamaño regular de aproximadamente 25 x 4,5 cm., insertándose en cada una de las losas mediante cajas talladas en las mismas a la manera que se ha venido observando en otras obras romanas de este tipo, como en el aliviadero de la presa de Almonacid de la Cuba (Zaragoza), donde las cajas de grapas conservadas en esta zona poseen unas dimensiones muy parecidas a las de la presa de Riofrío y han sido identificadas con una reparación datada en la segunda mitad del siglo I d.C. *(Arenillas, Beltrán et al., 1996)*. Sin embargo, y dada la naturaleza de la obra, muy condicionada por la erosión del río, y las diversas reconstrucciones que se sabe ha sufrido, es seguro que estas losas no provengan de la obra original, y aunque actualmente se conservan prácticamente todas las grapas del labio de vertido, no serían éstas originales romanas, y provengan de una de las diversas reparaciones que ha sufrido a lo largo del tiempo.

Riofrío: *Vista general de la presa desde aguas abajo. A la derecha, losa del labio de vertido cuyas grapas han sido dobladas hacia arriba.*

Riofrío: *Esquema con las dimensiones principales de la presa de Riofrío, incluyendo las dimensiones del canal de toma en su estribo derecho.*

Por lo que se refiere al cuerpo de la presa, ya se ha dicho que no es fácil de observar directamente debido al vertido continuo, sobre todo en la zona de mayor altura, además de la dificultad adicional de las incrustaciones acumuladas sobre el paramento. Sin embargo, el muro parece estar formado por una fábrica de calicanto a base de piedras sin labrar de diversos tamaños y hormigón hidráulico, con una anchura menor que la de las losas de coronación, puesto que éstas poseen un apreciable vuelo sobre el cuerpo de la presa, por lo que el espesor estimado puede rondar los 0,40 ó 0,50 m., lo que es suficiente para la escasa altura del muro. Dicho muro vertical se encontraría apoyado por un relleno de piedras aguas abajo que actuarían como contención y que permitirían el paso del agua vertida sobre el labio de la presa. Este pedraplén se encuentra en la actualidad muy deteriorado y únicamente es posible verlo en los laterales, sobre todo, en el estribo izquierdo

Por otro lado, en el lateral de la presa, coincidiendo con el recodo que forma en este punto el cauce del río, se sitúa la compuerta de toma bordeada por sillares de gran tamaño y que con toda probabilidad no deben ser originales, correspondiéndose por tanto con alguna de las sucesivas reparaciones llevadas a cabo. Desde este punto parte un canal con cajeros realizados también en piedra, cuyas dimensiones en su origen son de 0,70 m. de anchura interior por 0,60 m. de calado, para posteriormente estrecharse hasta 0,56 m. Este canal llega actualmente a un decantador al aire libre formado por diversos compartimentos que tienen la finalidad de reducir la velocidad de agua y aumentar la sedimentación potencial a través de un recorrido ondulante. A la salida de este arenero existe una compuerta que regula la salida del agua hacia la conducción subterránea que se dirige hacia Segovia, situándose además en este punto un aliviadero que devuelve el agua sobrante de nuevo al Arroyo de la Aceveda. En este punto se observan los restos de una construcción de planta cuadrangular que se deben corresponder con un registro antiguo y que en la actualidad está abandonado por discurrir la renovada conducción unos metros hacia el oeste, más cerca del cauce. Sin embargo, a partir de este punto la conducción subterránea toma un trazado que ya debe coincidir práctica o totalmente con el original, que se desarrolla a lo largo de la margen derecha del río, siendo posible encontrar regularmente bocas de registro cuadradas de piedra, así como algunas pequeñas obras de refuerzo en coincidencia con el paso de alguna torrentera de época netamente posterior a la romana.

Esta tipología de la conducción, generalmente enterrada, apoya la hipótesis de Fernández Casado sobre la fecha de construcción del Acueducto de Segovia (sin duda contemporáneo a la presa y al canal de transporte) en la segunda mitad del siglo I. d.C. durante el imperio de Claudio *(Fdez. Casado, 1972)*. Las características de la obra de derivación: muro vertical con un labio de vertido a base de grandes losas graníticas, unidas mediante grapas de hierro de grandes dimensiones, y todo ello apoyado sobre un relleno de piedras, no pueden ser adscritas con seguridad a época alguna, aunque con gran seguridad no pertenecerían a la obra original, por lo que probablemente, su aspecto actual se corresponda con alguna reconstrucción posterior, probablemente, del siglo XVIII.

Sin embargo, por las características de la conducción posterior, parece acertado situar la construcción de todo el conjunto en una época cercana a la mitad del siglo I de nuestra era, aunque lo cierto es que la circunstancia que mejor apoya esta tesis es la tremenda similitud entre las fábricas del propio Acueducto de Segovia con el *Aqua Claudia*, una de las más importantes conducciones a la ciudad de Roma construida entre los imperios de Calígula y de Claudio (38 al 52 d.C.), cuyas larguísimas arcadas poseen dimensiones en todo muy parecidas a nuestro acueducto a pesar de contar aquél con un solo orden de arcos.

Por lo que se refiere de forma global a la conducción conocida del Acueducto de Segovia, debe indicarse que no posee las características habituales de un canal de abastecimiento romano desde su punto de toma en el azud de la Aceveda hasta el primer depósito de decantación a la entrada de la ciudad de Segovia, ya que por lo observado, podría tratarse de una zanja excavada directamente en la tierra, dado que solamente se han hallado de forma esporádica tramos de un único muro a media ladera, que por otro lado, no cuenta con la forma de un canal de transporte de agua, ni restos de revestimiento hidráulico, y además las referencias antiguas de dicho canal hablan de los problemas de contaminación del agua transportada por paso de carros sobre el canal y porque servía de abrevadero al ganado.

Por otra parte, aunque el perfil del canal desde la Aceveda cuenta con una pendiente uniforme y acorde con los parámetros constructivos romanos, lo cierto es que a lo largo de su trazado, que cruza a su vez varias vaguadas, se encuentran varios rápidos, uno de ellos especialmente importante en el que existía además un molino medieval, lo cual no es en absoluto habitual en conducciones romanas. Finalmente, el caudal disponible a derivar a partir del arroyo hacia la ciudad no parece justificar una obra tan monumental como la gran arcada del tramo final, lo que hace pensar en que en origen existiría una toma de agua alternativa que permitiese asegurar un caudal adecuado a los estándares de una ciudad romana.

Es de esperar que todos estos interrogantes queden resueltos en un futuro mediante un estudio en profundidad del sistema hidráulico del acueducto de Segovia, en el que a pesar de su fama y del tiempo invertido en estudios y publicaciones financiados por entidades públicas, aún no se conoce su estructura y funcionamiento original.

Bibliografía sobre la presa de *Riofrío*:

* Almagro Basch M. y Caballero Zoreda L.: "Las excavaciones realizadas a lo largo del acueducto romano de Segovia"; *Segovia y la Arqueología Romana.* Barcelona, 1977; pp. 33 a 42.

* Almagro Gorbea M. y Caballero Zoreda L.: Exposición conmemorativa del Bimilenario del Acueducto. Segovia, 1974.

* Arenillas M. y Sáenz Ridruejo C.: *Guía física de España 3. Los ríos.* Madrid, 1987.

* Caballero Zoreda L. y Sánchez Palencia F. J: *Presas romanas y datos sobre poblamiento romano y medieval en la provincia de Toledo*; Noticiario Arqueológico Hispánico. Mtro. Cultura, 1982.

* Campos A.: "Dos mil años corriendo"; Artículo publicado en *El Pais.* Madrid, 29 de mayo de 1998.

* Castillo J.C. y Arenillas M.: *Las presas romanas en España. Propuesta de Inventario;* I Congreso Nacional de Historia de las Presas. Mérida, noviembre 2000.

* Fernández Casado C.: *Acueductos romanos en España.* Instituto Eduardo Torroja. Madrid, 1972.

* Martínez Caballero S.: *El Acueducto de Segovia. De Trajano al siglo XXI.* Ayto. de Segovia, Concejalía de Patrimonio Histórico y Turismo, 2012.

5.21.- PRESA DE LA CUBA (LA ROCA DE LA SIERRA; BADAJOZ).-

Coordenadas: 693.950 ; 4.324.300. Fuente: Servicio Geográfico del Ejército. Hoja 1:50.000 n° 751

La Presa de la Cuba se localiza en el término de La Roca de la Sierra (provincia de Badajoz) y se accede a ella desde un camino que sale hacia la derecha nada más cruzar sobre el Río Guerrero a lo largo de la carretera que se dirige desde Badajoz hacia aquella localidad (en dirección a Cáceres). La presa cierra precisamente una pequeña vaguada, el arroyo de La Cuba, subsidiaria del Guerrero (afluente por margen derecha del Guadiana). Actualmente perviven solamente pequeños restos de la fábrica del muro de aguas arriba de la presa, que sin embargo debió poseer en origen una considerable longitud y que sigue embalsando agua, conservando aún incluso una relativamente importante capacidad de embalse, aunque sólo de manera ocasional debido al carácter estacional de la cuenca que la alimenta. Su conocimiento se debe a la reciente labor de algunos investigadores de las presas romanas *(Gorges y Rico, 2000).*

La tipología observada es la de tipo pantalla de fábrica aguas arriba + terraplén aguas abajo, tal y como parece indicar la disposición actual de los restos conservados. Sin embargo, se puede decir que actualmente es una simple presa de tierra, ya que los restos dispersos del antiguo muro de fábrica romano no son capaces de retener agua, mientras que su primitivo terraplén parece haber sido conservado y rehabilitado a lo largo del tiempo, por lo que sigue siendo útil, sirviendo incluso en el presente como apoyo del camino de acceso a la finca donde se encuentra enclavada la presa.

Roca de la Sierra: *Detalle de los restos de la pantalla de aguas arriba de la presa, que como vemos, mantiene parcialmente su funcionalidad gracias solamente al terraplén de aguas abajo.*

Roca de la Sierra: *Vista general de la presa de La Cuba desde su antiguo embalse. Tras la pantalla, discurre el actual camino, por encima del antiguo terraplén de aguas abajo.*

A juzgar por los restos conservados, la presa debió tener una altura total máxima superior a los 2 m, siendo su fábrica un simple muro de hormigón hidráulico (*opus caementicium*) con un paramento de mampostería de aproximadamente 0,80 m. de espesor dispuesto en tongadas horizontales de unos 0,75 m., lo cuál constituye un hecho singular dentro de la construcción romana, (al menos en las presas), ya que las hiladas suelen ser múltiplos del codo romano (0,45 a 0,50 m) o en alguna ocasión del pie (aproximadamente 0,30 m.), mientras que en este caso parecen tener un espesor de un codo más un pie romanos.

Este muro pudo haber contado con un revestimiento exterior de mampostería, al menos del lado de aguas arriba, aunque fijándonos en lo conservado no puede afirmarse con rotundidad su existencia ya que, a pesar de que se observan una o dos piezas sueltas de mampostería empotradas en el paramento, éstas pueden haber sido incorporadas directamente en la mezcla del hormigón sin formar parte de otra fábrica distinta. Así, no podría tampoco asegurarse que se conserve el espesor total, debido a que la erosión ha dejado totalmente redondeados los machones de fábrica conservados. En base a lo observado sobre el terreno, la presa debió tener originalmente una longitud de unos 180 m., aunque actualmente sólo se conservan algunos tramos sueltos de la fábrica del primitivo dique en una longitud de algo más de 50 m.

No existen restos de contrafuertes aguas arriba y no es probable que existieran puesto que, dada la escasa envergadura de la obra (en altura al menos, ya que en longitud debió poseer una cierta importancia), no existía peligro de inestabilidad al tener una altura de agua, y por tanto un empuje hidrostático tan exiguo. No existen vestigios visibles de desagüe de fondo, aunque es muy posible que existiera algún tipo de dispositivo de control o regulación, puesto que se observa una especie de herida o depresión en el terraplén en coincidencia con la parte más baja de la vaguada y con el paso del torrente, por lo que es posible que la actual filtración del mismo a través del cuerpo de la presa se corresponda con un antiguo desagüe que funcione como dren. Por otro lado, la mayoría de presas romanas cuentan con un dispositivo de este tipo, y más en el caso de una presa con terraplén, en la que debe evitarse el vertido por coronación y por tanto, alejar de esta sensible zona un posible aliviadero.

Debido a los recientes movimientos de tierras que deben haberse realizado en el entorno, no se considera probable la existencia en la actualidad de algún resto del dispositivo de toma, funcionando por ello la presa como una simple balsa. Aún así, subsisten en la margen izquierda los restos de una especie de depósito realizado en hormigón (cuya bóveda de cubrición se encuentra actualmente volcada hacia el interior del mismo) que se alimentaría de la cercana presa, y del que parte un canal del que se conserva una zanja relativamente marcada sobre el terreno con un trazado recto que va difuminándose a lo largo de la dehesa. Sin embargo, existen opiniones en el sentido de no adscribir este depósito a época romana, asignándolo a una explotación posterior *(Gorges y Rico, 2000)*, lo cuál podría indicar en cambio un uso prolongado de la presa a lo largo del tiempo. En todo caso, el aspecto del depósito, sí que parece indicar un claro origen romano al estar construido con un *opus caementicium* a base de mortero hidráulico de aspecto muy similar a otras obras de este origen y sobre todo al de la presa anexa, así como una forma ya observada en otras obras abovedadas romanas, con claras marcas de las tablas que le sirvieron de encofrado y que iban formando un arco a base de tramos quebrados.

Roca de la Sierra: *El estado actual de la presa de La Cuba se reduce a los restos de la pantalla de opus caementicium de aguas arriba, como esta zona en es estribo izquierdo.*

Roca de la Sierra: *Detalle de los restos del posible depósito situado relativamente cerca de su estribo derecho. Se trata de una bóveda de* opus caementicium *actualmente arruinada, pero que da a entender su antigua forma.Aunque no está muy clara la finalidad de este antiguo edificio, parece que estaría asociado a la presa, quizá como depósito de decantación al inicio de una conducción hoy desaparecida.*

La finalidad de la presa, así como de las obras secundarias descritas, estaría relacionada con toda probabilidad con el abastecimiento de una *villa* cercana, tanto para el riego como el abrevadero de ganado, en relación con la explotación de la dehesa en la que se encuentra enclavada y, al igual que ocurre con muchas presas romanas análogas, podría extenderse su uso al abastecimiento humano, sino no para consumo directo, quizá para finalidades secundarias. A pesar de poseer una tipología típica romana que además fue mantenida a lo largo de todo este periodo, podríamos situar su construcción en base a los restos de fábrica conservados aproximadamente en la primera mitad del periodo bajoimperial, es decir, quizá entre la segunda mitad del siglo II y todo el siglo III d.C.

<u>Bibliografía sobre la presa de *La Cuba*:</u>

* Castillo J.C. y Arenillas M.: *Las presas romanas en España. Propuesta de Inventario;* I Congreso Nacional de Historia de las Presas. Mérida, noviembre 2000.

* Gorges J.G. y Rico C.: "Barrages ruraux d'époque romaine en moyenne vallée du Guadiana"; Casa de Velázquez. Madrid, 2000.

5.22.- PRESA DE LA MESA DE VALHERMOSO.

Coordenadas: 413.450; 4.386.550. Fuente: Servicio Geográfico del Ejército. Hoja 1:50.000 n° 685

Esta presa se encuentra ubicada sobre el Arroyo de Valhermoso, a caballo entre los términos municipales de Sonseca y de Casalgordo, ambas conocidas localidades del sur de la provincia de Toledo. Fue mencionada por vez primera por Caballero Zoreda y Sanchez-Palencia en su publicación de 1982 sobre las presas romanas y poblamiento antiguo en esta provincia, donde se describe su hallazgo en relación con la búsqueda de pozos para abastecimiento de agua a Casalgordo. Cabe señalar en primer lugar su cercanía a la presa de Alcantarilla (menos de 6 Km en línea recta), una de las más importantes halladas en España, y la similitud de sus características constructivas, a pesar de su distinto origen, finalidad, y quizá también su diferente época de construcción. Sin embargo, a diferencia de aquella, ha sido capaz de resistir mejor el paso del tiempo, conservado al menos en parte su funcionalidad con la ayuda de las actuaciones de los años 80, ya que aún puede retener agua hasta una cierta altura.

La obra es en realidad una presa de embalse y podemos encuadrarla dentro de la tipología de terraplén aguas abajo + pantalla impermeable de fábrica en contacto con el agua. Dicha pantalla está formada por un núcleo impermeable de hormigón hidráulico (*opus caementicium*), de 0,70 m de espesor, entre dos muros exteriores a base de una fábrica de mampostería (*opus incaertum*) de aproximadamente 0,35 m. de espesor cada uno, de los cuáles el de aguas arriba habría estado revestido por una fábrica de sillería (*opus quadratum*) de granito, con 0,40 m. de espesor y una anchura de entre 0,30 y 1,50 m. en la base, que se ha perdido casi por completo en la zona visible del paramento por encima del nivel habitual de agua. De esta manera, el espesor total del muro de cuerpo de presa es de algo más de 1,8 m. si sumamos el espesor de cada una de las distintas fábricas.

Por otro lado, la presa cuenta con 2 contrafuertes de lado de aguas arriba para contrarrestar el efecto del empuje del terraplén saturado en el caso de desembalse rápido. Estos contrafuertes se encuentran en la parte central de la presa, en coincidencia con la mayor altura de la misma, y es dificil precisar si en origen fueron más de los que ahora vemos. Sus dimensiones son de 1,55 ó 1,60 x 1,40 m, y en la actualidad se ha perdido la parte superior de los mismos ya que sólo se conservan los dos primeros metros en el mejor de los casos, lo que hace que se encuentren gran parte del tiempo sumergidos y, por tanto, fuera del alcance de la vista.

La estructura de estos contrafuertes está compuesta por un núcleo de *opus caementicium* revestido por la misma fábrica de sillería que el resto de la presa, de la que se conservan algunas hiladas. Fue realizado un encintado de argamasa en las uniones con el paramento a modo de refuerzo, tal y como ya hemos observado en otras obras del mismo tipo (por ejemplo, en algunos contrafuertes de la presa de Consuegra, también en Toledo)

La longitud total de la presa era originalmente de 98,20 m., estimándose este valor a partir de los restos de fábrica observados en ambas márgenes *(Caballero Zoreda y Sánchez-Palencia, 1982)*, con dos tramos de muro que forman un quiebro a unos 40 m. del estribo derecho, lo que da a la presa una cierta convexidad hacia aguas arriba que en teoría podría ayudar a su resistencia estructural y que es una característica muy común en este tipo de presas romanas. Por otro lado, la altura total medida es de 3,04 m, lo que hace de esta obra (junto con otras del interior peninsular como por ejemplo Paerón I o Las Tomas) una construcción bastante habitual dentro del conjunto de presas romanas en España, que adoptaron la tipología empleada habitualmente por los ingenieros romanos para presas de mayor altura y mayor envergadura, que utilizaban un relleno de tierra delante del muro de la presa al que incluso se añaden en ocasiones una serie de contrafuertes.

En este caso no sería necesaria la adopción de una tipología tan compleja, ya que habría bastado la construcción de un simple muro vertical, o bien la utilización de contrafuertes aguas abajo, más sencillos e igual de seguros para la altura de agua de esta presa, y que fueron empleados frecuentemente sobre todo en el entorno de Mérida (Araya, Esparragalejo,...), pero también en otras partes de la geografía hispana, e incluso en el propio entorno de Toledo como en la presa de Los Linares (Castillo de Bayuela).

Mesa de Valhermoso: *La presa desde su estribo derecho. Apreciamos claramente el paramento de opus caementicum y un lienzo exterior de mampostería hoy deteriorado*

Mesa de Valhermoso: *Vista frontal del paramento de aguas arriba de la presa, en la zona de los dos contrafuertes, cuyos restos se encuentran en este caso sumergidos en el momento de tomar la foto, a finales de la primavera.*

Este hecho puede deberse por un lado, a la adopción de la tipología general de las principales obras del interior de Hispania, entre las que contamos con la cercana presa de Alcantarilla realizada con esta misma tipología (aunque probablemente sin contrafuertes aguas arriba) y de la que se tomarían por tanto sus características constructivas sin importar la diferencia de tamaño, realizando una copia a escala de la obra emblemática de la zona (de la que tampoco sabemos si en la época de construcción de la Mesa de Valhermoso aún se encontraba en pie). También puede ocurrir que la adopción de esta tipología pueda deberse a que éstas presas pertenezcan a una fecha temprana dentro del periodo romano, mientras que el segundo de los tipos, el de muro con contrafuertes, supondría una innovación posterior a esta época ya que, por un lado, se ha comprobado que la utilización de la tipología de "muro + terraplén" junto con la de presa de gravedad data de épocas imperiales más bien tempranas, sobre todo en la ciudad de Mérida (tanto la presa de Proserpina como la de Cornalbo puede que tengan su origen alrededor de un siglo y medio después de la fundación de la ciudad), o como la construcción de la propia presa de Alcantarilla, fechada aproximadamente en el primer siglo de nuestra era.

En cambio, los ejemplos de presas romanas de contrafuertes parecen inmediatamente posteriores, ya que los ejemplos conocidos más significativos como son Iturranduz *(Mezquíriz et al., 1988)*, Villafranca, Araya o Consuegra *(Smith en García Diego et al., 1980)*, se han fechado ya a partir del siglo II d. C. Aunque generalmente esta datación se ha realizado de manera aproximada y no puede hablarse de una frontera temporal o un punto concreto a partir del cuál surjan las presas de contrafuertes, lo cierto es que esta última tipología parece nacer en estas fechas de una manera ya muy definida y con unas formas y proporciones muy concretas.

***Mesa de Valhermoso:** Vista general de la presa desde su estribo izquierdo. Puede verse a la izquierda el terraplén de aguas abajo. Como vemos por la especie de torre de toma moderna de la derecha de la foto, la presa aún es usada como depósito de acumulación para fines agrícolas, lo que la convierte en una de las pocas presas romanas que aún continúan en funcionamiento manteniendoademás su finalidad original.*

Sin embargo, de las dos posibilidades apuntadas para la adopción de aquella tipología para la presa de la Mesa de Valhermoso: la de copia a partir de un canon constructivo cercano, o la de una época de construcción temprana, parece más plausible la primera de ellas, ya que aunque bien es cierto que en base a la observación de las características de su fábrica, esta presa parece pertenecer a un periodo intermedio en que las presas de contrafuertes no debían estar aún tan extendidas (aproximadamente el siglo II d.C.), también es cierto que la tipología de presas pantalla + terraplén se mantuvo como un canon a lo largo de todo el periodo romano, existiendo ejemplos de épocas ya muy tardías como la de Las Tomas, en Badajoz, del siglo IV d.C. *(Serra Rafols, 1945).*

Volviendo a la descripción de la presa de Mesa de Valhermoso, su terraplén parece haber poseído el talud típico de este tipo de obras, aunque en la actualidad se encuentre desfigurado en algunas zonas por el movimiento de tierras realizado con motivo de la extracción de agua en la década de los 80, por lo que encontramos algunas piedras de gran tamaño arrojadas sobre el mismo. Existe una zona en la parte central del terraplén, ligeramente hacia la zona de la margen izquierda, que se encuentra más deprimida, la vegetación es algo más densa, y además desde aquí parece continuar el cauce del arroyo hacia aguas abajo de la presa, lo cuál podría indicar la situación del antiguo desagüe de fondo, que sin duda debía existir y no es posible ver actualmente debido también al aterramiento del fondo del vaso del embalse.

En cuanto a la toma de agua, ésta parecía haberse encontrado en la margen derecha, a juzgar por los restos de un canal detectados a la altura de la coronación original de la presa, y que se siguen durante un importante tramo aguas abajo a lo largo del cauce del arroyo de Valhermoso *(Caballero Zoreda y Sánchez-Palencia, 1982).* Sin embargo, la superficialidad de esta toma, que haría funcionar a la presa como un mero azud de derivación, induce a pensar que existiese una toma adicional, quizá en relación con el desagüe de fondo, para poder aprovechar así de forma total la capacidad del embalse.

En cuanto a su función original, debemos apuntar una posible utilización conjunta para abastecimiento y riego, ya que se han localizado con claridad en esta zona asentamientos de época romana y posteriores (existe un yacimiento visigodo en las proximidades, aunque hacia aguas arriba), e incluso una cantera de granito romana aguas abajo que estaría en relación con la presa y no sabemos si quizá también con la cercana de Alcantarilla. Las huellas de extracción de material en ésta cantera son las típicas de los instrumentos empleados por los romanos, de los que hacemos mención en el capítulo dedicado a los Materiales en las Presas Romanas. Debe remarcarse el hecho de que la presa de la Mesa de Valhermoso conserva en gran medida su función original, ya que en la actualidad sigue funcionando como depósito de acumulación de agua para riego, utilizándose el agua acumulada mediante la instalación de una bomba en una moderna torre de toma. Este hecho es en realidad muy relevante e indicativo, del relativamente buen estado de conservación de la obra, que se convierte en una de las pocas presas romanas que se siguen utilizando en el momento presente.

Bibliografía sobre la presa de *Mesa de Valhermoso*:

* Caballero Zoreda L. y Sánchez Palencia F.J.: *Presas romanas y datos sobre poblamiento romano y medieval en la provincia de Toledo*; Noticiario Arqueológico Hispánico. Mtro. Cultura, 1982.

* Castillo J.C. y Arenillas M.: *Las presas romanas en España. Propuesta de Inventario;* I Congreso Nacional de Historia de las Presas. Mérida, noviembre 2000.

* Schnitter N.J.: *Historia de las Presas;* ed. en castellano: Colegio de Ingenieros de Caminos, 2000 (trad. de J. Diez-Cascón y F. Bueno); capítulo 2: El Imperio Romano.

5.24 .- PRESAS DE LOS PAERONES .-

Coordenadas: 402.600 ; 4.399.650 (Paerón I) ; 402.700 ; 4.399.900 (Paerón II). Fuente: Instituto Geográfico Nacional. Hoja 1:50.000 nº 657.

El conjunto de Los Paerones está formado por dos presas consecutivas, de las que la principal se encuentra enclavada dentro de una finca ganadera del término municipal de Noez, en Toledo. Su conocimiento y la mayor parte de los datos que se poseen acerca de las mismas, provienen del estudio de Caballero Zoreda y Sánchez-Palencia sobre la provincia de Toledo. Están construidas una a continuación de la otra sobre el Arroyo de Santa María (que da nombre a la finca y al paraje donde se encuentran las presas), quizá para facilitar un uso complementario, ya que algunos autores han llegado incluso a aventurar que la presa de aguas arriba, la de menor tamaño, denominada Paerón II, no es más que un depósito limario de la primera presa de mayor entidad, es decir, que servía simplemente para retener los acarreos y evitar así el eventual aterramiento de la presa principal debido a la decantación de los sedimentos arrastrados por el arroyo *(Caballero Zoreda y Sánchez-Palencia, 1982)*.

La teoría de un posible aprovechamiento conjunto es plausible a juzgar por la escasa distancia entre ambas obras, aunque lo cierto es que la pequeña entidad de Paerón II y la aparente ausencia tanto de obra de toma como de desagüe de fondo minimiza su capacidad de embalse y dificulta su explotación. De esta manera, aparentemente se reduce su posible utilidad a la de abrevadero de ganado, aparte de la ya reseñada hipótesis de depósito limario, aunque lo que también es verdad es que no conocemos en la actualidad la verdadera entidad original de la obra, ya que la presa apenas sobresale del terreno natural formado a partir de los acarreos del arroyo, asomando únicamente a ras de tierra pequeños restos de la fábrica de la presa original, por lo que aventurar cuál sería su utilidad primera parece cuando menos arriesgado, si ni siquiera podemos saber sus dimensiones o características constructivas concretas.

El conjunto de los Paerones supondría por tanto un hito único en la construcción de obras hidráulicas en época romana en España debido a su proximidad relativa, aunque no en el Norte de África, donde encontramos en ocasiones conjuntos de presas consecutivas con el fin de aterrazar y hacer cultivable el extremadamente árido terreno de la zona *(Vita Finzi, 1965)*. La duplicación de una estructura, con una fábrica además relativamente cuidada, es un hecho extraño, sobre todo teniendo en cuenta la extrema utilidad perseguida en todo momento por los ingenieros romanos y la escasez de licencias constructivas que se permitían. Todo ello invita a pensar en otras posibilidades, ya que también es posible que ésta presa fuese la original, mientras que Paerón I constituiría un intento de recuperar la explotación del arroyo tras un rápido aterramiento de la primera presa, por lo que en realidad corresponderían a épocas constructivas distintas. De todas maneras, la hipótesis más probable sería como ya hemos dicho, la de que ambas presas constituyesen un sistema conjunto de explotación de recursos hidráulicos, tal y como se ha observado en otros sistemas del norte de África o del Próximo Oriente, en donde se escalonaban varias presas para aprovechar el agua regando parcelas situadas a diferentes cotas.

La tipología estructural es distinta en cada presa, puesto que la de aguas arriba (Paerón II), es de una presa de pantalla plana con contrafuertes aguas abajo, cuyo paramento está realizado con una fabrica de mampostería trabada mediante mortero hidráulico (*opus incaertum*). Posee una planta quebrada que se acerca a la forma curvilínea gracias a la concatenación de al menos seis tramos, aunque curiosamente con la convexidad hacia aguas abajo, lo cuál es evidentemente anormal desde el punto de vista constructivo y poco frecuente en las presas romanas, aunque quizá no revista excesiva importancia en una estructura de estas características, con una altura que posiblemente no excediese mucho de los 2 m., y cuyo un valor de empuje hidrostático sería por tanto bastante reducido. La razón de esta forma tan poco frecuente sería con toda probabilidad la búsqueda de un terreno adecuado para el cimiento del dique, como ya se ha venido observando en otras presas romanas de planta quebrada. Por otro lado, la ausencia tanto de obras de toma como de elementos de regulación es muy relativa, ya que en ningún momento se ha realizado una prospección cuidadosa del entorno de la presa y de su estructura, cosa imprescindible en este caso para su estudio, puesto que se encuentra totalmente enterrada.

Las dimensiones aproximadas de esta presa son: unos 33 m de longitud por una anchura de muro de entre 1,10 y 1,20 m. *(Caballero Zoreda y Sánchez-Palencia, 1982)*. La altura del muro es imposible de conocer en la actualidad debido a su completo aterramiento pero, dado el grosor que hemos mencionado, es seguro que la presa pudo haber sobrepasado fácilmente los 2 m. de altura sin temer por su estabilidad. Como ya hemos mencionado anteriormente, la pantalla cuenta con una serie de contrafuertes aguas abajo, de los que solamente asoman dos a nivel del terreno, también con una anchura de entre 1,10 y 1,20 m., aunque es muy probable que contase con alguno más a lo largo del paramento.

Paerón I: *Detalle de la parte final del muro con el desagüe de fondo a base de diferentes hiladas de ladrillos en primer plano.*

Paerón I: *Estribo derecho de la presa (único conservado) desde la zona de su rotura. Nos fijamos en el sensible quiebro en planta de la pantalla, con contrafuertes en las aristas, como el del extremo de la derecha de la foto.*

Por lo que se refiere a la presa de aguas abajo, que se ha venido denominando Paerón I, parece ser que fue la más importante de las dos y tenía una tipología de pantalla de fábrica aguas arriba con un terraplén hacia aguas abajo. Ésta pantalla cuenta asimismo con una serie de contrafuertes para presumiblemente, soportar el empuje del propio terraplén en el caso de encontrarse vacía la presa, y posee además una planta quebrada que presenta, esta vez sí, la convexidad hacia aguas arriba. Actualmente no se conservan en realidad restos del terraplén y sólo subsiste en pie la mitad del muro de fábrica que constituía la pantalla, con tres contrafuertes adosados del lado de aguas arriba y cuya sección es rectangular (de 0,90 a 1,12 m. de anchura por alrededor de 2,0 m de longitud), en contra de la sección habitualmente cuadrada de los contrafuertes de otras presas romanas. Su situación coincide con los dos quiebros formados por la planta de la propia presa y con el punto medio aproximado del lienzo central conservado.

En este sentido, es de reseñar el hecho de que la forma de esta presa es totalmente contraria al esquema desarrollado en la primera, es decir, en este caso la convexidad se desarrolla hacia aguas arriba, constando el muro conservado de tres tramos rectos que forman entre sí ángulos de algo más de 150Ḍ *(Caballero Zoreda y Sánchez-Palencia, 1982)*. El primero de ellos va desde el estribo derecho hasta la parte central de la presa, el segundo ocupa la zona central conservada en la que se apoyan los contrafuertes y finalmente el tercero, que forma un nuevo quiebro con el anterior, es más o menos perpendicular al sentido actual de la corriente. Este último lienzo debía constituir el tramo central de la presa y se encuentra roto por su mitad coincidiendo con la parte más alta de la vaguada, aunque por fortuna se han conservado los restos del primitivo desagüe de fondo. La presa debía poseer con total seguridad un último tramo que iría desde esta parte central de la presa hasta el estribo izquierdo, y del que no podemos saber si formaría un nuevo quiebro con el resto de fábrica conservado, como ocurre en otras presas similares, aunque es ésta una posibilidad poco plausible, ya que en otros ejemplos de idéntica tipología pero mayor envergadura (como la de Proserpina en Mérida, o la mucho más cercana de Alcantarilla, en la misma provincia de Toledo), el muro de cierre de la presa en contacto con el agua posee una planta quebrada formada por tres tramos rectos con ángulos de entre 150 y 175Ḍ que oponen una figura esquemáticamente convexa hacia aguas arriba para resistir el empuje del agua y reforzar la estabilidad de la obra mediante la creación de un rudimentario efecto arco.

La fábrica propiamente dicha, tanto de la pantalla de la presa como de los contrafuertes, está formada por *opus caementicium*, es decir, el tipo habitual de calicanto romano a base de piedras y cascotes de diferentes tamaños amalgamados mediante un mortero hidráulico; en este caso guarda grandes semejanzas con la fábrica de otras presas romanas de la misma zona (por ejemplo con la de Villaminaya). Su altura total en la zona más alta es de unos 2,5 m, formada por cuatro tongadas de aproximadamente 0,65 m. (es decir, *bipedalis*), siendo el espesor total del muro de unos 1,5 m. en la base y de 1,15 m. en coronación. No parece posible en este caso que, como ocurre en otras presas romanas, la pantalla tuviese un revestimiento de mampostería (*opus incaertum*) del lado en contacto con el agua, ya que en realidad parece ser que tuvo un enlucido a base de mortero (*opus signinum*), del que aún se conservan algunos restos en el paramento de aguas arriba.

Ya se ha comentado el estado actual de ruina del estribo izquierdo del muro, del que faltan unos 30 m, conservándose en la actualidad en total prácticamente 50 m. En la zona central del último lienzo de muro conservado, es decir, ya cerca de la parte arruinada, encontramos el desagüe de fondo de la presa. Este elemento presenta una particularidad en su ejecución: cuenta a cada uno de sus lados con cuatro hiladas de ladrillos macizos de dos pies (unos 60 cm.), y tres de pie y medio (unos 45 cm.), encontrándose rematado en su parte superior por una serie de al menos cinco filas de dos ladrillos macizos, de pie y medio de longitud las dos superiores, y dos pies las tres inferiores. Este desagüe a base de ladrillos (*opus testaceum*) forma parte al parecer de la fábrica original y no parece ser consecuencia de una reparación posterior. De esta manera se evita la colocación de un dintel monolítico de piedra, como en otros ejemplos de desagües de fondo de presas similares, sin que el hueco creado suponga un punto débil dentro de la fábrica del muro.

Es este un detalle que puede indicar que la presa fue realizada en una época relativamente tardía dentro del periodo romano en la que se generalizó el uso del ladrillo en la construcción, proliferaron las explotaciones agrarias como núcleos de población independientes, y en el que se levantaron multitud de presas para satisfacer las necesidades de éstas *villae*. En la mayoría de los casos estas construcciones serían llevadas a cabo por maestros de la región circundante con unos medios quizá escasos, lo que explica que no se haya buscado en un lugar más alejado la piedra necesaria para la realización del desagüe de fondo, esfuerzo que además no estaría justificado en una obra de carácter tan marcadamente utilitario.

Debe decirse finalmente que su tipología es bastante típica dentro del conjunto de presas romanas hispanas, aunque en realidad fue utilizada generalmente en presas de mayor envergadura y no en obras de escasa entidad y volumen de embalse, a pesar de lo cuál contamos con algunos otros ejemplos además de Paerón I, como puede ser la cercana de la Mesa de Valhermoso, o la de Las Tomas en Badajoz, en las que sí fue empleada. Esto indica cómo la tipología de las grandes presas romanas se usó como patrón para la realización de obras de menor entidad, "popularizando" así los avances técnicos y llevándolos a cabo de manera repetida a menor escala. El hecho de poseer una tipología muy habitual, así como la ejecución de la misma con materiales bastante comunes y con una puesta en obra correcta en comparación con su importancia relativa, son todas ellas características que tampoco ayudan mucho a situar cronológicamente la obra, ya que abarcamos un periodo de tiempo muy amplio.

Sin embargo, quizá sea posible aventurar que su construcción se situase entre los siglos II y III d. C., gracias al aspecto del hormigón de su fábrica, con una granulometría más o menos gruesa, característica del periodo imperial pleno, y por la aparición de ladrillos en el desagüe de fondo cuyo empleo se generalizó en Roma a partir de la segunda mitad del siglo I d.C., y algo más tarde en las provincias (en las que no llegó nunca a ser tan común como en la metrópoli). Son estas dos características casi contradictorias, que parecen indicarnos una época de transición para la realización de esta obra, por lo que los años de paso del Alto al Bajo Imperio parece ser la adecuada.

Paerón I: *Vista general desde aguas arriba de la zona de ubicación de la presa, dentro de una finca ganadera en la actualidad*

Paerón II: *Ubicación de la presa, que sólo llama la atención por la mayor densidad de juncos sobre los restos del antiguo muro, que hoy prácticamente no sobresale nada del terreno natural, totalmente enterrado por los arrastres del arroyo.*

Por lo que se refiere a la presa de Paerón II, no es posible afirmar nada con seguridad debido a su estado, aunque sí sabemos que se trata de una presa de contrafuertes, tipología que se generalizó, al menos en Hispania, aproximadamente a partir del siglo II d.C., lo cuál parece estar en consonancia con la cronología asignada a Paerón I, así como a las presas del Norte de África, con las que comparte una disposición en planta con varios tramos quebrados. Sin embargo, no es posible afirmar nada en cuanto a la simultaneidad de su construcción, debido a la casi total ausencia de datos y a la imposibilidad material hasta de ver por completo la presa.

Bibliografía sobre las presas de *Los Paerones*:

* Caballero Zoreda L. y Sánchez Palencia F. J: *Presas romanas y datos sobre poblamiento romano y medieval en la provincia de Toledo*; Noticiario Arqueológico Hispánico. Mtro. Cultura, 1982.

* Castillo J.C. y Arenillas M.: *Las presas romanas en España. Propuesta de Inventario;* I Congreso Nacional de Historia de las Presas. Mérida, noviembre 2000.

* Ruiz J.M. y Delgado F.: *Abastecimiento de agua a las ciudades hispanorromanas.* Revista de Arqueología 139; nov. 1992; pp.36 a 47.

* Schnitter N.J.: *Historia de las Presas;* ed. en castellano: Colegio de Ingenieros de Caminos, 2000 (trad. de J. Diez-Cascón y F. Bueno); capítulo 2: El Imperio Romano.

5.25.- PRESA DE LOS LINARES (Castillo de Bayuela, Toledo).-

Coordenadas: 356.140 ; 4.433.660. Fuente: Instituto Geográfico Nacional. Hoja 1:50.000 n° 602.

Esta presa, enclavada dentro del término municipal de Castillo de Bayuela en la provincia de Toledo, se encuentra sobre el Arroyo de Los Linares y muy próxima al yacimiento de El Romo, correspondiente a ocupaciones tanto de época romana como medieval, encontrándose en las proximidades una gran abundancia de material cerámico relacionado con los mismos. Su conocimiento proviene como muchas otras, del estudio de Caballero Zoreda y Sánchez-Palencia de las presas romanas en la provincia de Toledo. El estado actual de la presa es muy malo ya que, por un lado, falta prácticamente toda la parte central, siendo esta zona por donde discurre actualmente el río, así como todo el estribo derecho de la presa, por lo que los restos conservados se limitan al estribo izquierdo. Además, estos restos se encuentran prácticamente ocultos bajo el terreno y enmascarados por la abundante vegetación, por lo que la única zona actualmente visible de la presa se reduce a una pequeña parte del cuerpo central, concretamente la tongada inferior del núcleo de la presa.

Aunque por la observación de los restos y el tipo de fábrica utilizado en su construcción, el origen romano de la presa es indudable, la verdad es que ni siquiera su tipología está totalmente clara debido al mal estado de conservación. Sin embargo, es seguro que constaba de pantalla plana con contrafuertes del lado de aguas abajo porque en dicho paramento asoma junto al estribo izquierdo la coronación de al menos dos contrafuertes adosados al muro.

Castillo de Bayuela: *En la zona central de la presa, junto al arroyo, se encuentran los restos mejor reconocibles de la presa, que formaban parte de su antigua pantalla de opus caementicium.*

Castillo de Bayuela: *La presa desde el estribo derecho hoy desaparecido. Los restos están en su mayoría enterrados o cubiertos por la vegetación. En primer término, el arroyo de Los Linares.*

Al encontrarse éste prácticamente enterrado en la actualidad, podríamos pensar también en la existencia de un terraplén terrero adicional hacia aguas abajo, aunque al haberse visto esta zona afectada por trabajos de movimiento de tierras relacionados con la agricultura, no es posible afirmar rotundamente este hecho, pudiendo provenir en realidad el relleno de una actuación posterior. Esta última tipología sería sin embargo compatible tanto con las dimensiones generales de la obra, como por la cronología aproximada asignada a la misma.

El tipo de fábrica de la pantalla, es la de un muro del tipo "sándwich" tan utilizado por los ingenieros romanos en este tipo de obras hidráulicas, formado por un núcleo impermeable interior a base de calicanto de piedras de pequeño tamaño unidas mediante un mortero hidráulico (*opus caementicium*), revestido a ambos lados por dos muros de mampostería compuestos de piedras de desigual tamaño unidas entre sí por mortero hidráulico (*opus incaertum*). El espesor del núcleo interior era de aproximadamente 1,0 m., y estaba realizado a base de hiladas horizontales de unos 0,50 m. de espesor, tal y como viene siendo tradicional observar en las obras romanas, mientras que los muros exteriores tendrían un espesor de unos 0,60 m. Por otra parte, a juzgar por los restos conservados, la altura total máxima de la presa sobre el cauce debía ser de aproximadamente 3,20 m., para una longitud máxima del muro que en origen sería de 30 ó 35 m., es decir, unas dimensiones que entran dentro del modelo más común de presa rural de época romana. Por otro lado, se han conservado totalmente enterrados al menos dos contrafuertes del total que pudo ascender hasta al menos a cinco, con unas dimensiones de aproximadamente 1,20 x 1,20 m. en planta, y espaciados entre sí de unos 3,0 m.

Castillo de Bayuela: *Zona del estribo izquierdo desde aguas abajo, donde asoman las coronaciones de dos contrafuertes entre la maleza.*

Sabemos por otros ejemplos que esta tipología estructural con contrafuertes aguas abajo, es indicativa de una época de construcción ya tardía, que parece surgir como mínimo a partir del siglo II d. C. Sin embargo, por los detalles observados en la fábrica de la presa, como son el uso de un hormigón de granulometría muy fina, es decir, con unos áridos de tamaño muy menudo, es más fácil adscribir esta presa a un periodo situado entre los siglos III y IV. d.C, y quizá con más probabilidad en éste último, lo cuál es compatible con la posible relación de la presa con los cercanos yacimientos arqueológicos a lo largo de la vega del Guadamora *(Caballero Zoreda y Sánchez-Palencia, 1982)*.

En cuanto a los demás elementos de la presa, no se ha conservado resto alguno de desagüe de fondo, aunque sin duda debió existir, probablemente en el punto en el que discurre el cauce actual del Arroyo de Los Linares. Por lo que se refiere a aliviaderos o dispositivos similares, no se ha observado resto alguno, aunque de existir podría haberse encontrado asimismo en la zona del estribo derecho.

Castillo de Bayuela: *Tramo del canal de aportación a la presa, que finaliza justamente en la cola de su embalse.*

Hay que resaltar la existencia en las inmediaciones de la presa de un canal de grandes dimensiones (mencionado ya en el artículo de Caballero y Sanchez-Palencia en el apartado de esta presa), que va a parar a la cola del embalse como si formase parte de un sistema de alimentación de la cuenca de la presa con aportaciones externas de cauces colaterales. Dicho canal puede tener una anchura de más de 2 m. para una profundidad de 0,70 m., estando formado por dos cajeros de mampostería poco cuidada en la mayoría de su recorrido conservado, mientras que su solera está excavada en el propio terreno natural bajo el trazado del propio canal. Sin embargo, tras discurrir el trazado en su tramo inicial (que se ha venido empleando como senda) paralelo al propio cauce del arroyo, tras atravesar diversas fincas situadas junto al mismo, se pierde poco más arriba sin poder saber fácilmente por tanto cuál es su origen.

Debemos insistir en que las grandes dimensiones de este canal, capaz de transportar un caudal de agua muy importante en coincidencia con la época de lluvias, contrastan con la envergadura de la propia presa, y sobre todo con la capacidad de su embalse, no demasiado importante debido a las características de la propia cerrada, ya que nos encontramos en un cauce con laderas de pendientes pronunciadas y erosionadas por el propio río. Por ello, parece ser que el posible canal de alimentación estaría sobredimensionado en comparación con el embalse, que probablemente pudiera haber estado abastecido en exclusiva por el arroyo de Los Linares, cuyo cauce no se seca de manera completa ni siquiera en las épocas de más riguroso estiaje.

Todo el conjunto de presa y canal parece formar parte de un sistema de explotación agrícola relacionado con las *villae* detectadas en la zona, sobre todo con la posible *villa* romana de Los Linares, situada algo más de 1 Km aguas debajo de la presa, por lo que ésta supone un ejemplo más de aprovechamiento hidráulico romano que pudo haber tenido un uso mixto como embalse de agua para riego y de abastecimiento para animales e incluso para consumo humano, dada la densidad de ocupación que parece existió en esta zona desde la Antigüedad.

Bibliografía sobre la presa de *Los Linares*:

* Caballero Zoreda L. y Sánchez Palencia F. J: *Presas romanas y datos sobre poblamiento romano y medieval en la provincia de Toledo*; Noticiario Arqueológico Hispánico. Mtro. Cultura, 1982.

* Castillo J.C. y Arenillas M.: *Las presas romanas en España. Propuesta de Inventario;* I Congreso Nacional de Historia de las Presas. Mérida, noviembre 2000.

5.26.- PRESA DEL ARGAMASÓN (TORREMEGÍA)

Coordenadas: 727.800 ; 4.296.350. Fuente: Servicio Geográfico del Ejército. Hoja 1:50.000 n° 803

La presa de El Aragamasón se encuentra sobre el Arroyo Tripero, al sur de la localidad de Torremegía (situada a su vez al sur de Mérida) tras una zona ocupada por una serie de naves industriales junto a la carretera N-630 (que sigue el trazado de la antigua Ruta de la Plata). Al igual que la presa del Paredón, permanecía totalmente inédita hasta el trabajo de Jean-Gerard Gorges y Christian Rico acerca de las presas romanas rurales del valle medio del Guadiana.

Las dimensiones de esta presa son bastante modestas, contando según las referencias de estos autores (Gorges y Rico, 2000), con una longitud de 14,70 m. (aunque podría haber tenido en origen un total de unos 20 m), un espesor de 1,40 m. y una altura máxima visible de 1,30 m. Tanto por su tipología como por sus dimensiones bien podría tratarse de un simple azud de derivación en relación con alguna villa vecina, o quizá incluso podría haber servido como simple punto de avituallamiento junto a la antigua calzada, al igual que puede ocurrir con otras balsas de este tipo localizadas a lo largo de la propia Ruta de la Plata (como la de Cañaveral), y que constituirían pequeños embalses a lo largo del camino con la finalidad de servir como abrevadero para viajeros y animales en una zona en que el estío acusa una notable aridez.

La presa está formada por un muro de paramentos verticales con una planta algo irregular que presenta una cierta curvatura hacia aguas arriba. La fábrica de este muro está formada por la típica disposición romana de "muro sándwich", con un núcleo impermeable de opus caementicium de un espesor de aproximadamente 0,35 m. entre dos lienzos de mampostería, formados por piezas irregulares de mediano tamaño que están unidas mediante mortero, y que poseen un espesor de 0,50 ó 0,55 m. cada uno, lo cuál parece coincidir plenamente con las proporciones de los patrones constructivos romanos.

No parecen existir elementos de regulación profundos, lo que apoya la tesis de su finalidad como azud de derivación o como simple estanque, aunque también es posible que éste haya desaparecido en la actualidad, o que hubiese existido algún tipo de aliviadero lateral que tampoco se habría conservado debido a la ruina de la presa. Sin embargo, la impresión que da esta obra a partir de sus modestas dimensiones, es que se trataría desde su concepción inicial de un simple dique opuesto a la corriente que vertería sobre su coronación, y que como máximo, se encontraría protegida quizá con una serie de losas o cualquier otro tipo de refuerzo en coronación.

Argamasón: *Parte central arruinada de la presa, con el núcleo central de opus caementicum y los dos paramentos exteriores de mampostería a ambos lados.*

El estado de conservación no es bueno realmente, ya que falta toda la parte superior de la presa original. Ésta debió poseer una altura algo mayor, ya que el muro conservado se encuentra bastante erosionado en su coronación; además, existen varias zonas en las que el dique se encuentra roto. No es fácil apreciar la existencia de juntas (al menos en la parte visible del núcleo central) que permitan deducir el espesor de la tongada de puesta en obra, aunque sí que parece haber una especie de escalón en la fábrica a media altura del paramento de aguas arriba y que pudiera tener relación con las etapas constructivas, al haberse formado probablemente por la erosión de la superior de dos tongadas horizontales sucesivas. Quizá la puesta en obra se haya realizado por tanto en dos fases, teniendo cada una de ellas una altura de entre 0,60 y 0,75 m., según la altura total que tuviera la presa, lo cual es imposible de conocer en la actualidad debido precisamente a su estado de conservación.

No existen elementos definitorios ni en la fábrica, ni en su tipología que permitan adscribirla a una época concreta del periodo romano, al poseer un "estilo" muy ordinario y por otro lado, bastante indefinido, aunque en todo caso inequívocamente romano, tanto por su tipología, como por los materiales utilizados. Sin embargo, por su similitud con otras presas rurales del entorno de Mérida relacionadas con el apogeo del mundo rural en la época bajoimperial, que hizo proliferar este tipo de obras asociadas a las numerosas explotaciones agropecuarias, debemos situarla dentro de un amplio periodo que iría desde el siglo II al IV d.C., quizá con mayor probabilidad en la parte central del mismo.

Argamasón: *La presa desde aguas arriba en su margen izquierda. Vemos las diversas roturas del muro, del que se conserva mejor su núcleo impermeable de opus caementicium que los dos lienzos de mampostería que forman sus dos paramentos.*

Por último, debemos decir que gracias a la cortesía de D. José Luis Mosquera, ha llegado hasta nosotros el conocimiento de una posible nueva presa romana en la propia localidad de Torremegía, entre 2 y 3 kilómetros aguas arriba de la presa del Argamasón, sobre el cauce del propio Arroyo Tripero. Esta nueva obra no ha podido ser todavía confirmada mediante una visita in situ, aunque de confirmarse su existencia, se trataría de un hecho realmente muy interesante, ya que podría buscarse alguna relación con otras obras romanas construidas en serie sobre el mismo cauce (por ejemplo, Los Paerones, en Toledo, o las presas de los arroyos de Las Norias o del Judío en la propia Mérida). La relación de esta posible nueva obra con la anteriormente descrita, podría quizá llevar a designar al conjunto como *"Los Argamasones"*.

Bibliografía sobre la presa de *El Argamasón*:

* Alvarez, J.M, Nogales T., Rodríguez G. y Gorges, J.-G.: *Arqueología de las presas romanas en España: Los embalses de Emérita Augusta y sus alrededores. Estado de la cuestión;* I Congreso Nacional de Historia de las Presas. Mérida, noviembre 2000.

* Castillo J.C. y Arenillas M.: *Las presas romanas en España. Propuesta de Inventario;* I Congreso Nacional de Historia de las Presas. Mérida, noviembre 2000.

* Gorges J.G. y Rico C.: "Barrages ruraux d'époque romaine en moyenne vallée du Guadiana"; Casa de Velázquez. Madrid, 2000.

5.27.- PRESA DE LOS PAREDONES.-

Coordenadas: 704.800; 4.274.400. Fuente: Instituto Geográfico Nacional.. Hoja 1:50.000 n° 828.

La presa conocida como Los Paredones, se encuentra en las cercanías de la localidad de Santa Marta de los Barros, precisamente en plena comarca de Los Barros, es decir, en un territorio a medio camino entre Mérida y Badajoz, aunque más cerca de ésta última localidad, en el camino en dirección a Llerena y por tanto, a la antigua ciudad romana de Regina. Esta obra, que debía contar originalmente con una cierta importancia, se encuentra sobre el cauce del Arroyo del Gitano, conservándose solamente de manera parcial el antiguo cuerpo de presa.

Las dimensiones con que cuenta la obra son relativamente importantes, puesto que posee una longitud de aproximadamente 80 m. (que pudo haber sido en origen de más de 100 m.), mientras que su espesor es de 2,5 m. (Gorges y Rico, 2000). La altura conservada es de algo más de 2,0 m., pero la anchura del muro hace pensar que esta última dimensión debió ser bastante mayor en origen, acercándose quizá a los 4 m. En realidad, los restos conservados en la actualidad no son más que una parte de lo que debió ser inicialmente esta obra, sin duda mucho mayor.

La tipología de la presa es la de gravedad aligerada, ya que consta de un muro con un leve talud aguas abajo, que se encuentra reforzado en este paramento mediante una serie de contrafuertes. Su funcionalidad es la misma de la mayoría de presas que encontramos a lo largo de la dehesa extremeña, pareciendo estar en este caso relacionada con la villa romana situada aproximadamente 1 Km aguas abajo de la presa, cuyos restos conservan la significativa toponimia de "La Argamasa", y a la cuál abastecería, además de servir las necesidades de riego de los campos asociados a esta explotación agrícola. Según los restos de todo tipo encontrados en dicho yacimiento, además del aspecto de la fábrica conservada en algunos determinados puntos de la presa, un opus caementicium muy homogéneo y de granulometría muy gruesa, podría hacernos remontar la construcción de la presa hasta época altoimperial, y más concretamente, hasta el siglo I o quizá más bien el siglo II d. C.

Sin embargo, lo cierto es que esta datación podemos deducirla únicamente como conclusión a partir de su más que probable relación con la mencionada *villa* romana y la cronología atribuida a la misma, ya que por otro lado, el aspecto de su fábrica puede inducirnos a confusión, ya que no se puede adscribir fácilmente a época alguna debido a la indeterminación de su aparejo, así como a ciertas particularidades constructivas de la presa.

Los Paredones: *Vista de la presa desde el estribo derecho, por donde discurre hoy el Arroyo del Gitano.*

Aparentemente ésta se encuentra construida a base de una fábrica de mampostería careada con una forma bastante irregular que se manifiesta en la cara exterior de ambos paramentos (aunque sobre todo en el de aguas arriba, el más visible de los dos a pesar de la maleza que casi cubre por completo esta antigua obra), formada por una serie de hiladas horizontales de algo más de medio metro de altura. A pesar de este último dato, muy característico de las obras romanas, lo cierto es que su apariencia tampoco es claramente asignable a una época concreta.

Por otro lado, la mampostería del paramento no es en realidad más que la cara exterior de un núcleo de calicanto a base de mortero y piedras sin desbastar, con un tamaño en muchas ocasiones similar al de las piezas exteriores. Los huecos que presenta este opus y su relativa heterogeneidad, hace que no se asemeje al de las pantallas impermeables de las presas romanas, al menos en su primera época, sino que más bien se identifica con el de obras tardías, o de épocas posteriores a la romana.

De esta manera, parece ser que las características de la fábrica nos inducen a pensar en una cronología no tan elevada como la que en principio parecía sugerir la cercanía de la villa romana. Además, hay dos elementos que añaden una grado más de confusión acerca de su datación, puesto que son dos características que en principio no parecen propias del supuesto origen romano de la obra, lo que quizá sea indicativo de que esta presa es en realidad el resultado de sucesivas remodelaciones llevadas a cabo a lo largo de sus siglos de existencia.

Los Paredones: *Detalle de la mampostería del paramento de aguas arriba.*

En primer lugar, los contrafuertes del paramento de aguas abajo que son aún visibles (solamente un par de ellos junto al estribo derecho, por donde discurre en la actualidad el Arroyo del Gitano), parecen tener un perfil triangular no provocado por la simple erosión, sino proyectado en origen, además de unas dimensiones bastante menores a las observadas en otras presas romanas. Estos contrafuertes tampoco llegan al nivel de coronación, lo cuál es también extraño caso de admitir este presunto origen.

En segundo lugar, en la parte central de la presa encontramos una especie de cámara o torre de toma adosada al paramento de aguas abajo con una fábrica muy similar a la del resto de la obra, comunicada con el vaso del embalse mediante un desagüe que atraviesa de parte a parte el cuerpo de presa. Este último no parece más que un simple orificio creado mediante la retirada de algunos mampuestos que dejan un hueco libre de unos 30 cm. en su dimensión mayor, sin cuidado alguno en la realización de un adintelado superior, en unos posibles hastiales o cualquier otra buena práctica constructiva. Este conducto vierte al interior de la mencionada torre de toma aproximadamente a 1 m. de la cota de su solera, por lo que podríamos considerar este elemento como un pozo de caída o arenero del que quizá partiese el canal de transporte de la presa, del cual no se encuentran vestigios.

La posibilidad de una finalidad distinta para este recinto, como por ejemplo un eventual molino, parece difícil por la estrechez del espacio para el alojamiento de una rueda, aunque tampoco debe ser descartada a priori. Finalmente, la cubrición de este habitáculo parece haber sido formada por una especie de falsa bóveda construida mediante el cierre por aproximación sucesiva entre unas piezas que son idénticas a las de la mampostería de las paredes.

***Los Paredones:** En esta foto se aprecia una sección del aparejo del paramento de la presa, y a la derecha, la parte superior de uno de los contrafuertes.*

La situación de esta torre de toma tampoco puede ser definitiva a la hora de decidir la época de construcción de la presa ya que, aunque es un elemento característico de las obras romanas que aparece con distinta disposición dependiendo del caso, lo cierto es que no es privativo de aquellos constructores, ya que se conocen numerosas obras de siglos mucho más cercanos con distintos tipos de torre de toma. La forma y relativa tosquedad constructiva del desagüe sí que sorprende y no cuadra con un supuesto origen romano, puesto que éste era uno de los elementos que más cuidaban los romanos en todas sus obras, al depender del mismo gran parte del mantenimiento y por tanto, de la vida útil de una presa. Por todo ello, puede que nos encontremos ante un elemento agregado a posteriori a la presa, para el que se creó una nueva toma abierta a través del cuerpo de presa, probablemente una vez inutilizada la original por el aterramiento del embalse, la cuál es posible se encontrase más próxima al cauce del río, cosa que no hemos podido confirmar debido a que esta zona se encuentra en la actualidad totalmente impracticable debido a la maleza.

***Los Paredones:** Detalle del aparejo de la cámara adosada a la presa en su paramento de aguas abajo*

***Los Paredones:** Interior de la cámara adosada a la presa, con un detalle del desagüe abierto en el paramento.*

Quizá ocurra lo mismo con los contrafuertes, ya que sólo encontramos algunos en la zona del estribo derecho, mientras que en la parte central, que posee una altura similar, no existe vestigio alguno de elementos de este tipo, por lo que podríamos pensar asimismo que se trata de refuerzos locales posteriores a la construcción original de la presa debidos a averías puntuales.

Lo que resulta curioso es que el aparejo tanto de la torre de toma como de los contrafuertes, es muy similar al del resto de la presa, llegando a dar la impresión de formar parte de la obra original, por lo que como vemos, nos encontramos ante una obra que presenta muchas particularidades que no nos permiten aún salir de una cierta confusión en cuanto a su época de construcción. Sin embargo, las características constructivas de algunas zonas de su paramento (sobre todo en la zona rota junto al Arroyo del Gitano), la concepción global de la obra y sus dimensiones, así como su probable relación con la cercana villa de La Argamasa, nos inducen a pensar en un origen romano para la obra, aunque eso sí, con múltiples reparaciones a lo largo del tiempo. Estas remodelaciones la pudieron llevar a ser reutilizada con una finalidad distinta a la que tuvo en un principio, que debió ser como decimos, la de abastecimiento a una explotación rural de época imperial, es decir, con el habitual uso mixto agropecuario de las numerosas obras del agro del conventus emeritense.

Bibliografía sobre la presa de *Los Paredones*:

* Castillo J.C. y Arenillas M.: *Las presas romanas en España. Propuesta de Inventario;* I Congreso Nacional de Historia de las Presas. Mérida, noviembre 2000.

* Gorges J.G. y Rico C.: "Barrages ruraux d'époque romaine en moyenne vallée du Guadiana"; Casa de Velázquez. Madrid, 2000.

* Mélida J. R.: *Catálogo Monumental de España. Provincia de Badajoz (1907-1910)*; Madrid, 1925-26.

5.28 .- PRESA DE EL HINOJAL (LAS TIENDAS).-

Coordenadas: 715.850 ; 4.318.900. Fuente: Servicio Geográfico del Ejército. Hoja 1:50.000 n° 777

Es ésta una de las presas romanas rurales que rodean la ciudad de Mérida, y que fueron ya mencionadas por los estudiosos de las antigüedades de esta ciudad de finales del siglo XIX *(Fernández y Pérez, 1893)*. La obra ha sido asimismo descrita más recientemente por algunos artículos de modernos autores *(Alvarez, 1976; Sánchez Palencia, 1982)*, dando unas dimensiones aproximadas para la presa de 250 m. de longitud por 1,5 m. de altura, por lo que como vemos, a pesar de su carácter rural no se la puede calificar de pequeña.

La obra se encuentra con toda seguridad asociada a la célebre *villa* romana de "Las Tiendas", que contaba con unos importantes mosaicos expuestos actualmente en el Museo de Arte Romano de Mérida. Sin embargo, si creemos algunas referencias, puede ser que en realidad en este antiguo enclave existiese más de una presa, aunque sólo una de ellas es la realmente conocida, objeto de las anteriores referencias, que es la que se encuentra en la actualidad parcialmente sumergida bajo las aguas del moderno embalse de Los Canchales, razón por la cuál se ha hablado tradicionalmente de la desaparición de la denominada presa del Hinojal, cosa por otra parte cierta, aunque no totalmente, ya que en épocas de estiaje con niveles de embale bajos, es posible aún visitar los restos de esta obra.

El Hinojal: *Vista del paramento de opus incaertum de la presa en un momento de aguas bajas del Embalse de Los Canchales. La presa se encuentra cubierta por las aguas del embalse habitualmente, salvo durante de los meses de estiaje. Fuente: F. Aranda.*

La presa que aún se conserva se encuentra en realidad también deteriorada, ya que está cubierta por las aguas en las épocas en que el nivel de Los Canchales se encuentra alto, que es durante gran parte del año, por lo que está en su mayor parte oculta por la vegetación y ha desaparecido casi totalmente la coronación de la misma, lo que se suma al hecho de que hace pocos años fue destruida su parte central con el fin de evitar la acumulación de agua. La situación de la presa, ya anteriormente esbozada, es concretamente sobre el arroyo de Charco Blanco, una rambla intermitente situada unos 1300 m. aguas arriba del yacimiento de "Las Tiendas", también desaparecido parcialmente bajo las aguas. La tipología de la misma es la de gravedad aligerada, ya que está formada por un simple muro de mampostería (*opus incaertum*) que cuenta con un ligero talud y una serie de contrafuertes aguas abajo, de los cuáles ya solamente asoma uno *(Álvarez, 1976)*.

La presa cuenta con una planta quebrada, presentado una acusada forma de flecha opuesta a la corriente, es decir, con su convexidad hacia aguas arriba; las dimensiones conservadas son realmente unos 230 m. de longitud, una anchura de 1,60 m. y una altura máxima aproximada de 1,30 m. *(Gorges y Rico, 2000)*, aunque esta última debió ser indudablemente mayor, ya que la zona de los estribos se encuentra evidentemente deteriorada. Por otro lado, es de suponer que los acarreos hayan enterrado la parte inferior de la presa, ocultado a la vista sus cimientos, por lo que es posible que la altura original superase los 3 m, que es una altura habitual en este tipo de presas romanas rurales.

La funcionalidad de la presa estaba claramente asociada a la mencionada *villa*, sirviendo de toma para el abastecimiento de la misma, además de para el riego de la zona cultivable asociada. Lo cierto es que en épocas de embalse vacío aún puede seguirse la traza de una acequia excavada en el terreno, que partía del estribo izquierdo de la presa y se dirigía en dirección a la *Casa de Las Tiendas*, lo cuál puede corroborarse con la foto aérea, aunque lo cierto es que la coronación de la presa se encuentra por debajo de aquella *villa*, por lo que su utilidad debía estar relacionada con el riego, o quizá eso sí, con el abastecimiento de algún aljibe a cota inferior a la de la casa, del cuál sí podrían aprovecharse sus habitantes, que acarrearían el agua del posible depósito hasta la casa. Debe decirse que el volumen de embalse con que contaría la presa sería bastante considerable, debido a la amplitud del valle en que se encuentra y la reducida pendiente de la vaguada que cierra, que ha provocado precisamente la importante longitud con que cuenta el muro de la presa.

La cronología de la *villa* de Las Tiendas se desarrolla entre el siglo III y comienzos del siglo V d.C., por lo que la construcción de su presa asociada debamos situarla quizá entre los siglos III ó IV d.C., al igual que gran parte de las presas romanas rurales de Extremadura, con gran parte de las cuáles comparte además tipología. Esta datación concuerda además con las modernas interpretaciones acerca de la presa de El Hinojal *(Álvarez et al., 2000).*

Bibliografía sobre la presa de *El Hinojal*:

* Álvarez J.M.: "La *villa* romana de *El Hinojal* en la dehesa de *Las Tiendas* (Mérida)". Noticiario Arqueológico Hispánico, Arqueología, 4. 1976.

* Alvarez, J.M, Nogales T., Rodríguez G. y Gorges, J.-G.: *Arqueologia de las presas romanas en España: Los embalses de Emérita Augusta y sus alrededores. Estado de la cuestión;* I Congreso Nacional de Historia de las Presas. Mérida, noviembre 2000.

* Caballero Zoreda L. y Sánchez Palencia F. J: *Presas romanas y datos sobre poblamiento romano y medieval en la provincia de Toledo*; Noticiario Arqueológico Hispánico. Mtro. Cultura, 1982.

* Castillo J.C. y Arenillas M.: *Las presas romanas en España. Propuesta de Inventario;* I Congreso Nacional de Historia de las Presas. Mérida, noviembre 2000.

* Fernández Casado C.: *Ingeniería hidráulica romana.* Madrid, 1983.

* Gorges J.G. y Rico C.: "Barrages ruraux d'époque romaine en moyenne vallée du Guadiana"; Casa de Velázquez. Madrid, 2000.

* Schnitter N.J.: *Historia de las Presas;* ed. en castellano: Colegio de Ingenieros de Caminos, 2000 (trad. de J. Diez-Cascón y F. Bueno); capítulo 2: El Imperio Romano.

Noticiario Arqueológico Hispánico; Arqueología 4. 1976; pp. 433 a 488.

5.29 .- PRESAS DE EL PERAL (MÉRIDA) .-

Coordenadas: 733.150 ; 4.308.750 (Peral I) ; 733.800 ; 4.309.450 (Peral II). Fuente: Servicio Geográfico del Ejército. Hoja 1:50.000 n° 777.

La primera referencia a una presa en la zona del Peral proviene del presbítero Gregorio Fernández y Pérez quien, ya en la segunda mitad del siglo XIX la incluyó dentro del conjunto de pequeñas presas romanas en los alrededores de la ciudad de Mérida, siendo mencionada de manera recurrente desde aquellas fechas *(Mélida, 1925; Álvarez, 1970, etc.).* Lo cierto es que existe una antigua presa sobre el Arroyo de Las Norias, mencionada por D. J.L. Mosquera, que se encuentra junto a la denominada Casa de la Viuda en un poblado a unos 4 Km de Mérida en dirección a Don Alvaro, prácticamente oculta en la actualidad al haberse edificado sobre la misma una vivienda que ha aprovechado el muro de la presa como cimiento. Sin embargo, también existen indicios de otras presas romanas por esta misma zona que también pudieran ser acreedoras de esta misma denominación, y a las cuales nos referiremos más adelante.

El muro de la presa a que nos referimos se encuentra en realidad roto por el estribo derecho, faltando toda la mitad de esta margen y, a juzgar por los mampuestos conservados en su base en el extremo en que se debió producir la ruina, que pudo sobrevenir justamente donde se encontraba el desagüe de fondo de la presa. A pesar de que el paramento de aguas abajo se encuentra en la actualidad totalmente oculto por la construcción moderna, podríamos aventurar que el dique de la presa se compondría originalmente de un muro simple que, a juzgar por su aspecto, es de gran antigüedad, correspondiéndose su fábrica quizá a una época situada entre los siglos I y II d.C., al estar formada por un calicanto (*opus caementicium*) de granulometría bastante gruesa y de aspecto muy compacto, tal y como suele ocurrir en las fábricas romanas de esta primera época. Dicha fábrica parece haber estado recubierta por un revoco de *opus signinum* del lado del agua, para evitar así la erosión de este paramento, cosa que por cierto se consiguió, puesto que el tramo de muro conservado se encuentra prácticamente intacto. Esta característica es muy común en las obras hidráulicas romanas, para aislar el elemento estructural resistente del agua y evitar así su deterioro.

La presa, al menos lo que se ha conservado hasta nuestros días, posee una altura de algo más de 2,0 m. formada por cuatro tongadas horizontales de hormigón hidráulico de poco más de 0,50 m. de espesor, tal y como es habitual en este tipo de presas romanas, aunque en este caso, observamos la particularidad de que el paramento de aguas arriba (el único conservado a la vista en la actualidad), no es totalmente vertical, sino que presenta un sutil talud, realzado por el hecho de que las tongadas cuentan con un retranqueo de unos 5 cm. hacia el interior entre cada una de ellas y la inmediatamente inferior. En base a algunos testimonios de habitantes de la zona, esta presa podría estar relacionada con una *villa*, probablemente altoimperial, situada inmediatamente aguas abajo de la misma. Esta explotación agrícola romana se encuentra documentada, y de ella se ha venido hallando material en épocas recientes. De esta manera, la finalidad probable de la presa sería una combinación de la de abastecimiento y riego, como es habitual entre las presas rurales romanas.

En cuanto a las posibles analogías con otras presas romanas, cabe en este caso establecerlas con la presa de Villaminaya en Toledo, compuesta por una yuxtaposición de dos muros de un metro de espesor (cosa que no parece en realidad coincidir con el caso que nos ocupa), siendo el resto de dimensiones muy similares a las de El Peral. En aquella presa el paramento de aguas arriba era de mampostería, mientras que el de aguas abajo estaba construido con una fábrica de *opus caementicium*, como en el de esta presa emeritense, presentado además ambos aparejos una gran similitud, lo que nos hace pensar en una fecha de construcción similar para las dos presas. Sin embargo, en el caso de la presa toledana, como en tantos otros, es el paramento de aguas abajo el conservado a la vista, mientras que el de aguas arriba permanece oculto debido al aterramiento del vaso, siendo por tanto la presa de El Peral un caso singular dentro de las conservadas, ya que sólo podemos ver el paramento de aguas arriba.

Presa del Peral: *Detalle de la zona de rotura de la presa, en el punto donde probablemente se encontraría el antiguo desagüe de fondo*

Presa del Peral: *Paramento de aguas arriba de la presa, donde puede verse la edificación construida sobre su muro. Nótense la diferentes tongadas horizontales erigidas con un ligero retranqueo entre ellas hacia el exterior, que dan un leve escalonado hacia aguas arriba.*

Por último, cabe reseñar que la presa debió de estar en funcionamiento durante un periodo de tiempo más o menos prolongado, a juzgar por el nivel de las tierras de las fincas situadas aguas arriba, probablemente procedentes del atarquinamiento del vaso del embalse y que actualmente quedan de nuevo inundadas en las épocas de avenidas del Arroyo de las Norias, cuyo caudal es en cambio bastante reducido en condiciones normales. El cauce del arroyo ha excavado un tramo de dichos depósitos con una forma paralela al paramento de aguas arriba de la presa, razón por la que ha quedado éste totalmente al descubierto.

Existen dudas acerca de la coincidencia de esta presa con la verdadera presa de El Peral mencionada por Fernández y Pérez, o si por el contrario, sería ésta la incluida con este mismo nombre por Gorges y Rico en su estudio sobre las presas rurales romanas del Guadiana la cuál, por su mayor proximidad al antiguo Cortijo de El Peral, podría tratarse con mayor probabilidad de la obra conocida desde antiguo. La presa que describen estos autores, es en realidad una pequeña longitud de restos conservados: 7,6 m. de longitud, con una anchura de 0,65 m. y una altura de al menos 90 cm., aunque parece ser que los años han maltratado esta obra privándola de más de la mitad de su longitud original, que en los años 20 era aún de 18 m. *(Mélida, 1925)*.

Sin embargo, dichos autores la describen como una presa de planta arqueada y dotada de contrafuertes, características que no se corresponden con la presa descrita en los párrafos anteriores que, por otro lado, se encuentra en el mismo Arroyo de Las Norias en el que dichos autores sitúan dicha presa. En todo caso, debe recordarse la densidad de restos de obras romanas de este tipo en la zona, que podemos considerar como la mayor del mundo, por lo que no sería de extrañar la coincidencia de dos presas consecutivas en el mismo cauce y, dada la disparidad de características de esta segunda presa con la obra anteriormente descrita, debemos considerarla una obra totalmente distinta, a la cuál a nuestros efectos denominaremos Peral II (quizá por la menor envergadura de los restos conservados, o por simple orden hasta llegar hasta nuestro conocimiento) y que, según dicho estudio habría tenido un uso muy diverso, al haber sido utilizada tanto para abastecimiento de una cercana *villa*, como para riego e incluso, como reserva piscícola *(Gorges y Rico, 2000)*.

Para finalizar con la zona de El Peral, debemos señalar que no son éstas las dos únicas presas que deben existir por las inmediaciones, ya que conocemos la existencia por medio de referencias verbales, de los restos de al menos otras dos presas romanas por la zona entre el Cortijo de El Peral y La Peña de la Mora, en las inmediaciones de las dos presas de Valverde de Mérida. En concreto, sobre el Arroyo del Judío y sobre el Arroyo de Las Juntas, es decir, en la misma cuenca de las presas de El Paredón y la Charca Grande, aunque ligeramente aguas debajo de aquellas. Caso de confirmarse su existencia, asombraría la enorme densidad de obras hidráulicas romanas de la zona limítrofe con la antigua ciudad de Mérida, en cuyo entorno podría superarse incluso la veintena de presas originarias del periodo romano.

Bibliografía sobre la presa de *El Peral*:

* Álvarez J.M.: "Embalse romano de Araya, Mérida". *XI Congreso Nacional de Arqueología.* Zaragoza, 1970.

* Alvarez, J.M, Nogales T., Rodríguez G. y Gorges, J.-G.: *Arqueología de las presas romanas en España: Los embalses de Emérita Augusta y sus alrededores. Estado de la cuestión;* I Congreso Nacional de Historia de las Presas. Mérida, noviembre 2000.

* Caballero Zoreda L. y Sánchez Palencia F. J: *Presas romanas y datos sobre poblamiento romano y medieval en la provincia de Toledo*; Noticiario Arqueológico Hispánico. Mtro. Cultura, 1982.

* Castillo J.C. y Arenillas M.: *Las presas romanas en España. Propuesta de Inventario;* I Congreso Nacional de Historia de las Presas. Mérida, noviembre 2000.

* Fernández y Pérez G.: *Historia de las Antigüedades de Mérida.* Plano y Corchero. Mérida, 1893.

* Gorges J.G. y Rico C.: "Barrages ruraux d'époque romaine en moyenne vallée du Guadiana"; Casa de Velázquez. Madrid, 2000.

* Mélida J. R.: *Catálogo Monumental de España. Provincia de Badajoz (1907-1910)*; Madrid, 1925-26.

5.30.-PRESA DE MORACANTÁ (VILLAMINAYA).-

Coordenadas: 424.650 ; 4.398.850. Fuente: Instituto Geográfico Nacional. Hoja 1:50.000 n° 657

La presa de Moracantá, a pesar de sus relativamente modestas dimensiones, debe ser considerada como una obra de cierta importancia, en primer lugar debido a su buen estado de conservación, pero también en parte por su probable alta cronología, lo que la convierte en un ejemplo singular dentro de las pequeñas presas rurales romanas.

Se encuentra esta presa en el término municipal de Villaminaya, en la provincia de Toledo, aunque muy cerca del límite con el de Almonacid de Toledo, en un entorno en el que ya se han identificado otros vestigios de origen romano, como los restos de un pequeño asentamiento de población y un puente de un solo ojo *(Arellano, 1976)*. Su situación sobre un arroyo de no excesiva competencia (pero que lleva agua durante la mayor parte del año), llamado de Guazalete, así como la tipología empleada: gravedad con un simple muro pantalla, cumple las características básicas observadas en otras obras rurales de origen romano.

Sin embargo, su construcción presenta algunas peculiaridades, puesto que nos encontramos ante la siguiente disposición: aguas arriba existe un muro de mampostería de 0,90 m. de espesor con piezas de un tamaño más o menos grande *(Caballero Zoreda y Sánchez Palencia, 1982)*, que se encuentra actualmente fuera de la vista en su práctica totalidad, debido al antiguo aterramiento del embalse, que ha sepultado este paramento. Por otro lado, el paramento de aguas abajo, que es el único ahora fácilmente visible, está compuesto por un muro de calicanto u *opus caementicium* (hormigón hidráulico romano), también de 0,90 m. de espesor y que posee una gran consistencia y compacidad, con unas piezas pétreas de un tamaño bastante considerable dentro de la mezcla, lo que generalmente es indicativo de una temprana época de realización.

Moracantá: *Vista general de la presa desde su estribo izquierdo, donde vemos como ha actuado la erosión sobre la última tongada del hormigón del paramento*

Las tongadas horizontales de este paramento se encuentran diferenciadas de una manera muy clara por medio de sus juntas, y poseen cada una de ellas un espesor de aproximadamente 50 cm., es decir, poco más de 1 codo, encontrándose la última de ellas bastante erosionada en su parte superior en la zona central del cuerpo de presa, lo que implica que no se alcance en esta zona la altura total original, que superaba los 2 m. Lo curioso de esta tipología es que, a diferencia de los típicos muros "tipo sándwich", habituales en este tipo de obras, no existe un tercer muro del lado de aguas abajo, para así poder verter el hormigón aún fresco entre los dos muros de mampostería construidos previamente, que harían de encofrado. De esta manera, existen dos posibilidades para el proceso constructivo de este muro: la primera de ellas consistiría en haber contado con un encofrado de madera aguas abajo, aunque, caso de ser cierta esta hipótesis, la verdad es que no se conserva huella alguna de tal elemento en ningún tramo del muro, cosa que en principio sería de esperar, tal y como suele ocurrir en las obras romanas que han seguido este método constructivo (por ejemplo, la presa antigua de Iturranduz, el acueducto de Sant Jaume dels Domenys, etc.).

Por ello, podemos pensar en la existencia de una segunda alternativa para el proceso constructivo de la presa de Moracantá, que consistiría en la existencia original de un revestimiento exterior, actualmente perdido en su totalidad, que habría actuado de encofrado perdido. La posibilidad de que este revestimiento fuese de sillería, hace pensar en que habría invitado a la rapiña a lo largo de los siglos para su reaprovechamiento en construcciones posteriores que probablemente, se encontrarán en las localidades de alrededor de la obra, lo que quizá podría ser una explicación para la ausencia de huellas de la puesta en obra del paramento. Sea cual sea de las dos posibilidades propuestas la realmente acertada, es de reseñar la relativa singularidad de la tipología de la presa, formada por dos muros yuxtapuestos de distinta naturaleza y probablemente revestimiento adicional aguas abajo.

En cuanto a las dimensiones de la presa, debemos decir que posee una longitud total de 40,80 m. (de los que se conservan unos 33), con una anchura total de 1,80 m. (suma del espesor de los dos muros yuxtapuestos), y una altura máxima que sería aproximadamente de 2,10 m. En cuanto a elementos de regulación, parece no existir ningún desagüe profundo, al menos en los restos visibles en la actualidad, aunque esta ausencia parece estar suplida en este caso por la existencia en ambos estribos de dos obras accesorias a la presa, que se pasan a describir a continuación. En el estribo derecho, encontramos un muro de mampostería, que parte de la propia presa formando 90Ḍ con el paramento de la misma y que cimienta sobre el propio afloramiento granítico que sirve de apoyo al estribo; es esta en realidad la obra de toma de un canal que puede seguirse durante un largo tramo aguas abajo de la presa, y que formaría parte del sistema que partía de la misma, cuya finalidad sería tanto el riego de los campos situados en esta zona *(Caballero Zoreda y Sánchez Palencia, 1982)*, como probablemente también el abastecimiento a una posible *villa*. Este hecho apoya la tesis de la funcionalidad de Morancantá como simple azud de derivación, lo que explicaría la ausencia de desagüe de fondo, a pesar de ser una obra que ya contaba con una cierta capacidad de embalse.

Moracantá: *Vista general de la presa, con el muro de cierre a la derecha de la foto (el río ha evitado el dique rodeando la roca que sirve de apoyo al estribo derecho, en el extremo izquierdo de la foto), y el antiguo aliviadero que se supone inicio del canal de toma en primer término en la parte derecha de la foto (resantado dentro de un recuadro), formado mediante la hinca en el terreno de grandes piedras planas.*

Moracantá: *Paramento de aguas abajo de la presa, donde puede verse la gruesa granulometría de la mezcla de su opus caementicium, que denota unas claras hiladas horizontales de su puesta, en este caso, con 0,50 m. de espesor.*

En el estribo contrario, ha persistido un elemento muy curioso por su relativa rareza dentro del conjunto de presas romanas, como es un aliviadero de superficie. Se encuentra dicho aliviadero justamente en el extremo de dicho estribo izquierdo, indicándonos claramente por un lado, la longitud total con que debió contar la presa, y también por otro, su altura máxima, ya que éste debía encontrarse alineado con la coronación del muro. En la actualidad se encuentra en cambio algo descolgado a una cota algo superior con respecto al resto de la presa, debido a la erosión de la parte superior del muro que ha provocado un rebaje de su altura, aunque en perfecta alineación con ésta como continuación del propio estribo. Este desagüe superficial consiste simplemente en dosllajas pétreas de gran tamaño hincadas en el terreno, que forman de esta manera una especie de canaleta de sección trapecial por la que vertería el agua sobrante en el caso excepcional de que el embalse se encontrase lleno y el canal de toma no pudiera absorber el caudal excedente. La existencia de este elemento es un nuevo argumento a favor de la tesis que argumenta la ausencia original de elementos de regulación profundos en esta presa.

Es muy curiosa también la disposición actual de esta obra, puesto que se encuentra aislada del cauce del Arroyo de Guazalete, que ha variado su trayectoria para rodear la roca granítica que sirve de apoyo al estribo derecho, excavando el terreno de la parte posterior de aquella y discurriendo actualmente a una cota inferior a la que se encuentra la presa. Este curioso hecho, causado con seguridad por el desbordamiento del río en una crecida, no impide apreciar que la presa debió estar en funcionamiento durante un periodo de tiempo bastante largo, a juzgar por el total aterramiento del su antiguo embalse, hasta la altura actualmente conservada entera, que es en realidad de aproximadamente 1,60 m. Existe una posibilidad mucho menos plausible para esta disposición, y es que el arroyo contase desde el principio con dos brazos, uno de los cuales estaría cerrado por esta presa, mientras que el otro lo sería mediante un simple terraplén, o cualquier otro tipo de obra perecedera *(Caballero Zoreda y Sánchez Palencia, 1982)*.

El aspecto de la fábrica, compuesta por un aparejo de *opus caementicum* con una granulometría sensiblemente gruesa, y que cuenta con una gran compacidad y homogeneidad, lo que le ha permitido resistir el paso de los siglos sin la protección de un revestimiento exterior, son todas ellas características que indican un periodo de construcción bastante temprano, viéndose apoyada esta hipótesis por algunos de los detalles constructivos incluidos en la descripción anterior, que son indicativos de cierta rusticidad y arcaísmo en la construcción de la presa. De esta manera, podríamos aventurar una datación de la obra que podría encuadrarse dentro del siglo I d.C., o quizá del siglo II d.C.

Bibliografía sobre la presa de *Moracantá*:

* Arellano M.: *Puente y presa romanos en el término municipal de Villaminaya (Toledo).* Toletum. 1974 – 76; pp. 98 y siguientes.

* Caballero Zoreda L. y Sánchez Palencia F. J: *Presas romanas y datos sobre poblamiento romano y medieval en la provincia de Toledo*; Noticiario Arqueológico Hispánico. Mtro. Cultura, 1982.

* Castillo J.C. y Arenillas M.: *Las presas romanas en España. Propuesta de Inventario;* I Congreso Nacional de Historia de las Presas. Mérida, noviembre 2000.

* Schnitter N.J.: *Historia de las Presas;* ed. en castellano: Colegio de Ingenieros de Caminos, 2000 (trad. de J. Diez-Cascón y F. Bueno); capítulo 2: El Imperio Romano.

Moracantá: *Vista de la coronación de la presa, donde se aprecian el muro de opus caementicium a la derecha y el muro de mampostería gruesa a la izquierda, parcialmente cubierto por la vegetación.*

5.31 .- BALSA DE CAÑAVERAL .-

Coordenadas: 723.300 ; 4.467.000. Fuente: Servicio Geográfico del Ejército. Hoja 1:50.000 n° 650

La presa o balsa de Cañaveral se encuentra dentro del término municipal del mismo nombre, en la provincia de Cáceres, muy cercana ya al profundo valle del río Tajo, que está ocupado en la actualidad por la cola del embalse de Alcántara, y también muy próxima al lugar donde se encuentran los restos del famoso puente romano de Alconétar, trasladado desde el fondo de valle y que servía de cruce sobre este río a la calzada romana de la Ruta de la Plata. Es por tanto, un lugar muy próximo al de la situación de las presas de Portezuelo y de Monroy. Se trata de una presa rural de pequeñas dimensiones que recoge el agua de arroyadas, almacenando casi únicamente el agua procedente de la lluvia, debido a la escasa cuenca de aportación con que cuenta la vaguada que cierra, teniendo como probable fin el de servir de punto de avituallamiento a lo largo de esta calzada, una de las más importantes de la antigua Hispania y que atravesaba regiones que en ocasiones eran extremadamente áridas.

Esta obra es de muy modestas dimensiones, contando con una pantalla plana de 1,20 m. de altura y 0,40 m. de espesor, con una fábrica de calicanto (*opus caementicium*) cuyo paramento de aguas arriba está realizado a base de una mampostería careada de piezas más o menos irregulares (*opus incaertum*). La sección transversal completa de esta presa es trapezoidal, contando aguas abajo con un terraplén terrero con una anchura de unos 2,0 m. en su base, que sirve de apoyo al muro anterior y se encuentra revestido irregularmente en su talud mediante algunas piedras de diversos tamaños a modo de losas, cuyo fin probable sería evitar su erosión en caso de vertido por coronación.

Cañaveral: *La balsa desde su estribo izquierdo, desde donde podemos ver el muro roto en su parte central, con un pequeño terraplén del lado de aguas abajo que se sirve de apoyo a la estructura.*

Cañaveral: *Detalle del muro del paramento de aguas arriba en el estribo derecho. Vemos la mampostería exterior del muro que sobresale de la mezcla central de hormigón.*

Se conserva una longitud de unos 35 m. en el muro, cuyo estado de conservación no es excesivamente malo a pesar de encontrarse roto en su parte central, en coincidencia con la mayor altura de la balsa. No parecen haber existido elementos de regulación profundos en la misma, ni tampoco aliviadero de ningún tipo, vertiendo el eventual excedente de agua por coronación en el improbable caso de que este existiese.

El tipo de presa y la fábrica observada hacen pensar en un origen romano de la obra, a pesar de que en realidad esta última posee unas características tan poco definidas que no permite afirmar este hecho con seguridad, pudiendo tratarse asimismo de una realización medieval. Bien es cierto que algunas presas rurales romanas no poseen unos patrones constructivos tan claros como las obras más importantes, por lo que no es difícil confundir alguna obra de esta época con otras posteriores. Sin embargo, en este caso sí que parece adivinarse la puesta en obra a base de tongadas horizontales tan característica de las obras de fábrica romanas, lo que unido a su situación justamente al borde de la Ruta de la Plata, hacen pensar en la hipótesis de un origen romano, aunque en todo caso deberíamos considerar esta obra como una realización de época tardía, quizá del siglo IV d.C.

El hecho de encontrarse junto a esta importante vía de la Antigüedad, así como la ausencia de algún tipo de asentamiento o de zona cultivable conocidos en las inmediaciones, hacen pensar en una utilidad para esta presa como simple abrevadero situado a lo largo del camino, lo cuál no debe extrañarnos, ya que se ha venido observando en otras importante calzadas como la Vía Augusta, a lo largo de la extremadamente árida comarca de Los Monegros, que cuenta con diversas balsas y pozos en sus márgenes *(Beltrán, 1949)*, e incluso a lo largo de la propia Ruta de la Plata, donde existen otras obras que quizá podrían tener esta misma finalidad, como la presa del Argamasón, en Torremegía, al sur de la ciudad de Mérida (aunque lo cierto es que esta última también podría haber servido al abastecimiento de alguna *villa* situada aguas abajo). En el caso de Cañaveral, la utilidad de la presa no parece que pueda estar asociada a ningún tipo de explotación agrícola ya que, tanto la morfología de la zona como el tipo de terreno, con una vegetación de monte bajo, no son idóneos para la ubicación de ningún tipo de actividad agrícola, por lo que las posibilidades parecen reducirse a la de abrevadero a lo largo del camino.

Un análisis del mortero de esta balsa podría aportar datos definitivos sobre la cronología de esta pequeña balsa, que posee cierta importancia dentro del grupo de presas rurales antiguas ya que, caso de confirmarse su origen romano, deberíamos añadir una nueva funcionalidad a este tipo de obras, como sería la de obra accesoria a lo largo de una importante vía de comunicación.

Bibliografía sobre la *Balsa de Cañaveral*:

* Castillo J.C. y Arenillas M.: *Las presas romanas en España. Propuesta de Inventario;* I Congreso Nacional de Historia de las Presas. Mérida, noviembre 2000.

* Demarcación Carreteras del Estado en Extremadura: *Estudio impacto ambiental Autovía Ruta de la Plata.* 1997.

5.32 .- AZUD DE LOS MOROS EN TUÉJAR:

Coordenadas: 667.250 ; 4.404.850. Fuente: Servicio Geográfico del Ejército. Hoja 1:50.000 n° 666

La probable relación de esta pequeña presa, situada sobre el Río Tuéjar, con el cercano Acueducto de Peña Cortada de la vecina localidad de Chelva, hacen pensar en un origen romano para esta presa, a pesar de que su aspecto exterior no parece indicarlo en un principio. De aquél acueducto se conservan dos impresionantes tramos sobre arcadas, uno de ellos, de tres arcos, prácticamente intacto y con una altura máxima de 33 m. sobre el fondo del barranco que cruza *(Fernández Casado, 1972)*. A este tramo sigue de manera inmediata una impresionante trinchera cavada de arriba a bajo de la montaña, en una impresionante altura, y finalmente, un tramo en túnel excavado en la roca viva a lo largo de aproximadamente 1 Km, en la actualidad perfectamente visible y visitable debido a los recientes trabajos de desescombro *(Cantó y Curiel, 1998)*. Posteriormente, el trazado de tan impresionante obra se desvanece sin que se sepa por el momento cuál sería su punto de destino final, que debería ser con toda probabilidad una población relevante, a juzgar por el importante caudal que sería capaz de transportar la importante sección de este canal, así como por la magnitud de los trabajos realizados, que denotan además una destacable planificación. Estas obras, sobre todo en la época en que se ha datado con bastante aproximación el acueducto (el siglo I d.C.), eran empleadas además como instrumento propagandístico del poder del Imperio, lo que implica que se les dote de una gran monumentalidad.

Como ya hemos dicho, el origen de la conducción, ya mencionado por Fernández Casado en su libro sobre los acueductos romanos de España, se identifica tradicionalmente con los manantiales de Tuéjar, y aunque no pueda excluirse con total seguridad esta posibilidad, parece que el comienzo del canal pudiera más bien encontrarse en un punto situado ligeramente aguas abajo, cerca ya de la población de Tuéjar, en una pequeña presa de derivación conocida en la comarca como Azud de los Moros.

Este azud de derivación, actualmente aún en uso, posee una longitud total de unos 50 m., aunque una altura muy reducida, de apenas 1,0 m., y está formado por un muro recto de paramentos verticales bastante regulares, cuya fábrica no denota a priori una excesiva antigüedad (4 ó 5 siglos como máximo), posiblemente como resultado de múltiples reparaciones sufridas a lo largo de su existencia. Consta además de dos pequeños contrafuertes de sección triangular adosados al paramento de aguas abajo, en una zona ya muy próxima al estribo izquierdo donde se encuentra el vertedero de la presa, que consiste en realidad en un pequeño rebaje en la coronación del muro, que forma una especie de canaleta entre ambos contrafuertes, por donde circula el agua para los caudales habituales.

Azud de los Moros: *Obra de derivación cimentada sobre un afloramiento rocoso. Se aprecian los dos pequeños contrafuertes triangulares flanqueando la zona de vertido.*

La ubicación del azud es perpendicular al cauce del río, aunque en coincidencia con un recodo del mismo, facilitando así la toma en el propio lateral de la presa, sin tener que efectuar una obra adicional en su estribo para la toma, simplificando así la obra y de paso, asegurando mejor la alimentación de agua al aprovechar la propia "inercia" del agua en la curva. Esta característica de emplazamiento, coincide además con el de la presa romana de Riofrío, que constituye la cabecera del Acueducto de Segovia. La toma en nuestro caso fue realizada excavando una trinchera de al menos 3,0 m. de profundidad en la roca viva, es decir, probablemente en el punto de mayor dificultad por el esfuerzo a realizar en su excavación, pero también en el que se aseguraba mejor la pervivencia de la toma, pudiendo ser regulado el caudal derivado con una simple compuerta vertical encastrada en la roca. Este punto no es posible de corroborar en la actualidad, al haberse cegado la zona superior de dicha trinchera en su comienzo con un calicanto de factura parecida al de la presa actual. Sin embargo, sí que existe una compuerta lateral algunos metros hacia delante, que actualmente sirve de aliviadero del canal, y que posee una factura parecida a la que debió de tener el elemento de regulación original de la obra de toma.

Azud de los Moros: *Detalle de la toma del azud,: gran corte de la roca, hoy parcialmente cegado por un tabique de argamasa de factura similar a la de la fábrica actual del propio azud.*

Esta obra en concreto, que debió exigir un ingente trabajo para su realización, hace pensar también en una factura romana, debido no sólo a la idea general de que los ingenieros romanos no parecían reparar en dificultades técnicas a la hora de realizar obras importantes, sino también por la analogía que presenta con la factura de la mencionada conducción del acueducto en Chelva, que incluye también a lo largo de su trazado importantes tramos en túnel o en trinchera. Finalmente, también coincide el estribo en que se sitúa la toma en la presa con el trazado posterior del acueducto, y parece ser que también la cota para haber podido alimentar a tan importante acueducto. Es evidente que hubiera podido soslayarse fácilmente la dificultad que supone la excavación del canal de toma en la roca, simplemente situando el azud en un punto cercano del propio río, en el que no existieran afloramientos rocosos en las márgenes, aunque es evidente que se buscó de manera premeditada este punto en el cuál se presentaban las condiciones adecuadas para realizar una obra perdurable que asegurase una derivación continua de agua, y que además parece facilitar una mejor explotación.

Como vemos, a pesar de no existir ningún indicio en el aparejo del cuerpo de la presa que nos indique un origen romano, se observan otros indicios, como su tipología, emplazamiento (incluyendo su cota relativa con el tramo conocido del acueducto de Chelva) y características de la obra de toma, que nos inducen a pensar en una fecha original de construcción dentro de aquél periodo. No es de extrañar la ausencia de la fábrica original en obra de derivación menor, si pensamos en una posible antigüedad de prácticamente 2000 años, debido no sólo a la variabilidad de los cauces levantinos (lo que probablemente habrá originado que el río haya arruinado la obra en varias ocasiones), sino también al posterior uso que se ha dado al azud el cuál, que sirve en la actualidad a diversos regadíos de la zona, lo que obliga por tanto a un mantenimiento continuado de la obra de toma, lo que origina también por su parte, diversas reparaciones adicionales a las ya necesarias por los daños de las ocasionales crecidas.

Bibliografía sobre el *Azud de los Moros en Tuéjar* :

* Cantó Perelló J. y Curiel Esparza J.: "Infraestructura hidráulica de Peña Cortada"; *Actas del Segundo Congreso Nacional de Historia de la Construcción.* A Coruña, 1998.

* Castillo J.C. y Arenillas M.: *Las presas romanas en España. Propuesta de Inventario;* I Congreso Nacional de Historia de las Presas. Mérida, noviembre 2000.

* Fernández Casado C.: *Acueductos romanos en España.* Instituto Eduardo Torroja. Madrid, 1972.

5.33 .- PRESA DE EL CHAPARRAL .-

Coordenadas: 730.100 ; 4.326.750. Fuente: Servicio Geográfico del Ejército. Hoja 1:50.000 nº 752

Esta pequeña presa rural, conocida solamente a partir de algunas modernas referencias *(Gorges y Rico, 2000; Álvarez et al., 2000)* a partir de su descubrimiento por G. Rodríguez en 1990, se encuentra sobre la ribera de La Alcazaba, en el Camino de Peñas Blancas cerca de Aljucén, población próxima a Mérida hacia al norte. La obra se encontraba totalmente enterrada y apareció solamente después de las grandes lluvias de 1990, tras las que aparecieron dos o tres tongadas del *opus* del muro de la presa.

Las dimensiones de la presa son aproximadamente de unos 50 m. de longitud, un espesor de 1,05 m., y una altura difícil de determinar, pero que debe ser en todo caso, superior a 0,80 m, pudiendo haber alcanzado en origen unos 1,5 ó 2 m. *(Gorges y Rico, 2000)*. Su tipología parece ser la de un simple muro de gravedad, sin poder apreciarse actualmente la existencia de contrafuertes adosados al mismo, lo cuál es común en presas romanas de reducida altura. Su finalidad debió ser con seguridad la de la mayoría de presas rurales romanas en Extremadura, es decir, una utilidad mixta para riego y abastecimiento, lo que viene avalado por la existencia de material cerámico y de todo tipo disperso por las inmediaciones de la presa, hecho indicativo de la existencia en sus alrededores de algún tipo de asentamiento, que en este caso parece tratarse en concreto de una *villa* bajoimperial *(Álvarez et al., 2000)*. Es difícil precisar la cronología de esta obra con los pocos restos conservados, aunque su adscripción a época romana sí parece segura. En todo caso, las últimas referencias sobre la obra la adscriben a época bajoimperial (siglos III – IV d. C.), en relación con la explotación rural a la que se asocia *(Álvarez et al., 2000)*.

Bibliografía sobre la presa de *El Chaparral*:

* Alvarez, J.M, Nogales T., Rodríguez G. y Gorges, J.-G.: *Arqueología de las presas romanas en España: Los embalses de Emérita Augusta y sus alrededores. Estado de la cuestión;* I Congreso Nacional de Historia de las Presas. Mérida, noviembre 2000.

* Castillo J.C. y Arenillas M.: *Las presas romanas en España. Propuesta de Inventario;* I Congreso Nacional de Historia de las Presas. Mérida, noviembre 2000.

* Gorges J.G. y Rico C.: "Barrages ruraux d'époque romaine en moyenne vallée du Guadiana"; Casa de Velázquez. Madrid, 2000.

5.34.- PRESA DE VALENCIA DEL VENTOSO .-

Nos ocupamos en este caso de una nueva presa rural romana de mediana entidad, situada en el término municipal de Valencia del Ventoso, al sur de la provincia de Badajoz (es decir, ya en la antigua provincia de la Bética), que al parecer alimentaba de nuevo a una *villa* que ha sido localizada ligeramente al sur de la presa *(Gorges y Rico, 2000)*. De esta manera, parece tratase de otra obra de acumulación con una utilidad mixta para abastecimiento y riego, cuya cronología no se ha precisado, pero que puede encuadrarse con bastante seguridad en época bajoimperial.

Se trata de una presa de gravedad formada por un muro recto simple del que se conservan unos 16 m., aunque la longitud original debió ser de unos 60 a 80 m. La altura máxima conservada varía entre 0,54 y 0,78 m., aunque debió ser igualmente mayor *(Gorges y Rico, 2000)*. Esta última hipótesis se ve corroborada por la robustez del muro, que posee un espesor de 1,60 m., y se encuentra formado por un núcleo a base de un calicanto (*opus caementicium*) compuesto por cantos de mediano tamaño aglomerados mediante mortero y con un espesor de aproximadamente 1,0 m. El muro está completado por dos paramentos exteriores de mampostería (*opus incaertum*), que cuentan con 0,30 m. de espesor cada uno, por lo que no parecen ser más que un revestimiento del verdadero muro resistente interior, que podría haber tenido una altura de hasta 3 m. a juzgar por las anteriores dimensiones, al igual que gran parte de las presas rurales romanas, que suelen tener alturas máximas en origen muy cercanas a este último valor.

Bibliografía sobre la presa de *Valencia del Ventoso*:

* Castillo J.C. y Arenillas M.: *Las presas romanas en España. Propuesta de Inventario;* I Congreso Nacional de Historia de las Presas. Mérida, noviembre 2000.

* Gorges J.G. y Rico C.: "Barrages ruraux d'époque romaine en moyenne vallée du Guadiana"; Casa de Velázquez. Madrid, 2000.

5.35 .- PRESA DE MONROY .-

La presa de Monroy, situada dentro del término de la población con idéntico nombre de la provincia de Cáceres, constituye una pequeña obra, al parecer romana, que en realidad aún no ha sido estudiada. Su conocimiento proviene simplemente de la referencia de G. Rodríguez, así como del estudio de Gorges y Rico sobre las presas rurales romanas del valle medio del Guadiana. Se trata de una pequeña obra de la que se conservan muy pocos restos, apenas el arranque el muro sobre la cimentación, y que estaría asociada al yacimiento de la *villa* denominada de "Los Términos", situada en sus proximidades *(Gorges y Rico, 2000)*.

Su tipología era la de una presa de gravedad formada por un simple muro, que presenta la particularidad de poseer una planta más o menos curvilínea. Éste hecho, apoya la hipótesis de una cronología más bien tardía para esta obra, ya que en esta época, tanto en el suroeste de Hispania como en el norte de África, aparecen numerosas presas con planta quebrada o irregular. Caso de ser así, coincidiría en realidad con la mayoría de presas romanas rurales de Extremadura, que suelen corresponder por lo general a época bajoimperial, aunque sin embargo, la planta irregular distinta de la recta era una característica que poseen muchas presas romanas obligadas a buscar un cimiento adecuado.

Esta presa, junto con la balsa de Cañaveral, y quizá alguna otra más, como la de Portezuelo (de origen romano no comprobado), constituyen los únicos ejemplos conocidos de presas romanas en la provincia de Cáceres, quizá fuera ya del área de influencia del importante núcleo de Mérida. Su existencia alienta sin embargo la posibilidad de encontrar más ejemplares que quizá no sean conocidos por una simple falta de estudio exhaustivo de la zona, ya que en los últimos años parece haber surgido un pequeño conjunto de presas de reducidas dimensiones en esta comarca extremeña.

Bibliografía sobre la presa de *Monroy*:

* Castillo J.C. y Arenillas M.: *Las presas romanas en España. Propuesta de Inventario;* I Congreso Nacional de Historia de las Presas. Mérida, noviembre 2000.

* Cerrillo de Cáceres E.: "Excavaciones en la *villa* de Monroy (Cáceres), 1981-1985". *Extremadura Arqueológica, I.* 1988; pp. 167 a 186.

* Gorges J.G. y Rico C.: "Barrages ruraux d'époque romaine en moyenne vallée du Guadiana"; Casa de Velázquez. Madrid, 2000.

5.36.- AZUD DEL RABAL:

Coordenadas: 683.650 ; 4.632.100. Fuente: Instituto Geográfico Nacional Hoja 1:50.000 n° 355

Se trata de una importante obra de derivación construida sobre el cauce del Gállego, uno de los principales afluentes del Ebro por margen izquierda que confluye en aquél junto a la ciudad de Zaragoza. Sus dimensiones son muy considerables, de acuerdo a la importancia del propio río, ya que posee una longitud total de unos 190 m., para una anchura de 25 m. y una altura máxima de aproximadamente 3 m. *(C.H. Ebro – I. 75, 1999)*. La tipología que presenta en la actualidad esta obra, con un perfil trapecial muy tendido en su talud de aguas abajo, se corresponde con la de otras obras de época moderna, muy similar a las realizadas a partir del siglo XVI en la propia cuenca del Ebro (Presa de Pignatelli), o también en la del Tajo (azudes de Valdajos y El Embocador, en Aranjuez).

Sin embargo, su situación y algunos antiguos vestigios asociados a la presa, hacen pensar en un origen romano para la misma, aunque puede ser que no haya sobrevivido nada de la obra original salvo su ubicación, llegando finalmente hasta nosotros una nueva obra construida en el lugar en el que estuvo la antigua. En la obra que reproduce el manuscrito de comienzos del siglo XIX de J.A. Fernández acerca del abastecimiento de agua romano a *Caesaraugusta (Gzlez. Tascón, 1994)*, se menciona la más que probable existencia de una traída de aguas desde el norte (no sería la única, ya que parece que pudieron existir hasta cuatro abastecimientos romanos), que cruzaría el Ebro mediante un acueducto que habría estado en el mismo lugar en el actualmente se encuentra el Puente de Piedra medieval, bajo el cuál se encontraron hace unos 200 años una serie de tubos de plomo romanos de 36,8 cm. de diámetro interior y alrededor de 1 cm. de espesor, que dieron lugar a la hipótesis del abastecimiento norte de Zaragoza planteada en la anterior obra.

***Rabal:** El azud del Rabal, sobre el río Gállego. Planta arqueada con un claro perfil trapecial de vertido, muy prolongado con el fin de difuminar la acción erosiva de un cauce con caudales muy importantes dado su origen pirenaico.*

Dicha toma se encontraría con gran seguridad sobre el Gállego, a una cota que Gzlez. Tascón considera debiera estar aproximadamente a la altura de Zuera en relación con la cota de llegada y las pérdidas de carga asumibles durante el transporte. Esta plausible hipótesis propugna además que el acueducto se desarrollaría a lo largo de la margen derecha del Gállego, abordando la entrada a Zaragoza a través del barrio del Rabal, en el cuál parece ser que existieron aún en la Edad Media molinos que aprovecharon el agua de dicho canal, una vez arruinado el acueducto en su tramo final.

El Azud de la Camarera, algo aguas arriba de Zuera, con tomas a ambos lados, podría ser otra posibilidad para la toma original del acueducto; sin embargo, es la presa del Rabal la que cumple perfectamente con la ubicación presumida para la posible toma romana del acueducto norte de Zaragoza, además de poseer además condiciones más adecuadas para ello. En efecto, a pesar de ser dedicado actualmente a riego, el canal que parte de su margen derecha, pudo ser el que llegaba en la Antigüedad hasta el Puente de Piedra, puesto que se sabe que llegaba antiguamente hasta el mencionado barrio del Rabal, del cuál la presa toma precisamente su nombre. Son estas las razones que inducen a pensar en un origen romano para la obra, aunque sin realizar un estudio a fondo de la misma, no es posible encontrar elementos que indiquen tal origen. Por otra parte, recientes estudios *(Abadía J.C, 1994-2001),* confirmarían el origen romano de esta presa de derivación, no sólo por su relación con la acequia del Rabal, sino por el aspecto de su fábrica, ya que según éste, es aspecto de la sillería que forma el cuerpo de presa es completamente romano, y una sillería de estas características no fue construida en Zaragoza ni antes ni después de este periodo. De esta manera, según estas referencias, el azud del Rabal podría ser el origen de uno de los sistemas de abastecimiento a la antigua *Caesaraguusta*, que culminaría en un sifón sobre el Ebro, precedente del actual Puente de Piedra, y que según dicho estudio cabría datar a lo largo del siglo III de nuestra era.

Bibliografía sobre el *Azud del Rabal*:

* Abadía, J. C.: *Algunos comentarios sobre el abastecimiento de agua a Caesaraugusta;* Cuadernos de Aragón, nĪ 23. Institución Fernando el Católico, 1995; página web Traianus, 2001.

* Castillo J.C. y Arenillas M.: *Las presas romanas en España. Propuesta de Inventario;* I Congreso Nacional de Historia de las Presas. Mérida, noviembre 2000.

* Confederación Hidrográfica del Ebro-Ingeniería 75 (M. Arenillas y otros): *Inventario de Obras Hidráulicas Históricas en la cuenca del Ebro en Aragón. Presas y Azudes.* Zaragoza, 1999.

* González Tascón I. et al.: *El acueducto romano de Caesaraugusta (Según el manuscrito de J. Antonio Fernández–1752/1814).*CEHOPU,CEDEX.Madrid, 1994.

5.37.- PRESA DEL ARROYO BEJARANO:

Coordenadas: 336.200 ; 4.200.500. Fuente: Servicio Geográfico del Ejército Hoja 1:50.000 n° 922

Es esta una presa mencionada dentro de la importante obra acerca de las diversas traídas de aguas de época romana de la ciudad de Córdoba *(Ventura, 1993),* en cuyas dos entregas acerca del tema, se aportan importantes datos acerca de los abastecimientos de las ciudades romanas en Hispania, sobre todo, y en concreto, de los de la ciudad de Córdoba (*Colonia Patricia*), ya que se sacaron a la luz varias conducciones romanas desconocidas hasta la fecha.

Dentro del complejo romano de abastecimiento de agua a Córdoba, existe un primer sistema denominado *Aqua Vetus*, que fue datado por este autor a comienzos del siglo I d.C., es decir, quizá en época de Augusto. A lo largo de esta conducción se encontraba el famoso Acueducto de Valdepuentes, relacionado desde antiguo con el abastecimiento de agua al complejo palatino califal de Medina Azahara, construido en el siglo X de nuestra era, pero que dicho estudio demostró que poseía una base romana en relación con diversos restos de *opus caementicium* y *opus signinum* encontrados a lo largo de la conducción y en la propia obra de fábrica de Valdepuentes. De esta manera, quedó probado el hecho de que en época califal fue aprovechada la antigua conducción romana (que llegaba antiguamente hasta la propia ciudad de Córdoba, pero que podía encontrarse ya en esa época inutilizada en parte) para abastecer al nuevo palacio de Abderramán III, que comenzó a actuar como verdadera capital y centro de poder úncio en época del califato. Esta hipótesis quedaría demostrada por el hecho de que se fueron descubriendo nuevos tramos de canal subterráneo en dirección a la ciudad, así como diversos pozos de registro y pozos de caída, y diversas obras accesorias.

El *caput acquae* o cabecera de aquel abastecimiento, se situaba finalmente en el Arroyo del Bejarano, es decir, en un cauce que vierte en la vertiente contraria de la sierra situada a espaldas de la ciudad de Córdoba, trasvasando por tanto agua a partir de esa cuenca por una zona alta en la que el canal debía tener una pendiente extremadamente reducida para no perder cota y poder pasar a la otra ladera del monte. En esta zona se encontraría la conocida Fuente del Elefante, en un tramo en el que se realizarían también diversas modificaciones en época árabe. A una cota suficiente para la realización de una toma que pudiera alimentar dicha conducción, encontramos una presa sobre el arroyo aparentemente muy remodelada (cubierta por hormigón moderno en gran parte de su muro de cierre) y casi totalmente oculta por la maleza, que parece haber sido aprovechada para otros fines a lo largo del tiempo, puesto que se conservan restos de canales de toma en sus dos estribos.

Arroyo Bejarano: *Vista desde aguas abajo de los restos de la presa, en la zona en que el Arroyo ha roto el muro, discurriendo a su través como si se tratara de un salto natural.*

Es esta una ubicación muy característica para una presa de toma para un sistema de abastecimiento a una ciudad romana, sobre todo, admitiendo una temprana fecha de construcción, como es el siglo I d.C, puesto que ya se ha observado en otros complejos similares la manera en que los romanos solían buscar las aguas más puras, para lo que se remontaban a los niveles más altos, cerca del nacimiento del río (la toma se encuentra en este caso a la cota 405). Para ello no escatimaban esfuerzos, realizando obras de verdadera envergadura como la que nos ocupa, que posee una conducción de casi 17 Km de longitud, con un complicado sistema de pozos de caída y de registro, obras de fábrica, etc.. *(Ventura, 1993).* Por otro lado, el hecho de que la conducción hasta la ciudad de Córdoba sea subterránea apoya la tesis de una construcción en época temprana, puesto que es esta una característica de los canales de abastecimiento romanos más o menos hasta el siglo I d.C., realizándose ya en la centuria siguiente una gran mayoría de canales a cielo abierto. En este sentido, encontramos multitud de puntos de coincidencia con el canal de abastecimiento al Acueducto de Segovia, datado por lo general en el tercer cuarto del siglo I d.C. (época de Claudio) *(Fdez. Casado, 1972)*, es decir, prácticamente coetáneo al Aqua Vetus de Córdoba. En primer lugar, un punto de toma lejano, y a una cota elevada, y además, en un arroyo de aguas muy puras, formado por una presa o azud de dimensiones modestas, y por último, una posterior conducción formada por una galería enterrada en la mayor parte de su longitud, con algunas obras de fábrica importantes en el cruce de las vaguadas más profundas, que el caso de Segovia culmina con un impresionante acueducto, y en Córdoba cuenta también con un ejemplo importante, como es el Acueducto de Valdepuentes.

En la actualidad, el arroyo vierte por encima de la presa, cuya coronación se encuentra en parte arruinada en su zona central, la de mayor altura. La obra está construida aprovechando un afloramiento rocoso para su cimiento, lo cual sirve asimismo para ganar algo de cota en la toma, en un punto en que el río debía poseer originalmente un resalto. Las dimensiones son bastante importantes en comparación con otras obras de similar origen, puesto que cuenta con una longitud que debió rondar inicialmente los 50 m., así como una altura aproximada de unos 4 m. El espesor del muro no puede fijarse con exactitud, debido a que la obra se encuentra casi totalmente cubierta por la vegetación, siendo visible solamente la zona central de vertido, en la que posee más o menos 0,70 m., aunque el espesor total en la base debe ser lógicamente superior para alcanzar la estabilidad requerida (en la base, debe contar con al menos 2,0 m. de anchura). Por otra parte, la fábrica observada en esta zona actualmente rota, se corresponde con un calicanto indeterminado del cuál no parece desprenderse con claridad un origen romano, pero sí desde luego más antiguo que el revestimiento de hormigón que asoma ocasionalmente bajo la maleza.

La presa del Arroyo del Bejarano es en realidad un azud de derivación, al menos en la configuración con que ha llegado hasta nuestros días, puesto que no se adivina en principio ningún tipo de elemento de regulación profundo y vierte directamente sobre la coronación el agua del arroyo del Bejarano, que en la actualidad pasa literalmente por encima de la obra. Sin embargo, lo cierto es que las dimensiones de la presa denotan que debió poseer una capacidad de almacenamiento cuando menos reseñable, cosa quizá poco lógica en un mero azud, y que puede indicar una utilidad más allá de la simple derivación de agua, al menos en la configuración con que ha llegado hasta nuestros días, por lo que podríamos deducir que la presa pudo poseer un embalse más o menos importante, aunque lo cierto es que no parece adivinarse ningún tipo de desagüe que sirviera de toma, como suele ser habitual en las presas romanas.

Bibliografía sobre la presa del *Arroyo del Bejarano*:

* Castejón R.: "Una excursión por la Sierra de Córdoba. Cómo surtieron los musulmanes de agua a la capital del califato" *Diario de Córdoba*. Córdoba; 5,7 y 9 agosto de 1925.

* Castillo J.C. y Arenillas M.: *Las presas romanas en España. Propuesta de Inventario;* I Congreso Nacional de Historia de las Presas. Mérida, noviembre 2000.

* Ventura Villanueva A. y otros: "Arqueología de Córdoba. La Colonia Patricia altoimperial". *Revista de Arqueología n° 172;*. agosto, 1995.

* Ventura Villanueva A.: *El abastecimiento de agua a la Córdoba romana I.* Univers. de Córdoba, 1993.

5.38.- PRESA DE PALOMERA BAJA:

Coordenadas: 343.500 ; 4.198.500. Fuente: Servicio Geográfico del Ejército Hoja 1:50.000 n° 923

Esta obra se encuentra igualmente mencionada dentro de la segunda entrega del mencionado trabajo acerca de los distintos abastecimientos romanos a Córdoba *(Ventura, 1996)*. Según el autor, la presa habría formado parte de un segundo complejo de captación de agua para la ciudad denominado *Aqua Nova Domitiana*, en relación con el emperador bajo cuyo reinado fue realizada la obra, o Acueducto del Arroyo Pedroche en su denominación toponímica más actual. Contaría este sistema con cuatro diferentes *caput aquae* o puntos de captación, que se unirían en una sola conducción antes de su entrada a la antigua ciudad romana; uno de ellos coincidiría con un manantial, otro con una fuente, otro relacionado con los restos de un depósito situado junto a otro manantial, y finalmente, un cuarto que parece partir de una presa situada sobre el Arroyo de la Palomera, afluente del Pedroche, junto al cortijo de Palomera Baja, que es la que nos ocupa ahora en estas líneas.

Es esta una presa de planta recta que cuenta con un único contrafuerte en su paramento de aguas abajo, de la que no puede deducirse fácilmente un origen romano a juzgar por obra conservada, que está prácticamente entera y se encuentra en un relativo buen estado de conservación. Está formada por una fábrica de calicanto de moderna factura, con unas dimensiones aproximadas de 7 m. de longitud por unos 0,50 m. de espesor, con 2,20 m. de altura. El muro cuenta con un quiebro en su margen izquierda que prolonga ligeramente su desarrollo hacia una caseta de toma de agua.

Palomera Baja: *Vista general de la coronación de la presa, donde podemos apreciar en primer término su fábrica de mampostería.*

Palomera Baja: *Pequeño embalse de la presa, que cuenta con un notable quiebro en planta en su estribo izquierdo, donde existe una moderna caseta de toma.*

En la parte central del muro existe un desagüe de fondo con unas dimensiones de 0,65 x 0,40 m. *(Ventura, 1996)* junto al pequeño contrafuerte de perfil triangular que sirve de apoyo al paramento de aguas abajo. Este último se encuentra en la actualidad inutilizado debido al casi total aterramiento del pequeño embalse, vertiendo la presa por coronación el caudal aportado por el arroyo, cuyo régimen presenta una cierta regularidad.

En realidad, no existirían razones para clasificar esta obra dentro del grupo de presas romanas, a no ser por la mención de A. Ventura acerca de la existencia del antiguo *specus* del canal de uno de los ramales del Acueducto de los Pedroches justamente unos pocos metros aguas abajo de la presa. Es probable que la obra existente en la actualidad no sea más que una reconstrucción de la primitiva toma, con el fin de aprovechar la buena situación de la misma, en este caso con fines meramente agrícolas. La tipología no es en realidad característica romana, con un pequeño contrafuerte triangular, ni tampoco la fábrica conservada presenta la apariencia de una antigüedad superior a dos siglos, aunque en realidad, también conocemos diversos ejemplos de presas romanas reconstruidas cuyo aspecto presenta similitudes con esta pequeña obra, entre las que podríamos citar a modo de ejemplo, el Azud de los Moros, en Tuéjar, posible punto de toma para el Acueducto de Peña Cortada en Chelva, cuyo aspecto, con una pantalla plana de corta altura apoyada en dos pequeños contrafuertes triangulares, es muy parecido al de la presa del Arroyo Palomera, salvando las diferencias entre ambas en cuanto a dimensiones.

Bibliografía sobre la presa de *Palomera Baja*:

* Castillo J.C. y Arenillas M.: *Las presas romanas en España. Propuesta de Inventario;* I Congreso Nacional de Historia de las Presas. Mérida, noviembre 2000.

* Ventura Villanueva A.: *El abastecimiento de agua a la Córdoba romana II.* Univers. de Córdoba. 1996

6.- *DISCUSIÓN SOBRE EL ORIGEN ROMANO DE ANTIGUAS PRESAS HISPANAS .-*

Además del conjunto de presas romanas más conocidas o destacadas, cuyo origen está más o menos contrastado, que han sido estudiadas en el apartado anterior, existen multitud de presas consideradas tradicionalmente como romanas pero en las que en realidad, tanto su forma como su fábrica denotan una antigüedad mucho menor, perteneciendo algunas de ellas incluso a épocas tan cercanas como el siglo XVIII. Por otro lado, también existe otro grupo de presas diseminado por casi todo el territorio peninsular que, por su aspecto actual, tampoco demuestran en principio un origen romano, pero que por su situación o por su relación con otros obras cercanas, hacen pensar en una primera construcción encuadrada en aquella época, aunque su fábrica habría quedado finalmente enmascarada a lo largo del tiempo por diversas reparaciones o reconstrucciones, lo cuál haría más difícil su adscripción a una época concreta. Dentro de estas presas encontramos algunos ejemplos muy claros de las que se sabe de su origen romano por las referencias de antiguos documentos o por otros estudios recientes, por lo que en estos casos, a pesar de haber sido remodeladas en épocas cercanas robándoles su aspecto original, es en realidad bastante seguro su origen romano. Serán éstas las primeras que van a ser objeto de estudio en este apartado, ya que al final del mismo, se concluye que varios de estos ejemplos realmente deberían haber sido incluidas en el anterior apartado junto con el resto de presas de origen romano conocido.

De esta manera, dentro del transcurso de nuestras investigaciones hemos encontrado algunas presas que desde siempre han sido afiliadas dentro del grupo de las romanas a causa de algún estudio o publicación sobre las mismas, manteniéndose desde entonces tal calificación, a pesar de que de su observación no se concluye ninguna característica de obra romana, por lo que parece que no existirían razones serias para mantener la opinión que les ha atribuido tal origen. En otras ocasiones, también contamos con algunas presas que nunca habían sido clasificadas como romanas, pero que por su ubicación en una zona de abundantes restos del periodo romano, su tipología o cualquier otro dato del tipo que sea, nos ha inducido finalmente a pensar que se trate realmente de una obra romana en origen, a pesar de que por su aspecto no lo pareciese en un principio. Finalmente, existen algunos ejemplares en los que desgraciadamente debemos mantener la duda, puesto que existen argumentos tanto a favor como en contra de esta hipótesis, sin contar además en la mayoría de estos casos con la ayuda del aspecto exterior de la fábrica ya que, si sabemos con seguridad que ha sido reconstruida, no existe realmente dato alguno en este aspecto sobre el verdadero origen de la obra. Por supuesto, se ha tratado por todos los medios reducir al máximo el número total de presas dentro de este último grupo, cuya clarificación deberá ser objeto de estudios posteriores más específicos.

Las conclusiones del presente apartado han servido finalmente para elaborar una relación de presas romanas que incluimos posteriormente, en la que se enumeran todas las obras clasificadas por supuesto en diversos grupos: las consideradas como de origen romano seguro, las de origen romano incierto, y también aquellas que no creemos que cuente con tan antiguo origen pero que han sido consideradas en algún momento como tales, lo cuál nos permite la ventaja de tener agrupadas en un solo cuadro todas las referencias que sobre el tema se han realizado.

El criterio empleado para la enumeración de obras en el presente apartado no ha seguido un orden determinado o un criterio riguroso, aunque en general, la importancia o el interés técnico y arqueológico de las obras es decreciente. En este apartado se ha utilizado el mismo sistema de citas que en el anterior, incluyendo dentro del texto la referencia que en la que se basa una determinada frase, y apareciendo al final de todo el texto toda la bibliografía existente sobre la presa en cuestión, para que de este modo, cada una de las explicaciones sobre cada una de las obras suponga una especie de ficha aparte que contenga toda la información posible sobre la misma.

***Presa de Fuente Caputa,** en el término de Mula, Región de Murcia. De esta presa podría deducirse un origen romano por su posible relación con el yacimiento de una villa romana próxima. En numerosas ocasiones es muy difícil afirmar con cierta seguridad la autoría romana de una obra mediante la simple observación de su tipología o de su fábrica, ya que además, en numerosas ocasiones dichas fábricas se han mantenido a lo largo del tiempo (sobre todo en obras rurales o de escasa entidad) y no es posible determinar con precisión su fecha de construcción. Por ello, a veces es necesario asociar la obra por su ubicación o por su relación con otros elementos que sí es posible datar mejor para determinar si pueden ser obra romana. Este es básicamente el objetivo del apartado que figura a continuación.*

6.1.- PRESAS DE MELQUE.-

Coordenadas: 382.650 ; 4.401.200 (Melque I) ; 382.600 ; 4.401.300 (Melque II) ; 382.700 ; 4.401.400 (Melque III) ; 382.450 ; 4.401.340 (Melque IV) ; 382.550 ; 4.401.450 (Melque V) ; 384.550 ; 4.401.150 (Melque VI) ; 382.800 ; 4.402.800 (Melque VII) . Fuente: Servicio Geográfico del Ejército. Hoja 1:50.000 n° 656.

Junto a los restos del monasterio de Sta. María de Melque, en San Martín de Montalbán (Toledo), se encuentra un interesantísimo y complejo sistema hidráulico compuesto por una serie de presas situadas sobre los arroyos aledaños a este antiguo edificio: siete en total, o más exactamente seis, ya que una de ellas no puede considerarse como tal, sino que es una simple obra de paso, así como un canal que une entre sí algunas de ellas. Tradicionalmente se han venido considerando como de origen romano, pero una detallada observación nos ha permitido prácticamente descartar dicha posibilidad en todas las presas mencionadas salvo quizá en una de ellas, que se encuentra algo alejada del grueso de presas conocidas, sobre el mucho más competente Arroyo de Las Cuevas.

El monasterio está flanqueado por dos arroyos de muy escasa entidad: el Arroyo de Las Zorras y el Arroyo Melqar ó de Melque, que se encuentran muy cerca de su cabecera en este punto y cuyo aporte de agua es casi insignificante, lo cuál nos hace difícil justificar la realización de unas obras de tan gran envergadura para la época, en comparación con el rendimiento obtenido, ya que son presas con un volumen de fábrica enorme y cuya altura puede llegar casi a los 10 m en algunos casos, como en el de la llamada Melque IV. La nomenclatura empleada para el conjunto de presas ha sido tradicionalmente la siguiente *(Fdez. Ordoñez et al., 1984)*: encontramos dos presas sucesivas a muy escasa distancia en el antiguo Arroyo de Las Zorras, a la derecha mirando desde el monasterio, que se han llamado tradicionalmente Melque I y Melque II, desde aguas arriba hacia aguas abajo.

Melque I: *Vista de la coronación de la presa, donde se aprecian sus dos etapas constructivas: una con paramentos ataluzados, y una segunda con un murete de recrecimiento con un aparejo muy similar a la primera.*

Otras dos presas situadas también de manera sucesiva y con escasa separación a la izquierda del monasterio, en el vecino Arroyo de Melqar, denominadas Melque IV y Melque V, son además las de mayor envergadura de todo este grupo, que se ve completado por una última obra, denominada comúnmente Melque III, que en realidad no parece ser una presa, como tradicionalmente se ha venido considerando, sino una obra de paso sobre el Arroyo de Las Zorras del canal que nace en Melque V y que sigue a media ladera durante unos tres kilómetros para ir a desembocar a las inmediaciones de una nueva presa, situada en el Arroyo de Las Cuevas, menos conocida, que a partir de este momento denominaremos Melque VI *(Caballero Zoreda y Sánchez-Palencia, 1982)*.

El hecho de que Melque III no se trate de una presa, es fácil de deducir a partir de la observación en sus proximidades del canal que parte desde la coronación de Melque V y sigue por la divisoria de los dos arroyos mencionados, hasta una arqueta situada junto a la mencionada Melque III. Esta obra servía evidentemente para realizar un cambio brusco de dirección y cruzar el Arroyo de Las Zorras por este punto sin perder cota. Por otro lado, la escasa entidad de la obra, así como la pequeña capacidad de su hipotético embalse y su nulo aterramiento, hacen descartar la posibilidad de que se trate de una presa en sí. Tampoco parece ser que fuera un "gallipuente" al estilo de los del Aragón islámico, que retenían el agua de la corriente incorporándolo a su vez a la acequia que cruzaba sobre ellos. La gran piedra ahora en voladizo sobre su estribo izquierdo puede ser además el resto de un dintel o de un rústico arco que volaría por encima del cauce del arroyo dejando bajo sí el hueco preciso para el discurrir del arroyo.

Finalmente, la séptima y última presa se encuentra también bastante alejada de los dos conjuntos mencionados, ya que se halla a un par de kilómetros aguas abajo del encuentro de los dos arroyos anteriores con el cauce principal del Arroyo de Las Cuevas, tras la confluencia de éste último con el Arroyo de Las Minas, en una zona donde el abrupto valle se abre hacia la vega del Tajo, cerca ya del Cortijo del Arandillo. Esta presa, de la que nos han llegado escasos restos, será denominada Melque VII por su proximidad relativa a este paraje, aunque es posible que no posea ya relación alguna con el resto de presas descritas.

Centrándonos en el primer conjunto de cuatro obras, las denominadas Melque I, II, IV, y V (excluimos Melque III por las razones antes expuestas), diremos que se trata de una serie de construcciones de características bastante diferentes pero con una tipología común: presas con un cuerpo de fábrica muy robusto, a base de un calicanto algo basto hecho de piezas pétreas de diversos tamaños y formas, sin ningún tipo de labra o selección de tamaños o calidades, puestas en obra siendo simplemente arrojadas sobre el propio mortero, extendido sin una mezcla anterior. En cambio, los paramentos exteriores están careados y sí que cuentan con un mayor cuidado en su realización, denotándose una uniformidad, tanto en la colocación de las piezas como en la selección de sus tamaños. Finalmente, cabe decir que los paramentos de las presas superiores de cada cuenca, Melque I en un caso y Melque IV en el otro, poseen un talud más o menos simétrico en ambos paramentos con un valor de aproximadamente 1:3 en el primer caso y 1:2 en el segundo, con la particularidad de que en Melque I sobre el primer muro ataluzado de la parte inferior se sitúa un segundo tramo de muro cuyos paramentos son verticales.

Las dimensiones generales de las cuatro presas principales son las siguientes *(Fdez. Ordoñez et al., 1984)*:

Melque I: Longitud aproximada 60 m., altura de algo más de 3 m. en el muro inferior más 1 m. en el recrecimiento, y un espesor que varía desde casi 6 m. (aproximadamente) en la base del muro inferior hasta 3,5 m. en su coronación, mientras que el muro de recrecimiento cuenta con un espesor de algo más de 1 m.

Melque II: Longitud 56,5 m, altura de unos 2,2 m, y espesor del muro con un valor de unos 3 m en la base y algo menos en coronación. Consta de dos pequeños contrafuertes del lado de aguas arriba.

Melque IV: Longitud aproximada 60 m, altura de aproximadamente 9 m, y espesor que varía desde casi 14 m en la base hasta unos 5 m. en su coronación.

Melque V: Longitud 38 m, altura de algo más de 6 m, y espesor constante de aproximadamente 4 m. Es posible que falte la parte superior del muro debido a la acción de la erosión, a juzgar por la cota de toma del canal que parte de su estribo derecho.

Melque I: *Vista general del antiguo embalse de la presa, que se encuentra en este caso en el extremo derecho de la foto, mientras que el arroyo ha huido de su antiguo cauce desviándose a la izquierda para ir a desaguar al Arroyo de las Cuevas.En este caso, el monasterio se encontraría en la loma de la derecha de la foto, ya fuera de encuadre.*

Melque II: *Vista desde aguas arriba en el estribo derecho de la presa, rota por su parte central, pero que aún conserva un pequeño contrafuerte en su margen contraria.*

Como vemos, se trata de dimensiones bastante considerables dada la antigüedad de las obras. No hemos incluido Melque III en esta descripción al haber desechado su funcionalidad como presa, aunque en todo caso se trata de una obra de reducidas dimensiones con un contrafuerte del lado de aguas arriba (al igual que en Melque II) con una dudosa función estructural. El hecho de presentar paramentos dotados de una cierta inclinación, así como su construcción semejante a la de diversas presas de la primera época islámica (siglos VII y VIII) localizadas en Oriente Próximo, (en concreto en las proximidades de La Meca, en Arabia Saudí, como las de *Tha'lba*, *Darwaish*, *Qusaybah* o *Dama*, mencionadas por N. J. Schnitter en su importante obra acerca de la Historia de las presas), nos hacen pensar que el origen de este conjunto de obras podríamos situarlo ya en época islámica. Cabe reseñar en concreto, la semejanza de proporciones entre Melque IV y las presas de *Tha'lba* y *Darwaish*, así como entre Melque I y la presa de *Dama*, que incluso cuenta también con un muro superior correspondiente a un recrecimiento posterior.

Melque III: *Restos de la obra de paso de la conducción que partía de Melque V desde la margen izquierda del arroyo. Se aprecian los restos del contrafuerte en primer término*

Melque IV: *Esta presa era la mayor del conjunto y también se encuentra arruinada a pesar de su robustez. Estaba formada por un macizo de calicanto indiferenciado, con paramentos ataluzados realizados de una manera algo más cuidada.*

Por otro lado, hay que remarcar la ausencia de elementos de regulación de caudal, como desagües de fondo o tomas a media altura, que aparecen normalmente en las presas romanas (al menos en las que tienen ya unas dimensiones considerables como es el caso de las de Melque), situándose la única toma observada (el canal que parte de Melque V) en coronación, como en todos los azudes árabes conocidos. También hay que apuntar la ausencia de cualquier tipo de aliviadero, estando previsto por tanto el vertido sobre coronación. Todo ello nos reafirma en la hipótesis de su origen árabe, incluso por el hecho de seguir el mero principio de derivación de caudal sin regulación adicional. Caso de confirmarse esta hipótesis, podríamos quizá situar su construcción original entre los siglos VIII y IX d.C, en coincidencia con las modernas teorías sobre la construcción del monasterio, lo cuál se ve de nuevo apoyado por la evidente semejanza entre la fábrica del cuerpo de las presas y la del interior de los muros de dicho monasterio, que asomaba hasta hace poco tras los sillares exteriores de la torre superior y que actualmente se encuentra oculta por las obras de restauración que aún se están llevando a cabo.

Melque IV: *Vista desde aguas abajo de la presa, ya en el antiguo embalse de Melque V, donde se ve la enorme brecha central.*

Melque V: *Vista desde aguas abajo de la única presa no arruinada de las próximas al monasterio, aunque está totalmente aterrada.*

El origen de la última presa, que hemos denominado ya Melque VII, podría ser también medieval, al igual que las anteriores, pero su construcción debería situarse con bastante probabilidad en un periodo posterior al de éstas, a juzgar por las diferencias de fábrica observadas. En ésta última presa, de la cuál solamente se conservan restos de un muro de mampostería de una altura de poco más de 0,50 m. en el estribo de la margen derecha del Arroyo de Las Cuevas, se observan ciertas diferencias en el modo de realizar la fábrica, ya que no presenta talud en sus paramentos y el aspecto exterior de los mismos es muy diferente, sin alineación aparente. En cambio, al igual que aquellas, sí que parece estar constituida por dos muros exteriores de mampuestos de irregular forma y tamaño, dentro de los cuales se ha vertido mortero y con posterioridad, piedras de diferente tamaño sin ninguna homogeneidad, formando finalmente un muro de aproximadamente 1,00 m de espesor. No se conservan restos de aliviadero o elemento de regulación alguno, aunque su finalidad parece estar en relación con la explotación de alguna zona regable de la vega del Tajo, ya que nos encontramos justamente en la zona donde el desfiladero del río se abre ya al valle, o incluso con algún molino que debería situarse con seguridad en la margen derecha del río. En todo caso, por lo que vemos su utilidad es totalmente independiente del primer conjunto de presas, no encontrándose en principio relación alguna con ellas. Tampoco parece tener relación alguna con el lavado de material o alguna otra actividad desarrollada en las minas de galena situadas algo aguas arriba, en el Arroyo de Las Minas, ya que en este caso, se habría situado más cerca de aquella explotación.

Melque V: *Restos de la conducción que partía de la coronación de esta presa y llegaba hasta Melque VI, en el Arroyo de Las Cuevas*

Finalmente hablaremos de la sexta presa (quinta si descontamos Melque III), también alejada del primer grupo, ya en el Arroyo de Las Cuevas, de bastante mayor relevancia que los cauces que cierran aquellas, ya que suele llevar agua durante todo el año. La construcción de esta presa, que venimos denominando Melque VI, parece ser totalmente independiente del conjunto y es probable que sea la más antigua de todas ellas. Es más, la finalidad de las primeras presas (Melque I a V), parece haber estado condicionada por la existencia de esta presa, ya que el canal que parte de la coronación de Melque V discurre a media ladera durante unos 3 Km hasta un punto próximo a esta presa *(Caballero Zoreda y Sánchez-Palencia, 1982)* para trasvasar el agua del Arroyo de Las Zorras, que de otra manera no se aprovecharía al desembocar dicho arroyo aguas abajo de esta presa. Así, la construcción tanto de Melque V como del canal de alimentación parece ir en función de mejorar el rendimiento de una obra que ya estaría construida y se encontraría en funcionamiento. Puede ser incluso que la construcción de ésta última y del canal coincidiese en el tiempo con el recrecimiento observado en Melque VI y con la construcción del molino adosado a la misma y que se encuentra actualmente en ruinas.

La presa de Melque VI está situada en el valle principal excavado por el Arroyo de las Cuevas y tiene una tipología y unas características totalmente distintas a las observadas en el resto. Por una parte, las dimensiones son bastante importantes, con una longitud de 19,50 m. por 4,50 m. de altura y, al encontrarse situada en el único cauce permanente y de cierta importancia de la zona, parece ser la que pudiera prestar una mayor utilidad en comparación con el grupo principal de presas, cuya funcionalidad parece ser secundaria. Por lo observado, al contrario de lo que ocurre en el resto, el origen de ésta presa si que podría ser romano, lo cuál está además en consonancia con la proximidad al puente romano denominado Puente Canasta, así como con el discurrir de la Cañada Real (antigua vía romana) junto a la presa, hecho éste último repetido en otras obras hidráulicas del mismo origen y que se encontraban relativamente alejadas de núcleos de población habitados (presa de Arévalo, presa de Riofrío en Segovia, etc.). Uno de los principales datos que hacen pensar en esta posibilidad, es que la situación de esta sexta presa se encuentra a una cota que permitiría la realización de un canal que llegaría hasta el pie de Peña Aguilero, la antigua explotación de galena argentífera en la que se ha constatado la existencia de huellas de época romana, por lo que no se descartaría en este caso la construcción de una obra de derivación con el fin de servir al lavado del material, aunque en la margen correspondiente al Arroyo de Las Minas (junto al que se encuentran estas explotaciones), la ladera es tremendamente abrupta y no parecen existir vestigios de canal alguno.

La tipología de la presa es de gravedad pero, al contrario que en las ya descritas, presenta un paramento totalmente vertical (aunque actualmente algo irregular), habiéndose buscado un punto para su emplazamiento en el que el lecho del río discurre sobre un afloramiento granítico facilitando así su cimentación, e incluso parece que se ha aprovechado un salto en el cauce para ganar altura. La fábrica original se encuentra en la actualidad enmascarada por la capa de limo y verdín que cubre el paramento de aguas abajo debido a las filtraciones. Además, su aparejo no parece haber gozado de un gran cuidado en su realización, al estar formado por una mampostería de piezas irregulares de gran tamaño.

Melque V: *Restos de una de las arquetas que se encuentran a lo largo de la conducción que parte de la coronación de la presa de Melque V, justo antes de la obra de paso de Melque III, y cuyo rastro es posible seguir hasta la zona del Arroyo de las Cuevas.*

Melque VI: *Vista general de la presa sobre el Arroyo de Las Cuevas, donde se aprecia el importante aterramiento de su embalse, así como el tramo de derivación al molino en su margen izquierda. Ver siguiente foto como continuación de esta imagen, con el molino adosado a la presa.*

Por otro lado, la presa parece contar con un recrecimiento o rehabilitación en el último metro de altura de su paramento, pues cuenta con un aparejo algo más regular pero de mucho menor tamaño, que serviría probablemente para recuperar de nuevo la presa una vez aterrado su embalse, dotándola de una utilidad como azud de derivación para el molino. Este último es al parecer de factura medieval y por tanto, probablemente posterior a la presa a la que se encuentra prácticamente adosado. La hipótesis de la rehabilitación medieval de la presa para alimentación del molino vendría avalada, además de por la homogeneidad de la fábrica entre la parte alta de la presa y el canal de derivación en contraposición con la fábrica de la base del cuerpo de presa, por el hecho de que este muro posee un espesor de solamente 0,85 m, a todas luces insuficiente para su resistencia por gravedad, caso de que éste fuera el espesor en toda la altura del muro de la presa. Como sabemos que dicho muro de cierre posee un paramento aguas abajo completamente vertical (aunque quizá efectivamente con una ligera inclinación hacia el interior en su parte superior), es muy improbable que el muro vaya aumentando de espesor mediante algún tipo de talud en el paramento de aguas arriba que se encuentra en la actualidad prácticamente aterrado en su totalidad, ya que parece más lógico el dotar de talud al paramento de aguas abajo, o en todo caso a ambos, característica que se ha venido observando en la evolución de la morfología de las presas a lo largo del tiempo, pues es muy raro encontrarnos con una presa de gravedad con talud solamente en el paramento de aguas arriba. De esta manera, se reafirma la existencia previa de una presa de altura al menos de unos 3,5 m. con un tipo de fábrica distinto al de la parte superior (visible en la actualidad) y con un espesor que debe rondar al menos los 2 m.

El recrecimiento o rehabilitación posterior, de aproximadamente 1,00 m. de altura, habría servido para devolver la funcionalidad a la presa como azud de derivación en el momento de la construcción del molino adosado; probablemente, a juzgar por la fábrica observada, construido durante la Edad Media en dos épocas, debido a una posible ampliación del conjunto de edificios que lo forman. El recrecimiento de la presa habría incluido también la construcción del portillo situado en el estribo derecho, (actualmente cegado por los acarreos) con el fin de servir de aliviadero para evitar el vertido por coronación. Este portillo posee la misma factura y similares dimensiones que el vertedero del canal de derivación del molino, que es el lugar por el que discurre actualmente el Arroyo de las Cuevas. Ambos estarían con seguridad regulados mediante simples compuertas de madera manejadas manualmente desde la coronación del muro, por donde es posible discurrir sin problemas aún incluso en la actualidad.

Melque VI: *Molino adosado a la presa, en una continuación de la foto anterior. Hasta la zona de la parte superior de la foto es aún posible seguir el trazado del antiguo canal que partía de Melque V.*

***Melque VI:** Lugar por el que discurre en la actualidad habitualmente el Arroyo de las Cuevas, a través del aliviadero del canal de entrada al molino.*

Quizá debido a las dificultades para su identificación, no parece adivinarse factura romana en su ejecución aunque, por otro lado, no puede en absoluto eliminarse esta posibilidad ya que, al haber contado la obra con una vida útil evidentemente prolongada en relación con la explotación del molino adosado, puede haber sido reparada en numerosas ocasiones, por lo que la fábrica original habría quedado oculta. Aunque no se ha evidenciado la existencia de un desagüe de fondo, la tipología de la presa podría corresponderse con la de las presas romanas de gravedad (por ejemplo, la de Moracantá, en la propia provincia de Toledo), aunque también con diversas obras de factura medieval (como los Pontones, en Noblejas, también dentro de la misma provincia). Sin embargo, existen otros factores que, de confirmarse su relación con la presa, podrían apuntar a un origen romano de la obra, como son, en primer lugar, la posibilidad de haberse utilizado para el lavado de mineral en la explotación de galena argentífera en las cercanías del Arroyo de las Minas (cuya toponimia es reflejo de la misma), que desemboca en el de Las Cuevas aguas abajo, y que poseería una mayor eficacia con una presa en un arroyo de la competencia de este último. Por otro lado, la existencia de un molino adosado, al parecer medieval, indica ya de por sí un origen muy antiguo para el conjunto, cuya cronología pudiera retrasarse aún más. La existencia del canal de al menos 3 Km de longitud que parte de Melque V y cuyo antiguo trazado es posible seguir hasta las proximidades del propio molino, es decir, algo aguas abajo de Melque VI, y que podría relacionar esta presa con el conjunto de obras junto al famoso monasterio, podría indicar un origen anterior al de aquellas presas.

***Melque VI:** Vista de la coronación del paramento de la presa de Melque VI, sobre el Arroyo de Las Cuevas.*

Es difícil saber actualmente la utilidad de la derivación desde la presa de Melque V mediante una obra de elevado coste, de un caudal de agua reducido y poco regular proveniente de un cauce de escasa competencia, para llegar hasta otro de gran regularidad y mucha mayor importancia. Sin embargo, hay que señalar que la factura del canal parece ser anterior a la primera construcción del molino, siendo posiblemente de la misma época de construcción de Melque V, cronología que podríamos situar como hemos dicho, en la Alta Edad Media, por lo que tanto el molino, el recrecimiento y la derivación de Melque VI podrían constituir un intento de reaprovechar esta última obra.

***Melque VI:** Paramento de aguas abajo. Se distinguen piedras de mucho mayor tamaño que en la parte superior de la presa.*

Melque VII: *Vista de los restos de la presa sobre un salto natural en el cauce del Arroyo de Las Cuevas.*

De esta manera, parece que nos encontramos ante un sistema hidráulico complicado, tanto por la variada utilidad de cada uno de sus elementos como por su diferente origen, consecuencia de la ocupación prolongada a lo largo del tiempo de un mismo lugar por diferentes culturas. Como primer elemento, tenemos una presa con un posible origen romano, la de Melque VI, situada sobre el Arroyo las Cuevas, cuya finalidad parece estar ligada a la explotación de las minas de galena argentífera de Peña Aguilero, aunque podría haber tenido una utilización mixta para fuerza motriz, sin poder ni siquiera descartar un uso para riego de las vegas de aguas abajo o incluso para abastecimiento humano, debido al conocido asentamiento de población en la zona desde época romana. En segundo lugar, una vez abandonada la explotación de la mina, parece que le sigue en el tiempo la construcción de las obras denominadas Melque I a V, que son en realidad un conjunto de presas más un canal de transporte (Melque III), cuyo origen parece ser contemporáneo al de la construcción del monasterio, o sea, finales del siglo VIII o principios del IX, es decir, recién comenzada la dominación árabe de la zona; hipótesis que viene avalada tanto por las características de la fábrica, como por su semejanza con otras obras de Próximo Oriente construidas en una época inmediatamente anterior, aunque dentro de estas obras, no todas debieron ser construidas al ismo tiempo, como más adelante discutiremos.

Finalmente, añadimos una última presa al conjunto (Melque VII), que aparece totalmente fuera de contexto con respecto al resto, ya que se encuentra bastante alejada, y cuya finalidad parece ir en relación con el riego de alguna zona situada en la vecina vega. Su construcción podría datar también de época árabe, aunque de un periodo posterior situado entre los siglos IX y XI, teniendo en cuenta que la toma de Toledo por Alfonso VI se produjo en el año 1085, aunque podría tratarse también de una obra mucho más moderna, sin que sea posible mayor precisión debido a los pocos restos conservados.

Lo que queda menos claro de todo el sistema, es la finalidad de las cuatro presas situadas junto al monasterio y, sobre todo, la redundancia que supone su construcción tan cercanas unas de otras cuando habría bastado probablemente con una o como máximo dos de ellas, dada además la poca abundancia de agua en este punto. En relación a la utilidad de éstas, debemos señalar que parece observarse una serie de muros, o al menos el arranque o cimiento de los mismos sobre el terreno que va desde la explanada de Sta. María de Melque situada a una cota superior, hasta las presas de Melque I y Melque II, quizá al modo de las antiguas corachas árabes de las fortificaciones emplazadas junto a cauces de agua, utilizadas para defender al encargado del abastecimiento de posibles ataques del enemigo (un ejemplo muy claro, a una escala mucho mayor, puede aún observarse en la muralla de Buitrago del Lozoya, en Madrid); esta hipótesis parece plausible en una zona aún no totalmente sometida al dominio de Córdoba, como era la campiña toledana en el siglo VIII. Por tanto, la utilidad de estas dos presas estaría en relación con el suministro de agua al monasterio.

Por otro lado, parece que en la cuenca vecina, la del Arroyo de Melqar, podría haberse planteado la necesidad de no malgastar el agua (escasa por otra parte) construyendo otras dos presas, quizá con el fin de crear de un posible aterrazamiento del terreno, como en algunas zonas del Norte de Africa. En realidad, éste hecho no parece justificar una obra de tan grandes dimensiones, ni tampoco el cuidado de la fábrica del paramento de aguas arriba, tal y como se observa en Melque IV, puesto que iba a estar cubierta por sedimentos. Muy al contrario, la envergadura de estas dos presas, Melque IV y V, parece indicar la intención de conseguir una capacidad de embalse lo mayor posible, por lo que quizá su construcción podría relacionarse en primera instancia con el hecho de que Melque I y Melque II hubiesen perdido rápidamente su utilidad ante la huida del Arroyo de las Zorras por un lateral, debido a la indefinición de su cauce en la zona inmediatamente superior a la primera presa, lo cual, junto con la acumulación inicial de sedimentos, fue lo que provocó una elevación del lecho en esta zona y su desvío hacia la cuenca próxima, engrosando directamente el caudal del Arroyo de Las Cuevas. De todas maneras, de ser esto cierto, parece más lógico realizar una nueva presa para cerrar este collado lateral ya que a priori se habría contado con una capacidad de embalse mayor, y no realizarla en el Arroyo de Melqar en un valle muy poco propicio, por lo que tampoco es esta una hipótesis del todo segura.

Melque: Posible depósito de agua alimentado por un canal aún visible a lo largo de la ladera, en el cerro que domina la situación de la presa de Melque VII, sobre el Arroyo de las Cuevas.

Melque: Red de canales y zanjas excavadas en la ladera sobre el Arroyo de Las Cuevas, a la salida del depósito de agua de la foto anterior.

Lo cierto es que Melque I parece la obra más lógica de ser utilizada en relación con el monasterio, al encontrarse lo suficientemente cerca del mismo, a una cota relativamente alta y con un vaso de embalse relativamente amplio. Tanto ésta como Melque II poseen una rotura en su zona central que pudo ser debida a una crecida de agua, lo que indicaría que permanecieron un cierto tiempo en funcionamiento antes de que el Arroyo de las Zorras desviase su cauce. Por otro lado, la rotura de la presa de aguas arriba, la denominada Melque I, se produjo casi exclusivamente en el muro superior de recrecimiento, por lo tanto estuvo en funcionamiento un periodo de tiempo lo suficientemente prolongado como para provocar el aterramiento de la presa. Quizá fue la misma crecida del arroyo la que provocó conjuntamente la rotura de ambas presas y el desvío del cauce hacia el collado lateral, lo cuál habría explicado que no fuese reconstruida la primera presa.

En el arroyo vecino encontramos las dos presas mayores dentro del conjunto de obras del entorno del monasterio. De éstas, Melque IV se encuentra rota en su parte central aunque no totalmente aterrada, ya que parece quedar una altura de al menos 3 m. desde la parte superior de los depósitos hasta la coronación de la presa, mientras que la presa situada inmediatamente aguas abajo, Melque V, está prácticamente intacta a pesar de encontrarse completamente aterrada en toda su altura. El que una crecida haya roto la presa de aguas arriba y no la de aguas abajo, (a pesar de la mayor robustez de la primera y de que la onda de la rotura habría perjudicado con total seguridad la obra situada a continuación) hace pensar que la construcción de la segunda presa fue llevada a cabo una vez que la de aguas arriba se hubo arruinado. Por todo ello, podríamos apuntar que Melque V sería una obra posterior realizada para aprovechar los excedentes del Arroyo de Melqar y quizá alimentar el molino adosado a la antigua presa de Melque VI, que tendría una nueva utilidad ayudando en las labores de sustento del monasterio, el cuál debió alcanzar una gran importancia en su época de esplendor.

De esta manera, tenemos dos presas con perfil trapezoidal y con una tipología y características constructivas muy similares: Melque I y Melque IV construidas en un primer momento en relación con el abastecimiento del monasterio. La construcción de un molino adosado a la antigua presa del Arroyo de las Cuevas quizá impulsó la construcción de una nueva presa que derivase el agua desde esta zona hacia aquella, aunque en realidad con una utilidad poco definida, ya que no podemos aún explicar cómo desde este punto tan escaso en aportaciones, se derivaba agua hasta la zona con mayor abundancia. El hecho de que el canal conservado parta de Melque V desde el arroyo de Melqar, y teniendo que cruzar el de Las Zorras sobre el paso de Melque III, es indicativo de que Melque I y Melque II habrían perdido ya su utilidad como derivación de agua, puesto que hubiese sido evidentemente más fácil realizarlo desde cualquiera de estas últimas. En todo caso, debe decirse que las dos presas de aguas abajo, es decir Melque II y Melque V, poseen características similares entre sí, con una sección rectangular, aunque en el caso de esta segunda presa, no podemos afirmar la existencia de contrafuertes aguas arriba como en el caso de la primera, al encontrarse esta parte completamente oculta.

Como vemos, todavía quedan por desvelar numerosas incógnitas sobre estas interesantísimas obras que abarcan un periodo muy amplio de tiempo y cuyo estudio podría aportarnos numerosas claves sobre la obra civil tanto de época romana como altomedieval, y a la transmisión de técnicas entre una civilización y otra, sin contar además con paralelo alguno en cuanto a ejemplos de obras hidráulicas del mismo tipo en esta misma época en todo Occidente, lo que confiere un interés adicional al conjunto. No obstante, en la actualidad se encuentra en marcha un proceso de excavaciones y de estudio integral del conjunto de Melque que a buen seguro aportará nueva luz sobre la utilidad y datación de estas presas, que constituyen un ejemplo único en el patrimonio hidráulico hispano.

Bibliografía sobre las presas de *Melque*:

* Caballero Zoreda L. y Sánchez Palencia F. J: *Presas romanas y datos sobre poblamiento romano y medieval en la provincia de Toledo*; Noticiario Arqueológico Hispánico. Mtro. Cultura, 1982.

* Caballero Zoreda L.: *La iglesia y el monasterio visigodo de Santa María de Melque (Toledo). Arqueología y arquitectura. San Pedro de la Mata (Toledo) y Santa Comba de Bande (Orense).* Excavaciones Arqueológicas en España, 109. Madrid, 1980.

* Castillo J.C. y Arenillas M.: *Las presas romanas en España. Propuesta de Inventario;* I Congreso Nacional de Historia de las Presas. Mérida, noviembre 2000.

* Conde de Cedillo: *Catálogo Monumental de la provincia de Toledo.* Toledo, 1959.

* Fdez. Ordoñez J. A. y otros: *Catálogo de Noventa Presas y Azudes Españoles anteiores a 1900;* Biblioteca CEHOPU. Madrid, 1984.

* Sánchez Abal J.L.: *Obra hidráulica romana en la provincia de Toledo (Pantano de Alcantarilla).* Segovia y la Arqueología romana. Barcelona, 1977.

* Schnitter N.J.: *Historia de las Presas;* ed. en castellano: Colegio de Ingenieros de Caminos, 2000 (trad. de J. Diez-Cascón y F. Bueno); capítulo 2: El Imperio Romano.

* Viñas Mey C. y Paz R.: *Relaciones histórico-geográfico-estadísticas de los pueblos de España hechas por iniciativa de Felipe II. Reino de Toledo. 1° Parte.* Madrid, 1951.

6,2.- PRESA DE PONT D´ARMENTERA (Río Gaiá).-

Coordenadas: 363.350 ; 4.582.950. Fuente: Servicio Geográfico del Ejército. Hoja 1:50.000 n° 418

Enclavado sobre el río Gaiá, ligeramente aguas arriba de la localidad de Pont d´Armentera, en la provincia de Tarragona, existe un azud de derivación sobre el río Gaiá que puede relacionarse con el abastecimiento romano de *Tarraco*. Según algunos autores *(Sáenz, 1977)*, este sistema constituiría el segundo de la ciudad romana, realizado para satisfacer las necesidades de la parte alta de la urbe, que se vio en algún momento desatendida por el sistema hidráulico del Francolí, que fue construido con anterioridad al que nos ocupa y del que formaba parte el famoso Puente del Diablo, uno de los más importantes acueductos romanos de España, junto con el de Segovia y los de Mérida.

La obra que puede observarse en la actualidad no permite fácilmente ser adscrita a época romana, al menos con total seguridad, ya que debe haber sufrido múltiples remodelaciones y reconstrucciones a lo largo del tiempo que han ido modificando su fábrica original lo que, unido a las incrustaciones de sedimentos y vegetación que cubren el paramento, han terminado por enmascarar casi por completo el aspecto externo de la presa. Sin embargo, su ubicación y su posible relación con otras obras antiguas cercanas, sobre todo con los tramos de la conducción subterránea de época romana que han sido descubiertos a lo largo del valle del Gaiá en dirección a la antigua *Tarraco*, hacen pensar que ésta sea efectivamente la toma original del abastecimiento a la ciudad, o una reconstrucción de la misma, que por otro lado, parece que ha persistido a lo largo del tiempo gracias a su reconversión a una nueva finalidad como toma de una acequia de riego.

Pont D'Armentera: *Vista de la coronación de la presa desde el labio de vertido*

Pont D'Armentera: *Vista de la presa desde aguas abajo. El río Gaiá sufre tres escalones antes de volver al cauce natural: el de la presa en sí, el del escalonado a su pie y un tercero en la plataforma sobre la que se cimienta la presa.*

Como ya se ha dicho, la orientación y las cotas altimétricas anotadas en los tramos de la conducción romana descubierta a lo largo del corredor del Gaiá, apuntan a que la toma estuviese en las cercanías del Pont d´Armentera (recuérdese el asentamiento de población desde muy antiguo en esta zona, del cuál es claro ejemplo el área del actual monasterio de Santes Creus, en cuyas inmediaciones se ha descubierto por cierto parte de la mencionada canalización). Esta localidad se encuentra situada aproximadamente a unos 40 Km de la capital, lo cuál indica la intención de buscar una toma alta con cota sobrada para acceder por gravedad a las partes más cimeras de la ciudad y evitar así las carencias evidenciadas por el primer sistema construido, el del Francolí, que no fue capaz de abastecer a toda la ciudad debido a una mala planificación, con un trazado con excesivas pérdidas y una toma relativamente cercana a la ciudad (a la altura de El Rourell – *Sáenz, 1977*-). Esto obligó a realizar grandes esfuerzos en el tramo final de esta primera conducción para no perder cota, consecuencia de las cuales es el propio Acueducto de Las Ferreras (Puente del Diablo) que constituyó probablemente un último intento de no perder cota hidráulica y abastecer así a la mayor parte posible de la población de *Tarraco*, que de todas maneras, resultó insuficiente para llegar a la parte alta.

Por otro lado, debe ser destacada la situación de la segunda presa, la de Pont d'Armentera, en una zona alta y montañosa, donde el agua, además de poseer ya un caudal continuo, contaba con la pureza que se pierde en la zona baja del cauce al disminuir su velocidad y aumentar el número de partículas en suspensión. Este parece ser al menos el punto de vista romano, ya que en la mayoría de las ocasiones procuraban buscar el agua más limpia posible, lo que les hacía a veces alejarse mucho de la propia ciudad para acercarse a las zonas altas, próximas a los nacimientos de los ríos siempre que ello era posible y lo permitía la pendiente necesaria para el canal de transporte; por ejemplo, la presa del Ríofrío, toma del Acueducto de Segovia, el *Aqua Marcia* en Roma (con una longitud de más de 90 Km –*Panimolle, 1984*-), etc., quizá en base a una creencia relacionada con la religión, como en el caso de los ninfeos situados en los nacimientos de agua (a veces provenientes en realidad de galerías subterráneas artificiales), donde se consideraba habitaban personajes divinos, y cuya construcción es muy similar a una toma de agua; además en ambos casos se tenía la creencia de privar al mundo subterráneo de un bien propioara servir a una necesidad material humana.

Dentro de la localidad de Pont d´Armentera, muy próximo a la propia presa y ligeramente aguas abajo de la misma, existe un acueducto que salva el profundo barranco del Torrent de Rupit, que cuenta con una profundidad de unos 12 m. La situación y cota del canal superior (*specus*) sobre la obra de paso (*arquationibus*), parece relacionarlo de manera clara con la conducción que partiría de la presa. Por otro lado, las proporciones y las características de su fábrica son muy parecidas, por ejemplo, a las del Acueducto de Les Arcs, en Sant Jaume dels Domenys, justo en el límite de las provincias de Tarragona y de Barcelona, una zona muy cercana a la que nos ocupa. Esta similitud nos hace pensar en un origen romano tardío para dicho acueducto, ya que el de Les Arcs se ha datado con bastante seguridad en el siglo IV de nuestra era, siendo la tipología de ambos como decimos, extremadamente similar, aunque en el caso del de Pont d'Armentera los vanos son muchos más esbeltos al encontrarse los arcos sobre una serie de pilas muy altas, no como en su homólogo de Sant Jaume que está formado prácticamente por arcos de medio punto.

La fábrica del acueducto de Pont d´Armentera, no tiene en cambio nada que ver con su homónimo de Las Ferreras (realizado en época augusta con una fábrica de sillería muy cuidada –*Fdez. Casado, 1972*-), lo cuál no tiene por otro lado nada de raro, al encontrase en un paraje muy alejado de la capital y desprovisto por tanto de todo el efecto propagandístico que pudiera tener una obra monumental. De todas formas, es evidente la diferencia de cronología entre ambas obras: la fábrica que se ha empleado en el primer acueducto está formada por piezas de desigual tamaño y forma, sin el menor cuidado en su talla, aunque su puesta en obra sí que alcanza en cambio una cierta homogeneidad desde un punto de vista general al encontrase además en un estado de conservación bastante aceptable. Posee un arco central, en coincidencia con la parte más profunda del barranco, y al menos otro arco en la margen izquierda del torrente (aguas arriba del canal), y cuatro arcos en margen derecha (aguas abajo). Todos estos arcos están formados por groseras piezas en forma de cuña colocadas a modo de rudimentarias dovelas que son desiguales entre sí, poco labradas, y en algunos casos con una forma muy poco adecuada, características todas que recuerdan a la fábrica del Acueducto de Ca´n Cuá, en Pineda de Mar (Barcelona), que Fernández Casado databa de manera aproximada en el siglo III d.C., aunque éste último parece contar con una fábrica de realización algo más cuidada, lo que suele indicar en general una época de construcción anterior. Así, parecen coincidir todos los indicios en señalar una época de construcción bajoimperial tardía (probablemente del siglo IV d.C.), lo que cuadra con la realización de un segundo abastecimiento para la ciudad de *Tarraco* en una época posterior al siglo II d. C.

Por lo que se refiere a la presa propiamente dicha, está situada de forma perpendicular al cauce, como probablemente todas las presas romanas del mismo tipo, derivando el agua hacia su margen derecha, es decir, a la margen en que se encuentra el acueducto descrito y también donde se sitúa la ciudad de Tarragona mucho más abajo. En esta toma da comienzo un canal que se introduce inmediatamente bajo tierra. En la zona aledaña a la presa se encuentran una serie de terrazas de cultivo formadas probablemente mediante rellenos artificiales, y que están sostenidas a intervalos mediante unos muros con arcos ciegos, también de una fábrica antigua parecida a la del acueducto de aguas abajo. Este canal tiene una compuerta moderna, ya que el agua derivada debe ser aprovechada aún hoy en día probablemente para riego de algunos cultivos de la zona. El vaso del embalse está casi totalmente colmatado, lo cuál indica ya su antiguo origen, aunque este hecho no es muy relevante en este caso, ya que posee una mínima capacidad de almacenamiento de agua. En este punto, el río Gaiá produce un pequeño remanso a causa de la propia obra, en un tramo concreto en el que la pendiente del mismo no es muy pronunciada.

El cuerpo de la presa está formado por una fábrica de mampostería cuyas características constructivas son difíciles de precisar al encontrarse totalmente cubierta por incrustaciones provenientes de las filtraciones de agua. Sin embargo, a juzgar por lo observado sobre todo en la coronación del muro, parece posible que se encuentre formado por un simple muro de mampostería sin concertar (*opus incaertum*), con un pequeño revestimiento exterior a base de piedras mejor labradas, ya que éste era el tipo de fábrica empleado por los ingenieros romanos en las obras de menor envergadura. Su altura máxima es de 1,0 m, y en la zona central de la presa el agua es vertida en un salto con dos tramos: el primero formado por el muro que se desarrolla de un extremo a otro que posee una altura de 0,70 m, y el segundo, por el plinto de la parte central que forma un segundo escalón en la base de 0,30 m de altura.

El azud posee además la particularidad de encontrarse cimentado sobre una plataforma artificial de gran anchura (de unos 1,5 a 2 m.), compuesta a su vez por una mezcla de mampuestos con mortero que uniformiza el cimiento del cuerpo superior de la presa, evitando su socavación ya que, como ocurre en muchas presas antiguas de pequeña entidad, aprovecha un afloramiento rocoso que, además de ser un cimiento propicio, supone un pequeño salto natural en el cauce del río de otros 0,50 m., por lo que el desnivel que debe salvar el agua es de algo más de 1,50 m., realizándolo finalmente en tres etapas. Por debajo del azud existe un pequeño remanso del río formado por un cuenco en el que la profundidad es mayor a la del lecho normal del río (probablemente, 1 m. o algo más), y que es indicativo de cómo el agua ha ido erosionando el pie de presa al saltar por encima de la misma durante muchos años. Puede que éste sea el origen de la plataforma de cimiento descrita anteriormente, que supondría un intento posterior de consolidar la base de la presa ante una posible ruina.

Por otro lado, la coronación de presa está formada por una serie de mampuestos de forma más o menos regular con mayor tamaño que las piezas que forman parte del resto del cuerpo de la presa, y que asoman como prolongación del paramento de aguas abajo del muro, lo cuál se viene observando en otras obras de origen antiguo, hecho lógico si pensamos que de esta manera alcanzamos una mayor resistencia en una zona tan vulnerable como es la zona de vertido. En cuanto al resto de dimensiones de la presa, debe decirse que el muro posee una sección rectangular, es decir, con paramentos totalmente verticales, que poseen un espesor de 0,75 m, siendo la longitud total de unos 35 m.

Como conclusión, podemos decir que el estado de conservación general de la obra es bastante bueno, ya que no se echa en falta ninguna parte de la longitud del muro y esta conserva intacta su coronación, por lo que la obra conserva su funcionalidad original de derivación de agua. Sin embargo, es muy probable que esto sea debido a las diversas reparaciones llevadas a cabo a lo largo del tiempo con el fin de mantener la presa en uso, por lo que sería muy difícil afirmar que se haya conservado algo de su fábrica original aunque, como hemos visto, existen multitud de indicios a favor de la tesis de que en este punto se encontrase efectivamente la toma primitiva del segundo sistema de abastecimiento romano a *Tarraco*, por su emplazamiento, dimensiones y tipología, así como por su probable relación con diversas obras que sin duda formaban parte del mencionado acueducto romano. Caso de ser cierta esta tesis, sería muy difícil datar con precisión la época de construcción de la presa de Pont d'Armentera en base a una simple observación de su fábrica, ya que la obra conservada en la actualidad no debe poseer ya nada o casi nada de romano.

Pont D'Armentera: *Acueducto sobre el barraco del Rupit, aguas abajo del azud de derivación. Se aprecian grandes analogías con la fábrica de otras obras bajoimperiales en el actual territorio de Cataluña, como el acueducto de Sant Jaume dels Domenys. Se trataría en todo caso de una obra tardía y con características rurales, muy diferente al acueducto de las Ferreras, muy próximo a Tarraco.*

Sin embargo, la relación del azud con el segundo acueducto de *Tarraco* induce a pensar en una época de construcción que situaríamos a partir del siglo II d.C. y, si nos guiamos por los restos de la conducción y obras de fábrica con los que al parecer se encuentra asociada, esta fecha deberá ser retrasada como poco al siglo III, o incluso al siglo IV d.C., en el caso de que el tramo de acueducto del barranco del Rupit sea finalmente contemporáneo de la obra de toma y no se trate ésta de una obra accesoria añadida con posterioridad.

Bibliografía sobre la presa de *Pont d'Armentera*:

Nota: En este caso, la mayoría de referencias transcritas se refieren más bien a los acueductos de Tarragona de manera general, de los que simplemente se indica su posible origen sobre el río Gaiá con mayor o menor precisión y con mayor o menor acierto.

* Bermúdez C.: *Sumario de las antigüedades romanas que hay en España.* Madrid, 1832; p. 7.

* Caballero Zoreda L. y Sánchez Palencia F. J: *Presas romanas y datos sobre poblamiento romano y medieval en la provincia de Toledo*; Noticiario Arqueológico Hispánico. Mtro. Cultura, 1982.

* Castillo J.C. y Arenillas M.: *Las presas romanas en España. Propuesta de Inventario;* I Congreso Nacional de Historia de las Presas. Mérida, noviembre 2000.

* Fernández Casado C.: *Acueductos romanos en España.* Instituto Eduardo Torroja. Madrid, 1972.

* Flórez E.: *España Sagrada.* Tomo XXIV. Pp. 230 a 231.

* Madoz P.: *Diccionario geográfico-estadístico-histórico.* Madrid, 1845-1850. Tomo XIV; p. 650.

* Pons de Icart: *Libro de las grandezasde Tarragona.* Ed. 1883.

* Ponz A.: *Viage de España.* Madrid, 1771.

* Prat i Puig F.: *L'Aqueducte Romá de Pineda.* Barcelona, 1936.

* Sáenz Ridruejo F.: "Observaciones técnicas sobre el abastecimiento romano de aguas a Tarragona". *Segovia y la arqueología romana.* Instituto de Arqueología y Prehistoria de la Universidad de Barcelona. Publicaciones Eventuales nº27, Barcelona 1977; pp. 351 a 358.

* Sánchez Real J.: Artículo en el *Diario Español de Tarragona;* 17 noviembre de 1947.

6.3 .- AZUD DE LA RECHUELA .-

Coordenadas: 715.700 ; 4.576.900. Fuente: Instituto Geográfico Nacional. Hoja 1:50.000 n° 441.

Es esta una obra de muy probable adscripción romana, tanto por sus características como por su situación, ya que se encuentra en el término de La Zaida, dentro de la provincia de Zaragoza, en una zona denominada La Romana, topónimo proveniente de la existencia de multitud de yacimientos ibero-romanos hallados en los alrededores, dentro de una comarca donde la densidad de estos restos es especialmente importante (nos encontramos muy próximos a los importantes yacimientos de las ciudades de Celsa y de Azaila). Por otro lado, su situación sobre el cauce del río Aguas Vivas (muy próximo ya a su desembocadura en el Ebro) refuerza esta hipótesis, debido a la multitud de obras romanas halladas a lo largo de su cuenca, por lo que podríamos pensar en una relación directa entre este azud y los regadíos explotados por las distintas villae documentadas en este tramo final, fechadas a partir del siglo I d.C.

En cuanto a las características de la obra, ya se ha mencionado que en realidad es un azud de derivación que cuenta con dos tomas, una en cada margen, formado por un muro de planta recta de 29,0 m. de longitud *(C.H.E. – I. 75, 1999)*, cuyo paramento de aguas abajo está compuesto por grandes sillares dispuestos a soga que ocultan un relleno de calicanto de aproximadamente unos 2 m. de espesor que ha sido reparado en alguna ocasión con materiales modernos y que se encuentra actualmente invadido por la vegetación fluvial, lo que prácticamente lo oculta a la vista. El paramento se encuentra ligeramente escalonado, al menos el de aguas abajo, puesto que el de aguas arriba está completamente oculto debido al total aterramiento del pequeño vaso de embalse, por lo que el espesor total de la estructura puede estimarse que será de alrededor de 3,0 m. en su base.

Como ya se ha dicho, el paramento de aguas abajo está formado por grandes sillares, de los que permanecen a la vista cinco hiladas, quedando oculta la parte inferior de la estructura por el agua estancada en un cuenco formado delante del azud quizá por la propia erosión del vertido. La estructura "seca" posee una altura aproximada de 1,70 m., mientras que si contamos con la mitad sumergida, que ha sido medida mediante un rústico sondeo, es fácil determinar que la altura total de la presa puede ser de unos 3,0 m. Dentro del propio paramento, también es posible distinguir dos etapas constructivas: la primera de ellas, formada por las tres hiladas inferiores del paramento visto (y suponemos que el resto de la estructura hasta el cimiento), y la segunda, por las dos hiladas superiores. La primera de estas fases, es claramente más antigua ya que, a pesar de estar constituida por el mismo material que la zona superior (roca arenisca de matriz caliza), los sillares se encuentran mucho más desgastados que los de las hiladas superiores, encontrándose completamente redondeados en su mitad superior, debido con seguridad al paso continuado del agua sobre estos escalones, por lo que presentan finalmente un perfil prácticamente trapecial en la zona de los estribos, mientras que en la zona central, estas piezas se encuentran aún si cabe más gastadas, por lo que casi se pierde por completo el efecto de escalonado.

Por otro lado, los sillares inferiores poseen unas dimensiones bastante mayores a las de coronación, ya que tienen una altura de alrededor de 0,45 ó 0,50 m., mientras que su longitud puede rondar los 0,75 m. de media. Por lo que se refiere a las dos hiladas superiores, debe decirse que presentan un aspecto más moderno que las anteriores, aunque no se puede afirmar con rotundidad si esta parte de la obra se corresponde con un recrecimiento o quizá con una simple reparación en la que se repusieron las piezas que faltaban, puesto que la toma de margen derecha parece encontrarse a una cota en correspondencia con la altura actual de la presa. En cuanto a la fábrica observada en esta parte de la obra, se encuentra formada por sillares de idéntica naturaleza, cuya altura ronda los 30 cm., y que forman unos escalones cuya huella es algo más pronunciada que la que puede observarse en las tres hiladas inferiores. La forma de los sillares es también paralelepipédica, pero presentan unas aristas mucho más marcadas que denotan un desgaste mucho menor debido a su menor antigüedad, lo que viene apoyado también por un color más claro de la superficie de la piedra, aunque lo cierto es que este hecho puede también ser debido al distinto origen del material.

Por lo que se refiere a las tomas, debe señalarse que existen dos; la primera de ellas, situada en margen izquierda, riega aún en la actualidad huertas de la localidad de La Zaida y no tiene una antigüedad muy grande, correspondiéndose probablemente con una reutilización posterior del azud en el que, como ya se ha dicho, se observan algunas reparaciones. Sin embargo, la toma antigua parece ser la de margen derecha, actualmente en desuso, pero que debió ser utilizada a lo largo de mucho tiempo. Esta toma posee una obra de protección junto al cauce, formada asimismo por una fábrica de sillería (de factura aparentemente posterior a época romana) y que alimentaba a una importante acequia de sección rectangular que se encuentra cubierta en su primer tramo por grandes losas de hasta más de 2 m. de longitud, que además sirven de acceso desde la margen del río hasta la coronación del azud.

Por lo que se refiere a la acequia de esta margen, debía servir al riego de una importante extensión de terreno en la confluencia del Aguas Vivas y el Ebro. Actualmente es posible seguir su trazado, que va bordeando el límite de la terraza del Aguas Vivas durante unos dos kilómetros, hasta llegar a una zona en que el río se aproxima a una ladera muy inestable en la que los desprendimientos de material han borrado parcialmente sus restos, así como prácticamente también los del camino que circula inmediatamente por encima. A lo largo de todo este tramo hasta llegar a este último punto, es posible observar de manera esporádica fragmentos de fábrica de los muros realizados para sostenimiento del canal. Tras este tramo, la acequia debía despegarse del río, coincidiendo probablemente su trazado con el de otra acequia que vuelve a aparecer ligeramente aguas abajo, y que actualmente se encuentra alimentada a través de una balsa hasta la que se bombea agua del propio río. Esta acequia debe ser probablemente una prolongación de la del Azud de la Rechuela, actualmente reutilizada y que quedó inutilizada por la avería del tramo que atravesaba aquella ladera inestable que venimos mencionado, lo que habría dado lugar a continuas reparaciones hasta que la ruina de la obra fuese tal que haría ya inviable una nueva actuación.

Azud de la Rechuela: *Vista del paramento escalonado de la presa desde aguas abajo. Se observa la diferencia de las dos hiladas superiores de sillares en relación con las inferiores, más grandes y desgastadas.*

Como ya hemos dicho, existen razones para pensar en un origen romano para este azud de derivación, debido no sólo a su situación que ya de por sí hace pensar en ello, sino por su disposición y tipo de fábrica, en las que se encuentran analogías con otras obras similares de esta época, ya que debemos recordar la existencia de multitud de azudes de derivación y de obras en relación con el riego de construcción romana *(Cortés y Arenillas, 2000)*. En cuanto a similitudes constructivas, podríamos recordar la presa de Puy Foradado, también dentro de la provincia de Zaragoza, que se encuentra formada también por cuatro hiladas de sillares rectangulares de dimensiones similares a los del Azud de La Rechuela, siempre con 0,50 m. de altura y un pequeño retranqueo hacia el interior entre cada dos hiladas sucesivas, a pesar de que en este último caso la planta de la obra es sensiblemente curva, con una forma de media luna, mientras que el obra de La Zaida es totalmente recta. Por otra parte, y tal y como afirma J. C. Abadía en su descripción del Azud del Rabal, posible toma del acueducto romano de Zaragoza sobre el Gállego, podría pensarse en un origen romano simplemente por las características de su aparejo de sillería, ya que ni antes ni después de la época romana ha sido utilizado este tipo de fábrica en las construcciones erigidas en Zaragoza o en su área de influencia.

La época en que fue construida esta presa es difícil de determinar. Caso de confirmarse su origen romano, podría quizá pensarse en una fecha temprana, a juzgar por el tamaño del aparejo, aunque nunca antes de finales del siglo I d.C., fecha a partir de la cuál se han datado las *villae* de la zona *(C.H.E. – I. 75, 1999)*. Las similitudes técnicas de la obra con respecto a la presa de Puy Foradado podrían hacer pensar en una época de construcción contemporánea para ambas obras, situada entre la primera centuria de nuestra era y la siguiente, siendo bastante improbable que cualquiera de ellas fuese erigida después de este periodo.

Bibliografía sobre el *Azud de La Rechuela*:

* Castillo J.C. y Arenillas M.: *Las presas romanas en España. Propuesta de Inventario;* I Congreso Nacional de Historia de las Presas. Mérida, noviembre 2000.

* Confederación Hidrográfica del Ebro - Ingeniería 75 (M. Arenillas y otros): *Inventario de Obras Hidráulicas Históricas en la cuenca del Ebro en Aragón. Presas y Azudes.* Zaragoza, 1999.

* Cortés R., Arenillas M. et al.: *Las presas en la cuenca del Aguas Vivas. Dos mil años de regulación fluvial;* I Congreso Nacional de Historia de las Presas. Mérida, noviembre 2000.

6.4 .- PRESA DE PORTEZUELO .-

Coordenadas: 716.050 ; 4.409.750. Fuente: Servicio Geográfico del Ejército. Hoja 1:50.000 n° 650

El conocimiento de los restos de esta presa, debido a D. José Luis Mosquera, es muy reciente y no es aún lo suficientemente detallado como para tener datos concluyentes acerca de su origen que, a juzgar por parte de las ruinas que todavía persisten, podría ser incluso romano. Su situación es sobre el Arroyo del Castillo, a menos de 1 Km al sur de la localidad de Portezuelo, en Cáceres, en un cortado que ha excavado el río a través de las cuarcitas, justamente al pie del castillo que da nombre al arroyo que embalsaba esta presa.

Dentro del conjunto de restos conservados en este punto existen diversos elementos que parecen contar con orígenes y funciones diferentes. En primer lugar, llama la atención la existencia de un molino junto al río, cuyo cubo se encuentra totalmente cegado en la actualidad por escombros de distinta naturaleza. La fecha de edificación de esta fábrica es muy difícil de precisar por la poca definición de su aparejo, aunque lo cierto es que no parece poseer una antigüedad excesiva. Es probablemente posterior a la época medieval, aunque su estado de abandono denota que debió de dejar de ser usado hace muchos años. Esta obra parece apoyarse sobre otra más antigua situada sobre el arroyo, que debió ser con seguridad una presa, y que es precisamente el objeto de este capítulo, por lo que volveremos a insistir sobre ella más adelante.

Asociada al molino anterior, existía otra presa a no más de unos 100 m. aguas arriba en el propio Arroyo del Castillo, que debía ser precisamente la que debía desviar agua hacia su cubo, cuya altura sobre el cauce no superaba los 4 m., constituyendo pues una modesta explotación local que aprovechaba la regularidad de un cauce que presenta en este punto unas condiciones idóneas para su captación.

Portezuelo: *Detalle de la presa de aguas arriba, que derivaba el agua hacia el molino situado junto a la primera obra, probablemente ya arruinada en el momento de su construcción.*

Posee una planta oblicua al cauce y la mampostería de su fábrica presenta grandes similitudes con el propio molino.

Portezuelo: *Restos de la presa antigua sobre el Arroyo del Castillo. Cubo del molino en ruinas en margen izquierda, cuya factura sugiere que se trate de una realización posterior.*

Esta presa, de la que restan pocos restos del estribo derecho, estaba formada por un muro de mampostería oblicuo al cauce, con una altura que no alcanza los 3 m., y cuyo aparejo es muy similar al observado en el molino, formado por piezas de tamaño más o menos importante, aunque escasa labra, dispuestas en hiladas horizontales irregulares que se ven completadas por piezas de menor tamaño del mismo material que el del cubo del molino. Volviendo a los restos que parecen servir de cimiento al molino que venimos describiendo, situados por tanto aguas abajo de la primera presa, debemos decir que están compuestos por diversos fragmentos dispersos, puesto que sólo se conservan parte de los estribos de ambas márgenes, mientras que el cuerpo central de la presa está totalmente arruinado, encontrándose una pieza de grandes dimensiones volcada al propio pie del molino, mientras que existen algunos otros fragmentos menores algo más aguas abajo. Estos fragmentos debieron formar en su día una presa de unos 2,5 m. de altura que aprovechaba un afloramiento rocoso en el lecho del río para su cimiento, en coincidencia asimismo con un pequeño resalto en el cauce que de paso propiciaría una mayor cota de agua en su probable derivación con una altura de obra algo menor. Por otro lado, la estrechez del cañón del Castillo de Portezuelo en este punto facilita la realización de una obra de pequeñas dimensiones, ya que la longitud de la presa no superaría en origen los 10-12 m

Los restos de esta presa presentan una naturaleza sustancialmente diferente, tanto a la del molino adosada a la misma, como a la de la presa inmediatamente aguas arriba, puesto que se encuentra compuesta por un calicanto de gran compacidad que presenta una tremenda similitud con el habitual *opus caementicium* hallado en multitud de obras públicas romanas. La composición de la mezcla de este calicanto parece ser a base de un mortero de cal de gran calidad amalgamado con áridos de diversos tamaños, formados por guijarros y pequeñas piedras, que fueron tomadas probablemente del propio lecho del río o sus inmediaciones, y que presentan aristas angulosas en la mayoría de los casos al estar formadas por el material de naturaleza silícea de las formaciones de la zona, a la que pertenecen estos áridos.

De esta manera, para esta obra, que debe ser lógicamente anterior a la del molino ya que este parece estar cimentado sobre ella, parece insinuarse un origen romano a juzgar por el aspecto del aparejo de su muro de cierre. Caso de confirmarse este hecho, debió tratarse de una presa de gravedad formada con un espesor de aproximadamente 1 m, quizá formado simplemente por un muro de *opus caementicium*, al igual que otras presas de la zona, como la de La Cuba, en La Roca de La Sierra (aunque en este caso, la presa contaba también con un terraplén aguas abajo). La función de esta presa es difícil de adivinar con el estado actual de conocimientos, aunque podríamos aventurar que se encontraría asociada a alguna de las muchas explotaciones agrarias de la zona que recordemos estuvo ya poblada en aquella época, ya que no tenemos más que fijarnos que este lugar se encuentra a medio camino de la importante ciudad de Coria, que cuenta quizá con el recinto amurallado romano mejor conservado en su factura original en España, y el paso del Tajo, donde se situaba justamente el impresionante Puente de Alconétar, hoy fuera de su emplazamiento original, rescatado de las aguas del Embalse de Alcántara (no como la ciudad romana junto a la que estaría situado).

No sería extraño pensar que la obra a que nos referimos se tratase finalmente de una de las numerosas presas rurales romanas que abundan en tierras extremeñas que, aunque en realidad no son tan fáciles de encontrar en esta parte tan septentrional de la región, lo cierto es que se van sucediendo en las últimas fechas hallazgos que nos hablan de que estas obras no eran exclusivas de las extensas dehesas del Valle del Guadiana. En cuanto a su funcionalidad, ya hemos dicho que sería demasiado aventurar alguna sin riego a equivocarnos, lo mismo que ocurre con su época de construcción, aunque en este sentido, debemos decir que, caso de confirmarse su origen romano, lo más probable es que se tratase de una obra bajoimperial, no sólo porque la mayoría de presas rurales de la zona lo son, sino también por comparación del aparejo del muro con otras obras romanas tardías. En todo caso, son estos aspectos a abordar en un estudio posterior más detallado, cuya finalidad debería ser en primer lugar, la de definir el origen de estos restos y su relación con alguna explotación antigua de la zona.

Portezuelo: *Gran machón de argamasa en el centro del cauce, cuya apariencia, similar a las cuarcitas próximas, con matriz areno-arcillosa, sugiere una posible factura romana de la toma, dada además la proximidad de varias obras de la misma época.*

6.5.- PRESA DE LA PESQUERA .-

Coordenadas: 652.500; 4.707.400. Fuente: Instituto Geográfico Nacional. Hoja 1:50.000 n° 175.

Es esta una obra de gran antigüedad que se halla en un estado de conservación bastante bueno, aunque en la actualidad se encuentre totalmente cubierta por la vegetación, lo que dificulta sobremanera su observación. Sin embargo, la simple eliminación de las zarzas que cubren su paramento de aguas arriba posibilitaría un estudio más profundo o al menos un mejor conocimiento de los detalles de esta obra que, como decimos, se encuentra prácticamente intacta y posee unas características constructivas cuando menos interesantes *(C.H.E. – I. 75, 1999).*

Se encuentra situada dentro del término municipal de Navardún, muy cercana a la propia población, ubicada en la comarca de las Cinco Villas de la provincia de Zaragoza (Sos del Rey Católico se encuentra a solamente 7 Km de la presa), y cierra una pequeña vaguada natural formada en el interior de una cubeta cerrada por un afloramiento granítico. La escasa entidad de la cuenca vertiente hace que el embalse se encuentre vacío por regla general, sirviendo ahora su vaso como campo de cultivo. El contraste de esta escasez de agua con la relativa importancia de la obra, es uno de los hechos que más sorprenden de esta posible presa.

La obra en sí está formada por un dique de más de 100 m. de longitud, que se conserva aparentemente intacto, con una altura máxima en el centro de unos 4,0 m. Se trata de un muro de lado de aguas arriba con un terraplén de tierras aguas abajo que cuenta con un perfil trapecial de una importante anchura: 15,60 m. en coronación. Como vemos, posee unas dimensiones generales bastante importantes en relación con otras obras antiguas similares, contando con una robustez y una estabilidad realmente notables a partir de una tipología típicamente romana, lo que podría hacer pensar en un origen de esta misma época, ya que existen pocos ejemplos de presas con esta tipología, al menos de manera tan clara, en periodos posteriores.

Navardún: *Detalle de la mampostería del paramento de aguas arriba, en una de las pocas zonas accesibles a la vista.*

Navardún: *Vista general desde aguas arriba de la presa, donde vemos la gran longitud del dique, hoy completamente oculto por las zarzas.*

Sin embargo, la posible relación de esta obra con un canal subterráneo antiguo encontrado aguas abajo en un punto muy próximo al de la posible presa, podría hacer pensar que la funcionalidad de la obra sería diferente a la de una presa de almacenamiento de agua, que es la primera idea que sugiere la tipología de esta antigua obra. Otra posibilidad sería, como decimos, la de una simple obra de paso que defendería la galería mencionada a su paso a través de esta pequeña vaguada, en cuyo caso, debería buscarse dicha conducción al otro lado del muro hallado, en el interior del relleno de tierras que encontramos aguas debajo de la vaguada. En este caso, cabría decir que desde luego, la obra parece desproporcionada para la finalidad buscada, aunque esto mismo podría decirse en el caso de que nos encontrásemos delante de una presa, dada la magnitud de la obra, sobre todo en cuanto a su espesor total, y lo exiguo de la cuenca vertiente, que no parece que permitiese el llenado del vaso creado en ningún caso, por muy grandes que fueran las precipitaciones.

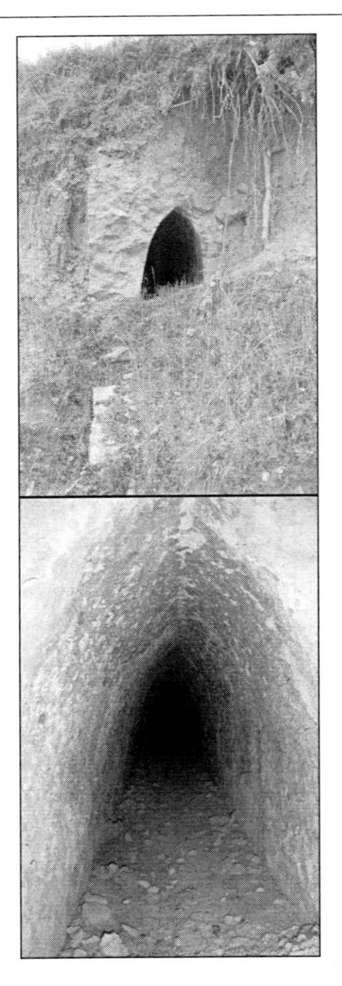

Navardún: *Posible conducción medieval encontrada aguas abajo de la obra, cortada por el talud de la actual carretera a la localidad de Navardún, y detalle de su interior, donde se aprecia claramente el arco apuntado de su sección.*

Navardún: *Coronación del terraplén de la presa, de gran amplitud. A la izquierda, la localidad de Navardún.*

Existen pequeños fragmentos del paramento de aguas arriba en los que las zarzas dejan ver ocasionalmente el muro de la presa y es posible observar su fábrica. Ésta se encuentra formada por grandes piezas graníticas dispuestas generalmente a soga, de dimensiones más o menos regulares (0,50 ó 0,60 x 0,30

m. aproximadamente) y formas bastante redondeadas por el desgaste en muchos de ellos, llegando a componer una fábrica que podríamos denominar perfectamente como de sillería (*opus quadratum*). Este muro debe poseer un espesor de aproximadamente 0,50 m., sin haber constancia de la existencia de otro tipo de muro o estructura interna de hormigón o de otro material, que complementen la composición del paramento de aguas arriba, aunque podría existir, puesto que un mero revestimiento de tan escaso espesor quizá no se hubiese mantenido estable hasta nuestros días sin faltar numerosas piezas. A juzgar por lo observado bajo la densa vegetación, el muro de piedra se encuentra casi intacto en prácticamente toda su longitud, faltando sólo pequeños fragmentos en el contacto con ambos estribos. Este hecho quizá sea debido a que parece muy difícil que la posible presa se haya mantenido llena durante mucho tiempo, debido a la precariedad de su cuenca de aportación.

No se ha podido constatar la existencia de aliviadero alguno, que probablemente no habría existido (lo cuál no sería tampoco extraño en una presa antigua, ya que no era un elemento muy común), así como tampoco de ningún tipo de toma o desagüe de fondo, que sin duda sí que debe existir, encontrándose probablemente oculto en parte por el posible aterramiento del vaso (de escasa entidad en este caso), y en parte por la maraña de vegetación que cubre el paramento. Las tomas de tipo profundo son características de obras de época romana, y en este caso podríamos ver quizá corroborada esta hipótesis por la probable relación de esta obra con el importante canal del Molinaz, una galería enterrada de origen indudablemente romano, que se encuentra a algo más de 1 Km aguas abajo de la presa, y que serviría de abastecimiento a un yacimiento de época romana ya documentado en una zona próxima *(Enrique J.J. et al., 1977)*. Sin embargo, y como ya hemos dicho anteriormente, la presa podría estar relacionada con otro tramo de galería enterrada que se encuentra muy próxima al dique al que nos venimos refiriendo, y que por sus características más bien parece de origen medieval, sobre todo por la tipología de su cierre, mediante una pequeña bóveda apuntada.

De esta manera, vemos que no podemos afirmar de manera rotunda el origen romano de la presa de la Pesquera en Navardún, ya que existen varias características constructivas, así como su posible relación con diversos canales de abastecimiento de diversas épocas, que apuntan, bien hacia un origen romano, o quizá hacia un origen medieval. Lo cierto es que el aparejo del muro de cierre no es claramente romano, aunque también se han encontrado a lo largo del Valle del Ebro obras romanas compuestas por un sillarejo similar, con predominio de la dimensión horizontal, escaso tamaño y labra poco cuidada (acueducto Alcanadre-Lodosa, depósito y presa de Iturranduz,...). Debemos recordar también la multitud de obras de época romana conocidas en la comarca de las Cinco Villas (incluyendo también presas, como en Los Bañales), aunque también la abundancia de obras de origen medieval. Sin embargo, en este caso, lo difícil sería fijar una posible datación dentro de este amplio periodo, al menos en el estado actual de conocimientos de la presa de La Pesquera.

Caso de confirmarse finalmente un origen romano, debe señalarse la peculiaridad de su tipología de pantalla de fábrica + terraplén terrero en una zona del país en la que la mayor parte de presas romanas de embalse conocidas son del tipo de muro simple, por lo que es posible que se trate de una obra de época tardía, en la cuál se generalizó ya el empleo de esta tipología para cualquier tipo de presas. Otra posibilidad sería la ya apuntada. Que no se tratase de una presa, sino de una simple obra de paso de una conducción subterránea de agua a lo largo de una vaguada.

Bibliografía sobre la presa de *La Pesquera*:

* Castillo J.C. y Arenillas M.: *Las presas romanas en España. Propuesta de Inventario;* I Congreso Nacional de Historia de las Presas. Mérida, noviembre 2000.

* Confederación Hidrográfica del Ebro-Ingeniería 75 (M. Arenillas y otros): *Inventario de Obras Hidráulicas Históricas en la cuenca del Ebro en Aragón. Presas y Azudes.* Zaragoza, 1999.

* Enrique J.J. et alii: "Datos para la carta arqueológica de la Valdomella. *Caesaraugusta 41 – 42.* 1977. pp. 212 a 219.

6.6.- AZUDES EN MEDIA LUNA DEL RÍO CUBILLAS EN GRANADA .-

Coordenadas: 447.250 ; 4.131.550 (Balsa de Deifontes). Fuente: Servicio Geográfico del Ejército. Hoja 1:50.000 nº 1009.

Entre ellos, y como obra más destacada, se encuentra la presa de Barcinas. Existen además dos azudes aguas arriba en el Río Cubillas, hacia la localidad de Iznalloz, otro de gran antigüedad aguas abajo, ya dentro de la localidad de Pinos Puente, así como la que se ha venido denominando presa de Deifontes, a la altura de la localidad del mismo nombre, y que en realidad no es tal, al menos en la actualidad, sino que resulta ser un simple pontón al que han dotado de un pequeño tablero a base de viguetas prefabricadas, pero que antiguamente sí podría haber constituido una especie de "pesquera" o estanque para retener mínimamente las aguas del manantial situado justamente en este punto, para formar así un diminuto embalse de unos 300 m3 mediante una compuerta móvil (probablemente de madera) que cerraría la obra conservada, cuya fábrica demuestra en cambio una factura bastante posterior. La ausencia de algún tipo de toma o canal en las proximidades de la obra no permiten afirmar su utilidad como presa de embalse o derivación, aunque no debe descartarse de manera rotunda, debido a la existencia de un canal de posible origen romano aguas abajo del Río Cubillas en esta misma margen *(Orfila et al.)*.

Por lo que se refiere a los azudes en media luna del río Cubillas, mencionados tradicionalmente como de posible origen romano *(Fdez. Casado, 1961)*, el que posee una mayor importancia es la llamada presa de Barcinas, que se trata en realidad de un azud de planta semicircular con 40 m. de longitud de coronación y unos 4,5 m. de altura. Aun así, su construcción no parece ser anterior al siglo XVII, tanto por su tipología como por su fábrica. A pesar de que algunas zonas de su paramento presentan una cierta erosión, esto no debe inducir a pensar en un origen excesivamente antiguo, ya que la potencial solubilidad de los carbonatos del material calizo que forma los sillares puede originar ocasionalmente formas relativamente alteradas.

Deifontes: *Pequeño salto, creado por un antiguo estanque o pesquera, a la salida de la localidad de Deifontes.*

Barcinas: *Vista superior de la presa de Barcinas, el principal de los azudes en media luna del Río Cubillas.*

Por otro lado, tanto el tamaño como la puesta en obra de los sillares no denotan origen romano, ni tampoco la tipología de la presa, de planta en arco y paramento vertical, pero sobre todo con una coronación de gran anchura dotada de labio de vertido previo. Por todas estas características, más bien presenta grandes analogías con las presas realizadas a partir de los siglos XVI y XVII, que con obras romanas. En este sentido cabe destacar similitudes constructivas con las siguientes presas de esta época: presa del Sonella en Onda, Castellón; azud de Bedia y resto de obras de Pedro Bernardo Villareal de Berriz, en Vizcaya (todas ellas de arcos múltiples), la de Sarral en Barcelona, así como las propias presas de los ríos Cubillas y Velillos en Granada.

La forma del azud es un tanto peculiar, con una coronación que se prolonga en un espolón a lo largo del estribo derecho que aumenta la longitud de vertido del mismo, permitiendo por tanto que la cota de la lámina aguas arriba no se vea excesivamente incrementada en ningún caso, dado que por otro lado, no se buscaba con su construcción la creación de un volumen excesivo de almacenamiento. Este espolón, terminado en un murete de coronación sirve para separar el cuerpo de presa del canal de toma por esta margen y proteger el estribo de la posible socavación inducida por el aliviadero del mismo.

Por otro lado, el azud situado inmediatamente aguas arriba de la presa de Barcinas, de mayores dimensiones que esta última, posee también una planta curva, aunque con un arco en planta menos acusado y paramento ataluzado entre dos grandes estribos laterales. Parece de factura posterior a aquella y posee una fábrica muy cuidada cuyo origen debe situarse al menos a partir del siglo XVIII, presentando en su totalidad las características de las presas de esta época, incluso en los canales de toma situados en ambas márgenes, muy similares a otras obras de esta época. Existe otro azud del mismo tipo más aguas arriba, a la altura de la localidad de Iznalloz, con similares características.

Finalmente, como ya hemos dicho en un párrafo anterior, existe un último azud de media luna en el río Cubillas donde éste atraviesa la localidad de Pinos

Puente. Posee una forma similar a la de todos los azudes anteriores, pero su aspecto induce a pensar en una antigüedad quizá algo mayor a la de todos ellos (incluyendo quizá incluso la presa de Barcinas), ya que podríamos remontar su origen hasta el temprano siglo XVI, según las referencias que al mismo han hecho mención (*Plan de Ordenación del Territorio de la aglomeración urbana de Granada.* Junta de Andalucía 1999), siendo así probablemente uno de los primeros ejemplos de presas en arco de esta época.

Bibliografía sobre las presas del Río *Cubillas*:

* Bueno Hernández F.: *Evolución de la ingeniería de presas en España* (Tesis doctoral). E.T.S. Ingenieros de Caminos de Santander. Santander, mayo de 1999.

* Caballero Zoreda L. y Sánchez Palencia F.J.: *Presas romanas y datos sobre poblamiento romano y medieval en la provincia de Toledo*; Noticiario Arqueológico Hispánico. Mtro. Cultura, 1982.

* Castillo J.C. y Arenillas M.: *Las presas romanas en España. Propuesta de Inventario;* I Congreso Nacional de Historia de las Presas. Mérida, noviembre 2000.

* Fdez. Ordoñez J. A. y otros: *Catálogo de Noventa Presas y Azudes Españoles anteiores a 1900;* Biblioteca CEHOPU. Madrid, 1984.

* Fernández Casado C.: *Acueductos romanos en España.* Instituto Eduardo Torroja. Madrid, 1972.

* Fernández Casado C.: *Las presas romanas en España.* Revista de Obras Públicas. Madrid, junio 1961.

* Orfila M, Castillo M.A. y Casado P.J.: *Estudio preliminar de los elementos constructivos hidráulicos de época romana del Río Cubillas (tramo Deifontes – Albolote, Granada);* Anales de la Universidad de Córdoba, 1996; pp. 83 a 114.

* Schnitter N.J.: *Historia de las Presas;* ed. en castellano: Colegio de Ingenieros de Caminos, 2000 (trad. de J. Diez-Cascón y F. Bueno); capítulo 2: El Imperio Romano.

* Schnitter N.J.: *A short History of Rain Engineering;* Water Power 19, 4. 1967.

* Schnitter N.J.: *Les barrages romaines;* Dossier de l'Arqueologie 38. 1979.

* Smith N. A.: *The heritage of spanish dams;* Madrid, 1970.

* Varios autores: "Catálogo de elementos de interés para la aglomeración urbana". *Plan de Ordenación del Territorio de la aglomeración urbana de Granada.* Junta de Andalucía. Granada, 1999.

6.7.- LES PARETS ANTIQUES .-

Coordenadas: 396.900 ; 4.582.450. Fuente: Servicio Geográfico del Ejército. Hoja 1:50.000 n° 419

Los restos de esta curiosa obra se encuentran sobre el Arroyo de San Salvador, en el término municipal de Avinyonet del Penedés, en la provincia de Barcelona. Su origen es difícilmente encuadrable solamente en base a su fábrica, aunque existen razones para pensar en que su fecha de construcción original pueda remontarse a la época bajoimperial romana. En primer lugar, existe una *villa* romana identificada a algo más de 1 Km aguas abajo de su localización, lo cuál encaja perfectamente con la posibilidad de que exista una conexión directa entre la presa y la explotación agropecuaria correspondiente a dicha *villa*. Por otro lado, y en relación con el probable hecho de que la obra pudiese haber sido empleada como vado del río a lo largo del tiempo, existen referencias acerca del antiguo "puente" en este punto ya desde el siglo X, lo cuál indica de por sí una excepcional antigüedad *(Inventari del Patrimoni Arquitectónic de Catalunya. 2. Alt Penedés. 1986).*

Por lo que se refiere a la obra conservada en la actualidad, posee una planta totalmente recta partida en dos en su zona central, por donde discurre actualmente el río, conservándose de esta manera dos mitades totalmente diferenciadas. Existe una parte identificada con el estribo izquierdo, el de la ladera más abrupta, que es de muy corta longitud pero que puede dar idea de la altura original de la obra, así como un largo tramo de fábrica en el estribo derecho, donde la ladera posee una pendiente bastante suave. En la fábrica conservada de la presa, existen dos partes claramente distintas, que se corresponden precisamente con los estribos descritos: en la margen derecha, el aparejo empleado es un simple calicanto a base de mortero y mampuestos de pequeño tamaño y formas y tamaños bastante homogéneos, aunque irregulares. La altura conservada en este estribo, es de aproximadamente 2,10 m. (aunque falta al menos una altura de 1 m. hasta el fondo del cauce del río), con un espesor de 2,30 m., encontrándose cimentado directamente sobre el mismo afloramiento rocoso sobre el que discurre el Arroyo de San Salvador.

***Les Parets Antiques:** Vista general de la presa. Estribo derecho en primer término, y arroyo de San Salvador al fondo.*

Les Parets Antiques: *Detalle del paramento de aguas arriba.*

Les Parets Antiques: *Detalle del estribo izquierdo, que conserva algo del antiguo revestimiento de sillería*

El aspecto del estribo derecho descrito no se corresponde en principio con las obras romanas habituales, aunque sí que presenta alguna semejanza con otras obras hidráulicas romanas tardías (siglo IV) de la zona de Cataluña (acueducto de Sant Jaume dels Domenys, de Pont d'Armentera, etc.), en las cuáles se utiliza un aparejo muy convencional que puede confundirse fácilmente con los utilizados en obras posteriores, ya de época medieval, aunque en éstos últimos casos de acueductos mencionados, se puede decir que en lugar de mampostería, se trata más bien de hormigón (se conservan incluso algunas marcas del encofrado de madera). Por lo que se refiere al estribo izquierdo, la fábrica conservada es muy distinta a la del anteriormente descrito, dejando ver en la sección correspondiente a la rotura un relleno a base de mortero y piedras de diferente tamaño, revestidas exteriormente, al menos en el paramento de aguas abajo, por una fábrica de sillería de mediano tamaño muy regular, de la que se conservan escasamente media docena de piezas, y cuya factura sí que presenta en este caso la apariencia de un posible origen romano. Este estribo posee una anchura aparente mayor que el contrario, curvando su paramento en la zona posterior de apoyo sobre la ladera, donde se conservan los sillares descritos, por lo que cuenta en este punto con una anchura mayor y presenta la apariencia de una pila de un puente, utilidad que como hemos comentado, parece haber tenido también en la antigüedad, pudiéndose incluso observar en la zona del estribo derecho restos del camino que debió cruzar por encima. Su utilidad original como puente sería sin embargo dudosa, dada la exigua anchura de la estructura.

La tipología original de la presa parece haber sido la de gravedad simple, sin terraplén de tierras aguas abajo ya que no hay rastro de este último y no creemos que hubiese contado con un revestimiento de sillería aguas abajo, a pesar de conservarse unos restos muy escasos que no permiten describir con detalle cómo era la presa originariamente.

Por otro lado, el espesor observado en lo que queda del muro, podría ser válido en cuanto a estabilidad para una presa de hasta 4 ó 5 m. de altura. Así, aunque no se conocen obras accesorias de conexión de la presa con la *villa* de aguas abajo, existen indicios en la misma que hacen pensar en una posible construcción romana, tanto por su situación como por algunos rasgos constructivos, así como por algunas referencias antiguas que hablan de un vado en esta zona, existente ya al menos en época altomedieval. Por otro lado, no parece que los restos conservados se identifiquen con los de un puente, ya que el espesor del muro parece insuficiente para un paso, y sobre todo, porque su situación parece sugerir una utilidad como obra de toma que abastecería a explotaciones agrarias aguas abajo.

Bibliografía sobre la presa de *Les parets antiques*:

* Castillo J.C. y Arenillas M.: *Las presas romanas en España. Propuesta de Inventario;* I Congreso Nacional de Historia de las Presas. Mérida, noviembre 2000.

* Varios autores: Inventari del Patrimoni Arquitectónic de Catalunya. 2. Alt Penedés. Barcelona, 1986; p. 179.

Les Parets Antiques: *Vista del paramento de mampostería del lado de aguas arriba, que denota un cierto ordenamiento en su puesta por la alineación de las piezas.*

6.8 .- PRESA DE IRUEÑA (*Regato Rolloso, Fuenteguinaldo*) .-

Coordenadas: 694.900 ; 4.471.900. Fuente: Instituto Geográfico Nacional. Hoja 1:50.000 n° 550.

Es esta una presa cuya primera particularidad es su propia situación, ya que se encuentra al suroeste de la provincia de Salamanca, a unos 7 Km al sur de la localidad de Fuenteguinaldo, cerca de la carretera que une esta última con El Payo, y por tanto, en una zona concreta de la antigua provincia de la Lusitania en la que no existe en este caso una gran densidad de obras hidráulicas romanas (estamos al norte del Tajo, de hecho ya en cuenca del Duero), aunque lo cierto es que sí encontramos restos de esta época en zonas próximas. El río al que cierra la presa es el Arroyo Rolloso, afluente por margen izquierda del Río Águeda, y por su emplazamiento en este punto, la presa ha sido relacionada con el famoso Castro de Irueña, que se encuentra a aproximadamente 3 km aguas abajo de la misma (al noreste) y que contó con una población de cierta importancia durante el periodo romano (Junta de Castilla y León, 1991). En su día fue incluso redactado un Pliego de Bases para su estudio por la Confederación del Duero por parte del ingeniero D. Juan Benet.

La obra en sí presenta la apariencia de una simple mota de tierra de gran envergadura que cierra el valle del Rolloso de parte a parte, aunque su parte central se encuentra en la actualidad arruinada, ya que el cauce del arroyo ha abierto un hueco de unos 14 m. de anchura, que es por ahora donde circula el agua. Las dimensiones de la obra son ciertamente importantes, puesto que cuenta con una longitud total de casi 250 m. dividida en dos tramos, según la ficha arqueológica de la obra, de 172 m el de margen izquierda y de 62 m el de margen derecha, separados por la brecha anterior, contando al parecer el dique con sendas tomas o aliviaderos en sus dos extremos, sin que haya pervivido vestigio alguno de tomas o elementos de regulación profundos. La altura máxima puede llegar a ser de 5 a 6 m., mientras que el espesor del dique varía de unos 4 m en coronación a unos 14 m en la base *(Junta de Castilla y León, 1991)*, por lo que se puede sospechar que existe alguna obra de fábrica bajo la apariencia del dique de ser un simple terraplén, puesto que con este talud (prácticamente un 2/3) sería realmente difícil alcanzar la estabilidad con un relleno de material granular.

En efecto, bajo la abundante vegetación que cubre en la actualidad la obra (una hilera de robles a lo largo de toda su coronación, y matas y coscojos en ambos taludes), parecen existir algunos tramos de bloques graníticos dispuestos en hiladas, mencionados en la correspondiente ficha del Inventario Arqueológico de la Junta de Castilla y León. Parecen existir asimismo algunos otros bloques sueltos que parecen provenir del eventual muro de la presa.

Salvando las distancias, esta posible disposición constructiva del muro de la presa, nos recuerda el muro escalonado observado en Don Tello (Mérida) que servía de apoyo a la conducción (ya que era ésta la verdadera funcionalidad de la obra), y presenta la misma disposición con un relleno granular reforzado por una serie de escalones de piedra, aunque como decimos, en el caso de la conducción emeritense, la estructura no tendría que soportar un empuje de agua.

Presa de Irueña: *Vista de la presa desde aguas arriba, junto al cauce del Regato Rolloso. Como vemos, la presa se encontraba formada por una gran mota de tierra apenas distinguible de una formación natural excepto por algunos mampuestos escalonados en su talud. Como vemos, el río ha abierto una profunda brecha en su tramo central por la que discurre en la actualidad, aunque la alineación del cuerpo de la presa queda claramente definida en ambas márgenes por la hilera de robles a lo largo de su coronación.*

Presa de Irueña: *Detalle del espaldón de tierras roto en margen derecha, visto desde el cauce.*

Caso de confirmarse la relación de esta presa con la ciudad de Irueña (cosa que por otra parte no parece difícil que así sea, puesto que no existe ningún otro núcleo de consumo de agua que justifique una obra de tanta importancia), y por tanto, su origen romano, constituiría una obra muy singular no sólo por su situación, en una zona en la que no conocemos ninguna otra presa de esta misma época, sino sobre todo por su tipología, ya que, como hemos venido describiendo, la presa parece presentar la tipología de una presa de materiales sueltos con pantalla exterior de fábrica, formada por un refuerzo a base de unos paramentos pétreos escalonados que servirían para dar estabilidad a la estructura y evitar su erosión.

De esta manera, constituiría el único ejemplo de presa romana con esta tipología, con la única semejanza relativa de la presa de Cornalbo, por lo que quizá deberíamos crear definitivamente este nuevo grupo dentro del conjuntote presas romanas, admitiendo que probablemente los romanos desarrollaron esta nueva variante a partir de la clásica presa de muro de fábrica aguas arriba + terraplén aguas abajo. Sin embargo, a pesar de contar con ciertos indicios del origen romano de la presa, lo cierto es que con el estado actual de conocimientos, es casi imposible precisar la fecha de construcción de la misma dentro de este amplio periodo, por lo que sería muy interesante realizar una profunda prospección en la obra que acote de manera más exacta su antigüedad, ya que este conocimiento podría aportar importantes datos sobre la evolución de la construcción de presas romanas en España.

Bibliografía sobre la presa de *Irueña*:

* Junta de Castilla y León (Delegación T. Salamanca): ficha del Inventario Arqueológico. Salamanca, 1991.

6.9 .- AZUD DE LA ALMOZARA .-

Coordenadas: 656.817 ; 4.628.380. Fuente: Instituto Geográfico Nacional. Hoja 1:50.000 n° 354

El azud de la Almozara, que constituye la toma de la acequia con el mismo nombre, se encuentra situado sobre el río Jalón, cerca ya de su desembocadura en el Ebro, ligeramente aguas arriba del cruce con la N-232, a la altura de la localidad de Alagón en la provincia de Zaragoza *(C.H.E. – I. 75, 1999)*, aunuqe de que otros autores hayan situado esta presa sobre el Ebro, cerca de la confluencia de ambos ríos, dando a la que nos ocupa el nombre de presa del Alagón *(Smith, 1970)*. La situación real de esta presa supone una particularidad que hace que se pueda plantear la hipótesis de que la obra sea una construcción de muy antiguo origen, ya que podría incluso estar relacionada con el texto del famoso Bronce de Botorrita. En este importante documento, que es en realidad una sentencia legal fechada en el año 84 a.C, a la que se daba "información pública" grabándola en bronce, se expone la decisión del senado de esta importante ciudad celtibérica romanizada (*Contrebia Belaisca* en la Antigüedad), acerca del litigio que mantenían los *alavonenses* (habitantes del actual Alagón, que eran vascones), contra los *salduienses* (íberos habitantes de la ciudad de *Salduie*, que fue sustituida en época augusta por la ciudad romana de *Caesaraugusta*) *(Beltrán, 1981)*.

Éstos últimos habían construido una toma de agua y un canal por un terreno que los *alavoneneses* reclamaban como suyo, por lo que se buscó el arbitrio de un tercero imparcial que dirimiese el litigio. Dejando aparte el interés del documento por lo que respecta a los aspectos históricos del conocimiento de las antiguas comunidades hispanas, de aplicación del derecho romano, etc., supone además un hecho muy importante con respecto al asunto que nos ocupa, puesto que es una referencia clara a una obra hidráulica ibérica de época tardorrepublicana, es decir, anterior al asentamiento romano generalizado y sistemático en la Península que fue llevado a cabo en época de Augusto, más de medio siglo después.

Almozara: *Detalle del estribo izquierdo del azud formado por grandes sillares en los que se hace referencia a la última reparación de los años 30. Talud de la presa formado por grandes losas de piedra revestidas ahora con hormigón*

Azud de la Almozara: *Vista general de la coronación en el que aprecia su forma arqueada.*

Si los *salduienses* ocupaban un terreno que coincide sensiblemente con el de la actual Zaragoza, ya que parece ser que fueron luego integrados en la nueva ciudad fundada, es de suponer que realizasen una toma en la margen derecha del Ebro aguas arriba de la ubicación de sus terrenos de cultivo, que lógicamente se situarían alrededor de su ciudad. De esta manera, el único cauce con cierta entidad que nos encontramos en esta zona es el río Jalón, cuya desembocadura en el Ebro se encuentra próxima a la mencionada localidad de Alagón, situada justamente en margen izquierda del Jalón en la confluencia de ambos ríos. De esta manera, parece lógico pensar que una obra de captación precisamente en este punto incomodara a los *alavonenses*, tribu por otra parte integrante de los pueblos vascones, que realizaron una intensa actividad de expansión hacia el Valle del Ebro durante los siglos II y I a.C. Así, todo parece indicar que dicha obra debía situarse en un paraje muy próximo al del Azud de la Almozara, obra que por otro lado, sabemos que cuenta con una antigüedad considerable.

Esta hipótesis ha sido recientemente secundada por otros investigadores *(Abadía, 1994-2001)*, que han llegado a la misma conclusión de manera independiente, dentro de un admirable estudio sobre los posibles abastecimientos de agua a la *Caesaraugusta* romana. En este caso, la situación del azud y el trazado de la acequia de la Almozara, harían pensar en que sería éste el sistema de abastecimiento más lógico y también más fácil de realizar por parte de los fundadores de la antigua Zaragoza, que ocuparían los *saduienses*, por lo que serviría por tanto posteriormente con la primera conducción de abastecimiento a la nueva ciudad.

La obra en sí se trata de un azud de derivación, aún actualmente en funcionamiento, de planta sensiblemente arqueada hacia la margen derecha, donde se encuentra la toma de la acequia de la Almozara (hecho que concuerda también con la hipótesis anteriormente planteada, ya que es esta margen la más cercana a Zaragoza). Su longitud total es de 113 m, para una altura máxima aproximada de 3 m y un espesor en coronación de 1,0 m, (aunque este valor se refiere únicamente al murete del vertedero) contando con un pequeño volumen de embalse, a pesar de que el vaso se encuentra en gran parte aterrado.

El perfil de la obra es trapecial, contando con un muro vertical que sirve como labio de vertido, que cuenta con una altura de aproximadamente 1 m. Bajo este murete, se desarrolla un vertedero en talud, formado por grandes losas de piedra, con una disposición muy similar a la observada en otros azudes españoles de los siglos XVI y XVII. Este vertedero, con planta en forma de sector de anfiteatro, debido al arco de la presa, termina en un escalón inferior de también aproximadamente 1 m de altura, compuesto asimismo por grandes sillares que se asientan sobre la roca que aflora en este punto y sirve de cimiento a la presa, cuya disposición en planta debe haber estado condicionada a estas condiciones de cimentación. En estos sillares asoman a intervalos una serie de desagües o canalones salientes de piedra, dispuestos quizá como mechinales para aliviar la subpresión interior del cuerpo de presa. Finalmente, los estribos se encuentran formados por muros de sillería regular de gran tamaño, cuya época de construcción parece coincidir con la del vertedero del azud ya descrito.

El aspecto actual de la presa es clara consecuencia de múltiples reconstrucciones, la última de las cuales proviene de 1932, según reza una placa de piedra instalada en el muro del estribo izquierdo de la presa, y que seguramente es el origen del murete de coronación, actual labio de vertido, realizado para recrecer algo el azud con el fin de paliar su escaso efecto regulador y capacidad de toma de agua debido al total aterramiento de su embalse. Sin embargo, sabemos que la obra se remonta al menos al siglo XVI a juzgar por el resto de la fábrica, y que esta zona ha sido secularmente aprovechada para el cultivo en regadío, por lo que no sería de extrañar que la presa hubiese sido realizada sobre otra romana, o incluso anterior aún, como se ha tratado de exponer en párrafos anteriores. De todas formas, sin un estudio más exhaustivo, no es posible en la actualidad afirmar con rotundidad tal hecho a la vista de la obra conservada, ya que un azud de derivación de estas características debe haber sufrido multitud de reconstrucciones a lo largo de su vida útil, sobre todo debido al efecto de las crecidas, que en el valle del Ebro pueden llegar a ser considerables.

Bibliografía sobre el *Azud de La Almozara*:

* Abadía, J. C.: *Algunos comentarios sobre el abastecimiento de agua a Caesaraugusta;* Cuadernos de Aragón, nĪ 23. Institución Fernando el Católico, 1995; página web Traianus, 2001.

* Beltrán Martínez A.: "Yacimiento y bronce de Botorrita"; *Revista de Arqueología* 13. 1981. pp.12-17.

* Blázquez J.M.: "Presas y regadíos en la Hispania romana. Documentación jurídica y Arqueológica" *Urbanismo y Sociedad en Hispania, capítulo VI.* Itsmo, 1991.

* Castillo J.C. y Arenillas M.: *Las presas romanas en España. Propuesta de Inventario;* I Congreso Nacional de Historia de las Presas. Mérida, noviembre 2000.

* Confederación Hidrográfica del Ebro-Ingeniería 75 (M. Arenillas y otros): *Inventario de Obras Hidráulicas Históricas en la cuenca del Ebro en Aragón. Presas y Azudes.* Zaragoza, 1999.

* Smith N. A.: *The heritage of spanish dams;* Madrid, 1970. (presa del Alagón. Menciona el Azud de la Almozara como destruido)

Azud de la Almozara: *Nueva vista de la coronación del azud con el estribo izquierdo al fondo.*

6.10.- PRESA DE VINARRAGELL .-

Coordenadas: 752.350 ; 4.423.850. Fuente: Servicio Geográfico del Ejército. Hoja 1:50.000 n° 641

La única referencia clara acerca de una presa prerromana en suelo hispano, proviene de Mesado, quien menciona los restos de una presa situada sobre el cauce del Río Mijares, en el término municipal de Burriana (Castellón), muy cerca de la alquería de Vinarragell. Sin embargo, una vez visitada "in situ" la zona, los restos parecen haber desaparecido, quizá bajo el relleno realizado para la construcción de la carretera que prolonga el camino de Santa Pau hasta la localidad de Villarreal, o bajo el vertedero de basuras existente junto a ésta.

Según este autor, los restos se correspondían con una serie de grandes piedras con dimensiones de hasta 1,50 m. en su eje máximo, que no podrían calificarse como sillería debido a su escasez de labra, unidas entre sí con un rudimentario mortero realizado a base de barro y grava, y de las cuales se conservaba un estribo formado por cuatro hiladas de dicha fábrica *(Mesado, 1974)*. La presa debía estar dedicada al riego, puesto que se conservaban aguas abajo de la presa los restos de un canal formados por un muro de piedras de mediano tamaño del mismo origen que las empleadas en el dique, es decir, los conglomerados cuaternarios tan abundantes en esta zona.

Vinarragell: *Foto incluida en la obra de Mesado (1974), donde se muestran los restos de una presa formada a base de cuatro hiladas de grandes piedras unidas entre sí mediante barro.*

Vinarragell: *Vista de uno de los brazos laterales del Mijares, en el lugar de la antigua ubicación de la presa de Vinarragell. Al fondo, vertedero no controlado.*

La relación de estas ruinas con los yacimientos ibéricos tan abundantes en la región, hicieron pensar en un origen similar tanto para la presa como para el canal, lo cuál concordaría con los restos de fábrica descritos, que presentan un evidente arcaísmo en su realización. Por otro lado, no sería en absoluto extraño el hallazgo en esta zona de una obra de este tipo de época ibérica, ya que debemos tener en cuenta las referencias antiguas a los importantes riegos del Mijares ya en época anterior a los romanos, entre ellas la de *Estrabón*. De confirmarse la existencia de estos restos, en la actualidad al parecer desaparecidos, constituirían los únicos vestigios conocidos que se conservarían de una presa anterior a época romana en la Península Ibérica, con la posible única excepción del Azud de la Almozara, en Zaragoza, aunque las reconstrucciones realizadas sobre esta última obra no permiten tampoco comprobar en la actualidad este origen.

Bibliografía sobre la presa de *Vinarragell*:

* Caballero Zoreda L. y Sánchez Palencia F.J.: *Presas romanas y datos sobre poblamiento romano y medieval en la provincia de Toledo*; Noticiario Arqueológico Hispánico. Mtro. Cultura, 1982.

* Castillo J.C. y Arenillas M.: *Las presas romanas en España. Propuesta de Inventario;* I Congreso Nacional de Historia de las Presas. Mérida, noviembre 2000.

* Doñate J. M.: *Riegos romanos del Mijares*. Archivo de Prehistoria Levantina, 11. 1966; pp. 203 a 214.

* Mesado Oliver N.: *Vinaragell (Burriana, Castellón)*; Valencia, 1974.

* Smith N. A.: *The heritage of spanish dams;* Madrid, 1970 (habla sobre diversos diques antiguos indeterminados sobre el cauce del Mijares, a la altura de Castellón, Burriana y Villarreal)

6.11.- PRESA DE ONDA (*Castellón*) .-

Coordenadas: 733.100 ; 4.426.200. Fuente: Servicio Geográfico del Ejército. Hoja 1:50.000 n° 640

Situada sobre el río Sonella, es mencionada también por Mesado como de probable origen romano. Esta presa estaba formada por un cuerpo a base de dos bóvedas de simple curvatura apoyadas en el centro del cauce sobre un contrafuerte dispuesto casi a modo de tajamar, pero del que falta actualmente la totalidad de la bóveda de la margen izquierda así como el estribo de aquella margen. La longitud total original de la obra debía rondar los 50 m, mientras que su altura en la zona conservada es de aproximadamente 2,5 m.

La fábrica de la bóveda de la margen derecha, que aun se conserva integra, está formada por sillares cuadrangulares de trabajo muy cuidado *(Mesado, 1974),* que forman hiladas de algo mas de 60 centímetros de altura y con dimensiones horizontales de hasta más de 1 m. El paramento es vertical y forma en su parte superior un labio de vertido de perfil triangular construido con losas de gran tamaño y que se prolonga aguas arriba a través del propio cuerpo de presa, formado por un hormigón a base de cantos rodados de gran tamaño y un mortero de cal de gran calidad; así se conforma finalmente un perfil trapecial para el cuerpo de la presa. La fábrica de los contrafuertes está formada por este mismo hormigón, revestido exteriormente por sillares de material y dimensiones distintas a las de las bóvedas del cuerpo de la presa, y de factura algo menos cuidada. Tanto la tipología de la presa como la fábrica utilizada en su construcción indican un origen que podríamos situar a partir del siglo XVII por varias razones: en primer lugar el perfil trapecial en las obras hidráulicas no se empezó a utilizar hasta esta época; en segundo lugar y de manera más evidente, la fábrica es muy distinta a la utilizada por los romanos, ya que por un lado el hormigón empleado, a pesar de ser de una gran calidad, utiliza para su elaboración cantos rodados de río, cosa no habitual en obras romanas salvo en zonas en que no hubiese otro tipo de material en las inmediaciones, tomando además tamaños de árido muy diversos y sin ninguna selección, dando lugar a una mezcla, si bien de gran dureza, con una menor homogeneidad que la romana. La puesta en obra es además muy distinta de la observada en presas de época romana, donde el hormigón se disponía en tongadas horizontales tras una mezcla previa. Por otro lado el tamaño y forma de los sillares difiere de lo encontrado en obras romanas, donde no solía encontrase en realidad tanta uniformidad en su disposición, alternándose frecuentemente piezas de diversos tamaños, a pesar en conservar en general la altura de la hilada (ver *Lugli, 1957,* en Aptdo. 6*)*.

Finalmente, la forma de esta presa es la característica de obras del mismo tipo, de finales del siglo XVII e incios del XVIII, donde contamos con los claros ejemplos Pedro Bernardo Villarreal de Berrriz.en Vizcaya

Onda: Detalle de la cuidada sillería del paramento de aguas abajo de la presa, con formas netamente cuadrangulares.

Este ingeniero propugnó como tipología estructural idónea la formada por bóvedas múltiples, cuya relación altura/anchura fuera de 0,5, con arcos de flechas de entre 30 y 40 pies sostenidos entre contrafuertes con una anchura de L/4 (ver *Ruiz de Azúa y Gzlez. Tascón, 1990*), idea que podría asimilarse a la presa de Onda.

Bibliografía sobre la presa de *Onda*:

* Caballero Zoreda L. y Sánchez Palencia F.J.: *Presas romanas y datos sobre poblamiento romano y medieval en la provincia de Toledo*;Noticiario Arqueológico Hispánico.M. Cultura, 1982.

* Castillo J.C. y Arenillas M.: *Las presas romanas en España. Propuesta de Inventario;* I Congreso Nacional de Historia de las Presas. Mérida, noviembre 2000.

* Mesado Oliver N.: *Vinaragell (Burriana, Castellón)*; Valencia, 1974.

Onda: *Labio de vertido en la coronación del arco de la mitad conservada en la presa de Onda, sobre el río Sonella.*

6.12.- PRESA DE AMBITE ,-

Esta presa está situada sobre el arroyo del Valle, tributario del Tajuña, y muy próxima a la localidad de Ambite, último pueblo por esta zona dentro de la Comunidad de Madrid en el límite de la provincia de Guadalajara. La obra, arruinada en su parte central en la actualidad, parece poder ser datada en el siglo XVIII en base a sus características constructivas, a pesar de que en algún momento pudo haber sido considerada como obra romana *(Torrent, 1974)*.

Se trata de una presa de contrafuertes, cuya finalidad sería por un lado servir a los regadíos situados a lo largo del Valle del Tajuña, relacionados con las acequias y azudes situados también aguas arriba de la misma. Por otro lado, podría quizá haber servido a un pequeño molino, a juzgar por el pozo de carga adosado al cuerpo de la presa e integrado en
el contrafuerte más grueso de la misma y al que va a parar la acequia que discurre por la zona situada inmediatamente aguas arriba. Las dimensiones generales de la presa son: unos 55 m. de longitud, 3 m. de anchura y aproximadamente 3,20 m. de altura. Actualmente se encuentra arruinada en su parte central, con parte del cuerpo de presa volcado, así como los contrafuertes centrales, hecho causado probablemente por un crecida del Arroyo del Valle que provocaría el vuelco de la estructura.

La época de construcción de la presa podría situarse en torno a la fecha de trazado de la cercana ciudad de Nuevo Baztan (alrededor del 1720-30) *(Fdez. ordóñez et al., 1984)*, si nos basamos en la semejanza de fábricas observadas entre la propia presa y algunos edificios de dicha localidad.

Presa de Ambite: *Detalle del paramento de la presa desde su margen derecha. Apreciamos en primer término el vertido de agua de la acequia derivada algo aguas arriba a través del cuerpo del gran contrafuerte central. Al fondo, un segundo contrafuerte más próximo al cauce del arroyo. La disposición de la presa y su fábrica está en consonancia con las actuaciones llevadas a cabo en esta vega a lo largo del siglo XVIII.*

Bibliografía sobre la presa de *Ambite*:

* Castillo J.C. y Arenillas M.: *Las presas romanas en España. Propuesta de Inventario;* I Congreso Nacional de Historia de las Presas. Mérida, noviembre 2000.

* Fdez. Ordoñez J. A. y otros: *Catálogo de Noventa Presas y Azudes Españoles anteiores a 1900;* Biblioteca CEHOPU. Madrid, 1984.

* García Diego J.A.: "Comentario al artículo de L. Torrent titulado *La presa de Ambite". Revista de Obras Públicas*. Madrid, 1975.

* Torrent L.: "La presa de Ambite". *Revista de Obras Públicas*. Madrid, diciembre 1974

6.13.- EL ALBERCÓN .-

Esta obra, situada en uno de los brazos abandonados del Guadiana a su paso por Badajoz (el llamado río Jamaco), es mencionada por Serra Rafols en los años 40 en su artículo relativo al cercano yacimiento romano de Las Tomas, donde sí existe una presa con dicho origen. Sin embargo, se ha comprobado que, tal y como dice en realidad dicho autor, se trata de unos simples muros para remansar parte del agua del río, y no una presa propiamente dicha, a pesar de que en algún momento ha sido calificada como tal. Por otro lado, su origen no debe ser romano, sino que puede situarse más correctamente a partir del siglo XVI *(Gorges et al., 2000)*.

Bibliografía sobre el *Albercón*:

* Caballero Zoreda L. y Sánchez Palencia F. J: *Presas romanas y datos sobre poblamiento romano y medieval en la provincia de Toledo*; Noticiario Arqueológico Hispánico. Mtro. Cultura, 1982.

* Cánovas J. y Valdés F.: *Cuadernos de Prehistoria y Arqueología de la Universidad Autónoma de Madrid, 5-6.* 1978-79; pp. 163 a 168.

* Castillo J.C. y Arenillas M.: *Las presas romanas en España. Propuesta de Inventario;* I Congreso Nacional de Historia de las Presas. Mérida, noviembre 2000.

* Gorges J.G. y Rico C.: "Barrages ruraux d'époque romaine en moyenne vallée du Guadiana"; Casa de Velázquez. Madrid, 2000.

* Serra Rafols J. de C.: *El poblamiento del valle medio del Anas en la época romana*. Revista de Estudios Extremeños. Septiembre de 1945.

6.14.- DON TELLO .-

Coordenadas: 733.700 ; 4.302.300. Fuente: Servicio Geográfico del Ejército. Hoja 1:50.000 nº 777

Esta interesante obra, situada en una finca con el mismo nombre, justamente tras al nuevo campo de golf próximo a Mérida, es mencionada desde antiguo por diversos autores, apareciendo ya en algunos estudios de finales del siglo XIX sobre las antigüedades de Mérida, como el de D. Gregorio Fernández y Pérez, de 1893, que la menciona como dentro del conjunto de pequeñas charcas rurales romanas de los alrededores de la capital lusitana, siendo citada desde entonces por diversos autores *(Mélida, 1925; Álvarez, 1970; etc.)*.

Sin embargo, cabe decir que en realidad no se trata de una presa, sino del muro de sustentación de una conducción, eso sí, de inequívoca factura romana, que se desarrolla de manera paralela al cauce del arroyo Tamujo y que, llegado el punto de cruzar la vaguada, se introduce bajo tierra, cambiando su dirección de manera brusca mediante un recinto abovedado que forma 90D con la dirección anterior, y que a su vez cruza de manera perpendicular el arroyo. Se trataría presumiblemente de la obra que alojaría los tubos en presión de un sifón de cruce de la vaguada, a juzgar por su tipología y disposición.

A lo largo de la conducción previa al cruce del arroyo, que para mantener una pendiente constante va elevándose sobre la cota del terreno, se desarrollaron unos muros laterales de sustentación de la obra, formados por una serie de escalones de piedra, probablemente apoyando un relleno intermedio de tierra, que han llevado a diversos autores a confundir en repetidas ocasiones la obra con una presa romana.

Don Tello: *Detalle de la arqueta al final de la conducción, que sirve para formar un quiebro de 90° en la conducción, a la vez que hace entrar en carga el agua a su paso bajo el arroyo Tamujo*

Don Tello: *Al fondo, alineación de la antigua conducción romana de Don Tello, apoyada sobre el muro escalonado en primer término.*

Bibliografía sobre *Don Tello*:

* Alvarez J.M.: *Embalse romano de Araya*. XI Congreso Nacional de Arqueología. Zaragoza, 1970.

* Alvarez, J.M, Nogales T., Rodríguez G. y Gorges, J.-G.: *Arqueología de las presas romanas en España: Los embalses de Emérita Augusta y sus alrededores. Estado de la cuestión;* I Congreso Nacional de Historia de las Presas. Mérida, noviembre 2000.

* Caballero Zoreda L. y Sánchez Palencia F.J.: *Presas romanas y datos sobre poblamiento romano y medieval en la provincia de Toledo*; Noticiario Arqueológico Hispánico. Mtro. Cultura, 1982.

* Castillo J.C. y Arenillas M.: *Las presas romanas en España. Propuesta de Inventario;* I Congreso Nacional de Historia de las Presas. Mérida, noviembre 2000.

* Fernández y Pérez G.: *Historia de las Antigüedades de Mérida.* Plano y Corchero. Mérida, 1893.

* Gorges J.G. y Rico C.: "Barrages ruraux d'époque romaine en moyenne vallée du Guadiana"; Casa de Velázquez. Madrid, 2000.

* Mélida J. R.: *Catálogo Monumental de España. Provincia de Badajoz (1907-1910)*; Madrid, 1925-26.

6.15.- VALENCIA DE ALCÁNTARA .-

Esta obra, mencionada en algunas publicaciones sobre el tema, tampoco se trata en realidad de una presa, sino simplemente de la laguna limaria o piscina de decantación terminal del conocido acueducto romano de la localidad cacereña. Fue mencionada por Carlos Fernández Casado en su famosa obra de *Los Acueductos Romanos en España*, en el que aparece incluso una ilustración de la misma. En la actualidad se encuentra desaparecida debido a la inconsciente expansión urbanística de las últimas décadas, según el propio Fdez. Casado, y se encontraría próxima al punto final del mencionado acueducto, en la zona de las piscinas municipales, según Fdez. Casado. Lo cierto es que próxima a la zona de las actuales instalaciones polideportivas municipales, y con una orientación perpendicular a éstas, se encuentra la calle de Los Arcos, donde integrados en el urbanismo de la villa subsisten varios arcos del antiguo acueducto, que con toda seguridad debía dirigirse hacia la zona fortificada, la más alta de la población y con seguridad, la más antigua.

Bibliografía sobre *Valencia de Alcántara*:

* Caballero Zoreda L. y Sánchez Palencia F. J: *Presas romanas y datos sobre poblamiento romano y medieval en la provincia de Toledo*; Noticiario Arqueológico Hispánico. Mtro. Cultura, 1982.

* Castillo J.C. y Arenillas M.: *Las presas romanas en España. Propuesta de Inventario;* I Congreso Nacional de Historia de las Presas. Mérida, noviembre 2000.

* Fernández Casado C.: *Acueductos romanos en España.* Instituto Eduardo Torroja. Madrid, 1972.

Valencia de Alcántara: *Vista de un tramo del acueducto romano conservado tras el conocido paso en sifón, en las proximidades de Valencia de Alcántara.*

6.16.- PRESA DEL RÍO RIGUEL .-

Coordenadas: 643.800 ; 4.684.300. Fuente: Instituto Geográfico Nacional. Hoja 1:50.000 n° 245

Dentro del término municipal de Sádaba (Zaragoza), se encuentra una presa en relativo buen estado de conservación, que posee una planta curva en media luna y está realizada a base de una fábrica de sillería de evidente calidad. Su ubicación exacta es sobre el Río Riguel, a unos 500 m aguas arriba del camino que parte de la carretera de Sádaba a Layana, cruza por encima de dicho río y pasa justo por delante del monumento funerario romano conocido por *Altar de los Atilios*, en alusión a la familia para la que fue erigido.

Esta presa es mencionada por Galiay en su artículo acerca del próximo yacimiento romano de Los Bañales, donde se habla también de la presa de Puy Foradado y el Acueducto de Los Pilares *(Galiay, 1944)*. Sin embargo, y a pesar de estar encuadrada en un entorno de gran densidad de restos romanos, no existen más razones para pensar en el origen romano de esta presa, aunque incluso por su forma no debería extrañar dicho origen, puesto que contamos precisamente con el ejemplo cercano de Puy Foradado, única presa romana con forma clara en arco. Así, aunque por su situación no debería descartarse totalmente un origen romano, la fábrica observada indica una construcción posterior: como poco medieval o posiblemente, ya de los siglos XVI ó XVII *(C.H.E. – I. 75, 1999)*. Se trata de un azud de derivación de gran belleza con una planta semicircular y con una toma en margen derecha que deriva hacia un gran canal excavado en la ladera, destinado con toda probabilidad al riego, pero también a la alimentación de un molino situado ligeramente aguas abajo.

Presa Río Riguel: *Vista general de la presa en media luna desde su estribo derecho, donde se encuentra la toma que vemos en primer término, formada por dos galerías reguladas desde una cámara cubierta.*

Presa Río Riguel: *Detalle del paramento de la presa donde apreciamos en primer lugar el labio de vertido en talud, además del escalonado de aguas abajo formado por grandes sillares de perfil trapecial. Vemos en primer término una gran socavación en el pie de presa causado probablemente por una riada*

El cuerpo de la presa posee en su zona inferior al menos seis escalones formados por sillares con perfil trapecial, mientras que su coronación tiene un amplio labio de vertido formado asimismo por grandes losas, al modo que muchos de los azudes de derivación construidos en España en la época anterior. Por otro lado, tanto el estribo izquierdo como la cámara de válvulas de la toma en margen derecha están realizados con una fábrica de sillería idéntica a la de muchos de los edificios civiles de esta misma época.

Bibliografía sobre la presa del *Rio Riguel*:

* Beltrán Martínez A.: "Aragón y los principios de su Historia"; *Lección inaugural curso 1974-75. Universidad de Zaragoza.* Zaragoza, 1974.

* Caballero Zoreda L. y Sánchez Palencia F. J: *Presas romanas y datos sobre poblamiento romano y medieval en la provincia de Toledo*; Noticiario Arqueológico Hispánico. Mtro. Cultura, 1982.

* Castillo J.C. y Arenillas M.: *Las presas romanas en España. Propuesta de Inventario;* I Congreso Nacional de Historia de las Presas. Mérida, noviembre 2000.

* Confederación Hidrográfica del Ebro-Ingeniería 75 (M. Arenillas y otros): *Inventario de Obras Hidráulicas Históricas en la cuenca del Ebro en Aragón. Presas y Azudes.* Zaragoza, 1999.

* Galiay Saramaña J.: *La dominación romana en Aragón.* Zaragoza, 1944.

6.17.- PRESA DE VALDELAFUEN .-

Coordenadas: 642.450; 4.684.350. Fuente: Instituto Geográfico Nacional. Hoja 1:50.000 nº 245

Es esta una presa actualmente aún en explotación, que se encuentra al norte de la localidad de Sádaba, una de las Cinco Villas zaragozanas, célebre por los restos romanos conservados en sus proximidades, entre las que destacan el yacimiento de Los Bañales, y el famoso Panteón de los Atilios, muy próximo a la presa. Ésta cierra el propio Río Riguel (y al barranco del Busal) aguas abajo de la presa del mismo nombre descrita anteriormente.

El embalse de Valdelafuén está formado en realidad por cuatro diques que cierran otras tantas cerradas, compuestos por muros mixtos de mampostería y sillería, de entre 4,0 y 8,0 m. de altura con terraplén de tierras aguas abajo. La presa, que cuenta con un volumen de embalse considerable, de unos 2 Hm3, ha sufrido varias remodelaciones, ya que se sabe que fue reconstruida a principios de siglo con un proyecto de 1882, siendo recrecida posteriormente en 1917. Finalmente, el dique principal fue reparado de nuevo en 1947. La presa posee dos desagües, cuya capacidad total es de unos 0,3 m3/sg. *(C.H.E. – I. 75, 1999).*

La tipología de la presa y su situación hacen pensar en la posibilidad de un origen romano, al menos en la parte baja de los diques mayores, o como mínimo, en el principal, cuya fábrica a pesar de encontrarse muy remodelada, presenta algunas analogías con otras obras de este tipo (quizá por ejemplo con la cercana presa de La Pesquera, en Navardún, de origen romano incierto, pero de gran antigüedad), aunque en realidad se trata aparentemente en su mayor parte de una mampostería sin recibir, es decir, no parece contar con un elemento de amalgama como el mortero.

Valdelafuén: *Vista general del dique principal de la presa de Valdelafuén, con el muro antiguo en primer término, formado por grandes bloques desgastados, y por un espaldón de escollera escalonada que se aprecia en primer término.*

Por último, también conviene destacar la existencia de uno de los diques de la presa, que se encuentra en realidad en un aliviadero o toma lateral cerrando un zanjón artificial de grandes dimensiones, ya que cuenta con unas características muy particulares y diferentes a las del resto de cierres de la presa. Está formado por una brillante fábrica de sillería almohadillada, de grandes dimensiones, recibida esta vez con mortero, que forma un muro de unos 5 m. de altura, y cuya apariencia es la misma que la de los muros de diversas obras civiles romanas, contando incluso con elementos característicos de los aparejos de este origen, como son la regularidad en las hiladas, una *anathyrosis* del almohadillado muy marcada, el engatillado de algunas piezas con el fin de conservar la uniformidad de la hilada, etc. Existe también una caseta encima del muro, sin duda de acceso a los elementos de regulación del desagüe, que presenta una fábrica muy distinta a la del resto (pero muy similar por otra parte a otras obras cercanas, como el molino hallado junto a la presa del Riguel), y que puede tratarse de un añadido posterior.

Presa de Valdelafuen: *Vista de uno de los dique principales de la presa, que presenta el mismo aspecto que dique mayor (ver siguiente foto), con un terraplén aguas abajo que posee un muro aguas arriba que en gran parte de sus tramos puede calificarse como una escollera escalonada.*

Valdelafuén: *Detalle del muro de mampostería del paramento de aguas arriba del antiguo dique principal de la presa de Valdelafuén en su estribo izquierdo, que presenta similitudes constructivas con el de la presa de La Pesquera, en Navardún*

Valdelafuén: *Detalle del muro de cierre de uno de los aliviaderos laterales de la presa, formado a base de sillares con un marcado almohadillado, que por su factura podrían haber sido extraidos de alguna obra romana de los alrededores para su construcción, puesto que su aspecto es el de piezas de época romana altoimperial, mientras que el muro debe haber sido realizado en época si no reciente, no tan alejada en el tiempo.*

Sin embargo, a decir de las gentes del lugar, este elemento se trata de una edificación no muy antigua, posterior por tanto a la construcción de la presa, lo cuál en realidad viene apoyado por un excelente estado de conservación de las piedras, que parecen indicar un origen moderno, y del estado de las juntas, que no se encuentran rehundidas ni desgastadas por el paso del tiempo. Es muy extraño en verdad que en otra época distinta de la romana se haya realizado un muro con factura tan monumental y sobre todo, para esta finalidad, aunque lo que sí es posible es que se trate efectivamente de una construcción moderna, pero que haya aprovechado material antiguo, por otro lado tan abundante en esta zona con multitud de restos de época romana. Caso de dar crédito a esta hipótesis, estos sillares podrían provenir por su aspecto de época altoimperial temprana.

Bibliografía sobre la presa de *Valdelafuén*:

* Castillo J.C. y Arenillas M.: *Las presas romanas en España. Propuesta de Inventario;* I Congreso Nacional de Historia de las Presas. Mérida, noviembre 2000.

* Confederación Hidrográfica del Ebro-Ingeniería 75 (M. Arenillas y otros): *Inventario de Obras Hidráulicas Históricas en la cuenca del Ebro en Aragón. Presas y Azudes.* Zaragoza, 1999.

6.18.- BALSAS ROMANAS DEL VALLE DEL EBRO. EL PEDREGAL .-

Esta última obra, la de El Pedregal, situada dentro del término municipal de Bujaraloz, en el centro de la árida comarca de Los Monegros, se trata en realidad de un pozo situado junto a la antigua calzada romana entre Lérida y Zaragoza y, aunque su origen parece situarse claramente en dicha época, no debe ser considerado como presa *(C. Zoreda y S. Palencia, 1982).* Ocurre lo mismo con las balsas de los términos de Bujaraloz y de Candasnos (Balsa Buena, Calzada,...) *(Beltrán, 1949)*, cuya situación con respecto a la calzada romana parece indicar también una construcción inicial romana, aunque no puede hablarse realmente de presas, puesto que no son estructuras opuestas a una corriente con la finalidad de almacenar o derivar agua, sino que se trata de obras excavadas en puntos bajos, cuya finalidad consiste en el almacenamiento de agua de lluvia, o como máximo, recoger agua del subálveo. Sus dimensiones pueden llegar a ser bastante respetables, llegando en el caso concreto de la Balsa Buena a un diámetro de hssta unos 50 m.

No sólo encontramos ejemplos de obras de este tipo en la comarca de Los Monegros, sino que también existen una serie de balsas de posible origen romano dentro de la Comunidad de Aragón, situadas generalmente al borde de las calzadas, y que al parecer servían como punto de apoyo o avituallamiento de caballerías y personas, como pueden ser las de las localidades de Borja, Tarazona, Berbegal, etc., entre las que podemos citar las de Vuelcacarros, Gallegos, Galiana, etc.. *(Magallón, 1987).* Por otro lado, encontramos algunos ejemplos a lo largo de la Ruta de la Plata, en Extremadura, de obras de idéntica finalidad, pero que sí pueden considerarse en este caso como presas según el criterio anterior al recoger agua de una cuenca de vertido superficial (por ejemplo, la presa de Cañaveral).

Finalmente, debemos mencionar la impresionante balsa de Cella, próxima a Teruel capital, en la cabecera del Jiloca, la cuál se trata de una importante fuente de indudable construcción romana, sobre la que se ha realizado una balsa de forma circular a la que se accede mediante unos escalones de piedra, y de la que parte una acequia de considerables dimensiones, que sirve para regar una importante extensión del terreno circundante, aunque en origen debió sin duda servir también para abastecimiento humano, dada la proverbial escasez de agua de esta región, una de las más áridas de toda la Península, junto con las zonas desérticas del sureste español.

Balsa Buena: *Vista interior desde la escalera de acceso de la balsa situada en las afueras de Bujaraloz, en el corazón de la comarca de Los Monegros, junto a la antigua calzada de Ilerda a Caesaraugusta. El aspecto que presenta hoy la presa proviene de una rehabilitación realizada en los años 20 del siglo XX.*

Bibliografía sobre las *Balsas del Valle del Ebro*:

* Beltrán Martínez A.: "Notas sobre construcciones hidráulicas pluviales en la comarca de Los Monegros"; *I Congreso Nacional de Arqueología*. Almería, 1949.

* Caballero Zoreda L. y Sánchez Palencia F. J: *Presas romanas y datos sobre poblamiento romano y medieval en la provincia de Toledo*; Noticiario Arqueológico Hispánico. Mtro. Cultura, 1982.

* Castillo J.C. y Arenillas M.: *Las presas romanas en España. Propuesta de Inventario;* I Congreso Nacional de Historia de las Presas. Mérida, noviembre 2000.

* Magallón M.Angeles: *La Red Viaria Romana en Aragón.* Diputación General de Aragón (U.O.P.T.). Zaragoza, 1987; pp. 68, 146 a 147., 162, 176 a 186 y 231 a 240.

* Martínez Vázquez de Parga R.: "Los canales españoles"; *OP (Revista del Colegio de Ingenerios de Caminos, C. Y P.) n° 40*. 1997.

* "Como un torrente. Júcar"; *Guía de los ríos de España*; MOPU, Revista del Ministerio de Obras Públicas y Urbanismo, nḌ 378. Madrid, julio y agosto de 1990.

6.19.- PRESA DE SARRAL .-

Coordenadas: 350.250 ; 4.590.000. Fuente: Servicio Geográfico del Ejército. Hoja 1:50.000 n° 418

Esta interesantísima presa, situada en la localidad del mismo nombre, dentro de la provincia de Tarragona, constituye un magnífico ejemplo de presa con planta curva en media luna, que aparece mencionada en diversas publicaciones como presa romana *(Generalitat de Catalunya, 1998)*. Incluso ha venido considerándose como tal por parte de las autoridades locales, ya que se han instalado algunos carteles indicativos a lo largo del camino de acceso, además de cuidar de su mantenimiento construyendo un zócalo de hormigón a su pie para evitar el progreso de la socavación por parte del río.

Sin embargo, la realidad parece indicar un origen muy distinto para esta presa, que debió ser erigida casi con seguridad entre los siglos XVII y XVIII. La mitad de presa conservada (aproximadamente un 50 % de la obra original), mantiene unos 20 m. del cuerpo principal de la misma, así como el estribo derecho. Como se ha dicho, posee una planta curva, y un perfil transversal trapecial, estando formado el paramento de aguas abajo por una cuidada fábrica de sillería de las que se conservan 5 hiladas, 4 de ellas de aproximadamente 50 cm. de altura, y otra de 35 cm., siendo por tanto la altura total conservada de 2,20 m desde el cimiento (actualmente, desde el zócalo de hormigón, quizá en origen algo más desde el fondo del cauce), con unas dimensiones horizontales de entre 35 y 75 cm.

El paramento de aguas abajo posee un leve talud, además de un ligero retranqueo, de unos 10 cm entre cada hilada de sillares, lo que también ayuda a la formación del propio talud. El paramento de aguas arriba, está formado en cambio por un calicanto a base de mortero con mampuestos arrojados en la masa sin selección previa, generalmente con tamaños y formas diversos, aunque en la parte superior cabe adivinarse una cierta ordenación de las piezas en hiladas horizontales. Por otro lado, este paramento cuenta con un talud mucho más tendido que el de aguas abajo, aunque debido a la naturaleza de su fábrica, mucho menos cuidada que la del paramento opuesto, se ha conservado solamente una pequeña parte del mismo, poseyendo la obra en la actualidad una anchura de apenas 1,70 m.

El estribo derecho, que es el único conservado, está formado por una fábrica de mampostería, de material, labra y puesta en obra de peor calidad que la del cuerpo de presa, quizá en parte por la confianza de sus constructores en que esta zona iba a sufrir una acción menos directa por parte del agua, lo que ocasionaría un menor riesgo de erosión.

Sarral: *Vista desde aguas abajo del arco conservado de la presa, donde se aprecia la cuidada fábrica de sillería de marcadas formas cuadrangulares.*

Esta última característica puede observarse en otras presas de la época, como la de Onda (Castellón), en la que los estribos y contrafuerte central, estaban construidos de una manera menos cuidada que el cuerpo de presa, formado por sillería de gran calidad. Aparte de este hecho, todas los puntos descritos indican una fecha de construcción de la obra alrededor del siglo XVIII, observándose diversas analogías con otras obras de la época, además de la de Onda, como pueden ser las de P.B. Villarreal de Breéis en Vizcaya, los azudes en media luna de los ríos Cubillas y Velillos, en Granada, etc... Por otro lado, es muy posible que poseyera una tipología muy similar a la de la presa de Onda, con un arco simétrico en margen izquierda que se uniría al único conservado en un contrafuerte central, aunque dada la ruina de la parte central y el estribo izquierdo, esto no puede afirmarse con total rotundidad.

Bibliografía sobre la presa de *Sarral*:

* Castillo J.C. y Arenillas M.: *Las presas romanas en España. Propuesta de Inventario;* I Congreso Nacional de Historia de las Presas. Mérida, noviembre 2000.

* Generalitat de Catalunya. Dirección General de Turisme. *Rutas de la Cataluña Antigua.* 1998.

Sarral: *Vista de la zona de aguas arriba de la presa, formada por un relleno de mampuestos y calicanto.*

6.20.- PRESA DE ALMANSA .-

Coordenadas: 660.100 ; 4.304.700. Fuente: Instituto Geográfico Nacional. Hoja 1:50.000 n° 793

Es esta una obra histórica de sobra conocida, ya que supone una de las presas más importantes de su época. En este sentido, debe indicarse que creemos que existe una evidente confusión en la cronología asignada a la misma, al haberse dado un crédito excesivo a la fecha grabada en el oropel encastrado sobre la galería del desagüe de fondo, en el que se lee 1384. Es claro que dicha inscripción es engañosa, puesto que por un lado, en aquellas fechas, dicha cifra se habría expresado en números romanos y por otro, el estilo de la inscripción, la forma de las letras, etc..., tienen un claro estilo "renacentista" que cabe encuadrar dentro del siglo XVI (probablemente no haya más que cambiar ligeramente el grafismo del 3 de la inscripción para convertirlo en un 5). En este sentido, cabe decir que el Palacio de Fabio Nelli, en Valladolid, presenta en su portada una inscripción idéntica a la del oropel de la Presa de Almansa: *Soli Deo Honor et Gloria,* con una tipografía además prácticamente calcada a la anterior. Las fechas de construcción de ambos edificios coincidirían, puesto que el Palacio castellano fue encargado por el noble que le da nombre en 1576, finalizándose las obras en 1595.

Por otro lado, tanto la tipología de la presa, en arco semicircular escalonado, como el aspecto de su fábrica, se encuadran claramente dentro de esa centuria, siendo fácil encontrar analogías con obras similares de esta época.

Almansa: *Detalle de la galería del desagüe de la presa. Encima, el oropel con la inscripción Soli Deo Honor et Gloria 1584*

Almansa: *Monumental aspecto del graderío del paramento de aguas abajo de la presa de Almansa. Abajo, en la zona central de la presa, vemos los restos de la obra antigua que muestra la foto siguiente.*

Sin embargo, no sería difícil pensar que la presa que nosotros conocemos no sea más que una reconstrucción de una obra anterior. En primer lugar su situación, en una zona poblada desde tiempos muy antiguos, cerrando una estrecha garganta y con una cuenca con las características que suelen buscar las obras romanas: de escasa aportación para huir del efecto destructor de los cauces con crecidas importantes. Por otro lado, no son solamente estas especulaciones las que nos hacen considerar dicha hipótesis, ya que también encontramos algunos indicios de la existencia de una obra más antigua a la que conocemos actualmente. En primer lugar, si nos fijamos en la pared caliza correspondiente al estribo derecho, encontramos inmediatamente aguas abajo de la presa los restos de un muro de fábrica de calicanto que parecen corresponderse con un dique de cierre más antiguo que el que se ve actualmente, por encima del cuál parece adivinarse también la sección de un canal trapecial excavado en la roca y que podría ser una toma de aquella posible presa original. La altura de esta obra debía ser algo inferior al nivel de la hilada más baja de la sillería del graderío de la presa que hasta ahora conocíamos, a juzgar por los restos conservados.

Almansa: *Detalle del canal de toma a partir de la galería de margen izquierda de la presa. Bajo esta conducción aún es posible distinguir los restos de un canal aún más antiguo.*

Almansa: *Detalle del estribo arruinado de la antigua obra justo delante del paramento de la actual presa de Almansa*

Además de todo lo anterior, bajo el canal que parte actualmente de la toma de fondo situada en margen izquierda de la presa de Almansa, pueden asimismo adivinarse los restos de un acueducto anterior, aunque éstos en realidad pueden corresponderse con alguna de las múltiples reconstrucciones de que habrá sido objeto ésta misma conducción a lo largo del tiempo, de la que además vamos encontrando restos aguas abajo en las laderas del arroyo que cierra la presa, así como en el cruce sobre el propio cauce, ya que el antiguo canal cambia de margen algo más adelante del terraplén del ferrocarril que existe aguas abajo de la presa, para dirigirse en dirección a Almansa. Aunque es difícil afirmar rotundamente un hecho de este tipo, no sería difícil que la Presa de Almansa contase con un precedente anterior a la obra actual, incluso de época romana, ya que si existió en realidad una obra anterior al siglo XVI, como todo parece indicar, ésta pudo incluso haberse construido en aquél periodo, teniendo en cuenta que el número de presas realizadas durante la Edad Media en nuestro país es realmente reducida en el caso de presas de embalse como la que nos ocupa, ya que los árabes también construyeron numerosas obras hidráulicas, pero éstas eran siempre simples azudes de derivación sobre cauces permanentes. Sin embargo, la escasez de restos conservados no nos permite afirmar nada con rotundidad ya que lo cierto es que una mampostería del tipo de la que se ha hallado en este punto posee unas características tan indefinidas que puede identificarse tanto con fábricas de este periodo como de otros muy posteriores, pudiendo incluso corresponderse con los de un primer intento de construcción de la presa de Almansa inmediatamente anterior a la que realmente se construyó, o incluso no debemos descartar la posibilidad de que se trate de una presa medieval, a pesar de que ésta sea a nuestro entender la que cuente con menor grado de probabilidad.

Almansa: *Primer plano del calicanto con tamaños diversos de los restos conservados delante de la actual presa.*

Bibliografía sobre la presa de *Almansa*:

*Aymard M:*Irrigations du Midi de l'Espagne.*París,1864.

* Bueno Hernández F.: *Evolución de la ingeniería de presas en España* (Tesis doctoral). E.T.S. Ingenieros de Caminos de Santander. Santander, mayo de 1999.

* Castillo J.C. y Arenillas M.: *Las presas romanas en España. Propuesta de Inventario;* I Congreso Nacional de Historia de las Presas. Mérida, noviembre 2000.

* Comisión Internacional de Grandes Presas (ICOLD). Comité Nacional Español: *Inventario de Grandes Presas.* Madrid, 1970.

* Elío Torres F.: *Proyecto de mejora del Pantano de Almansa*, 1911.

* Fdez. Ordoñez J. A. y otros: *Catálogo de Noventa Presas y Azudes Españoles anteriores a 1900;* Biblioteca CEHOPU. Madrid, 1984.

* Globot H: "Sur quelques barrages anciens et la genese des barrages-voutes".*Revue d'Historie des Sciences*, 1967.

* *Riegos en España. Organización y estado actual;* Revista de Obras Públicas. Madrid, 12 de junio de 1899.

* Schnitter N.J.: *Historia de las Presas;* ed. en castellano: Colegio de Ingenieros de Caminos, 2000 (trad. de J. Diez-Cascón y F. Bueno); capítulo 5: La Europa Medieval y Postmedieval.

* Sección 5 de la Junta Consultiva de Caminos, Canales y Puertos: *Datos históricos acerca de todos los pantanos construidos en España y resultados agrícolas e industriales obtenidos con ellos;* Anales de la Revista de Obras Públicas Madrid, 1888.

* Smith N.: *The heritage of spanish dams* Madrid, 1970.

6.21.- PRESAS DE EL BURGO Y EL SOTILLO (ALFARO, LA RIOJA) .-

Coordenadas: 602.550 ; 4.670.650 (El Burgo) ; 604.750 ; 4.671.400 (El Sotillo). Fuente: Instituto Geográfico Nacional. Hoja 1:50.000 n° 244.

En la cuenca media del Ebro, y justamente en la zona de la confluencia del río Alhama con aquél en su margen derecha, encontramos la ciudad de Alfaro, localidad de la comunidad de La Rioja que ha sido identificada con gran seguridad con la antigua *Gracurris* de época romana. En sus inmediaciones se han localizado varios yacimientos o conjuntos monumentales, como pueden ser los de El Burgo, algo al sur, remontando el cauce del río Alhama, y de El Sotillo, prácticamente en la desembocadura de éste en el Ebro, en los cuales han sido identificados los restos de dos obras que se han atribuido a los de sendas presas romanas.

El conocimiento de estas dos posibles presas proviene de dos publicaciones sucesivas de la Universidad de Salamanca, en los años 1998 y 1999, en las que se recogen los resultados de las excavaciones llevadas a cabo a partir del año 1988 en los yacimientos de El Burgo y El Sotillo, junto a la antigua ciudad de *Gracurris* (Alfaro), por parte de arqueólogos de distintas universidades. Debemos decir en primer lugar que los conocimientos que poseemos de ambas obras provienen de estas únicas referencias, y que además en el caso de El Sotillo fueron consecuencia de una actuación de emergencia durante la ejecución de unas obras que obligaron a remover los restos a partir de su ubicación original.

Hablaremos en primer lugar de la posible presa de El Burgo, la estructura más clara a nuestro entender entre estas dos obras que en realidad dan la impresión de haber tenido una finalidad diferente a la de una presa. Se trata en este caso de los restos de un muro de sillería de piedra arenisca, opuesto a la corriente junto con un relleno de *opus caementicium* en su trasdós. Éste posee una planta oblicua al cauce con un tramo curvo en la zona más próxima al cauce, precisamente donde la estructura se ha perdido. De la fábrica de sillería se ha conservado parte de siete hiladas, que dan una altura total de 2,40 m., mientras que la altura total conservada es de 2,24 m, aunque, de prolongar su coronación hasta el cauce, ésta podía haber llegado hasta los 6 m.

Lo cierto es que, tanto por su factura como por su relación con los restos del puente y del ninfeo inmediatos, el origen de estos restos parece sin duda romano. Sin embargo, es difícil concluir que se trate efectivamente de una presa y no de cualquier otra obra anexa a las otras dos, ya que su disposición es realmente particular: oblicua al cauce, con un tramo curvo, e incluso con otro pequeño muro situado justo delante (aguas arriba) cuya finalidad no ha sido determinada con seguridad.

El Burgo: *Vista de los restos de la posible presa desde aguas arriba. Se aprecia la fábrica de sillería con relleno de hormigón aguas abajo. Fuente: Hernández et al.*

Por lo que se refiere a los restos del yacimiento de El Sotillo que han sido identificados asimismo con una presa, parecen aún con menos posibilidades de serlo realmente. Se trata también de un muro de sillería que, además de haber sido trasladado en la actualidad desde la posición en que fueron encontrados, ya presentaban aquí el aspecto de haber sido removidas de la verdadera ubicación original. De hecho, las marcas en la sillería habituales en las obras romanas por el empleo de pinzas de hierro en su puesta en obra, aparecen alternativamente y de manera paradójica cerca de la cara inferior en lugar de la superior, lo cuál indica una colocación manual y una segura reutilización en época incierta a partir de una obra anterior.

La estructura en sí se trata de un simple muro de *opus quadratum* de algo más de 33 m. de longitud con una altura máxima correspondiente a cuatro hiladas, cuya anchura aumenta hacia la parte central. En la zona próxima al estribo, las piezas están dispuestas simplemente a soga, mientras que hacia la parte central la disposición es a tizón con algunas piezas adicionales unidas mediante argamasa a ambos lados del muro principal, llegando a una anchura máxima de 2,66 m. Del lado más próximo al Ebro nace a partir del muro una estructura adicional (ver fotografías adjuntas), que los autores han identificado con un contrafuerte de una posible presa, pero que en realidad es muy difícil se trate de tal cosa, dada su forma y su escasa competencia, y que hace dudar sobre que nos encontremos en realidad ante una presa, dado que sería muy difícil de justificar desde el punto de vista estructural dicha morfología, teniendo en cuenta además que los romanos solían emplear patrones constructivos muy definidos en sus presas y no solían permitirse demasiadas licencias. Por otro lado, y según los autores del artículo parecen adivinarse los restos de otro muro perpendicular en el paramento opuesto, lo cuál hace pensar que nos encontremos en realidad ante las ruinas de una edificación de cualquier otro tipo, teniendo en cuenta además que el espesor del muro hallado sería insuficiente para la altura de agua que previsiblemente existiría en este punto.

El Sotillo: *Vista general de los restos excavados desde aguas arriba y detalle de la estructura identificada con un contrafuerte según los autores. Fuente: Hernández et al.*

Por tanto, se trata de una serie de restos de origen previsiblemente romano en las inmediaciones de la antigua ciudad de *Gracurris*, cuya finalidad no se encuentra al parecer totalmente clara, aunque sobre todo en el caso del yacimiento de El Sotillo, no parece que se puedan identificar con los de una presa romana por su tipología y características constructivas.

Bibliografía sobre las presas de *El Burgo* y *El Sotillo*:

* Hernández Vera, J. A. *et al.*: *Contribución al estudio de las presas y ninfeos hispanos: el conjunto monumental del Burgo (Alfaro, La Rioja).* Zephyrus, 51. Universidad de Salamanca, 1998.

* Hernández Vera, J. A. *et al.*: *La presa y el ninfeo del Sotillo (Alfaro, La Rioja): un conjunto monumental en la via* De Italia in Hispanias. Zephyrus, 52. Universidad de Salamanca, 1999.

6.22.- LOS PONTONES (*Noblejas, Toledo*) .-

Coordenadas: 461.500; 4.432.400 (Pontón Grande) ; 460.550 ; 4.432.150 (Pontón Chico). Fuente: Servicio Geográfico del Ejército. Hoja 1:50.000 n° 606.

En el término municipal de Noblejas, en Toledo, y junto al valle que abre el Tajo, existen dos antiguas presas, conocidas como Pontón Grande y Pontón Chico, que presentan unas características muy similares, y se construyeron sobre dos cauces paralelos, justamente antes de que sus arroyos desemboquen en la vega abierta del Tajo. Dichas presas se encuentran flanqueando la Venta de Torrique, una a cada margen, la primera sobre el arroyo de Valdeangostillo y la segunda sobre el arroyo de la Fuente del Berrato, por lo que la relación de las presas con dicha venta, de origen muy antiguo, parece bastante claro, aunque no quiere ello decir que la construcción del conjunto sea contemporáneo.

Estas presas fueron mencionadas por primera vez por Díaz Marta en 1992, y la ausencia de referencias anteriores acerca de las mismas, ha dificultado desde entonces su datación, la cuál, aunque debe ser efectivamente muy antigua, no parece que podamos remontarla hasta época romana. Su apariencia es en cambio, la de una obra de finales de la Edad Media, una vez reconquistada la zona, al igual que otros edificios de la cercana Noblejas, como la anterior venta, el castillo, o la iglesia, con la que guarda similitudes en su fábrica.

Ambas presas poseen unas dimensiones bastante similares, ya que según los planos de la obra de Díaz Marta, el Pontón Grande tiene 57,0 x 6,7 x 4,5 m. (longitud, anchura y altura, respectivamente), mientras que el Pontón Chico posee unas dimensiones generales de 25,3 x 5,3 x 3,8 m. Tienen ambas una serie de contrafuertes, de entre 2,65 y 2,85 m de espesor en el Pontón Grande, y de 2,0 m de espesor en los dos únicos contrafuertes del Pontón Chico. Cabe resaltar la robustez del cuerpo de presa y, la escasa contribución estructural de los contrafuertes, de sección cuadrangular y separados entre sí algo más de 6 m en el primer caso y de 5 m en el segundo *(Díaz Marta, 1992).*

Pontón Grande: *Presa de Noblejas desde su estribo derecho aguas abajo. Podemos observar la evidente robustez de la pantalla y de los contrafuertes de esta estructura.*

Pontón Grande: *Detalle de la presa desde aguas abajo en una zona próxima al estribo izquierdo en el que vemos la canaleta trapecial construida entre dos contrafuertes que servía de aliviadero. Existe un elemento similar en el estribo contrario.*

Las dos presas están formadas por un muro recto y de paramentos verticales a base de calicanto, compuesto por un mortero de cal con una adición de áridos de diversos tamaños y formas, sin aparente selección, que se encuentra revestido exteriormente por una fábrica de mampostería, al menos el paramento de aguas abajo, el único visto. Además, ambas presas poseen dos aliviaderos, uno junto a cada estribo, formados por dos canaletas de aproximadamente 1,0 x 1,0 m de dimensiones interiores, cajeados en la propia coronación del cuerpo de presa, entre dos contrafuertes, siendo éstos los únicos elementos de regulación conocidos en ambas obras, que carecen casi con seguridad de cualquier otro tipo de desagüe. Todas las características descritas, hacen pensar en que se debería reconsiderar la idea inicial acerca del origen romano de las presas aunque, tanto la factura de su fábrica como la total colmatación de ambos vasos, inducen a pensar en un origen antiguo de ambas presas, que pudiera situarse en la Edad Media quizá entre los siglos XIV y XV, en relación con otras obras análogas de época "medieval cristiana" *(C.H Tajo, 1998).*

Bibliografía sobre las presas de *Los Pontones*:

* Castillo J.C. y Arenillas M.: *Las presas romanas en España. Propuesta de Inventario;* I Congreso Nacional de Historia de las Presas. Mérida, noviembre 2000.

* Díaz-Marta Pinilla M.: *Cuatro obras hidráulicas antiguas entre la Mesa de Ocaña y la Vega de Aranjuez.* Caja de Ahorro de Toledo. Madrid, 1992.

* Fernández Ordoñez D.: *Las presas históricas de embalse y derivación en España.* OP (Revista del Colegio de ICCP) nD40, 1997.

* Schnitter N.J.: *Historia de las Presas;* ed. en castellano: Colegio de Ingenieros de Caminos, 2000 (trad. J. Diez-Cascón y F. Bueno); cap. 2: El Imperio Romano.

* Varios autores: *Agua e ingenios hidráulicos en el valle del Tajo (De Estremera a Algodor entre los siglos XIII y XVIII).* Conf. Hidrográfica del Tajo. Madrid, 1998.

6.23.- AZUD DE LA BARSELLA .-

Coordenadas: 724.050 ; 4.407.850. Fuente: Servicio Geográfico del Ejército Hoja 1:50.000 n° 668

Se encuentra situado próximo a Sagunto, sobre el Río Palancia, ligeramente aguas arriba de la presa de El Algar, actualmente en construcción, y posiblemente afectada por el futuro embalse. La presa es en realidad un azud de derivación hacia la acequia que pasa junto a la localidad de Algar, que proviene de aguas arriba de la propia presa y cambia justamente en este punto de margen izquierda a margen derecha del Palancia mediante un sifón que cruza el cauce inmediatamente aguas arriba del muro de la presa. Esta última incorporaría las aguas que potencialmente pudiera desviar a la mencionada acequia, que ya posee en este punto un caudal muy importante debido a la toma situada unos 3 km aguas arriba del Palancia (en margen izquierda, como se ha dicho), por otro azud también antiguo, pero más reciente que el que nos ocupa (quizá entre los siglos XVIII y XIX), y que deja el río prácticamente seco desde aquél punto. Las peculiares características descritas del azud son por las que quizá haya sido mencionado en alguna publicación como combinación de azud y sifón.

La situación de este azud en cota, así como diversas referencias en torno al un abastecimiento de agua romano a la ciudad de Sagunto relacionadas con los restos conservados de dicho acueducto a la entrada a la ciudad *(Chabret, 1974)*, podrían hacer pensar en un origen romano para dicho azud. Coincide incluso con la ubicación de la ciudad, el hecho de la situación de la toma en margen derecha (a pesar de la dificultad de trazado de un canal por dicha margen, mucho más escarpada que la de la izquierda) , además de que, como ya se ha mencionado, la cota a la que se sitúa esta toma hace que, con una pendiente media de 0,30-0,35 % (habitual en canales romanos), se pudiera llegar por gravedad a la zona del anfiteatro, cubriendo así prácticamente la totalidad de la ciudad romana (habría que excluir la zona alta del castillo, ocupada posteriormente, ya en época medieval).

Azud de la Barsella: *Detalle de la coronación. Se aprecia la fábrica pétrea bajo el moderno hormigón. A la izquierda, conducción en sifón desde margen izquierda proveniente de un azud de menor antigüedad pocos kilómetros aguas arriba.*

Azud de la Barsella: *Vista del azud desde su estribo izquierdo, con la toma hacia la Acequia de El Algar al fondo. Aún podemos ver parte del antiguo paramento formado por sillares bajo el actual revestimiento ataluzado de hormigón.*

Sin embargo, los restos de fábrica conservados no apuntan a un origen tan antiguo, ni siquiera a una factura árabe, como señalan otras fuentes *(Chabret, 1974)*, sino que parecen indicar una fecha de construcción situada a partir del siglo XVI, o incluso el XVII. La ejecución del conjunto de la obra, tanto de la presa en sí, como del canal de toma, es muy cuidada y de gran calidad, estando formado el cuerpo de presa por una sillería de gran tamaño que forma un paramento vertical, aunque en la actualidad se encuentra casi cubierta en su totalidad por hormigón, formando talud aguas abajo.

Por otro lado, el canal que sale de la presa está compuesto a veces por un cajero artificial a base de grandes losas y panales laterales de piedra, unidos entre sí mediante grapas, y a veces, por un cajero excavado en la propia roca caliza de las laderas, aunque también siempre de sección muy homogénea. Además, este canal consta a lo largo de su recorrido de diversos aliviaderos de labio fijo, así como de tomas reguladas mediante compuertas. Como vemos, a pesar de no poder confirmar su origen romano, se trata en todo caso de una obra de gran importancia que cuenta además con un gran interés por su buen estado de conservación en su configuración actual.

Bibliografía sobre el *Azud de La Barsella*:

* Castillo J.C. y Arenillas M.: *Las presas romanas en España. Propuesta de Inventario;* I Congreso Nacional de Historia de las Presas. Mérida, noviembre 2000.

* Comés V: "Júcar. Como un torrente"; *Guía de los ríos de España*; MOPU, Revista del Ministerio de Obras Públicas y Urbanismo, nD378. Madrid, julio-agosto 1990.

* Chabret Fraga A.: *Sagunto, su historia y sus monumentos*, tomo II; Ediciones de la Caja de Ahorros y Socorro de Sagunto, 1974.

* Smith N. A.: *The heritage of spanish dams;* Madrid, 1970 (presa del Algar).

6.24.- AZUDES DEL TURIA Y DEL SEGURA:

A lo largo del tramo final del cauce del río Turia, muy cerca o incluso en algún caso dentro ya del casco urbano de la ciudad de Valencia, existe una serie de azudes cuyo origen no ha sido clarificado de una manera rotunda por ninguno de los estudios realizados hasta la fecha. Han sido considerados tradicionalmente como de construcción árabe, pero lo cierto es que en los últimos años se ha venido descubriendo que gran parte de los sistemas de regadío de Levante, que han sido considerados siempre con este origen, poseen en realidad un origen romano en muchas ocasiones, por lo que tampoco podría descartarse esta posibilidad para esta serie de obras del Turia, hasta realizar un estudio más detallado. En este sentido apuntó ya el trabajo de Fdez. Ordoñez sobre el tema.

Se trata en la mayor parte de los casos de simples azudes de derivación de planta recta, cuerpo escalonado y alturas que no superan en ningún caso los 3 m, aunque en algunos casos sí que poseen notables longitudes, que pueden llegar hasta los 90 m. Muchos de ellos poseen una fábrica de sillería, aunque todos ellos han sido objeto de innumerable remodelaciones, por lo que su aspecto actual no debe tener nada que ver con el original. Los principales de estos azudes son nueve: *Azud de la Depuradora, Moncada, Cuart, Tormos, Mislata, Mestalla, Favara, Rascaña* y *Robella (Fdez. Ordoñez et al., 1984)*, aunque debería incluirse también en esta relación al *Azud de Villamarchante*, situado aguas arriba de todos ellos, y que pudiera tener asimismo un origen muy antiguo. Debe recordarse que en la zona de Ribarroja se han localizado hasta 4 antiguas conducciones romanas paralelas, entre ellas, la del acueducto de Porxinos, cuyo origen se apunta pudiera haberse encontrado en el tamo del Turia entre Villamarchante y Pedralba, donde en realidad existen en la actualidad varios azudes de moderna factura.

Por otro lado, y dado que la zona levantina hispana fue objeto de numerosas intervenciones hidráulicas desde muy antiguo, debemos mencionar también las obras en el Segura, antiguo Táder, aprovechado al parecer desde el IV a.C. por los griegos, muchas de las cuales se ha sabido que poseían origen romano, incluyendo quizá alguna de sus famosas ruedas de elevación. En este sentido, debemos señalar cómo las dos grandes acequias musulmanas de Murcia (la Alquibla y la Aljufia), tuvieron su origen a decir del historiador Al-Himyari (siglo XIV), en otras dos acequias anteriores de época romana que partían de una obra de derivación situada aguas arriba de donde encontramos actualmente el famoso Azud de Murcia (la Contraparada) *(Arenillas, 2000)*.

Finalmente, parece que la villa romana de Lorqui, también en Murcia, debió poseer un acueducto cuya toma debía situarse en el Segura *(Blázquez, 1991)*.

Azud de Mestalla: *Imagen antigua del azud sobre el Turia. Abajo, altura y longitud de los principales azudes (s/ D.Cascón)*

Depuradora	1,5	30
Moncada	2,0	61
Cuart	7,0	61
Tormos	2,0	56
Mislata	1,5	44
Mestalla	2,5	90
Rascaña	4,0	72
Robella	3,5	116

Bibliografía sobre los *Azudes del Turia y del Segura*:

* Arenillas M.: *Hidrología e Hidráulica del solar hispano. Las presas en España.* I Congreso Nacional de Historia de las Presas. Mérida, noviembre 2000.

* Aymard M:*Irrigations du Midi de l'Espagne.*París,1864

* Blázquez, J. M.: *Urbanismo y Sociedad en Hispania.* Madrid, 1991.

* Castillo J.C. y Arenillas M.: *Las presas romanas en España. Propuesta de Inventario;* I Congreso Nacional de Historia de las Presas. Mérida, noviembre 2000.

* Fdez. Ordoñez J. A. y otros: *Catálogo de Noventa Presas y Azudes Españoles anteriores a 1900;* Biblioteca CEHOPU. Madrid, 1984.

* Glick T. S.: *Irrigation and society in medieval Valencia.* Cambridge, 1970.

* Jaldero F.: *Memoria sobre los canales cuyos restos existen en las inmediaciones de Valencia la Vella.* Valencia, 1849.

* Jaubert de Passa M: *Canales de riego de Cataluña y Valencia.* Valencia, 1844.

* Llorca J.: *Romanidad de los riegos de la huerta valenciana.* Valencia.

* *Riegos en España. Organización y estado actual;* Revista de Obras Públicas, junio 1899.

* Smith N.: *The heritage of spanish dams;*Madrid, 1970.

6.25.- PRESA DEL HOCINO .-

Coordenadas: 677.900 ; 4.546.500. Fuente: Instituto Geográfico Nacional Hoja 1:50.000 n° 466

Esta presa, cercana a la población de Blesa, en Teruel, está enclavada sobre el Río Aguas Vivas, afluente directo del Ebro por margen derecha, y sirve de cierre a un estrechísimo cañón que hace que la propia presa posea unas características geométricas muy peculiares, puesto que su longitud en coronación es de solamente 10 m., por una altura máxima que sobrepasa los 18 m. En la actualidad se encuentra colmatada prácticamente de manera total, aunque aún es capaz de derivar agua hacia la acequia situada en su margen izquierda, mientras que en el estribo contrario, la presa cuenta con un aliviadero excavado en la propia roca, que vuelve a arrojar de nuevo el agua sobrante al cauce del río mediante una especie de trampolín. La planta de la presa es sensiblemente curva, con la convexidad hacia aguas arriba, estando formada por una fábrica de sillería con tamaños en ocasiones muy considerables. Por otro lado, tras este aparejo debe existir un relleno de calicanto que aportaría estabilidad a la estructura, como ocurre en otras presas de la zona, aunque es éste un punto difícil de asegurar en la actualidad mediante una simple observación visual, debido a la total colmatación del vaso.

Es posible deducir la gran antigüedad de esta obra a partir de la simple observación de su fábrica, que induce a remontar su existencia al menos hasta la Edad Media, al igual que gran parte de las presas de la zona y, aunque no podría afirmarse en la actualidad que su factura fuera romana a la vista de lo conservado, su emplazamiento es ya de por sí un argumento a favor, debido a la densidad de obras antiguas, y más concretamente romanas, halladas a lo largo de la cuenca del Aguas Vivas (Almonacid de la Cuba, Virgen del Pilar, Pared de los Moros,...) *(C.H. Ebro – I. 75, 1999).*

Por otro lado, el tipo de fábrica (a pesar de haber podido ser modificada a lo largo del tiempo), indica una calidad y una magnitud de trabajo raramente alcanzadas en la Edad Media, época a la que al menos se remonta el origen de la presa, en base a los datos disponibles. Remarcando el hecho de la planificada calidad del trabajo observado, debe mencionarse la particularidad de que su cimiento esta formado por una piedra prismática triangular de gran tamaño (unos 2 m. de lado) encastrada en el fondo del cañón por uno de sus vértices *(Arenillas et al., 1996)*. Además, el aliviadero excavado en la roca viva es otra característica que puede indicarnos su antigüedad, ya que se ha venido observando en otras obras de presumible origen romano, aunque tampoco es un dato determinante, ya que podemos recordar el ejemplo de la Presa de Almansa, con unas características muy similares y que fue realizado en el siglo XVI, fecha que pudo coincidir con el último recrecimiento tanto en este caso, como en la presa que nos ocupa en estas líneas.

Hocino: *Vista general de la presa arco del Hocino y del impresionante cañón que cierra sobre el Aguas Vivas. Debemos reseñar el aliviadero de su margen derecha excavado en la roca y que devuelve el agua al cauce mediante una especie de trampolín.*

En este sentido, debemos señalar el hecho de que la presa del Hocino cuenta asimismo con diversos recrecimientos sucesivos realizados a lo largo de los siglos, probablemente en relación con el progresivo aterramiento del embalse, y que han quedado reflejados en las diversas etapas constructivas que muestra su paramento, en las que existe un ligero retranqueo hacia el interior entre cada una de ellas que sirve para acentuar las diferencias constructivas entre cada periodo, con piezas de diferente tamaño y distinta disposición en cada caso.

Hocino: *Detalle de la parte media e inferior de la presa desde el aliviadero, donde vemos los pequeños escalones que marcan probablemente las distintas etapas constructivas de la presa.*

Hocino: *Vista del cañón del Aguasvivas aguas abajo de la presa del Hocino.*

Bibliografía sobre la presa de *El Hocino*:

* Arenillas M., Díaz C., Cortés R. et al. : *La presa de Almonacid de La Cuba (del mundo romano a la Ilustración en la cuenca del río Aguasvivas).* Gobierno de Aragón / MOPTMA. Madrid, 1996.

* Arenillas M. et al.: *La presa de Almonacid de La Cuba y otros aprovechamientos antiguos en el río Aguas Vivas*; Revista de Obras Públicas, julio 1995.

* Arenillas M.: *Presas y azudes en la Baja Edad Media: Antecedentes, problemas y soluciones.* XXII Semana de Estudios Medievales. Estella, 1995.

* Castillo J.C. y Arenillas M.: *Las presas romanas en España. Propuesta de Inventario;* I Congreso Nacional de Historia de las Presas. Mérida, noviembre 2000.

* Confederación Hidrográfica del Ebro-Ingeniería 75 (M. Arenillas y otros): *Inventario de Obras Hidráulicas Históricas en la cuenca del Ebro en Aragón. Presas y Azudes.* Zaragoza, 1999.

* Cortés R., Arenillas M. et al.: *Las presas en la cuenca del Aguas Vivas. Dos mil años de regulación fluvial;* I Congreso Nacional de Historia de las Presas. Mérida, noviembre 2000.

6.26.- AZUDES DE SAN MARCOS Y DE PUEYÉE

Coordenadas: 255.500 ; 4.662.300 (San Marcos) ; 258.700 ; 4.661.200 (Pueyée). Fuente: Instituto Geográfico Nacional. Hoja 1:50.000 n° 287.

Estos dos conocidos azudes se encuentran situados sobre el Río Vero, aguas arriba de la localidad de Barbastro, en la provincia de Huesca, y bastante próximos ambos a la carretera que une dicha localidad con Alquézar, sobre todo el de San Marcos, el que encontramos en primer lugar si seguimos el sentido de la corriente. En principio, ninguno de ellos posee características que permitan catalogarlos como romanos, aunque sí que han sido considerados como tales en numerosas publicaciones, por lo que han sido admitidos en la actualidad como romanos, origen supuesto a partir de las evidencias de su gran antigüedad *(Fdez. Ordoñez et al., 1984).*

El Azud de San Marcos, como ya se ha mencionado, es el situado más aguas arriba, siendo el de mayor tamaño, puesto que cuenta con aproximadamente 11 m de altura y una anchura en coronación de 2,30 m. que evidentemente va aumentando hacia la base, tal y como se aprecia en el talud del paramento de aguas abajo, que dota así a la presa de una sección trapecial. La fábrica actual se corresponde aparentemente con una obra de los siglos XVII-XVIII, y está formada por sillares de gran tamaño. Existe una toma situada en margen derecha que en realidad podría identificarse con una reconstrucción a datar sobre el siglo XVI en relación con el canal al que alimenta, a lo largo de cuyo trazado existe un acueducto de paso sobre el río Vero de un solo arco, situado unos 2 Km. aguas abajo del azud, que servía para devolver el canal a su trazado original, y del que existen referencias sobre su construcción en aquél siglo *(C.H. Ebro – I. 75, 1999).* Este trazado parece que debió desarrollarse a lo largo de su margen izquierda, y pudo haber llegado hasta el Molino la Parra *(Fdez. Ordoñez et al., 1984)*, aunque parece ser que se arruinó su tramo inicial, probablemente por la mayor inestabilidad de esta ladera, más abrupta además que la derecha, lo que hizo que se cambiase de margen la toma para volver de nuevo al trazado inicial mediante el mencionado acueducto, una vez superado el obstáculo.

San Marcos: *Vista del azud desde margen izquierda, donde vemos el contrafuertes central natural.*

San Marcos: *Vista desde aguas abajo del azud. vertiendo.*

Existen como decimos referencias que hablan de este arco al menos desde 1525, lo que indicaría en primer lugar, que el aspecto actual del azud no se correspondería con la obra original, sino que debe provenir de alguna reparación posterior a su construcción, que sabemos por esta obra que sería anterior al menos al siglo XVI, en el que debió ya renovarse su toma para seguir conservando su función, por lo que su origen se retrasa ya al menos hasta la Edad Media. Aunque no debe descartarse un origen árabe para esta presa, ya que tanto la tipología como la forma (azud de gran altura de sección trapecial, sin elementos de regulación profundos), se podrían corresponder perfectamente con dicho origen, se hace difícil pensar en durante la época árabe se emprendiesen obras de tan gran envergadura en una latitud tan septentrional, debido a la poca claridad de su dominio y a la inseguridad de esta zona para ser explotada por ellos, a no ser de que se tratase de una obra muy temprana, quizá de los siglos IX o X, aunque tampoco parece ésta una hipótesis demasiado plausible pensando en la gran presión que ejercía sobre la zona en esta primera época islámica el reino franco del norte.

San Marcos: *Acueducto de paso sobre el Río Vero de la acequia del Azud de San Marcos.*

El segundo de los azudes, denominado Pueyée, posee un aspecto muy similar al anterior, construido también con sillares de gran tamaño y, aunque en este caso el paramento del muro es vertical, las dimensiones generales y el aspecto de la obra, son muy similares a las del Azud de San Marcos. Cuenta con una altura menor (alrededor de 7 m), siendo su planta irregular, dividida en dos tramos rectos paralelos pero con un cierto retranqueo entre ambos, encontrándose unidos entre sí mediante un tercer muro que forma exteriormente un chaflán que se encuentra rematado mediante piezas curvas que dan un aspecto redondeado a la arista de unión entre los muros.

La presa de Pueyée tampoco cuenta con elementos de regulación profundos, vertiendo sobre coronación, al igual que San Marcos, con un espesor además muy similar a éste en esta parte superior del muro. Su función es la de derivar agua hacia otra acequia, situada en este caso en margen izquierda. La relación, proximidad y similitud con el Azud de San Marcos, puede hacer pensar en un origen común para ambos aunque, al no hallarse en este caso indicios tan claros (ver sin embargo *Fdez. Ordoñez et al., 1984*) como en el caso anterior de un origen muy antiguo, puede ser que la relación con el Azud de San Marcos, pudiera provenir en realidad de alguna reparación de éste último, debido al parecido entre las fábricas aparentes de ambos azudes, aunque quizá su construcción original no sea contemporánea.

San Marcos: *Toma a partir del azud en su margen derecha, con su aliviadero en primer plano.*

Pueyée: *Labio de vertido en la coronación de la presa.*

Pueyee: *Vista del paramento de aguas abajo de la presa.*

Bibliografía sobre las presas de *San Marcos y Pueyee*:

* Bueno Hernández F.: *Evolución de la ingeniería de presas en España* (Tesis doctoral). E.T.S. Ingenieros de Caminos de Santander. Santander, mayo de 1999.

* Castillo J.C. y Arenillas M.: *Las presas romanas en España. Propuesta de Inventario;* I Congreso Nacional de Historia de las Presas. Mérida, noviembre 2000.

* Confederación Hidrográfica del Ebro-Ingeniería 75 (M. Arenillas y otros): *Inventario de Obras Hidráulicas Históricas en la cuenca del Ebro en Aragón. Presas y Azudes.* Zaragoza, 1999.

* Fdez. Ordoñez J. A. y otros: *Catálogo de Noventa Presas y Azudes Españoles anteiores a 1900;* Biblioteca CEHOPU. Madrid, 1984.

* Schnitter N.J.: *Historia de las Presas;* ed. en castellano: Colegio de Ingenieros de Caminos, 2000 (trad. de J. Diez-Cascón y F. Bueno); capítulo 2: El Imperio Romano.

Pueyee: *Detalle del quiebro en planta de la presa, que aprovecha las condiciones naturales de los afloramientos rocosos de la zona.*

6.27.- PRESA DEL PUEYO DE FAÑANÁS O AZUD DE ABRISÉN .-

Coordenadas: 725.500 ; 4.665.600. Fuente: Instituto Geográfico Nacional Hoja 1:50.000 nº 286

Esta presa presenta grandes similitudes en cuanto a ejecución y tipo de fábrica con la Presa de Pueyée y el Azud de San Marcos, contando además con el hecho adicional de la gran proximidad geográfica entre ellas, al encontrarse el Azud de Abrisén sobre el Río Guatizalema (afluente del Alcanadre), en el término municipal de Fañanás, dentro de la propia provincia de Huesca.

El cuerpo de la presa está formado a base de tres grandes contrafuertes verticales de sección rectangular, probablemente formados por un núcleo central de calicanto que se encuentra oculto a la vista, y revestido exteriormente por un paramento de fábrica de sillería de cierta envergadura.

Entre estos contrafuertes, dotados de una gran robustez, se desarrollan dos tramos de paramento ligeramente inclinados en talud formados asimismo por sillares de gran tamaño, más un tercer paramento lateral en el estribo derecho, que dota a la presa de una planta en forma de L, ya que, al igual que ocurre en el caso de Pueyée y más claramente en el Azud de San Marcos, el tercero de los contrafuertes se ha realizado aprovechando como apoyo natural un afloramiento rocoso que pasa a formar parte del cuerpo del propio contrafuerte.

El tercer tramo del mencionado paramento, crea por su parte un vertedero donde el agua del azud cae sobre una poza o cubeta que forma el río en este punto, que es precisamente por donde discurre actualmente de manera habitual.

Azud de Abrisén: *Vista del paramento de aguas abajo de la presa, formado por dos muros con un cierto talud sustentados entre tres grandes contrafuertes rectangulares de fábrica de sillería.*

La altura total de la presa ronda los 8 m, siendo su espesor en coronación de aproximadamente 3 m. La toma se sitúa en margen derecha, derivando hacia la denominada Acequia del Molino de Abrisén. En dicha margen, y muy cercano al emplazamiento de la presa, se encuentra el despoblado medieval de Abrisén, a partir del cuál existen incluso unos tramos de escalera excavados en la roca para acceder al propio azud, lo que indica una cierta relación cronológica entre la presa y este antiguo núcleo de población *(C.H. Ebro – I. 75, 1999)*, cosa que en principio entra en contradicción con el aspecto de la presa.

De esta manera, al igual que ocurre en otros casos similares, este azud puede poseer una antigüedad mucho mayor que la aparente, pudiendo corresponder su aspecto actual con una reconstrucción muy posterior a su antiguo origen, que coincidiría en el tiempo en éste último caso con el de las dos presas del río Vero, así como con otras realizaciones en el Guatizalema y en el Alcanadre debido a la gran similitud existente ellas, además de su gran proximidad geográfica, lo que induce a pensar que todas ellas pertenecen una actuación conjunta en una época que podemos situar alrededor del siglo XVII ó XVIII.

Bibliografía sobre la presa de *Pueyo de Fañanás* o *Azud de Abrisén*:

* Castillo J.C. y Arenillas M.: *Las presas romanas en España. Propuesta de Inventario;* I Congreso Nacional de Historia de las Presas. Mérida, noviembre 2000.

* Confederación Hidrográfica del Ebro-Ingeniería 75 (M. Arenillas y otros): *Inventario de Obras Hidráulicas Históricas en la cuenca del Ebro en Aragón. Presas y Azudes.* Zaragoza, 1999.

* Magallón M. Angeles: *La Red Viaria Romana en Aragón.* Diputación General de Aragón (U.O.P.T.). Zaragoza, 1987; pp. 70 y 80.

6.28 .- PRESAS DEL RÍO ALCANADRE .-

Coordenadas: 739.050 ; 4.643.500 (presa de Valdera). Fuente: Instituto Geográfico Nacional Hoja 1:50.000 n° 325

A lo largo del cauce medio del Alcanadre, afluente por margen izquierda del Ebro, que recorre de arriba a abajo la provincia de Huesca, encontramos los restos de una serie de presas, al menos tres, que se encuentran en la actualidad fuera de uso y completamente arruinadas, al parecer por el efecto de las notables crecidas del cauce que, como todo río pirenaico, cuenta con un importante deshielo.

En la relación de presas romanas realizada por Sánchez Palencia y Caballero Zoreda, se mencionan dos presas de posible origen romano en Torres de Alcanadre. Existen efectivamente a la altura de dicha localidad, al menos dos presas antiguas, y quizá alguna más. De la primera de ellas viniendo desde aguas arriba, a la que se accede desde el propio pueblo, solamente perduran algunos restos desperdigados del estribo izquierdo, así como del canal de toma en dicha margen. Su planta parece que era recta y sus dimensiones no debían ser excesivamente importantes a juzgar por los restos conservados y a la cota relativa del canal respecto al lecho del río, estando constituida su fábrica por un calicanto a base de cantos rodados de diversos tamaños, revestido exteriormente por un aparejo de sillería de mediano tamaño.

Unos dos kilómetros aguas abajo de dicha obra, encontramos los restos de un nuevo azud que debe haber venido siendo utilizado hasta época reciente, al encontrarse revestida la fábrica antigua de sillería por hormigón moderno, aunque en algunos puntos aún asoma la primitiva fábrica de piedra e incluso algunos postes hincados en el cauce que no sabemos si se corresponderían con antiguos pilotes de cimentación, al modo de numerosos azudes de los siglos XVI y XVII. Las dimensiones de esta presa son más importantes que las de la anteriormente descrita, contando con unos 6 m. de altura, por cerca de 100 m. de longitud, y posee también una toma no completamente arruinada para una acequia en margen derecha. El cuerpo central de la presa si que se encuentra en la actualidad totalmente arruinado, faltando un tramo de grandes dimensiones en su parte media, debido con seguridad al efecto del ímpetu de las aguas en alguna de las crecidas del río Alcanadre. La fábrica observable de esta obra guarda diversas similitudes con la situada inmediatamente aguas arriba, aunque la sección difiere, ya que en este caso es más o menos triangular, al igual de nuevo que gran parte de los azudes de derivación de los siglos XVI y XVII del Valle del Ebro (presas de Pignatelli, Carlos V, Zuera,...) y también del Valle del Tajo (azudes de Valdajos, El Embocador,...).

Valdera: *restos del muro entre el antiguo paramento de la presa y el molino, cuyos restos aparecen al fondo. Esta fábrica guarda una gran similitud con la observada en otras presas del Alcanadre y el Guatizalema.*

Alcanadre II: *Segunda de la presas junto a Torres de Alcanadre, formada por una fábrica de sillería cubierta por una capa de hormigón moderno en una posterior reconstrucción.*

Además, contamos también con otras referencias de los habitantes de la zona acerca de otra obra más a lo largo del cauce del río, con un escudo grabado en su paramento, que no hemos llegado a encontrar. Para finalizar la descripción de las obras encontradas en este río, diremos que existe una importante presa, con unas notables dimensiones siguiendo el curso del río, justamente aguas abajo de la confluencia del Guatizalema con el propio Alcanadre. Dicha presa, denominada Presa de Valdera, se encuentra en la actualidad también completamente arruinada, conservándose solamente unos enormes bloques del antiguo cuerpo de presa volcados en distintas posiciones sobre el lecho del río, también probablemente por la acción de una nueva riada.

Valdera: *Restos de la presa volcados al interior del cauce desde el estribo derecho, justamente aguas arriba de la presa.*

En este caso, no se trata de un azud de derivación, sino de una verdadera presa de embalse, no sólo por su tamaño y volumen de acumulación, sino porque que existen también indicios en los restos conservados de elementos de regulación profundos, por lo que cuenta por tanto con todos los factores necesarios para ser considerada como tal. La altura de la presa debía superar los 10 m *(C.H. Ebro – I. 75, 1999)*, puesto que esta es la altura sobre el cauce a la que se encuentra adosado un molino de grandes dimensiones que contaba con una gran balsa de alimentación para el antiguo cubo de carga, que actualmente ha ocupado la vegetación. La fábrica de la presa estaba de igual manera compuesta por un hormigón a base cal y cantos rodados de diversos tamaños (provenientes con seguridad del propio lecho del Alcanadre), revestido por una fábrica de sillería de un tamaño considerable y con una ejecución bastante cuidada.

Además de las tomas conocidas: en margen derecha para la importante Acequia de Valdera, que da nombre a la presa, y en margen izquierda para el molino, esta presa dispondría de diversos desagües a distintas alturas, a juzgar por lo observado en los restos que se conservan. El paramento de aguas abajo de la presa poseería un talud de la misma naturaleza que los observados en las obras ya descritas de esta comarca, como el Azud de San Marcos o el de Abrisén, con los cuales guarda además grandes similitudes en cuanto a tipología, fábrica y proporciones, lo cual induce a pensar en un paralelismo cronológico para todas ellas, al menos en la versión definitiva de las mismas, que debe haber sido la que les ha dotado de su aspecto actual, ya que como hemos dicho, existen ciertos indicios para poder pensar en un origen más antiguo al menos en alguna de estas presas.

Alcanadre I: *Restos de la primera presa junto a Torres de Alcanadre en la zona de su toma en margen izquierda.*

Sin embargo, no hay razones para pensar en un origen anterior para esta obra, ni por referencias, ni por la fábrica observada, cuya sección es fácilmente visible de en la actualidad, debido a la ruina de la presa. El origen de esta obra debería situarse en cambio en la época en la que se emprendieron importantes actuaciones en la zona (entre los siglos XVII – XVIII, probablemente) en relación con la construcción de la importante acequia mencionada anteriormente.

Como vemos, la comarca de los ríos Vero, Alcanadre y Guatizalema es una región aún no suficientemente estudiada que puede dar lugar aún a importantes descubrimientos de aquí en adelante, ya que es curioso observar la gran densidad de obras hidráulicas antiguas halladas a lo largo de sus cuencas, además con un gran parecido entre las mismas, sin que se pueda afirmar aún con seguridad cuál es el origen de la mayoría de ellas.

Bibliografía sobre las presas del *Alcanadre*:

* Caballero Zoreda L. y Sánchez Palencia F.J.: *Presas romanas y datos sobre poblamiento romano y medieval en la provincia de Toledo*; Noticiario Arqueológico Hispánico. Mtro. Cultura, 1982.

* Castillo J.C. y Arenillas M.: *Las presas romanas en España. Propuesta de Inventario;* I Congreso Nacional de Historia de las Presas. Mérida, noviembre 2000.

* Confederación Hidrográfica del Ebro-Ingeniería 75 (M. Arenillas y otros): *Inventario de Obras Hidráulicas Históricas en la cuenca del Ebro en Aragón. Presas y Azudes.* Zaragoza, 1999.

6.29.- EL ROURELL .-

Dentro del estudio realizado por D. Fernando Saenz en los años 70 acerca del acueducto romano de Tarragona, se sigue el trazado del mismo hacia aguas arriba a lo largo de los pocos vestigios que han perdurado hasta la actualidad. Supone este autor que la toma de agua del acueducto debía realizarse a partir de un azud de derivación situado sobre el río Francolí a la altura de la localidad de El Rourell *(Sáenz, 1977)*, que alimentaría al famoso Acueducto de Las Ferreras (Pont del Diable).

En realidad, no existe actualmente en esta zona vestigio alguno de dicha obra, aunque esta hipótesis parece realmente la más plausible y, dado el régimen del Río Francolí, que presenta una gran torrencialidad y desarrolla un volumen de depósitos muy importante en este tramo final, no sería de extrañar que haya destruido los restos que hubiesen quedado tras la probable ruina de la obra, aunque también es cierto que una prospección detallada podría aportar algún dato acerca de estos eventuales vestigios.

Bibliografía sobre la presa del *Rourell*:

* Castillo J.C. y Arenillas M.: *Las presas romanas en España. Propuesta de Inventario;* I Congreso Nacional de Historia de las Presas. Mérida, noviembre 2000.

* Fernández Casado C.: *Acueductos romanos en España.* Instituto Eduardo Torroja. Madrid, 1972.

* Martín Navarro: Artículo en el *Diario de Tarragona;* 8 mayo de 1908.

* Sáenz Ridruejo F.: "Observaciones técnicas sobre el abastecimiento romano de aguas a Tarragona". *Segovia y la arqueología romana.* Instituto de Arqueología y Prehistoria de la Universidad de Barcelona. Publicaciones Eventuales nḌ27, Barcelona 1977; pp. 351 a 358.

* Sánchez Real J.: Artículo en el *Diario Español de Tarragona;* 17 noviembre de 1947.

Acueducto de Las Ferreras: *ó Pont del Diable, en Tarragona.*

6.30.- AZUD DEL CONVENTO .-

Coordenadas: 630.450 ; 4.640.500. Fuente: Instituto Geográfico Nacional Hoja 1:50.000 n° 321

Es esta una obra que puede contar con una enorme antigüedad, al encontrase en un contexto en el que se han presentado yacimientos arqueológicos de muy elevada cronología y que pudieran tener relación con el mismo. Se encuentra dicho azud situado sobre el río Huecha, afluente del Ebro por margen derecha, en el término municipal de Mallén, provincia de Zaragoza.

Se trata de un azud de planta recta con 22,0 m. de longitud y una altura de 3,60 m. para un espesor en coronación de 0,60 m, aunque en la base este valor debe de ser mayor, ya que el paramento de aguas abajo presenta un escalonado en su parte inferior y tiene una cierta inclinación en su tramo superior *(C.H. Ebro – I. 75, 1999)*. Actualmente se encuentra revestido totalmente de hormigón, y cuenta con una toma en margen derecha que alimenta a una acequia de riego.

Como se ha dicho, esta obra se encuentra muy próxima al yacimiento de "El Convento", cuya cronología abarca desde la Edad del Bronce hasta época contemporánea, y con el cuál pudiera estar relacionado debido a la existencia de una antigua instalación metalúrgica a la que pudiera haber servido. Por otro lado, debemos recordar también la existencia del Bronce de Agón, cuyo contenido es muy similar al de Botorrita, en el que se dirime el litigio por la construcción de un dique y un canal de riego en terrenos próximos al de la situación del Azud del Convento por lo que, al igual que ocurre con el Azud de la Almozara, podríamos pensar en que la obra original del Azud del Convento podría ser la obra la que se refiere el citado bronce, datado con gran aproximación a finales del siglo I d. C. *(Zanza, 1993)*, ya en plena época romana imperial, y cuyo texto hace referencia a dos pueblos, que son por un lado los del Pago de los Galos (en las inmediaciones de la población de Mallén) y por otro, los segardinenses, cuya localización aún se desconoce.

Bibliografía sobre el *Azud del Convento*:

* Bronce de Agón. *Artículo de* G. Zanza *aparecido en* ABC, *18 de abril de 1993.*

* Castillo J.C. y Arenillas M.: *Las presas romanas en España. Propuesta de Inventario;* I Congreso Nacional de Historia de las Presas. Mérida, noviembre 2000.

* Confederación Hidrográfica del Ebro-Ingeniería 75 (M. Arenillas y otros): *Inventario de Obras Hidráulicas Históricas en la cuenca del Ebro en Aragón. Presas y Azudes.* Zaragoza, 1999.

6.31.- AZUD DE BISIMBRE .-

Coordenadas: 628.750 ; 4.634.000. Fuente: Instituto Geográfico Nacional Hoja 1:50.000 n° 321

Se trata de un azud de derivación de 48,8 m. de longitud, 1,15 m de espesor y 1,50 m de altura *(C.H. Ebro – Ingeniería 75, 1999)*, situado asimismo sobre el cauce del Huecha, en el término municipal de Agón. La obra actual es una reconstrucción de hace pocos años, aunque la obra original estaba construida mediante una fábrica de sillería. De la construcción original sólo se conservan algunos restos, como la antigua tajadera. Atendiendo a su forma constructiva, así como a la datación de algunos restos cerámicos, algunos arqueólogos han situado el origen de esta obra en época romana, lo cuál podría venir apoyado por su situación ya que, al igual que el anterior Azud del Convento, esta antigua obra podría encontrase relacionada con el mencionado Bronce de Agón, ya que al estar ambas en la misma zona, bien podría ser cualquiera de ellas la obra a la que se refiere aquél antiguo texto.

Bibliografía sobre el *Azud de Bisimbre*:

* Bronce de Agón. *Artículo de* G. Zanza *aparecido en* ABC, *18 de abril de 1993.*

* Confederación Hidrográfica del Ebro-Ingeniería 75 (M. Arenillas y otros): *Inventario de Obras Hidráulicas Históricas en la cuenca del Ebro en Aragón. Presas y Azudes.* Zaragoza, 1999.

6.32.- AZUD DE LA ACEQUIA DE URREA DE GAÉN .-

Coordenadas: 710.700 ; 4.556.100. Fuente: Instituto Geográfico Nacional Hoja 1:50.000 n° 468

Este azud se encuentra en el término de Albalate del Arzobispo, en la provincia de Teruel, construido sobre el cauce del Río Martín, afluente por margen derecha del Ebro, siguiente en orden al Aguas Vivas, en el que subsisten multitud de obras hidráulicas de época romana. Dispuesto de manera oblicua al cauce, posee una longitud total de unos 70,0 m, con una anchura que varía entre 4 y 5 m, para una altura aparente de sólo 1,0 m *(C.H. Ebro – I. 75, 1999)*. Su fábrica está formada por un muro de mampostería a base de piedras y cantos de diversos tamaños trabados con argamasa.

La toma de este azud se encuentra en su margen izquierda, constituyendo la denominada Acequia de Urrea de Gaén, ya que atraviesa esta misma localidad. Es este un canal de riego tremendamente importante, que se sabe estaba en funcionamiento ya durante la Edad Media, aunque las dimensiones de la obra y su situación pudieran remontar su origen hasta época romana, dada la densidad de obras hidráulicas de este periodo que aún perduran en las proximidades, por lo que en ese caso cabría asignar el origen de la obra de derivación también a época romana.

Bibliografía sobre el *Azud de la Acequia de Urrea de Gaén*:

* Castillo J.C. y Arenillas M.: *Las presas romanas en España. Propuesta de Inventario;* I Congreso Nacional de Historia de las Presas. Mérida, noviembre 2000.

* Confederación Hidrográfica del Ebro-Ingeniería 75 (M. Arenillas y otros): *Inventario de Obras Hidráulicas Históricas en la cuenca del Ebro en Aragón. Presas y Azudes.* Zaragoza, 1999.

6.33.- AZUD DEL CHORRO .-

Coordenadas: 681.900 ; 4.561.500. Fuente: Instituto Geográfico Nacional Hoja 1:50.000 n° 440

Existen dos azudes con tal denominación en el cauce del río Aguas Vivas. El primero de ellos constituye simplemente una serie de restos de la cimentación y de los estribos de argamasa y mampostería de una obra de origen antiguo (quizá incluso romano), que probablemente sería un azud de derivación destinado al riego, y que se encuentra situado aproximadamente 1 Km aguas abajo de la moderna presa de Moneva, en el término municipal del mismo nombre.

La segunda de las obras que recibe este nombre, era conocida también como Azud de los Moros y se encuentra en el término de Samper de Salz, también en Zaragoza. Se trata de un azud de planta curva, con un desarrollo de solamente 15 m. para una anchura de 0,70 m. en coronación, mientras que la altura máxima del dique, es de 2,40 m. *(C.H. Ebro – I. 75, 1999)*. Su fábrica está formada por grandes sillares en la zona inferior de muro, aunque cuenta con un recrecimiento en su parte superior a base de mampostería. Posee esta obra una toma en margen izquierda, de la que parte la acequia que llega hasta el Molino de Samper y que riega posteriormente una gran extensión de terreno. Partiendo del conocimiento de la elevada antigüedad de esta obra, y contando con su situación en la cuenca del Aguas Vivas, podría pensarse también en un origen romano para la misma.

Bibliografía sobre el *Azud del Chorro*:

* Castillo J.C. y Arenillas M.: *Las presas romanas en España. Propuesta de Inventario;* I Congreso Nacional de Historia de las Presas. Mérida, noviembre 2000.

* Confederación Hidrográfica del Ebro-Ingeniería 75 (M. Arenillas y otros): *Inventario de Obras Hidráulicas Históricas en la cuenca del Ebro en Aragón. Presas y Azudes.* Zaragoza, 1999.

6.34.- PRESAS DE BENABARRE .-

Coordenadas: 292.550 ; 4.665.500 (Barranco del Calvo) ; 291.850 ; 4.665.500 (San Medardo). Fuente: Servicio Geográfico del Ejército Hoja 1:50.000 n° 289

En la localidad de Benabarre, dentro de la provincia de Huesca pero ya muy próxima a la de Lérida, se sitúan dos presas actualmente fuera de uso pero en relativamente buen estado de conservación, que cierran respectivamente otros dos cañones excavados por los barrancos de San Medardo y del Calvo, de los cuales toman precisamente estas dos presas sus nombres.

La presa del primero de los barrancos cuenta con 8 m . de altura, mientras que la segunda tiene 6 m sobre el fondo del cauce *(C.H. Ebro – I. 75, 1999)*. Ambas se encuentran construidas a base de una fábrica de mampostería recibida con mortero de gran homogeneidad, poseyendo además la presa del Barranco del Calvo, un contrafuerte en su paramento de aguas abajo. Las dos presas debían estar destinadas a riego, aunque no debe descartarse una función de embalse para abastecimiento o algún uso industrial. Su estado de conservación actual es bastante bueno, aunque cuentan con sendos boquetes en su zona central que impiden la retención de agua.

Aunque se ha especulado con el origen romano de estas dos obras, lo cierto es que su fábrica presenta en realidad un aspecto completamente distinto, muy posiblemente medieval, con una alineación muy aleatoria de las hiladas de las piezas que forman el paramento, que son por otro lado de tamaños más o menos regulares (pequeños y de fácil manipulación), y que presentan aparentemente un bajo desgaste, por lo que podría remontarse su probable construcción no más allá de época medieval, aunque podrían tratarse de obras incluso más modernas.

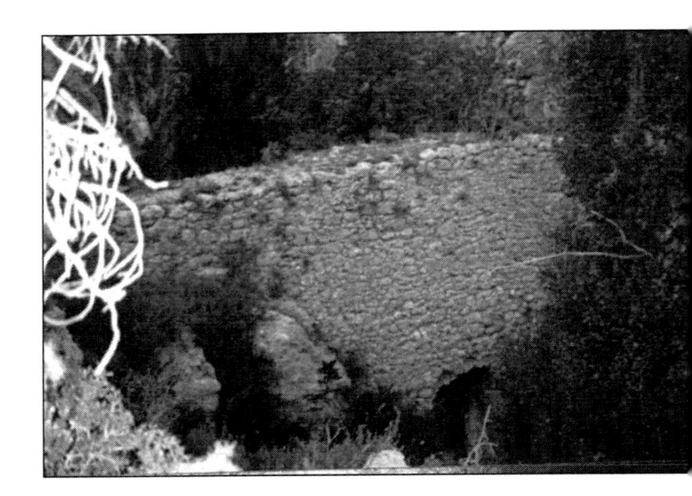

Benabarre: *Presa de San Medardo, que cierra el final de un cañón junto a Benabarre. Se ve a su pie un gran boquete abierto por el arroyo. Cuenta con un aparejo muy homogéneo de mampostería de aspecto medieval.*

Bibliografía sobre las *Presas de Benabarre*:

* Castillo J.C. y Arenillas M.: *Las presas romanas en España. Propuesta de Inventario;* I Congreso Nacional de Historia de las Presas. Mérida, noviembre 2000.

* Confederación Hidrográfica del Ebro-Ingeniería 75 (M. Arenillas y otros): *Inventario de Obras Hidráulicas Históricas en la cuenca del Ebro en Aragón. Presas y Azudes.* Zaragoza, 1999.

6.35.- AZUD DE ARMANTES .-

Coordenadas: 611.770 ; 4.581.300. Fuente: Instituto Geográfico Nacional Hoja 1:50.000 n° 409

Esta obra se encuentra en el Barranco del Salto, en el término municipal de Calatayud, en Zaragoza. Se trata en realidad de un muro ligeramente arqueado de 55,0 m de longitud y 5,0 m de altura que cierra una pequeña vaguada lateral *(C.H. Ebro – I. 75, 1999)*. El aspecto de su fábrica, a base de mampuestos redondeados de pequeño tamaño unidos mediante argamasa, es en apariencia plenamente medieval, quizá de origen árabe, a pesar de que se haya especulado con un posible origen romano para la obra.

Por otro lado, es dudosa su utilidad como obra hidráulica y más en concreto como presa, ya que en realidad no retiene ningún caudal, al encontrarse como decimos en la cabecera de un pequeño barranco lateral, que casi invade eso sí, el cauce del mencionado Barranco del Salto, por lo que es mucho más probable que se trate en realidad de una obra de paso de un camino por un punto bajo amenazado por la erosión del cercano cauce del barranco.

Armantes: *Vista de la obra desde el interior del Barranco del Salto. Apreciamos la planta curva de parte de la obra*

Armantes: *Vista en detalle de la obra anterior. Se aprecian algunas hiladas horizontales en la puesta de la mampostería del paramento exterior.*

La anchura del muro, de prácticamente 6,0 m, parece incluso descartar la posibilidad de que haya servido de base al paso de un acueducto debido a que es una magnitud excesiva, siendo más plausible la hipótesis de que se trate simplemente de un pontón, que cerraría además el paso de agua de una cuenca a otra, sirviendo así de obra de encauzamiento que evitaría por tanto un posible anegamiento de la cercana Calatayud, en este punto en que la divisoria de aguas se encuentra realmente difusa.

Bibliografía sobre el *Azud de Armantes*:

* Castillo J.C. y Arenillas M.: *Las presas romanas en España. Propuesta de Inventario;* I Congreso Nacional de Historia de las Presas. Mérida, noviembre 2000.

* Confederación Hidrográfica del Ebro-Ingeniería 75 (M. Arenillas y otros): *Inventario de Obras Hidráulicas Históricas en la cuenca del Ebro en Aragón. Presas y Azudes.* Zaragoza, 1999.

6.36.- PRESA DE ANZOLA .-

Coordenadas:430.950 ; 4.122.900. Fuente: Servicio Geográfico del Ejército Hoja 1:50.000 n° 1009

Esta es una obra de la que se conservan escasos restos, y que ha sido mencionada como posible puente en estudios acerca de los elementos de interés arqueológico en las proximidades de la ciudad de Granada *(Junta de Andalucía, 1999)*, y de la que su naturaleza no parece dejar lugar a dudas acerca de su origen romano. Sin embargo, su tipología constructiva, así como sus dimensiones, hacen pensar en que se trate más bien de los restos de una pequeña presa o azud de derivación, seguramente en relación con alguna explotación agropecuaria de la Vega de Granada, aprovechada como sabemos desde antiguo.

Se encuentra situada en concreto sobre el río Velillos, muy cerca de su confluencia con el Cubillas, justamente a la altura del lugar de Anzola, próximo a la localidad de Pinos Puente. Los restos conservados están formados por un paño de muro de aproximadamente 5 m. de longitud realizado a base de un aparejo de *opus caementicium* que posee un espesor aproximado de 1,50 m. con una altura máxima que rondaría los 2 m. o incluso algo más en origen.

El paramento de aguas abajo es totalmente vertical, mientras que el de aguas arriba parece poseer un ligero escalonado en su parte inferior que haría aumentar el espesor del muro en su base. Los restos conservados se corresponderían con la parte final del estribo izquierdo, faltando en la actualidad el resto de la obra, por lo que no podemos juzgar si existirían elementos de regulación en superficie o profundos en la posible presa.

Podría ser incluso que contase con un pequeño terraplén aguas abajo que contribuyese a la estabilidad global de la estructura, por lo que, puestos a buscar analogías con otras obras conocidas, podríamos quizá compararla a la presa de Arévalo, aunque en ésta última, el engrosamiento del muro mediante un escalonado en la base, se produce en el paramento de aguas abajo.

Sin embargo, el aspecto del hormigón hidráulico con el que se encuentra realizada la obra presenta un aspecto bastante similar, y por otro lado, debe decirse que esta obra ha sido datada en el mencionado estudio para la ciudad de Granada dentro de los siglos II ó III d. C, lo cual parece en principio cuadrar con su similitud con la presa castellana, que debemos situar en esta misma época.

Anzola: *Vista de los restos conservados: parte de la zona del estribo izquierdo de la presa, que cerraría el cauce del río Velillos.*

<u>Bibliografía sobre la presa de *Anzola*:</u>

* Castillo J.C. y Arenillas M.: *Las presas romanas en España. Propuesta de Inventario;* I Congreso Nacional de Historia de las Presas. Mérida, noviembre 2000.

* Varios autores: "Catálogo de elementos de interés para la aglomeración urbana". *Plan de Ordenación del Territorio de la aglomeración urbana de Granada.* Junta de Andalucía. Granada, 1999.

Anzola: *Nueva vista de los restos de la presa desde aguas abajo.*

6.37.- PRESA DE LA CUEVA DE LA VIRGEN DE LAS AGUAS .-

Coordenadas: 439.700 ; 4.122.900.Fuente: Servicio Geográfico del Ejército Hoja 1:50.000 n° 1055

Esta obra podría tratarse de la reconstrucción de alguna antigua presa sobre el cauce del Río Verde. Sobre la serie de acueductos de Almuñécar, en Granada, existen interesantes estudios entre los que destaca el de C. Fernández Casado, quien sitúa la captación de la antigua conducción en el propio río Verde, en una zona denominada La Angostura, en la que existirían unos manantiales, actualmente cegados, según el autor por el crecimiento del volumen de acarreos que habría hecho subir el nivel del lecho del río.

Un recorrido por la zona desvela numerosos detalles, sobre todo a partir de los testimonios de los habitantes del lugar, que pueden aportar quizá alguna luz a la indeterminación en la ubicación de esta primitiva toma. Lo cierto es que siguen existiendo manantiales por la zona que pueden haber servido de alimentación al antiguo acueducto, ya que por ejemplo, ligeramente aguas abajo de La Angostura existe una galería subterránea de captación que sale a la superficie en margen derecha del río y que lleva un caudal muy considerable de agua (al menos en las primeras fechas de primavera, época de nuestra visita) que se sigue aprovechando para riego en las huertas de aguas abajo. Esta obra no conserva en principio apariencia alguna que denote factura romana, aunque también es cierto que los propios acueductos hallados aguas abajo presentan una morfología inequívocamente romana realizada en cambio con un tipo de fábrica de mampostería que podría llevar a equívocos sobre su origen si estuvieran en un contexto diferente.

Existen además otros indicios sobre obras antiguas de captación a lo largo del cauce del Río Verde que podrían finalmente completar la información acerca de este antiguo aprovechamiento hidráulico. En efecto, algo aguas arriba de este punto, donde el cauce describe un quiebro a lo largo del paraje conocido como La Angostura, existe un moderno azud, que a decir de los lugareños no debe superar los cien años de antigüedad, que podría sin embargo constituir el precedente de la toma original del acueducto de Almuñécar por su situación y una serie de características que parecen coincidir con las de una antigua toma romana. En primer lugar, se encuentra en un punto idóneo para la realización de una toma para abastecer por gravedad al antiguo acueducto, situándose a una cota adecuada para ello y en una zona en la que el cauce se estrecha notablemente y donde existen además afloramientos rocosos que favorecerían el cimiento de una obra, que bastaría con que tuviera una pequeña entidad suficiente para la derivación. Por otro lado, en este mismo punto existe una cueva en la pared caliza de la ladera de margen derecha en la que surge un manantial y que ha sido secularmente objeto de veneración religiosa por parte de los habitantes de la zona, que han situado en su interior la imagen de la Virgen de las Aguas.

***Presa de la Virgen de las Aguas:** Se trata de una obra que, como algunas otras en esta zona, aprovecha las aguas del Río Verde. Su factura es moderna (quizá como máximo 100 años de antigüedad según algunos testimonios), aunque su situación en la zona de La Angostura (marcada por Fernández Casado como origen para el Acueducto de Almuñécar), cerca de la localidad de Jete, y justamente a la altura de la cueva en la pared caliza del cañón en cuyo interior se venera la imagen de la Virgen de las Aguas (que puede apreciarse al fondo y a la izquierda de la foto), nos hacen pensar en que pudiera suponer la continuación de una antigua toma relacionada con el acueducto.*

La coincidencia de todos los factores favorables a la ubicación de una toma que hemos venido mencionado, así como el hecho de que se trate de un lugar con ciertas connotaciones religiosas, hacen sospechar que la toma original romana pudiera haber estado situada en este punto, por tanto que los romanos solían revestir los nacimientos de agua e incluso las obras relacionadas con ella de un carácter transcendental. La toma del azud actual se sitúa precisamente en margen derecha (por donde circula aguas abajo el acueducto del Río Verde) y la cota en la que se sitúa es la adecuada (coincidiendo además con la teoría de Fernández Casado), pero lo cierto es que no parece restar en la actualidad nada de la posible obra original, aunque no debemos olvidar que las condiciones hidrológicas del río, a veces con un marcado carácter torrencial, que hacen que transporte un elevado volumen de acarreos, pueden haber provocado que la presa original haya quedado totalmente sepultada, como ha ocurrido en obras de similares características, como por ejemplo en la presa del Puente del Diablo, en Sádaba.

Si creemos los testimonios de algunos agricultores de la cercana localidad de Jete, podrían haber existido asimismo otras galerías subterráneas a lo largo del lecho del propio Río Verde, así como de algún barranco lateral de margen izquierda, un poco aguas arriba del punto descrito en los párrafos anteriores, que pudieran haber constituido otra posibilidad para la primitiva captación del acueducto de la antigua ciudad de *Sexi*, importante factoría de salazón de pescado y de elaboración de *garum* en la Antigüedad. Tampoco sería ésta una posibilidad descabellada si pensamos que existen otros precedentes romanos en la construcción de este tipo de captaciones bajo el subálveo del lecho de ciertos ríos con estiajes prolongados (al estilo de los posteriores *qannat* árabes), como por ejemplo, en la propia conducción de El Borbollón, en Cornalbo (Mérida).

Como vemos, existen diversas posibilidades para la obra de captación original de este acueducto, todas localizadas en un tramo del cauce bastante corto, entre las que destaca la opción de que la toma hubiese estado constituida por una presa sobre el cauce del Río Verde, la cuál habría sido probablemente la mejor forma de asegurar un caudal continuo hacia una conducción que precisaba de volúmenes considerables de agua para la elaboración de las mencionadas salsas de pescado.

Bibliografía sobre la presa de la *Cueva de la Virgen de las Aguas*:

* Castillo J.C. y Arenillas M.: *Las presas romanas en España. Propuesta de Inventario;* I Congreso Nacional de Historia de las Presas. Mérida, noviembre 2000.

* Fernández Casado C.: *Acueductos romanos en España.* Instituto Eduardo Torroja. Madrid, 1972. Dentro de esta obra se recogen diversas referencias antiguas al acueducto y sobre todo a la torre de rotura de carga al final de la conducción: *Descripción de África y España* (versión del Al-Idrisi de R. Dozy y M. J. de Golge); *Descripción de Almuñécar* (de Ibn al Jatib, dentro de la *Descripción del reino de Granada,* de Simonet, 1860); *Descripción de Almuñécar en el Kitab ar Rawd al Mictar* (de Al Himyari, dentro de la *La Peninsule Iberique aun mayen-age d'apres le Kitab ar Rawd al Mictar,* de E. Levi Provencal, 1938);

* González Tascón I.: *Fábricas Hidráulicas Españolas;* CEHOPU-CEDEX. Madrid 1992, pp. 13 y siguientes. Mención a una posible presa en p. 21.

* Molina Fajardo F.: *Almuñécar. Arqueología e Historia.* Granada, 1983.

* Ruiz J.M. y Delgado F.: *Abastecimiento de agua a las ciudades hispanorromanas.* Revista de Arqueología 139; nov. 1992; pp.36 a 47.

6.38.- PRESA DE TINADO DE MAZUECOS Ó DE PUEBLA DE LOS INFANTES

Coordenadas: 287.350; 4.184.050 (P. de los Infantes). Fuente: S. Geográfico del Ejército Hoja 1:50.000 n° 942

En la famosa obra acerca de las presas romanas en Toledo en la aparece una relación de obras en la Península Ibérica con la mayor parte de las referencias existentes acerca de presas romanas en nuestro país (Caballero Zoreda y Sánchez Palencia, 1982), se cita una obra anterior (Ponsich, 1974) en la que los autores han interpretado la mención sobre la posible existencia de un dique cortando un arroyo en las proximidades del cortijo de Tinado de Mazuecos, cerca de Setefilla y de Lora del Río, en Sevilla. Sin embargo, lo cierto es que no parece existir en la actualidad resto alguno de antiguas presas en este punto, aunque las indicaciones de los lugareños llevan hasta una "fuente de los Moros", situada en la otra vertiente del monte, prácticamente en la cola del embalse José Torán, camino de La Puebla de Los Infantes.

Se trata esta "fuente" en realidad de los restos de un pozo y un posible dique, que pueden corresponderse con los de una captación o presa antigua, destruida seguramente por la construcción de la carretera que pasa prácticamente por encima de la misma (que ha sido recientemente sustituida por un nuevo trazado), y que dejó simplemente unos pocos vestigios de la antigua captación colgados junto al arroyo. Esta obra parecía cerrar una pequeña vaguada que confluía en este punto al citado arroyo, y que fue encauzada hacia una obra de drenaje de dicha carretera, razón que puede haber sido la causa de la destrucción de esta antigua captación. Los restos conservados en la actualidad se corresponden con los del perímetro de un pozo o una torre de toma construida mediante una fábrica de sillería que delimita un recinto cuadrado de unos 60 cm de lados interiores situado en un lateral de lo que debió ser el dique de cierre, del que se conserva además parte del estribo o arranque de un muro a partir del pozo. Las cotas de las piezas pétreas del muro varían entre 30 y 50 cm en sus tres dimensiones, y fueron colocadas con una mínima aportación de mortero y usando, al menos en alguna ocasión, una hilada de ladrillos planos de un pie como cuñas para uniformizar dichas hiladas.

Puebla de los Infantes: *Detalle del pozo o torre de toma a base de grandes sillares, con el anterior estribo a la izquierda.*

Puebla de los Infantes: Vista del estribo roto de la obra junto al arroyo, con el pozo al fondo

A pesar de que el estado de la obra actual no permite afirmar a priori nada con rotundidad, ni siquiera si la obra original se trataría de una presa o una simple captación con un muro de contención y un pozo adosado, es fácil deducir la gran antigüedad de estas ruinas, pudiendo ser que nos encontrásemos ante los restos de una pequeña presa rural romana formada por un muro de grandes sillares (muy redondeados en la actualidad por la acción del tiempo) calzados ocasionalmente como decimos por ladrillos rectangulares de un pie de longitud.

Bibliografía sobre la presa de *Tinado de Mazuecos*:

Reproducimos aquí las referencias sobre la posible presa de Tinado de Mazuecos que sirvieron de origen a nuestra investigación. En realidad, la cita hallada sobre este enclave no parece referirse a la obra de una presa. Que sepamos, la obra hallada en las cercanías de Puebla de Los Infantes se encuentra inédita por el momento.

* Caballero Zoreda L. y Sánchez Palencia F. J: *Presas romanas y datos sobre poblamiento romano y medieval en la provincia de Toledo*; Noticiario Arqueológico Hispánico. Mtro. Cultura, 1982.

* Castillo J.C. y Arenillas M.: *Las presas romanas en España. Propuesta de Inventario;* I Congreso Nacional de Historia de las Presas. Mérida, noviembre 2000.

* Ponsich M.: *Implantation rurale antique sur le Bas-Guadalquivir.* Tomo III Publications de la Casa de Velázquez. Editions E. De Boccard. Paris, 1974-79; p. 89: "*Tinado de Mazuecos: Au sud du cortijo, entre la route de Peñaflor et la voie de chemin de fer, lors de l'arrachage des oliviers, en 1971, des tombes baties en mortier auraient été dégagées. En surface, fragments de briques et tuiles romaines*".

6.39.- PRESAS SOBRE EL GUADALQUIVIR .-

Existen diversas referencias sobre diferentes obras en el tramo del Guadalquivir entre Córdoba y Sevilla, algunas de ellas extraídas del extenso tratado acerca de la implantación rural romana en esta zona (Ponsich, 1974), que pudieran corresponderse con antiguas presas, aunque la mayoría son muy vagas y no suponen un elemento claro de clasificación para "dar de alta" a dichos restos como antiguas presas de época romana.

La primera de las referencias realizadas en dicha obra, se refiere literalmente a "los restos de un muro perpendicular al arroyo", en las cercanías del yacimiento de Cortijo de los Mochos, en Almodóvar del Río (Córdoba), clasificado dentro de época romana, además de diversos depósitos de agua y edificios circulares relacionados con esta misma utilidad, también del periodo romano. De esta manera, no se puede en absoluto concluir con seguridad alguna a partir de esta descripción la existencia de los restos de una presa romana.

La segunda referencia proviene de Bonsor quien, en el año 1931, menciona los restos de un muro entre dos colinas realizado a base de cascotes e hiladas de ladrillo en la zona de Las Casillas, dentro del término de Posadas (Córdoba). Por supuesto, tampoco se puede deducir automáticamente que dichas ruinas se correspondan con las de una presa romana, no habiéndose hallado además resto alguno en una visita "in situ" al lugar mencionado, quizá incluso porque dichos restos hayan desaparecido desde la fecha de tal referencia, extraída a partir de una visita a la zona realizada por el autor entre los años 1889 y 1901.

Finalmente, cabe mencionar la existencia de los restos de varios muros opuestos a la corriente dentro del cauce del propio Guadalquivir, en Lora del Río o más concretamente, en Peñaflor, justamente en la división entre las provincias de Sevilla y Córdoba. Debe decirse que ya Blázquez descartó tal presa de la lista de presas romanas de Caballero-Zoreda y Sanchez-Palencia que él mismo transcribe en su obra, aunque esto no quiere decir que no exista resto alguno.

En efecto, no podemos olvidar la existencia de un dique de unos 50 m de longitud que desde la margen del río se adentra hacia el cauce, aunque debemos descartar su funcionalidad como presa, ya que es altamente improbable que los romanos se hubiesen atrevido a realizar una obra tan grande en un río de tal envergadura ya que, como hemos ido viendo, todas las presas romanas conocidas se encuentran siempre erigidas sobre cauces de pequeña o como máximo, mediana entidad.

La posible utilidad de dicho dique sería con toda seguridad, la de muelle para el tráfico fluvial de la

Antigüedad, ya que también debemos recordar la navegabilidad del Guadalquivir en época romana, como poco hasta ese punto, situado justamente aguas abajo de la confluencia con el Genil (lo que aseguraba un calado suficiente para los fondos planos de las naves antiguas), y si no incluso hasta Córdoba si seguimos aguas arriba el cauce del propio Guadalquivir, o hasta Écija remontando el Genil.

No debemos comparar el calado actual del río con el que contaría antiguamente, ya que en nuestros días el Guadalquivir sí que se encuentra profusamente regulado, situándose un importante azud precisamente en Peñaflor, unos centenares de metros aguas arriba de los restos mencionados.

Bibliografía sobre posibles presas en el *Guadalquivir*:

* Abad Casal L.: *El Guadalquivir, vía fluvial romana.* Sevilla, 1975.

* Blázquez J.M.: "Presas y regadíos en la Hispania romana. Documentación jurídica y Arqueológica" *Urbanismo y Sociedad en Hispania, capítulo VI.* Itsmo, 1991.

* Bonsor G. E.: *The Archaelogical Expeditions along the Guadalquivir (1889-1901).* New York, 1931.

* Caballero Zoreda L. y Sánchez Palencia F. J: *Presas romanas y datos sobre poblamiento romano y medieval en la provincia de Toledo*; Noticiario Arqueológico Hispánico. Mtro. Cultura, 1982.

* Castillo J.C. y Arenillas M.: *Las presas romanas en España. Propuesta de Inventario;* I Congreso Nacional de Historia de las Presas. Mérida, noviembre 2000.

* Ponsich M.: *Implantation rurale antique sur le Bas-Guadalquivir.* Tomo III Publications de la Casa de Velázquez. Editions E. De Boccard. Paris, 1974-79; pp. 179 y 180: *"Los Mochos: Site antique en bordure du fleuve dont il reste un mur perpendiculaire á la rive, quelques gros blocs de pierre de taille, un seuil de parte en marbre noir et de tres nombreux fragments de briques et tuiles romaines. Villa romaine";* p. 105 : Menciona los restos de un acueducto en dirección a Peñaflor, con algunos arcos visibles.

* Thouvenot R.: *Essai sur la province romaine de Betique.* París, 1940.

6.40.- PRESA DE LOS RÍOS ODRÓN Y LINARES .-

Coordenadas aproximadas: 564.450 ; 4.701.850. Fuente: Servicio Geográfico del Ejército Hoja 1:50.000 n° 204

El conocimiento de esta obra proviene únicamente de la referencia realizada en 1979 por MĀ Angeles Mezquíriz con motivo de la publicación de los resultados de la excavación de algunos tramos del Acueducto de Alcanadre-Lodosa. En dicha publicación se difiere de la opinión de C. Fdez. Casado, que situaba la cabecera del acueducto en unos manantiales en el término de Estella, así como de otras hipótesis tradicionales que situaban su comienzo en Santa Cruz de Campezo (Álava), ya que según la autora existe una antigua presa entre los términos de Mendavia y Lazagurría que deriva agua aún hoy en día hacia una acequia cuyo trazado coincide en parte con el trazado original de la acequia romana.

La autora sitúa esta presa aguas abajo del paraje de El Charcal (al sur de Lazagurría), y se encontraría actualmente enmascarada por un revestimiento moderno de hormigón, aunque el asomo de algunos sillares y de un arco bajo la fábrica moderna, hacen pensar a Mezquíriz sobre el origen antiguo de la obra, que supondría así posiblemente el origen de aquél relevante acueducto, que recordemos poseía unos cajeros que en algunos tramos superaban los 2 m (tanto en medida horizontal como en vertical), y que cruzaba el Ebro para abastecer a la relevante ciudad de Calagurris, capital conventual en época bajoimperial. No sabemos a ciencia cierta si dichos ríos son capaces de alimentar a tan importante canal, probablemente sí, si no tuviesen todas las derivaciones que actualmente sangran sus cursos, pero lo cierto es que no hemos sido capaces de localizar una presa de tales características en nuestra visita a la zona, existiendo eso sí, multitud de pequeñas obras de derivación a lo largo del cauce de los dos ríos, y del cauce común una vez se unen ambos, ocultas por la maleza en su mayor parte, aunque lo cierto es que no hemos sabido localizar la mencionada en aquella obra, al menos con las características de vestigios de antigüedad que cita Mezquíriz. En todo caso, si diésemos crédito a esta hipótesis, es muy posible que el origen de dicho canal se situase en el punto donde hoy día se encuentra la derivación de la Acequia Mayor, al sur de la zona de El Charcal, pero más próxima del casco urbano de Mendavia

Bibliografía sobre la presa de los ríos *Odrón y Linares*:

* Caballero Zoreda L. y Sánchez Palencia F. J: *Presas romanas y datos sobre poblamiento romano y medieval en la provincia de Toledo*; Noticiario Arqueológico Hispánico. Mtro. Cultura, 1982.

* Castillo J.C. y Arenillas M.: *Las presas romanas en España. Propuesta de Inventario;* I Congreso Nacional de Historia de las Presas. Mérida, noviembre 2000.

* Mezquíriz M.A.: *El Acueducto de Alcanadre-Lodosa.* Trabajos de Arqueología Navarra, I. Pamplona, 1979.

Odrón y Linares: *Vista de una de las diversas derivaciones existentes en los ríos Odrón y Linares, en concreto, justamente tras su confluencia, al sur de El Charcal, ya dentro del término de Mendavia. De este punto parte la denominada Acequia Mayor, que quizá sea un aprovechamiento moderno del antiguo canal del acueducto de Alcanadre-Lodosa, si hacemos caso a la teoría de M.A.. Mezquíriz.*

Presa del Arroyo Salado: *Vista desde aguas arriba del estribo roto de la presa. Su aparejo a base de grandes mampuestos guarda ciertas similitudes con algunas otras obras de época romana en la zona del Valle del Ebro. Abajo, el Arroyo Salado.*

6.41.- PRESA DEL ARROYO SALADO .-

Coordenadas: 570.300 ; 4.698.000. Fuente: Servicio Geográfico del Ejército Hoja 1:50.000 nº 205

Es esta una curiosa obra que se encuentra sobre el arroyo del mismo nombre, muy próxima a la localidad de Lodosa, en la Comunidad de Navarra. Su cercanía al acueducto de Alcanadre – Lodosa, y las analogías que presenta con diversas obras asociadas al mismo, podrían hacer pensar en un origen romano para esta presa, a pesar de haber sido catalogada por el Gobierno de Navarra como Bien de Interés de época moderna.

Se trata de una presa formada por un dique recto de casi 6 m de altura que cerraba el Arroyo Salado en una zona en la que el valle del mismo se estrecha formando una cerrada adecuada para la situación de una presa. La estructura consta de dos muros de mampostería con un relleno arenoso intermedio. El muro de aguas abajo, es el más grueso, y debe poseer una anchura de unos 4 m, mientras que el de aguas arriba no debe alcanzar los 2 m.

Finalmente, el relleno terroso entre ambos debe tener asimismo una anchura de otros 4 m. La fábrica observada en ambos muros está formada por una mampostería a base de piezas pétreas sin desbaste alguno y aparentemente sin argamasa de trabazón entre ellas, salvo quizá un barro del mismo material arenoso del núcleo. De la obra actual debemos decir que únicamente se conserva una pequeña parte, puesto que existe un gran relleno en esta zona sobre el que discurre el camino que recorre el Arroyo Salado desde la carretera NA-134, que pasa por tanto por encima del estribo de la presa. El estribo izquierdo, que se apoyaba sobre una ladera rocosa con mayor pendiente, ha desaparecido, si no a causa de una crecida del río, cuyo cauce discurre actualmente pegado a dicha ladera, quizá por un fallo de estabilidad.

El aspecto de la fábrica de la presa, realizada de una forma bastante tosca, no hace pensar de manera inmediata en una factura romana, aunque sí que existen otros datos para pensar finalmente en dicho origen. En primer lugar, la situación muy próxima (un par de kilómetros) de la presa al importante acueducto romano de Alcanadre – Lodosa, en un punto en el que ya se encontraron a lo largo del proceso de excavaciones, los restos de una obra de paso sobre este mismo arroyo (Mezquíriz, 1979). Este hecho hace pensar en una posible relación de la presa con el canal de dicho acueducto quizá como aportación secundaria, ya que la escasa entidad del arroyo no permite pensar en que esta sea una obra de cabecera que permita asegurar el suministro a una ciudad como la antigua Calahorra, que debía contar con un abastecimiento continuo de agua.

Presa del Arroyo Salado: *En esta foto, tomada desde el cauce del arroyo hacia el estribo izquierdo, aparece una sección transversal de la estructura, con un grueso muro aguas abajo, uno más delgado aguas arriba, y un relleno terroso entre ambos. Vemos que en realidad la fábrica no puede atribuirse con claridad a época alguna, aunque su cercanía al acueducto de Alcanadre-Lodosa podría indicarnos un origen romano.*

Por otro lado, si bien es verdad que la fábrica no es igual que las construcciones típicas de época romana, no es menos cierto que las obras romanas de esta región, sobre todo del periodo bajoimperial, presentan peculiaridades muy características que las suelen diferenciar de obras de otros lugares, siendo en este caso bastante parecidas a nuestra presa.

Quizá las características del material utilizado no permitían la realización de mampuestos de formas homogéneas, enmascarando así en esta zona la regularidad habitual de los paramentos de las obras de fábrica romanas. De esta manera, sí que encontramos algún parecido en esta presa con el repetido acueducto, y sobre todo con las obras accesorias del mismo, como los tramos del canal de aproximación a ambos lados, o la obra de paso encontrada en Sartaguda a lo largo de los trabajos de prospección mencionados.

A su vez, esta serie de obras presentan características muy similares a las de otras obras romanas de mampostería de este tramo del Ebro, como la segunda fase de la presa de Iturranduz y su depósito asociado junto a la antigua ciudad de Andelos, y quizá incluso con algunos paños del paramento de la presa de Valdelafuen (Sádaba). Así, no parece descabellado pensar en un origen romano para esta obra en base a los indicios expuestos anteriormente, ya que es muy posible que este acueducto contase con diversas aportaciones a lo largo de su trazado.

Recientemente se han dado los restos de una antigua presa próxima a Calahorra, en el cauce de La Degollada (ver apartado más adelante), que presenta ciertas analogías con los restos de la presa del Arroyo Salado, y que han sido atribuidos a época romana. No puede descartarse a día de hoy dicho origen, aunque en este último caso, la funcionalidad de la obra parecía ser diferente a la que nos ocupa en estos párrafos, pudiendo estar en este caso relacionada con el riego de una amplia zona situada aguas abajo de la obra (*Cinca Martínez, 2012*)

Bibliografía sobre la presa del *Arroyo Salado*:

* Castillo J.C. y Arenillas M.: *Las presas romanas en España. Propuesta de Inventario;* I Congreso Nacional de Historia de las Presas. Mérida, noviembre 2000.

* Gobierno de Navarra: ficha del Inventario Arqueológico. Pamplona.

6.42.- SISTEMA HIDRÁULICO DE ABASTECIMIENTO A UXAMA .-

La actual Burgo de Osma, antigua Uxama, era una ciudad de importancia en época romana. Se encuentra en la actual provincia de Soria, muy cerca de la antigua capital conventual, Clunia, y dentro del trayecto de la calzada romana trazada entre Zaragoza y Astorga por Tarazona.

El abastecimiento a esta ciudad, que en realidad no llegó a cubrir la mayor parte de la zona alta de la ciudad, fue descrito ya por D. Clemente Saenz en 1982. Las fuentes del mismo se encontraban en el río Ucero, distante unos 18 Km en línea recta, sin quedar claro en la actualidad si la toma se realizada directamente del manantial de La Galiana, o existía en esta zona un azud de derivación cuya remota ruina, a juzgar de dicho autor, podría ser la causa de la existencia de una gran poza ya cerca del puente de la carretera, en un punto que contrasta con el escaso calado del río en todo este tramo.

Además de este hipotético vestigio de una presa, C. Saenz menciona algunas balsas de riego más a lo largo del trazado de la conducción, que pudieran alimentarse del antiguo acueducto, por lo que podrían asimismo tener origen romano, a pesar de encontrarse en la actualidad muy deformadas por el paso del tiempo y las sucesivas reparaciones. De ellas, mencionaremos dos próximas a la granja de La Horcajada, cerca de San Esteban de Gormaz, la primera de ellas situada 1 Km aguas arriba de la mencionada granja y la segunda, subsidiaria de la primera, junto a las propias casas de la granja. Ambas son obras de escasa entidad (unos 2 m de altura), y están formadas por terraplenes terreros sostenidos por pequeños muretes de hormigón que cuentan con diversos bloques de grandes piedras (de mármol blanco en el caso de la de aguas arriba) embebidas en su masa. Las dos presas pudieran estar abastecidas por el canal de la conducción a Uxama, ya que se encuentran a la cota adecuada para ello, y regarían toda la extensión de cultivo del valle de la Horcajada. Finalmente, el autor de este estudio menciona la existencia de otra presa formada por un terraplén, situada aguas abajo sobre el barranco de Alcubilla del Marqués y denominada La Lunaza, que pudiera asimismo haber sido alimentada desde la propia conducción (Sáenz, 1982).

Bibliografía sobre el *Sistema hidráulico de Uxama*:

* Sáenz C.: "Ríos, presas, canales,..."; *OP (Revista del Colegio de Ingenieros de Caminos, C. y P.) nº 49.* 1999.

* Saenz C.: *La truida de aguas de Uxama*; Celtiberia. Centro de Estudios Sorianos. C.S.I.C. Madrid, julio-diciembre 1985. Conferencia pronunciada en el Museo Arqueológico de Madrid dentro del ciclo "Tecnología y Arqueología", el 13 de abril de 1982.

6.43.- PRESA DE ES CANÁ .-

Coordenadas: 376.150 ; 4.317.600. Fuente: Servicio Geográfico del Ejército Hoja 1:50.000 n° 799

Al noreste de la localidad de Santa Eularia d'es Riu (Santa Eulalia del Río), en la isla de Ibiza, encontramos un sistema de abastecimiento de agua de época romana que curiosamente no toma del río de Santa Eulalia, que da nombre a la localidad y que es casi el único que puede considerarse como tal en todas las Islas Baleares, sino de una vaguada próxima al Torrent de Angentera.

La toponimia de la zona es tremendamente significativa, ya que además de referencias a ríos o canales (es caná es en castellano "el canal"), se da el nombre de S'Argamassa para la zona en la que encontramos los restos del acueducto, sin duda debido a los restos de muros de opus caementicium que constituían la substructio de la conducción, de los que aún quedan algunos restos visibles en una longitud de 425 m. Se trataba esta conducción de un pequeño canal de 20 cm de ancho cuya funcionalidad no está aún muy clara, aunque presenta una clara relación con un edificio de época romana situado en su punto final, ya muy próximo al mar, que debió haber sido una pequeña factoría de salazón de pescado (Ramon, 1985).

La cabecera de dicho canal está constituida por una pequeña obra que podría considerarse una balsa o presa de embalse que derivaría agua al mismo y que aún no ha sido estudiada, por lo que no hay datos acerca de sus dimensiones, al encontrarse además cubierta en gran parte por la vegetación (Fernández, 2000). La construcción de este sistema hidráulico, a juzgar por las características observadas en su fábrica, podría situarse aproximadamente en el siglo II de nuestra era (Ramon, 1985).

Bibliografía sobre la presa de *Es Caná*:

* Castillo J.C. y Arenillas M.: *Las presas romanas en España. Propuesta de Inventario;* I Congreso Nacional de Historia de las Presas. Mérida, noviembre 2000.

* Fernández J.H., Costa B.: *Ibiza y Formentera. De la prehistoria a época islámica.* Guía del Museu Arqueologic d'Eivissa i Formentera.

* Ramon J.: *Els monuments antics de les Illes Pitiüses. 2.3 Els monuments de l'epoca romana. 2.3.1. S'Argamassa*; Consell Insular d'Eivissa i Formentera. Consellería de Cultura. Ibiza, 1985.

6.44.- CAPTACIONES DE MINAS DE ORO DEL NOROESTE ESPAÑOL .-

Son bien conocidas las importantes explotaciones mineras de la zona Noroeste de España y del Norte de Portugal en época romana, de las que han llegado hasta nosotros ejemplos tan impresionantes como el túnel fluvial de Montefurado, en la provincia de Orense, realizado para desvío del Sil, o los incomparables restos de la acción de la ruina montium en Las Médulas (Sáenz et al., 1974), además de otras explotaciones no tan espectaculares, pero tampoco de menor importancia, en el interior de Galicia, en Asturias (Santos Yanguas, 1992) , en las provincias de Zamora o Salamanca (Sánchez Palencia et al., 2000), pero sobre todo en la comarca del Bierzo, dentro de la provincia de León, y más concretamente en los valles de algunos ríos como por ejemplo el del Eria, el del Duerna, etc..(Sáenz et al. 1974)

El principal sistema romano de obtención del oro en esta zona estaba basado en la disolución con agua a presión de los terrenos, generalmente arcillosos y arenosos, que formaban parte de antiguas terrazas o rañas, o incluso en laderas que contenían en su seno el preciado metal, por lo que se hacía necesario el desarrollo de un sistema de captación y transporte de agua que aportase el caudal suficiente para el lavado de enormes volúmenes de material, además de poseer la energía potencial precisa para la creación de la presión necesaria para la disolución del terreno. Dentro de estos sistemas, la cabecera estaba constituida a veces por pequeñas presas o azudes de derivación, de las que se conservan aún algunos ejemplos, aunque muy retocados en la mayoría de los casos. Los canales de transporte que partían de estas obras podían ser de una extraordinaria longitud, ya que llegaban a tener en algunos casos hasta 40 km, constituyendo además una red de enorme extensión.

De esta manera, aún se conservan algunas captaciones relacionadas con dichas minas, que han sido localizadas y descritas por C. Saenz en su estudio acerca de la minería de oro romana. Así, además de multitud de balsas y depósitos de acumulación en la cabecera de las explotaciones, menciona varias presas o azudes de derivación, en general de construcción bastante rústica que, por su aspecto actual no parecerían tener origen romano, pero que en realidad constituyen la primitiva toma de canales que finalizan en beneficios mineros que se han identificado inequívocamente con explotaciones romanas, de lo que se deduce un origen idéntico para las obras de toma.

La primera de las obras de derivación identificadas es la presa de Río Espino, en los altos que dominan Boisán, en la cuenca del Duerna, en el Bierzo. En el río Llamas, también en la cuenca del Duerna, se mencionan dos tomas: la primera de ellas en la cabecera del río, en un lugar denominado "La Barrera", a cota 1200, al pie de Peña Campana cerca del Teleno. La segunda toma localizada en este río, la más importante, es denominada con el nombre de "La Presa" y se encuentra próxima a Priaranza de la Valduerna. Se trata de un importante azud de derivación que fue reconstruido en el siglo pasado con el fin de devolver el servicio a un canal para el lavado de material de una explotación que volvió a ponerse en funcionamiento. Se trata de una obra realizada en piedra, de planta recta y paramentos verticales, con una altura de 3 ó 4 m. (Sáenz et al., 1974)

Por lo que se refiere al valle del Eria, este autor menciona algunas tomas en el río Ñatres y otras en el Arroyo Valdevecios, sobre el cuál precisamente señala la existencia de un azud de derivación a cota 1500. Finalmente, fuera ya de la comarca del Bierzo, en la división entre las provincias de León y de Orense, pero ya en tierras gallegas, se menciona la existencia de un dique realizado con "vetustos materiales ciclópeos" sobre el Río Bibey, ligeramente aguas abajo de la presa de Las Pías, cerca de la aldea de San Lorenzo de Sever. De él parte un grueso canal que es aún fácil de seguir, y que trasvasa agua a la cuenca del Río Camba, en dirección a San Andrés de Bembibre, donde se encuentra localizada una explotación aurífera romana, por lo que lo encontrado en la actualidad podrían ser en realidad los restos de una antigua derivación con el fin último de servir al lavado de material en aquella explotación romana.

Por lo que se refiere a las explotaciones auríferas de esta zona, también J. Díez-Cascón y F. Bueno se refieren a captaciones de agua relacionadas con la explotación de Las Médulas desde los ríos Oza y Valdeoza por un lado, y en los ríos Cabrera y Eria por otro. Así, señalan la existencia de dos azudes de origen romano sobre el río Eria: aguas arriba del pueblo de Pozos y aguas abajo de la Corona de Corporales (Díez-Cascón y F. Bueno, 2003). Sin embargo, y tal y como señalan estos autores, según Sánchez-Palencia, las únicas presas realmente romanas del noroeste peninsular son las de Trasminas, sobre el río Tinhela, al norte de Portugal.

Se ha mencionado también la existencia de balsas y de pequeñas presas en la zona del interior de Asturias, de nuevo en relación con explotaciones mineras romanas, que empleaban la misma técnica de ruina montium descrita para las zonas de León, Galicia y Tras-os-Montes, en Portugal (De Almeida, 1970; Ferreira, 1973). Así, Santos Yangüas, en su obra sobre la romanización de Asturias, describe también dicho procedimiento y menciona la existencia de algunos puntos de captación de agua que han perdurado hasta la actualidad, formados por pequeñas presas o embalses realizados generalmente con tierra compactada, aunque reforzados a veces en su parte más baja con muros de piedra o de argamasa. De éstos, se da una lista en la que se enumeran expresamente las balsas más importantes: el primer grupo de ellas, muy numeroso, estaría situado en el concejo de Allande, principalmente a lo largo de las cuencas de los ríos Fresnedo, Valledor, Pumarín y Arroyo del Oro. Esta serie de obras, se agruparían cercanas a las vías de comunicación, sobre todo en las cercanías del Puerto del Palo. Otra serie de obras encontradas dentro de la propia comarca del Valle de Oscos, en el suroeste de Asturias, se situarían en la zona de Boal, en Corralín (Degaña), la región de Bustantigo, y también en los alrededores del castro de La Escrita (Santos Yanguas, 1992).

Como vemos, existen en toda esta zona Noroeste multitud de pequeñas obras de derivación o de embalse que eran utilizadas como puntos de toma para canales de transporte de agua para lavado de material. La rusticidad de estas obras, no destinadas al abastecimiento ni tampoco al riego, así como la abundancia de agua en esta región, en la que las lluvias son continuas y frecuentes, hace que se trate de obras de escasa entidad y escaso nivel técnico en comparación con las realizadas por los romanos en la parte árida del país, tratándose en muchos casos de simples represas con muretes rudimentarios que serían reconstruidos sin excesivo esfuerzo en caso de ruina, hecho que por otra parte no sería excesivamente grave, puesto que no causaría daños a poblaciones o edificios, no suponiendo más que un corte de suministro temporal a los canales que transportaban el agua hasta las minas.

Minas de oro del Noroeste: *Sobre el río Bibey, algo aguas abajo de la moderna presa de Las Pías, encontramos una antigua derivación formada por grandes piedras opuestas a la corriente. Aunque aguas abajo encontramos un canal de considerables dimensiones en margen izquierda, parece que la toma fue aprovechada posteriormente para servir de alimentación a un molino de rústica construcción formada por una serie de grandes mampuestos apilados y sin labra, que es el que vemos en la foto, observándose en primer término un estribo de similares características de lo que debió ser un antiguo paso de madera, sustituido por una celosía metálica.*

Bibliografía sobre las presas de las *Minas de oro del Noroeste*:

* Castillo J.C. y Arenillas M.: *Las presas romanas en España. Propuesta de Inventario;* I Congreso Nacional de Historia de las Presas. Mérida, noviembre 2000.

* De Almeida F.: "Mineracao romana em Portugal"; Legio VII Gemina. León, 1970.

* Diez-Cascón Sagrado J. y Bueno Hernández F: Las presas y embalses en España. Historia de una necesidad. Ministerio de Medio Ambiente, 2003.

* Ferreira Almeida C.A.: "Aspectos da mineracao romana de Ouro em Jales e Tresminas (Tras-Os-Montes)"; *XII Congreso Nacional de Arqueología, Jaén 1971.* Zaragoza, 1973.

* Saenz C. y Vélez J.: *Contribución al estudio de la minería primitiva del oro en el Noroeste de España*; Ediciones Atlas. Madrid, 1974.

* Sanchez-Palencia F. J. y Ruiz del Árbol M.: "La infraestructura hidráulica en las minas de oro del nordeste de Lusitania"; *I Congreso Nacional de Historia de las Presas*, Mérida; nov. 2000.

* Santos Yanguas N.: *La romanización de Asturias*. Ediciones Itsmo, 1992.

Presa de La Degollada: *Restos del muro principal en el cauce de La Degollada. Fuente. elcorreo.com, Álava, 23-12-2012.*

6.45.- PRESA DE LA DEGOLLADA.-

Coordenadas: 586.962 ; 4.680.159. Fuente: Google Earth. Proyeccion Universal Transversal Mercator.

El conocimiento de esta antigua obra es debida a D. José Luis Cinca Mtez. (Amigos de la Historia de Calahorra), de cuya información reproducimos a continuación los datos aportados. Se trata de una presa con un trazado quebrado en tres tramos, con una longitud total de 176 m y con un tramo principal sobre la rambla de la Degollada de aproximadamente 87,5 m. Este último consta de un muro de mampostería con un núcleo de hormigón poco cuidado con una altura máxima observada de unos 8,5 m, lo cual supone unas dimensiones muy importantes para tratarse de una presa antigua.

El espesor del muro es de 2,80 m, lo que hace pensar en que el mismo debería estar reforzado mediante algún otro elemento, ya que parece que su estabilidad estaría en este caso comprometida por la esbeltez de su estructura. La presa aparece cortada en coincidencia con el cauce de La Degollada, que ha erosionado el terreno (la presa se encuentra ubicada en una zona de malpaís, donde la erosión y el arrastre de material es muy acusado), y puede verse una sección tipo de lo que fue la presa, mostrando un muro aguas abajo del principal tras lo que parece un relleno intermedio de materiales sueltos. Es posible que la presa estuviera reforzada aguas abajo con un relleno de materiales sueltos compactados al que se añadiría un muro intermedio adicional, lo que aportaría la estabilidad necesaria a la estructura. Se trata sin embargo de un punto que cabría confirmar antes de dar como definitivo el esquema estructural de la presa.

Según los datos disponibles, en el tramo central de la presa subsisten los restos de un canal de toma formado por sillares sobre los que han pervivido los rebajes correspondientes al manejo de una compuerta de regulación. Dicho canal podría servir al riego de toda la zona inmediatamente aguas abajo de la presa, en explotación desde tiempos muy antiguos. Existen asimismo los restos de una segunda presa aguas arriba de la descrita, en este caso de aspecto más moderno a la de la Degollada.

Según el esquema descrito anteriormente, la presa de La Degollada presenta diversas analogías con algunas presas de la zona del valle del Ebro, como la anteriormente descrita del Arroyo Salado. Sin embargo, el tipo de presa y el almohadillado observado en los sillares conservados es similar asimismo a otras presas posteriores de la misma región, como por ejemplo, las presas del río Alcanadre. Por ello, es difícil precisar la época de construcción de la presa, al precisar un estudio más detallado de las fábricas para determinar su origen.

Bibliografía sobre la presa de *La Degollada*:

* Cinca Mtnez. J. L. *La presa romana de La Degollada (Calahorra, La Rioja).* Kalakoricos, 2012, 17, p. 331-353

6.46.- PRESA DE FUENTE CAPUTA .-

Coordenadas: 629.665 ; 4.216.632. Fuente: Google Earth. Proyeccion Universal Transversal Mercator.

Se trata de una obra que ha sido mencionada en documentos culturales de la Región de Murcia como presa romana. La presa de Fuente Caputa se encuentra en el paraje del mismo nombre enclavado dentro del término municipal de Mula, en Murcia, y relacionada con un importante yacimiento romano de Fuente Caputa formado por los restos de una antigua villa.

Lo cierto es que a tenor de una primera visita a la antigua presa, tiene probabilidades de tratarse de una antigua obra rural de captación de agua de época romana. Su ubicación se encuentra a poco más de dos kilómetros de Fuente Caputa, al final de antiguo camino que une Ardal con Caputa, prolongado por Yechar hasta Archena, al borde del río Segura.

Se trataría de una presa formada por un dique recto de aproximadamente 70 m de longitud en origen y escasa altura (2 m aprox), que cerraba una amplia llanura al pie de la Loma de Herrero y que está construida sobre un pequeño desnivel del terreno. El muro, de 1,5 m de anchura media aproximada, se encuentra formado por una fábrica de opus incertum con piezas de considerable grosor, aunque existen también restos de ladrillo en una de las esquinas del muro, y en la cara exterior del dique parecen persistir restos de un revestimiento impermeabilizante a base de opus signinum.

No existen datos acerca de su funcionalidad original, aunque podría tratarse de una de las numerosas obras rurales romanas relacionadas con el riego de una explotación agropecuaria, dado que parece ser que de la presa partirían dos acequias, una hacia el Este, cuyo trazado se ha perdido, y otra hacia la antigua villa de Caputa, por lo que tampoco debiera descartarse la posibilidad de un uso mixto para riego y abastecimiento humano. Por otra parte, tampoco existen datos concretos sobre su fecha de construcción, aunque en relación con la cerámica hallada en la zona de la villa relacionada, podría haberse erigido entre los siglos I y II d.C.

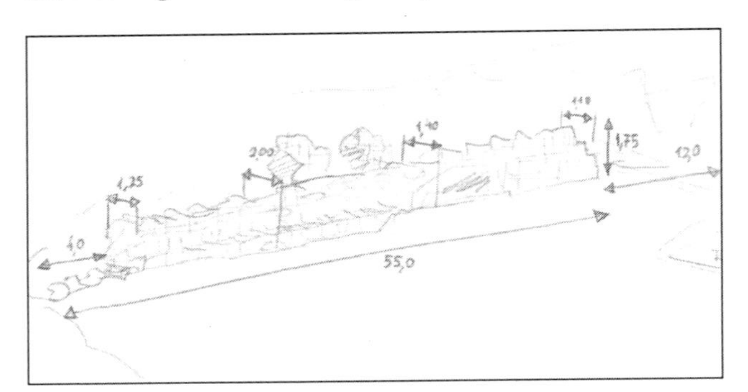

Presa de Fuente Caputa: *Croquis de los restos de la presa, que cuenta con 55 m de longitud aún en pie (faltan unos 12 m por donde corre el cauce) con un espesor de entre 1,1 y 2,0 m y una altura máxima conservada de 1,75 m.*

Presa de Fuente Caputa: *Vista de la posible presa romana, hoy arruinada, donde se aprecian los restos del muro de cierre, formado por una fábrica de opus incaertum bastante grueso, aunque por lo observado, puede que en un origen el paramento hubiese estado revestido por una impermeabilización a base de opus signinum*

La fábrica de la presa es difícil de atribuir a una época concreta, dado que se trata de un tipo de mampostería utilizada no solo en época romana, sino durante la Edad Media y época moderna, y por otro lado, el mortero utilizado, si bien no puede descartarse, no presenta un aspecto romano claro por su granulometría. Finalmente, los restos de enlucido observado en algunos tramos del muro parece ser de origen moderno, además de encontrarse del lado de aguas abajo, lo que le resta funcionalidad desde el punto de vista de impermeabilidad del muro.

Presa de Fuente Caputa: *Detalle del muro de la presa en la zona del estribo derecho.*

Presa de Fuente Caputa: *Nuevo detalle de la zona del estribo derecho, donde se aprecia una especie de escalonado en la fábrica, así como restos del muro volcados hacia aguas arriba.*

Bibliografía sobre la presa de *Fuente Caputa*:

* Página web; Región de Murcia Digital: *Yacimientos de Mula. Época romana.*

6.47.- ARQUILLO DE SAN BLAS .-

Coordenadas: 653.105 ; 4.469.369 Fuente: Google Earth. Proyeccion Universal Transversal Mercator.

Esta presa de fábrica que cierra el cauce del río Guadalaviar (cauce alto del Turia), se encuentra aproximadamente 1 km aguas abajo de la moderna presa homónima, que también toma su nombre de la cercana población de San Blas, muy próxima a su vez de la capital turolense.

Se trata de una obra de una cierta envergadura (unos 8 m de altura máxima), con un espesor de entre 4,30 y 7,50 m (*Fdez. Odoñez, 1984*) que cierra el cañón del río Guadalaviar en un pasaje especialmente estrecho (la longitud de la presa en coronación es de unos 7 m). Actualmente la presa se encuentra inutilizada, dado que el cauce ha erosionado y arrastrado el material del lecho del río sobre el que la estructura se debía apoyar de forma directa, por lo que el agua pasa de forma habitual bajo el muro, que no consigue formar embalse aguas arriba.

La presa se encuentra formada por un muro de sillarejo en el paramento de aguas abajo, que presenta la particularidad de presentar una hilada oblícua de sillares verticales que cruza de lado a lado el muro formando una especie de arco en el paramento. Por su parte, el paramento de aguas arriba está en cambio formada por una fábrica de simple mampostería de medio tamaño. Finalmente, el cuerpo de la presa entre ambos paramentos está formado por un relleno de calicanto indiferenciado.

Arquillo de San Blas: *Vista del paramento de aguas abajo, donde se aprecian los sillares verticales formando una especie de arco en el medio del paramento.*

Por lo que se refiere a la historia de la presa, es posible que por su situación y aspecto actual, haya sido objeto de diversas remodelaciones a lo largo del tiempo, y de hecho, las particularidades que presenta en el paramento de aguas abajo, es posible que sean debidas a alguna reparación por rotura que haya originado una acusada heterogeneidad en su fábrica. Sin embargo, por tipología, fábrica y aspecto, es muy difícil adscribir esta presa a época romana, a pesar de que en algún momento ha sido clasificada como tal por algún autor (*Marco Baidal, 1960*).

En realidad, es posible que el Arquillo haya sido construida en la Edad media, o en algún momento inmediatamente posterior (s. XV – XVI) en relación con otras obras realizadas en la zona en aquella época. Recuérdese que el soberbio acueducto de Teruel fue realizado durante la segunda mitad del siglo XVI, aunque esta presa no guarda relación con aquél, cuyas fuentes provienen de la zona de Valdecebro. En cambio, a la presa del Arquillo de San Blas se le atribuye una utilidad para riego, en relación a las vegas de Teruel, explotadas desde antiguo. Su cronología por tanto podría situarse al final de la Baja Edad Media o los siglos XV-XVIdebido a sus analogías con otras obras aragonesas que han sido atribuidas a aquella época, como la del Hocino, Galindo o El Vado, todas ellas sobre el río Aguas Vivas, en la propia provincia de Teruel.

Bibliografía sobre la presa del *Arquillo de San Blas*:

* Fdez. Ordoñez J. A. y otros: *Catálogo de Noventa Presas y Azudes Españoles anteriores a 1900;* Biblioteca CEHOPU. Madrid, 1984.

* Marco Baidal J.: *El Turia y el hombre ribereño*; Marí Montañana. Valencia. 1960.

7.- CLASIFICACIÓN ACTUALIZADA DE LAS PRESAS ROMANAS EN ESPAÑA.

Como conclusión y resumen del estudio que engloba todas las posibles presas romanas conocidas o que han podido ser consideradas como tales hasta el momento presente, se incluye a continuación una relación en la que se recoge de manera resumida el conjunto de obras, agrupadas según su localización e importancia, y en el que se dan sus características principales, como un primer paso hacia una clasificación sistematizada.

El criterio empleado en esta relación ha sido el de asignar una numeración solamente a aquellas obras de las que se sabe con suficiente seguridad que son obra original romana, o de las que existen fundados indicios acerca de su origen romano, bien porque conservan toda o parte de fábrica romana, o por su indudable relación con otras obras como canales, etc..., con origen romano seguro. Dentro de la misma relación, aunque con una nomenclatura independiente, se incluyen aquellas obras cuyo origen es menos cierto, y finalmente, fuera de cualquier tipo de numeración, aquellas sobre las que pensamos que no son de ninguna manera romanas, agrupadas en un nivel diferente, tras las anteriores. Estas últimas obras han sido incluidas también en nuestra relación con el fin de agrupar en un solo documento todas aquellas obras que han sido mencionadas en alguna ocasión como romanas y no dejar así ninguna referencia en el olvido.

Estas obras han sido clasificadas dentro de este resumen final con un criterio geográfico moderno, es decir, por comunidades administrativas actuales, dejando para el apartado 3: *Las presas romanas en España. Funcionalidad y distribución a lo largo del territorio*, su identificación dentro de las antiguas provincias romanas. De esta manera se pretende obtener una rápida ubicación de las presas existentes dentro de nuestro país.

Finalmente, se ha seguido también un orden de importancia dentro de cada apartado de la relación, al incluir en primer lugar aquellas regiones con un mayor número de obras, además de que dentro de las mismas se mencionan primero las presas con una mayor importancia, lo cual no es un criterio demasiado estricto, ya que la mayor o menor importancia de una obra supone en ocasiones una gran carga de subjetividad que podría dar lugar a largas discusiones.

A) EXTREMADURA

1-PROSERPINA

Cotas (*m*): *425,8* **x** *1,5 a 6,0* **x** *21,6*
Tipología: Pantalla con talud 1/6 y 9 contrafuertes a. arriba;espaldón de tierras y 16 contrafuertes espaciados a. abajo. Dos torres de toma a. abajo
Situación: A. Pardillas + Trasvase Arroyo de las Adelfas. Mérida.
Utilidad: Abastecimiento *Emérita*; Ac. Milagros
Epoca: Siglos I - II d.C.

2-CORNALVO

Cotas (*m*): *194* **x** *10 a 68* **x** *20,8*
Tipología: Materiales sueltos con pantalla en talud a. arriba. Muros transversales y relleno de arcilla y hormigón a. arriba. Torre de toma exenta en el interior del embalse
Situación: Rio Albarregas + Trasvase Arroyo de las Muelas. Mérida.
Utilidad: Abastecimiento de *Emérita; Aqua Augusta*
Epoca: Siglo I - II d.C.

3-ESPARRAGALEJO

Cotas (*m*): *320* **x** *2,20* **x** *5,60*
Tipología: Bóvedas múltiples (contrafuertes) Reconstruida en los años 50
Situación: Arroyo de Albucia. Esparragalejo
Utilidad: Abastecimiento y riego.
Epoca: Siglo I d.C.

4-EL PAREDÓN

Cotas (*m*): *141,1* **x** *1,90 a 2,70* **x** *4,50*
Tipología: Pantalla con ligero talud y contrafuertes hacia a.abajo; espaldón de tierras aguas abajo.
Situación: Arroyo del Paredón. Valverde de Mérida
Utilidad: Abastecimiento y riego.
Epoca: Siglo III d.C.

5-ARAYA

Cotas (*m*): *139 x 1,80 x 3,70*
Tipología: Pantalla de gravedad con contrafuertes a. abajo.
Situación: Arroyo. Cortijo de Araya (Mérida)
Utilidad: Abastecimiento y riego.
Epoca: Siglo II d.C.

6- CHARCA DE VALVERDE

Cotas (*m*): *170 x 0,75 a 3 x 3 ?*
Tipología: Pantalla con contrafuertes a.abajo y espaldón de tierras. Planta irregular
Situación: Arroyo de la Charca. Valverde de Mérida
Utilidad: Abastecimiento y riego.
Epoca: Romana indeterminada. Muy reconstruida

7-VEGA STA. MARÍA

Cotas (*m*): *97,8* **x** *0,5 a 3,5* **x** *3,6*
Tipología: Gravedad. Pantalla con contrafuertes a. abajo. Planta irregular.
Situación: Arroyo de las Eras. Mérida
Utilidad: Abastecimiento y riego (*villa* y termas)
Epoca: Romana indeterminada. Reconstruida

8-LAS TOMAS DE BADAJOZ

Cotas (*m*): *95* **x** *1,90* **x** *5,20*
Tipología: Gravedad. Pantalla con contrafuertes aguas arriba y espaldón terrero. Torre de toma adosada aguas arriba.
Situación: Agua de arroyadas. Badajoz
Utilidad: Abastecimiento y riego (*villa* de Las Tomas).
Epoca: Siglo IV d.C.

9-EL PERAL

Cotas (*m*): *30,0 ?* **x** *1,0 ?* **x** *2,2 ?*
Tipología: Gravedad. Pantalla plana simple.
Situación: Arroyo de las Norias. Mérida
Utilidad: Abastecimiento y riego (*villa* de la Casa la Viuda)
Epoca: Siglos I-II d.C.

10-LA CUBA

Cotas (*m*): *52 (170)* **x** *0,8* **x** *1,4*
Tipología: Pantalla plana y espaldón terrero a. abajo
Situación: Aroyo de La Cuba. La Roca de la Sierra.
Utilidad: Abastecimiento y riego (*villa*)
Epoca: Siglos II-III d.C.

11-EL ARGAMASON

Cotas (*m*): *14,70* **x** *1,40* **x** *1,30*
Tipología: Gravedad.
Situación: Aroyo Tripero. Torremegía.
Utilidad: Abastecimiento y riego.Ruta de la Plata
Epoca: Siglos II-III d.C.

12-LOS PAREDONES

Cotas (*m*): *80* **x** *2,5* **x** *> 2*
Tipología: Muro con contrafuertes y talud aguas abajo.
Situación: Arroyo del Gitano. Sta.Marta de los Barros
Utilidad: Abastecimiento y riego.
Epoca: Siglos I-II d.C. Reconstruida.

13-EL PERAL II (AYO. NORIAS)

Cotas (*m*): *7,6* **x** *0,65* **x** *> 0,9*
Tipología: Muro y contrafuertes. Planta arqueada
Situación: Arroyo de las Norias. Mérida.
Utilidad: Abastecimiento y riego. Pesquera.
Epoca: Romana indeterminada.

14-EL HINOJAL (LAS TIENDAS)

Cotas (*m*): *230* **x** *1,60* **x** *1,30*
Tipología: Gravedad con contrafuertes y ligero talud.
Situación: Regato Charcoblanco. Las Tiendas. Montijo.
Utilidad: Abastecimiento, riego (actualmente sumergida parte del año bajo el embalse Los Canchales)
Epoca: Siglos III- IV d.C.

15-CAÑAVERAL

Cotas (*m*): *30* **x** *0,4 a 2,4* **x** *1,20*
Tipología: Gravedad.
Situación: Arroyada. Término de Cañaveral
Utilidad: Abrevadero. Ruta de la Plata.
Epoca: Siglo IV d.C.

16-EL CHAPARRAL

Cotas (*m*): *50* **x** *1,05* **x** *> 0,80*
Tipología: Gravedad.
Situación: Rivera de la Alcazaba. Aljucén.
Utilidad: Abastecimiento y riego.
Epoca: Siglos III-IV d.C.

17-VALENCIA DEL VENTOSO

Cotas (*m*): *60 a 80* **x** *1,6* **x** *> 0,8*
Tipología: Gravedad.
Situación: Arroyo. Valencia del Ventoso.
Utilidad: Presa acumulación. Abastecim. y riego
Epoca: Siglos III-IV d.C.

18-MONROY

Cotas (*m*): *Pocos restos*
Tipología: Gravedad. Planta curvilinea.
Situación: Monroy. Cáceres.
Utilidad: Abastecimiento Villa los Términos.
Epoca: Romana indeterminada.

19-LAS ADELFAS

Cotas (*m*): *?*
Tipología: Gravedad.
Situación: Arroyo de las Adelfas.
Utilidad: Derivación embalse Proserpina. Toma canal derivación del A. de las Adelfas
Epoca: Siglo II d.C.

20-ARROYO LAS GOLONDRINAS

Cotas (*m*): *200* **x** *3,4* **x** *3*
Tipología: Gravedad con contrafuertes.
Situación: Cañada Golondrinas (Arroyo de las Muelas)
Utilidad: Derivación embalse Cornalbo. Inicio canal de trasvase Arroyo de las Muelas.
Epoca: Siglo II d.C.

21-CAÑADA DEL HUEVO

Cotas (*m*): *100* **x** *4,65 a 5,0* **x** *2,5*
Tipología: Obra paso vaguada con incorporación de agua. Muro con contrafuertes a. arriba
Situación: Cañada del Huevo.
Utilidad: Aportación canal trasvase a Cornalbo
Epoca: Siglo II d.C.

22-PRESA DE LAS MEZQUITAS

Cotas (*m*): *? x ?* **x** *1,6*
Tipología: Obra paso vaguada e incorporación adicional de agua. Muro de hormigón y mampostería
Situación: Vaguada próxima Arroyo de las Muelas.

Utilidad: Aportación canal trasvase a Cornalbo.
Epoca: Siglo II d.C.

OTRAS POSIBLES PRESAS ROMANAS:

1A.- *PORTEZUELO*

Restos de una antigua presa bajo los cimientos de un viejo molino sobre el arroyo del Castillo, posiblemente romana. L aprox.: 12 m.; H aprox.: 2,5 m.

2A.- *ARROYO DEL JUDÍO y DE LAS JUNTAS*

En la cuenca de este arroyo, así como en la de su tributario, el Arroyo de Las Juntas, se sabe de la posible existencia de otras dos pequeñas presas romanas a través de referencias orales.

3A.- *ARROYO TRIPERO*

Referencia oral sobre una presa romana en este arroyo, aguas arriba de la presa de El Argamasón.

NO SON PRESAS ROMANAS:

DON TELLO

Tramo de conducción romana con sifón atravesando el Arroyo Tamujo (Mérida), mencionada desde antiguo como presa.

EL ALBERCÓN

Depósito de época moderna sobre un brazo abandonado del Guadiana (Badajoz capital), mencionado en alguna ocasión como presa.

VALENCIA DE ALCÁNTARA

Balsa o depósito limario del acueducto romano, mencionada por Fernández Casado e incluida como presa por C. Zoreda y S. Palencia; actualmente ha desaparecido.

B) ARAGÓN

23-ALMONACID DE LA CUBA

Cotas (*m*): *120,0 x 17,0 a 27,0 x 34,0*
Tipología: Gravedad con paramentos escalonados
Situación: Río Aguas Vivas. Almonacid de la Cuba Zaragoza.
Utilidad: Riego.
Epoca: Finales s. I a.C. o comienzos s. I d.C.

24-MUEL

Cotas (*m*): *64,70 x 7 x 12,15*
Tipología: Gravedad.
Situación: Río Huerva. Muel. Zaragoza.
Utilidad: Probable abastecimiento de *Caesaraugusta*.
Epoca: Finales s. I a.C. o comienzos s. I d.C. Reconstrucciones siglos I y II d.C.

25-ERMITA VIRGEN DEL PILAR

Cotas (*m*): *80 x 7,35 x 16,7*
Tipología: Gravedad.
Situación: Arroyo de Santa Maria. Monforte de Moyuela. Teruel
Utilidad: Abastecimiento núcleo urbano.
Epoca: Siglos I y II d C

26-PARED DE LOS MOROS

Cotas (*m*): *68,0 x 2,65 x 8,40*
Tipología: Gravedad. Posible espaldón a.abajo.
Situación: Arroyo Farlán. Muniesa. Teruel.
Utilidad: Abastecimiento y riego.
Epoca: Siglo III d.C.

27-VILLAFRANCA

Cotas (*m*): *150 x 2,15 x 3,0*
Tipología: Gravedad con contrafuertes.
Situación: Rio Jiloca. Villafranca Campo. Teruel
Utilidad: Riego y posible abastecimiento urbano Molino de época posterior.
Epoca: Siglos II-III d.C.

28-PUY FORADADO

Cotas (*m*): *56,0 x 1,0 x 2,0*
Tipología: Arco gravedad..
Situación: Arroyadas. Uncastillo. Zaragoza
Utilidad: Abastecimiento urbano. Acueducto de Los Pilares. Termas de Los Bañales.
Epoca: Siglos II-III d.C.

29- AZUD DEL RABAL

Cotas (*m*): *190 x 25 x 3,0*
Tipología: Gravedad. Azud de derivación.
Situación: Rio Gállego. Zuera. Zaragoza.
Utilidad: Riego. Abastecimiento urbano en origen
Epoca: Primera época imperial.

OTRAS POSIBLES PRESAS ROMANAS:

4A.- *PUENTE DEL DIABLO*

Antigua toma del acueducto de abastecimiento de Los Bañales en el Arba de Luesia (Malpica de Arba, Zaragoza), cubierta actualmente por azud moderno cimentado sobre el antiguo. Fue vista por Galiay aún en 1944 y sur origen cierto es romano por su relación con el acueducto de Los Pilares.

5A.- *AZUD DE LA ALMOZARA*

Azud de derivación sobre el Jalón cerca de Alagón, muy reconstruido aunque de gran antigüedad, que por su situación podría tener relación con la obra mencionada en el famoso Bronce de Botorrita. Dimensiones: 113,0 x 1,0 x 3,0 m.

6A.- *CALATAYUD*

Azud de derivación en la cuenca del Jiloca mencionado por algunos autores como toma para el abastecimiento a la antigua Bilbilis.

7A.- *AZUD DE LA RECHUELA*

Azud sobre el Río Aguas Vivas, en La Zaida, de 29,0 x 3 ? x 3 m., dedicado actualmente a riego, y que pudo ser en la antigüedad la toma para alguna explotación agropecuaria romana.

8A-9A.- *AZUDES DE SAN MARCOS Y PUEYÉE*

Grandes azudes de sillería sobre el Río Vero, aguas arriba de Barbastro, mencionados por varios autores como de origen romano y con un origen antiguo comprobado, aunque presentan en la actualidad un aspecto más moderno. Poseen 11 y 7 m. de altura, respectivamente.

10A.- *AZUD DE FAÑANÁS O DE ABRISÉN*

Azud de sillería de 8 m. de altura sobre el Río Guatizalema, cerca del Pueyo de Fañanás, que forma parte del conjunto de presas mencionadas como de posible origen romano, aunque en realidad su aspecto actual no parece confirmarlo.

11A.- *EL HOCINO*

Presa arco de sillería de posible origen romano situada sobre el Aguas Vivas en Moneva, Zaragoza. Posee una toma para riego en margen izquierda y un aliviadero en la derecha excavados en roca. Dimensiones: 20,0 x 2,0 x 18,0 m.

12A.- *VALDELAFUEN*

Presa formada por varios diques con espaldón de tierras aguas abajo, alguno de los cuales podría presentar en base una factura romana. Se encuentra sobre el Río Riguel, en Sádaba, en una zona con numerosos restos hidráulicos romanos.

13A.- *AZUD DEL CONVENTO*

Azud de derivación sobre el Jalón, cerca de Alagón. Muy reconstruido, aunque de gran antigüedad, debido a su posible relación con yacimientos cercanos.

14A.- *AZUD DE BISIMBRE*

Azud sobre el Huecha próximo a Agón reconstruido totalmente en 1992, del que resta únicamente la tajadera de la obra original. Podría tener origen romano según algunos arqueólogos por su tipo de construcción (originalmente en sillería), aunque su disposición oblicua al río parece ir en contra de esta hipótesis. Sus dimensiones son: 48,8x1,15x1,50m

15A.- *AZUD DE LA ACEQUIA DE URREA DE GAÉN*

Presa de gravedad oblicua al cauce situada sobre el Río Martín, en Albalate del Arzobispo, en Zaragoza. Es la toma de la importante Acequia de Urrea de Gaén, de posible origen romano. Dimensiones : 70,0 x 5,0 x 1,0 m.

16A.- *AZUD DEL CHORRO ANTIGUO*

Sólo queda una serie de restos sobre el Aguas Vivas, Moneva (Zaragoza). Relacionado con el cercano Azud de los Moros (que también servía de toma para riego), pudiera tener origen romano.

17A.- *PRESA DEL GUADALAVIAR*

Sobre el río Gadalaviar, y cercana a Albarracín, existe una presa moderna que puede ser la sucesora de la antigua toma del acueducto romano de Cella.

18A.- *BALSAS O ABREVADEROS DE ORIGEN ROMANO:*

Cella, Vuelcacarros, Galiana, Balsas de Los Monegros: Buena, Calzada, Candasnos y Pozo del Pedregal. La mayor parte de ellos, puntos de abrevadero a lo largo de las calzadas romanas en los tramos más áridos, actualmente reformadas por completo.

NO SON PRESAS ROMANAS:

PRESA DE LA PESQUERA

Se trata de una obra de grandes dimensiones (100 **x** 15,6 **x** 4,0) construida sobre una arroyada de muy pequeña cuenca próxima a Navardún. Aunque se le ha relacionado con la toma del Canal del Molinaz y el Poblado de los Villares, podría ser una obra de paso de otra conducción próxima, de posible cronología medieval.

PRESAS DEL RÍO ALCANADRE

En la cuenca de este río persisten los restos de grandes obras de cierre, probables obras de toma para canales de toma a molinos y para riego, hoy arruinadas. Entre ellas se cuenta la Presa de Valdera, entre Torres de Alcanadre y Peralta de Alcolea.

PRESA DEL RIO RIGUEL

Bella presa arco, probablemente del siglo XVII ó XVIII, relacionada con la cronología romana por su proximidad al monumento del *Altar de los Atilios* y al importante yacimiento de Los Bañales.

PRESAS DE BENABARRE

En las inmediaciones de Benabarre existen dos presas, la del Barranco del Calvo y la de San Medardo, que por su aspecto podrían ser obras medievales.

AZUD DE ARMANTES

Se encuentra en las proximidades de Calatayud y parece ser una obra de paso o de contención de una antigua conducción o camino, de cronología probablemente medieval.

ARQUILLO DE SAN BLAS

Presa de fábrica en el cañón del Guadalaviar próximo a la ciudad de Teruel, de probable origen medieval o de los siglos XV-XVI.

C) CASTILLA LA MANCHA

30-ALCANTARILLA

Cotas (*m*): *>545,0 x 3,2 x 15,0*
Tipología: Gravedad. Paramento recto y espaldón de tierras a. abajo. Dos torres de toma
Situación: Río Guajaraz. Mazarambroz. Toledo
Utilidad: Abastecimiento a *Toletum.*
Epoca: Siglos I-II d. C.

31-CONSUEGRA

Cotas (*m*): *>632,0 x 1,6 x 4,8*
Tipología: Gravedad. Contrafuertes y posible espaldón de tierras aguas abajo
Situación: Río Amarguillo. Consuegra. Toledo
Abastecimiento a *Consaburum.*
Utilidad: Riego
Epoca: Siglos III-IV d. C.

32-MORACANTÁ

Cotas (*m*): *40,8* **x** *1,9* **x** *2,1*
Tipología: Gravedad. Doble muro de hormigón y mampostería.
Situación: Arroyo Guazalote. Villaminaya. Toledo
Utilidad: Abastecimiento y riego
Epoca: Siglos I-II d. C.

33-MESA DE VALHERMOSO

Cotas (*m*): *98,0* **x** *1,8* **x** *3,0*
Tipología: Muro con contrafuertes a.arriba y espaldón de tierras aguas abajo.
Situación: Arroyo de Valhermoso. Sonseca. Toledo
Utilidad: Abastecimiento y riego
Epoca: Siglos II-III d. C.

34-PAERÓN I

Cotas (*m*): *80* **x** *1,15* **x** *2,35*
Tipología: Muro y contrafuertes a. arriba, con espaldón a. abajo. Planta quebrada convexa hacia a. arriba.
Situación: Arroyo de Santa María. Noez. Toledo
Utilidad: Abastecimiento y riego
Epoca: Siglos I-II d. C.

35-PAERÓN II

Cotas (*m*): *30* **x** *1,1* **x** *2,0 ?*
Tipología: Gravedad. Muro simple con contrafuertes. Planta quebrada de convexidad a. abajo
Situación: Arroyo de Santa María. Noez. Toledo
Utilidad: Abastecimiento y riego
Epoca: Siglos I-II d. C.

36-CASTILLO BAYUELA

Cotas (*m*): *30* **x** *1,5* **x** *3*
Tipología: Gravedad. Muro con contrafuertes a. abajo y posible espaldón de tierras.
Situación: Arroyo de Guadamera. Castillo de Bayuela. Toledo
Utilidad: Abastecimiento y riego
Epoca: Siglos II-III d. C.

37- S. MARTÍN DE LA MONTIÑA

Cotas (*m*): *Ruinas dispersas (3 m. altura ?)*
Tipología: Gravedad. Muro simple de hormigón romano. Azud de derivación.
Situación: Arroyo de S. Martín. Mazarambroz. Toledo
Utilidad: Derivación hacia embalse de Alcantarilla (ğ)
Epoca: Siglos I-II d. C.

OTRAS POSIBLES PRESAS ROMANAS:

19A- *MELQUE VI*

Dentro del complejo sistema hidráulico de Melque, la única obra con posibilidad de un origen romano es la situada sobre el Arroyo de las Cuevas, lejos del resto de presas junto al monasterio. Sus dimensiones don de 19,5 **x** 0,85 a 2,5 ? **x** 4,5 y está formada por un muro vertical con un paramento de sillería o mampuestos de gran tamaño. Tiene un molino medieval adosado de fábrica distinta a la presa, aunque de ser romano, quizá su utilidad estaría relacionada con las cercanas minas de galena argentífera.

20A.- *PRESA DE ALMANSA*

La disposición de la conocida presa del siglo XVI, parece indicar un origen muy antiguo. Hay restos de un estribo en margen derecha delante de la actual presa, así como un canal más antiguo por debajo del habitual , que podrían ser incluso de factura romana.

NO SON PRESAS ROMANAS:

PRESAS DE MELQUE I a V

Junto al monasterio de Melque existen cuatro interesantísimas presas mas una obra de cruce sobre un arroyo, de probable cronología altomedieval y tipología rarísima en la Península.

PONTÓN GRANDE Y PONTÓN CHICO

Se trata de dos importantes presas en Noblezas de 57,0 x 6,7 x 4,5 m y 25,3 x 5,30 x 3,80 m con contrafuertes, de posible factura bajomedieval muy cerca de la Venta de Torrique.

PRESA DE AMBITE

Presa de contrafuertes junto al Tajuña del siglo XVIII, muy cerca de Nuevo Baztan.

D) NAVARRA Y LA RIOJA

38-ITURRANDUZ ó ANDELOS

Cotas (*m*): *102,0 x 1,0 x 7 / 150,0 x 0,65 x 6*
Tipología: Muro con contrafuertes aguas abajo. Ampliac. segundo muro y contrafuertes a.arriba .Relleno de tierra intermedio
Situación: Arroyo San Pedro.Muruzábal Andión. Navarra.
Utilidad: Abastecimiento ciudad de Andelos.

OTRAS POSIBLES PRESAS ROMANAS:

21A- *RÍOS ODRÓN Y LINARES*

Posible azud de derivación en la confluencia de ambos ríos, localizado por A. Mezquíriz como la toma del acueducto de Calagrurris. Los azudes que persisten en la actualidad en a zona no presentan aspecto de obras antiguas.

22A- *ARROYO SALADO*

Resto de un azud de derivación relacionado con una posible toma secundaria del acueducto de Calagrurris. Se trata de dos muros de mampostería con relleno de arcilla intermedio.

23A- *PRESAS DE EL BURGO Y SOTILLO*

Restos de dos obras sobre el Río Alhama, cerca de Alfaro. La primera es una posible presa de muro de sillería con trasdós de hormigón, oblicua al cauce. La segunda obra, cuya utilidad como presa es bastante incierta, es una fábrica de sillería de grosor variable con muros transversales adosados.

24A- *PRESAS DE LA DEGOLLADA*

Restos de una antigua presa en un barranco próximo a Calahorra que se ha asociado con *villae* del entorno,y que presentaría algunas analogías con otras obras del entorno (presa del Arroyo del Salado)

E) NOROESTE: CASTILLA LEÓN. ASTURIAS. GALICIA

39-ARÉVALO

Cotas (*m*): *50 x 1,5 a 3,0 x 6*
Tipología: Gravedad. Muro con talud escalonado a.abajo a media altura.Posible terraplén a altura parcial a. abajo.
Situación: Río Arevalillo.Nava de Arévalo.Ávila
Utilidad: Abastecimiento a nucleo urbano.Vado calzada romana Segovia-Astorga.
Epoca: Siglo II d.C.

40- PRESA DE RÍO FRÍO o LA ACEVEDA

Cotas(*m*): *13,40 x 0,70 x 1,10*
Tipología: Muro de mampostería. Azud derivación y grandes losas grapadas en labio vertido
Situación: Arroyo Aceveda(Río Frío).Granja/Segovia
Utilidad: Abastecimiento Segovia. Toma acueducto
Epoca: Fin s. I d.C.(datación acued.de F.Casado)

41- MINAS DE ORO DEL NOROESTE

Se trata de diversas obras de derivación aún poco estudiadas en el Noroeste de España: León (Las Médulas, Valderia, ..), Asturias (Valle de Oscos, Puerto Palo,..) e interior de Galicia. Son tomas de canales que servían para el lavado de laderas y rañas.

OTRAS POSIBLES PRESAS ROMANAS:

25A- *PRESA DE IRUEÑA*

Presa sobre el regato Rolloso (Fuenteguinaldo, Salamanca) relacionada con el castro de Irueña, formada por una mota de tierras reforzada a intervalos por sillares escalonados. L= 250 m. (aprox.); A= 4 a 14 m.; H= 6 m. (aprox.).

26A- *SISTEMA ABASTECIMIENTO DE UXAMA*

Diversas obras con posible origen romano a lo largo de la conducción entre en río Ucero y Osma.

F) LEVANTE. CATALUÑA. BALEARES

42-PINEDA Ó CA'LA VERDA

Cotas (*m*): *25 x 1,5 x 2,5*
Tipología: Gravedad. Azud de derivación
Situación: Riera de Pineda. Pineda. Barcelona
Utilidad: Abastecimiento y riego .Derivación acueducto de Pineda (Ca'n Cuá)
Epoca: Siglo III d.C.(datación ac. de F.Casado)

43-AZUD DE LOS MOROS

Cotas (*m*): *40 x 0,7 x 0,9*
Tipología: Gravedad. Azud de derivación
Situación: Arroyo de Tuéjar. Tuéjar. Valencia.
Utilidad: Abastecimiento núcleo urbano. Posible relación con acueducto Peña Cortada.
Epoca: S. I d.C.(s/ relación acueducto). Fábrica visible posterior.

OTRAS POSIBLES PRESAS ROMANAS:

27A- *PONT D'ARMENTERA*

Posible toma del acueducto romano de Tarragona. Persiste un azud sobre el río Gaiá de 35 **x** 0,75 **x** 1,0+0,5 m relacionado con unas arcadas de antigua factura en Pont d'Armentera.

28A- *LES PARTS ANTIQUES*

Se trata de los restos de un muro de gravedad de unos 30 **x** 2,3 **x** 3 m, mencionado ya desde el siglo X, y que pudiera estar relacionado con una *villa* en Avinyonet del Penedés, Barcelona.

29A- *ES CANÁ*

Es esta la posible toma del acueducto romano de Santa Eularia d'es Riu (Ibiza). Se trata de restos que pudieran ser la cabecera de la conducción relacionada con una factoría de salazón de pescado, datada aproximadamente a partir s. II d.C.

30A- *AZUD DE LA BARSELLA*

Posible toma original del acueducto romano de Sagunto, situada sobre el río Palancia. La fábrica observada en la presa actual parece ser de los siglos XVI – XVII.

31A- *AZUDES DEL TURIA*

Conjunto de nueve azudes próximos a la ciudad de Valencia que son el origen de los riegos ancestrales de la zona, gran parte de ellos explotados desde época romana. Sus nombres son: *Moncada, Cuart, Tormos, Mislata, Mestalla, Favara, Rascaña* y *Robella*, y sobre todos ellos, el *azud de Villamarchante*. Sus dimensiones pueden llegar a los 90 m. de longitud y a los 3 m. de altura y puden tener relación con los restos de tramos de acueductos romanos por toda la zona.

32A- *VINARRAGELL*

Restos de un dique con cuatro hiladas de sillares, mencionados por Mesado, destinada a riego, y origen anterior a época romana. Actualmente desaparecido.

33A- *EL ROURELL*

Posible toma original del acueducto de Tarragona sobre el río Francolí (F. Saenz). Actualmente se encuentra desaparecida.

34A- *FUENTE CAPUTA*

Posible presa romana relacionada con la *villa* romana de Fuente Caputa, en Mula , Murcia. Restos de un muro de *opus incaertum* de escasas dimensiones cerrando una vaguada. Restos de un posible revestimiento impermeabilizante de *opus signinum*.

NO SON PRESAS ROMANAS:

PRESA DEL RIU SEC

Antigua presa en Alquerías del Niño Perdido, barrio de Burriana (Castellón), relacionada con los riegos del Mijares, mencionada como obra de origen romano.

PRESA DE SARRAL

Presa de los siglo XVII – XVIII con planta curva y sección trapecial, común de las presas de esta época, con un paramento de sillería muy cuidado.

PRESA DEL SONELLA

Nueva presa de los siglos XVII – XVIII con planta curva y sección trapecial, muy similar en su concepción a la presa de Sarral, con un paramento de sillería también muycuidado.

G) ANDALUCÍA

44-ARROYO BEJARANO

Cotas (*m*):	*40* **x** *0,7 a 2,0* **x** *3,5*
Tipología:	Gravedad. Azud de derivación.
Situación:	Arroyo del Bejarano. Sta.MĀTrassierra Córdoba.
Utilidad:	Primer abastec. Córdoba. Derivación al acueducto de Valdepuentes.
Epoca:	Fines s. I d.C.(s/ datación acueducto). Reconstruida.

45-PRESA DE PALOMERA BAJA

Cotas (*m*):	*15* **x** *0,5 a 1,0* **x** *2,2*
Tipología:	Gravedad. Azud de derivación
Situación:	Arroyo Palomera. Córdoba.
Utilidad:	Segundo abastec. de Córdoba. Derivación acueducto Pedroche
Epoca:	Siglo III d.C.(s/ datación acueducto). Reconstruida.

35A- *ANZOLA*

Ruinas de muro con origen romano sobre el Río Velillos, en Pinos Puente, Granada, identificados con un puente, pero que pudieran constituir los restos de un azud de derivación para riego del siglo III d.C. Dimensiones conservadas; 20 x 1,5 x 2 m.

36A- *BALSA DE DEIFONTES*

Surgencia natural, posible origen de una conducción romana de abastecimiento o riego. Su aspecto actual no indica origen romano. En todo caso, no se trata de una presa en sentido estricto, sino más bien una balsa o una pesquera.

37A- *PRESA DE LA CUEVA DE LA VIRGEN DE LAS AGUAS*

Posible reconstrucción de la toma original del Acueducto de Almuñécar, relacionada con antiguas galerías de captación, aún empleadas para el riego de las huertas de aguas abajo.

38A- *PRESA DE TORRETEJADA*

Presa de aspecto medieval y posible aspecto romano de carácter rural en la campiña cordobesa, cerca de Belalcázar (ğantigua Contosolia?), muy próxima a la línea divisoria con Extremadura. Captaría agua del arroyo Torretejada y podría estar relacionada con una *villa* romana cercana.

NO SON PRESAS ROMANAS:

PRESA DE BARCINAS

A lo largo del río Cubillas existen, además del azud de Barcinas, otra serie de azudes con planta de media luna y erigidos con una cuidada fábrica de sillería en sus paramentos, de factura típica de las obras de los siglos XVII – XVIII. En origen pudiera haber existido alguna obra romana más además de la Balsa de Deifontes.

TINADO DE MAZUECOS

No parece existir en la actualidad obra alguna, aunque sí en una zona relativamente próxima (casi en cola del embalse José Torán, cerca de Puebla de los Infantes) existe una obra de toma, posiblemente una presa, destruida por carretera actual, de origen muy antiguo, que podría ser incluso romano.

CORTIJO DE LOS MOCHOS ; LAS CASILLAS.

Menciones vagas a posibles diques romanos sin gran fundamento para ser considerados presas.

RÍO GUADALQUIVIR

Se ha mencionado la existencia de diversos diques romanos a lo largo de su cauce (Lora del Río, Peñaflor,..), que debían ser en realidad muelles fluviales.

Como resumen final de la nomenclatura utilizada en la anterior relación de presas romanas, debemos recordar que el criterio utilizado ha sido dar numeración a las presas que hemos concluido que poseen un origen romano, bien porque este sea claro o bien porque pueda haberse deducido, agrupándolas en cada región actual de España. En cada apartado correspondiente a cada región, se han incluido además, con una numeración alternativa (añadiendo una A detrás del número correspondiente), aquellas obras de las que existen indicios para pensar en que pudieran haber tenido un origen romano, aunque no pueda afirmarse rotundamente en la actualidad, o cuyo origen romano no ha podido ser comprobado de manera del todo concluyente.

Finalmente, se hace mención aparte de aquellas obras de las que descartamos un origen romano por las causas que hemos venido argumentando en apartados anteriores. Debe decirse que las dimensiones que aparecen en la tabla anterior han sido comprobadas in situ por norma general, aunque en ocasiones existen serias dificultades para dar una cifra exacta por diversas razones, por lo que se suele aproximar un valor redondo, que a veces ha sido incluso tomado de otros estudios o simplemente estimado, sin incluir por tanto en estos casos cifras decimales que serían a todas luces engañosas. Se indican con signo de interrogación aquellas dimensiones que es imposible comprobar actualmente por ningún medio a nuestro alcance.

A la hora de dar una conclusión final sobre la lista de presas romanas elaborada, deducimos que, en el estado actual de conocimientos, tenemos en España unas 45 presas de construcción romana o con origen romano probable, y existen además al menos otras 34 presas que podrían tener también origen romano, aunque en este caso no pueda ser comprobado con seguridad debido a su estado actual, las remodelaciones de que han sido objeto, o porque solamente existen ciertos indicios para pensar en una construcción inicial romana sin datos objetivos que lo demuestren de una forma definitiva. Por último, existen al menos otras tres obras que han desaparecido quizá por completo: la balsa de Valencia de Alcántara, la presa del Rourell, en Tarragona, y la de Vinarragell en Castellón, entre las que quizá debiéramos incluir también la presa del Hinojal, a punto de desaparecer definitivamente bajo las aguas del recrecimiento del embalse de Los Canchales, así como la del Puente (o Fuente) del Diablo, donde la presa actual se encuentra construida sobre la romana sin dejar vestigios de la obra primera. Esta lista, que puede incluir alguna otra presa romana más enmascarada por actuaciones posteriores, será posiblemente ampliada en los próximos años, cuando se profundice de una vez en el estudio de esta rama de la Hidráulica Romana.

A este conjunto de presas, podrían añadirse las localizadas en Portugal, para completar el total de presas romanas conocidas en la Península Ibérica (que es en realidad la antigua Hispania romana). Existe una importante recopilación de éstas últimas realizado por los estudiosos portugueses A. Carvalho Quintela, J. M. Mascarenhas y J. L. Cardoso (1), que últimamente han completado su listado de presas romanas del sur de Portugal, del que si admitimos como válidas sus conclusiones, podrían llegar finalmente a un número total de 24, cuyos nombres pasamos a enumerar a continuación:

Tapada Grande (Castelo de Vide), Almarjao (Crato), Muro (Campo Maior), Olivá (Campo Maior), Mourinha (Campo Maior), Moralves (Elvas), Carrao

(Elvas), Comenda (Setúbal), Ntra. Sra. de Represa (Cuba), Muro da Prega (Beja), Hortas de Baleizao (Beja), Pisoes (Beja), Muro dos Mouros (Serpa), Monte N. Castelinho (Almodovar), Álamo

Este conjunto de presas se encuentra en realidad al sur del Tajo en su totalidad, por lo que queda excluida del mismo toda la mitad norte de Portugal. La mayoría de estas presas estaban dedicadas a un uso de abastecimiento doméstico o la irrigación agrícola (salvo la excepción de la de Ponte dos Mouros, dedicada también al parecer a salazón de pescado) y podemos incluirlas dentro del grupo de presas de gravedad, con simple muro o con contrafuertes, siendo su planta en muchos casos quebrada o irregular. La entidad de todas ellas es generalmente menor, salvo en algunos casos en que se superan los 4 m. de altura. Entre ellas, las más importantes son las de Muro (4,6 m. de altura para 174 m. de longitud), Muro da Prega (4,0 m. de altura con 62 m. de longitud), Pisoes (4,3 m. de altura y 58 m. de longitud) y finalmente, la de Ponte dos Mouros (6,5 m. de altura para 32 m. de longitud). A este conjunto, debemos añadir también la presa de Correio Mor, en Elvas, recientemente estudiada por J.Gerard Gorges y F. Germán Rodríguez (2), que se trata de una presa de gravedad con muro y terraplén aguas abajo, que probablemente contase además con un segundo terraplén aguas arriba, lo cuál sería realmente importante por lo avanzado de su tipología, muy próxima a las presas modernas. Sus dimensiones aproximadas eran de, al menos 150 m. de longitud por 3,80 m. de altura máxima y solamente 0,40 m. de espesor de pantalla.

Sin entrar en posibles discusiones en cuanto a la confirmación del origen romano de todas ellas, a estas 25 presas localizadas al sur del Tajo deben añadirse otras presas romanas conocidas en la mitad norte de Portugal. La primera de ellas era la presa de Belas, que servía de cabecera al abastecimiento de la ciudad de Olisipo (Lisboa) (3), que es una presa de contrafuertes de considerables dimensiones, con unos 40 m de longitud (en origen mucho más) y aproximadamente 7,5 m de altura, lo que la convierte en la más importante presa romana del país vecino. Además de ésta, debemos tener en cuenta, las conocidas presas romanas de la región de Tras-Os-Montes, mencionadas por Ferreira, de las que se conservan las dos de Tresminas y las tres de Jales (en la localidad de Vila Pouca de A., Vila Real) (4), todas asociadas a las explotaciones auríferas de esta zona, prolongación en realidad de las del Noroeste español (Las Médulas).

Por último, debemos mencionar la presa de *Abodeleira* (*Chaves*), descrita por A. Colmenero (5), que al parecer era la cabecera de un acueducto de abastecimiento a *Aquae Flaviae*, la actual ciudad de Chaves, que contaba además con un complejo termal. Los restos de esta obra son muy escasos y es difícil determinar si realmente son de origen romano, aunque por su situación, pudieran corresponderse con una presa antigua que por el contexto en que se encuentra podría ser de época romana bajoimperial. Se trata de una serie de muros sucesivos (5 según el anterior autor) de mampostería no muy regular, intercalados con un calicanto a base de piedras medianas y mortero de cal. Según los restos descubiertos, las dimensiones de esta obra serían considerables, puesto que tendría cerca de 90 m de longitud por unos 12,5 m de altura, constando en su día de un volumen de embalse bastante importante, puesto que la presa se encuentra sobre el Río *Rivelas*, en la entrada de la garganta de *Abodeleira*, dejando aguas arriba un valle que se ensancha en gran medida desde este punto.

Caso de confirmarse la identidad de estos restos con los de una presa, la principal particularidad de esta obra lo constituiría su propia ubicación tan al Norte, muy cerca ya de la frontera portuguesa con Galicia, aunque debe recordarse no obstante, que tampoco sería ésta la presa situada más al norte de la Península, ya que la presa de Iturranduz se encuentra a una latitud mayor, aunque su ubicación es en una zona próxima al valle del Ebro, mucho más árida que la de Abodeleira, que está muy cerca de la vertiente atlántica de la Península. Es esta una zona en que la pluviometría media anual es de al menos 600 mm, hecho raro quizá para el interior de España, pero no en Portugal, donde ya existen otras obras en el centro del país, como las de Tapada Grande o de Almarjao, en zonas con pluviometrías incluso mayores. Lo que es extraño es que a priori, parece que hubiese bastado con un simple azud de derivación y no habría sido necesaria la construcción de una presa de embalse de tales dimensiones.

De esta manera, sin existir un estudio específico acerca de las presas romanas portuguesas al norte del Tajo, vemos que conocemos como poco otras 7 posibles presas más a sumar a las 25 estudiadas en la mitad sur, lo que hace un total de al menos 32 posibles presas romanas en total para Portugal. Si sumamos esta cifra al listado de presas españolas, que como se ha dicho anteriormente, son un total de 45 más o menos seguras a las que hay que sumar como poco otras 38 obras que pudieran tener este mismo origen, obtenemos una cifra global para toda la Península Ibérica que varía entre las 77 y por lo menos, las 115 ó hasta 125 posibles presas romanas (en función de que consideremos todos los azudes del Turia o solo alguno del conjunto, etc.). Como conclusión, pensamos que el número total de obras aún existentes en la antigua Hispania podría superar ampliamente el centenar de unidades, teniendo en cuenta que no contamos con un trabajo exhaustivo en el Norte de Portugal, y que el realizado en territorio español, no es aún todo lo exhaustivo que hubiésemos deseado, y puede que aún existan numerosas obras pendientes de ser clasificadas como romanas, o simplemente, no han sido aún descubiertas, dado que a pesar de existir varios ejemplos de grandes presas romanas, en la mayoría de los casos se trata de obras de pequeña envergadura, realizadas en lugares apartados, o en otros casos, dentro de grandes fincas sin acceso público.

Presa de Abodeleira: *Dos imágenes de los restos de la posible presa que habría abastecido a la antigua ciudad de Aquae Flaviae (Chaves, Portugal) que, caso de confirmarse sería una de las presas más septentrionales y en una zona con una alta pluviosidad dentro de la Península. La foto de arriba muestra parte de los muros de estribo izquierdo, ya a una cierta altura sobre el lecho de la Riveira Ribelas, mientras que la foto de la siguiente pagina muestra restos de la mampostería del estribo derecho.*

En este sentido, cabe señalar el paradójico hecho de que no se conozcan prácticamente presas romanas en las zonas de Andalucía y de Levante, donde se sabe a ciencia cierta que los regadíos eran más importantes y las ciudades eran prácticamente las más pobladas de toda la Península, lo cuál puede deberse a que, precisamente por ésta última causa, que se ha mantenido constante a lo largo del tiempo, no se hayan conservado dichas obras. Otra razón puede ser el propio régimen de los ríos levantinos, con un índice de regulación natural mayor que el de los ríos del interior de la Península, lo que permitiría en algunos casos prescindir de la construcción de grandes presas de embalse (6), que serían sustituidas por pequeños azudes de derivación que dada su menor entidad y cuidado en su factura, pueden no haber pervivido a lo largo del tiempo, y en caso de haberlo hecho, habrían llegado hasta nuestros días tremendamente remodelados precisamente por las obras de mantenimiento, que deben haber sido constantemente llevadas a cabo a lo largo del tiempo.

Desgraciadamente, es muy probable que esta ausencia sea también indicativa de la indiferencia hacia el estudio de este tema, en el que casi nunca se ha profundizado (salvo muy relevantes excepciones), lo que hace que no existan referencias conocidas de presas en estas zonas.

A continuación vamos a intentar ordenar los datos resumidos en el cuadro resumen anterior en base a criterios diversos, con el fin de obtener algunas conclusiones acerca de la construcción de presas en España por parte de los romanos. Como vemos, el anterior cuadro resumen se ha realizado siguiendo un esquema de mera ordenación geográfica moderna y un relativo orden de importancia de las obras, lo cuál no sirve más que para corroborar el hecho de una concentración asimétrica de las presas romanas, generalmente en torno a los tres núcleos principales ya apuntados en otros apartados del presente trabajo. Se incluye sin embargo a continuación, un listado de 49 de las presas estudiadas, entre las que están las más relevantes, aunque también se incluyan algunas con origen romano no comprobado con total seguridad, ordenadas por orden de importancia en cuanto a dimensiones (principalmente por su altura, que es el valor que marca en realidad la magnitud de las solicitaciones, y por tanto, la entidad de su estructura), intentando a continuación ordenar estas obras por su tipología, uso, e incluso por su antigüedad aproximada, lo cual puede aportarnos datos sobre la actividad de construcción de presas en época romana, las necesidades de sus constructores e incluso, los medios con los que contaron para su realización.

A .- PRESAS ROMANAS SEGÚN SU ALTURA (m.) :

Nº	Presa	Altura
1.	Almonacid de la Cuba.	34,0
2.	Proserpina.	21,6
3.	Cornalbo.	20,8
4.	Ermita Virgen del Pilar	16,7
5.	Alcantarilla.	15 a 20
6.	Muel.	13
7.	Pared de los Moros.	8,4
8.	Arroyo Salado.	7 aprox.
9.	Iturranduz o Andelos.	6 a 7
10.	Arévalo.	6
11.	Las Tomas.	5,2
12.	Consuegra.	4,8
13.	El Paredón.	4,5
14.	Melque VI	4,5
15.	Araya.	3,7
16.	Vega de Sta. María.	3,6
17.	Arroyo Bejarano.	3,5
18.	Valverde	3
19.	Arroyo las Golondrinas	3
20.	Villafranca.	3
21.	Azud de la Rechuela	3
22.	Mesa de Valhermoso	3
23.	Castillo de Bayuela.	3
24.	Les Parets Antiques.	3
25.	Cañada del Huevo.	2,5
26.	Pineda o Ca'la Verda.	2,5
27.	Paerón I.	2,35
28.	El Peral.	2,2
29.	Presa de Palomera Baja.	2,2
30.	Moracantá.	2,1
31.	Los Paredones.	> 2
32.	Puy Foradado.	2
33.	Paerón II.	2
34.	Presa de las Mezquitas.	1,6
35.	La Cuba.	1,4
36.	El Argamasón.	1,3
37.	Las Tiendas (El Hinojal).	1,3
38.	Cañaveral.	1,2
39.	Presa de Río Frio o la Acebeda.	1,1
40.	Pont D'Armentera.	1 + 0,5
41.	El Peral II (Ayo. Norias).	>0,9
42.	Azud de los Moros.	0,9
43.	El Chaparral.	0,8
44.	Valencia del Ventoso.	0,8
45.	S. Martín de la Montiña.	< 3
46.	Las Adelfas.	--
47.	Monroy.	--

Se han remarcado en negrita aquellas presas con origen romano pendiente de confirmación, aunque para este caso se ha procurado emplear presas cuya autoría romana se da casi por segura en la mayor parte de los casos, por lo que se considera que pueden formar parte de la estadística general.

A continuación representamos las 45 presas de las que poseemos datos sobre sus dimensiones en un mismo gráfico, clasificadas según su altura total.

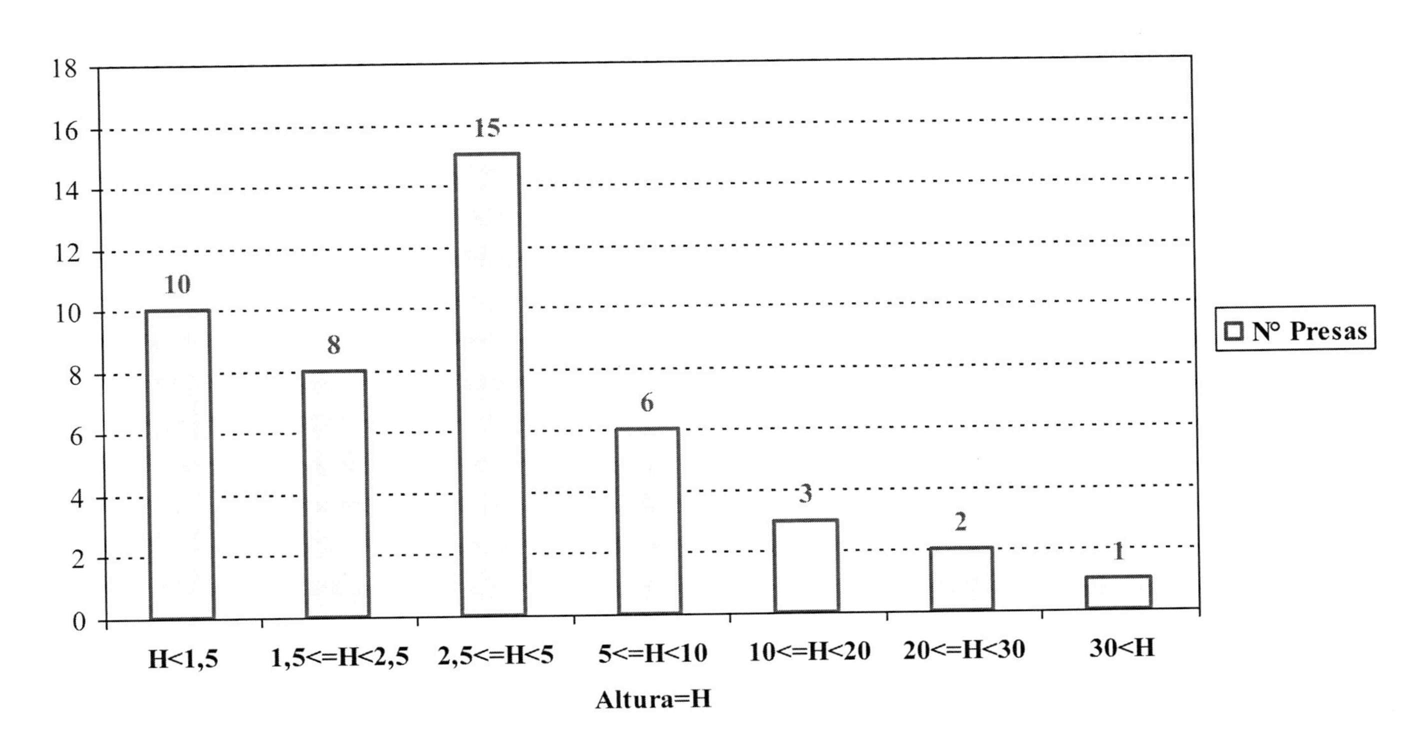

B .- PRESAS ROMANAS SEGÚN SU TIPOLOGÍA:

	Extremadura	Aragón	C.la Mancha	Navarra	C.León (Noroeste)	Levante	Andalucia	**TOTAL**
Pantalla + Terraplén	7	0	5	0	1	0	0	**13**
Presa Gravedad	2 (*)	6	3	2	1	5	1	**20**
P.Contrafuertes (y arcos múltiples)	7	1	1	1	0	0	1	**11**
Materiales Sueltos	1	0	0	0	1	0	0	**2**
Presa Arco	0	1	0	0	0	0	0	**1**
TOTAL	**16**	**8**	**9**	**3**	**3**	**5**	**2**	**47**

(*) Existen presas en las que no está clara la tipología de gravedad pura debido a su actual estado de conservación, ya que ni siquiera es seguro si poseyeron también terraplén, contrafuertes, etc. Dentro de esta categoría se

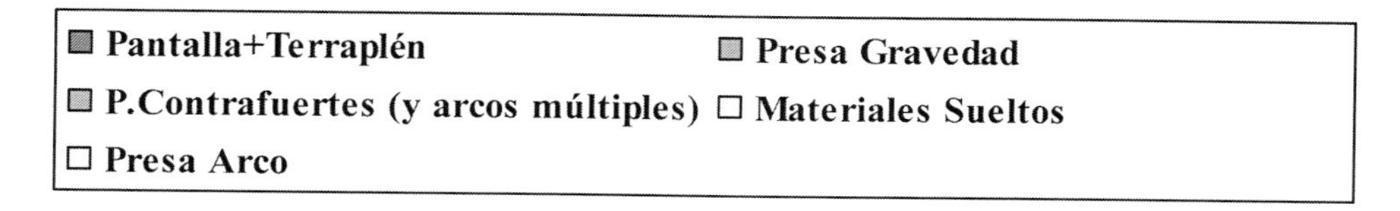

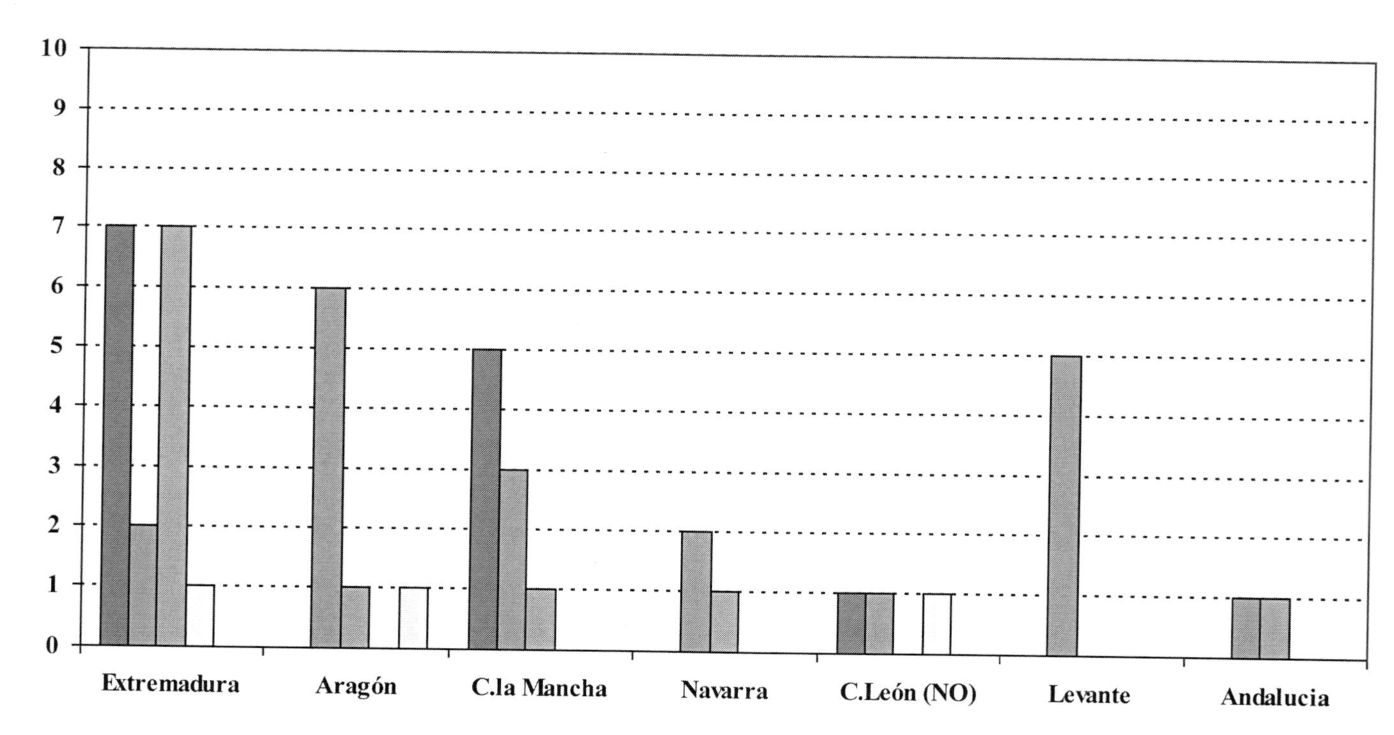

incluyen también los azudes de derivación.

C.- PRESAS ROMANAS SEGÚN SU USO:

En este apartado incluimos una ordenación de las 48 presas consideradas según su uso supuesto, que fue incluido en el apartado resumen anterior. Según éste, la clasificación de las obras queda como sigue:

ABASTECIMIENTO URBANO		18
RURAL (agropecuario, villa, etc.)		21
INDUSTRIAL (minero, molinos, etc.)		2
OTROS:	(abrevadero)	2
	(derivación, trasvase, etc.)	5

Dentro del apartado de "Otros" se incluyen algunos usos complementarios supuestos para ciertas presas, englobando asimismo aquellas en las que dicha finalidad no está muy clara, bien porque su estado actual no permiten extraer mayores onclusiones, o porque no se ha encontrado ningún otro elemento o núcleo de población asociado a la obra que permita deducir la función para la que fue inicialmente construida.

USOS

□ Abastecimiento Urbano ■ Rural □ Industrial
□ Abrevadero ■ Derivación, trasvase.

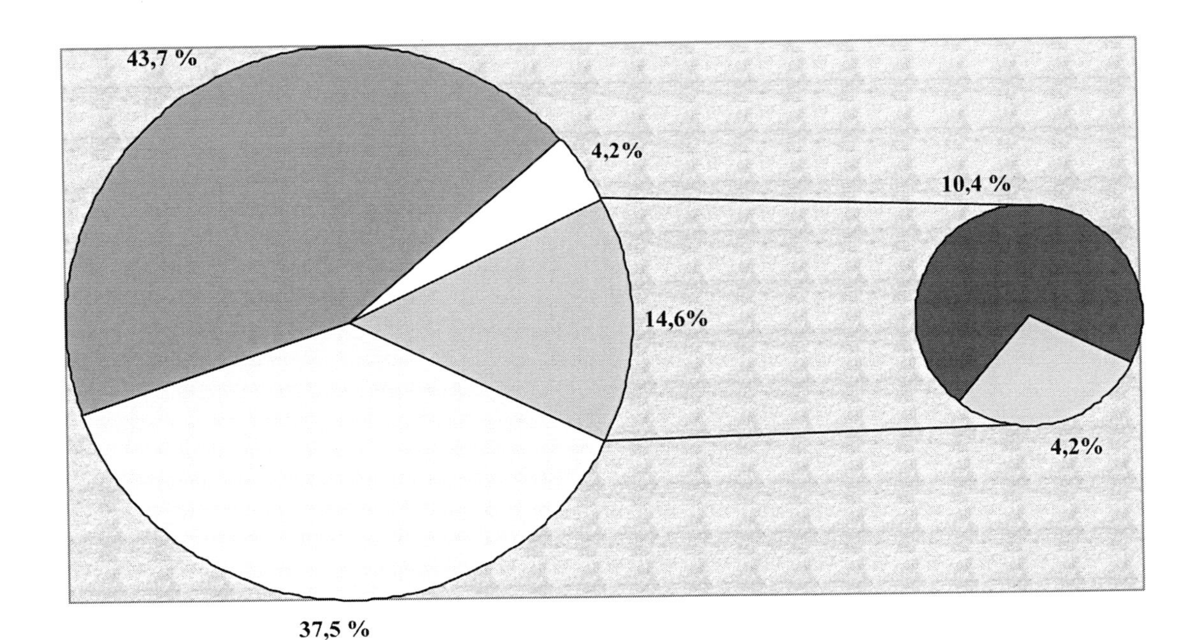

D .- LISTADO DE PRESAS ROMANAS SEGÚN SU ANTIGÜEDAD:

Según los datos que disponemos hasta la actualidad sobre las presas anteriores, ha sido asignada una antigüedad aproximada a 47 de las mismas. Esta cronología, ya recogida en el anterior apartado resumen, aunque con las reservas debidas, sobre todo en el caso de las presas remarcadas en negrita, sin confirmación de origen romano, quedaría como sigue:

Siglo I d.C.
- Esparragalejo
- Almonacid de la Cuba
- Muel
- Ermita Virgen del Pilar
- Azud de la Rechuela
- Riofrío o Acebeda
- Azud de los Moros
- Arroyo Bejarano

Siglos I y II d.C.
- Proserpina
- Cornalbo
- El Peral
- Los Paredones
- Alcantarilla
- Moracantá
- Paerón I
- Paerón II
- San Martín de la Montiña

Siglo II d.C.
- Araya
- Las Adelfas
- Arroyo las Golondrinas
- Cañada del Huevo
- Presa de las Mezquitas
- Iturranduz-Andelos (reconstruida.s. IV)
- Arévalo

Siglos II - III d.C.
- La Cuba
- El Argamasón
- Villafranca
- Puy Foradado
- Mesa de Valhermoso
- Castillo de Bayuela

Siglos II a IV d.C. (en el gráfico dentro del siglo III d.C.)
- Pont d'Armentera

Siglo III d.C.
- El Paredón
- Valverde
- Vega de Santa María
- Pared de los Moros
- Pineda o Ca'la Verda
- Palomera Baja

Siglos III - IV d.C.
- El Chaparral
- Valencia del Ventoso
- Las Tiendas (El Hinojal)
- Consuegra
- Les Parets Antiques

Siglo IV d.C.
- Las Tomas
- Cañaveral
- Monroy
- El Peral II (Arroyo las Norias)
- Melque VI
- Arroyo Salado

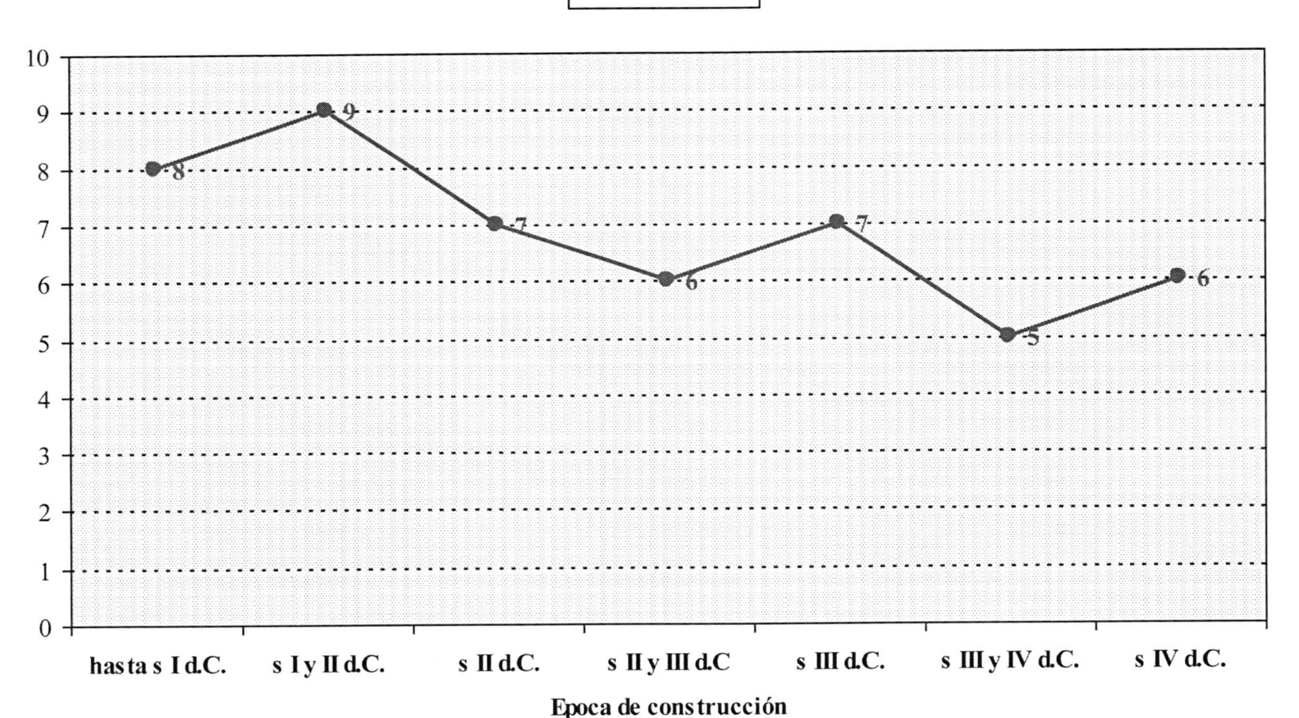

CONCLUSIONES.

Las principales conclusiones extraídas tras la elaboración de los anteriores gráficos, que han sido realizados a partir de la agrupación de las distintas presas bajo varios puntos de vista, son las siguientes:

1) Existen ejemplares con alturas muy considerables (hay tres con altura superior a los 20 m.), que son precisamente las presas más altas conocidas en todo el mundo romano, aunque en realidad la mayor parte de las obras se corresponden con presas rurales cuyas alturas se concentran entre los 2,5 y los 5 m. principalmente (un 33,3 %, justamente un tercio del total).

2) Han existido múltiples tipologías constructivas a lo largo de todo el periodo romano, aunque se puede decir la mayoría de las presas se encuadran principalmente en tres de ellas: la de pantalla + terraplén (un 27,7 %), surgida como gran innovación romana al parecer a partir de la segunda mitad del siglo I d. C.; la de contrafuertes (23,4 %), tipología quizá algo posterior y desarrollada principalmente en las presas rurales, y finalmente, la presa de gravedad simple, con un solo muro de fábrica (un 42,5 %), que engloba a las grandes presas de embalse del Valle del Ebro, además de multitud de azudes de derivación relacionados con el abastecimiento urbano. Esta última tipología cuenta con pocos ejemplos dentro del conjunto de presas rurales.

3) Gran parte de las presas romanas suelen tener un uso agrícola y pecuario o mixto, relacionado generalmente con el mundo rural de época bajoimperial, (siendo esta tendencia mucho más acusada en territorio portugués), ya que, aunque la proporción del porcentaje de uso urbano / uso rural se encuentra en el 38 / 44 %, gran parte de las presas urbanas o presas rurales de uso mixto con abastecimiento a *villae*, son en realidad pequeños azudes de derivación, por lo que parece que en realidad los romanos huían de las grandes presas de embalse, que sólo construían si no les quedaba más remedio. La situación de estos azudes en la cuenca alta de los ríos, zonas con altura donde las corrientes presentan una gran pureza, hacen pensar en que sus constructores no confiaban en la retención de aguas superficiales, quizá no sólo por miedo al efecto de las crecidas, sino probablemente también por los problemas de turbidez que no eran capaces de resolver en los cauces medios (debemos remitirnos en este caso a la experiencia de los romanos en la propia Roma), prefiriendo así la captación de surgencias naturales, o en su caso, la derivación cerca del nacimiento del río.

4) Las presas romanas parece que abarcan todo el periodo imperial (nunca antes de época augusta), observándose que la construcción de grandes presas de embalse (en realidad solamente 6 ó 7 del total de presas hispanas) se corresponden en su totalidad con el primer periodo imperial (quizá hasta el imperio de Trajano), mientras que es en época bajoimperial cuando las presas rurales sufren un importante impulso, sobre todo en la provincia de Lusitania (que acoge más o menos al 50 % de las presas españolas y casi al 80 % de las presas portuguesas conocidas), y más intensamente dentro del *conventus* emeritense.

REFERENCIAS:

(1) A. Carvalho Quintela, J. M. Mascarenhas y J. L. Cardoso: "Barrages romains au sud du Tage (Portugal)"; Casa de Velázquez. Madrid, 2000.

A. Carvalho Quintela, J. M. Mascarenhas y J. L. Cardoso: Aproveitamentos hidráulicos romanos a sul do Tejo. Ministerio do Plano e da Administracao do Territorio. Lisboa, 1986.

(Alcoutim), Santa Rita (V. R. Sto. Antonio), Fonte Coberta (Lagos), Vale Tesnado (Loulé), Cano ó Ponte dos Mouros (Sousel), Pego da Moura (Grandola), Ponte dos Mouros (Silves / Lagoa), Espiche (Lagos), Salácia (Alcácer do Sal) y Presa dos Mouros (Lagoa).

(2) Jean G. Gorges y G. Rodríguez: "Un exemple de grande hydraulique rurale dans l'Espagne du Bas-Empire. La villa romaine de Correio Mor (Elvas, Portugal)"; Casa de Velázquez. Madrid, 2000.

(3) F.de Almeida: "Sobre a barragem romana de Olisipo e seu aqueducto"; O Arqueólogo portugues, 3. 1969; pp. 179-189.
F.de Almeida: "Nota sobre a barragem romana de Lisboa"; XI Congreso Nacional de Arqueología. 1970.

(4) Contador de Argote: Memorias para a historia ecclesiastica do arcobispado de Braga. Lisboa, 1734.
F.de Almeida: "Mineracao romana em Portugal"; Legio VII Gemina. León, 1970.
C. Ferreira Almeida: "Aspectos da mineracao romana de Ouro em Jales e Tresminas (Tras-os-Montes)"; XII Congreso Nacional de Arqueología. Jaen, 1971; Zaragoza, 1973.

(5) A. Rodríguez Colmenero: Aquae Flaviae II. O texido urbanístico da cidade romana; Cámara Municipal de Chaves, Portugal. 1999.

(6) M. Arenillas: "Hidrología e Hidráulica del solar hispano. Las presas en España"; I Congreso Nacional de Historia de las Presas. SEPREM / Confederación Hidrográfica del Guadiana. Mérida, noviembre 2000.

8.- INGENIERÍA EN LAS PRESAS ROMANAS. ESTABILIDAD Y CONSERVACIÓN.

INTRODUCCIÓN. GENERALIDADES.-

El objetivo de este apartado es dar una idea general sobre el estado estructural de las importantes obras que se conservan en España, ya que sería muy importante pulsar su salud estructural actual con el fin de actuar eficazmente en su conservación. Para conocer el estado actual de las presas romanas, no bastaría con una mera inspección o auscultación periódica, sino que en primer lugar se hace necesario conocer sus dimensiones y características, para poder aproximarnos así a su verdadero estado estructural mediante un cierto conocimiento de su estabilidad en el momento presente. Este conocimiento debería contribuir a su conservación, sobre todo en el caso de las presas que se encuentran aún en funcionamiento, que generalmente coinciden además con las más importantes de todo el conjunto.

Por otro lado, se pretende dar una idea de la idoneidad o no del diseño hidráulico de una obra romana conocida, en este caso, la presa de Almonacid de la Cuba y su comportamiento ante una avenida catastrófica. Es este caso especialmente interesante si tenemos en cuenta que esta presa es probablemente la obra más antigua de España, junto con la de Muel, con quizá algo más de 2000 años de antigüedad, periodo de tiempo tan largo que ya hace cobrar sentido real a los periodos de retorno utilizados actualmente en el cálculo de presas y sobre todo, de sus elementos de evacuación, puesto que es muy fácil que esta obra haya tenido que soportar ya al menos en alguna ocasión una crecida catastrófico del tipo de las usadas para dimensionar las presas modernas.

La aplicación de las teorías o fórmulas de cálculo para el caso de las presas romanas sería relativamente fácil, puesto que actualmente contamos con sobradas herramientas técnicas, además de una experiencia en la construcción de grandes presas en España, que es comparable a la de cualquier país del mundo, habida cuenta del valor que sigue teniendo en nuestro suelo el agua, bien escaso que ha sido preciso almacenar y dosificar a lo largo del tiempo. La dificultad para el acercamiento a la realidad estructural de estas obras proviene de su propio desconocimiento, ya que en la mayoría de los casos no existen ni siquiera planos fiables de sus dimensiones, encontrándonos en ocasiones con medidas contradictorias dadas por diferentes autores acerca de una misma obra. Es este un problema que sí es realmente fácil de subsanar, ya que se solucionaría mediante un simple levantamiento taquimétrico que nunca ha sido llevado a cabo (salvo quizá las excepciones de Proserpina y Almonacid de la Cuba), lo cuál indica ya de por sí el secular olvido a que se han visto sometidas estas presas, algunas de las cuáles están incluso consideradas dentro del grupo de Grandes Presas por parte del Comité Español (**1**).

Si no conocemos ni sus dimensiones externas, mucho menos sabemos de su interior, por lo que en la mayoría de los casos tampoco tenemos conocimiento de cómo han sido construidas, y ni siquiera los materiales con que fueron realizadas, cuando menos somos capaces de conocer el estado de conservación de los mismos. Sería este un aspecto también más o menos fácil de arreglar, puesto que la realización de unos simples sondeos de auscultación en algunos puntos podrían aportarnos datos muy valiosos en la mayoría de los casos, dándonos al menos una idea sobre la estructura interna de las fábricas, su estado, materiales que se emplearon, e incluso fecha de construcción aproximada. Sin embargo, para esto es necesario contar con los medios necesarios, que si en realidad no son en absoluto costosos para el presupuesto de cualquier administración, si lo son y mucho para un particular, por lo que es de entender que el presente texto acerca de las presas romanas en España, no pueda aportar unos datos tan rigurosos como sería deseable, aportando en cambio las conclusiones obtenidas de una observación, comparación y estudio exhaustivos.

Sin embargo, sí que existen algunas presas sobre las que en los últimos años, gracias quizá a una creciente sensibilidad acerca de estos temas que afectan a la Historia de la Técnica, amén de las mínimas necesidades de mantenimiento que es obligado realizar cada cierto tiempo, se han obtenido datos que puedan ser útiles para la obtención de conclusiones acerca de su estabilidad y su futura conservación. Entre ellas, se encuentra la más famosa de todas las presas romanas, la de Proserpina en Mérida, que en la década de los 90 ha sido objeto de algunos trabajos de mantenimiento y auscultación que han dado lugar a un conocimiento más preciso de sus dimensiones, características de sus materiales, estructura interna y elementos accesorios, como desagües o torres de toma.

Por otro lado, se ha llegado a precisar la cronología de sus diversas etapas constructivas, lo que puede ser de enorme interés en posteriores estudios a llevar a cabo en otras presas. Además, esta presa constituye un modelo de presa romana, puesto que supone un paradigma que sirvió de pauta para la construcción de multitud de obras en los siglos siguientes, ya que además cuenta con todos los elementos estructurales que fueron empleados por los romanos: terraplén de tierra, pantalla de fábrica con talud, contrafuertes (también del lado de aguas abajo), torres de toma, desagües a distintos niveles, galerías profundas, etc., por lo que su estudio puede aportarnos una idea aproximada de la construcción de presas en época romana.

Como primera aproximación al cálculo estructural de una presa, realizaremos una caracterización de las cargas que sufre una presa de fábrica y las condiciones de estabilidad de la misma. Consideraremos para simplificar el caso de una presa de gravedad, que resiste el empuje del agua por su propio peso, ya que es éste el caso que se nos va a presentar de una manera u otra en todas las presas romanas, excepto en algún caso aislado en que el la forma en arco de la misma puede suponer un efecto resistente adicional (casos dudosos que deben tomarse como en fase experimental en aquella época). Dejando aparte el efecto del posible terraplén que luego veremos, en este problema intervienen principalmente el empuje del agua, tanto hidrostático como de subpresión bajo la presa, y el peso propio de la estructura, según se aprecia en el esquema que se incluye a continuación.

Como continuación al planteamiento anterior, transcribiremos seguidamente un cuadro incluido en la obra de Nicholas J. Schnitter acerca de la Historia de las Presas, en la que se han representado gran parte de las presas romanas de gravedad y de contrafuertes conocidas de manera gráfica de forma que en abcisas se representa el espesor del muro, mientras que en ordenadas se representa la altura, para de esa manera tener una idea aproximada de las condiciones de estabilidad en que pueden encontrarse algunas de estas obras. En el gráfico se han representado dos líneas: por debajo de la primera de ellas, la presa se encontraría sobredimensionada con el moderno criterio de coeficientes de seguridad, por encima de la segunda, la presa se encontraría en equilibrio inestable con esos mismos criterios, mientras que en el espacio intermedio entre ambas, nos moveríamos dentro de los valores convencionales para alcanzar la estabilidad según los métodos actuales.

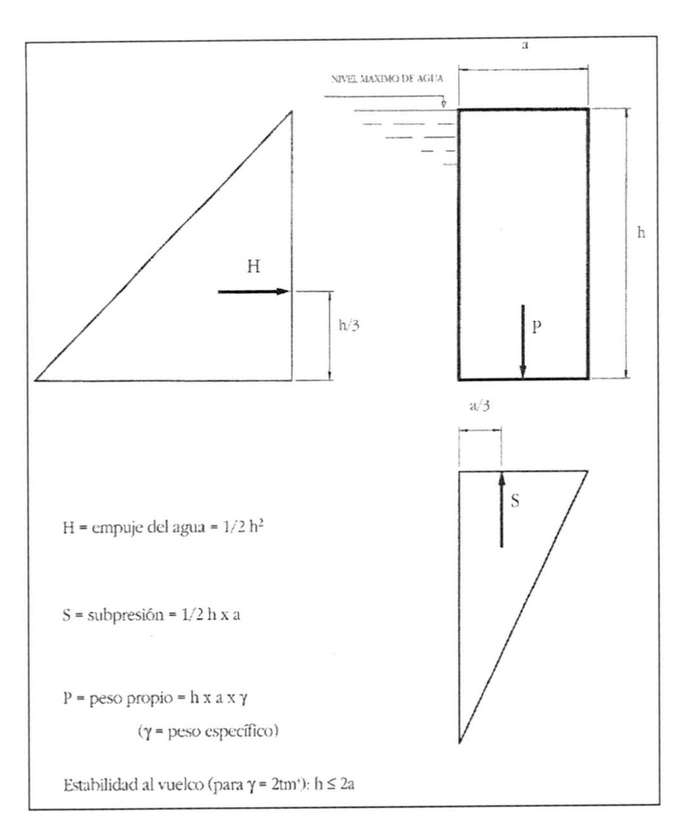

Fuente: *M. Arenillas: "Presas y azudes en la Baja Edad Media. Antecedentes, problemas y soluciones"; XXII Semana de Estudios Medievales. Estella, 1995.*

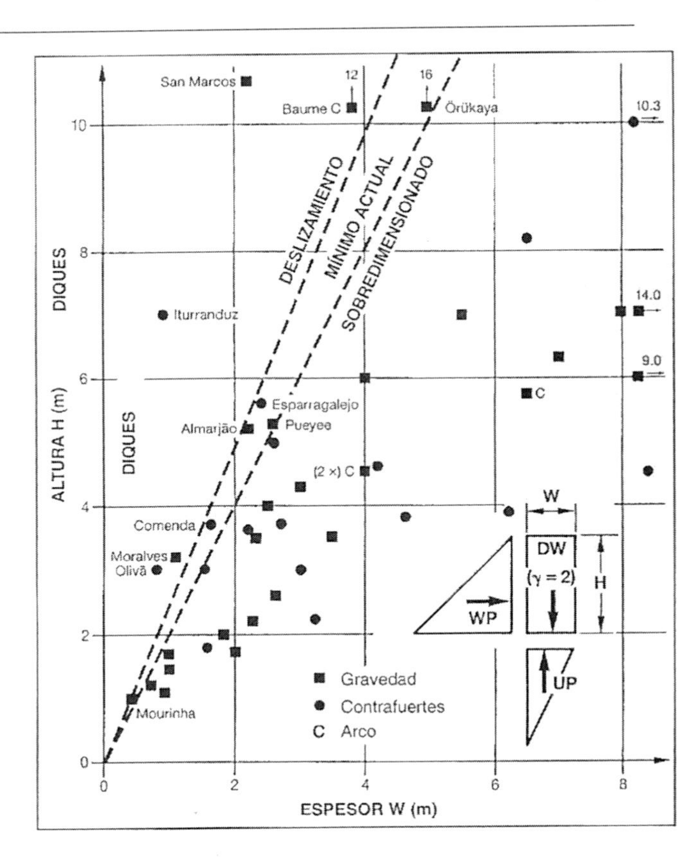

Fuente : *N.J. Schnitter: "El Imperio Romano", capítulo 2 en Historia de las presas, ed. en castellano: Colegio de Ingenieros de Caminos, 2000 (trad. de J. Diez-Cascón y F. Bueno); p. 73.*

La nomenclatura empleada es la siguiente: W = espesor del muro; H = altura del muro; DW = peso propio; WP = empuje hidrostático; UP = subpresión.

Curiosamente, vemos que hay una gran parte de las obras consideradas que estarían en realidad sobredimensionadas, ya que poseen un espesor de muro muy grande en comparación con la altura de agua que soportan. Por otro lado, hay también un número considerable de obras, algunas de ellas bastante conocidas, que se encuentran en el espacio intermedio correspondiente a la estabilidad convencional. Finalmente, existe asimismo un número reducido de obras que se encontrarían dentro de la zona de peligro de ruina debido a su gran esbeltez.

De hecho, la presa de Iturranduz, que se sitúa claramente dentro de esta zona, se encuentra en la actualidad arruinada. En todo caso, se ha representado con una altura de 7 m. (la total obtenida realmente a partir de los sondeos efectuados), pero se ha considerado solamente el espesor de la pantalla de aguas abajo, el de su primera etapa constructiva. Por otro lado, se ha situado también en esta zona el Azud de San Marcos, con un espesor de muro de 2,30 m., que es el que posee en coronación, pero debe decirse que la anchura del mismo en la base debe ser de más del doble, debido al talud con que cuenta al menos el paramento de aguas abajo, por lo que esta obra se saldría ya de la zona de inestabilidad. Sin embargo, tanto esta obra como la de Pueyée, no son de adscripción romana segura, ya que su fábrica no indica un origen tan antiguo, aunque si puede ser que se trate de reconstrucciones de obras más antiguas.

Finalmente, vemos que la presa arco de Baume (St. Remy, Francia) posee una esbeltez fuera de las proporciones lógicas de las presas de gravedad, lo mismo que ocurre con la presa de Puy Foradado (altura de aproximadamente 3 m para un espesor de algo más de 1,0 m., es decir un valor de W/H que se mueve en la frontera entre estructuras estables e inestables). Así, a pesar de que en el primer caso las dimensiones son sólo estimadas ya que la presa se encuentra actualmente sumergida en un embalse moderno, y además se sabe que ya en el siglo XVIII se encontraba arruinada, parece ser que en los únicos ejemplos conocidos de presas romanas de planta sensiblemente curva, el efecto arco podría funcionar de manera efectiva, por lo que podemos considerar que esta tipología fue realmente inventada por los ingenieros romanos, teniendo en cuenta cómo el arco fue utilizado profusamente en las construcciones romanas y que su funcionamiento fue descrito en obras de arquitectura para su empleo de forma sistemática en la construcción.

A partir de este gráfico, podemos también estimar la estabilidad y aproximar las dimensiones originales de algunas presas romanas conocidas que no han sido incluidas en la propia figura, como por ejemplo, las tres grandes presas de gravedad de la cuenca media del Ebro, que quizá constituyen en sí mismas el conjunto de presas de gravedad cercanas en el espacio más importante de todo el mundo romano. Comenzando por la presa de la ermita de la Virgen del Pilar, sabemos que constaba de dos estapas constructivas: la primera de ellas, con una altura de 14,0 m. para un espesor de 7,35 m., en principio claramente estable aunque tampoco podría hablarse de sobredimensionamiento, ya que nos encontramos justamente por debajo de la primera línea del gráfico. La segunda etapa mantuvo el espesor, pero elevó su altura hasta unos 17 m., la cuál supone una relación W/H de aproximadamente 0,43, lo cuál se acerca ya bastante más a la línea de peligro, a pesar de encontrarnos aún dentro del área de estabilidad según los criterios actuales.

La segunda de las presas sobre las que podríamos discutir su estabilidad es la de Almonacid de la Cuba. De esta presa sabemos que fue construida en principio con una esbeltez tal que quizá sería incluso la causa de su ruina. Por lo que se refiere a la obra que ha llegado hasta nuestros días, sabemos que pose una altura de 34,0 m. para una anchura del muro que en coronación varía entre un valor de 17 m. en el aliviadero hasta 27 m. en la zona próxima al estribo derecho, mientras que en la base este valor se ve incluso incrementado debido al escalonado de los paramentos, llegando a valores de alrededor de 40 m. En este caso, es claro deducir que esta obra se encuentra claramente sobredimensionada, quizá debido en parte a que en su primera versión su arruinó, por lo que cuando fue reconstruida puede que se tuviera en cuenta precisamente este hecho, yendo "a asegurar" con una estructura tremendamente robusta. De todas maneras, este hecho es ya indicativo de cómo los ingenieros romanos aprendieron de sus errores iniciales, afinando progresivamente las dimensiones de sus obras de una manera empírica.

La última de las obras de este conjunto es la presa de Muel. Esta obra, que posee un impresionante muro de sillería en su paramento de aguas abajo, que se encuentra por otro lado prácticamente intacto a pesar de la erosión de la cara exterior, que se hace más patente en su mitad inferior. La existencia de una iglesia en su coronación, así como una carretera que pasa justamente por esta zona, ha dado lugar a rellenos que enmascaran la coronación de la obra y no dejan ver cuál sería el espesor real de la estructura. De todas maneras, siguiendo las pautas seguidas en las presas romanas conocidas, las cuáles podemos extraer del gráfico anterior, somos capaces de estimar su anchura de una manera sencilla. Sabiendo de la estabilidad del dique, que se ha mantenido en pie a largo de los siglos, soportando incluso en su trasdós importantes sobrecargas para las cuáles no estaba en principio proyectada, así como una completa subpresión, a juzgar por las filtraciones en su pie, debemos deducir que se trata de una estructura bastante robusta. Su altura total original debía rondar los 13 m (en la actualidad son más de 10 m), y su anchura conservada es de al menos 11 m (**2**), por lo que la relación W/H supera ampliamente el valor de 0,5, lo que explica su estabilidad a lo largo del tiempo.

Además de las presas de gravedad, contamos con una tipología típica romana de la que sería también más o menos fácil realizar una caracterización de una manera aproximada, como es la de presa de pantalla de fábrica + terraplén aguas abajo, de las cuales contamos con numerosos ejemplos que podríamos clasificar. Es este un tipo de presa algo más complejo, puesto que cuenta con una heterogeneidad mayor al entrar en funcionamiento dos tipos de material: en primer lugar el muro de fábrica, y en segundo, el terraplén de tierras, de material granular.

Es este último elemento una nueva variable que no entraba dentro del cálculo de la presas de gravedad, y en la que habrá que tener en cuenta la inclinación con que contaba en las obras romanas, que parece se movía entre valores de 1:3 (como en el caso de Proserpina) y de 2:7 ó 1:4 como máximo. Por otro lado, deberán ser estimadas la líneas de saturación del material a lo largo del cuerpo del terraplén, puesto que será éste un elemento que influirá en su estabilidad. Los valores de compactación y por tanto, de densidad, serán en este caso similares a los del terreno natural equivalente, puesto que en los caso de las presas romanas debemos recordar que contamos con una consolidación en un periodo de casi dos milenios. En este caso existen dos supuestos muy distintos que debemos tener en cuenta: primero el caso de embalse lleno, en que simplificando, la resistencia la ejerce casi con exclusividad el terraplén de aguas abajo (aunque por supuesto, contribuiría el muro de fábrica en un pequeño porcentaje), y segundo, el caso de desembalse rápido, en que debemos considerar la acción hacia aguas arriba del propio terraplén saturado de agua, lo cuál equivale a una altura hidrostática similar a la del embalse lleno. En este segundo caso, es la pantalla el único elemento resistente que cumple una función estructural, que debería comprobarse tanto en la sección correspondiente a la pantalla plana, como en la correspondiente a los contrafuertes caso de existir éstos, puesto que este último es un nuevo elemento que contribuye teóricamente en gran medida a la resistencia al vuelco para esta hipótesis en concreto. En el apartado siguiente, en el que se realiza una aproximación al cálculo de la estabilidad de la presa de Proserpina, podremos determinar si en esta presa los contrafuertes han tenido algún efecto, o si por el contrario, como se ha venido considerando hasta ahora, no contribuyen en gran medida a la resistencia general de la estructura por la gran separación existente entre ellos.

CÁLCULOS DE ESTABILIDAD DE UNA PRESA ROMANA. APLICACIÓN A CASOS CONOCIDOS.

El presente apartado pretende aportar una aproximación al cálculo de la estabilidad de una presa romana realizando una aplicación sobre casos reales concretos que sean suficientemente explicativos y sobre los que tengamos datos fiables. Para ello se han empleado los métodos habituales en el cálculo tradicional de presas, sin entrar en los modernos métodos basados en el cálculo por elementos finitos, que se aproximan mejor a la realidad pero que necesitan de una definición mucho más precisa de la geometría y las condiciones de los materiales de la presa, datos que desgraciadamente no llegamos a conocer con exactitud en ninguna de las presas romanas conocidas, por lo que los resultados incluidos a continuación no pasan de ser una mera aproximación para conocer el estado general de algunas presas conocidas que nos permitan tener una idea aproximativa de los parámetros constructivos que utilizaban los ingenieros romanos.

PARED DE LOS MOROS (MUNIESA)

En primer lugar, realizaremos un cálculo de los empujes en servicio de una presa romana en un caso simple: la presa de la Pared de los Moros, en Muniesa, actualmente arruinada y que, por el tipo de su rotura parece que no pudo soportar las cargas hidrostáticas debido a su extrema esbeltez. Por ello, se han calculado los empujes existentes a embalse lleno, analizando los resultados por resistencia a vuelco. Por otro lado, y dado que parece paradójico que los romanos diseñasen tan en precario una presa de época ya más bien tardía, hemos comprobado también los resultados que se obtendrían en esta misma presa con un revestimiento adicional de sillería de 0,5 m. de espesor, así como con un terraplén de tierras del lado de aguas abajo, intentado obtener en este último caso cuál debería ser la altura mínima del relleno para obtener el equilibrio por resistencia a deslizamiento, suponiendo el caso de un terraplén a altura parcial.

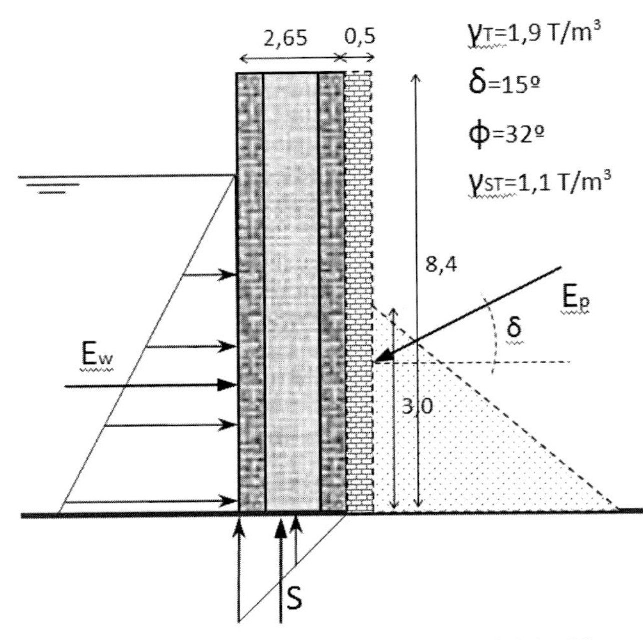

Acciones a embalse lleno sobre la presa de Pared de los Moros

Con el esquema de cargas representado en la figura anterior, y con las hipótesis en cuanto a densidades de materiales, características del terreno que también aparecen en dicha figura, y que se consideran bastante razonables para el caso que nos ocupa, nos resulta que en la hipótesis de resistencia al vuelco, la altura de agua para la que se llega al equilibrio estricto (coeficiente de seguridad 1) es de **6,65 m**, es decir, casi 2 m por debajo de la máxima altura conservada de presa (8,40 m). Dicha altura se eleva hasta los **7,14 m** en el caso de que la presa hubiera contado adicionalmente con un revestimiento de sillería de 0,50 m de espesor. Por último, si consideramos además la disposición de un terraplén de tierras aguas abajo, para la hipótesis de δ = 15°, la altura de relleno necesaria para alcanzar el equilibrio estricto es de algo más de 3 m. Dicho posible relleno no incluiría negativamente en la estabilidad de la presa en caso de desembalse rápido, ya que en dicha hipótesis, el momento volcador resultante sería mucho menor al momento resistente de la presa.

De esta manera, parece lógico concluir que la presa de la Pared de los Moros debió poseer una sección más estable que la que se ha conservado hasta el momento actual, ya que con ésta, el máximo nivel de llenado que pudiera haber alcanzado la presa sin llegar a la rotura por vuelco sería alrededor de 2 m. por debajo de la cota de coronación. Debemos tener en cuenta además que los romanos poseían ya en la época de su construcción una amplia experiencia en la construcción de presas, además de que la existencia de cierto espesor de depósitos en su embalse parece indicar que la obra estuvo en funcionamiento durante un tiempo.

Con un simple revestimiento de sillería, la presa tampoco podría haber alcanzado la sección suficiente para su estabilidad, por lo que se podría pensar que ésta contó con un espaldón de tierras del lado de aguas abajo, al menos en la zona más alta de la presa. Si hacemos la hipótesis de que la presa volcó hacia aguas abajo debido a la esbeltez de su pantalla de fábrica, como parece indicar la amplia brecha en forma de V abierta en su zona central, justamente en coincidencia con la mayor altura, cabe concluir que este relleno no fue suficiente para garantizar la estabilidad al vuelco, por lo que probablemente fue realizado sólo hasta una altura parcial que le permitió resistir a embalse lleno durante un cierto periodo de tiempo de una manera precaria hasta que una crecida o la simple superación de manera reiterada del límite de estabilidad, aunque fuera de una manera muy leve, dio al traste con la estructura.

Según los resultados obtenidos, la presa de la Pared de los Moros podría haber tenido una tipología de pantalla + terraplén, pero cuyo relleno llegaría solamente hasta una altura de aproximadamente 3m. desde el fondo del cauce, puesto que es esta altura la que da un equilibrio inestable con un coeficiente de seguridad muy ligeramente por debajo de la unidad. Por otro lado, un relleno con tan pequeña altura no resultaría inestable por vuelco hacia aguas arriba como hemos comprobado, ya que el coeficiente de resistencia a vuelco considerando desembalse rápido con terraplén saturado sería en este caso bastante alto.

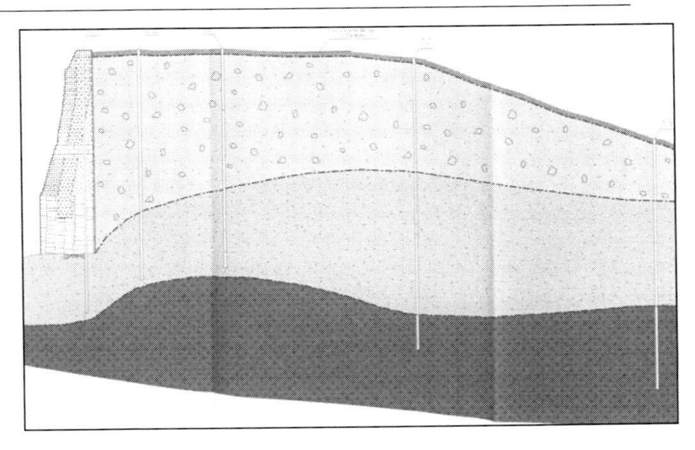

Presa de Proserpina: *Sección transversal de la presa, donde aparecen las fábricas de su muro de aguas arriba, así como los materiales que componen su espaldón, información extraída a partir de los resultados de los sondeos que aparecen en la imagen (campaña de 1991-92), de la que se concluyó la existencia de dos materiales principales en el terraplén, de los cuales el inferior poseía grandes analogías con los sedimentos hallados aguas arriba. Esta sección posee una altura total de 20 m. y se encuentra por tanto en una de las zonas más desfavorables de la estructura, sobre todo en el caso de empuje hacia aguas arriba del espaldón saturado a embalse vacío. El tercer tipo de material, de poca influencia en la estabilidad, se corresponde con la capa vegetal.* Fuente: Confederación Hidrográfica del Guadiana–Prointec, *septiembre de 1995.*

PRESA DE PROSERPINA

En segundo lugar, calculamos el caso de la presa de Proserpina, de la que conocemos también la geometría de su sección transversal, así como las características geotécnicas del material que compone su terraplén de aguas abajo de una manera bastante aproximada (**3**). En esta hipótesis, y por obtener la relación con otras presas romanas del mismo tipo arruinadas por vuelco hacia aguas arriba (por ejemplo, Alcantarilla), obtendremos los resultados correspondientes a un desembalse rápido, es decir, el caso de empuje hacia aguas arriba del terraplén saturado sobre el muro de fábrica a embalse vacío, hipótesis que parece la más desfavorable para este tipo de presas.

En este último caso, y como veremos por los resultados de los cálculos incluidos a continuación, las conclusiones son sorprendentes, puesto que aún en las condiciones más favorables, es decir, en la hipótesis de considerar el coeficiente de empuje activo (en lugar de cubrirnos con el de empuje al reposo, como suele hacerse generalmente en el cálculo de un muro para obtener un mayor coeficiente de seguridad), y considerando además un cierto ángulo de rozamiento entre el relleno del trasdós y el muro que acorte el brazo del momento volcador, lo cierto es que la estructura todavía resulta en equilibrio inestable por vuelco hacia aguas arriba, con un coeficiente de seguridad bastante por debajo de la unidad.

A continuación se reproduce el esquema considerado de acciones sobre la presa en el supuesto de embalse vacío con empuje hacia aguas arriba del relleno saturado, con indicación de las características propias de cada uno de los diferentes materiales que componen el terraplén aguas abajo del dique de la presa, y la componenete final de dicho empuje, equilibrado parcialmente por el peso de la presa, considerando el único efecto resistente de la gravedad.

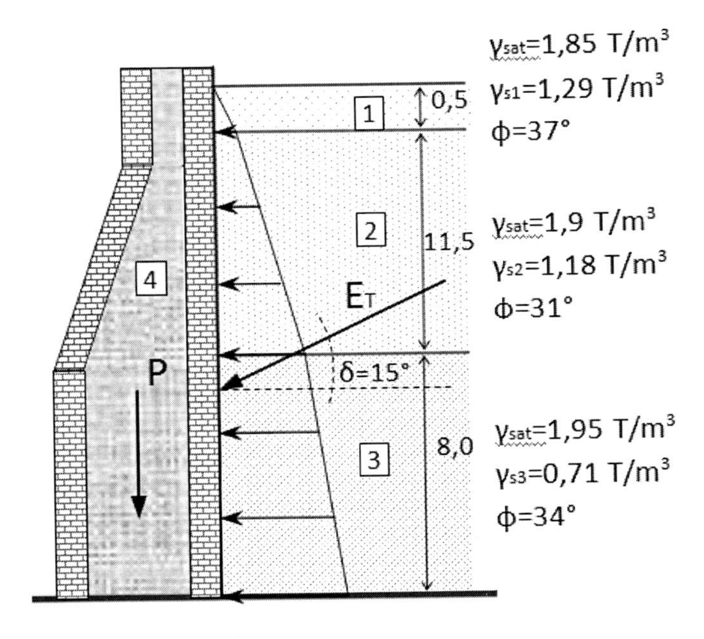

Acciones en desembalse rápido sobre la presa de Proserpina

Con el anterior esquema de características estructurales y de los materiales de la presa de Proserpina, aplicando el equilibrio entre el momento volcador (formado por la resultante del momento de vuelco hidrostático y la suma de las componentes horizontales del momento de empuje del terraplén) y el momento estabilizador (formado por la resultante del momento del peso y la suma de las componentes verticales del momento de empuje del terraplén), para el caso de desembalse rápido (embalse vacío y terraplén saturado), resulta un coeficiente de seguridad de 0,41, mucho menor que 1, y por tanto, claramente inestable. Este valor coincide sin embargo de forma muy aproximada con el obtenido por otros métodos en el mencionado estudio encargado por la Confederación del Guadiana, del cual hemos entresacado los datos para nuestros cálculos, ya que en éste aparecía un coeficiente de 0,42 para este mismo caso, que es el más desfavorable con el que nos podríamos encontrar en la presa. Es lógico que la diferencia de resultados por uno y otro lado sea muy pequeña, puesto que a pesar de que nuestro tanteo de cálculo sea muy aproximativo, ya que no es objeto de esta estudio la profundización en métodos rigurosos para el cálculo de presas, lo cierto es que se parte de los mismos datos básicos (obtenidos de la campaña de sondeos realizada en la presa) y el proceso a seguir es muy similar en ambos casos.

ğCuál es la razón por la que una estructura tan inestable en esta hipótesis como la de Proserpina, no se haya venido abajo a lo largo de un periodo tan sumamente prolongado como 1900 años? La razón quizá no debemos buscarla en este caso en la contribución estructural de los contrafuertes, de muy poca importancia en este caso debido a la gran separación entre ellos, como ya han señalado diversos autores, ya que si hubiésemos obtenido un coeficiente cercano a la unidad, podríamos haber sospechado que estos elementos podrían haber aportado la resistencia necesaria para encontrarnos por encima del equilibrio inestable, pero con un valor tan sumamente reducido, es evidente que debemos buscar la razón en otra parte.

Lo cierto es que razonando sobre las características de la presa de Proserpina, concluimos que es muy difícil que se encuentre en condiciones tales que se ponga en peligro su estabilidad. En primer lugar, es altamente improbable que una riada rebase la coronación de la presa arruinando el espaldón debido a la propia naturaleza de la cuenca del arroyo en el que está ubicada, de muy poca importancia. Por otro lado, es también casi imposible que se presente una hipótesis tan desfavorable como la que hemos supuesto en el caso anterior a todo lo largo de su vida útil. Simplemente, no puede darse un desembalse rápido porque sus órganos de desagüe poseen una sección tan reducida que no pueden evacuar el agua del interior del embalse sin evitar que el espaldón (que se encontraría empapado con embalse lleno) vaya secándose a la vez que se vacía la presa, y más teniendo en cuenta la naturaleza arenosa del propio espaldón, que facilita la creación de una red natural de drenaje debido a su estructura granular. Por otro lado, aunque en realidad no se utilizaron los propios desagües de la presa en el vaciado de la presa a comienzos de los 90, lo cierto es que el bombeo del agua del embalse fue realizado de una manera bastante lenta, permitiendo por tanto que disminuyesen las presiones intersticiales del agua en el interior del terraplén de una manera gradual.

Con los datos anteriores, suponemos que para terraplén saturado, el nivel de agua del lado de aguas arriba que contrarrestaría el empuje de éste podría ser de unos 18 m. El tiempo que tarda entonces el embalse de la presa de Proserpina en bajar del nivel +20 al +18 (que equivale a un volumen de aproximadamente 1 Hm3) con los dos desagües de fondo, de 22 cm. de diámetro interior (con el posterior desagüe medieval sería aún mas lento el desembalse), sería de aproximadamente 8 días. Si consideramos que en el límite éste fuera el tiempo que tarda en ponerse en funcionamiento la red interior de drenaje del espaldón de tierras, considerando que a esta cota de la presa, tendremos un recorrido máximo de las isolíneas de presión de unos 30 - 35 m., obtenemos que el coeficiente de Darcy correspondiente a esta filtración sería,

$$K = 4 \text{ a } 5 \times 10^{-3} \text{ cm/sg.}$$

, valor que se corresponde con una arena relativamente fina, lo cual parece en principio compatible con las características geotécnicas obtenidas en el mencionado estudio de la Confederación, por lo que vemos apoyada la hipótesis sobre la imposibilidad de que pueda presentarse un desembalse rápido sin drenaje a lo largo de la vida útil de la presa.

Para completar la información acerca de la estabilidad de la presa de Proserpina bajo las diversas hipótesis que pueden presentarse, reproducimos a continuación los coeficientes de seguridad obtenidos en el estudio de 1995 de la Confederación y la empresa Prointec, para la misma sección anterior, la más desavorable por encontrarse en la zona de mayor altura:

a) Caso de empuje hacia aguas arriba a embalse vacío con espaldón de tierras seco (desembalse lento).

A deslizamiento...... Cd = 1,46

A vuelco..................Cv = 1,17

b) Caso de empuje hacia aguas arriba a embalse vacío con espaldón de tierras saturado (desembalse rápido).

A deslizamiento...... Cd = 0,53

A vuelco..................Cv = 0,42

c) Caso de empuje hacia aguas arriba a embalse vacío con espaldón de tierras semisaturado (desembalse medio).

A deslizamiento...... Cd = 0,86

A vuelco..................Cv = 0,68

d) Caso de empuje hacia aguas arriba a embalse vacío con espaldón de tierras seco y con cohesión (hipótesis optimista)

A deslizamiento...... Cd = 2,38

A vuelco..................Cv = 1,61

, el valor del coeficiente de seguridad a vuelco aumentaría en este último caso hasta un valor de más de 2,5 caso de considerar una sección que incluyese no de los contrafuertes centrales.

De estos resultados podemos obtener dos lecturas acerca del funcionamiento de esta estructura y de su pervivencia a lo largo de los siglos. En primer lugar, y dado que la presa ha soportado al menos un desembalse reciente (aunque eso sí, con drenaje del terraplén), parece muy posible que en realidad los contrafuertes (no considerados en este cálculo) sí que contribuyan en cierta medida a la estabilidad general de la pantalla de aguas arriba, aunque sea en una pequeña medida.

Por otro lado, y esta es en realidad la hipótesis más plausible, debemos decir que es muy posible que la presa de Proserpina no haya soportado un desembalse rápido a lo largo de todos sus años de vida útil, al menos en las condiciones tan desfavorables que hemos considerado nosotros de terraplén totalmente saturado en toda su altura, quizá simplemente porque la propia capacidad de los órganos de desagüe de la presa es tan reducida, que no son capaces de vaciar el embalse de manera rápida. Por otro lado, es posible incluso que tradicionalmente hayan contribuido en cierto grado a esta estabilidad los propios tarquines del embalse (de más de 6 m. de potencia) que fueron retirados entre 1991 y 1992, debido a la consolidación alcanzada a lo largo de los años, aunque desde luego su efecto sería reducido debido a sus pobres características geotécnicas (**4**).

El que en esta última campaña de trabajos el vaciado se haya realizado de una manera muy lenta, favoreciendo el drenaje del agua de saturación del terraplén para ir reduciendo de manera progresiva la presión intersticial en su interior (cosa por otro lado fácil de conseguir dado la naturaleza arenosa del relleno), y por tanto, el empuje del mismo hacia aguas arriba, quizá haya sido la única razón que nos ha permitido seguir disfrutando de la pervivencia de tan importante obra, de la que fue descubierta precisamente su parte más antigua gracias a este vaciado.

CÁLCULOS HIDROLÓGICOS EN UNA PRESA ROMANA. APLICACIÓN DE LOS CRITERIOS ACTUALES A ALMONACID DE LA CUBA.

El estudio hidrológico de la presa de Almonacid de la Cuba se realiza a partir de los datos conocidos de la misma: conocemos en primer lugar la superficie y las características de su cuenca, formada a su vez por la confluencia de dos cauces de similar entidad, el propio Aguas Vivas como río principal, y el Cámaras, que en realidad tiene en el punto de unión de ambos una importancia casi del mismo nivel. En segundo lugar, conocemos también su curva de embalse, es decir, la relación entre cota y volumen de embalse, herramienta básica a la hora de estimar la capacidad de regulación de una presa.

Emplearemos para el cálculo varios periodos de retorno: 5, 25, 50, 100, 500, 1.000 y 10.000 años, a semejanza de los valores utilizados para el cálculo de las presas modernas. Debemos tener en cuenta que, según la fórmula de recurrencia del periodo de retorno:

$$\mathbf{P} = 1 - \left[1 - \frac{1}{T}\right]^{t}$$

, la probabilidad de que hayan acaecido las avenidas más desfavorables son:

* Para T = 1.000 años, $P_{2000} = 0{,}865$ (86,5 %)
, es decir, es casi seguro que habrá ocurrido al menos una vez durante la vida de la presa.

* Para T = 10.000 años, $P_{2000} = 0{,}181$ (18,1 %)
, es decir, también existen bastantes posibilidades (casi 1 entre 5) de que haya ocurrido una avenida tan extrema.

En nuestro caso vemos que si hablamos de cuál debe haber sido la mayor avenida que habrá soportado la presa de Almonacid a lo largo de vida útil, no debemos movernos nunca con periodos de retorno más bajos, puesto que si aplicamos la misma fórmula anterior para otros valores más bajos, vemos que la posibilidad de que haya ocurrido por ejemplo la avenida de periodo de retorno de 100 años es prácticamente del 100 %, mientras que la de periodo de retorno de 500 años, es del 98,2 % , es decir, también podemos considerar como seguro el que haya acaecido al menos una vez a lo largo de la vida de la obra.

Metodología. Modelo hidrometeorológico :

Para el desarrollo de los modelos hidrometeorológicos se utiliza el programa HEC-1 del U.S. Corps of Engineers en su revisión de Agosto de

1988. Este programa simula la escorrentía superficial, procedente de las precipitaciones, calculando para cada subcuenca la precipitación eficaz. Resultaría prolijo extenderse en estas páginas sobre las características del programa o su fiabilidad, puesto que se trata probablemente de la herramienta de trabajo más extendida para la realización de cálculos hidrológicos por parte de profesionales de todo el mundo en los últimos 40 años. El modelo incluye cuatro métodos para obtener el volumen de escorrentía neta, entre ellos el del número de curva del S.C.S. (Soil Conservation Service). Para el cálculo del hidrograma presenta varias opciones: los hidrogramas sintéticos de Snyder y del S.C.S, el método de las isocronas con un embalse lineal (Clark), etc. Calculado el hidrograma de la tormenta para cada subcuenca, el modelo conduce la avenida por la red de cauces definida aplicando los métodos de Muskingum Plus modificado o el método hidráulico de la onda cinemática. Por último, HEC-1 presenta un módulo para la combinación de hidrogramas.

Así, el proceso de cálculo a seguir sería el siguiente:

1.- División en subcuencas y determinación de sus características físicas

2.- Hietograma del aguacero de cálculo para cada periodo de retorno

3.- Precipitación-escorrentía. Hietograma de lluvia neta

4.- Cálculo de hidrogramas

5.- Propagación y combinación de hidrogramas

División en subcuencas y determinación de las características físicas

Son conocidas las características básicas de la cuenca vertiente a la presa de Almonacid, que se encuentra formada por la correspondiente al propio Aguas Vivas ,más la del Cámaras, más un último corto tramo en el que las corrientes de ambos ríos discurren de manera solidaria hasta el punto en el que se encuentra la presa.

En realidad las subcuencas no son tales desde el punto de vista hidrológico, sino áreas que incluyen un territorio que en el modelo se supone drenado por el cauce que define la subcuenca. La división se realiza procurando reflejar la estructura de drenaje de la cuenca, con áreas homogéneas en superficie y características, lo cuál coincide en este caso con las condiciones naturales.

Las características físicas de cada subcuenca, necesarias para la obtención de los parámetros de cálculo del modelo, son las incluidas a continuación (ver esquema genérico adjunto):

- Área de cada Subcuenca (A en Km^2)
- Longitud de cauces secundarios (L_1 en Km)
- Longitud de cauce principal (L en Km)
- Cotas superior e inferior (CS y CI en m)
- Pendiente media del cauce (J en tanto por uno)

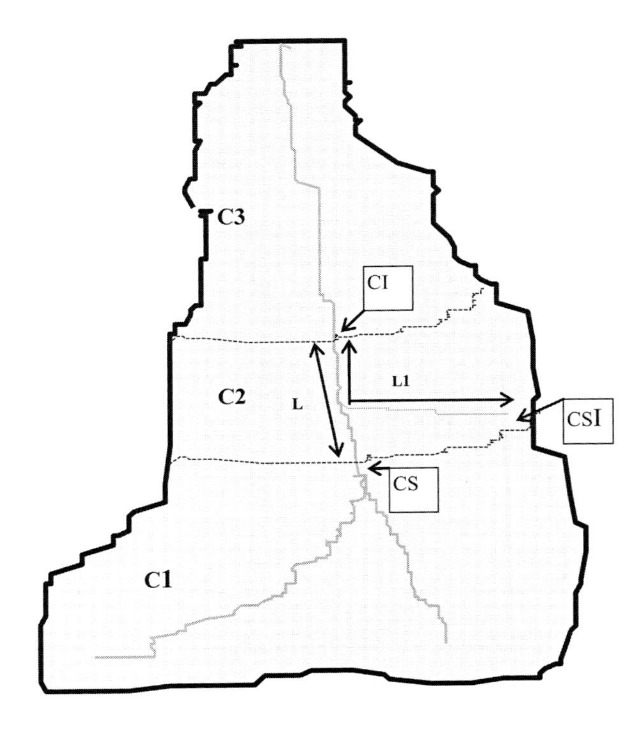

Hietograma del aguacero de cálculo para cada periodo de retorno

El hietograma del aguacero de cálculo se obtendrá mediante un hietograma de lluvia sintético definido por una ley de intensidad-duración, una duración de aguacero de cálculo y una geometría. A continuación, se procede a describir en detalle cada uno de los pasos a seguir para la obtención de dichos hietogramas.

Ley Intensidad-Duración:

Usaremos la ley recomendada en la Instrucción 5.2-IC de Drenaje Superficial, comúnmente usada en España:

$$\frac{I}{I_d} = \left(\frac{I_1}{I_d}\right)^{\frac{28^{0.1} - D^{0.1}}{28^{0.1} - 1}}$$

Siendo:

I : intensidad media para cada periodo y duración

I_1 : intensidad horaria de precipitación para el período de retorno considerado

I_d : intensidad media diaria de precipitación, correspondiente al período de retorno.

I_1/I_d : se obtiene a partir del plano de isolíneas incluido en la Instrucción 5.2.I.C.

D : duración

I_d = P_d / 24, siendo P_d la máxima precipitación diaria previsible

Estimación de la Precipitación Máxima Diaria (Pd)

Las precipitaciones máximas diarias correspondientes a los distintos períodos de retorno en estudio se extraen del Mapa para el Cálculo de Máximas Precipitaciones Diarias en la España Peninsular del Ministerio de Fomento, donde para la situación de la cuenca de la presa nos corresponde una valor de la isolínea de máxima precipitación diaria anual de 48 mm., con un coeficiente de variación de 0,40.

A partir de los valores del mapa, se obtuvieron para cada una de las tres subcuencas consideradas las precipitaciones máximas diarias para periodos de retorno de 1.000 y 10.000 años, que son los empleados en el cálculo, para los que hemos utilizado unos coeficientes de amplificación de la precipitación máxima de 3,44 y 4,77, respectivamente

Únicamente y para poder asumir la hipótesis de simultaneidad de precipitación en las cuencas vertientes analizadas, resta por aplicar a dichas precipitaciones el correspondiente coeficiente reductor de simultaneidad propuesto por Temez:

$$K_A = 1 - \frac{\log A}{15}$$

donde:

K_A = Factor de simultaneidad

A = Superficie de la cuenca total (Km^2)

Tras aplicar estos criterios, resulta finalmente la siguiente tabla de precipitaciones máximas para cada una de las cuencas:

	A. Vivas		**Cámaras**		**Cuenca Total**	
	1.000	**10.000**	**1.000**	**10.000**	**1.000**	**10.000**
P_d (mm)	134,77	186,63	136,06	188,66	150,75	209,04

Duración del Aguacero de Cálculo:

Para definir la duración del aguacero de cálculo bastaría con analizar para la serie de precipitaciones máximas diarias anuales, la duración de los correspondientes aguaceros. Sin embargo la falta de disponibilidad de datos nos ha obligado a seguir por otro camino.

Como la intensidad de precipitación se reduce notablemente con la duración del temporal generalmente, los valores máximos de crecida corresponden a temporales cuya duración sea del mismo orden del periodo de tiempo de concentración en que toda la cuenca produce escorrentía.

Por otro lado, en función del tamaño de la cuenca, se podrá suponer que la precipitación comienza y termina prácticamente de forma simultanea en toda ella (válido en cuencas no muy grandes como consideraremos también en nuestro caso, en el que nos encontramos rozando la barrera de los 1000 km2 considerando la cuenca total).

J.R. Témez, en sus diversos estudios recomienda utilizar duraciones de aguaceros de entre 1 y 2,5 veces el tiempo de concentración de la cuenca, entre los cuales encontraremos los valores máximos de crecida. Por ello, y dado que las cuencas en estudio tienen tiempos de concentración de entre 12 y 14 horas, parece lógico proponer aguaceros de duración de 24, o incluso, de 48 horas.

Geometría del hietograma:

Ante la ausencia de información sobre la distribución temporal de aguaceros, es necesario modelizar una tormenta sintética a través de las precipitaciones máximas diarias y las leyes de Intensidad-Duración.

El programa HEC-1, genera como hemos dicho, un hietograma sintético con geometría o distribución triangular de máximo valor en el centro, y mínimos extremales, partiendo de las parejas de datos precipitación-duración calculadas con la ley comentada en el apartado 9.3.4.1, e introducidas previamente en el programa.

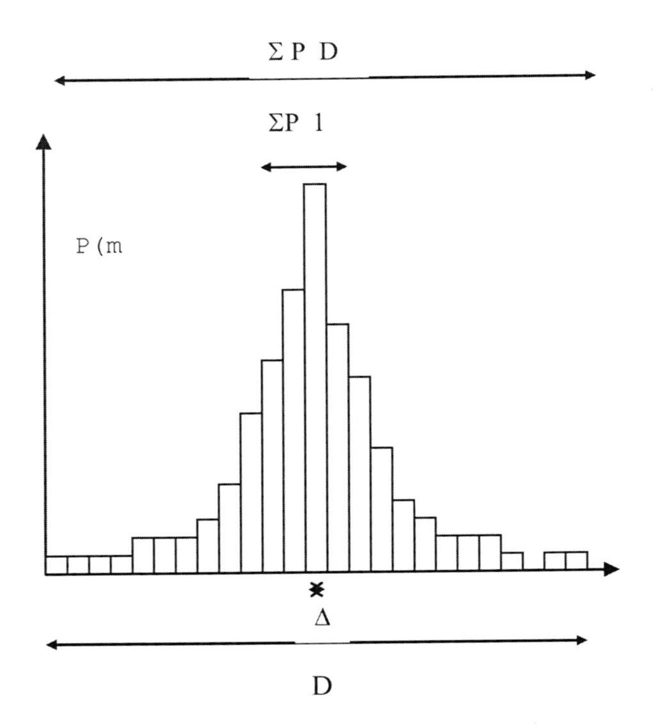

Esta distribución permite obtener caudales máximos acordes con la naturaleza de la cuenca y episodio lluvioso correspondiente, ya que con las primeras lluvias va saturando el suelo hasta alcanzar el umbral de escorrentía con antelación al momento en que tienen lugar las máximas intensidades, generando de esta forma caudales pésimos.

Respecto a la duración del aguacero señalar que hietogramas correspondientes a duraciones de aguacero superior, no implica cambiar sus valores punta, únicamente conlleva incrementar las precipitaciones en los extremos inicial y final (colas del hietograma) hasta alcanzar la precipitación máxima de cálculo, todo ello evidentemente, siempre se que esté analizando el mismo período de retorno.

Precipitación-escorrentía. Hietograma de lluvia neta:

Como ya sabemos, no toda la lluvia que genera una tormenta contribuye a la formación de escorrentía, sino que parte es retenida en superficie, almacenada en depresiones o infiltrada, denominándose pérdida de precipitación.

Existen varios métodos para obtener las pérdidas de precipitación y sustraerlas al hietograma de lluvia total, obteniéndose así el hietograma de lluvia neta. En concreto usaremos el método desarrollado por el Soil Conservation Service (SCS), que en el programa HEC-1 se introduce a través del parámetro denominado como número de curva (CN).

La ley desarrollada por el SCS tiene por expresión:

$$\Sigma E = 0 \quad \text{para } \Sigma P \leq P_o$$

$$\Sigma E = \frac{(\Sigma P - P_o)^2}{\Sigma P + 4 P_o} \quad \text{para } \Sigma P > P_o$$

, en la que:

ΣP = Lluvia acumulada desde el comienzo del aguacero, hasta el instante considerado.

ΣE = Escorrentía provocada por ΣP, o componente de lluvia neta de ΣP.

P_o = Parámetro o umbral de escorrentía.

En cuanto al número de curva, es función del uso y clasificación del suelo, vegetación, características hidrológicas y estado de humedad inicial, y se relaciona directamente con el parámetro Po de umbral de escorrentía a través de la expresión:

$$CN = \frac{1.000}{10 + 0{,}2 \cdot Po}$$

El programa HEC-1 con el hietograma de lluvia total y el número de curva, aplica el método de escorrentía variable del SCS para obtener el hietograma de lluvia neta en cada subcuenca.

Estimación del Parámetro Umbral de Escorrentía Po:

Para la estimación de Po se utiliza la metodología propuesta en la Instrucción 5.2-IC (Drenaje Superficial). En esta normativa, y basada en los trabajos experimentales del S.C.S., se presentan tablas que permiten obtener de forma orientativa el parámetro Po para condiciones medias de humedad, en función de:

- Uso del suelo y características hidrológicas
- Pendiente del terreno
- Capacidad de infiltración del suelo
- Definidos uso y características hidrológicas, grupo de suelo y pendientes, se puede establecer el umbral de escorrentía P_o, sin más que entrar con dichos valores en las tablas de valores medios de P_o del U.S. Soil Conservation Service, que se incluyen en la citada Instrucción y que a continuación se adjuntan.

Uso de la tierra	Pendiente	Características	Grupo de suelo A	B	C	D
Barbecho	≥ 3	R N	15 17	8 11	6 8	4 6
	< 3	R / N	20	14	11	8
Cultivo en hilera	≥ 3	R N	23 25	13 16	8 11	6 8
	< 3	R / N	28	19	14	11
Cereales en invierno	≥ 3	R N	29 32	17 19	10 12	8 10
	< 3	R / N	34	21	14	12
Rotación de cultivos pobres	≥ 3	R N	26 28	15 17	9 11	6 8
	< 3	R / N	30	19	13	10
Rotación de cultivos densos	≥ 3	R N	37 42	20 23	12 14	9 11
	< 3	R / N	47	25	16	13
Praderas	≥ 3	Pobre Media Buena Muy buena	24 53 70 80	14 23 33 41	8 14 18 22	6 9 13 15
	≥ 3	Pobre Media Buena Muy buena	58 80 120 250	25 35 55 100	12 17 22 25	7 10 14 16
Plantaciones regulares de aprovechamiento forestal	< 3	Pobre Media Buena	62 80 100	26 34 42	15 19 22	10 14 15
	< 3	Pobre Media Buena	75 95 150	34 42 50	19 22 25	14 15 16
Masas forestales (bosques, monte bajo, etc.)		Muy clara Clara Media Espesa Muy espesa	40 60 75 90 120	17 24 34 47 65	8 14 22 31 43	5 10 16 23 33
Rocas permeables	≥ 3		3			
	< 3		3			
Rocas impermeables	≥ 3		2			
	< 3		4			

Notas:

- Las zonas abancaladas se incluyen entre aquellas de pendiente menor que el 3 %.

- Los núcleos urbanos, edificaciones rurales, caminos, etc. no se tendrán en cuenta si representan un porcentaje despreciable del área total. En caso contrario, deberán diferenciarse los porcentajes de las superficies impermeables (P_o –0) y de los distintos tipos de suelo, atribuyendo a cada uno el valor correspondiente de P_o según la tabla.

- Al estimar el valor de P_o para el cálculo, deben tenerse en cuenta las modificaciones futuras previsibles en la cuenca, como urbanizaciones, repoblaciones, cambios de cultivos, supresión de barbechos, etc.

- El valor finalmente obtenido para P_o viene afectado por un <u>coeficiente de carácter regional</u>, obtenido de la figura adjunta, extraída de la mencionada Instrucción 5.2-IC, que refleja en cada región las condiciones habituales de humedad del suelo en las épocas de fuertes aguaceros.

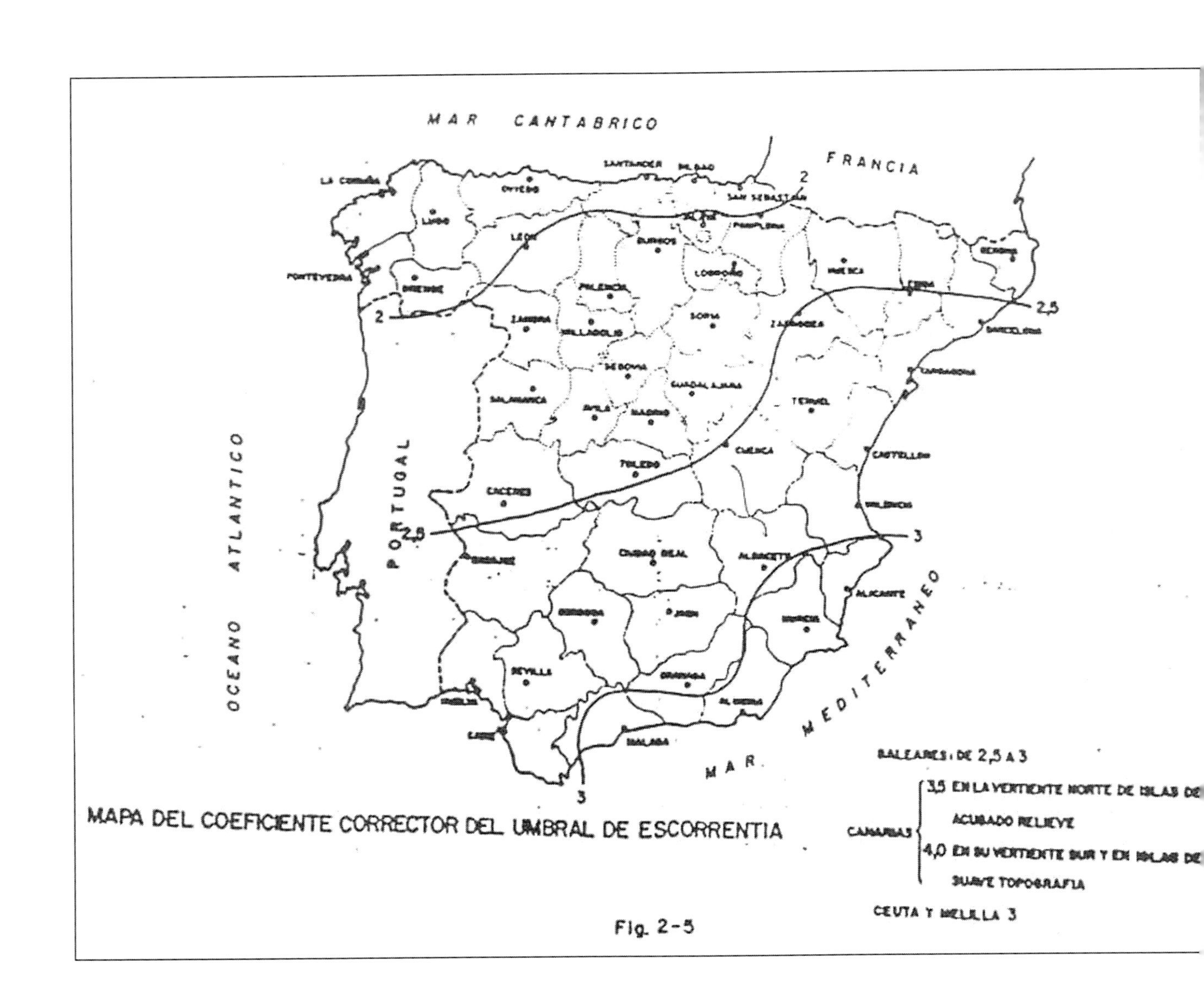

MAPA DEL COEFICIENTE CORRECTOR DEL UMBRAL DE ESCORRENTIA

Fig. 2-5

Como vemos, en nuestro caso, el coeficiente corrector regional será claramente 2,5, puesto que la isolínea correspondiente pasa justamente por la zona de la cuenca de la presa.

Por el tipo de suelo que tenemos: monte con cierta vegetación en un primer tramo, y campo abierto con algunos cultivos de huerta y similares en un segundo tramo, podemos estimar el umbral de escorrentía para nuestro caso como Po = 30 mm. para toda la cuenca vertiente. Este valor nos hace que el nḌde curva a utilizar sea CN = 62 .

Cálculo de hidrogramas:

Para obtener el hidrograma resultante de la tormenta simulada, emplearemos el hidrograma unitario sintético del SCS, para el cual el programa HEC-1 requiere una discretización temporal y la estimación del parámetro T_{LAG}.

El parámetro T_{LAG}, representa el tiempo de retraso o distancia entre el centro de gravedad del hietograma de lluvia neta y el tiempo de punta del hidrograma, en horas.

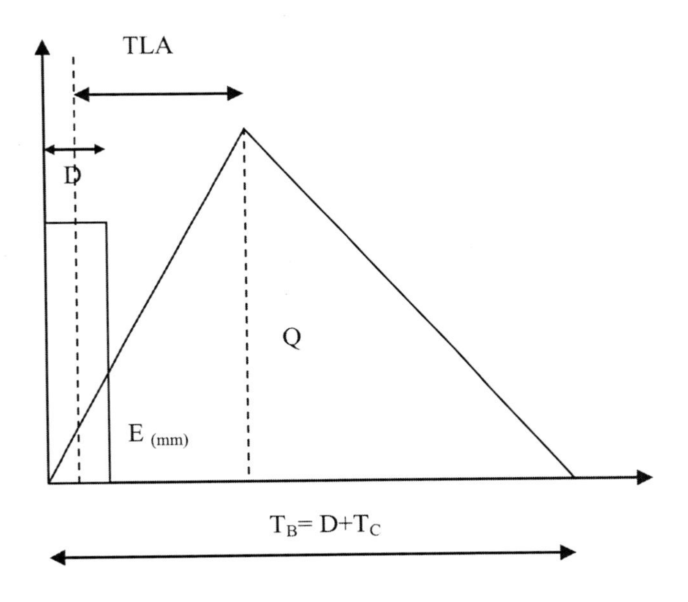

Hidrograma unitario para un aguacero de duración "D" y lluvia neta "E"

Para la estimación del parámetro T_{LAG}, partiremos del valor obtenido mediante la expresión (Ferrer, 1993):

$$T_{LAG} = \frac{3}{8} \cdot T_c - \frac{1}{8} \cdot D$$

$$D < 0.29 \cdot T_{LAG}$$

, donde :

T_c : tiempo de concentración $= 0,3\left(\frac{L}{J^{0,25}}\right)^{0,76}$

L : longitud del cauce (Km)

J : pendiente media del cauce (m/m)

D : duración del aguacero unitario

Con las expresiones anteriores se obtienen los valores de T_{LAG} y T_c para duraciones de aguacero unitario de 5, 10, 15 y 30 minutos:

D (horas)	**T_{LAG} (h) >**	**T_C (h) >**
5/60	0,29	0,80
10/60	0,57	1,57
15/60	0,86	2,37
30/60	1,72	4,75

Por tanto, los valores de D a considerar en la discretización temporal serán:

$0,80 < T_C < 1,57 \Rightarrow D = 5$ minutos

$1,57 < T_C < 2,37 \Rightarrow D = 10$ minutos

$2,37 < T_C < 4,75 \Rightarrow D = 15$ minutos

$T_C > 4,75 \Rightarrow D = 30$ minutos

Propagación y combinación de hidrogramas:

Una vez calculado el hidrograma de salida de una subcuenca, es esencial en el estudio hidrológico definir el desplazamiento o propagación de la avenida a través de las subcuencas situadas aguas abajo. Para llevar a cabo tal desplazamiento aplicaremos en el HEC-1 el método de Muskingum.

Este método se fundamenta en la ecuación de continuidad y hace referencia a que la diferencia entre el caudal que entra en un determinado tramo del río, menos el que sale, es igual al almacenamiento que se produce en el tramo por unidad de tiempo. Si se conoce el hidrograma de entrada, se puede estimar el hidrograma de salida en función de las características del cauce. El método de Muskingum propone una expresión lineal para calcular el volumen de almacenamiento en el tramo, S, en función del caudal de entrada, I, y del caudal de salida, O, según la expresión:

$$S = K \cdot \left[X \cdot I + (1 - X) \cdot O \right]$$

, donde:

X : Es un coeficiente adimensional de forma del cauce, cuyo valor varía de 0 a 0,50 y determina el grado de atenuación del hidrograma en su desplazamiento. El valor "0" corresponde a la máxima atenuación y "0,50" produce una traslación de la onda sin ninguna variación. En el caso de grandes llanuras de inundación el parámetro X tenderá a "0", mientras que en canales de descarga con gran capacidad alcanzará valores en torno a "0,50".

K : Es un parámetro temporal denominado tiempo de viaje. Está expresado en horas y es una estimación del tiempo de desplazamiento de la onda dentro del tramo del cauce. En ausencia de datos para calibrar el modelo, se hará una primera aproximación, fijando el valor de K para cada tramo como un tanto por ciento del tiempo de concentración del mismo, variable según sea el período de retorno en estudio:

T	**K (h)**
500	64 % Tc
100	75 % Tc
50	85 % Tc
25	95 % Tc

A partir de 25 años se considera coincidente con el tiempo de concentración.

Con los valores anteriores se calculan las velocidades (L / K), para detectar posibles desajustes con valores habituales para avenidas ordinarias y extraordinarias.

Para que los resultados sean fiables el número de subtramos en que se divide el tramo de propagación debe cumplir la siguiente relación:

$$\frac{1}{2 \cdot (1 - X)} \leq \frac{K \cdot 60}{\Delta T \cdot N_{STPS}} \leq \frac{1}{2 \cdot X}$$

donde:

N_{STPS} : número de subtramos en que se divide el tramo de propagación

ΔT : discretización temporal en minutos

Una vez obtenidos los hidrogramas de cada subcuenca y circulados hasta los puntos de control establecidos, sólo resta combinarlos para obtener los valores de máxima crecida.

En el programa HEC-1, existe un modulo para tal fin que no requiere más parámetros, basta sólo con indicar el número de ellos a combinar para obtener finalmente el hidrograma resultante.

Cuadros de Intensidad / Precipitación:

Incluimos a continuación los resúmenes de resultados de las hojas de cálculo correspondientes a la relación entre intensidad y precipitación para la Cuenca Final de la presa de Almonacid (tramo final a partir de la confluencia de Aguas Vivas y Cámaras), para los periodos de retorno de cálculo: 5, 25, 100, 1.000 y 10.000 años, utilizados en este apartado y coinciden con los empleados para el cálculo de las obras modernas. Los dos primeros valores se corresponden con avenidas habituales, la de 100 años es una avenida moderada, mientras que los dos últimos valores de periodos de retorno corresponden a avenidas extraordinarias que no suelen presentarse durante el periodo de vida útil de las obras, lo cual no aplica al caso de las presas romanas, cuya vida útil puede llegar en este caso a superar los 2.000 años.

También se han calculado los cuadros I / D de cada una de las cuencas individualmente, aunque quizá para este cálculo bastaría con hallar simplemente la precipitación en la cuenca total. Sin embargo, este criterio ha permitido tener los valores por separado para cada una de las tres cuencas por separado, obteniendo resultados parciales correspondientes a cada una de ellas. Sin embargo, se ha comprobado que si consideramos la cuenca total, los resultados no varían de manera sensible (el coeficiente de simultaneidad en lugar de aproximadamente 0,82, sería de 0,80), encontrándonos de todas formas del lado de la seguridad. Por ello, los cuadros que se incluyen a continuación son los correspondientes a la cuenca total (suma del Aguas Vivas y del Cámaras), que son los utilizados finalmente para la obtención de los gráficos de avenidas en el siguiente apartado.

Cuadros de Intensidad / Duración para la cuencas total de la presa de Almonacid de la Cuba

CUENCA: Final (unión A.Vivas-Cámaras)

S (Km2) : 20 L= 3,5 km.

P* (mm) = 48 Pmed.= 0,6

Periodo Retorno: 5 años

DURACIÓN (h)	*0,083*	*0,25*	*0,5*	*1*	*2*	*3*	*6*	*12*	*24*	*32*	*48*
INTENSIDAD (mm/h)	81,99	48,38	33,63	22,77	14,99	11,58	7,26	4,41	2,58	2,04	1,45
PRECIPITACIÓN (mm)	6,83	12,10	16,81	22,77	29,98	34,74	43,58	52,87	61,88	65,33	69,69

Periodo Retorno: 25 años

DURACIÓN (h)	*0,083*	*0,25*	*0,5*	*1*	*2*	*3*	*6*	*12*	*24*	*32*	*48*
INTENSIDAD (mm/h)	120,91	71,36	49,59	33,58	22,11	17,08	10,71	6,50	3,80	3,01	2,14
PRECIPITACIÓN (mm)	10,08	17,84	24,80	33,58	44,22	51,23	64,27	77,97	91,26	96,34	102,78

Periodo Retorno: 100 años

DURACIÓN (h)	*0,083*	*0,25*	*0,5*	*1*	*2*	*3*	*6*	*12*	*24*	*32*	*48*
INTENSIDAD (mm/h)	157,99	93,24	64,80	43,88	28,89	22,32	14,00	8,49	4,97	3,93	2,80
PRECIPITACIÓN (mm)	13,17	23,31	32,40	43,88	57,78	66,95	83,98	101,88	119,25	125,88	134,30

Periodo Retorno: 1.000 años

DURACIÓN (h)	*0,083*	*0,25*	*0,5*	*1*	*2*	*3*	*6*	*12*	*24*	*32*	*48*
INTENSIDAD (mm/h)	226,17	133,48	92,77	62,81	41,36	31,95	20,04	12,15	7,11	5,63	4,01
PRECIPITACIÓN (mm)	18,85	33,37	46,38	62,81	82,72	95,84	120,22	145,85	170,71	180,21	192,26

Periodo Retorno: 10.000 años

DURACIÓN (h)	*0,083*	*0,25*	*0,5*	*1*	*2*	*3*	*6*	*12*	*24*	*32*	*48*
INTENSIDAD (mm/h)	313,62	185,08	128,64	87,10	57,35	44,30	27,78	16,85	9,86	7,81	5,55
PRECIPITACIÓN (mm)	26,13	46,27	64,32	87,10	114,70	132,89	166,71	202,24	236,71	249,88	266,59

Resultados del programa HEC – 1:

Comentamos a continuación los resultados obtenidos con el programa HEC–1 a partir de los datos del apartado anterior, cuyas tablas han sido introducidas como valores de partida para ejecutar el programa.

En los listados que obtiene el programa se representan los valores del caudal calculados para cada uno de los intervalos temporales unitarios en que se ha discretizado la simulación, que en este caso son de 30 minutos debido a la gran duración considerada para el aguacero más desfavorable (48 horas), ya que un intervalo más pequeño no nos aportaría ninguna precisión adicional a los resultados. Incluye también el programa en sus resultados un hidrograma aproximado con los caudales de llegada a la presa de Almonacid.

Estos resultados, debido a su gran extensión, no han sido incluidos en el presente texto, puesto que su inclusión dentro de este apartado de cálculos hubiese obligado a aumentar innecesariamente el volumen del mismo, haciendo perder quizá el hilo argumental de las conclusiones a las que se pretende llegar con estos cálculos.

Aplicación de los resultados a las condiciones de Almonacid de la Cuba. Conclusiones:

Tras los resultados obtenidos mediante el HEC–1, intentamos a continuación simular cuál sería el efecto de la avenida sobre la presa de Almonacid de la Cuba. En ésta contamos en principio con cuatro medios de evacuar el agua de la crecida: en primer lugar, el desagüe de fondo, al parecer inutilizado ya desde época romana por el aterramiento del embalse. Caso de considerar las condiciones iniciales de presa recién construida (sin aterramiento alguno) y embalse vacío, para ver el máximo efecto laminador de la presa sobre el Aguas Vivas, la fórmula de desagüe a considerar sería la siguiente, considerando una sección rectangular de 1,0 x 1,5 de sección rematada por un arco semicircular de 0,5 m. de radio (sección total de 2,285 m2):

$$\mathbf{Q_0} = k\,S\,\sqrt{2\,g\,h}$$

En segundo lugar, contamos con el Ojo de la Cuba, por el que discurre actualmente el río Aguas Vivas con caudales normales. El embalse se encuentra aterrado justamente hasta la solera de este antiguo conducto, por lo que para obtener el efecto de una crecida en el caso de considerar las condiciones actuales de la presa, emplearemos la curva de embalse conocida solamente a partir de este punto. El caudal evacuado a partir del Ojo de la Cuba sería precisamente el primer término en la expresión de caudal evacuado en la actualidad por la presa, una vez aterrado por completo su embalse. Este elemento tiene una sección cuadrangular de 1,0 x 0,75 m. rematada posteriormente por un arco semicircular de 0,50 m. de radio; la sección total es así de 1,348 m2.

Una vez haya entrado en carga por no ser capaz de absorber el aumento de caudal en la crecida del río, se empleará asimismo la fórmula:

$$\mathbf{Q1} = k\,S\,\sqrt{2\,g\,h}$$

, donde h es la sobreelevación de la lámina, S el área de la abertura y k un coeficiente de forma, que en este caso podemos suponer aproximadamente con un valor de 0,80. Si introducimos en la fórmula una valor de h de 1,25 m., que es la altura del Ojo de la Cuba del lado de aguas arriba, nos resulta un valor de: Q = 5,34 m3/sg., que será el caudal a partir del cuál el agua se irá acumulando detrás de la conducción comenzando a llenar el embalse disponible en la actualidad hasta llegar a la cota correspondiente al labio de vertido del aliviadero situado justamente por encima del Ojo.

Cuando la sobreelevación alcance un valor de h = 5,75 m., llegaremos a la cota del labio del aliviadero, y en ese momento el caudal evacuado por el Ojo de la Cuba, entrando en la expresión anterior, sería de: Q = 8,49 m3/sg. A partir de este momento, la fórmula del caudal evacuado tendrá un nuevo término, que será el de vertido en lámina libre a lo largo de un labio fijo:

$$\mathbf{Q2} = K\,L\,h^{3/2}$$

, donde h sigue siendo la sobreelevación de la lámina, L es la longitud del vertedero (en este caso, 21,50 m.), y K un coeficiente adimensional que para este caso podemos suponer con suficiente aproximación igual a 2.

Si el caudal sigue siendo tan grande que el aliviadero no es capaz de evacuar todo el volumen de agua entrante, el nivel del embalse seguiría subiendo, hasta alcanzar esta vez ya la cota de coronación de la presa (valor de h = 9 m.), que a partir de este momento comenzaría a actuar toda ella como un nuevo vertedero, hecho que comienza a ocurrir más o menos para un valor unos 250 m3/sg. En el caso de embalse lleno y unos 300 m3/sg. si consideramos embalse vacío. En este momento entraría en funcionamiento el tercer término en la fórmula de caudal evacuado, que tendrá la misma expresión que la del anterior, pero en este caso con una longitud de vertido de aproximadamente L = 105,0 m., es decir, 84 metros más.

En los cálculos realizados para este apartado hemos considerado como venimos diciendo dos hipótesis: la primera de ellas intenta reproducir las condiciones iniciales de la presa a embalse vacío, para hallar así el grado de bondad de la obra a la hora de laminar una crecida del río Aguas Vivas. En esta hipótesis, hemos considerado tres periodos de retorno representativos para la vida útil de una presa: 25, 100 y 1.000 años.

La segunda de la hipótesis reproduce las condiciones actuales de la presa, es decir, con un embalse aterrado hasta la cota de la solera del Ojo de la Cuba. Este caso sirve además para reproducir también el caso de una avenida con embalse lleno en las condiciones iniciales de la presa, puesto que esta sería también la cota de la lámina de agua en este caso, que sería por otro lado, la hipótesis más desfavorable caso de presentarse una riada. Para esta hipótesis hemos barrido un abanico más amplio de posibles periodos de retorno para poder saber con una mayor grado de aproximación las condiciones en que se encontraría la presa caso de presentarse una riada catastrófica a día de hoy, pudiendo calibrar así además cuáles deben haber sido las pésimas circunstancias que debe haber enfrentado la estructura en su existencia.

Incluimos a continuación un esquema con las principales dimensiones y cotas de los diferentes órganos de desagüe de la presa empleados en el cálculo, así como de la curva de embalse empleada en la obtención de las sobreelevaciones de la lámina de agua en el vaso.

De esta manera, hemos ido obteniendo mediante aproximaciones sucesivas el caudal de salida a través de los órganos de evacuación de la presa (el vertido por coronación sería en última instancia el elemento final de desagüe), correspondiente a cada caudal de entraba obtenido mediante el programa HEC – 1, así como la sobreelevación correspondiente a la diferencia de caudales de entrada y de salida, todo ello para cada una de las hipótesis de cálculo mencionadas anteriormente.En una hoja de cálculo que vaya obteniendo estos valores e introduciendo el nuevo valor hallado para la sobreelevación de la lámina de agua para tener el nuevo caudal de salida de la presa, vamos consiguiendo la variación de nivel aguas arriba de la presa (sin tener en este caso efectos secundarios de remanso o de cualquier otro tipo), lo que nos indica cuando van entrando progresivamente en funcionamiento cada uno de los elementos considerados para la evacuación de la avenida.

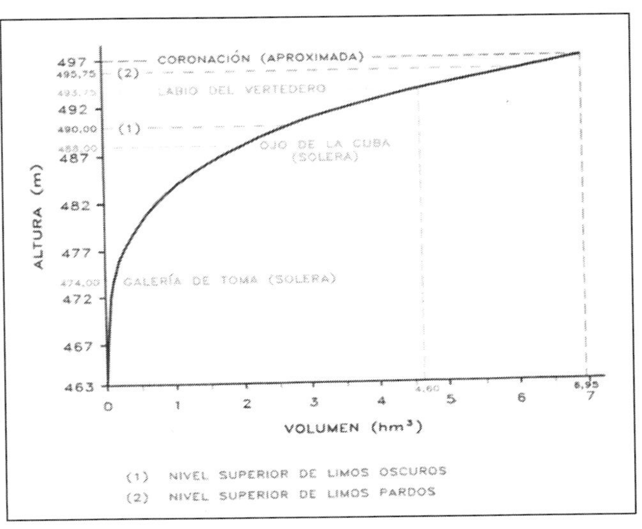

Curva de embalse de la presa de Almonacid de la Cuba. Fuente: Arenillas et al., 1996.

Incluimos a continuación el resultado final de esta hoja de cálculo, que es el gráfico que representa la curva de avenida y de laminación del embalse. En este gráfico, la curva opaca del fondo es la de entrada de caudal del cauce a la presa obtenida mediante el HEC – 1, mientras que la curva en primer término se corresponde con los caudales evacuados por la presa de Almonacid en la avenida correspondiente, es decir, los caudales de salida de la presa

Se incluyen, de acuerdo al criterio del apartado anterior, los gráficos de avenidas correspondientes a los periodos de retorno de 5, 25, 100, 1.000 y 10.000 años para hipótesis de embalse lleno, que es en realidad la más plausible en caso de avenida. En todos ellos se representa en ordenadas el Caudal en m3/sg y en abcisas el tiempo en número de intervalos de 30 minutos.

Para indicar los distintos elementos de regulación de la presa de Almonacid de la Cuba y su situación relativa se ha empleado una foto histórica del año 1928 del archivo de la Confederación Hidrográfica del Ebro. Fuente: Arenillas et al., 1996.

AVENIDA T = 5 AÑOS

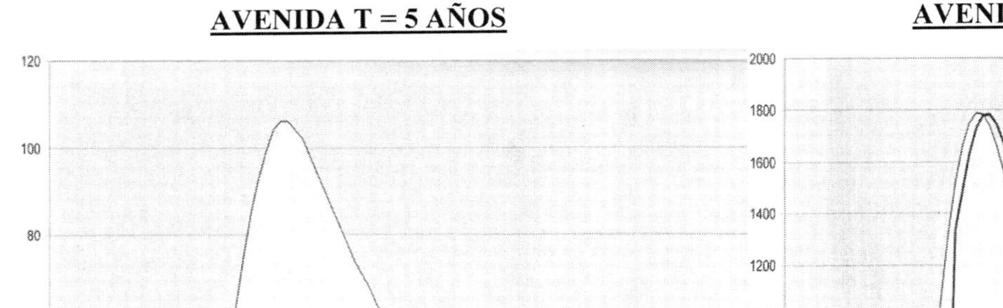

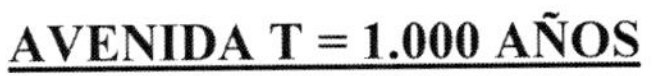

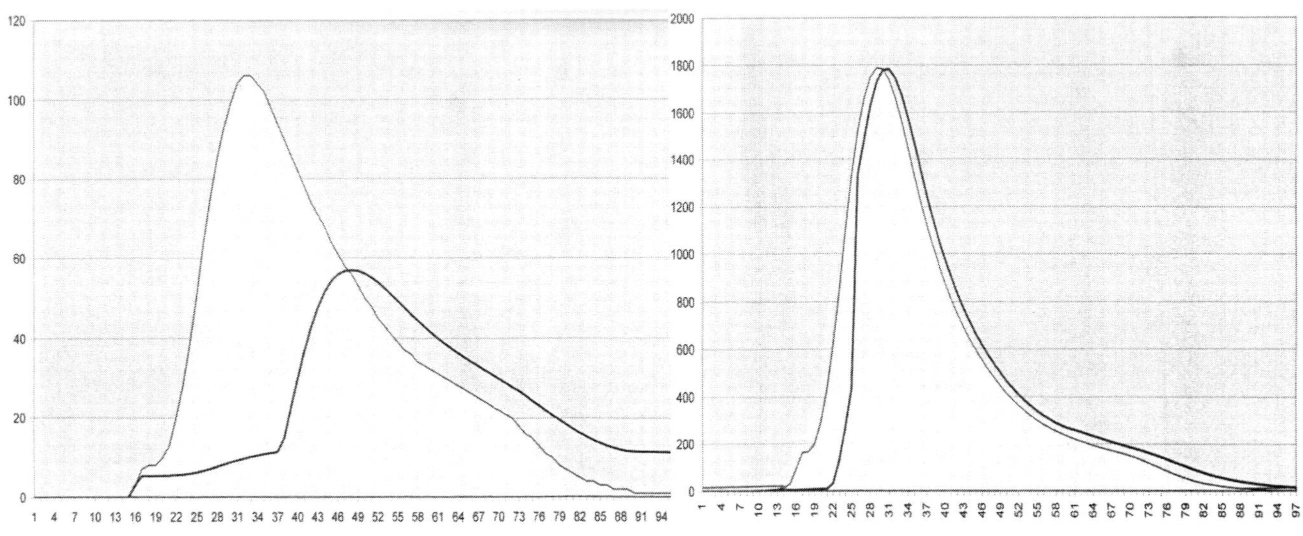

AVENIDA T = 25 AÑOS

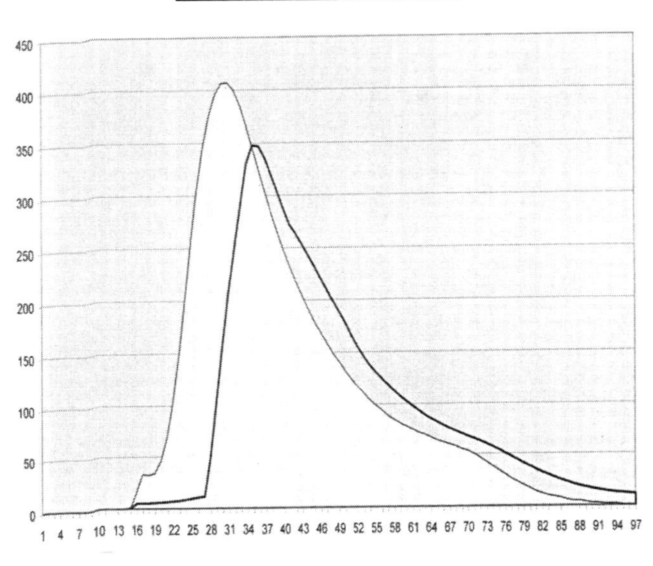

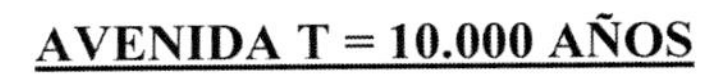

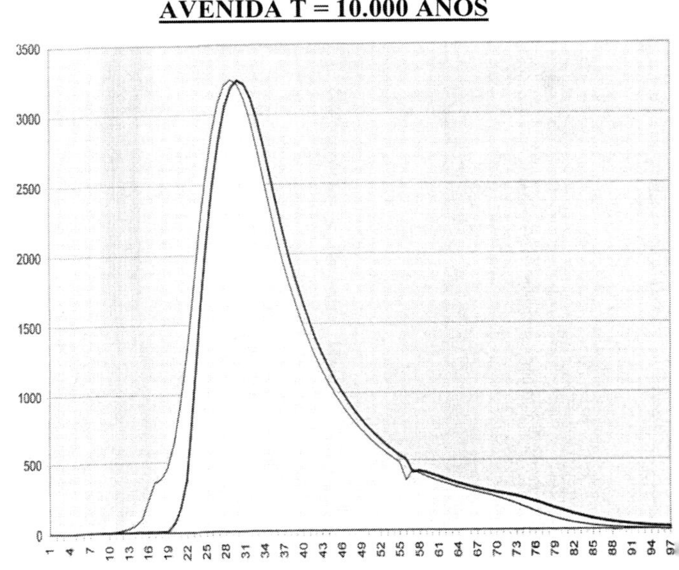

AVENIDA T = 100 AÑOS

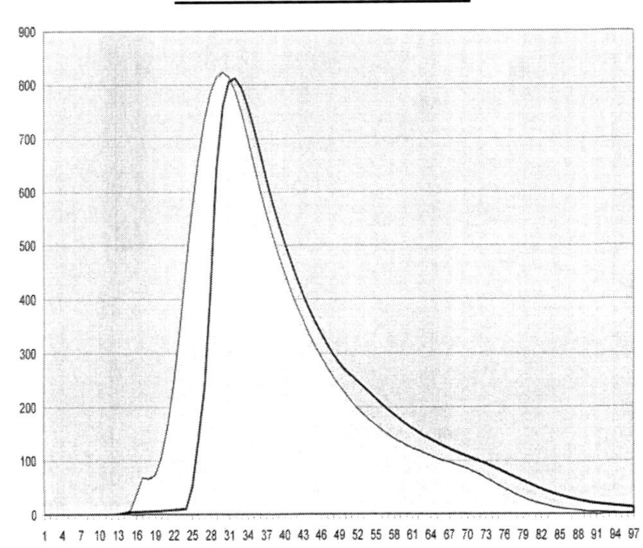

De los gráficos incluidos en esta página podemos obtener varias conclusiones:

En primer lugar, el efecto laminador de la presa de Almonacid es muy grande con los dos primeros elementos, e incluso con el aliviadero para volúmenes de avenida no excesivamente grandes (quizá hasta un periodo de retorno de 50 años), y también en las primeras horas de la avenida en el caso de riadas más catastróficas, aunque en realidad estos órganos de desagüe tienen una capacidad muy reducida y resultan finalmente ineficaces para estas grandes avenidas.

En efecto, para caudales de avenida de cierta consideración, la presa de Almonacid de la Cuba comienza a verter por coronación, lo cuál supone en realidad como si la avenida circulase de nuevo por toda la sección del valle sin retener ya la presa ningún volumen aguas arriba que suponga un resguardo a este caudal, por lo que su efecto laminador para avenidas de grandes periodos de retorno (a partir de 100 años), como las empleadas en este cálculo, es realmente muy pequeño.

De los resultados obtenidos, concluimos en primer lugar que la presa se encuentra desde su origen infradimensionada por lo que se refiere a su elementos de evacuación de agua, puesto que vemos que incluso para el caso muy favorable de embalse vacío, el embalse se encuentra a punto de verter por coronación, quedando un resguardo de apenas 20 cm., aunque debemos tener en cuenta también que la tormenta de 48 horas considerada es muy desfavorable, ya que aunque probable con los parámetros de cálculo considerados, da un volumen total de avenida muy grande a pesar de que el valor de su punta sea muy similar al del caso de considerar una tormenta de menor duración (por ejemplo, 24 horas). En el caso de embalse lleno (el actual), la presa ya vertería sobre coronación una lámina de unos 35 cm. con un periodo de retorno de simplemente 25 años.

Por ello, concluimos que antes de su aterramiento total (del que se ha estimado que se produjo en un periodo de solamente unos 50 años), la presa debió sufrir ya riadas catastróficas que la harían verter por coronación (la avenida de periodo de retorno de 100 años, al que le corresponde un caudal punta ligeramente superior a 800 m3/sg, haría verter por coronación una lámina de 1,4 m. en el caso de embalse vacío y de 1,6 m. en la hipótesis de situación actual o de embalse lleno), lo cuál pudo ser una de las causas de la ruina de la primera presa de Almonacid, de la que sabemos que contó con una primer versión de época augusta mucho más esbelta, arruinada y vuelta a reconstruir en un breve espacio de tiempo.

Lo que podemos deducir a partir de los anteriores resultados es que desde su reconstrucción la estructura debe haber soportado riadas tremendamente catastróficas sin haber sufrido graves daños estructurales, ya que si a partir de su año 50 de vida útil consideramos que la presa ya se encontraba aterrada al menos hasta el nivel del Ojo de la Cuba, poseyendo ya su configuración actual, vemos cómo la sobreelevación aguas arriba de la presa para un periodo de retorno de 1.000 años (P_{2000} = 0,865), equivalente a un caudal punta de casi 1.800 m3/sg, es de casi h = 12,4 m., es decir, aproximadamente 3,4 m. por encima de la cota de coronación de la presa (casi 3,3 m. también para el caso de embalse vacío), llegando a más de h = 14,4 m., es decir, casi 5,5 m. por encima de la cota más alta de la presa, en el caso de la avenida de periodo de retorno de 10.000 años (P_{2000} = 0,181), al que le corresponde un caudal punta de más de 3.200 m3/sg,

Finalmente, podemos deducir de los resultados obtenidos en los cálculos resumidos en el presente apartado que la presa ha debido soportar con al total seguridad a lo largo de su vida útil numerosas crecidas que la hayan hecho verter por coronación, llegándose a alcanzar en determinadas ocasiones sobreelevaciones de agua de unos 3, 4, ó incluso más de 5 m sobre la cota de coronación.

REFERENCIAS:

(**1**) Comisión Internacional de Grandes Presas. Comité Nacional Español (CIGP; ICOLD): *Inventario de 506 grandes presas en España*. 1970.

(**2**) Paula Uribe Agudo et al.: "La presa romana de Muel: novedades de hidráulica romana en el Valle del Ebro". Congreso *Aqvam Perdvcendam Cvravit*. Ministerio de Ciencia e Innovación / Junta de Andalucía / Universidad de Cádiz, 2010.

(**3**) Estos datos han sido obtenidos del siguiente trabajo encargado por la Confederación Hidrográfica del Guadiana a la empresa consultora Prointec en septiembre de 1995: *Estudio de la Estabilidad de laderas de la Presa de Proserpina*, que además de recoger toda la información existente al respecto hasta ese momento, aprovecha los datos obtenidos en la campaña de sondeos e inyecciones de diciembre de 1991 a julio de 1992, de los que se deducen las características tanto del muro de fábrica como del espaldón.

(**4**) J.A. Díez Torres, J.C. de Cea Azañedo, C. Olalla y M. Añorbe: "Propiedades geotécnicas de los sedimentos acumulados en la Presa de Proserpina (Mérida)". *Geogaceta*. Revista de la Sociedad Geológica de España, nḌ20 (6). Madrid, julio 1996.

J.A. Díez Torres, J.C. de Cea Azañedo y C. Olalla: "Propiedades geotécnicas de los sedimentos acumulados en la Presa de Proserpina (Mérida)". *Ingeniería Civil*. Revista oficial del CEDEX, nḌ114. Madrid, 1999.

9.- HERENCIA DE LAS PRESAS ROMANAS. ANALOGÍAS HALLADAS EN OBRAS POSTERIORES

Si nos fijamos en las realizaciones en el campo de la ingeniería en España a partir de los siglos XV y XVI, vemos que son muy de reseñar las aportaciones efectuadas por la ingeniería de época romana a las obras hidráulicas de siglos posteriores, al igual que ocurre en el resto de obras públicas, como calzadas o puentes, de los que se tomaron métodos constructivos, fábricas, tipologías estructurales, etc.., en época medieval, y sobre todo como decimos, a partir del siglo XVI, cuando se miraba hacia la época clásica con admiración, tomándola como modelo de aprendizaje no sólo en las artes, sino también en el campo de la construcción, dentro de la que se engloban por supuesto, las obras públicas, y más concretamente, las presas, sobre las que nos fijamos ahora.

De esta manera, es un hecho a resaltar el que todos los tipos constructivos utilizados durante el periodo romano en territorio hispano son retomados en ésta época que podríamos calificar de "Renacimiento constructivo", y se suman así a los simples azudes de derivación con paramentos verticales o ligeramente inclinados empleados de manera casi exclusiva durante la época de dominación árabe (**1**). De esta manera, en las zonas que forman parte del territorio reconquistado consolidado, comenzaron a aparecer tímidamente algunos ejemplos de obras hidráulicas de cierta entidad ya en los siglos XIV y XV: Malpasillo, Moneva o Galindo en la cuenca del Aguas Vivas (Ebro), y el Arquillo de San Blas sobre el Guadalaviar, en Aragón; Pontón Grande y Pontón Chico en Noblejas, Toledo, en la cuenca del Tajo (probablemente también de los siglos XIV ó XV, a pesar de haber sido considerados a veces romanos), además de algunos ejemplos aislados en otras zonas, como la presa de Guadalupe en Extremadura.

Estas obras demuestran que no se había perdido del todo la cultura hidráulica en los nuevos territorios de conquista cristianos, quizá en gran parte porque todavía persistían algunos ejemplares de presas romanas aún en funcionamiento que se mantuvieron en explotación durante la era medieval, como prueban las diversas reconstrucciones de diferentes épocas que se han encontrado en algunas presas romanas, algunas de las cuales están como decimos, incluso documentadas en la Edad Media, como por ejemplo la de la presa de Riofrío, que alimenta al Acueducto de Segovia, en época de Enrique IV ó de los Reyes Católicos (**2**). También contamos con algunos otros ejemplos, como la presa de Malpasillo (de finales del siglo XIV), que pudieron haberse inspirado en algunos ejemplos cercanos de presas romanas aún en pie, como en este caso, la de Almonacid de La Cuba (**3**), a escasos 2.000 m aguas arriba de la primera. Otro ejemplo cercano de presas al parecer de época medieval tardía pueden ser las dos presas de Noblejas: Pontón Grande y Pontón Chico, relacionadas con el riego en la Vega del Tajo.

Presa de Malpasillo: *La datación de esta presa viene relacionada con el hallazgo de un documento de 1393 que aparece una petición para realizar una presa en este punto similar a la de Almonacid de la Cuba (distante de ella apenas 2 Km hacia aguas arriba). Se trataba de una presa arco muy esbelta: 20 m. de altura para 4 de espesor en base, construida a base de argamasa, la cuál aún conserva las huellas del encofrado de tablones de madera.*

Pontón Grande: *Primera de las dos presas prácticamente gemelas de Noblejas (Toledo). Se trata de una robusta presa de gravedad que cuenta con el apoyo de una serie de contrafuertes adicionales aguas abajo, y formada por una grueso muro de argamasa. Su embalse se encuentra en la actualidad totalmente aterrado. Fuente: J.C. De Miguel, C. Segura et al., 1998.*

Presa de Tibi: *Monumental presa de arco-gravedad construida durante el reinado de Felipe II (entre los años 1580 y 1594), quien encargó en principio su proyecto a Juanelo Turriano. Las enormes dimensiones de esta presa (de 43 m. de altura) supusieron un record mundial (al menos en el mundo occidental) durante prácticamente tres siglos. Fuente: D. Fernández-Ordoñez, 1997.*

Sin embargo, parece ser a partir del siglo XVI cuando se observa una nueva vigencia de las tipologías constructivas aplicadas en las presas romanas, así como nuevos proyectos de obras mucho más ambiciosas que en la época inmediatamente anterior, reapareciendo de nuevo en ésta época las grandes presas de embalse, capaces de almacenar y regular un gran volumen de agua, al igual que en el periodo romano. De esta manera, se retoma por ejemplo la tipología de presa de arco-gravedad, de las que es un ejemplo muy significativo la presa de Tibi (construida entre 1580 y 1594, durante el reinado de Felipe II), la cuál, salvando las evidentes diferencias, podríamos compararla en cuanto a dimensiones y a proporciones generales con la mayor presa romana en España, es decir, la de Almonacid de la Cuba, ya que ésta última posee una altura total de 34,0 m. por una anchura en coronación que va de 17 a 27 m., (en la base es mayor, debido al escalonado de los paramentos), mientras que la de Tibi, para una altura total que llega a los 42,5 m., posee un ancho de coronación de 20 m. (**4**), que se ve asimismo incrementado en su base, debido también a un cierto escalonado en el paramento de aguas abajo, realizado en este caso de una manera mucho menos acusada que en Almonacid, pero que también permite alcanzar un espesor de aproximadamente 35 m en cimientos.

Debe decirse que, pese a ser algo más esbelta, lo cierto es que la relación ancho/alto, pasa simplemente de 0,65 a 0,61 (de manera aproximada en ambos casos), por lo que como decimos, la proporción es en realidad muy similar. Por otro lado, aunque la planta curva en Tibi es mucho más evidente, también se sabe que Almonacid pudo tener en origen una planta compuesta por varios tramos curvos. Al fin y al cabo, en el caso de la presa valenciana el efecto arco debe tener también una influencia muy pequeña a juzgar por las dimensiones de la presa, que deben hacer trabajar su estructura prácticamente por gravedad.

Otra presa muy interesante con esta tipología de arco-gravedad, es la de Sobrado dos Monxes, en La Coruña, construida sobre los cauces de los ríos Rudelo y Fontevirtude y situada junto al conocido monasterio del mismo nombre. Esta presa forma un claro arco de planta circular sobre el que discurre en la actualidad la carretera a Friol. La obra posee un muro compuesto con probabilidad por un núcleo de argamasa revestido mediante una fábrica de gruesa mampostería, apoyado sobre un relleno de tierras aguas abajo, y que cuenta con una altura total de al menos 10 m. Este muro posee más de 5 m de espesor en coronación y algo más en la base debido al ligero talud de aguas abajo. Además, cuenta con diversas tomas de agua en superficie, algunas de las cuáles llegan al propio monasterio.

Presa de Sobrado dos Monxes: *Esta presa coruñesa se encuentra totalmente mimetizada con el entorno no sólo por la densa vegetación que crece incluso en su cuerpo, sino porque una carretera local la cruza por encima haciéndola parecer una simple obra de paso. Su estructura es la de una presa de arco-gravedad con paramentos de mampostería, pero con un terraplén de apoyo aguas abajo que no llega hasta coronación. Posee una altura total superior a los 10 m y cuenta con varias tomas superficiales que atraviesan el cuerpo de presa.*

***Presa de Sobrado dos Monxes:** Embalse desde la toma de su estribo derecho, que alimenta el canal al famoso monasterio.*

Según algunas referencias, esta presa fue construida en el 1500 por los propios monjes (**5**), en una zona que contaba con poblamientos muy antiguos, también incluso de época romana. Se trataría pues de una de las presas que recogería gran parte de las tradicionales tipologías romanas, y que además se encuadraría dentro del grupo de nuevas presas arco construidas a lo largo del siglo XVI, presentando grandes similitudes en cuanto a proporciones con algunas otras presas de esta misma época, como por ejemplo, la de Almansa, aunque en el caso de la presa gallega se habría sustituido el graderío de aguas abajo que servía como refuerzo estructural a la presa por un espaldón de tierras que cumpliría la misma función, lo cuál la acerca aún más a la tradición constructiva romana. De la misma manera que en otras presas de la misma época, su robustez parece que habría sido suficiente para soportar el empuje del agua sin el aporte de un efecto arco adicional por la propia geometría de la presa. Sin embargo, constituye un precedente claro de otras presas bóveda de siglos posteriores, en las que ya se fue afinando el espesor de la estructura haciendo funcionar de manera efectiva el arco de su planta, además de prescindir de apoyos adicionales, como el del terraplén terrero aguas abajo.

***Presa de las Monjas:** Situada sobre el río Arevalillo, muy cerca del núcleo urbano de Arévalo, se trata de una presa de contrafuertes con planta arqueada realizada a base de mampostería rematada en coronación por una fila de ladrillos de canto. Está asociada a un molino que conserva una inscripción sobre una losa piedra que reza: (...)de la v(illa) de Arebalo(...) (sie)ndo corregidor el (...)nergado Lazcano. 1673.*

***Presa de Natillas:** Presa mexicana de contrafuertes de 12 m. de altura y 100 m. de longitud realizada en 1760 usando cantos rodados. Fuente: N. Schnitter en Diaz-Marta, 1997.*

Por otro lado, es muy de resaltar la reaparición de las presas de contrafuertes durante los siglos XVI y XVII, convirtiéndose de nuevo en una tipología muy comúnmente empleada a partir de éste momento, con unas formas y unas características casi idénticas a las de las presas romanas de este mismo tipo, sobre todo en Extremadura, donde se conservan ejemplos muy significativos de época romana, como pueden ser las de Esparragalejo, Araya, etc., que se mantenían aún en pie en ésta época, aunque algunas de ellas estuvieran ya fuera de uso. Fue ésta una tipología que además se extendió durante esta época por toda España, quizá debido en parte a la nueva unificación territorial de la Península lograda en este siglo, lo que le permitiría surgir a lo largo de toda la geografía hispana. De esta manera, contamos con ejemplos, por un lado en zonas tan interiores como puede ser Arévalo (Ávila), donde existe al menos una interesante presa del siglo XVII con un molino adosado (la presa de Las Monjas), y por otro, en zonas tan alejadas como eran los territorios de ultramar, a los que fue exportada esta tipología en ésta época, correspondiendo a la misma numerosas presas en Méjico, como la de Los Santos, en Guanajato, o también como las de San Blas, Arquitos, San José o Natillas, algunas de ellas ya del siglo XVIII (**6**). Además de estas presas coloniales, las más conocidas de entre ellas, existen a todo lo largo de las antiguas posesiones españolas numerosos ejemplos de presas de contrafuertes construidas durante todo el periodo del imperio español.

Las presas más significativas de ésta época en España se encuentran como decimos precisamente en Extremadura, lo cuál es muy significativo, al ser ésta la zona de España que guarda más restos de época romana y sobre todo, que conserva los ejemplos más importantes de obras hidráulicas de aquel periodo, especialmente en el caso de las presas. Entre las principales obras realizadas durante estos siglos, podemos nombrar la *Presa del Bercial*, en Campillo de Llerena, la *Albuhera de San Jorge*, en Trujillo, la *Charca del Lugar*, *Charca de García*, *Charca del Molino de Cabra*, etc., de la mayoría de las cuales puede encontrarse una exhaustiva recopilación en el libro de D. J. Antonio García-Diego, reeditado en 1994 (**7**).

Charca del Bercial: *Claro ejemplo de presa extremeña de contrafuertes de los siglos XVII – XVIII inspirada en los cánones romanos. Se trata de una presa de dimensiones muy considerables, con 9,65 m. de altura y más de 250 m. de longitud.*

Azudes del Río Cubillas: *Uno de los azudes en media luna de este río granadino, el primero aguas arriba de la presa de Barcinas. Se trata de un azud cuyos paramentos se encuentran realizados con una cuidada sillería y que encuentra multitud de analogías con los numerosos azudes de derivación de este mismo tipo de los siglos XVII y XVIII.*

Si repasamos las presas romanas que poseen esta tipología, vemos que suelen constar de contrafuertes adosados al cuerpo de la presa en el paramento de aguas abajo, trabados con la fábrica del mismo, y cuya planta suele ser cuadrada, con dimensiones que rondan 1,0 x 1,0 m, o algo más, de media (existen casos puntuales como el de Iturranduz, quizá uno de los más antiguos, en que son bastante mayores), y situados entre sí con un espaciamiento de unos 3,0 m entre ejes de contrafuertes, siendo éste un esquema que viene repitiéndose en la mayoría de presas de este tipo. En las presas extremeñas de contrafuertes construidas entre los siglos XVI y XVIII, las dimensiones de los contrafuertes varían desde valores próximos a 1,0 m hasta los 3,0 m, con separaciones que en este último caso pueden incluso superar los 10,0 m, aunque como se ve, se mantuvo la proporción entre las dimensiones principales, conservándose una relación entre anchura de contrafuerte y distancia entre contrafuertes en un valor de aproximadamente 0,30 ó 0,35. Por lo que se refiere a la relación espesor/altura de la pantalla, es un valor mucho más variable que suele rondar la cifra de 0,40 para las presas extremeñas postmedievales, llegando en ocasiones a valores tan bajos como 0,15 en las presas de Greña, Cueto o Barroso.

Con el paso del tiempo, fueron produciéndose variaciones con respecto al esquema original, dotando por ejemplo en algunos casos a los contrafuertes de una coronación con un perfil triangular, y pasando progresivamente en otros ejemplos ya posteriores a contrafuertes de perfil completamente triangular. Sin embargo, aunque la inspiración de éste tipo de presas en sus antecedentes romanos es evidente, puesto que prácticamente calcan su esquema constructivo, en la mayoría de los ejemplos conservados de presas construidas entre los siglos XVI y XVIII, su finalidad suele variar, ya que casi siempre cuentan con un molino adosado en el paramento de aguas abajo, hecho no documentado de manera clara en ninguna presa romana (aunque se sabe que en Proserpina existía un molino romano justo a su pie, que seguro debía aprovechar el agua de la presa).

Otro tipo de presa introducido por los romanos es la presa arco ya que, aunque en la práctica totalidad de los ejemplos conservados se trata en realidad de una tipología de arco-gravedad, o más bien, de presas de gravedad pura con una ligera planta curva en la que la convexidad se encuentra hacia aguas arriba (por ejemplo en la presa de Pineda). Existe algún ejemplo aislado (descartadas las presas del Río Cubillas, en Granada, que parecen tener en realidad un origen posterior) que podría considerarse como verdadera bóveda al contar con una curvatura muy apreciable, por lo que el efecto arco podría darse de manera efectiva. La presa a la que nos referimos es en concreto la de Puy Foradado, en Sádaba, Zaragoza (**8**). En realidad no sabemos con seguridad si este tipo de presa se trata o no de una innovación tardía, ya que en realidad dicha obra podría corresponderse con el siglo II, o incluso con finales del siglo I d.C, en contraste con la de Pineda de Mar, de arco-gravedad, que podría ser ya del III d.C. En todo caso, se trata de un azud de escasa altura, donde el experimento de construir un muro con cierta curvatura no supondría demasiado riesgo. Existen sin embargo, referencias conocidas de otras presas romanas de arco, como podría ser la de Glanum, cerca de St. Remy, en Francia, con una altura considerable (al parecer contaba con 12 m), y de la que sólo se conserva un plano del siglo XVIII, puesto que quedó sumergida bajo un nuevo embalse realizado hace algo más de cien años. Su sección parecía estar compuesta por dos muros exteriores de mampostería con un relleno intermedio de arcilla o de argamasa. De haberse conservado algo de esta presa, nos hubiese permitido probablemente fijar algo más la fecha de construcción de la misma, encuadrando mejor así esta tipología dentro el periodo romano.

En todo caso, sí que existen otras presas romanas en las que tenemos indicios que hacen pensar que tenían una forma tal que podría haberse buscado una mayor eficacia del efecto arco. Entre ellas están las de Esparragalejo, de bóvedas múltiples, y la primitiva presa de Almonacid, en la que la curvatura de su aliviadero, que pertenece a sus primeras fases constructivas, hace pensar que estuvo formada en origen por varios tramos en arco. Este último experimento estructural, realizado en la primera época de construcción de presas en Hispania, no tuvo sin embargo demasiado éxito, por lo que la presa fue reconstruida posteriormente con una tipología de gravedad pura.

Si observamos los ejemplos conservados que venimos mencionado, hallamos notables analogías con otras presas realizadas a partir del siglo XVII, o a caballo entre los siglos XVII y XVIII, como pueden ser las de Sonella (Castellón), la de Sarral (Barcelona), todas las realizadas por D. Pedro Villarreal de Bérriz en Vizcaya (Bedia, Laisota, Arencibia, etc......) (**9**), la del Río Velillos (Granada), o sin ir más lejos, las presas del Río Cubillas, también en Granada, entre las que se encuentra la de Barcinas. Debe decirse en todo caso, que la mayoría de éstos últimos ejemplos cuentan en realidad con varios arcos como en algunas de las presas romanas mencionadas, aunque en este caso, una de las innovaciones introducidas con respecto al antiguo modelo, fue la sistematización de las proporciones de los arcos para así, mediante la inclusión de uno o varios contrafuertes centrales sobre el cauce del río, habilitar un apoyo intermedio que permitiese extender finalmente el uso de esta tipología de presa a ríos con cauces más amplios.

Presa de Arencibia: *Una de las presas vizcainas de bóvedas múltiples construidas a comienzos del siglo XVIII por D. Pedro Bernardo Villarreal de Bérriz, que fue capaz de establecer una regla técnica para la construcción de una manera sistemática de obras de derivación. Fuente: D. Fernández-Ordoñez, 1997.*

Fue precisamente en la transición entre el diecisiete y el dieciocho cuando aparece la figura del ingeniero Pedro Bernardo Villarreal de Bérriz, quien fue capaz de establecer una regla práctica para la construcción de azudes de derivación a base de bóvedas múltiples, al propugnar que la relación altura / anchura fuera de 0,5, con arcos de flechas de entre 30 y 40 pies sostenidos entre contrafuertes con una anchura de L / 4 (siendo L la flecha del arco) (**10**). Esta regla fue aplicada en la construcción de numerosas presas en la provincia de Vizcaya, de las que muchas se encuentran aún hoy en funcionamiento.

La última tipología empleada por los romanos fue precisamente la de bóvedas múltiples, observada en la famosa presa de Esparragalejo, que supone una opción intermedia entre la de contrafuertes y la presa arco, ya que la pantalla de la presa entre los contrafuertes no posee una planta recta, sino que posee una cierta curvatura para resistir mejor el empuje del agua, constituyendo así una sucesión de arcos que se apoyan sobre los contrafuertes. Es esta una tipología muy similar a la descrita en los párrafos anteriores aplicada a presas más modernas, aunque en realidad su concepción estructural es muy diferente, ya que en el caso de las romanas, no supone más que una mejora sobre las de contrafuertes, en la que los esfuerzos sobre la pantalla se transmiten de una mejor manera a aquellos. Es además una tipología muy rara dentro de las presas romanas, ya que la mencionada presa emeritense es el único ejemplo conocido de aquella época, lo mismo que ocurre dentro de las presas modernas, entre las cuales existen un número muy escaso de ejemplos, al menos con la misma configuración que en Esparragalejo, más cercana a una presa de contrafuertes, aunque sí que las encontramos como hemos venido mencionando, con uno, dos o tres contrafuertes centrales que sirven de estribo a los diversos arcos en que se divide el cuerpo de la presa.

En todo caso parece evidente el interés de los ingenieros españoles de los siglos XVI, XVII y XVIII por las obras de sus predecesores romanos, puesto que tenemos constancia de diversas reconstrucciones en dichas presas durante esta época, siendo sin duda este interés el que ha permitido que lleguen hasta nuestros días obras como las presas emeritenses de Proserpina y Cornalbo, que sufrieron diversas remodelaciones que permitieron su nueva puesta en funcionamiento tras largos periodos de desuso. Por lo que se refiere a la presa de Cornalbo, en algún momento se ha pensado queso estructura guardaba similitudes con la presa del Gasco (Madrid), de finales del siglo XVIII. A pesar de que los recientes estudios de la presa romana han puesto de manifiesto sus grandes diferencias, lo cierto es que la estructura interna de la presa madrileña está también formada a base de recintos compuestos por muros de fábrica perpendiculares entre sí rellenos mediante argamasa o materiales granulares, lo que hizo pensar a algunos autores que la estructura actual de la presa emeritense no era en realidad la que tiene ahora, sino que la reconstrucción llevada a cabo durante el siglo XVIII y que se encuentra documentada (**11**), fue tan profunda que llegó a modificar la tipología con que fue construida en un principio la presa por los romanos. Sin embargo, ahora se sabe que no fue así y que la reparación fue superficial (**12**).

De esta manera, vemos que prácticamente todas las tipologías empleadas en las presas modernas estaban ya esbozadas, e incluso, totalmente desarrolladas en las presas romanas, siendo muy notable el avance técnico que fue llevado a cabo en aquella época por parte de los ingenieros constructores, que pudo ser aprovechado por los de épocas posteriores. Estos últimos siguieron claramente el ejemplo de los romanos cuando se volvió a reactivar la construcción de presas durante la Baja Edad Media y el Renacimiento, aunque en realidad no fue posible alcanzar un nivel similar al de los romanos más que hasta prácticamente el siglo XVII, y aún en este caso, de manera muy puntual, teniendo que esperar hasta la segunda mitad del siglo XIX para la aparición de las nuevas presas calculadas con los novedosos métodos científicos desarrollados a lo largo de este siglo, que permitieron abandonar los rudimentarios métodos empíricos empleados desde la Antigüedad. Es solamente a partir de este momento cuando las realizaciones empiezan a cobrar ventaja desde un punto de vista técnico a las de aquellos precursores, por lo que como vemos, no podemos hacer de menos en forma alguna a las presas construidas hace casi 20 siglos, ya que alcanzaron cotas tecnológicas que fueron muy difíciles de superar, aportando novedades de las que aún hoy podemos aprender.

Presa del Gasco: *Vista desde aguas arriba de la presa madrileña sobre el Guadarrama cuyas obras, que comenzaron en 1787, fueron detenidas al alcanzar los 54 m. de altura (el proyecto tenía previsto 93 m de altura total), por la ruina del paramento de aguas abajo debido a la inestabilidad provocada por la excesiva pendiente de su talud. Esta obra faraónica, proyectada por Carlos Lemaur, pretendía servir de alimentación al Canal de Guadarrama, que constituiría una vía de navegación para poder unirlo con Madrid y Aranjuez, y desde aquí llegar hasta el mar a través de Tajo. Su estructura está formada por una serie de muros perpendiculares entre sí que forman un entramado relleno con material diverso, con una disposición que en algún momento se ha relacionado con la hallada en la presa de Cornalbo a principios de siglo por los ingenieros que acometieron la rehabilitación de esta última, aunque los recientes trabajos de estudio de la presa romana emeritense han revelado la verdadera estructura de su paramento y han puesto de manifiesto las diferencias existentes.*

Azud del Guadalquivir, *en Córdoba: Vista desde el llamado puente romano. Se trata de un azud medieval cuyo origen se ha asignado tradicionalmente a época de dominación árabe. Este pueblo retomó muchas construcciones, sobre todo hidráulicas, de época romana y llegó a construir azudes e derivación en relación a sistemas de regadío o molinos, pero no se conoce ninguna presa de embalse originaria de esta época.*

REFERENCIAS:

(1) A. Carvalho Quintela, J. M. Mascarenhas y J. L. Cardoso: Aproveitamentos hidráulicos romanos a sul do Tejo. Ministerio do Plano e da Administracao do Territorio. Lisboa, 1986; p.34: citando a Smith (1970-71) dice: "(...) a construcao pelos Muculmanos de barragens en Espanha seguiu a práctica tradicional no Irao, no Iraque e noutras partes do Medio Oriente. Assim, para o abastecimiento populacional, a rega e a producao hidráulica de forza motriz, construiram pequenas barragens de derivacao em rios com regime de caudais adequados e nunca barragens para criar albufeiras de armazenamento (...)".

(2) M. Almagro Basch y L. Caballero Zoreda: "Las excavaciones realizadas a lo largo del acueducto romano de Segovia"; *Segovia y la Arqueología Romana,* ,Barcelona, 1977 (época Enrique IV); C. Fernández Casado: *Acueductos romanos en España.* Into. Eduardo Torroja. Madrid, 1972 (época R. Católicos)

(3) M. Arenillas Parra et al.: *La presa de Almonacid de La Cuba – Del mundo romano a la Ilustración en la cuenca del Aguas Vivas*; Gobierno de Aragón y MOPT, 1996; pp. 88 y 91,92.

(4) N. A. Smith : *The heritage of Spanish Dams.* Madrid, 1970.

F. Ordoñez et al: *Catálogo de noventa presas y azudes españoles anteriores a 1900;* CEHOPU. Madrid, 1984.

(5) *Las mil y una lagunas.* Artículo en *Ozono,* suplemento El Correo Gallego. Santiago, 25 febrero 2000.

(6) M. Díaz-Marta Pinilla: "El patrimonio cultural de la ingeniería española en América"; *OP (Revista del Colegio de ICCP)* nº41. 1997.

(7) J. A. García Diego: *Presas Antiguas de Extremadura;* Fundación Juanelo Turriano (Editorial Castalia). Madrid, 1994.

(8) J. Galiay Saramaña: "Las excavaciones del Plan Nacional en Los Bañales de Sádaba (Zaragoza)"; *Informes y Memorias de la Comisaría General de Excavaciones Arqueológicas.* Madrid, 1944.

A. Beltrán Martínez: "Las obras hidráulicas de Los Bañales (Uncastillo, Zaragoza); *Segovia y la Arqueología Romana.* Barcelona, 1977.

Confederación Hidrográfica del Ebro-Ingeniería 75 (M. Arenillas y otros): *Inventario de Obras Hidráulicas Históricas en la cuenca del Ebro en Aragón. Presas y Azudes.* Zaragoza, 1999.

(9) J. A. Fernández Ordoñez y otros: *Catálogo de noventa presas y azudes españoles anteriores a 1900;* Biblioteca CEHOPU. Madrid, 1984; pp. 286 y siguientes.

(10) E. Ruiz de Azúa: *Pedro Bernardo Villarreal de Bérriz (1669 – 1740);* Fundación Juanelo Turriano (Editorial Castalia). Madrid, 1990. *Ver estudio técnico de* I. González Tascón *incluido en la obra.*

(11) C. Fernández Casado: *Las presas romanas en España.* Revista de Obras Públicas. Madrid, junio, 1961.

(12) Aranda F, Sánchez Carcaboso J.L, *et al*: *Nuevas consideraciones sobre los sistemas hidráulicos de abastecimiento a Emérita Augusta;* V Congreso Nacional de Historia de la Construcción. Burgos, junio 2007.

Aranda F, Sánchez Carcaboso J.L, *et al*: *Las presas de abastecimiento en el marco de la Ingeniería Hidráulica romana. Los casos de Proserpina y Cornalbo;* II Congreso: Las obras públicas romanas en Hispania. Astorga, octubre 2006.

10.- CONCLUSIONES GENERALES

Las principales conclusiones que se han obtenido a partir del estudio de las presas romanas españolas, son las siguientes:

I) Se ha localizado un total de 83 presas de posible construcción original romana en todo el territorio español.

De ellas, se considera que 45 poseen un origen romano comprobado, mientras que el resto se trata de obras que por su situación, tipo de fábrica u otras razones, se puede pensar que tengan origen romano. Incluso dentro de este grupo, sólo hay unas 40 con restos inequívocos de fábrica romana en la totalidad o en parte de la obra, mientras que hay otras 5 que son sin duda romanas en origen, pero que han sido reconstruidas o modificadas en otras épocas.

II) Del total de 45 presas de origen romano comprobado, 20 de ellas (un 44 %) son presas de embalse, mientras que el resto son azudes de derivación. Sólo 8 (un 10 % aproximado del total de todas las obras, y un 40 % del grupo de presas de embalse), pueden considerarse grandes presas con los criterios actuales.

De todas estas obras romanas, casi un 90 % (unas 75 presas de entre todas las posibles) son presas de menor entidad: alrededor de 3 m. de altura con un volumen de embalse reducido y pequeña cuenca de aportación, o bien simples azudes de derivación. Quiere esto decir que de todo el conjunto de presas, con los criterios actuales sólo pueden considerarse grandes presas las siguientes: Almonacid de la Cuba, Muel y Virgen del Pilar en el Valle del Ebro, Proserpina y Cornalbo en el Valle del Guadiana, y Alcantarilla en el Valle del Tajo. Hay otras dos presas que pudieran incluirse también en este grupo si empleamos este criterio de una manera más flexible dada la antigüedad de las obras; se trata de las de Pared de los Moros en el Valle del Ebro, con una altura de casi 9 m, muy superior a la media de las presas rurales, y la de Consuegra en la cuenca del Guadiana, que cuenta con un gran embalse (unos 100.000 m3) y una enorme longitud en su muro de cierre (mas de 700 m. en su origen). Es a causa de estas dos presas que la cifra total puede por tanto oscilar entre 6 y 8 (porcentualmente, del 7 al 10 %). En todo caso, el escaso porcentaje que suponen sobre el total nos indica que las grandes presas de embalse constituyen un conjunto aparte, por lo que sus características no pueden ser siempre extrapoladas al resto de presas romanas. De hecho, estas obras no siguen siempre un patrón totalmente definido, sino que poseen elementos que hacen de cada una de ellas una obra singular.

Si consideramos el total de 83 obras de posible origen romano, el porcentaje aproximado de verdaderas presas de acumulación se reduce hasta un 25 %, con mayor o menor embalse pero con al menos un elemental sistema de regulación, como un desagüe de fondo. El 75 % restante se trata de simples azudes de derivación, entre los cuáles, dada su naturaleza, hay un mayor porcentaje de obras reconstruidas, que no suelen conservar en la mayor parte de los casos vestigios claros de fábrica romana.

III) Las obras más importantes y de mayor entidad fueron construidas durante el primer periodo imperial (hasta el II d.C.). En época bajoimperial (siglos II al IV d.C.) son en cambio más abundantes las obras menores. Sin embargo, la construcción de presas se mantuvo vigente con igual intensidad a lo largo de todo el periodo romano

Como apoyo a esta tesis contamos con la datación conocida de dos de las presas más importantes del mundo romano: Almonacid de la Cuba y Properpina, a partir de los ensayos realizados sobre materiales hallados en ambas obras en recientes prospecciones. La primera de ellas, cuya construcción original ha sido situada con suficiente exactitud en la época de Augusto, aproximadamente en el cambio de era, es quizá la presa más antigua de la Península y de las más antiguas presas romanas conocidas. La de Proserpina por su parte, ha sido datada con cierta probabilidad en el principado de Trajano (comienzos del siglo II d.C.), siendo quizá así la última gran presa de embalse construida por los romanos en nuestro suelo. Finalmente, hay multitud de obras rurales sobre las que no existen dataciones absolutas, pero que se encuentran asociadas a villae próximas cuya cronología es más fácil de precisar, sobre todo a partir de los fragmentos de cerámica hallados, situándose por lo general entre los siglos segundo y cuarto de nuestra era (como por ejemplo, la presa de Las Tomas, en Badajoz, asociada a la villa del mismo nombre, de pleno siglo IV d.C.). A partir de estas piezas básicas, es posible establecer analogías en cuento a tipologías constructivas y aparejos que nos permitirán encajar en los huecos intermedios gran parte del resto de presas.

IV) Hay una importante polarización en lo que se refiere a la situación de las presas romanas en Hispania. La mayor parte de ellas fueron construidas alrededor de tres núcleos principales: Mérida, Toledo y Zaragoza, tal y como hasta ahora ya se conocía, aunque existen nuevas localizaciones hasta ahora inéditas.

Sobre la idea general de polarización de las obras deben realizarse como decimos, ciertos matices. En primer lugar, hay un cierto número de obras aisladas en puntos hasta ahora inéditos (Arévalo, Ibiza, ...) que sirven para extender el ámbito hasta ahora conocido de las presas hispanas, aunque ello no consigue disipar la evidente concentración alrededor de los tres puntos mencionados.

En segundo lugar, aunque es de resaltar una mayor densidad de obras en las inmediaciones de cada una de las ciudades identificadas con los tres polos, lo cierto es que éstos últimos son relativamente difusos y abarcan realmente regiones muy amplias, que cuentan además con polos secundarios dentro de su zona de influencia. El núcleo que podríamos llamar "aragonés" o "caesaraugustano", no se concentra en realidad alrededor de la ciudad de Zaragoza, sino que se extiende de hecho a lo largo de casi todo el Valle del Ebro (con una mayor densidad en los afluentes de margen derecha), incluyendo además parte de las cuencas catalanas. Por su parte, el núcleo emeritense abarca desde la capital extremeña toda la cuenca del Guadiana hasta su desembocadura, englobando varios núcleos secundarios en suelo portugués, alrededor de las actuales ciudades de Elvas, Évora, Beja o Vila Real.

V) Es de destacar un claro condicionante geográfico en la construcción de presas romanas en la Península, ya que la distribución de las obras no es homogénea a lo largo de todo el territorio. De todas ellas, 27 (el 32,5 % del total de 83 posibles presas romanas) se encuentran en la cuenca del Ebro, otras 26 (31,3 %) pertenecen a la cuenca del Guadiana, mientras que hay otras 9 (un 10,8 %) en la cuenca del Tajo. De las 21 restantes (25,3 % del total), 5 están en el Duero (6,0 % del total), 4 en el Guadalquivir (un 4,8 %), mientras que las otras 12 (un 14,5 % del total) se reparten entre las cuencas andaluzas, levantinas y catalanas independientes de las grandes cuencas.

Este hecho viene originado en parte por el propio régimen de los ríos hispanos, aunque también pudieran existir otras causas, políticas o administrativas, que influyeran en la irregular distribución de las obras que nos ocupan.

Si se analizan las disponibilidades medias actuales en régimen natural (según datos del Libro Blanco del Agua en España, MIMAM, 1998), que se reflejan en el cuadro siguiente, se pueden observar las grandes diferencias que hay entre unas cuencas y otras, en particular en lo que se refiere al porcentaje de agua disponible. Cabe anotar que, amén de las diferencias actuales con la época romana, en la que las aportaciones debían ser relativamente mayores, que los datos anteriores son regionales, y por tanto, meramente orientativos, ya que se refieren a cuencas completas y no reflejan las diferencias entre las subcuencas internas que suelen regular estas presas.

VOLÚMENES MEDIOS CIRCULANTES Y DISPONIBLES EN RÉGIMEN NATURAL (DEMANDA VARIABLE)

CUENCA	*APORTACIONES* Hm3/año	*DISPONIBILIDADES* Hm3/año	%
Norte-Galicia	44.157	2.739	6,2
Duero	13.660	742	5,4
Tajo	10.883	490	4,5
Guadiana	5.475	51	0,9
Guadalquivir	8.601	208	2,4
Segura	803	192	23,9
Júcar	3.432	771	22,5
Ebro	17.967	1.819	10,1
Cataluña	2.787	190	6,8

En todo caso, se observa que las cuencas en las que se encuentra el mayor número de obras de época romana, en especial las del Guadiana y el Tajo, coinciden con ámbitos de baja regulación natural y de disponibilidades efectivas no muy altas (Tajo) o decididamente reducidas (Guadiana). En el caso del Ebro, donde las cifras que se manejan no son ya tan escasas a nivel general, es de señalar, sin embargo, que la mayor parte de las obras localizadas se encuentran en los afluentes de margen derecha y no en los afluentes pirenaicos de margen izquierda, que son los que compensan los bajos resultados de aquellos. Ocurre igual en la cuenca del Tajo, donde prácticamente todas las presas se sitúan en margen izquierda, cuyas condiciones hídricas son muy similares a las de la margen derecha del Guadiana, al drenar ambas la árida Meseta Sur.

En las restantes cuencas, dejando aparte las del Norte, donde los recursos disponibles son muy importantes, los volúmenes totales de agua regulados en régimen natural han debido ser suficientes para las reducidas dotaciones de la época (téngase en cuenta además que probablemente las lluvias eran más regulares en aquella época), y se justificaría así por tanto el escaso número de obras halladas en estas regiones. En el caso de las cuencas levantinas, las modestas aportaciones totales podrían haber sido compensadas por el elevado porcentaje de regulación natural, lo que parece despejar la aparente paradoja que supone no haber encontrado más que algunos azudes de derivación aislados, en una región cuya climatología induce en principio a pensar en un gran número de obras.

Hay no obstante, otro efecto que podría haber incidido en el reducido número de obras de regulación o toma localizadas en determinados sectores de la Península. Este efecto no es otro que el derivado de la ocupación del territorio a lo largo de los cerca de dos mil años transcurridos desde la época de dominación romana, durante los cuales los sucesivos pobladores han podido enmascarar con otras nuevas las originales actuaciones de aquellas época (recordemos que de las 83 posibles presas romanas españolas, sólo 40 conservan fábrica romana clara y el resto, están reconstruidas). Puede ser esta la razón, por ejemplo, de las pocas obras conservadas en los ríos catalanes o en determinados sectores del valle del Guadalquivir. Este hecho podría explicar también, en cierta medida, la gran concentración de obras conservadas en la cuenca del Guadiana, con una ocupación secularmente extensiva y con una menor presión urbana.

Aparte de estas causas, hay más razones que permitirían explicar la desigual distribución de presas romanas en territorio hispano. En primer lugar administrativas, ya que si tomamos como base las 83 posibles presas romanas peninsulares más conocidas, incluyendo las portuguesas, 52 de ellas (el 63 %) se encuentran en la franja entre los cauces del Tajo y del Guadiana, con otras 4 más muy cerca de esta banda, lo que haría ascender este porcentaje hasta el 67,5 %. Todas ellas están situadas en el curso medio o bajo de ambos ríos, y dentro de la provincia de Lusitania. Teniendo en cuenta que las condiciones en la cuenca del Guadalquivir son poco más favorables que en la del Guadiana, la gran diferencia entre el número de obras halladas (en este caso sólo 4, es decir, un 5 % del total) podría ser justificada en parte por una mayor promoción de estas obras por parte de los poderes públicos de esta provincia con respecto a los de la Bética.

VI) **Es posible distinguir una clara evolución en las grandes presas romanas a lo largo del tiempo por lo que se refiere a tipologías y a emplazamientos buscados para su construcción. A pesar de que las grandes presas suponen un pequeño porcentaje del total de obras conservadas, su importancia nos permite extraer conclusiones para el resto de obras, ya que además los avances técnicos logrados en éstas fueron posteriormente aplicados en las presas de menor entidad.**

VI a) El primer aspecto de esta evolución está en relación con la **tipología** de las grandes presas, en la cual existe además un importante componente geográfico, puesto que en este sentido podemos dividir el territorio hispano en dos grandes regiones: por un lado el oriente peninsular, principalmente el Valle del Ebro, y por otro, el occidente, que incluiría las presas del interior peninsular en los valles del Guadiana y del Tajo. Se establecen así dos grandes *"escuelas constructivas"* que poseen rasgos diferenciados: las grandes presas del Valle del Ebro (*Almonacid, Muel, Virgen del Pilar*) son presas de fábrica de gravedad, mientras que las presas de embalse del interior (*Alcantarilla, Proserpina, Cornalbo*) son ejemplos de la consabida tipología romana de materiales sueltos con pantalla de fábrica.

Con los datos con que contamos hasta el momento, las presas aragonesas parecen ser anteriores a las del interior peninsular. Por ello, parece que se pasó de una tipología tradicional en las grandes obras públicas romanas, la del simple muro de fábrica con un núcleo central de hormigón hidráulico, a una nueva tipología, la de presa de terraplén y pantalla impermeable, tomada quizá de las culturas hidráulicas orientales.

VI b) El segundo aspecto que aparece en la evolución de las presas romanas es un cambio conceptual que tiene que ver con los **emplazamientos** buscados para las grandes presas. Las primeras presas son construidas en ríos más o menos importantes, o al menos con cuencas de una cierta extensión, mientras que posteriormente, se buscan emplazamientos próximos a las cabeceras de los ríos, o cauces con cuencas muy reducidas cuyas aportaciones deben ser generalmente complementadas mediante trasvases a partir de cuencas vecinas.

La división entre uno y otro tipo de presas es la misma que en el anterior caso, es decir, las presas del Valle del Ebro se encuentran sobre cauces de una cierta entidad, mientras que las grandes presas del interior de la Península (*Alcantarilla, Cornalbo, Proserpina*) cierran cuencas muy reducidas y suelen contar con trasvases que realizan la mayor parte de las aportaciones (lo que habitualmente conocemos como *"charcas"*).

A pesar de que la diferencia cronológica entre uno y otro grupo de presas es muy reducida, ya que parece que todas ellas debieron ser construidas en un intervalo de algo más de un siglo, lo cierto es que a partir de un cierto instante (quizá en la segunda mitad del siglo I d.C.) surge con fuerza un nuevo concepto dentro de las grandes presas de embalse que termina por imponerse, como es el de la tipología de materiales sueltos.

VII) **La técnica constructiva de presas no se encontraba totalmente desarrollada en época romana, denotándose un desarrollo gradual a base de un simple método de "prueba y error", que permitió un paulatino perfeccionamiento de los criterios técnicos. Esta sería la razón de la ruina de la mayor parte de las grandes presas conocidas, y de que prácticamente todas posean alguna reparación, que en muchos casos data incluso de la propia época romana.**

Esta puede ser precisamente una de las causas por las que fue modificado el criterio inicial para el emplazamiento de las presas, que parecen huir a partir de un determinado momento de los cauces importantes, tal y como hemos enunciado en la conclusión anterior. Si realizamos una aproximación al caso de una avenida en la cuenca de de *Almonacid de la Cuba*, vemos que esta presa debió sufrir con cierta frecuencia sobreelevaciones de la lámina de agua por encima de la cota de coronación, lo que podría haber provocado inestabilidad en la estructura y por tanto, ruinas parciales de la misma. Dado el corto dimensionamiento de los órganos de evacuación de las obras de la época, reducidas generalmente a meros desagües de fondo de pequeña sección, sin aliviaderos eficaces, es lógico que se tendiese con el tiempo a buscar emplazamientos en los que las riadas tuviesen un menor efecto, como por ejemplo ocurre en las presas emeritenses.

Por otro lado, el dimensionamiento estructural de estas obras parece haber sido meramente empírico. En primer lugar, las presas de fábrica de gravedad poseen habitualmente un relación altura/espesor siempre muy justa, jugando con el límite de la estabilidad, mientras que las presas de pantalla + terraplén también cuentan por lo general con un muro de fábrica excesivamente esbelto. En este sentido, sabemos que la presa de *Alcantarilla* se arruinó por esta razón, y además, según los datos disponibles actualmente sobre la presa de *Proserpina*, la pantalla de ésta tampoco soportaría una situación de desembalse rápido calculado según criterios actuales, por lo que cabe suponer que ha soportado el paso del tiempo por encontrarse en unas condiciones en que es casi imposible que se presente esta eventualidad, y además, la relativa porosidad de su pantalla facilitaría el drenaje del terraplén caso de presentarse aquella situación.

***VIII)* Los materiales empleados por los romanos en la construcción de sus presas son muy diversos, aunque por lo general suelen ser extraídos en las inmediaciones de las propias obras.**

Debido a esta adaptación a los recursos locales, es posible encontrar obras realizadas en granito, caliza, arenisca, etc.., tanto en las piezas de su fábrica como en los áridos utilizados en la composición del hormigón, cuya compacidad y resistencia suele sin embargo alcanzarse con independencia del material empleado.

En este sentido debe señalarse cómo incluso han sido halladas en diversas ocasiones las canteras de extracción del material en las inmediaciones de las propias obras (*Mesa de Valhermoso, Vega de Santa María, ...*). Como excepción podemos dar el ejemplo de la cantera en la que fue extraída la arenisca de la sillería de la presa de *Almonacid de la Cuba*, identificada con total seguridad a unos 20 Km al oeste de la obra, incrementando por tanto el mérito del esfuerzo realizado por sus constructores.

***IX)* Hispania fue favorecida en gran medida por la técnica hidráulica romana, de tal manera que ésta fue retomada por realizaciones muy posteriores a esta época que permitieron mantener a lo largo del tiempo un nivel muy alto en lo que se refiere a construcción de presas.**

En efecto, fue ésta en época romana la provincia con una actividad constructiva más intensa en lo que se refiere a la realización de presas, ya que es la zona con un mayor número de obras conservadas a lo largo de todo el antiguo territorio romano. Ello ha permitido que perviva el legado de aquella época en siglos posteriores, ya que tras un paréntesis medieval del que sólo nos restan algunos azudes árabes y algunas otras obras aisladas, comienza un periodo que coincide con el final de esta era (siglos XIV y XV) en el que se recuperan patrones constructivos romanos (presas de contrafuertes, arco-gravedad, de materiales sueltos, etc.).

Aunque lo cierto es que nuestro país estaba predispuesto para el desarrollo de técnicas que permitiesen la regulación de caudales por sus especiales características hidrográficas, debemos sin duda reconocer el notable avance logrado en aquella época, que ha permitido perseverar en la construcción de grandes presas a lo largo de los siglos. Este hecho fue especialmente notorio durante los siglos XVI y XVII, en los que se prodiga la creación de estructuras de especial importancia dentro de la Historia de la Hidráulica, como son las presas de: *Tibi, Ontígola, Elche, Relleu* o *Almansa*, todas ellas referentes constructivos en su época, y que cuentan por lo general con una obra homóloga dentro del conjunto de presas romanas hispanas que pudieron haber tomado como ejemplo.

BIBLIOGRAFÍA.

Bibliografía general:

* Adam J.P.: *La construcción romana, materiales y técnicas.* Editorial de los Oficios. León, 1996.

* Al-Idrisi: *Geografía de España.* Valencia, 1988.

* Al-Mudayna, A.C: *Historia de los regadíos en España.*. Madrid, 1991.

* Amador de los Ríos R.: *La Cueva de Hércules en Toledo. Las últimas excavaciones de la misma.* Semanario Pintoresco Español. 30 noviembre, 1851.

* Amador de los Ríos R.: *Monumentos Arquitectónicos de España.* Madrid, 1905.

* Aranda F, Carrobles J. y Isabel J.L.: *El sistema hidráulico romano de abastecimiento a Toledo.* Diputación Provincial de Toledo. Toledo, 1997.

* Arenillas M. y Sáenz Ridruejo C.: *Guía física de España 3. Los ríos.* Madrid, 1987.

* Arenillas M., Díaz C., Cortés R. et al. : *La presa de Almonacid de La Cuba (del mundo romano a la Ilustración en la cuenca del río Aguasvivas).* Gobierno de Aragón / MOPTMA. Madrid, 1996.

* Blázquez J.M: *Urbanismo y Sociedad en Hipania.* Madrid, 1991.

* Bonnin J: *L'eau dans l'Antiquité (L'hydraulique avant notre ére).* Collection de la Direction des Études et Recherches d'Electricité de France. Eyrolles. París, 1984.

* Bueno Hernández F: *Evolución de la ingeniería de presas en España* (Tesis doctoral). E.T.S. Ingenieros de Caminos de Santander. Santander, mayo de 1999.

* Caballero Zoreda L. y Sanchez-Palencia F.J. *Presas romanas y datos sobre poblamiento romano y medieval en la provincia de Toledo.* Noticiario Arqueológico Hispánico. 1982.

* Ceán Bermúdez J.A.: *Sumario de las antigüedades romanas que hay en España, en especial las pertenecientes a las Bellas Artes.* Madrid, 1983.

* Confederación Hidrográfica del Ebro-Ingeniería 75 (M. Arenillas y otros): *Inventario de Obras Hidráulicas Históricas en la cuenca del Ebro en Aragón. Presas y Azudes.* Zaragoza, 1999.

* Choisy A.: *El arte de construir en Roma.* Instituto Juan de Herrera-CEHOPU-CEDEX. Madrid, 1999.

* De Carvalho Quintela A., Cardoso J. L., Mascarenhas J. M.: *Aproveitamentos hidráulicos romanos a sul do Tejo.* Ministério do Plano e da Administracao do Território. Lisboa, 1986.

* Diez-Cascón Sagrado J. y Bueno Hernández F: Las presas y embalses en España. Historia de una necesidad. Ministerio de Medio Ambiente, 2003.

* Diaz-Marta M.: *Cuatro obras hidráulicas antiguas entre la Mesa de Ocaña y la Vega de Aranjuez.* Caja de Ahorro de Toledo. Madrid, 1992.

* Domínguez Díez R.: *Los viajes de agua madrileños.* Villa de Madrid. 1984.

* Fernández Casado C.: *Acueductos romanos en España.* Instituto Eduardo Torroja. Madrid, 1972.

* Fernández Casado C.: *Historia del Puente en España. Puentes romanos.* Madrid, 1982.

* Fernández Casado C.: *Ingeniería hidráulica romana.* Madrid, 1983.

* Fernández Ordoñez J.A. et al.: *Catálogo de Noventa Presas y Azudes españoles anteriores a 1900.* CEHOPU. Madrid, 1984.

* Fernández Troyano L.: *Los pasos históricos de la Sierra del Guadarrama.* Colección de Ciencias, Humanidades e Ingeniería nḌ 31. Comunidad de Madrid y Colegio de Ingenieros C.C. y P. Madrid, 1994.

* Font Tullot I.: *Climatología de España y Portugal.* Madrid, 1983.

* Font Tullot I.: *Historia del clima en España.* Madrid, 1988.

* González Tascón I. et al.: *El acueducto romano de Caesaraugusta (Según el manuscrito de J. Antonio Fernández – 1752/1814).* CEHOPU, CEDEX. Madrid, 1994.

* López de Ayala J.: *Catálogo Monumental de la provincia de Toledo.* Madrid, 1905.

* Lugli G: *La tecnica edilizia romana (con particolare rigardo a Roma e Lazio). Vol I.* Giovanni Bardi Editore. Roma, 1957.

* Madoz P.: *Diccionario geográfico-estadístico-histórico de España y sus posesiones de Ultramar.* Madrid, 1845-1850.

* Magallón M.A.: *La red viaria romana en Aragón.* Diputación General de Aragón (UOPT). Zaragoza, 1987.

* Manzano Moreno E.: *El regadío en al-Andalus: problemas en torno a su estudio.* En la España Medieval, V. 1986.

* Marco Baidal J.: *El Turia y el hombre ribereño*; Marí Montañana. Valencia. 1960.

* Martínez Caballero S.: El Acueductos de Segovia. De Trajano al siglo XXI. Ayto. de Segovia, Concejalía Patrimonio Histórico y Turismo, 2012.

* Menéndez-Pidal R.: *Historia de España.* Tomo II: España Romana. Madrid, 1935.

* Molina Fajardo F.: *Almuñécar, Arqueología e Historia.* Granada. 1983.

* Mosquera Müller J. L., Nogales Basarrate T.: *Una ciudad sobre el río. Aquae Aeternae.* Confederación Hidrográfica del Guadiana, 1999.

* Navagero A.: *Viage por España (1524-1526).* Ediciones Turner. Madrid, 1983.

* Panimolle G.: *Gli acquedotti de Roma antica*; Roma, 1984.

* Ponsich M.: *Implantation rurale antique sur le Bas-Guadalquivir.* (Tomos I a IV). Publications de la Casa de Velázquez. Editions E. De Boccard. Paris, 1974-79.

* Ponz A.: *Viage de España.* Madrid, 1769, 1787.

* Ptolomeo C.: *Geographica.*

* Ramírez Gallardo A.: *El Acueducto de Segovia.* Valencia. 1984.

* Rodríguez Colmenero A.: *Aquae Flaviae 2. O texido urbanistico da cidade romana.* Cámara Municipal de Chaves, Portugal.

* Romero Corral, Rosa MĀ *La presa romana de Torretejada (Belalcázar, Córdoba).* Anales de Arqueología cordobesa nĪ 6, 1995, pags. 293 - 310.

* Rothlisberger F.: *8000 Jahre Walisher Gletschergeschichte.* Diss. Phil. II. Zurich.

* Ruiz Delgado: *El agua en las ciudades de la Bética.* Écija. 1991.

* Schnitter N.J.: *Dams. The useful pyramids.*

* Smith N. F.: *A History of Dams.* Peter Davis. Londres, 1970.

* Smith N. F.: *A History of Hydro-Technology.* Peter Davis. Londres, 1976.

* Smith N.: *El patrimonio de las presas españolas.* Comité Nacional de Grandes Presas. Madrid, 1970.

* Staccioli R.A.: *Guida di Roma antica.* Biblioteca Universale Rizzoli. Milán, 1986.

* Varios autores: *Agua e ingenios hidráulicos en el valle del Tajo (De Estremera a Algodor entre los siglos XIII y XVIII).* Confederación Hidrográfica del Tajo. Madrid, 1998.

* Varios autores: *El agua en la agricultura de al-Andalus.* Barcelona, 1995.

* Varios autores: Historia del abastecimiento y usos del agua en la Villa de Madrid. Confederación Hidrográfica del Tajo. Madrid, 2000.

* Varios autores: *Historia del abastecimiento y usos del agua en la ciudad de Toledo.* Confederación Hidrográfica del Tajo. Madrid, 1999.

* Ventura Villanueva A.: *El abastecimiento de agua a la Córdoba romana. I y II.* Universidad de Córdoba. Córdoba, 1993 y 1996.

* Verdú Ruiz M.: *Los viajes de agua.* Madrid. 1995.

* White K.D.: *Greek and roman technology.* Londres, 1984.

Bibliografía para cálculos técnicos:

* Alcaraz A., Arenillas M., Martín Morales J.: *La estructura y cimentación de la presa de Proserpina.* Actas de las IV Jornadas Españolas de Presas, 719-733. Murcia, mayo 1993.

* Alvarez Martínez A.: *Apuntes de proyecto y construcción de presas, tomos I a VII.* E.T.S. de Ingenieros de Caminos, Canales y Puertos. Madrid, 1981.

* Arenillas M. et al. : *La presa de Almonacid de La Cuba – Del mundo romano a la Ilustración en la cuenca del Aguas vivas*; Gobierno de Aragón y MOPT, 1996.

* Confederación Hidrográfica del Guadiana - Prointec: *Estudio de la Estabilidad de laderas de la Presa de Proserpina*, septiembre de 1995

* Díez Torres J.A., de Cea Azañedo J.C. y Olalla C.: "Propiedades geotécnicas de los sedimentos acumulados en la Presa de Proserpina (Mérida)". *Ingeniería Civil.* Revista oficial del CEDEX, nD114. Madrid, 1999.

* Díez Torres J.A., de Cea Azañedo J.C., Olalla C y Añorbe M.: "Propiedades geotécnicas de los sedimentos acumulados en la Presa de Proserpina (Mérida)". *Geogaceta.* Revista de la Sociedad Geológica de España, nD20 (6). Madrid, julio 1996.

* Ferrer J.: *Análisis estadístico de caudales de avenida.* CEDEX. Centro de Estudios Hidrográficos. Madrid, 1993.

* Heras R.: *Métodos prácticos para el estudio hidrológico completo de una cuenca.* Centro de Estudios Hidrográficos. Madrid, 1970.

* Heras R.: *Recursos hidráulicos. Síntesis. Metodología y Normas.* Cooperativa de Publicaciones del Colegio de Ingenieros de Caminos, Canales y Puertos. Madrid, 1983.

* Hereza I., Arenillas M. et al.: *Un ejemplo histórico: el aterramiento del embalse romano de Almonacid de la Cuba.* Congreso de Grandes Presas. Valencia, 1996.

* Hernández Muñoz A.: *Abastecimiento y distribución de agua.* Colegio de Ingenieros de Caminos, Canales y Puertos. Edición 1. Madrid, 1987.

* Hernández Muñoz A.: *Saneamiento y alcantarillado.* Colegio de Ingenieros de Caminos, Canales y Puertos. Edición 2. Madrid, 1990.

* Jiménez Salas et al.: *Geotecnia y Cimientos, tomos I y II.* Ed. Rueda. Madrid, 1975.

* Ministerio de Fomento. Dirección General de Carreteras: *Mapa para el cálculo de máximas precipitaciones diarias en la España peninsular.* Madrid, 1997.

* Ministerio de Fomento. Dirección General de Carreteras: *Máximas lluvias diarias en la España peninsular.* Madrid, 1999.

* Ministerio de Fomento. Dirección General de Carreteras: *Máximas lluvias diarias en la España peninsular.* Madrid, 1999.

* MOPT –Servicio Geológico: *Primer Informe sobre los trabajos de inyección realizados en la Presa de Proserpina (Mérida),* marzo de 1993.

* MOPTMA – Subdirección General del Servicio Geológico: *Últimos tratamientos en la Presa de Proserpina (Mérida),* abril de 1995

* MOPTMA. Dirección General de Carreteras: *Drenaje superficial. Instrucción 5.2 IC.* Madrid, 14 mayo 1990 (fecha aprobación).

* Rodríguez Ortiz J., Serra J., Oteo Mazo C.: *Curso aplicado de cimentaciones.* Servicio Publicaciones E.T.S. de Arquitectura. Edición 3. Octubre, 1986.

* Témez J.R.: *Cálculo hidrometereológico de caudales máximos en pequeñas cuencas naturales* MOPU. Dirección General de Carreteras. Madrid, 1978.

* U.S. Army cops of Engineers. The Hydrologic Engineering Center. *Flood Hydrograph package (HEC-1).* HM Version 5.20, 1988 (programa informático).

* Vallarino y Cánovas del Castillo E.: *Obras Hidráulicas II. Presas.* E.T.S. de Ingenieros de Caminos, Canales y Puertos. Madrid, 1980.

* Vallarino y Cánovas del Castillo E.: *Tratado básico de presas, tomos I y II.* Colegio de Ingenieros de Caminos, Canales y Puertos. Edición 4, 1998.

* Ven Te Chow: *Handbook of applied Hydrology.* Mc. Graw-Hill, 1964.

Artículos y otras publicaciones:

* Almagro Basch M. y Caballero Zoreda L.: *Informe sobre los trabajos arqueológicos llevados a cabo en el acueducto de Segovia y sus alrededores. 1973.* Segovia y la Arqueología romana. Barcelona, 1977.

* Almeida F.: *Nota sobre a barragem romana de Lisboa.* XI Congreso Nacioanal de Arqueología, 1970.

* Alvarez. J.M.: *Embalse romano de Araya, Mérida.* XI Congreso Nacional Arqueología. 1970.

* Andreu Pintado, J: "La ciudad romana de Los Bañales (I)" Anatomía de la Historia, sep. 2012.

* Andújar C., Barrau J. M., Calvo J. y Castillo J. C.: *Presa del Bercial.* Revista de Obras Públicas, mayo 1991.

* Aranda F, Sánchez Carcaboso J.L, *et al*: *Nuevas consideraciones sobre los sistemas hidráulicos de abastecimiento a Emérita Augusta;* V Congreso Nacional de Historia de la Construcción. Burgos, junio 2007.

* Aranda F, Sánchez Carcaboso J.L, *et al*: *Las presas de abastecimiento en el marco de la Ingeniería Hidráulica romana. Los casos de Proserpina y Cornalbo;* II Congreso: Las obras públicas romanas en Hispania. Astorga, octubre 2006.

* Aranda F. y Sánchez Carcaboso J.L.: *Las grandes desconocidas entre las presas romanas principales: La Alcantarilla y Cornalbo;* I Congreso Nacional de Historia de las Presas. Mérida, noviembre 2000.

* Arellano García M.: *Puente y presa romanos en el término municipal de Villaminaya (Toledo).* Toletum nD8. Toledo, 1977.

* Arenillas M., Martín Morales J. y Alcaraz A.: *Nuevos datos sobre la presa de Proserpina.* Revista de Obras Públicas, junio 1992.

* Arenillas M, Díaz C., Cortés R: La presa romana de Proserpina, pag. Web Traianus, 2002.

* Argente Oliver J.L. y Díaz Díaz A.: *Guía del yacimiento de Tiermes.* Junta de Castilla y León, 1990.

* Arias G.: *Repertorio de caminos de la Hispania romana.* 1987.

* Beltrán Mtnez. A.: *Las obras hidráulicas de Los Bañales (Uncastillo, Zaragoza).* Segovia y la Arqueología romana. 1977.

* Caballero Zoreda L. y Sánchez Palencia F. J: *Presas romanas y datos sobre poblamiento romano y medieval en la provincia de Toledo*; Noticiario Arqueológico Hispánico. Mtro. Cultura, 1982.

* Cantó A.: *El acueducto romano de Itálica.* Madrider Mitteilungen 20, 1979.

* Carrillo J. et al.: *Arqueología de Córdoba. La Colonia Patricia altoimperial.* Revista de Arqueología nD172, agosto 1995.

* Castillo J.C. y Arenillas M.: *Las presas romanas en España. Propuesta de Inventario;* I

Congreso Nacional de Historia de las Presas. Mérida, noviembre 2000.

* Cinca Mtnez. J. Luis. La presa romana de La Degollada (Calahorra, La Rioja). Kalakoricos, 2012, 17, p. 331-353.

* Coarelli F.: *Public building between the Second Punic War and Sulla (Plates I – III).* Papers of the British School al Rome, vol. XLV, 1977, pp. 1 y sig.

* Colmenar E. y Campano E.H.: *Segura, de la sierra a la huerta.* Revista MOPU, 1990.

* Comés V.: *Guadalquivir, un río con duende.* MOPU, revista del Ministerio, 1990.

* Díaz Guerra C. y otros: *La Casa de Campo de Madrid como sistema hidráulico.* I Congreso Nacional de Historia de las Presas. Mérida, noviembre 2000.

* Diaz-Marta M.: *Comentarios al artículo "Don Pedro Bernardo Villarreal de Bérriz y sus presas de contrafuertes.* Revista de Obras Públicas. Madrid, marzo 1972.

* Diaz-Marta M.: *Evolución de las políticas hidráulicas españolas desde la Ilustración hasta nuestros días.* OP, Revista de Colegio de ICCP, nḌ 48, 1999.

* Diaz-Marta M.: *El patrimonio cultural de la ingeniería española en América.* OP (Revista del Colegio de ICCP) nḌ41, 1997.

* Diaz-Marta M.: *La ingeniería hidráulica española en América. Tradiciones e inventiva de la ingeniería hidráulica del Nuevo Mundo.* Cuadernos de San Benito, 2. Madrid, 1989.

* Díaz-Marta M. y. Fernández-Ordóñez D: "Los azudes y los molinos del Tajo y el Torno de Toledo"; *Primeras Jornadas Nacionales sobre Molinología.* A Coruña, 1997; pp. 427 a 441.

* Diaz-Marta M. y Fdez. Ordoñez D.: *La presa del estanque y el abastecimiento a Guadalupe.* Revista de Obras Públicas nḌ 3330, marzo 1994.

* Fernández J. y Costa B.: *Ibiza y Formentera. De la prehistoria a la época islámica.* Guía para la visita al Museu Arqueologic d'Eivissa i Formentera.

* Fernández Casado C.: *Acueductos romanos en España.* Revista de Obras Públicas. Madrid, 1970.

* Fernández Casado C.: *Las presas romanas en España.* Revista de Obras Públicas. Madrid, junio 1961.

* Fernández Casado C.: *Los depósitos de agua en las conducciones romanas.* Revista de Obras Públicas. Madrid, mayo 1977.

* Fernández Castro: *Villas romanas en España.* 1982.

* Fernández Ordoñez D.: *Las presas históricas de embalse y derivación en España.* OP (Revista del Colegio de ICCP) nḌ40, 1997.

* Fernández Ordoñez D.: *El patrimonio de los molinos españoles.* OP, Revista de Colegio de ICCP, nḌ41, 1997.

* García Diego J.A., Saenz Ridruejo F. y Porres J.: *Comentarios al artículo de Carlos Fernández Casado titulado "Los depósitos de agua en las conducciones romanas" y respuesta del autor.* Revista de Obras Públicas. Madrid, septiembre y octubre 1977.

* García Diego J.A.: *La Cueva de Hércules.* Revista de Obras Públicas. Madrid, octubre 1974.

* García Rueda Muñoz de San Pedro: *Precisiones históricas sobre la presa del estanque y el abastecimiento de Guadalupe.* Revista de Obras Públicas nḌ3334, julio-agosto 1994.

* Generalitat de Catalunya. Direcció General de Turisme: *Rutas de la Cataluña Antigua,* 1997.

* Guerra A.: *Nuevos hallazgos arqueológicos en la ciudad romana de Baetulo (Badalona).* Revista de Arqueología nḌ 22, año 2000.

* Hernández Vera, J. A. *et al.*: *Contribución al estudio de las presas y ninfeos hispanos: el conjunto monumental del Burgo (Alfaro, La Rioja).* Zephyrus, 51. Universidad de Salamanca, 1998.

* Hernández Vera, J. A. *et al.*: *La presa y el ninfeo del Sotillo (Alfaro, La Rioja): un conjunto monumental en la via* De Italia in Hispanias. Zephyrus, 52. Universidad de Salamanca, 1999.

* Jiménez A.: *Los acueductos de Bellone Claudia (Bolonia, Cádiz).* Habis 4, 1974.

* Jiménez A.: *Problemas de los acueductos emeritenses.* Habis 7, 1976.

* Juncá Ubiena J.A..: *Los túneles españoles.* OP, Revista de Colegio de ICCP, n�township41, 1997.

* Junta de Castilla y León: *Ficha arqueológica de la presa del Regato Rolloso, Fuenteguinaldo (Salamanca).* Mayo, 1991.

* Lacort Navarro P.: *Obras hidráulicas e implantación rural romana en la campiña de Córdoba.* El agua en las zonas áridas: Arqueología e Historia. Instituto de Estudios Emeritenses, 1994.

* León, M. Pilar : *Notas sobre técnica edilicia en Itálica.* Aespa, vol. 50 - 51, 1977 - 78, pp. 143 – 165.

* Lino M. et al.: *Veiellisement de quelques barrages francais tres anciens pratique de leur réhabilitation.* Commission Internationale des Grandes Barrages. Dix-septieme Congrés des Grandes Barrages. Vienne, 1991.

* Mangas J. y Alvar J.: La municipalización de Carpetania. Toledo y Carpetania en la Edad Antigua. Toledo, 1990.

* Martín Bravo M. y García Costa J.A.: *El acueducto de Segovia.* Revista de Arqueología nḌ 182, junio 1996.

* Martínez Cortizas A.: artículo en la Voz de Galicia sobre el *Atlas climático de Galicia,* 10 de marzo de 2000.

* Martínez Vázquez de Parga R..: *Los canales españoles.* OP, Revista de Colegio de ICCP, nḌ40, 1997.

* Mesado Oliver N.: *Vinaragell (Burriana, Castellón).* Valencia, 1974.

* Mezquíriz M.A.: *El Acueducto de Alcanadre-Lodosa* Trabajos de Arqueología Navarra I. Pamplona, 1979

* MOPU: *Guía de los ríos de España.* Revista de Ministerios de Obras Públicas y Urbanismo, nḌ378. Madrid, julio-agosto 1990.

* Palancar Penella M.: *Sevilla y el Guadalquivir.* OP, Revista de Colegio de ICCP, nḌ 46, 1998.

* Pascual González J.: *Tebas, la ciudad de las siete puertas.* Revista de Arqueología nḌ208 y 209, agosto y septiembre 1998.

* Prados Martínez F.: *El almohadillado de sillares.* Revista de Arqueología, nḌ222. Madrid, octubre 1999.

* Ptolomeo: *Mapa de Hispania* (según A. Tovar)

* Revista de Obras Públicas, número especial junio 1999. *Riegos.* (12 junio 1899).

* Ruiz J.M. y Delgado F.: *Abastecimiento de agua a las ciudades hispanorromanas.* Revista de Arqueología 139; nov. 1992; pp.36 a 47.

* Sáenz Ridruejo C.: *Rios, presas, canales,* ... OP (Revista del Colegio de ICCP) nḌ49, 1999.

* Sáenz Ridruejo F.: *Observaciones técnicas sobre el abastecimiento romano de aguas a Tarragona;* Segovia y la Arqueología romana. Publicaciones Eventuales nḌ 27. Instituto de Arqeuología y Prehistoria, Universidad de Barcelona, 1977.

* Serra Rafols, J.C.: *El poblamiento del valle medio del Anas en la época romana.* Revista de Estudios Extremeños. Septiembre de 1945.

* Serrano Marcos, M. Luisa: *Excavaciones en Valencia; recuperados 22 siglos de Historia.* Revista de Arqueología nḌ22, año 2000.

* Smith N. A.: *Attitudes to roman engineering and the question of the inverted siphon.* History of Technology, vol. I. Londres, 1976.

* Trevor Hodge A.: *Sifones en los acueductos romanos.* Investigación y Ciencia, agosto 1985.

* Vallarino y Cánovas del Castillo E. y Herreros Espino J.A.: *Las presas españolas del siglo XX.* OP, Revista Colegio ICCP, nḌ40, 1997.

* Vita-Finzi C.: Romans dams of Tripolitania. Antiquity, 1961.